Jesús Alfonso Soto Pineda

Vías de aplicación del derecho de la competencia en la Unión Europea

GRIN Verlag

Bibliografische Information der Deutschen Nationalbibliothek:

Die Deutsche Bibliothek verzeichnet diese Publikation in der Deutschen National-
bibliografie; detaillierte bibliografische Daten sind im Internet über http://dnb.d-
nb.de/ abrufbar.

Imprint:

Copyright © 2013 GRIN Verlag GmbH
Druck und Bindung: Books on Demand GmbH, Norderstedt Germany
ISBN: 978-3-656-42085-9

GRIN - Your knowledge has value

Der GRIN Verlag publiziert seit 1998 wissenschaftliche Arbeiten von Studenten, Hochschullehrern und anderen Akademikern als eBook und gedrucktes Buch. Die Verlagswebsite www.grin.com ist die ideale Plattform zur Veröffentlichung von Hausarbeiten, Abschlussarbeiten, wissenschaftlichen Aufsätzen, Dissertationen und Fachbüchern.

Visit us on the internet:

http://www.grin.com/

http://www.facebook.com/grincom

http://www.twitter.com/grin_com

VÍAS DE APLICACIÓN DEL DERECHO DE LA COMPETENCIA EN LA UNIÓN EUROPEA

Autor: JESÚS ALFONSO SOTO PINEDA

2013

Con un amor inmenso, para Mi Mária

" (...) se que ha habido fantasmas que han vagado por la tierra. ¡Estate siempre conmigo...adopta cualquier forma...vuélveme loco! ¡Pero no me dejes en un abismo, donde no pueda encontrarte!"

Emily Brontë, Cumbres Borrascosas

iii

"El secreto de la felicidad está en saber mirar todas las maravillas del mundo, sin olvidarse nunca de las dos gotas de aceite de la cucharilla."

Paulo Coelho, El Alquimista

ÍNDICE

PARTE INTRODUCTORIA

LA DEFENSA, LA POLITICA Y EL DERECHO DE LA COMPETENCIA

INTRODUCCION

El orden económico mundial y un referente específico de envergadura y visibilidad como lo es la Unión Europea, se han cimentado en un sistema de economía de mercado[1], que requiere la puesta en marcha de herramientas de política económica, tales como la política de competencia[2], para fortalecer el ejercicio de las actividades económicas en términos de eficiencia y para orientar correctamente a los agentes involucrados con su desarrollo.

---

[1] NEUMANN, Manfred; *Competition Policy: History, theory and practice*, Edward Elgar Publishing, Gran Bretaña, 2001. ZULLITA FELLINI, Gadulfo y PEREZ MIRANDA, Rafael; "El Derecho frente a los monopolios" en *Estudios de Derecho Económico IV*, Universidad Autónoma de México, Primera reimpresión, México D.F, 1983, Págs. 65-121; La Economía de mercado puede conceptualizarse de varias formas, siendo la primera definición, aquella en virtud de la cual"*(...) la producción y el consumo son el resultado de decisiones descentralizadas de muchas empresas e individuos.* (donde) *No hay una autoridad central que dice a la gente lo que debe producir o a donde debe enviarlo*", KRUGMAN, Paul y WELLS, Robin; *Microeconomía*, Editorial Reverté, Barcelona, 2006, Pág. 2. Definición que a pesar de profunda, se considera incompleta, toda vez que con el ánimo de ampliarla y hacerla más acertada, permite precisar que es, aquella en la cual los individuos y las empresas privadas toman las decisiones más importantes sobre la producción y el consumo; en contradicción de la economía centralizada, donde existe un guía e "imposición" estatal hacia los procesos de producción y distribución; que no es en la realidad actual, la condición común; pues el mercado es un mecanismo a través del cual compradores y vendedores se reúnen para comerciar y determinar precios y cantidades de los bienes y servicios, en donde nadie dice a nadie cuáles son los artículos a producir, cómo transarlos, etc. Conceptos de SAMUELSON, Paul A. y NORDHAUS, William; *Microeconomía*, Decimoctava Edición, Editorial McGraw Hill, Madrid, 2006, Págs. 8 y 25. Igualmente importantes, los conceptos adheridos en LIPSEY, Richard y CHRYSTAL, Alec, *Principles of Economics*, Oxford University Press, Nueva York, 2007, Págs. 543 y siguientes; así como también en BLACK, John, HASHIMZADE, Nigar y MYLES, Gareth, *A Dictionary of Economics*, Oxford University Press, Nueva York, 2009.

[2] El concepto de competencia ha formado parte de la aventura de muchos sectores de la doctrina, pues antes de tener una importancia categórica en el contexto jurídico, fue un concepto de carácter económico, ILLESCAS ORTIZ, Rafael, "Derecho de la Competencia: La libre competencia", en *Derecho Mercantil II*, Coordinador JIMENEZ SANCHEZ, Guillermo, Ariel Derecho, Barcelona, 2009, III parte; que ha suscitado muchas voces, entre las cuales debe resaltarse, la obra de BORK, Robert, *The antitrust paradox: a policy at war with itself*, Basic Books, Págs. 58 a 61.Erigiéndose como un concepto que puede ser sintetizado como un "*mecanismo que permite que los precios reflejen las tensiones entre la oferta y la demanda y asigne los recursos*". FERNANDEZ NAVARRETE, Donato; *Fundamentos Económicos de la Unión Europea*, Editorial Thomson, Madrid, 2007, Pág. 75; siendo de importancia igualmente al respecto, los comentarios de DABBAH, Maher M., *International and comparative competition law*, Cambridge University Press, Nueva York, 2010, Págs. 20 y siguientes.

Uno de los objetivos primordiales de la política enunciada[3], es garantizar una actividad económica que se desarrolle en espacios de lealtad y libertad. Forjando un sistema de garantías que asegure la oferta y la demanda, involucre a los diversos agentes económicos, respalde a los consumidores y a su vez favorezca la actividad comercial, generando equivalencias entre la oferta y la demanda[4], disponiendo un sistema que de forma espontanea beneficie a aquellos que actúan en pro de los procesos económicos e impida que se consoliden marcos de poder en los mercados[5].

De la mano de los derroteros enunciados, la competencia se erige como un importante incentivo para la exploración en los procesos económicos, pues los actores involucrados, salvo excepciones[6], intentan ofrecer productos o servicios de mayores

[3] Que presenta divergencias conceptuales, que son bien reseñadas por MIRANDA LONDOÑO, Alfonso. "El Derecho de la Competencia en Colombia", en *Revista de Derecho Económico*, N° 9. 1989. Págs. 55 y 56, al expresar que dicha política está estructurada para seguir "(...) *los lineamientos de diversas corrientes sociales, económicas, políticas, jurídicas y filosóficas.* (Que permiten resaltar) *(...) desde un ángulo sociológico-político (o no económico), que* (las leyes que son implementadas para poner en marcha dicha política) *se han aplicado con la finalidad exclusiva de controlar el poder de los grandes conglomerados industriales en favor de los pequeños empresarios, aunque esto signifique una reducción en la eficiencia del mercado y más altos costos para los consumidores. (...) dispersando el poder económico entre muchos competidores con igual poder económico, con el objeto de dejar libre la entrada al respectivo mercado y que ninguno pueda ejercer presiones indebidas sobre el mismo, ya que la excesiva concentración del poder económico puede producir presiones políticas antidemocráticas.* (Encontrando por otro lado, desde el) *punto de vista puramente económico, que* las (leyes previamente enunciadas) *han sido concebidas con el objeto de lograr la máxima eficiencia de la producción, sin importar las desigualdades socio-políticas que ese objetivo pueda crear entre las grandes y las pequeñas empresas.* (Siendo una) *teoría, que pretende proteger a la competencia en sí misma y no a los competidores, porque (según consideran importantes tratadistas como el Juez Bork), entre más eficiente sea el mercado, mayor bienestar obtendrá el consumidor."* Por lo que tras las dos teorías enunciadas, se hace más que notorio que puntualizar el significado y objetivos de la política de competencia, no ha sido, ni será, tarea fácil.

[4] PETITBO JUAN, Amadeo, "La Defensa de la Competencia en España a partir del artículo 38 de la Constitución Española", en *Economía Industrial*, N° 349-350, 2003, Págs. 128 y 129.

[5] Contrariando el principio de leal y libre competencia, actores inmersos en el mercado pueden abusar de su posición, siendo el Derecho de la Competencia, un soporte jurídico que impide y/o subsana dichas actuaciones. BROSETA PONT, Manuel, *Manual de Derecho Mercantil*, Director MARTINEZ SANZ, Fernando, Editorial Tecnos, Madrid, 2005, Págs. 157 y 158.

[6] En las cuales la eficiencia resulta poco alcanzable, tal y como la doctrina económica ha reconocido al estructurar el catálogo de dichas excepciones, que son manifestación contraria al modelo clásico de competencia perfecta, operativo en aquellos casos en los cuales se conjugan condiciones como la transparencia, la movilidad de los factores de producción, la ausencia de barreras de entrada, la homogeneidad de productos y la pluralidad ilimitada de sujetos participantes de un mercado, bien ofreciendo productos o bien adquiriéndolos. CALVO CARAVACA, Alfonso-Luis y CARRASCOSA GONZALEZ, Javier; "El Derecho Europeo de la Competencia: Objeto, Fuentes y Sistemática", en *Derecho Europeo de la Competencia*, Editorial Colex, Madrid, 2000, Págs. 158 y 159. Las excepciones, también conocidas en este contexto como fallos de mercado, son los bienes públicos, en razón de los cuales en ciertas situaciones un bien o servicio está disponible para el uso o goce de una o todas las personas, sin que exista una disminución en la disponibilidad de este o del servicio para los demás consumidores o usuarios, haciendo posible un escenario en el cual la iniciativa privada para la producción de estos bienes o servicios no exista o sea insuficiente, debido a que los beneficios se dispersan entre la población y no hay incentivo económico suficiente para prestarlo. Estando así mismo dentro de dichas excepciones las externalidades, que se pueden definir como situaciones en las cuales existen costes o beneficios derivados del proceso de producción de un bien, o del consumo del mismo, que repercuten sobre terceros y cuyo efecto no está incorporado en el precio; habiendo externalidades positivas y externalidades de carácter negativo, donde las

atractivos que los de sus competidores, regidos por el principio de escasez[7] y el uso efectivo de sus recursos.

Así las cosas, el empresario busca ventajas competitivas innovando y optimizando recursos, generando mejorías en la posición del consumidor, quien verá reflejado dicho proceso en la calidad y el precio, no solo gracias a su capacidad de elección, sino también en virtud del mejor funcionamiento del proceso económico[8].

Tanto productores como consumidores se rigen dentro del marco planteado, por la búsqueda de la eficiencia, la cual se puede traducir en la necesidad de hallar el mayor beneficio posible según sus intereses. El vendedor intenta minimizar sus costes de producción y obtener la mayor ventaja posible[9], y el consumidor seleccionar el bien o servicio más conveniente según el precio, la calidad, así como sus exigencias y necesidades propias.

A pesar de los fundamentos trazados previamente, la eficiencia es esquiva en ocasiones ya que el mercado por sí solo no alcanza una correcta asignación de recursos, pues debe conjuntar gran cantidad de factores que están en capacidad de truncar la búsqueda de la eficiencia, tales como un número plural de actores en el proceso[10] o incluso la naturaleza misma de la actividad.

---

primeras pueden ser ejemplificadas en el disfrute que un vecindario hace del jardín de un vecino, y las segundas, en la contaminación ambiental, la emisión de gases, el ruido y la contaminación del agua, entre otros, que son generalmente objeto de la intervención del Estado. Siendo a su vez, otras externalidades, los monopolios naturales, sobre los cuales se puede encontrar información de relevancia en KRUGMAN, Paul, WELLS, Robin y OLNEY, Martha, *Fundamentos de Economía*, Traductor PERES APILANEZ, Gotzone, Editorial Reverté, Barcelona, 2008, Págs. 285 a 290; y la información asimétrica. SAMUELSON, Paul A. y NORDHAUS, William; *Microeconomía*, Decimoctava Edición, Editorial McGraw Hill, Madrid, 2006, Pág. 35; así como también PEREZ AMARO, Celso, SAIZ ZORRILLA, Alejandro y JUARES CAVAZOS, Antonio, "La asimetría en la información en la Defensa de la Competencia", en *Sociedad, Desarrollo y Movilidad*, Editor NIETO MALPICA, Jorge, Universidad Autónoma de Tamaulipas, Ciudad Victoria, México, 2010, Págs 32 a 43.

[7] Por medio del reconocimiento del producto, el aumento en las ventas y en los beneficios, los actores empresariales en la línea de producción o de comercialización de un bien o servicio, se ven premiados por el libre mercado ante el manejo de la escasez en su actuación. PEREZ DE ANTON, Francisco; *La Libre Empresa*, Unión Editorial, Madrid, 2006, Pág. 127.

[8] La satisfacción del consumidor, se da mediante la eficiencia en el proceso productivo, la mejora de la relación entre calidad y precio, y la innovación. TIROLE, Jean, *Teoría de la Organización Industrial*, Ariel Derecho, Barcelona, 1990; y GUTIERREZ, Inmaculada y PADILLA, Jorge; "Economía de la Competencia", en *Tratado de Derecho de la Competencia Unión Europea y España*, Director BENEYTO PÉREZ-CERDÁ, José María, Tomo 1, Editorial BOSCH, Barcelona, 2005, Pág. 1.

[9] MARTIN MATEO, Ramón; *El Marco Público de la Economía de Mercado*, Editorial Thomson-Aranzadi, Segunda Edición, Navarra, 2003, Pág. 29.

[10] En la búsqueda del beneficio propio o de la colectividad representada, el actor inmerso en el mercado está en capacidad de deformar la libre competencia. PASTOR, Jaime Vicente; "La Política Comunitaria de la Competencia", en *Economía de la Unión Europea*, Director JORDAN GALDUF, Josep María, Thomson Civitas, Navarra, 2005, Pág. 264.

Reflexivos ante dicha imposibilidad espontánea del mercado, Los Estados o comunidades conformadas por ellos, han articulado un sistema que protege la libertad y la lealtad competitiva, hasta un límite que no restringe o influencia negativamente la toma de decisiones económicas por parte de los particulares[11]. Sistema denominado, Derecho de la Competencia, encauzado en dos vertientes claras, como lo son el Derecho de la libre competencia o *antitrust* y el Derecho de la competencia desleal; los cuales a pesar de su cercanía, disciplinan aspectos diversos[12].

Por un lado, el Derecho de la libre competencia o *antitrust*, es aquel que persigue y sanciona los abusos de posición dominante, los acuerdos colusorios y las prácticas concertadas; disciplinando igualmente las concentraciones empresariales y las ayudas públicas[13].

Entretanto, el Derecho de la competencia desleal[14] se basa en las exigencias de la buena fe, y en las sanciones a imponer a competidores que con sus comportamientos contraríen dicho principio[15].

---

[11] La Ley de Defensa de la Competencia en España, Ley 15/2007 de 3 de Julio, en su preámbulo en los apartados II y III, deja entrever que uno de los mecanismos más significativos de la política económica actual es la Defensa de la Competencia, pues sin intervenir de manera redundante en las decisiones empresariales, un sistema debe garantizar el desarrollo positivo del mercado por medio de instrumentos convenientes. El texto de la norma está disponible para consulta en: http://www.cncompetencia.es/Inicio/Legislacion /NormativaEstatal/tabid/81/Default.aspx

[12] Una clara reseña de las diferencias entre las dos vertientes y las particularidades genéricas de ambas, puede encontrarse en JURGEN SACKER, Franz, "The relationship between competition law and unfair competition law", en *Competition Law: European Community practice and Procedure*, Editores HIRSCH, Gunter; MONTAG, Frank y JURGEN SACKER, Franz, Sweet & Maxwell, Londres, 2008, Págs. 15 a 20; así como también en ALONSO SOTO, Ricardo; "Derecho de la Competencia", en *Lecciones de Derecho Mercantil*, Director MENENDEZ, Aurelio, Thomson Civitas, Madrid, 2006, Págs. 235 a 256.

[13] Algún sector específico de la doctrina recuerda que "*en el contexto de la U.E., la expresión "antitrust" abarca tanto las normas que regulan los acuerdos y prácticas anticompetitivas (cárteles y otras formas de colusión), como las normas que prohíben el abuso de posición dominante*". MAMBRILLA RIVERA, Vicente, "Derecho europeo de la competencia", en *Derecho Europeo de la Competencia: Antitrust e intervenciones públicas*, Director VELASCO SAN PEDRO, Luis Antonio, Lex Nova, Valladolid, 2005, Pág. 160. Lo cual es compartido por el núcleo duro de la doctrina de competencia en Europa, que en sus obras, hace una importante reseña de dichas conductas, como epicentro de sus teorías. Como puede verse en PACE, Lorenzo Federico, *European Antitrust Law. Prohibitions, Merger Control and Procedures*, Edward Elgar Publishing, Cheltenham, 2007; WHISH, Richard, *Competition Law*, Oxford University Press, Londres, 2008; y VAN BAEL, Ivo & BELLIS, Jean-François, *Competition Law of the European Community*, Kluwer Law International, Alphen aan den Rijn, Holanda, 2010.

[14] Acerca de la teoría de esta vertiente del Derecho de la Competencia, puede verse RUIZ DE VELASCO Y DEL VALLE, Adolfo, *Manual de Derecho Mercantil*, Universidad Pontificia Comillas, Madrid, 2007, Págs. 110 y siguientes; y MASSAGUER, José; *Comentario a la Ley de Competencia Desleal*, Editorial Civitas, Madrid, 1999.

[15] Así las cosas, cuando se lesionan los intereses generales de la comunidad, el Derecho de la competencia desleal disciplina las ventajas competitivas derivadas de la infracción legal, la explotación de situaciones de dependencia económica y la venta a pérdida. Cuando los lesionados son los consumidores se regula el engaño, las primas, los actos de discriminación del consumidor, los actos de confusión y los obsequios. Por último si es el competidor el lesionado, se disciplinan la comparación, denigración, la

Los parámetros expuestos permiten crear un panorama acerca de la importancia y envergadura de la política y el Derecho de la Competencia en todas las economías de mercado[16]; por lo que se cree pertinente desarrollar ciertas particularidades de aquella realidad en el campo europeo, a continuación.

I. El régimen europeo de Defensa de la Competencia.

La existencia de un mercado común enmarcado por la ausencia de fronteras en la Unión Europea, así como un compendio de nociones básicas que refuerzan la actividad comunitaria, como lo son la libertad de circulación de personas, de bienes, de capitales y de servicios[17]; son pilares fundamentales de la intención de los agentes económicos, de que se consolide una competencia en capacidad de generar máximos beneficios en base a las necesidades reales de los consumidores[18].

En países desarrollados la actividad económica ejercida por parte de los diversos agentes, es continua y ágil, como lo son también las tentaciones y posibilidades de desfigurar la misma[19]. Por lo que en respuesta a dicha realidad, ha sido necesario generar

---

imitación, la inducción a la ruptura contractual, la violación de secretos industriales y la explotación de la reputación ajena.

[16] A pesar de que los fundamentos que son perseguidos por dichos sistemas no sean necesariamente los mismos, toda vez que tal y como se verá en páginas posteriores, en Estados Unidos se persigue "(...) el funcionamiento económico del mercado, evitar la adjudicación ineficiente de los recursos y minimizar la perdida de bienestar de los consumidores", mientras que en Europa se persigue la integración del mercado y la garantía de que no se implantarán barreras al comercio por medio de la cartelización de los negocios. MULLERAT BALMAÑA, Ramón, "El Arbitraje y el Derecho de la Competencia", en Revista Derecho de los Negocios, N° 248, 2011, Pág. 20.

[17] Sustentados en el articulado inicial del Tratado de Funcionamiento de la Unión Europea y en su instrumento predecesor, así como en el artículo 34; tal y como lo han remarcado pronunciamientos jurisprudenciales de largo recorrido, como la Sentencia del Tribunal de Justicia de las Comunidades Europeas, Association des Centres distributeurs Édouard Leclerc y otros Vs. SARL "Au blé vert" (en lo sucesivo Leclerc Vs. Au blé vert), asunto 229/83, apartado 9, texto disponible para consulta en lengua inglesa en: http://eur-lex.europa.eu/LexUriServ/LexUriServ.do?uri=CELEX:61983J0229:EN:HTML; la Sentencia del mismo Tribunal, de 19 de Marzo de 1991, República Francesa Vs. La Comisión de las Comunidades Europeas, asunto C-202/88, apartado 41, texto disponible para consulta en: http://eur-lex.europa.eu/LexUriServ/LexUriServ.do?uri=CELEX:61988CJ0202:ES:PDF; y la Sentencia del Tribunal de Primera Instancia, de 28 de Marzo de 2001, Instituto de Agentes Autorizados ante la Oficina Europea de Patentes Vs. La Comisión de las Comunidades Europeas, asunto T-144/99, apartado 66, texto disponible para consulta en: http://eur-lex.europa.eu/LexUriServ/LexUriServ.do?uri=CELEX:61999TJ0144:ES:PDF.

[18] CRAIG, Paul y DE BÚRCA, Gráinne, EU Law. Text, cases and materials, Cuarta Edición, Oxford University Press, Nueva York, 2008, Págs. 637 y siguientes.

[19] En parte en razón de la Autonomía que se le otorga a las empresas para estructurar sus conductas. Siendo un precedente importante de aquella circunstancia, la Sentencia del Tribunal de Justicia de las Comunidades Europeas, de 16 de Diciembre de 1975, Coöperatieve Vereniging "Suiker Unie" UA y otros Vs. La Comisión de las Comunidades Europeas, asuntos acumulados 40/73 y otros, apartados 65, 66 y 67, texto disponible para consulta en lengua inglesa en: http://eur-lex.europa.eu/LexUriServ/LexUriServ.do?uri=CELEX:61973CJ0040:EN:HTML.

un marco general real en el cual se defienda, de forma obligatoria, tanto la transparencia del proceso económico, como su legitimidad.

Para ejercer dicha protección y para evitar acuerdos que falseen la libre competencia[20] generando fallos de mercado, la Unión Europea en su Tratado Constitutivo ha erigido la política de competencia como bastión de gran importancia, establecido para favorecer el cumplimiento de los objetivos económicos mas básicos que afianzan la idea comunitaria.

La consagración de la política de competencia en el Tratado Constitutivo de la Unión Europea, le ha otorgado una particularidad especial, en razón de la cual ahora, tiene un carácter constitucional. Tal y como así puede comprobarse tras observar la reiteración en la consagración de parámetros referentes a dicha política en el Tratado[21].

Adicional al articulado de referencia básico sobre el tema, que será epicentro del desarrollo en el presente trabajo, el artículo 170 del Tratado, en su numeral segundo, referido a la acción de la Comunidad en materia de redes transeuropeas, es un ejemplo de lo mencionado. Consagrándose a su vez, por nombrar algunos artículos que pueden resultar relevantes para el análisis teórico[22], bases igualmente esenciales, en artículos como el 8 del mismo Tratado, o el 173, donde se encuentra una expresión más amplia, del deber de los países miembros, de garantizar la competitividad de la industria comunitaria.

Además del carácter constitucional, la política de competencia en la Unión Europea tiene otra característica de gran importancia, como lo es su naturaleza instrumental, ya que los objetivos económicos y sociales establecidos en los Tratados[23], son logrados por

---

[20]Al respecto, como justificación a la existencia de una política de competencia, pues en los mercados es común que: *"las empresas desarrollen comportamientos estratégicos con la finalidad de disponer de alguna capacidad o de toda, de influir sobre el precio de venta"* resaltando así esta tendencia natural de la economía de mercado. PASTOR, Jaime Vicente; "La Política Comunitaria de la Competencia", en *Economía de la Unión Europea*, Director JORDAN GALDUF, Josep María, Thomson Civitas, Navarra, 2005, Pág. 264. En sentido similar DIEZ MORENO, Fernando; *Manual de Derecho de la Unión Europea*, Thomson Civitas, Tercera Edición, Navarra, 2005, Pág. 501.

[21] En el Derecho Comunitario, las normas fundamentales en las cuales se soporta el Derecho de la libre competencia, son el artículo 101 del Tratado de Funcionamiento de la Unión Europea en materia de acuerdos colusorios y prácticas concertadas, el artículo 102 del mismo instrumento enunciado en materia de abuso de posición dominante, los artículos 106, 107, 108 y 109 en materia de ayudas públicas, así comoel Reglamento 139/2004 sobre control de concentraciones empresariales (Publicado en el Diario Oficial de la Unión Europea L 24 de 29 de Enero de 2004). El Derecho Español disciplina estas situaciones principalmente en la Ley de Defensa de la Competencia (Ley 15/2007 de 3 de Julio) y los Decretos Reglamentarios de desarrollo, los cuales se enuncian en las páginas siguientes.

[22] Al respecto los artículos 170 en su numeral segundo y 173 del Tratado de Funcionamiento de la Unión Europea. Disponible para consulta en: http://eur-lex.europa.eu/LexUriServ/LexUriServ.do?uri=OJ:C:2006:321E:0001:0331:ES: pdf

[23]Al respecto, esencial el artículo cuatro del Tratado Constitutivo de la Unión Europea, donde se resalta que es importante adoptar una política económica que tenga en cuenta el respeto al principio de economía de mercado abierta y a la libre competencia. Estando a su vez soportado en su artículo 3, literal g. donde queda claro que con el objetivo de llevar a buen término los planteamientos del artículo segundo del Tratado, la acción de la Comunidad debe llevar aparejada un régimen que otorgue garantías a la competencia, para que la misma no resulte falseada en el mercado interior. Los objetivos plasmados en el

medio del bastión que lleva por nombre política de competencia. Erigida para facilitar el alcance de un alto grado de competitividad en los mercados[24], dándole un desarrollo estructurado a todas las actividades económicas, generando, en consecuencia, una subida en la calidad de vida[25].

Al ser diversos los sectores económicos que se ven afectados por la política de competencia, la misma tiene como característica así mismo, el ser una política horizontal, toda vez que no restringe su influencia a una o algunas de las parcelas "negociales", sino que se extiende hasta impactar distintos sectores económicos[26], como el agrícola[27], el regional, el comercial, el industrial, el del medio ambiente, el de los servicios, entre otros.

El Tratado de Funcionamiento de la Unión Europea ha recibido en condiciones el testigo del Tratado Constitutivo de la Unión Europea, incluyendo en su texto los parámetros de mayor importancia referentes a la política de competencia, y al Derecho de la competencia que sustenta la misma, tal y como previamente había sido expresado. Resaltando, en función de la importancia que tienen para el presente trabajo, aquellos apartados referentes a las prácticas restrictivas de la competencia y al ilícito abusivo, que serán epicentro de las páginas posteriores del presente texto[28].

---

artículo 2, entre otros: La promoción de un "desarrollo armonioso, equilibrado y sostenible de las actividades económicas en el conjunto de la Comunidad". artículos 3 y 4, Tratado Constitutivo de la Comunidad Europea. Texto disponible para consulta en:http://eur-lex. europa.eu/LexUriServ/LexUriServ.do?uri=OJ:C:2006:321E:0001:0331:ES:pdf

[24] FERNANDEZ NAVARRETE, Donato; *Fundamentos Económicos de la Unión Europea*, Editorial Thomson, Madrid, 2007, Pág. 74. Así como también CALVO CARAVACA, Alfonso-Luis y CARRASCOSA GONZALEZ, Javier, "El Derecho Europeo de la Competencia: Objeto, Fuentes y Sistemática", en *Derecho Europeo de la Competencia*, Editorial Colex, Madrid, 2000, Pág. 174 y 181.

[25] Texto del artículo segundo del Tratado Constitutivo de la Unión Europea.

[26] En sectores como el de telecomunicaciones, y los de gas natural y energía, la Competencia es de gran importancia para el diseño de los modelos de funcionamiento y es un fundamento esencial en la búsqueda de mejorar la calidad y cobertura del servicio. Se distingue al respecto, la obra de GONZALEZ-VARAS IBAÑEZ, Santiago; *Los Mercados de Interés General: Telecomunicaciones y Postales, Energéticos y de Transportes*, Editorial Comares, Granada, 2001.

[27] Al respecto el trabajo de CALVO CARAVACA, Alfonso-Luis y CARRASCOSA GONZALEZ, Javier; "El Derecho Europeo de la Competencia: Objeto, Fuentes y Sistemática", en *Derecho Europeo de la Competencia*, Editorial Colex, Madrid, 2000, Pág. 207 y siguientes. En el cual los autores resaltan que podía entreverse en el Tratado Constitutivo de la Unión Europea, que la Política de Competencia en el sector agrícola a nivel comunitario era restrictiva en condiciones similares a las que están en uso en vigencia del Tratado de Funcionamiento de la Unión Europea actualmente, ya que el grado de intervención ha sido siempre muy alto por parte de las autoridades comunitarias. Resaltando así el artículo 36 del Tratado Constitutivo, el cual tienen un parangón claro en el artículo 42 del Tratado de Funcionamiento en vigencia, donde se restringen las medidas de competencia del Tratado a las disposiciones del Consejo y a los objetivos de la Política Agrícola Común (PAC). Artículos 38, 39 y 42 del Tratado de Funcionamiento de la Unión Europea.

[28] El título de mayor relevancia dentro del Tratado, es el VII, relativo a las *Normas comunes sobre competencia, fiscalidad y aproximación de las legislaciones*, entre los artículos del 101 al 109.

Reglamentos y comunicaciones complementan la regulación que en el ámbito comunitario se incluye en el Tratado, pues son instrumentos de idoneidad que permiten garantizar un sistema actualizado, consecuente con una evolución jurídica, cada vez mas condicionada por los nuevos y progresistas escenarios mercantiles, que le obligan a renovar continuamente su catálogo por medio de la modificación y derogación de instrumentos normativos, que añaden importantes dosis de dinámica al proceso de Defensa de la Competencia[29].

A la regulación nombrada se unen, en respuesta a situaciones no previstas, las recomendaciones, los memorandos, etc.; que pretenden aclarar y encauzar la interpretación y la visión del alcance de las normas, así como también otorgar un nivel de técnica y especialización transcendente que facilite la labor de los operadores de carácter público y privado, jurídico o económico; que si bien no están supeditados formalmente a dichos instrumentos, toda vez que estos carecen de fuerza jurídica vinculante, sí pueden colaborar en la definición del alcance y sentido de la normativa.

El Derecho Comunitario de la competencia, plantea diferencias con otros regímenes jurídicos, las cuales se estructuran en características que merecen ser resaltadas[30], toda suerte que tienen un importante nivel de influencia en aquellos temas que serán abordados en las páginas posteriores del presente trabajo, a saber:

---

[29] Gracias a ello el Derecho de la competencia se ve enriquecido por una técnica y especialización que se deja entrever en sus comunicaciones y reglamentos, donde resulta importante resaltar, sobre las primeras: Las Comunicaciones de 27 de Abril de 2004, sobre la cooperación en la red de autoridades de competencia; la cooperación entre la Comisión y los órganos jurisdiccionales de los Estados miembros de la UE en la aplicación de los artículos 81 y 82 del Tratado CE; sobre la tramitación de denuncias por parte de la Comisión al amparo de los artículos 81 y 82 del TCE; relativa al concepto de efecto sobre el comercio contenido en los artículos 81 y 82 del TCE y por último acerca de la aplicación del apartado 3 del artículo 81 del Tratado. Los reglamentos a resaltar son: El Reglamento (CEE) No. 994/1998, de 7 de Mayo de 1998, sobre la aplicación de los artículos 87 y 88 del TCE a determinadas categorías de ayudas de Estado horizontales, el Reglamento (CEE) No. 659/1999, de 22 de Marzo de 1999, por el que se desarrolla la aplicación del artículo 88 del TCE referente a las ayudas de Estado, el Reglamento (CEE) No. 2790/1999, de 22 Diciembre 1999, relativo a la aplicación del apartado 3 del artículo 81 del TCE a determinadas categorías de acuerdos verticales y prácticas concertadas, el Reglamento (CEE) No. 1/2003, de 7 de 16 de Diciembre de 2002, relativo a la aplicación de las normas sobre competencia previstas en los artículos 81 y 82 del TCE; el Reglamento (CEE) No. 411/2004, de 26 de Febrero de 2004, que modifica el Reglamento No. 1/2003; el Reglamento (CEE) No. 773/2004, de 7 de Abril de 2004, relativo al desarrollo de los procedimientos de la Comisión con arreglo a los artículos 81 y 81 del TCE; el Reglamento (CEE) No. 794/2004, de 21 de Abril de 2004, que desarrolla el anterior reglamento y el artículo 93 del TCE.

[30] DIEZ MORENO, Fernando; *Manual de Derecho de la Unión Europea*, Thomson Civitas, Tercera Edición, Navarra, 2005, Pág. 502. Así mismo ALONSO SOTO, Ricardo; "Las Relaciones entre los Derechos Comunitario Europeo y Español de la Competencia", en *Tratado de Derecho de la Competencia*, Director BENEYTO PÉREZ-CERDÁ, José María, Tomo 1, Editorial BOSCH, Barcelona, 2005, Pág. 61 y siguientes.

- La Naturaleza Pública: Que se traduce en la defensa del interés general y público, en la protección y preservación del mercado y en el resguardo de las condiciones que hacen posible ejercer la competencia en términos de libertad[31];

- Generalidad: Con excepciones puntuales en las cuales el modelo de mercado no es de aplicación o los intereses involucrados son de especial susceptibilidad[32], el Derecho de la Competencia se aplica a un compendio importante de actividades económicas, en los mismos términos y con la misma trascendencia.

- Efecto Directo: Como se verá ampliamente en apartados posteriores, por ser de gran relevancia en razón de la naturaleza propia del presente trabajo; las normas de Derecho de la Competencia incluyen Derechos y obligaciones en favor de los particulares, que pueden ser dignos de protección y procesamiento en los Tribunales Nacionales, quienes a su vez están empoderados para, sin actuaciones previas que involucren a otras Autoridades, aplicar dicha normativa de forma directa[33].

- Aplicación Directa: Sin ninguna transposición al interior de los Estados, el ordenamiento jurídico de los países miembros de la comunidad, también está conformado por las normas de libre competencia comunitarias, las cuales se adhieren plenamente a la legislación doméstica, obstaculizando que sean estructuradas normas nacionales que las contradigan[34].

---

[31]El profesor ALONSO SOTO al respecto fundamenta que la libre competencia es un elemento fundamental del mercado, el cual se constituye como un principio merecedor de la protección del Estado, pues forma parte del orden económico de mercado. Imposible entonces entender el mercado sin libertad de competencia y en este sentido la garantía de su existencia y de su ordenado funcionamiento debe ser tarea pública. ALONSO SOTO, Ricardo; "El Interés Público en la Defensa de la Competencia", en *La Modernización del Derecho de la Competencia en España y en la Unión Europea*, Director MARTINEZ LAGE, Santiago, Marcial Pons, Fundación Rafael del Pino, Madrid, 2005, Págs. 36 y 37.

[32] Las excepciones de mayor relevancia son aquellas vinculadas al régimen de monopolio natural; la agricultura; la defensa nacional, entre otros de carácter puntual que subyacen o se relacionan directamente en los grupos enunciados.

[33] Al respecto, la sentencia del Tribunal de Justicia de las Comunidades Europeas de 5 de Febrero de 1963, *Van Gend & Loos*, asunto 26-62, texto disponible para consulta en: http://eur-lex.europa.eu/LexUriServ/LexUriServ.do?uri=CELEX:61962CJ0026:ES:PDF, la cual fija que en el nuevo orden jurídico comunitario, los sujetos son también sus ciudadanos sin detrimento de los Estados. Otorgándoles Derechos y Deberes diferentes a los de los ordenamientos locales, siendo ellos también protegidos por los Tribunales de cada uno de los Estados. Sobre el mismo particular la Sentencia del Tribunal de Justicia de las Comunidades Europeas de 19 de Enero de 1982, *Ursula Becker Vs. Finanzant Munster-Innested*, asunto 8/81, texto disponible para consulta en: http://eur-lex.europa.eu/LexUriServ/LexUriServ.do?uri=CELEX:61981CJ0008:ES:PDF, donde el efecto directo del Derecho comunitario es limitado. Tema a abordar profundamente en capítulos siguientes, en específico aquellos inmersos en la Segunda Parte, referente a la aplicación privada de las normas de libre competencia.

[34] De la mayor relevancia al respecto, el numeral primero del artículo 1 del Reglamento 1/2003, en el cual se lee *"los acuerdos, decisiones y prácticas concertadas contemplados en el apartado 1 del artículo 81 del Tratado que no cumplan las condiciones del apartado 3 de dicho artículo están prohibidos, sin que*

9

- Extraterritorialidad: El Derecho Comunitario de la Competencia también se aplica a aquellos agentes económicos no comunitarios que tienen, se desenvuelven y llevan a cabo actividades económicas en los territorios de la Unión Europea, en las mismas condiciones que deben soportar los agentes económicos comunitarios[35].

La presencia de las características enunciadas y los resultados que arrojaba la coexistencia entre los ordenamientos jurídicos domésticos y el Derecho comunitario, en virtud de los cuales no era extraño que se suscitaran conflictos de aplicación al abordar la materia desde distintas opticas; generó una preocupación generalizada ante la vacilación que afrontaban los distintos operadores jurídicos para definir la normativa a aplicar a un asunto particular.

Siendo un contexto de gravedad al que debía darse solución, la jurisprudencia fue la que planteó las respuestas básicas a dicha tesitura, en específico, en el asunto *Flamino Costa Vs. E.N.E.L*[36], donde quedó sustentado, con suficiencia para el momento histórico de su aparición, y en clara influencia hasta la actualidad, que el Derecho comunitario[37] es aquel que debe predominar en caso de conflicto con uno o varios ordenamientos nacionales. Los Estados limitan su soberanía ante la trasferencia de atribuciones a la comunidad y por lo tanto no están capacitados para desconocer los principios, normativa y parámetros comunitarios por medio de sus acciones individuales.

Tanto si está vinculada la aplicación de un Tratado, como si hace referencia a la aplicación de un Reglamento, directiva, comunicación, o cualquier instrumento normativo originado en la Comunidad, el principio de supremacía de las normas comunitarias es de aplicación, pues no solo se ven cobijados los instrumentos normativos

---

sea necesaria decisión previa alguna a tal. El texto del Reglamento está disponible para consulta en: http://www.fomento.es/NR/rdonlyres/A86A0414-6E66-4D81-97CA-785318E39618/1660/rgl_1_05. pdf

[35] En parte, gracias a que la supranacionalidad del Derecho Comunitario de la Competencia, influencia y facilita, en razón de tener edificados los elementos idóneos para gestionar multiplicidad de territorios, la implantación de un sistema internacional basado en su modelo, en el cual, con los mecanismos correctos, se facilite el *Enforcement* descentralizado, eficiente y en escala de las normas en las cuales se soporta. DABBAH, Maher M., *International and comparative competition law,* Cambridge University Press, Nueva York, 2010, Pág. 198.

[36] Sentencia del Tribunal de Justicia de las Comunidades Europeas, de 15 de Julio de 1964, asunto 6/64. Texto disponible para consulta en: http://eur-lex.europa.eu/LexUriServ/LexUriServ.do?uri=CELEX:61964CJ0006:ES:PDF.

[37] Haciendo referencia a las fuentes que conforman el Derecho Comunitario primario, donde son ejemplo los Tratados; y a aquellas que conforman el Derecho derivado tales como las directivas, reglamentos, recomendaciones, decisiones. ESPINOSA CALABUIG, Rosario; "Derecho de la Competencia", en *Derecho del Comercio Internacional,* Editor ESPLUGUES MOTA, Carlos, Tirant Lo Blanch, Valencia, 2006, Págs. 64 y siguientes; BORCHARDT, Klaus-Dierter, COMISIÓN DE LAS COMUNIDADES EUROPEAS, *El ABC del Derecho Comunitario,* Oficina de publicaciones oficiales de las Comunidades Europeas, Bruselas, 2000, Págs. 58 y 59; así como también los comentarios de MEDINA GONZALES, Sara; "La Política de la Competencia", en *Políticas de la Unión Europea,* Director LINDE PANIAGUA, Enrique, Cuarta edición, Editorial COLEX, Madrid, 2007, Págs. 370 y 371.

principales, sino también aquellos de Derecho derivado, que deben prevalecer de entrar en pugna con un ordenamiento doméstico[38].

Conocer las condiciones, características y particularidades de la Política y el Derecho de la Competencia en Europa, permite plantear las problemáticas que se abordarán en el presente trabajo, con mayor soltura y confianza, toda vez que la mayor parte del texto rodea el ámbito comunitario; aunque eso sí, con especiales alusiones al caso Español. Pues con el deseo de exponer la forma en la que se compenetran los derechos domésticos con el de la comunidad en lo referente a la normativa de libre competencia, se toma como base principal la realidad del país ibérico para estructurar un ejemplo común, que claro está, con las variaciones que plantea la cultura jurídica en los demás países miembros, puede cambiar, aunque no en sus aspectos fundamentales.

Así las cosas, a continuación se hará una exposición de las condiciones que en España están planteadas al respecto del Derecho y la Política de Competencia, centrada en los parámetros esenciales que han marcado su tránsito legal, jurisprudencial y cultural hasta el momento. Pues se entiende que puede resultar enriquecedor para el lector, familiarizarse, de forma sucinta, con dichos planteamientos básicos, sobre los que en algunos casos, se ahondará en apartados posteriores.

II. El régimen español de Defensa de la Competencia.

El sistema económico en España, al igual que en algunos países homólogos europeos, responde a un modelo de mercado que se basa en la garantía que se otorga a los ciudadanos para ejercer libremente la actividad empresarial y económica[39]; en específico, en el artículo 38 de la constitución Española de 1978, en el cual puede leerse que: *"Se reconoce la libertad de empresa en el marco de la economía de mercado. Los poderes*

---

[38] Al respecto es esencial acotar igualmente como ejemplo de lo dicho, lo estipulado en el Reglamento (CE) 139/2004 del Consejo, de 20 de Enero de 2004, *sobre el control de concentraciones entre empresas*, el cual en su artículo 21, apartado 3, establece que en casos de concentraciones de dimensión comunitaria, la normativa aplicable será aquella y no la de los Estados en los siguientes términos: *"Los Estados miembros se abstendrán de aplicar su normativa nacional en materia de competencia a las concentraciones de dimensión comunitaria".*

[39] Sentencia del Tribunal Constitucional 96/2002, de 25 de Abril, publicada en el Boletín Oficial del Estado de 22 de Mayo de 2002. Texto disponible para consulta en http://www.boe.es/boe/dias/2002/05/22/pdfs/T00105-00125.pdf. En la cual se le otorgó contenido al concepto de libertad de empresa y se alcanzó una expresión de importancia acerca de los derechos y deberes que apareja aquella libertad en lo que a Defensa de la Competencia se refiere. Expresando que: *"(...) con relación a la libertad de empresa hay que recordar que el art. 38 del Texto constitucional dispone que los poderes públicos garantizan el ejercicio de la libre empresa de acuerdo con las exigencias de la economía general. Dicho mandato debe ser interpretado poniéndolo en relación, primero con los artículos 128 y 131 CE...., viniendo a implicar, fundamentalmente, el derecho a iniciar y sostener una actividad empresarial...., y a hacerlo en libre competencia..., lo que exige, entre otras cosas, la defensa de los empresarios contra prácticas, acuerdos, conductas o actuaciones atentatorias de esa libertad (...)".*

públicos garantizan y protegen su ejercicio y la defensa de la productividad, de acuerdo con las exigencias de la economía general y, en su caso, de la planificación "[40].

Es el Estado, por medio de la articulación de herramientas e instituciones, el responsable de la protección de la libertad enunciada en el párrafo anterior, para que no se vea limitada, restringida o condicionada en su ejercicio. Siendo igualmente responsable de la salvaguarda de todos aquellos principios que sirven de sustento al orden económico "doméstico".

Como se ha podido ver previamente, fundamentos como la libertad de iniciativa empresarial, son susceptibles de generar distorsiones en la libertad a la hora de competir, toda vez que en no pocas ocasiones los agentes buscan obtener el máximo beneficio, explotando, en el camino a él, su libertad hasta el límite[41]. Siendo esencial por lo tanto, también en lo netamente circunscrito a un territorio en específico como lo es el español, disciplinar el ejercicio del Derecho en mención, enriqueciéndolo con un catálogo de deberes a respetar[42].

Ante dicha realidad, y ante la posición de responsabilidad del Estado, el Legislador Español se ha puesto manos a la obra y ha estructurado respuestas necesarias que han añadido un complemento de importancia al sistema jurídico, como lo es el Derecho de la Competencia[43], y en particular la Ley de 3 de Julio, 15/2007, *de Defensa de la Competencia*, que es resultado de una evolución que ya hace varios años se puso en marcha en España.

---

[40] El texto de la Constitución Española está disponible para consulta en: http://www.gva.es/cidaj/pdf/constitucion.pdf. Sobre el tema en específico y remarcando la influencia del parámetro constitucional en la Defensa de la Competencia en España, PETITBO JUAN, Amadeo, "La Defensa de la Competencia en España a partir del artículo 38 de la Constitución Española", en *Economía Industrial*, N° 349-350, 2003, Págs. 127 a 138; siendo de relevancia igualmente los comentarios exhaustivos y el análisis que hacen sobre el mencionado artículo, PAZ.ARES, Candido y ALFARO ÁGUILA-REAL, Jesús, "Artículo 38", en *Comentarios a la constitución española. XXX aniversario*, Directores CASAS BAAMONDE, María Emilia y RODRIGUEZ PIÑERO Y BRAVO-FERRER, Miguel, Fundación Wolters Kluwer, Madrid, 2008, Págs. 980 a 1000.

[41] Tal y como lo expone en su obra, PASTOR, Jaime Vicente; "La Política Comunitaria de la Competencia", en *Economía de la Unión Europea*, Director JORDAN GALDUF, Josep María, Thomson Civitas, Navarra, 2005, Pág. 264.

[42] ARIÑO ORTIZ, Gaspar. *Principios de Derecho Público Económico*, Comares, Fundación de Estudios de Regulación, Tercera Edición, Granada, 2004, Págs. 258 y siguientes.

[43] Sobre el cual algún sector de la doctrina ha erigido ciertos comentarios de importancia referentes a sus objetivos mas prístinos y básicos; entre los cuales merece ser resaltado el siguiente: *"(...) en puridad, el Derecho de la Competencia solo persigue que el mercado funcione correctamente y que se respeten por todos los agentes y operadores económicos las reglas de juego por las que dicho mercado se rige"*. COSCULLUELA MONTANER, Luis y LOPEZ BENITEZ, Mariano; *Derecho Público Económico*, Editorial Iustel, Madrid, 2007, Pág. 247.

A renglón seguido de su preámbulo[44], en la norma mencionada se regulan aspectos paralelos y de enorme similitud con los instrumentos comunitarios, referentes a la Defensa de la Competencia; haciendo alusión específica a los parámetros institucionales que permiten hacer frente ordenadamente a las circunstancias susceptibles de generar distorsión en los mercados, a los aspectos procedimentales, a los sancionatorios, a las prácticas restrictivas de la competencia, así como también al control de concentraciones empresariales y a las ayudas públicas[45].

Es por lo tanto, la Ley de Defensa de la Competencia, una respuesta a la necesaria unificación de varias reformas de las cuales fue objeto la ley anterior, en razón de las modificaciones que se fueron suscitando en la cultura jurídica comunitaria y española[46]. Siendo entonces su intención la de *"(...) reforzar los mecanismos ya existentes y dotarlo de los instrumentos y la estructura institucional óptima para proteger la competencia efectiva en los mercados, teniendo en cuenta el nuevo sistema normativo comunitario y las competencias de las Comunidades Autónomas para la aplicación de las disposiciones relativas a prácticas restrictivas de la competencia según lo dispuesto en la Ley 1/2002 de 21 de Febrero (...)"*[47].

---

[44]Del cual se resalta el siguiente apartado pues sirve de sustento a la descripción realizada en el presente trabajo: *"(...) resulta preciso disponer de un sistema que, sin intervenir de forma innecesaria en la libre toma de decisiones empresariales, permita contar con los instrumentos adecuados para garantizar el buen funcionamiento de los procesos del mercado."* El texto del preámbulo y de la norma en mención está disponible para consulta en: http://noticias.juridicas.com/base_datos/Privado/l15-2007.html.

[45] El Real Decreto 261/2008, de 22 de Febrero, Reglamento de Defensa de la Competencia, ha sido una pieza fundamental. Debiéndose a su vez anexar, que la Ley de Defensa de la Competencia actual, derogó la Ley 16/1989, de 17 de Julio, la cual estuvo vigente más de 15 años y fue en varias oportunidades reformada en aspectos tanto sustanciales como de procedimiento.

[46]El Reglamento (CEE) No. 1/2003, como texto de inmensa relevancia y referencia en el presente trabajo, reformó a nivel comunitario el sistema de aplicación de los artículos 101 y 102 del Tratado de Funcionamiento de la Unión Europea y apareció como parte de la importante reforma que se realizó en Europa para otorgar más eficiencia a la labor de Defensa de la Competencia. Aunque con antelación ya se estaban presentando reformas al interior de España, tales como la Ley 1/2002 sobre coordinación de las competencias del Estado y las Comunidades Autónomas en materia de Defensa de la Competencia, que fue promulgada en el periodo de vigencia de la ley 16/1989. Sobre la cual, entre otras, se refiere el profesor ALONSO SOTO, expresando que: *"A partir de ese momento, hemos tenido ocasión de asistir al espectáculo de una especie de reforma por entregas, que se reitera con una periodicidad anual y que además acostumbra a utilizar la legislación de urgencia, hurtando de este modo la cuestión al debate parlamentario, sirvan de ejemplo a este respecto: el Real Decreto Ley 7/1996,....la Ley 66/1997,...el Real Decreto 295/1998,...el Real Decreto Ley 6/1999,...la Ley 52/1999,...el Real Decreto Ley 6/2000,...el Real Decreto 2/2001,...la Ley 9/2001"*. ALONSO SOTO, Ricardo; "Las Recientes Modificaciones de la Ley de Defensa de la Competencia. La Necesidad de la Reforma y las Principales Novedades". en *El Nuevo Derecho Comunitario y Español de la Competencia*, Directores BENEYTO PÉREZ-CERDÁ, José María; MAILLO GONZÁLEZ ORÚS, Jerónimo y OJEDA AGUIRRE, Marcelino, Editorial BOSCH, Barcelona, 2002, Págs. 289 y siguientes.

[47] No toda la doctrina comparte dicho postulado ya que no se ven como razones suficientes para tal reforma, muy a pesar de resaltar aspectos positivos de la misma que ahora se adhieren a la Defensa de la Competencia, tales como la independencia. SORIANO, José Eugenio; *La Defensa de la Competencia en España*, Editorial Iustel, Madrid, 2007, Pág. 24.

Claramente, un largo recorrido fue transitado hasta llegar al marco legislativo actual, en el cual la Ley 15/2007 se erige como epicentro de la Defensa de la Competencia en España. Siendo esencial destacar la evolución jurídica que le ha hecho posible, pues las bondades de las cuales actualmente goza el sistema, se deben, en parte, a los grandes aportes y a la acertada técnica que para la gran mayoría impregnó las líneas de la Ley 16/1989[48]; toda vez, que como ya se dijo, tuvo una vigencia continuada, que a pesar de las muchas reformas intermedias, le permitió consolidar parámetros básicos y crear cultura alrededor de la Defensa del mercado y de la libertad de competencia.

La ley 16/1989 fue la primera en regular las concentraciones empresariales, las ayudas públicas y todas las prácticas restrictivas de la competencia, estructurando un marco institucional dual para la Defensa de la Competencia, donde se encontraban organismos actualmente sustituidos por la Comisión Nacional de Competencia, como lo eran el Tribunal de Defensa de la Competencia y el Servicio de Defensa de la Competencia[49].

Ante la existencia de la Ley 100/1963, de 20 de Julio, *de represión de prácticas restrictivas de la competencia*, como primer antecedente de las materias después integradas en la Ley 16/1989 y en razón de que la primera era una norma afectada altamente por el régimen proteccionista operante en aquella época, así como también por la aguda y constante intervención del Estado, era necesaria una unificación de la materia en un solo texto que disciplinara la totalidad de la misma y que a su vez, otorgara un marco legislativo armónico con la normativa comunitaria; que entre otras cosas estuviese en condiciones de mejorar la coordinación con las Comunidades Autónomas.

Así mismo, era necesario acercar las posturas internas operantes en España con los no poco evolucionados artículos 81 y 82 del TCE (101 y 102 del Tratado de Funcionamiento de la Unión Europea actual) y transponer en el terreno doméstico el desarrollo que con los años se había fraguado sobre el tema en Europa. Siendo todos aquellos los fundamentos determinantes que dieron pie a la aparición y promulgación de la Ley 16/1989, que es interpretada por muchos, como la Ley que subsanó las necesidades e inquietudes más básicas que se habían presentado hasta dicho momento en España respecto de la Defensa de la Competencia.

Además de las razones expuestas, una Ley que otorgara suficientes respuestas a la nueva realidad económica que se había asentado entre la promulgación de la Ley de represión de prácticas restrictivas hasta la entrada de España en la Comunidad Europea, debía aparecer lo más pronto posible, ya que además de los cambios consecuentes que se preveían en un principio como resultado de dicha incursión, se habían generado algunos

---

[48] De Defensa de la Competencia, Publicada en el Boletín Oficial del Estado número 170 de 18 de Julio de 1989.

[49] Al respecto, ORTIZ BLANCO, Luis; "La Autoridad Española de Defensa de la Competencia: Autoridad Única o Dual?", en *Estudios de Derecho de la Competencia*, Director FONT GALAN, Juan Ignacio, Marcial Pons, Madrid, 2005, Págs. 349 y siguientes.

otros que nacían de lineamientos más específicos de la CEE, así como también de la dinámica económica imperante en aquel momento[50].

Ciertas dudas se generaron alrededor de la independencia que debía otorgársele a la(s) Autoridad(es) Nacional(es) de Competencia frente al poder político, pues se interpretaba que a pesar de los avances introducidos por la Ley 16/1989, aquel instrumento no tenía la suficiente proyección futura para sospechar que las presiones que la(s) Autoridad(es) Administrativa(s) debería(n) soportar en aplicación de la normativa, serían agobiantes. Por lo que, desde muy pronto, empezaron a suscitarse voces críticas que recomendaban apuntalar de forma real la naturaleza de la Autoridad, para que en condiciones acertadas y sin presiones, pudiese cumplir efectivamente con sus labores.

De tal manera, apareció la Ley 15/2007, aprovechando todos los avances suscitados en los tantos años de aplicación de la Ley anterior, y dando respuesta a dudas tales como la de la independencia de la Autoridad de Competencia, que tantas voces había generado antes de su promulgación, y siguió generando tras la misma, en varias direcciones doctrinales[51].

---

[50] ALONSO SOTO, Ricardo; "Derecho de la Competencia", en *Lecciones de Derecho Mercantil*, Director MENENDEZ, Aurelio, Thomson Civitas, Madrid, 2006, Págs. 235 y siguientes. Siendo de relevancia igualmente en este punto, el preámbulo de la Ley 16/1989, disponible para consulta en: http://documentacion.meh.es/doc/C14/Defensa%20de%20la%20Competencia/Consolidada %20Ley%2016-89.pdf, en el cual podía leerse "*La Ley se asienta en los sólidos pilares de la experiencia. Por una parte se inspira en las normas comunitarias de política de competencia, que han desempeñado un papel transcendental en la creación y funcionamiento del mercado común. Y, por otra parte, nace con el propósito de superar los defectos que frustraron la plena aplicación de la Ley 110/1963, de 20 de Julio, de Represión de Prácticas Restrictivas de la Competencia, que ahora se deroga*".

[51] Como ejemplo de los que opinan que la falta de independencia no merecía la reforma que ha significado al respecto la Ley 15/2007: "*La Unidad orgánica de la futura CNC supone dotar de mayor coherencia al sistema de Defensa de la Competencia de acuerdo con el principio de eficacia ya enunciado en el Libro Blanco, pero no necesariamente supone un refuerzo de la independencia del conjunto....la necesidad de la reforma no parece que se funde en una deficiente garantía de la independencia en la aplicación de la normativa de Defensa de la Competencia. En cambio, más allá de lo estrictamente normativo, la debilidad del sistema español de Defensa de la Competencia puede encontrarse en la escasa dotación de medios humanos y materiales dedicados a una función tan trascedente como la Defensa de la Competencia*". PADROS REIG, Carlos; "*La Reforma del Sistema Español de Defensa de la Competencia. Un Nuevo Marco Institucional de la Defensa de la Competencia en España*". Documento de Trabajo, Serie Política de la Competencia, Número 19/2006, Instituto Universitario de Estudios Europeos, CEU Ediciones, Pág. 34, 2006. Disponible en http://www.idee.ceu.es/access.php?file=/secure/docs/publicaciones/DocumentosTrabajo/docu%20 19_06%20%28final%29%20%28CPadr%F3s%29.pdf. Como ejemplo de los que opinan que la reforma sí cumple con dicho objetivo necesario en aquella realidad: "*Existe asimismo un segundo aspecto capital en que el acierto de la Ley es casi pleno: La independencia de la Comisión. Si ya era bien conocida la fiera independencia del Tribunal de Defensa de la Competencia, ahora se prolonga a los que constituía el Servicio, hasta el momento dependiente directa y jerárquicamente del Ministerio. Pues bien, es innegable que respecto del Presidente y del Consejo de la Comisión Nacional de Competencia, el examen previo al que se les somete ante el Parlamento unido a un mandato único de seis años improrrogables, hacen que sean personas muy acreditadas...y que no tengan nada que temer ni que esperar del Poder político, ya que no existe el incentivo de la renovación. Así mismo también el Director de Investigación, tiene independencia, ya que no basta el plácet o la hostilidad ministerial para garantizar su nombramiento y cese, sino que tendrá que contarse, en la forma en que veremos, con la propia CNC....La independencia,*

Así por ejemplo, la nueva Ley de Defensa de la Competencia incorporó cambios de envergadura, entre los cuales destaca, como ya se adelantó, la creación de la Comisión Nacional de Competencia como órgano administrativo único de control de la competencia[52]. El cual internamente se divide los asuntos y las funciones de instrucción y enjuiciamiento, que estaban repartidos en el sistema dual imperante bajo la vigencia de la Ley 16/1989, entre los ya extintos Tribunal de Defensa de la Competencia y Servicio de Defensa de la Competencia.

Las funciones previamente desarrolladas por el Servicio de Defensa de la Competencia, han pasado a la Dirección de Investigación de la Comisión Nacional de Competencia, quien cumple ahora con la labor de instrucción. Estando sus funciones básicas adheridas al literal (c) del artículo 20 de La Ley 15/2007, como lo son las de: instrucción de expedientes, investigación, así como de estudio y preparación de informes de la Comisión al completo. Siendo todas ellas funciones elementales que se unen a un compendio de algunas más específicas enunciadas en el numeral segundo del artículo 35 de la misma Ley, donde aquel instrumento ahonda, ordenando un grupo mucho más concreto de actuaciones[53].

En cuanto a las funciones de enjuiciamiento, el Consejo de la Comisión Nacional de Competencia es el titular de dicha función[54], a la que se añaden funciones de organización interna, consultivas y resolutivas.

Los avances e innovaciones de la Ley no vienen netamente marcados en el terreno institucional, pues además adhiere importantes novedades sobre aspectos anexos que ponen al modelo español a la vanguardia de la Defensa de la Competencia; incluyendo

---

pues, ha salido reforzada y es muy de aplaudir y reconocer.", SORIANO, José Eugenio; *La Defensa de la Competencia en España*, Editorial Iustel, Madrid, 2007, Pág. 22.

[52] Artículos 12 y 19 de la Ley 15/2007, de 3 de Julio, de Defensa de la Competencia. Texto disponible para consulta en: http://www.cncompetencia.es/PDFs/legislacion/47.pdf

[53] Ley 15/2007, de Defensa de la Competencia en su artículo 35, numeral segundo: Instruir y elevar la correspondiente propuesta de resolución en los expedientes sobre los que deba resolver el Consejo (...); Resolver las cuestiones incidentales que puedan suscitarse en el marco de la instrucción de expedientes (...); Vigilar la ejecución y cumplimiento de las obligaciones dispuestas en la Ley (...), así como las contenidas en resoluciones y acuerdos en materia de conductas restrictivas y de control de concentraciones; Aplicar los Mecanismos de designación de órgano competente (...); Aplicar los mecanismos de reenvío de expedientes entre la Comisión Nacional de la Competencia y la Comisión Europea en materia de concentraciones entre empresas (...); requerir de oficio la notificación de una concentración (...); y requerir el formulario ordinario de notificación (...).

[54] Al respecto de las Funciones del Consejo de la Comisión Nacional de la Competencia, la Ley 15/2007 de Defensa de la Competencia, en su artículo 34: Resolver los Procedimientos Sancionadores; Resolver, a propuesta de la Dirección de Investigación sobre los trámites de conductas restrictivas de la competencia, control de concentraciones y aplicación de los artículos 81 y 82 del TCE; solicitar o acordar el envío de expedientes de control de concentraciones a la Unión Europea; acordar el levantamiento de la obligación de suspender la ejecución de una concentración; emitir dictamen, a propuesta de la Dirección de Investigación, sobre criterios de concesión de ayudas públicas, sobre proyectos de apertura de grandes establecimientos comerciales, sobre proyectos y proposiciones de normas que afecten a la competencia y sobre procedencia y cuantía de indemnizaciones, cuando así sea requerido por el órgano judicial competente.

así, la figura de la "clemencia" en el sistema actual[55], la cual se basa en reducir o eximir a una empresa, representante legal y/o directivo, cuando, habiendo formado parte de un cartel, asista a la Comisión Nacional de Competencia, denunciando su existencia y aportando las pruebas pertinentes para una posterior investigación.

La norma plantea al respecto, ciertos presupuestos que deben cumplirse para estar inmerso en la figura de clemencia, tales como la colaboración con la autoridad durante todo el proceso, la cesación en su conducta ilegal, el no haber forzado empresas a participar en la conducta investigada y el no haber viciado el material probatorio. Todos ellos, aspectos sobre los cuales se ahondará en apartados posteriores, pues la figura enunciada tiene enorme incidencia en el tema sancionatorio, tal y como se verá al analizar las particularidades de la aplicación de las normas de libre competencia por parte de autoridades de naturaleza administrativa.

Así mismo, y a pesar de que será desarrollado a profundidad posteriormente en este texto, por ser uno de los pilares del presente trabajo, cabe nombrar la trascendental posibilidad que aporta la nueva ley a los Jueces de lo mercantil, de conformidad a los avances comunitarios, de conocer y aplicar directamente la legislación de Defensa de la Competencia, según lo señalado por la disposición adicional primera de la Ley[56].

Uniéndose así los asuntos acerca de abusos de posición dominante y prácticas restrictivas de la competencia, a los asuntos en los cuales sean de aplicación los artículos 101 y 102 del Tratado de Funcionamiento de la Unión Europea[57], como aquellos de los cuales los Jueces de lo mercantil están facultados para conocer y tramitar.

Tanto en España como en Europa se han hecho grandes esfuerzos por estructurar un sistema avanzado que haga frente de forma correcta y eficiente a las nuevas condiciones de los mercados, por lo que conocer las más básicas variaciones que han acaecido con los años, e interiorizar las generalidades de aquellos dos contextos de importancia que comprenden los territorios que abarcan el temario del presente trabajo, se hace necesario. Así como también lo es, tal y como se hará a continuación, desarrollar las conductas en las que el Derecho de la Competencia, en ambos casos, enfoca su actuación, toda vez que algunas de ellas son epicentro y foco de gran parte de las páginas posteriores.

---

[55] Ley 15/2007, de Defensa de la Competencia, Artículos 65 y 66.

[56] Dispone este texto legal: *"De acuerdo con lo dispuesto en el artículo 86 ter 2. letra f de la Ley Orgánica 6/1985, del Poder Judicial, los Juzgados de lo Mercantil conocerán de cuantas cuestiones sean de la competencia del orden jurisdiccional civil respecto de los procedimientos de aplicación de los artículos 1 y 2 de la presente Ley".*

[57] El Reglamento (CE) No. 1/2003 es el que hace posible dicha facultad, en su artículo 6: *"Los órganos jurisdiccionales nacionales son competentes para aplicar los artículos 81 y 82 del Tratado".*

III. Contexto de las prácticas controladas por el derecho de la competencia.

Los sistemas descritos, con sus particularidades y excepciones, vinculan su control a ciertas prácticas que tienen capacidad de distorsionar el proceso competitivo. Dichas situaciones son:

- Acuerdos Anticompetitivos: Acuerdos que tienen como objetivo o efecto la restricción de la competencia, están prohibidos. Particularmente aquellos acuerdos entre competidores que versen por ejemplo sobre concertación de precios, división de mercados, restricciones de producción, referidos comúnmente como acuerdos horizontales[58], etc.; que conllevan efectos, en algunos sistemas legales, incluso penales, a imponer a los responsables individuales de las mencionadas conductas[59].

Los acuerdos entre compañías en niveles diferentes del mercado, referidos como acuerdos verticales, pueden ser igualmente sancionados cuando comportan cierto perjuicio a la competencia. Este tipo de acuerdos tienen una probabilidad menor de perjudicar el proceso competitivo que los acuerdos horizontales propiamente dichos.

- Abuso de posición dominante: comportamientos abusivos llevados a cabo por una empresa dominante con sustancial poder de mercado, el cual le permite actuar

---

[58] Es importante hacer relieve, aunque en apartados posteriores se añadirá una reseña sobre ellos, en como los acuerdos horizontales de repartición de mercados se producen cuando dos empresas que compiten en el mismo nivel del proceso productivo acuerdan en forma directa o indirecta repartirse el mercado. A contrariu sensu de las prácticas restrictivas de la competencia de tipo vertical, que son aquellas ejercidas por una o más personas en forma unilateral o concertada, y armonizadas con y/o dirigidas contra empresas o personas que se encuentran en un nivel diferente del proceso productivo. Se trata de prácticas o acuerdos entre un productor y un distribuidor, o entre un vendedor mayorista y otro detallista, o en general entre dos empresas que operan en secuencia en una cadena de producción y distribución, para limitar o controlar los mercados, colectivos de exclusiva, compra en común, venta en común, restricción en la publicidad, limitar las actividades promocionales, acuerdos para especializarse en la fabricación de determinados productos, etc. Dentro de los acuerdos verticales se mencionan los acuerdos de distribución exclusiva, suministro en exclusiva, distribución selectiva, determinados tipos de subcontratación, restricciones que afectan a al buen funcionamiento de la competencia. Es común en las legislaciones sobre libre competencia darle un tratamiento de ilegalidad *per se* a los acuerdos horizontales de repartición de mercados, mientras que los acuerdos verticales se analizan con diferente prisma. FLYNT BLANCK, Pinkas; *Tratado de Defensa de la Libre competencia*, Fondo Editorial, Lima, 2002, Pág. 900. Por su parte, BELLAMY, Christopher y CHILD, Graham, *Common Market Law of Competition*, Sweet & Maxwell, Londres, 1996, Pág. 278. Señalan que dentro de los acuerdos horizontales encontramos los acuerdos relativos a los precios y condiciones de venta, de información, para limitar la producción, sobre *standards*, publicidad, franquicia, importaciones o exportaciones, restricciones en licencias de derechos de propiedad intelectual, entre otros.

[59] A pesar de que son varias las voces que consideran que hay razones de peso para que no deba existir regulación penal en temas de competencia, especialmente en Europa, donde no son considerados como crímenes las prácticas anticompetitivas y a su vez hay dificultades de envergadura para tipificar conductas que por su naturaleza misma son de carácter indeterminado. ALONSO SOTO, Ricardo, "El interés público en la Defensa de la Competencia", en *La Modernización del Derecho de la Competencia en España y en la Unión Europea*, Directores MARTINEZ LAGE, Santiago y PETITBO, Juan, Marcial Pons, Madrid, 2005, Pág. 35; BAÑO LEON, Jose María, *Postestades Administrativas y Garantias de las Empresas*, McGraw Hill e Interamericana de España S.A, Madrid, 1996, Pág. 6; así como la doctrina enunciada por el primero.

como monopolista, también son prácticas restringidas por el Derecho de la Competencia.

Situaciones comunes como la descrita son enmarcadas en la expresión "precios predatorios"[60], que se unen a la imposición de condiciones comerciales no equitativas, a la negativa injustificada a satisfacer las demandas de compra de productos o de prestación de servicios, la subordinación de la celebración de contratos a la aceptación de prestaciones suplementarias que no guarden relación con el objeto de los mismos, entre otras, que con los movimientos dinámicos propios del mercado pueden suscitarse[61].

- Concentraciones: Los sistemas de Defensa de la Competencia alrededor del globo suelen investigar las operaciones de concentración entre empresas con capacidad para distorsionar el proceso competitivo. Es claro que si una empresa direcciona su estrategia hacia la adquisición de su máximo competidor, la posibilidad de que el consumidor vea reducidas sus posibilidades de elección o que deba hacerlo a precios más altos, es mayor. Ante dicha realidad, algunos sistemas han optado por proveer a la autoridad de mecanismos idóneos para prevenir las nombradas distorsiones, entre los cuales debe resaltarse la autorización *ex – ante,* por su amplia divulgación, sin la cual la operación no puede seguir su curso.

- Ayudas Públicas: Es común que en tiempos de crisis, o por simple conveniencia, las entidades de carácter público y los Estados, tomen la decisión de impulsar la labor productiva de una empresa o un sector determinado, en búsqueda de que la actividad económica se desarrolle en términos de dinamismo y agilidad, así como también, que las beneficiarias de dicha cooperación tengan una viabilidad a largo plazo[62].

Dicha asistencia, prestada por el Estado o por las Autoridades Públicas, favoreciendo a una empresa o sector determinado, está prohibida en algunos

---

[60] Según VARELA GONZALEZ: *"Este concepto hace referencia a un precio anormalmente bajo, en general por debajo de alguna medida del coste del producto, generalmente fijado con el objetivo de expulsar a empresas rivales del mercado, aunque también puede buscar evitar comportamientos "gravosos" de las firmas competidoras o disuadir la entrada de nuevos rivales en el mercado. Dada su naturaleza, los precios predatorios se vinculan a estrategias competitivas muy agresivas."*VARELA GONZALEZ, José Antonio, "Precios predatorios y Competencia" Artículo publicado el domingo, 13 de Septiembre de 2009 en el suplemento Mercados de *"La Voz de Galicia".* 2009. Pág. 1.

[61] Comisión Nacional de Competencia acerca del abuso de posición dominante, Página Web: http://www.cncompetencia.es/Inicio/Porqueesimportantelacompetencia/Conductas/Abusodeposiciondomin ante/tabid/110/Default.aspx

[62] ESTOA PEREZ, Abel, *El Control de las ayudas de Estado,* Editorial Iustel, Madrid, 2006, Pág. 27; PEREZ BERNABEU, Begoña, *Ayudas de Estado en la Jurisprudencia Comunitaria,* Tirant Lo Blanch, Valencia, 2008.

sistemas; siempre que sea susceptible, en razón de una posibilidad verosímil y concreta, de falsear o desestabilizar la competencia en uno o varios mercados[63].

- Restricciones públicas a la competencia: El Estado es en ocasiones responsable de ciertas restricciones y distorsiones en la competencia, pudiendo generar dicho efecto con ciertas medidas legislativas, reglamentarias, normas de concesión de licencias, o simplemente en sus prácticas administrativas de carácter concreto[64]. Es por ello que ciertos sistemas se han decantado por otorgar un papel protagónico a las autoridades de competencia, a la hora de examinar las posibles restricciones públicas a la competencia, desempeñando un papel de Defensa de la Competencia al comentar e incluso recomendar la eliminación de dichas restricciones.

Existiendo un claro catálogo como el descrito, de las prácticas que la Defensa de la Competencia busca controlar por su propensión a menoscabar bienes jurídicos de importancia, en el presente trabajo se busca hacer un especial énfasis en aquellas conductas que son transgresoras de la normativa de libre competencia, tanto comunitaria como nacional de los países miembros. El objetivo, es centrarse en aquellos ilícitos, que existen en la realidad a pesar de haber claras prohibiciones y sanciones a imponer a aquellos que las pongan en marcha, en virtud de los cuales se vulneran y lesionan con regularidad valores que distorsionan la realidad del mercado, poniéndolo a favor de algunos pocos con mayor capacidad para amoldarse a los cambios que el mercado enfrenta ante las variaciones tecnológicas, las privatizaciones, los procesos de liberalización, entre otros.

(A)   Las conductas contrarias a las normas de libre competencia.

Las reglas centrales que rigen la actividad competitiva de las empresas en Europa, se encuentran en los artículos 101 y 102 del Tratado de Funcionamiento de la Unión Europea; donde en dicho orden, se contemplan como incompatibles con el mercado común, los actos colusorios que restrinjan la competencia y afecten el comercio entre

---

[63] Acerca de la teoría que envuelve este tipo de ayudas, así como también de las condiciones de verosimilitud y de causalidad que deben unir a la ayuda efectivamente puesta en marcha por los organismos públicos y a la o las distorsiones que se presentan en el mercado, resultan ser de relevancia los trabajos de CALVO CARAVACA, Alfonso-Luis y CARRASCOSA, Javier, *Intervenciones del Estado y libre Competencia en la Unión Europea*, Editorial Colex, Madrid, 2001, Pág. 223; así como también QUERUB PERELIS, Daniel, "Las ayudas públicas: el caso de la construcción naval", en *Derecho de la Competencia Europeo y Español*, Coordinadores ORTIZ BLANCO, Luis y PASCUAL SEQUEROS, Adriana, Editorial Dykinson, Madrid, Volumen. III, 2002, Pág. 387.

[64] BöGE, Ulf, "State imposed Restrictions of Competition and Competition Advocacy" en *Challenges of Addressing State Imposed or Facilitated Restraints*, ABA Spring Meeting, 29 de Marzo de 2006, Washington D.C. Pág. 2. El documento está disponible para consulta en: http://www.abanet.org/antitrust/at-committees/at-ic/pdf/spring/06/045.pdf

Estados miembros[65], así como también la explotación abusiva de una posición de dominio[66].

Los artículos en mención, no se aplican solo en razón de la intervención de la Comisión Europea como máxima Autoridad Comunitaria de Competencia; sino que igualmente están dentro del marco de actuación de un grupo plural de *Enforcement Bodies*, quienes se encuentran también empoderados para de forma directa, y en caso de infracción, ponerlos en marcha. Siendo aquella la razón de ser de su alusión en el presente texto.

1. Las conductas colusorias.

Para comenzar, no resulta arriesgado manifestar que la prohibición de prácticas colusorias[67] es uno de los pilares fundamentales sobre los que se asienta la Defensa de la Competencia, toda vez que en virtud de aquella, se facilita la confrontación y neutralización de los acuerdos de carácter anticompetitivo y de los carteles, que para

---

[65] Restricción del artículo 101 que basa su control en los acuerdos realizados entre las empresas implicadas.

[66] Restricción del artículo 102, que en contraposición al artículo 101, no basa su control en los acuerdos, sino en la conducta, sea unilateral o no.

[67] Se estima pertinente acotar que de conformidad con el art. 1.1 de la Ley 15/2007, de 3 de Julio, de Defensa de la Competencia (LDC) en España, acuerdo colusorio es todo acuerdo, decisión o recomendación colectiva, o práctica concertada o conscientemente paralela que tenga por objeto, produzca o pueda producir el efecto de impedir, restringir o falsear la competencia. En particular, se enuncian los acuerdos que consistan en: a. La fijación, de forma directa o indirecta, de precios o de otras condiciones comerciales o de servicio. b. La limitación o el control de la producción, la distribución, el desarrollo técnico o las inversiones. c. El reparto del mercado o de las fuentes de aprovisionamiento. d. La aplicación, en las relaciones comerciales o de servicio, de condiciones desiguales para prestaciones equivalentes que coloquen a unos competidores en situación desventajosa frente a otros. e. La subordinación de la celebración de contratos a la aceptación de prestaciones suplementarias que, por su naturaleza o con arreglo a los usos de comercio, no guarden relación con el objeto de tales contratos. A nivel comunitario, el numeral primero del artículo 101 del Tratado de Funcionamiento de la Unión Europea también prohíbe las denominadas prácticas colusorias en los siguientes términos: *"Serán incompatibles con el mercado común y quedarán prohibidos todos los acuerdos entre empresas, las decisiones de asociaciones de empresas y las prácticas concertadas que puedan afectar al comercio entre los Estados miembros y que tengan por objeto o efecto impedir, restringir o falsear el juego de la competencia dentro del mercado común y, en particular, los que consistan en: a. fijar directa o indirectamente los precios de compra o de venta y otras condiciones de transacción; b. limitar o controlar la producción, el mercado, el desarrollo técnico o las inversiones; c. repartirse los mercados o las fuentes de abastecimiento; d. aplicar a terceros contratantes condiciones desiguales para prestaciones equivalente, que ocasionen a éstos una desventaja competitiva; e. subordinar la celebración de contratos a la aceptación, por los otros contratantes, de prestaciones suplementarias que por su naturaleza o según los usos mercantiles, no guarden relación alguna con el objeto de dichos contratos".*

muchos, son el prototipo de conducta prohibida por las legislaciones de Defensa de la Competencia[68].

Los acuerdos colusorios entre empresas, o en su manifestación específica, aquellas concertaciones con un objeto o efecto lesivo para la competencia, comportan un grave atentado contra esta[69], ya que gracias a dichas prácticas las empresas reemplazan la actuación autónoma en el mercado, que hace referencia a intentar obtener el éxito económico en base a la calidad de sus prestaciones, por una actuación acoplada y sincronizada en la que los estímulos para la captación de clientes se ven reducidos, menoscabando a estos últimos y a la eficiencia misma del sistema, que se ve negativamente impactada en razón de aquel marco de actuación[70].

---

[68] En razón de la tendencia natural de la economía de mercado, de buscar a como de lugar el poder para influir en los mercados, CRAIG, Paul y DE BÚRCA, Gráinne, *EU Law. Text, cases and materials,* Cuarta Edición, Oxford University Press, Nueva York, 2008, Págs. 951; PASTOR, Jaime Vicente, "La Política comunitaria de la competencia"en *Economía de la Unión Europea,* Thomson Civitas, Navarra, 2005, Pág. 264; son necesarios planteamientos como el del artículo 4 del Tratado Constitutivo de la Unión Europea, el cual destaca la importancia de adoptar una política económica que tenga en cuenta el respeto al principio de economía de mercado abierta y a la libre competencia, artículos 3 y 4, Tratado Constitutivo de la Unión Europea. El documento está disponible para consulta en: http://eurlex.europa.eu/LexUriServ/LexUriServ.do?uri=OJ:C:2006:321e:0001:0331:ES.pdf. La "competencia" implica una situación del mercado en que los vendedores de un producto o servicio luchan, de forma independiente, por una clientela de compradores para alcanzar un objetivo empresarial concreto. *"La competencia leal y no falseada es la piedra angular de una economía de mercado"*, *Glosario de términos utilizados en el ámbito de la política de competencia de la Unión Europea (Normas de Defensa de la Competencia y control de las concentraciones),* Dirección General de la Competencia, 2002. Puede decirse que la política de competencia sirve a una doble finalidad: por un lado, trataría de corregir los defectos del mercado causados por los comportamientos contrarios a la competencia desarrollados por los diversos agentes económicos así como a determinadas estructuras del mercado y, por otro lado, aportaría su contribución al establecimiento de un marco de política económica en todos aquellos sectores de actividades económicas que sean propicios a una competencia efectiva.

[69] Los acuerdos entre empresas competidoras, que comportan o están dirigidos a poner límites a la libre competencia, constituyen la práctica restrictiva de la competencia más perjudicial para el correcto funcionamiento del mercado; tal y como coinciden en conceptuar los miembros de los distintos *Enforcers* de las normas de libre competencia, sea cual sea el nivel al cual pertenezcan, así como también la doctrina. Siendo ejemplo de ello lo dicho por VIDE, Ana; *Derecho Español de la Competencia. Comentarios a la Ley 15/2007, Real Decreto 261/2008 y Ley 1/2002,* Director ODRIOZOLA, Miguel, Coordinadora IRISSARRY, Belén, Editorial Bosch, Barcelona, 2008, tomo II, Págs. 1114 y 1115, quien señala que los carteles constituyen las conductas más dañinas para la competencia en los mercados y el bienestar general de los consumidores. En igual sentido JIMÉNEZ LATORRE, Fernando; *La persecución de los cárteles: La política de clemencia, La modernización del Derecho de la competencia en la Unión Europea,* en obra colectiva, Directores MARTÍNEZ LAGE, Santiago y PETITBO JUAN, Amadeo, Marcial Pons, Madrid, 2005, Pág. 136. VARELA GONZÁLEZ, José Antonio; "Características y situación actual de la política de clemencia", en *Cuadernos Europeos de Deusto,* N° 38, 2008, Pág. 203, indica en particular los acuerdos que tienen como objetivo la fijación de precios, el reparto del mercado y las pujas fraudulentas (*hard core* cartels).

[70] GALAN CORONA, Eduardo en *Tratado de Derecho de la Competencia. Unión europea y España,* Director BENEYTO PEREZ, José María, coordinador GONZALEZ-ORUS, Jerónimo, Tomo 1, Editorial Bosch, Barcelona, 2005, Pág. 174. También la jurisprudencia de las altas Cortes Europeas, en específico la Sentencia del Tribunal de Justicia de las Comunidades europeas, de 30 de Junio de 1966, *Société Technique Minière (L.T.M.) Vs. Maschinenbau Ulm GmbH (M.B.U.),* asunto 56/65, texto disponible para consulta en: http://eur-lex.europa.eu/LexUriServ/LexUriServ.do?uri=CELEX:61965CJ0056:ES:PDF;, pues sentó

Así las cosas, por medio de estas actuaciones, las empresas desconocen su cometido principal e inherente, de utilizar las condiciones lícitas del mercado para generar ofertas que resulten seductoras en calidad y precio a los consumidores de su bien o servicio. Eligiendo, a *contrario sensu*, coordinarse con sus competidores para estructurar unas pautas que perjudican las reglas del libre mercado, a los consumidores, que son quienes facilitan la existencia y movimiento de aquel, y en fin, al interés general que debe hacerle frente a las condiciones pactadas por unos pocos, solo en beneficio de los participantes del acuerdo anticompetitivo.

Son muchas las consecuencias nocivas de este tipo de conductas, pues influyen negativamente en el mercado favoreciendo la ineficiencia; coartando y conteniendo las iniciativas de creación e innovación, de mejora en los sistemas de producción, distribución y venta; impulsando la falta de calidad en los productos y servicios; disparando los precios a soportar por los consumidores, y en fin, generando un catálogo enorme de circunstancias contraproducentes. Solo la imaginación pone límites a las posibilidades de menoscabo, pues así mismo como el mercado evoluciona de forma dinámica con los cambios que se suscitan en su entorno, los acuerdos de tipo colusorio y sus consecuencias se amoldan a dichas variaciones[71].

La búsqueda emprendida por medio de la previsión en las normas de relevancia, de una restricción y unos mecanismos idóneos de seguimiento y condena a soportar por aquellos que pongan en marcha actuaciones de tipo colusorio, responde al deseo por fomentar la competencia y socorrerla en los casos en los cuales a pesar de la prohibición y la disuasión, se haya visto distorsionada por los agentes productivos; así como también al objetivo de incrementar los niveles de eficiencia de los diversos participantes del mercado, para que logren la aceptación de los consumidores gracias a sus aciertos mercantiles, y no gracias a la puesta en marcha de actuaciones contrarias a las normas de libre competencia[72].

---

importantes bases referentes a la prohibición ahora incluida en el artículo 101 del Tratado de Funcionamiento de la Unión Europea; y el asunto *Instituto de Agentes Autorizados ante la Oficina Europea de Patentes Vs. La Comisión de las Comunidades Europeas* previamente nombrado, en su apartado 53.

[71] Al respecto de las prácticas restrictivas de la competencia, y en específico del cartel como la actuación que mas temor debe generar en los mercados por su peligrosidad y capacidad para arrasar con los mercados, COMISIÓN EUROPEA, *"XXXI Informe sobre la política de competencia"*, prólogo de Mario Monti, Bruselas, 2003, Págs. 173 y siguientes. *"(...) los cárteles constituyen un verdadero cáncer para una economía de mercado abierta y moderna. A diferencia de otros tipos de conductas restrictivas de la competencia, su único objetivo es reducir o eliminar la competencia, sin producir ningún efecto beneficioso para la economía y por lo tanto nunca pueden acogerse a un balance económico favorable. Sus efectos son meramente negativos: reducen las posibilidades de elección de los consumidores, encarecen los costes y degradan la competitividad de la industria, retrasan las necesarias adaptaciones de las empresas y obstaculizan la innovación".*

[72] Así ha sido entendido en Europa, como puede comprobarse en el artículo 101 del Tratado, el cual se transcribe de forma textual en lo referente a la prohibición a los pactos de carácter colusorio (numerales primero y segundo): *"1. Serán incompatibles con el mercado interior y quedarán prohibidos todos los acuerdos entre empresas, las decisiones de asociaciones de empresas y las prácticas concertadas que puedan afectar al comercio entre los Estados miembros y que tengan por objeto o efecto impedir, restringir o falsear el juego de la competencia dentro del mercado interior y, en particular, los que consistan en: a)*

A pesar de la gravedad y peligrosidad que este tipo de acuerdos comportan para cualquier mercado, así como también para cualquier sociedad, no hay uniformidad en el diseño de la prohibición en las distintas legislaciones que les abarcan. En algunos territorios solo se censuran en aquellos casos en los cuales ponerlos en marcha constituya un abuso o produzca perjuicios trascendentales en la economía nacional, mientras que en otros países, están prohibidos total y absolutamente sin que sea necesario entrar a valorar sus efectos[73].

En Europa y en la mayoría de los Estados miembros de la comunidad, incluido España, se ha implementado con respecto a estas conductas, una alternativa que no responde a ninguno de los dos modelos planteados en el párrafo anterior, pues en dichos territorios, si bien se prohíben las actuaciones dañosas con capacidad para distorsionar la competencia, algunas de ellas pueden verse exoneradas de la prohibición como tal, en los casos en los cuales muy a pesar de su naturaleza anticompetitiva, la conducta genere mayor provecho y utilidad que menoscabo.

Son varios los instrumentos normativos, tanto comunitarios como de Derecho Nacional, los que han abordado la labor de conceptualizar la colusión y los actos susceptibles de producirse en virtud de aquella conducta; pues como ya se aclaró en apartados anteriores, su prohibición y contención, son objetivos principales de todos los sistemas que han implementado mecanismos para la Defensa de la Competencia.

La doctrina ha planteado las condiciones básicas del concepto de acto colusorio, que han sido aprovechadas por los Estados y la Comunidad para formar parte de la normativa de Defensa de la Competencia; y centrándose en los carteles, como actos de carácter

---

fijar directa o indirectamente los precios de compra o de venta u otras condiciones de transacción; b) limitar o controlar la producción, el mercado, el desarrollo técnico o las inversiones; c) repartirse los mercados o las fuentes de abastecimiento; d) aplicar a terceros contratantes condiciones desiguales para prestaciones equivalentes, que ocasionen a éstos una desventaja competitiva; e) subordinar la celebración de contratos a la aceptación, por los otros contratantes, de prestaciones suplementarias que, por su naturaleza o según los usos mercantiles, no guarden relación alguna con el objeto de dichos contratos. 2. Los acuerdos o decisiones prohibidos por el presente artículo serán nulos de pleno derecho."

[73] La prohibición absoluta de estos acuerdos, está instaurada en el Derecho Norteamericano, toda vez que en los Estados Unidos, la sección primera de la *Sherman Act*, así lo dispone; aunque con un matiz de importancia, toda vez que no desconoce la aplicación de la *Rule of Reason*, la cual se basa en llevar a cabo la determinación de la estructura del mercado, analizar la influencia y peso de la empresa bajo estudio, así como también si la medida ha sido anticompetitiva o promotora de eficiencia. FLYNT BLANCK, Pinkas; *Tratado de Defensa de la Libre competencia*, Fondo Editorial, Lima, 2002, Págs. 496 y 497. Y los pronunciamientos jurisprudenciales que en Europa se suscitaron acerca de la *Rule of Reason*, siendo los de más importancia según la óptica del autor, la Sentencia del Tribunal de Primera Instancia, de 10 de Marzo de 1992, *Montedipe SpA Vs. La Comisión de las Comunidades Europeas,* asunto T-14/89; apartado 265, texto disponible para consulta en: http://eur-lex.europa.eu/smartapi/cgi/sga_doc?smartapi!celexplus!prod!CELEXnumdoc&lg=en&numdoc=61989A00 14; del mismo Tribunal, de 23 de Octubre de 2003, *Van den Bergh Foods Ltd Vs. La Comisión de las Comunidades Europeas,* asunto T-65/98, apartado 106, texto disponible para consulta en: http://eur-lex.europa.eu/LexUriServ/LexUriServ.do?uri=CELEX:61998TJ0065:ES:PDF; y de 28 de Septiembre de 2001, *Metropole Television y otros Vs. La Comisión de las Comunidades Europeas,* asunto T-112/99, apartados 72 a 74, texto disponible para consulta en: http://eur-lex.europa.eu/LexUriServ/LexUriServ.do?uri=CELEX:61999TJ0112:ES:PDF.

horizontal por antonomasia, los ha definido[74] como acuerdos secretos, que tienen por objeto el suprimir la competencia entre los principales agentes económicos de un determinado mercado, incrementar artificialmente los precios y restringir la producción. Nutriéndose de consecuentes intercambios ilegales de información acerca de precios y cuotas de mercado, medidas destinadas a impedir la entrada en el mercado de nuevos competidores, y demás situaciones dirigidas a la protección de la posición privilegiada de los miembros del cartel[75].

Para la delimitación del concepto, la doctrina ha entendido que ciertos presupuestos se hacen esenciales para configurar este fenómeno, pues contar con un compendio de características a tomar en cuenta para identificar si efectivamente un acto se encuadra en dicha categoría, o si por el contrario responde a otra realidad naciente en el mercado, es esencial.

Presupuestos, entre los cuales resaltan el contacto real que debe existir entre los miembros del pacto colusorio, dirigido a influenciar la conducta del mercado, a distorsionar el comportamiento mercantil, a eliminar la incertidumbre natural del comercio, o en fin, a descomponer al funcionamiento inherente de la competencia entre los diversos agentes.

Requiriéndose a su vez que la conducta esté enmarcada en un contexto de reserva y confidencialidad que usualmente es común en este tipo de actuaciones, en razón de las pocas personas que dentro de las empresas participantes en el pacto, conocen de él; quienes a su vez, hacen todos los intentos por mantener el acuerdo en secreto, valiéndose de todas las sofisticadas herramientas informáticas, técnicas y de distintas índoles que tienen a su disposición para que las condiciones que rodean su ilícito no sean descubiertas[76].

---

[74] Como complemento lo expresado por un sector de la doctrina, el cual afirma que los autores con mayor nivel de especialización al respecto, consideran cártel al convenio entre varias empresas similares para evitar la mutua competencia y regular la producción, venta y precio en determinado campo industrial. VEZ PAZOS, Alfonso, *"Clemencia contra los cárteles"*, Artículo publicado el domingo, 14 de Octubre de 2007 en el suplemento Mercados de *"La Voz de Galicia"*. 2007, Pág. 1.

[75] Asunto COMP/E-1/36.604 - Ácido cítrico (con arreglo al artículo 15 de la Decisión 2001/462/CE, CECA de la Comisión, de 23 de Mayo de 2001, relativa al mandato de los Consejeros Auditores en determinados procedimientos de competencia), Decisión de la Comisión, de 5 de Diciembre de 2001, DOL 239, de 06 de Septiembre de 2002, Pág. 18, donde se dio una acción concertada de las empresas multadas contra las fabricantes chinos, que habían aumentado sus exportaciones al mercado europeo como consecuencia de la significativa subida de precios del ácido cítrico durante el período de funcionamiento del cartel. Los participantes en el cartel intentaron recuperar parte de los clientes perdidos a favor de los proveedores chinos mediante una guerra de precios concertada y cuidadosamente dirigida.

[76] A pesar de contar con todos los mecanismos de idoneidad para salvaguardar con la ayuda de los avances tecnológicos la información en la cual reposa el pacto colusorio; la realidad es que cada vez es más común que acuerdos de este estilo sean convenidos de las formas más clásicas y rudimentarias, toda vez que en merced del rigor con el cual las autoridades de Competencia investigan los pactos colusorios, las empresas involucradas y los directivos, que son quienes verdaderamente llevan a cabo los pactos, en no pocas oportunidades toman la decisión de no dejar constancia escrita de los acuerdos y realizar el pacto en términos verbales; o en su defecto, y existiendo la necesidad de poner por escrito algunos aspectos, utilizar los domicilios personales propios o de sus familiares para resguardar dicha información. Tal y como así lo

Ni el Tratado de Funcionamiento de la Unión Europea, ni el Reglamento 1/2003 de aplicación de las normas de libre competencia comunitarias, plantean un concepto de los actos colusorios. Siendo la *Comunicación de la Comisión relativa a la dispensa del pago de las multas y la reducción de su importe en casos de cártel*[77], la que ha venido a definir este tipo de actuaciones, englobándolas en el concepto de cartel[78].

En España, en un sentido análogo, en el numeral segundo de la disposición adicional cuarta de la Ley de Defensa de la Competencia en vigencia, se conceptualiza el acuerdo colusorio por excelencia o cartel, disponiendo que: *"se entiende por cártel todo acuerdo secreto*[79]*entre dos o más competidores cuyo objeto sea la fijación de precios, de cuotas de producción o de venta, el reparto de mercados, incluidas las pujas fraudulentas, o la restricción de las importaciones o las exportaciones"*.

En cualquier caso, y sea cual sea la definición elegida, queda claro que los actos colusorios, y en especial aquellos de carácter horizontal, tienen una posición antagónica y son los peores enemigos de la competencia. En virtud de estos, se extraen del proceso competitivo todos los aspectos positivos que producen los mercados y se sustituyen con inconveniencias, absurdos, desigualdades, y realidades alteradas en beneficio de algunos pocos, que privan a los participantes del mercado de las oportunidades para competir en términos de igualdad, pues incentiva la producción ineficiente[80], impulsa la imposición de precios en términos leoninos, y genera unos perjuicios económicos insalvables.

Los más populares acuerdos horizontales, son aquellos dirigidos a fijar los precios o las condiciones de venta; los acuerdos relativos al tránsito informativo; aquellos enfocados a imponer estándares técnicos; a controlar, repartir o restringir un mercado

---

pone de manifiesto VIDE, Ana; *Derecho Español de la Competencia. Comentarios a la Ley 15/2007, Real Decreto 261/2008 y Ley 1/2002*, Director ODRIOZOLA, Miguel, Coordinadora IRISSARRY, Belén, Editorial Bosch, Barcelona, 2008, tomo II, Pág. 1115.

[77] Publicada en elDiario Oficial de la Unión EuropeaC298/11 de 8 de Diciembre de 2006.

[78] Apartado primero de la Comunicación enunciada: *"son acuerdos o prácticas concertadas entre dos o más competidores cuyo objetivo consiste en coordinar su comportamiento competitivo en el mercado o influir en los parámetros de la competencia mediante prácticas tales como la fijación de precios de compra o de venta u otras condiciones comerciales, la asignación de cuotas de producción o de venta, el reparto de mercados, incluidas las colusiones en licitaciones, las restricciones de las importaciones o exportaciones o las medidas anticompetitivas contra otros competidores."*

[79] El carácter secreto es entendido por la doctrina, como esencial para encuadrar una conducta como colusoria y como cartel, toda vez que defiende que los participantes en un cartel suelen tomar todas las precauciones que estén a su alcance para disimular la infracción a los ojos de los consumidores y, por supuesto, a evitar, tanto como les sea posible, que su descubrimiento sea potenciado por las Autoridades encargadas de llevarlo a la luz. Por lo que el carácter secreto de los acuerdos anticompetitivos deriva de su naturaleza ilícita, de la cual los miembros del cartel son completamente conscientes. TIERNO CENTELLA, María Luisa y PEÑA CASTELLOT, Miguel Ángel; "La Comunicación sobre la dispensa del pago de las multas y la reducción de su importe en caso de cártel", en *Gaceta Jurídica*, N° 220, Alcobendas (Madrid), 2002, Pág. 101.

[80] Al respecto los comentarios de KOLASKY, William, J; "What is competition? A comparison of U.S. and European perspectives",en *The Antitrust Bulletin 2004*, Pág. 37, quien afirma que no hay potencial alguno en la generación de eficiencias cuando hay un cartel de por medio.

específico; los de restricción publicitaria; los de imposición de límites promocionales; los de producción en común; venta en común; compra en común; publicidad conjunta; creación de *joint ventures* enfocadas a la investigación y el desarrollo; acuerdos medioambientales dirigidos a constreñir las posibilidades de los competidores, etc.[81]

Además de los acuerdos de carácter horizontal, el artículo 101 también hace referencia a los acuerdos de carácter vertical, los cuales, en términos generales, tienen un tratamiento más indulgente por parte de la Comisión y los distintos *Enforcers*, que aquel que ponen en marcha en virtud de los acuerdos horizontales; toda vez que se entiende, que los efectos anticompetitivos de aquellos, son sustancialmente menores.

Las conductas de tipo vertical, si bien en principio no son tan dañinas para la competencia, pueden llegar a ser también antagonistas de la libertad de mercado y del correcto funcionamiento comercial, por lo que son de profundo interés comunitario. Con ellas, puede igualmente restringirse la competencia[82], en virtud de pactos realizados entre diversas empresas pertenecientes a distintos niveles de la cadena productiva y/o de una actividad económica determinada.

Los más populares acuerdos de carácter vertical que son del interés del artículo 101, son los contratos de agencia, los acuerdos de distribución exclusiva, las clausulas contractuales de compra exclusiva, los pactos enfocados a limitar los niveles de producción, los de restricción en la distribución, restricción en materia de insumos, acuerdos de franquicia, entre otros. Siendo todos ellos, pactos que deben ser revisados en cada caso concreto, con el ánimo de identificar si efectivamente están constriñendo la competencia en el mercado, o si por el contrario, simplemente, forman parte de estrategias empresariales permitidas.

Si bien los acuerdos verticales pueden llegar a ser actos colusorios, no todos lo son, ya que al análisis puntual imperativo en cada caso concreto, para definir su ilegalidad, se une la existencia de dos aspectos que sirven de paliativo a su aplicación y a su sanción; como lo son el régimen de exención que se incluye en el numeral tercero del artículo 101[83], así como también la regla de *minimis*, en virtud de la cual ciertas conductas no son consideradas ilícitas al no afectar sensiblemente la competencia[84].

---

[81]Acerca de este grupo de acuerdos, es pertinente aclarar, que dicho catálogo no es restrictivo, ya que nuevas conductas colusorias pueden adherirse, fruto de la evolución de los mercados; no siendo tampoco, un listado equitativo en cuanto a la importancia que se le da a estos acuerdos en el terreno comunitario, toda vez que claramente, algunos son más perjudiciales que otros, y por lo tanto, las condiciones en las cuales se adaptan a la aplicación del artículo 101, diversas.

[82]En razón de la afectación que con dicho pacto, se hace de las condiciones en que los comerciantes, los consumidores y los particulares interesados, pueden adquirir, vender o revender determinados bienes o servicios.

[83] El cual reza de forma textual: *"3. No obstante, las disposiciones del apartado 1 podrán ser declaradas inaplicables a: — cualquier acuerdo o categoría de acuerdos entre empresas, — cualquier decisión o categoría de decisiones de asociaciones de empresas, — cualquier práctica concertada o categoría de prácticas concertadas, que contribuyan a mejorar la producción o la distribución de los productos o a fomentar el progreso técnico o económico, y reserven al mismo tiempo a los usuarios una participación equitativa en el beneficio resultante, y sin que: a) impongan a las empresas interesadas*

Sea cual sea la condición del acuerdo colusorio, vertical u horizontal, queda claro que en razón de la peligrosidad de este tipo de actos, las Autoridades deben hacer un esfuerzo importante para estructurar una respuesta inmediata y contundente que suavice los efectos anticompetitivos que puede traer al mercado, debiendo atender en la aplicación del artículo 101 la naturaleza propia de la conducta, las particularidades de las "entidades" involucradas, el impacto real que con el pacto se genera en el comercio, así como todas y cada una de las coyunturas que le rodeen.

El catálogo de conductas es plural y va en crecimiento conforme los mercados evolucionan; pero a pesar de ello, sigue existiendo un grupo de actuaciones comunes que permiten a las Autoridades centralizar sus esfuerzos, como son aquellas que versan sobre la imposición de precios, sobre el reparto de mercados geográficos o de producto, así como también sobre la puesta en marcha de prácticas discriminatorias que generan la subsistencia exclusiva en el mercado de los vinculados con un acuerdo de este tipo.

Siendo todas ellas, conductas que a lo largo del presente trabajo deben ser entendidas en el trasfondo del texto, pues al ser actuaciones encauzadas en los parámetros de prohibición e infracción trazados en el artículo 101 y en las normas nacionales afines; su planteamiento básico es esencial para poner en contexto la consecuente labor de aplicación llevada a cabo por las Autoridades y los diversos *Enforcers* ahora capacitados para llevar a cabo dicha actividad, que sin lugar a dudas, es epicentro del actual trabajo.

2. El abuso de la posición de dominio.

El rótulo del presente apartado arroja todas las luces necesarias al lector acerca de las circunstancias que envuelven el tipo de conducta a desarrollar, toda vez que hace clara

---

restricciones que no sean indispensables para alcanzar tales objetivos; b) ofrezcan a dichas empresas la posibilidad de eliminar la competencia respecto de una parte sustancial de los productos de que se trate.

[84] Que responde a una exención especial que se otorga a los acuerdos de menor importancia, que a pesar de ser restrictivos, tienen un impacto insignificante en el mercado, que no amerita la imposición de una sanción. Sobre ese tipo de acuerdos y la regla que les cobija, puede ahondarse revisando la Sentencia del Tribunal de Justicia de las Comunidades Europeas, de 9 de Julio de 1969, *Frank Völk Vs. SPRL Éts. J. Vervaecke*, asunto 5/69, texto disponible para consulta en: http://eur-lex.europa.eu/LexUriServ/LexUriServ.do?uri=CELEX:61969CJ0005:ES:PDF, en la cual fue formulada esta doctrina; teniendo relevancia igualmente la *Comunicación de la Comisión relativa a los acuerdos de menor importancia que no restringen la competencia de forma sensible en el sentido del apartado 1 del artículo 81 del Tratado constitutivo de la Comunidad Europea (de minimis)*, publicada en el Diario Oficial C 368/13 de 22 de Diciembre de 2001, donde se encuentran las condiciones que debe tener un acuerdo para ser considerado de *minimis*, y de donde se extrae que es de aplicación tanto a los acuerdos horizontales, como a los verticales, a pesar de que en la realidad, los acuerdos de carácter vertical sean más propensos a adecuarse al requisito de "poca afectación sensible de la competencia". Teniendo la doctrina igualmente, una influencia en el desarrollo del tema, siendo aportes de relevancia, los realizados por WHISH, Richard, *"Competition Law"*, Oxford University Press, Londres, 2008, Págs. 137 a 142; MIRANDA SERRANO, Luis María, "La regla del minimis en la Ley 15/2007, de Defensa de la Competencia, y su Reglamento de desarrollo", en *Revista Derecho de los Negocios*, Volumen. 19, N° 216, 2008, Pág. 5 a 36; así como también por PELLISE, Cristina, "Las Conductas de menor importancia en la Ley 15/2007 de Defensa de la Competencia", en *Anuario de la Competencia 2007*, Madrid, 2008, Págs. 71 a 103.

referencia a una restricción significativa que está prevista en la normativa de libre competencia. En virtud de aquella, las empresas que han logrado una posición privilegiada en uno o varios mercados, deben abstenerse de llevar a cabo, aprovechando su condición favorable, actuaciones que puedan ser interpretadas como fruto de la tiranía, la arbitrariedad, la opresión, o similares.

Como muchos otros preceptos normativos ahora incluidos en las normas comunitarias, el artículo 102 del Tratado de Funcionamiento de la Unión Europea, donde se encuentra plasmada la prohibición a este tipo de actos[85], también responde a la inquietud de la doctrina y del legislador Europeo por solucionar un aspecto que en la realidad, vulneraba derechos esenciales de los particulares. Y es que resultaba sencillo comprobar, tras analizar el comportamiento regular de las empresas con una importante cuota de mercado en el sector, que estas, por medio de sus decisiones, oprimían a los compradores, a los proveedores, a los distribuidores, a los vendedores finales y a todos aquellos que estuviesen relacionados con la actividad económica propia de la empresa dominante.

Oprimir, subyugar, reprimir y doblegar, son apenas unas pocas de las circunstancias que pueden incluirse en el concepto de abuso, que no está de más decir, esta vagamente delimitado en lo que al artículo 102 se refiere, ya que según un amplio sector de la doctrina[86], la definición que mas acogida ha tenido, es sumamente indeterminada. Siendo un concepto que a pesar de dicha circunstancia, debe ser resaltado, toda vez que, incluso en la actualidad es el más satisfactorio, al definir la explotación abusiva como:

"(…) un concepto objetivo que se refiere a las actividades de una empresa en posición dominante que pueden influir en la estructura de un mercado en el que, debido justamente a la presencia de la empresa de que se trate, la intensidad de la competencia se encuentra ya debilitada, y que producen el efecto de obstaculizar, por medios diferentes de los que rigen una competencia normal de productos o servicios con arreglo a las prestaciones de los agentes económicos, el mantenimiento del nivel de competencia que aún exista en el mercado o el desarrollo de esa competencia"[87].

---

[85] Artículo 102: *"Será incompatible con el mercado interior y quedará prohibida, en la medida en que pueda afectar al comercio entre los Estados miembros, la explotación abusiva, por parte de una o más empresas, de una posición dominante en el mercado interior o en una parte sustancial del mismo. Tales prácticas abusivas podrán consistir, particularmente, en: a) imponer directa o indirectamente precios de compra, de venta u otras condiciones de transacción no equitativas; b) limitar la producción, el mercado o el desarrollo técnico en perjuicio de los consumidores; c) aplicar a terceros contratantes condiciones desiguales para prestaciones equivalentes, que ocasionen a éstos una desventaja competitiva; d) subordinar la celebración de contratos a la aceptación, por los otros contratantes, de prestaciones suplementarias que, por su naturaleza o según los usos mercantiles, no guarden relación alguna con el objeto de dichos contratos."*

[86] En el cual debe resaltarse a WHISH, Richard, *Competition Law*, Oxford University Press, Londres, 2008, Pág. 194.

[87] Sentencia del Tribunal de Justicia de las Comunidades Europeas, de 13 de Febrero de 1979, *Hoffmann-La Roche & Co. AG Vs. La Comisión de las Comunidades europeas*, asunto 85/76, apartado 91, texto disponible para consulta en: http://eur-lex.europa.eu/LexUriServ/LexUriServ.do?uri=CELEX:61976CJ0085:ES:PDF.

El catálogo de actividades abusivas que merced de una posición de dominio en el mercado, pueden ser puestas en marcha por las empresas, es muy amplio y por lo tanto no está restringido a las conductas taxativamente incluidas en el artículo 102, ya que con el dinamismo propio de los mercados, es común que se presenten nuevas formas de vulneración.

No obstante, este abuso comúnmente se configura por medio de la imposición de precios desorbitados a los compradores de sus productos; el pago reducido a los proveedores; la restricción a la producción o a los mercados; el ejercicio de actos discriminatorios contra otras empresas; la creación alrededor de sus competidores de escenarios de imposible competencia sea cual sea el mecanismo utilizado para ello[88], etc.

El objetivo primordial del artículo 102, al igual que del artículo 101, es proteger el mercado único; por lo que en ambos casos tienen prioridad aquellas conductas que estén afectando el comercio entre países miembros[89].

A pesar de aquella similitud, la protección del artículo 101 y la del 102 tienen algunas disparidades de importancia que deben ser recalcadas; pues a la diferencia principal, que se basa en que el artículo 101 regula acuerdos entre empresas y el artículo 102 una conducta de abuso, se unen algunas otras que tambien permiten distinguir las condiciones de un asunto particular con más facilidad. Siendo, a saber:

(i)   La necesidad que tiene el artículo 102, de que una o más empresas tengan una posición de dominio dentro del mercado; mientras que el artículo 101 puede ser aplicado incluso en aquellos casos en los que ninguna de las empresas involucradas con la actuación tenga aquella posición de privilegio.

(ii)   La posibilidad que tiene el artículo 102 de ser aplicado tanto a acuerdos entre empresas dominantes que estén actuando de forma concertada, como a conductas unilaterales adoptadas por una empresa dominante; mientras que el artículo 101 solo puede ser aplicado a acuerdos que involucren al menos dos empresas independientes.

(iii)   La ausencia de un régimen de exención en referencia al artículo 102; mientras que el artículo 101 en su numeral tercero, si cuenta con él.

---

[88] Un ejemplo bastante común en el cual se vicia por completo el ambiente competitivo de una empresa sin dominio de un mercado, por medio de la actividad de una empresa con un poder que le permite llevar a cabo actos abusivos, es el de la negativa a proveer un producto o servicio a un comprador, o incluso al consumidor final, a menos que esté dispuesto a adquirir también, otro bien o servicio anexo producido o comercializado por la empresa de mayor envergadura, que puede adquirirse también en otro lugar. KORAH, Valentine, *An introductory guide to EC Law and practice,* Hart Publishing, Oxford y Portland, 2007, Pág. 6.

[89] Debiéndose demostrar dicho menoscabo. WHISH, Richard, *Competition Law,* Oxford University Press, Londres, 2008, Págs. 173 y siguientes.

Aclarar las diferencias entre lo previsto en el artículo 101 y 102, puede prevenir errores de interpretación que suelen presentarse y que distorsionan totalmente el objetivo de la norma. Pues por ejemplo, con regularidad se confunde la prohibición del artículo 102, interpretando que la infracción se configura al tener una posición dominante dentro del mercado y no en razón del abuso que la empresa pone en marcha en virtud de aquella posición privilegiada; cuando la realidad es totalmente la contraria, pues la situación de dominio es simplemente un prerrequisito para la aplicación del artículo 102[90], no siendo suficiente sustento hasta tanto no esté acompañada de una conducta abusiva puesta en marcha por la empresa.

La delimitación del dominio[91] en un caso particular, siendo importante como presupuesto esencial de la infracción prevista en el artículo 102, está en manos de la Comisión, quien tiene un catálogo de aspectos a valorar para esclarecer si efectivamente la empresa involucrada goza de aquella posición privilegiada o no[92]. Dichos aspectos son:

---

[90] Que nace de la responsabilidad que tiene la empresa dominante, de evitar, a como dé lugar, utilizar su privilegio para distorsionar la competencia, tal y como así lo ha expresado la jurisprudencia, como la sentencia del Tribunal de Justicia de las Comunidades Europeas, de 9 de Noviembre de 1983, *NV Nederlandsche Banden Industrie Michelin Vs. La Comisión de las Comunidades Europeas* (en lo sucesivo *Michelin Vs. La Comisión*), asunto 322/81, apartado 57, texto disponible para consulta en: http://eur-lex.europa.eu/LexUriServ/LexUriServ.do?uri=CELEX:61981J0322:ES:PDF; la Sentencia del Tribunal de Primera Instancia, de 10 de Julio de 1990, *Tetra Pak Rausing SA Vs. La Comisión de las Comunidades Europeas*, asunto T-51/89, apartado 37, texto disponible para consulta en: http://eur-lex.europa.eu/LexUriServ/LexUriServ.do?uri=CELEX:61989TJ0051:ES:PDF; la Sentencia del Tribunal de Primera Instancia, de 23 de Octubre de 2003, *Van den Bergh Foods Ltda Vs. La Comisión de las Comunidades Europeas*, asunto T-65/98, apartados 90 y 158, texto disponible para consulta en ingles en: http://eur-lex.europa.eu/LexUriServ/LexUriServ.do?uri=CELEX:61998A0065:EN:PDF; así como también la Sentencia del Tribunal de Primera Instancia, de 14 de Diciembre de 2005, *General Electric Company Vs. La Comisión de las Comunidades Europeas*, asunto T-201/01, apartado 549, texto disponible para consulta en ingles en: http://eur-lex.europa.eu/LexUriServ/LexUriServ.do?uri=CELEX:62001TJ0210:EN:HTML.

[91] La definición de posición dominante, si bien no fue incluida en el artículo 102, si que se encuentra en la sentencia del Tribunal de Justicia de las Comunidades Europeas, de 14 de Febrero de 1978, *United Brands Company y United Brands Continental BV Vs. La Comisión de las Comunidades Europeas*, asunto 27/76, apartado 65, texto disponible para consulta en: http://eur-lex.europa.eu/LexUriServ/LexUriServ.do?uri=CELEX:61976CJ0027:ES:PDF, en la cual se lee: *"(...) la posición de poder económico de una empresa que le permite obstaculizar el mantenimiento de una competencia efectiva en el mercado de referencia, al darle la posibilidad de actuar en buena medida independientemente de sus competidores, de sus clientes y en definitiva de los consumidores;).* Siendo a su vez complementada por jurisprudencia anexa, que reafirma que los factores que permiten determinar si existe o no la posición de dominio, no son por sí solos concluyentes, siendo aquella percepción, defendida en la Sentencia del Tribunal de Justicia de las Comunidades Europeas, de 15 de Diciembre de 1994, *Gøttrup-Klim y otros Grovvareforeninger Vs. Dansk Landbrugs Grovvareselskab AmbA (DLG)*, asunto C-250/92, apartado 47, texto disponible para consulta en: http://eur-lex.europa.eu/LexUriServ/LexUriServ.do?uri=CELEX:61992CJ0250:ES:PDF. Teniendo igual relevancia en el tema, el asunto *Hoffmann-La Roche & Co. AG Vs. La Comisión de las Comunidades europeas*, en su apartado 38.

[92]*General Electric Company Vs. La Comisión de las Comunidades Europeas*, apartado 489.

- La Cuota de Mercado: Pues es el más importante criterio para revelar si efectivamente el mercado específico está concentrado en beneficio de la empresa o empresas involucradas. Por medio de este se delimita qué parte específica le pertenece a la empresa y cuánto tienen los otros agentes participantes del sector.

- El Factor Dependencia: No en todas las oportunidades el dominio guarda relación con importantes cuotas de mercado, ya que igualmente es posible que en circunstancias excepcionales en las cuales el proceso competitivo se detiene, los consumidores sean dependientes de los proveedores tradicionales en buena posición para continuar con sus actividades económicas, quienes en razón de aquella circunstancia, temporalmente se hallan en una posición dominante[93].

- Factores Estructurales: En los casos en los cuales la cuota del mercado es insuficiente para delimitar si efectivamente existe un dominio de mercado[94]; es esencial emplear indicadores adicionales que pueden facilitar dicha tarea, tales como: (i) Integración vertical de importancia[95]; (ii) La total seguridad que tiene la empresa de obtener materias primas; (iii) Excedente en la capacidad de producción de la empresa; (iv) Ventajas tecnológicas de importancia frente a sus competidores; (v) Acceso al capital; (vi) la importante envergadura de la empresa marcada por las campañas publicitarias de gran magnitud; (vii) Red de ventas altamente desarrollada; (viii) Presencia sólida en mercados adyacentes; (ix) Amplio catálogo de productos; (x) Importantes recursos financieros y tecnológicos; (xi) Capacidad para influenciar los precios; (xii) Percepción de dominio de la empresa por parte de los competidores; (xiii) Propensión del consumo a favor de la empresa; (xiv) demanda espontánea de los productos de la empresa; (xv) la madurez del mercado; entre otros que en razón de la evolución propia de los mercados puedan resultar relevantes.

---

[93]Ejemplo claro de esta circunstancia, fue la crisis del petróleo que azotó varios países occidentales entre el año 1973 y 1974, como resultado de la decisión tomada por la Organización de Países Árabes Exportadores de Petróleo, de no exportar más petróleo a aquellos países que habían apoyado a Israel en la guerra del Ramadán. Generando así un escenario en el cual, en los países a los que no les era exportado crudo, los proveedores con importantes cuotas de mercado y suministros suficientes, lograron una posición dominante en el mercado, toda vez que sus clientes tradicionales, se volvieron totalmente dependientes de la relación que les unía. Tal y como así lo explican VAN BAEL, Ivo & BELLIS, Jean-François, *Competition Law of the European Community*, Kluwer Law International, Alphen aan den Rijn, Holanda, 2010, Págs. 112 y 113.

[94] Acerca de estos aspectos adicionales, es importante la enunciación que realiza en varios de sus apartados la sentencia *United Brands Company y United Brands Continentaal BV Vs. La Comisión de las Comunidades Europeas* previamente nombrada, la cual si bien ha sido con posterioridad soportada por otro grupo de fallos, es epicentro de los avances referidos a los indicadores en mención.

[95] Cuando la empresa, por ejemplo, es a la par propietaria de una flota de transportes o tiene una infraestructura de aprovisionamiento; pues en ambos casos, dicha realidad, influye en la delimitación de la posición de la empresa involucrada en el mercado específico, ya que las ventajas que proporcionan aquellas circunstancias, son susceptibles de otorgarle el dominio de un sector. *United Brands Company y United Brands Continentaal BV Vs. La Comisión de las Comunidades Europeas,* apartados del 70 al 81.

- Factores Adicionales relacionados con la conducta empresarial: En ciertas circunstancias, analizar en estricto orden, el compendio de factores que han sido enunciados para descubrir si efectivamente existe dominio de una empresa en un mercado específico, no es suficiente; por lo que de forma adicional, pueden ser utilizados los criterios que sean necesarios para delimitar dicha posición, tales como: (i) que la empresa lleve a cabo actuaciones abusivas a pesar de parecer a simple vista que no existe una posición de privilegio dentro del mercado[96]; (ii) que la empresa mantenga estable durante mucho tiempo la misma cuota de mercado; etc.

Como puede observarse tras la lectura de los indicadores expuestos, hay un fundamento esencial que marca la pauta del análisis, sea cual sea el caso, ya que sin él, resulta imposible descubrir si efectivamente una empresa tiene el dominio de un mercado o no. Siendo dicho fundamento, el del mercado mismo, toda vez que su definición[97], permite identificar las particularidades del mismo, sus participantes, las condiciones y costumbres comunes en su interior, así como también las situaciones en las cuales se configura una distorsión del mismo.

Estando dispuesta para ello, la *Comunicación de la Comisión relativa a la definición del mercado de referencia a efectos de la normativa comunitaria en materia de competencia*[98]; en razón de la cual, ahora la delimitación del mercado de relevancia, se hace más fluida, debiendo contener, en todos los casos, la definición de aquel, desde la perspectiva geográfica, así como también desde la perspectiva del producto.

A la par de la comunicación enunciada, que hace las veces de escalón primordial para lograr esclarecer si efectivamente se distorsiona el mercado en razón de una conducta

---

[96]Tal y como se suscitó en el asunto *Michelin Vs. La Comisión*, donde fue abordado en las conclusiones del Abogado General Pieter Verloren van Themaat, presentadas el 21 de Junio de 1983, apartado 430, texto disponible para consulta en: http://eur-lex.europa.eu/LexUriServ/LexUriServ.do?uri=CELEX:61981CC0322:ES:PDF.

[97]Es una condición sin la cual no puede existir la declaración de una conducta anticompetitiva adherida al artículo 102, tal y como puede verse en un número plural de sentencias, como la del Tribunal de Primera Instancia, de 10 de Marzo de 1992, *Societa Italiana Vetro Spa y otros Vs. La Comisión de las Comunidades Europeas*, asuntos acumulados T-68/89, T-77/89 y T-78/89, apartado 159, texto disponible para consulta en: http://eur-lex.europa.eu/LexUriServ/LexUriServ.do?uri=CELEX:61989TJ0068:ES:HTML; del mismo Tribunal, de 11 de Diciembre de 2003, *Adriatica di Navigazione SpA Vs. La Comisión de las Comunidades europeas*, asunto T-61/99, apartado 33, texto disponible para consulta en: http://eur-lex.europa.eu/LexUriServ/LexUriServ.do?uri=CELEX:61999TJ0061:ES:PDF; de 15 de Marzo de 2000, *Cimenteries CBR y otros Vs. La Comisión de las Comunidades Europeas*, asuntos acumulados T-25/95 y otros, apartado 833, texto disponible para consulta en: http://eur-lex.europa.eu/smartapi/cgi/sga_doc?smartapi!celexplus!prod!CELEXnumdoc&lg=en&numdoc=61995A0025; así como también la Sentencia del Tribunal de Justicia de las Comunidades Europeas, de 1 de Julio de 2008, *Motosykletistiki Omospondia Ellados NPID (MOTOE)/Elliniko Dimosio* (en lo sucesivo *Motosykletistiki*), apartado 31, texto disponible para consulta en lengua inglesa en: http://eur-lex.europa.eu/LexUriServ/LexUriServ.do?uri=CELEX:62007J0049:EN:HTML.

[98]Publicada en el Diario Oficial de las Comunidades Europeas, C 372/5 de 9 de Diciembre de 1997, texto disponible para consulta en: http://eur-lex.europa.eu/LexUriServ/LexUriServ.do?uri=OJ:C:1997:372:0005:0013:ES:PDF.

abusiva; la Comisión, para simplificar la labor de descubrimiento de este tipo de infracciones, tras un proceso idóneo de estructuración[99], publicó la *Comunicación de la Comisión — Orientaciones sobre las prioridades de control de la Comisión en su aplicación del artículo 82 del Tratado CE a la conducta excluyente abusiva de las empresas dominantes*[100].

Esta comunicación, es un avance enorme en la aplicación del artículo 102, no solo porque plantea con suficiente claridad ciertos parámetros que estaban previamente en el terreno discrecional, sino también en razón de que creó un catálogo de reglas afines con el análisis económico, que enriquecen dicha labor de aplicación.

El instrumento enunciado, reafirmó que la protección de la competencia y de los consumidores, es un objetivo primordial de la prohibición adherida en el artículo 102, y creó un marco coherente en razón del cual ahora con mas sencillez, se puede interpretar que una conducta configura una infracción a dicho artículo, toda vez que enunció de forma taxativa las conductas abusivas más comunes.

Así mismo, en la comunicación se ha intentado dar un giro de importancia a la labor de aplicación del artículo 102, resaltando que el análisis de las conductas abusivas debe enmarcarse en mayor medida en los efectos que se causen en el mercado con aquella, y no en las condiciones mismas de la actuación[101]; planteando así mismo causales de

---

[99] Que hace referencia a la convocatoria que le hizo a todos aquellos interesados, para que aportasen los comentarios que estimasen pertinentes, referentes a la estructura del artículo 102, las conductas tendientes a excluir a competidores de un mercado, y a cualquier aspecto que entendiesen fundamental respecto de la aplicación de dicho artículo; tras la públicación del *Discussion paper on the application of article 82 of the Treaty to exclusionary abuses,* de Diciembre de 2005 (sobre el cual puede ahondarse en DIEZ ESTELLA, Fernando, "El Discussion Paper de la Comisión Europea: ¿reformas en la regulación del Artículo 82 del Tratado CE?", en *Gaceta Jurídica de la Unión Europea y de la Competencia,* N° 242, 2006, Págs. 3 y siguientes, también disponible para consulta en: http://www.nebrija.com/fundacionICOnebrija/documentos/ModernizacionArtículo82.pdf). El texto del *Discussion paper* disponible para consulta en: http://ec.europa.eu/competition/antitrust/art82/discpaper2005.pdf. Tal y como puede verse en KROES, Neelie, "Member of the European Commission in charge of Competition Policy Preliminary Thoughts on Policy Review of Article 82", discurso pronunciado en el Fordham Corporate Law Institute, el día 23 de Septiembre de 2005 en Nueva York, discurso 05/537. Documento disponible para consulta en lengua inglesa en: http://europa.eu/rapid/pressReleasesAction.do?reference=SPEECH/05/537.

[100] Publicada en el Diario Oficial de las Comunidades Europeas, C 045 de 24 de Febrero de 2009, texto disponible para consulta en: http://eur-lex.europa.eu/LexUriServ/LexUriServ.do?uri=CELEX:52009XC0224(01):ES:HTML. En la cual se delimitan los más importantes puntos referentes a este tipo de infracción, definiendo en su numeral 10, el dominio de acuerdo a los parámetros jurisprudenciales de mayor relevancia; enunciando a su vez, en su numeral 12, los aspectos a tomar en cuenta para delimitar si efectivamente se configura el dominio, desarrollándolos entre sus numerales 13 al 18; recalcando así mismo la importancia de aquellos "procedimientos", de definición de mercado y del dominio, para llevar la infracción, de existir, a su fin.

[101] Acerca de aquel mecanismo, al cual se le ha dado un giro de importancia con la comunicación enunciada, PASCUAL y VICENTE, Julio, "Prohibición del abuso de posición dominante", en *Tratado de Derecho de la Competencia,* Director BENEYTO PÉREZ-CERDÁ, José María, Tomo 1, Editorial BOSCH, Barcelona, 2005, Pág. 489.

justificación para el abuso, e incluso, abriendo la puerta a una exención específica a aplicar en aquellos casos en los cuales pueda comprobarse que la conducta como tal, genera eficiencias económicas y de otras índoles, suficientes para dispensarla.

CAPÍTULO I

LA DOCTRINA Y LA EVALUACIÓN DE TENDENCIAS EN LA APLICACIÓN DE LA NORMATIVA *ANTITRUST*.

La "litigiosidad" cobra una importancia irrebatible, una vez son estudiados y analizados los significativos avances que se han cosechado alrededor del globo acerca de la aplicación de la normativa de libre competencia. Reconocibles, en la articulación que hace cada territorio de sistemas coherentes con las costumbres jurídicas de su emplazamiento, que han desembocado en dos vías que se complementan, se necesitan y se acompañan en el proceso de evolución jurídica[102] en pro de la creación de un "tercer sistema de aplicación de las normas *antitrust*", tal y como lo son: el Sistema de aplicación Pública o *Public enforcement,* y el sistema de aplicación Privada o *Private enforcement.*

Si bien no es requerido en este apartado el adentrarse a profundidad en los propósitos del presente trabajo, enunciando los resultados fruto de la investigación, sí que lo es, el adelantar sucintamente un secreto a voces que ha propendido por erigir al modelo de aplicación pública, como modelo preponderante y de mayor desarrollo en un número plural de territorios, que aportan por suerte, sustento al estudio del presente trabajo.

Es en dicho panorama de preponderancia del modelo público, donde la "litigiosidad" ha cobrado una importancia incesante en el camino recorrido para generar un nuevo proyecto de aplicación de las normas de libre competencia, pues ha hecho latente las deficiencias que la aplicación pública trae cuando el escenario de disputas generadas por infracciones a las normas *antitrust*, adhiere múltiples representantes y un escenario plural de mayor complejidad.

Ejemplo de ello es lo acaecido en Estados Unidos, donde la evolución de la política y Derecho de la competencia[103], ha estado siempre condicionada por el elevado índice de

---

[102] Como lo afirma KOMNINOS, Assimakis, *EC Private Antitrust Enforcement: Decentralised Application of EC Competition Law by National Courts,* Oxford, Hart Publishing, 2008, Pág. 12. Pues a pesar de tener reservas en referencia a la equiparación de las autoridades en los dos modelos a exponer, afirma que, el interés privado resuelto por una autoridad igualmente privada, en razón de la transacción de los particulares, puede influenciar tanto a la política económica como al mercado pues el Juez debe tomar en cuenta dichos tópicos para motivar su fallo, jugando un papel complementario con el modelo público. Siendo de relevancia, igualmente, las bases y comentarios de SULLIVAN, Charles. A, "Breaking Up the Treble Play: Attacks on the Private Treble Damage Antitrust Action", en *Seton Hall Law Review,* N° 14, 1983, Págs. 44 y siguientes.

[103] Generados en un ambiente de preocupación, en razón de la concentración del comercio y de la industria, e igualmente de la hostilidad pública contra las empresas gigantes de finales del siglo XIX. Que hacía necesaria la aparición de una Ley, como lo fue la *Sherman,* concebida como una amplia carta de

litigiosidad que continuamente amenaza a las empresas con ser demandadas en sede civil[104], generando una simpatía por un sistema en el cual los particulares puedan acceder sin mayores trabas a la defensa de los derechos que les son otorgados por la normativa de libre competencia[105].

El poder de la litigiosidad se basa entonces, en la capacidad que tiene para condicionar la puesta en marcha de un modelo en preponderancia del otro y/o de desincentivar su desarrollo, en razón de una cultura jurídica no familiarizada con una determinada forma de dirimir controversias suscitadas en torno a la normativa *antitrust*.

La protección de los particulares, llevada a cabo por medio del otorgamiento de un más fácil acceso a la defensa de los derechos plasmados en favor de ellos en las normas de libre competencia, es solo uno de los aspectos que sirven de pilar al modelo estadounidense, sobre los que ha edificado su sistema de aplicación privada, del cual es su exponente primigenio[106].

En Europa por el contrario, hasta la aparición de la totalidad de la reforma y especialmente del Reglamento (CE) 1 del 2003 relativo a la aplicación de las normas sobre competencia previstas en los artículos 81 y 82 del Tratado (Actuales artículos 101 y 102 del Tratado del Funcionamiento de la Unión Europea) (en lo sucesivo Reglamento

---

libertades económicas dirigida a preservar el ejercicio de una competencia libre e irrestricta como norma de comercio. NAVARRO SUAY, María del Carmen; "La promulgación de la Sherman Act: Factores históricos, económicos y legislativos", en *Revista de derecho mercantil*, N° 253, 2004, Págs. 1085 a 1118; así como también los comentarios de KOVACIC, William y SHAPIRO, Carl; *Antitrust Policy: A Century of Economic and Legal Thinking*, Competition Policy Center. University of California, Berkeley. 1999. Pág. 2. El documento está disponible para consulta en: http://escholarship.org/uc/item_/5zb4g387#page-3, quienes resaltan la generalidad de la prohibición inmersa en la norma mencionada, y su capacidad para mantenerse vigente, incluso tras tantísimos cambios que se han suscitado en sus años de aplicación.

[104] Acerca del impulso que han tenido desde su aparición las acciones civiles vinculadas con las disputas de competencia, desde la perspectiva de los Estados Unidos; superando incluso el porcentaje de acciones emprendidas desde el terreno público ante organismos de carácter administrativo, POSNER, Richard, *Antitrust Law: An Economic Perspective*, University of Chicago Press, Chicago, 1976; y NEALE, Alan Derrett y GOYLE, D.G, *The Antitrust Laws of the United States of America. A Study of Competition Enforced by Law*, Cambridge University Press, Nueva York, 1980, Pág. 497.

[105] Pero que no se erige completamente como un prurito irracional, ya que a pesar de la importante participación en Estados Unidos de los órganos judiciales estatales y federales, los organismos administrativos cuentan con una labor igualmente importante, pues pueden, tanto como los particulares, solicitar la apertura de un proceso. A lo que obligatoriamente deben ser añadidas las funciones de investigación y establecimiento de políticas sobre las cuales se ahondara en apartados posteriores. Acerca del funcionamiento y evolución de las acciones de daños en Estados Unidos y su proyección Europea HOLMES, Marjorie y LENNON, Paula; "Causation - The Route to Damages", en *European Competition Law Review*, Volumen 25, N° 8, 2004, Págs. 475 a 478.

[106] Tal y como puede observarse en la compilación jurisprudencial, realizada en los Estados Unidos por GIFFORD, Daniel, "The Jurisprudence of Antitrust", en *Southern Methodist University Law Review*, N° 48, 1995, Págs. 1677 a 1713; donde se encuentra una reseña básica de casos que nacieron de la inciativa "particular" relacionada con el ámbito privado.

1/2003)[107], el modelo de aplicación pública había sido dominante, y sustentaba sus bases en la participación de Autoridades administrativas en la aplicación de la normativa de libre competencia[108].

Las diferencias entre los sistemas implementados tanto en Estados Unidos como en Europa[109], han tenido, tal y como en otros escenarios, origen en un catálogo de razones y motivos que respaldan la implementación de la aplicación privada o la aplicación pública

---

[107] Reglamento (CE) No. 1 del año 2003, del Consejo, de 16 de Diciembre de 2002, publicado en el Diario Oficial de las Comunidades Europeas, DOCE L 001 de 4 de Enero de 2003. Con el cual, según la opinión de VAN BAEL, Ivo & BELLIS, Jean-François, *Competition Law of the European Community*, Kluwer Law International, Alphen aan den Rijn, Holanda, 2010, Pág. 1209, se ha intentado: " *(...) to bring the EC competition rules closer to citizens and companies throughout the Community and lead to a better and more effective sharing of enforcement tasks between the Commission and national authorities, including national courts"*. Siendo igualmente de relevancia, respecto a los cambios que sucitó y a los efectos y debates que generó antes y después de su aparición, los cuales serán desarrollados a profundidad en las partes posteriores del presente trabajo, MESTMÄCKER, Ernst-Joachim, "The EC Commission's modernization of competition policy: a Challenge to the community's constitutional order", en *European Business Organization Law Review*, N° 1, 2000, Págs. 401 y siguientes; HOLMES, Katherine, "The EC White Paper on Modernisation", en *Journal of World Competition*, N° 23, 2000, Págs. 51 a 79; BASEDOW, Jurgen, "Who will protect competition in Europe? From central enforcement to authority networks and private litigation", en *European Business Organization Law Review*, N° 2, 2001, Págs. 43 y siguientes; KINGSTON, Suzanne, "New division of responsabilities in the proposed Regulation to modernize the rules implementing articles 81 and 82 EC? A warning call", en *European Competition Law Review*, N° 22, 2001, Págs. 340 y siguientes; GAUER, Celine, DALHEIMER, Dorothe, KJOLBYE, Lars y DE SMIJTER, Eddy, "Regulation 1/2003: a modernized application of EC competition rules", en *Competition Policy Newsletter*, primavera 2003, Pág. 3; así como también MÜLLER, Felix, "The New Council Regulation (EC) No. 1/2003 on the Implementation of the Rules on Competition", en *German Law Journal*, Volumen 5, N° 6, 2004, Pág. 722 y siguientes.

[108] Con excepción de algunos territorios. En específico Finlandia y Austria, que tenían un sistema alterno que se desmarcaba de la noción preponderante en Europa, la cual estaba encaminada a otorgarle deberes y poderes a las Autoridades administrativas con los cuales se propendía por la conservación de la estabilidad de los mercados, y del orden económico general.

[109] Las cuales son materia de un debate continuo, toda vez que aquellas voces vinculadas con la Comisión que han utilizado a Estados Unidos como ejemplo de ciertos aspectos que podrían verse mejorados en Europa, han sido fuertemente criticadas, al interpretarse que importando dichas ideas se ignoraban las largas y arraigadas tradiciones, así como los valores jurídicos del viejo continente. Siendo ejemplo de dicha circunstancia la respuesta de Neelie Kroes, aduciendo que son varias las lecciones que en Europa se pueden aprender del sistema norteamericano en lo que a Defensa de la Competencia se refiere. KROES, Neelie, "More Private Antitrust Enforcement Through Better Access to Damages – An Invitation for an Open Debate", discurso pronunciado el día 9 de Marzo de 2006 en Bruselas, Belgica, discurso 06/158. Documento disponible para consulta en: http://europa.eu/rapid/pressReleasesAction.do?reference=SPEECH/06/158&format=HTML&aged=0&language=EN&guiLanguage=en. Así como también el análisis que sobre la incursión de la aplicación privada en Europa, realizó un sector de la doctrina, utilizando el sistema norteamericano como parangón de los fundamentos en su texto expuestos. JONES, Clifford, "A New Dawn for Private Competition Law Remedies in Europe? Reflections from the U.S", en *European Competition Law Annual 2001: Effective private enforcement of EC Antitrust Law*, Editores EHLERMANN, Claus-Dieter y ATANASIU, Isabela, Oxford, Hart Publishing, 2003, Pág. 95.

en su territorio, la propensión a darle un uso continuado a dichos prototipos, así como también, la intensidad que cada uno de ellos tendrá en caso de coexistir[110].

Así las cosas, y de forma enunciativa, es posible afirmar que las razones que han impulsado la puesta en marcha de uno u otro sistema, son entre otras, las siguientes:

- Las determinaciones que les ponen en marcha;

- La autoridad que en mejor posición se encuentre para darle cumplimiento a las mencionadas determinaciones[111];

- Las labores y poderes que acompañan dicha tarea;

- Los niveles de litigiosidad en disputas que vinculen al Derecho *antitrust*; así como

- El bien jurídico protegido.

De tal manera, el catálogo de motivaciones[112] puede ser tan amplio, que no permite, en lo que me concierne, llegar a conclusiones de descrédito por uno u otro modelo, ya que como lo adelanté al principio de este apartado, creo que la protección de los Derechos de los particulares se encuentra mejor garantizada cuando el *public enforcement* y el *private enforcement* se compenetran[113], creando un sistema dual que está en

---

[110] BECKER, Gary y STIGLER, George, "Law Enforcement, Malfeasance, and compensation of Enforcers", en *Journal of Legal Studies*, N° 1, 1974, quienes en su estudio atienden las características que debe tener un *Public Enforcer* para generar total confianza en los particulares y evitar la participación de los *Private Enforcers*. Expresan inquietud acerca del poder absoluto de un órgano administrativo adscrito al aparato Estatal.

[111] VAN BAEL, Ivo & BELLIS, Jean-François, *Competition Law of the European Community*, Kluwer Law International, Alphen aan den Rijn, Holanda, 2010, Pág. 1209, quienes entienden que este aspecto es sumamente importante para delimitar la conveniencia de uno u otro sistema, toda vez que creen que es innegable que los Tribunales Nacionales tienen un rol distinto, que las Autoridades administrativas no pueden suplir, como lo es, por ejemplo, el poder para determinar las consecuencias que nacen de una reclamación de daños y perjuicios fruto de una infracción a los artículos 101 y 102.

[112] KOMNINOS, Assimakis, *EC Private Antitrust Enforcement: Decentralised Application of EC Competition Law by National Courts*, Oxford, Hart Publishing, 2008, Pág. 6.

[113] Como así lo expresa KROES, Neelie, Ponencia 05/533, "Enhancing actions for damages for breach of competition rules in Europe", discurso pronunciado en el Harvard Club, New York, 22 de Septiembre de 2005, Pág. 3. El documento está disponible para consulta en: http://europa.eu/rapid/pressReleasesAction.do?reference=SPEECH/05/533&format=HTML&aged=0&language=EN&guiLanguage=en. Y como será desarrollado en las páginas siguientes. Otros han decidido hacer análisis en busca de estudiar los beneficios y falencias de cada sistema, SEGAL, Ilya. R y WHINSTON Michael, "Public vs private enforcement of antitrust law: A Survey", Working paper N° 335, el documento está disponible para consulta en: http://papers.ssrn.com/sol3/papers.cfm?abstract_id=952067. Igualmente la labor de McAFEE, R. Preston, MIALON, Hugo. M y MIALON, Sue. H, "Private v Public *Antitrust* Enforcement: A strategic analysis", en *Journal of Public Economics and Emory Public Law*, Enero de 2008. El documento está disponible para consulta en: http://userwww.service. emory.edu/~hmialon/StrategicPrivatePublic*Antitrust*Enforcement.pdf.

obligación de prever y evitar el derroche de recursos tan común cuando los dos modelos coexisten[114].

A pesar de dicha opinión, soy consciente de los muchos sectores de la doctrina que emprenden disputas acerca de la viabilidad, beneficios, inconvenientes y avances que puede traer cada uno de los sistemas, incluyendo el dual. Puesto que las diferencias entre ambos sistemas se les antojan insalvables en razón de ser diametralmente opuestas[115], en virtud de contar con unas características especiales que pueden dividirse en:

- Quien realiza en cada sistema la aplicación efectiva de la normativa *antitrust;* siendo una autoridad administrativa (del nivel competente en razón del grado de descentralización) en el sistema de *public enforcement*[116]. Y una autoridad jurisdiccional en el sistema de *private enforcement*[117]*;*

---

[114] Cada uno de los ordenamientos debe realizar un análisis de su recorrido, así como de su cultura legal y jurisprudencial, en búsqueda de generar un marco en el cual el modelo público necesite el complemento que le otorgan las acciones y derechos de carácter privado. Siendo esta una manifestación clara de la importancia que tiene la búsqueda de la consolidación de un sistema dual. Al respecto WALLER, Spencer, "Towards a More Constructive Public-Private Partnership for Enforcing Competition Law", en *World Competition: Law and Economics Review*, Volumen. 29, N° 6, 2006, Pág. 368.

[115] Donde llaman la atención las elecciones del más afín al modelo público WILS, Wouter, P.J, "Should private *antitrust* enforcement be encouraged in Europe?", en *World Competition: Law and Economics Review*, Volumen 26, N° 3, 2003, Págs. 473 y siguientes. El documento está disponible para consulta en: http://papers.ssrn.com/sol3/papers.cfm?abstract_id=1540006.

[116] Dicho principio, tiene una excepción de gran importancia, cual es que, una autoridad jurisdiccional puede ser designada como autoridad de competencia de un país miembro o esté, en razón de la cultura jurídica de su territorio, en cabeza de todas las funciones referentes a la protección de la competencia económica, en merced de la protección del bien general y de los principios que rigen dicha función. Caso en el cual, a pesar de ser autoridades jurisdiccionales, actuarán como autoridades de carácter administrativo, en uso del modelo público de aplicación de las normas de libre competencia en detrimento del privado. Tal y como se establece en la *Comunicación* de la Comisión de 27 de Abril de 2004, *relativa a la cooperación entre la Comisión y los órganos jurisdiccionales de los Estados miembros de la UE para la aplicación de los artículos 81 y 82 del Tratado CE* (Actuales Artículos 101 y 102 del Tratado de Funcionamiento de la Unión Europea), publicada en el Diario Oficial de la Unión Europea, DOUE de 27 de Abril de 2004, C 101/4, la cual en su numeral 2 reza: "*Los órganos jurisdiccionales nacionales pueden verse llamados a aplicar los artículos 81 u 82 CE en litigios entre particulares tales como acciones referentes a contratos o por daños y perjuicios. También pueden actuar como órgano de aplicación o como instancia de revisión. Efectivamente, un órgano jurisdiccional nacional puede ser designado como autoridad de competencia de un Estado miembro (...) de conformidad con el apartado 1 del artículo 35 del Reglamento (CE) no 1/2003 (...). En ese caso, la cooperación entre los órganos jurisdiccionales nacionales y la Comisión no se rige solo por la presente Comunicación, sino también por la Comunicación sobre la cooperación en la red de autoridades de competencia*". Implicando la obligatoria observancia igualmente, de la *Comunicación de la Comisión sobre la cooperación en la Red de Autoridades de Competencia*, de 27 de Abril de 2004, publicada en el Diario Oficial de la Unión Europea, DOUE, de la misma fecha, C 101/3, la cual en principio, de ser concordante con la naturaleza de la autoridad, no le vincularía.

[117] Es importante resaltar al respecto, que además de estar empoderados para delimitar los daños y perjuicios fruto de una infracción a las normas de libre competencia, los Jueces nacionales, en razón de la reforma y tal y como se verá en detalle en apartados posteriores, ahora tienen la competencia exclusiva de resolver disputas contractuales que vinculen la normativa *antitrust* europea, por ejemplo cuando esta última es invocada por una parte para evitar darle cumplimiento a un pacto; por lo que se erigen como figuras de importancia que no pueden ser obviadas, máxime cuando dicha exclusividad se acompaña de otras

- Cuáles son los objetivos que sirven de engranaje a cada una de las vías de aplicación, toda vez que el objetivo principal del *public enforcement* es la protección del interés general[118] y el del *private enforcement* es la protección de los Derechos vulnerados a un particular mediante la infracción de la normativa *antitrust*[119]; y

- Cuáles son los poderes y procedimientos en que puede y debe basar cada organismo titular de la aplicación, pública o privada, el cumplimiento de su tarea, siendo en ambos casos divergentes, encontrando sustento en un marco normativo específico[120] que encuentra pequeñas coincidencias como resultado de la reforma.

---

bondades, como lo son poner en marcha medidas cautelares de forma más rápida que las Autoridades administrativas por estar mejor posicionadas para ello; prestar la posibilidad de combinar una reclamación sujeta a las normas *antitrust* comunitarias con otra sujeta a la normativa nacional; contar con la posibilidad existente en algunos países, de que sean reembolsados los costes del litigio; así como también poner a disposición de los vinculados, un mayor nivel de certeza que nace de la obligación de los Tribunales de tomar decisiones centradas en las pretensiones sometidas a su criterio, en contraste con la discreción de la cual gozan las Autoridades administrativas de competencia del nivel comunitario y nacional. VAN BAEL, Ivo & BELLIS, Jean-François, *Competition Law of the European Community,* Kluwer Law International, Alphen aan den Rijn, Holanda, 2010, Págs.1212 y 1213.

[118] Realizando todo un catálogo de diversas actuaciones en búsqueda de prevenir la distorsión del mercado, y por consiguiente el detrimento y vulneración de los Derechos de los particulares. Prohibiendo actuaciones, retrotrayendo a su estado original circunstancias del mercado que se han visto distorsionadas por medio de una infracción, investigando dichas conductas de oficio, aplicando sanciones, e incluso, aprobando la puesta en marcha de un acuerdo, gestionando los programas de clemencia de existir, y moldeando sus actuaciones a las nuevas circunstancias que el mercado y el libre desarrollo de los Derechos fruto de las disposiciones que lo sustentan le otorguen. Al respecto los comentarios generales que pueden sustraerse de WOOLF, Harry, "Public Law – Private Law: Why the Divide? A Personal View", en *Public Law,* N° 220, 1986, Pág. 221.

[119] Aunque no de forma excluyente, puesto que la resolución que dé el Juez a la transacción que vincula a las partes, en ningún caso debe desconocer el interés general, y debe motivar su resolución en la vía de preservar la competencia del mercado por medio de la correcta aplicación de la normativa de competencia, favoreciendo la eficiencia económica. Como lo establece ALONSO SOTO, Ricardo, "El interés público en la Defensa de la Competencia", en *La Modernización del Derecho de la Competencia en España y en la Unión Europea,* Directores MARTINEZ LAGE, Santiago y PETITBO, Juan, Marcial Pons, Madrid, 2005, Pág. 41. Un poco mas allá, aunque en la misma línea de interpretación, va el concepto de otro sector doctrinal que entiende que siempre que un Juez aplica la normativa de competencia, está realizando una efectiva protección al interés público, tanto cuando declara la nulidad de una actuación, como cuando tutela un interés privado, pues así se infiere de la naturaleza jurídico pública del proceso. COLOMER HERNANDEZ, Ignacio, "La tutela judicial de la Defensa de la Competencia", en *Derecho de la Competencia. Estudios sobre la ley 15 de 2007, de 3 de Julio, de Defensa de la Competencia,* Directores PAREJO ALFONSO, Luciano y PALOMAR OLMEDA, Alberto, La Ley, Madrid, 2008, Pág. 474. Las acciones de daños son una representación inequívoca para algunos autores de la función de salvaguardar los intereses privados e igualmente públicos, ya que no son una figura independiente, sino un complemento de la intervención pública que se ve descubierta e incompleta. PROSPERETTI, Luigi, "Antitrust Damages in Europe: An Economic perspective", Paper presentado en la conferencia *Antitrust* between EC Law and national law, Treviso, 18 y 19 de Mayo de 2006, el documento está disponible para consulta en: http://www.lppartners.com/servizi/ uploaded/Prosperetti%20Treviso%20final%20paper.pdf.

[120] Esta acepción tan basica y a la vez, para algunos sectores de la doctrina, lógica, es sumamente importante para VEZ PAZOS, Alfonso, "¿Aplicación Privada o Pública?", Artículo publicado el domingo, 10 de Mayo de 2009, en el suplemento Mercados de *La Voz de Galicia.* 2009. Pág. 2; toda vez que

Las claras diferencias entre los dos sistemas de aplicación[121], no han impedido que primero se hayan dado pasos hacia la aparición, y luego hacia el posicionamiento efectivo del *private enfocement,* contribuyendo en gran medida, con que se hayan puesto en marcha múltiples disputas en el seno de la doctrina, planteadas con el objetivo de resaltar virtudes y remarcar los inconvenientes que se perciben en ambos modelos. Conllevando la estructuración de un compendio de caracteres de coincidencia, que han servido para razonar la conveniencia que perciben los autores en cada uno de los prototipos de aplicación. Dichos elementos son:

- El efecto *deterrence* y el desánimo a ir en contravía de la normativa de libre competencia, en razón de las consecuencias jurídicas que pueden ser impuestas por las autoridades competentes, de ser transgredidas las normas *antitrust*[122].

- Las determinaciones que ponen en marcha los prototipos de aplicación de las normas en desarrollo; y

- Las vicisitudes en la aplicación de la normativa antitrust.

Siendo estos puntos la referencia obligada en la cual la doctrina ha sustentado la evaluación de tendencias en la aplicación de la normativa *antitrust*[123], es menester

---

entiende, no puede ser obviada esa diferencia "procesal" que condicionará el curso de los procedimientos de principio a fin, pues mas allá de la teoría, es en la práctica donde se delimitará la conveniencia de cada uno de los sistemas.

[121] Sobre los cuales puede ahondarse en ORTIZ BAQUERO, Ingrid, *La aplicación privada del Derecho de la competencia. Los efectos civiles derivados de la infracción de las normas de libre competencia,* La Ley, Wolters Kluwer España, 2011, Págs. 38 a 40.

[122] Dicho desánimo al que se refiere este apartado, cumple una función preventiva general que debe ser claramente diferenciada de la retribución a la comisión de una infracción, que no en pocas ocasiones posibilita la confusión entre las dos figuras. Siendo así, en razón de la función preventiva que tiene la disuasión por actuar con antelación (*Ex-ante*) a la infracción, guardando estrecha relación con el concepto de "tipificación". Así las cosas, la imposición de una consecuencia o sanción, sirve de advertencia a los eventuales infractores, quienes entenderán que realizar X comportamiento, generará la imposición de Y consecuencia, no buscando el castigo, sino el evitar la comisión de un hecho ilícito en razón del miedo que genera el correctivo y la sanción. Para que surta los efectos deseados, esta función de disuasión necesita de una tipificación de las conductas prohibidas y la verdadera imposición de la sanción o consecuencia cuando se comete el hecho tipificado, pues incluso cuando la pena fruto de la infracción sea muy elevada, la misma debe hacerse efectiva pues de no hacerlo, se generaría su repetida perpetración. Al respecto la *Deterrence Theory,* el trabajo de BECKER, Gary, "Crime and Punishment: An economic approach", en *The Journal of Political Economy,* Columbia University, 1968, los comentarios de LANDE, Robert H. y DAVIS, Joshua P., "Comparative Deterrence from Private enforcement and Criminal Enforcement of the U.S. Antitrust Laws", Research paper Nº 2010-08, 2010, el documento está disponible para consulta en: http://papers.ssrn.com/sol3/papers.cfm?abstract_id=1565693. Y la opinión de WILS, Wouter, P.J, "Should private *antitrust* enforcement be encouraged in Europe?", en *World Competition: Law and Economics Review,* Volumen 26, Nº 3, 2003, Pág. 487. El documento está disponible para consulta en: http://papers.ssrn.com/sol3/papers.cfm?abstract_id=1540006.

[123] Siendo de especial relevancia pues ha servido de base para la estructuración de dichos parámetros en el trabajo actual, WILS, Wouter, P.J, "The relationship between public *antitrust* enforcement and private actions for damages", en *World Competition: Law and Economics Review.* Volumen 32, Nº 1, 2009, Págs. 17 y siguientes, quien ha delimitado 3 elementos que permiten plantear la conveniencia de los sistemas de

analizar cada uno de ellos a profundidad, máxime cuando paulatinamente, como ya se pudo ver sucintamente en este apartado, la doctrina ha cedido al cambio de sus postulados, de conformidad con los razonamientos jurisprudenciales elegidos en Europa para consolidar la real y efectiva participación de los Jueces nacionales, asi como también la dualidad de sistemas. Representados, parcialmente, tanto en la implementación de principios que previenen que las competencias de aplicación compartidas se desarrollen en términos de caos[124], como en la estructuración de instrumentos cooperativos que favorecen la labor conjunta y promueven un desarrollo fluido de tareas[125].

I. Valoración de las propiedades y dimensión del *deterrence* en la política de competencia.

El comportamiento de las empresas ante las sanciones fruto de una conducta anticompetitiva, debe ser analizado en busca de establecer qué tipo de consecuencia

---

aplicación en "detrimento" del otro, así como a su vez potenciar los componentes que permiten la compenetración de los mismos y la creación de una tercera vía conjunta; siendo aquellos, a saber: (a) *clarifying and developing the content of the antitrust prohibitions,* (b) *preventing the violation of these prohibitions through deterrence and punishment,* y (c) *pursuing corrective justice through compensation."*

[124] Esta situación que ahora se genera como resultado de la coexistencia de autoridades, puede emular uno de los temores que se generan en los procesos de fusión de sociedades, sea cual sea su carácter, toda vez que "organismos" que previamente se encargaban de aspectos claramente delimitados y dispares entre ellos, ahora tienen la obligación de unificarse y trabajar en pro del cumplimiento de un mismo objetivo, evitando la asignación doble de esfuerzos a una misma tarea. Por lo que, tal y como lo resalta THOMPSON, Jake, "Merger gives offutt role on information battlefield", en *Omaha World-Herald,* 7 de Julio 7 de 2002, Pág. única, debe ser tarea prioritaria de aquellos que estructuran la coexistencia entre "organismos", aportar toda la claridad que sea posible acerca de las posiciones que se van a generar con el cambio. Tal y como se sucitó en los Estados Unidos, cuando el secretario de defensa para aquel entonces, Donald Rumsfeld, anunció quien tendría el mando y la toma de decisiones tras la fusión entre el comando espacial norteamericano ubicado en Colorado y el comando estratégico ubicado en Omaha, así como también, qué principios regirían la relación de colaboración cuando fuese necesario y qué instrumentos idóneos tenían en su poder las mencionadas autoridades para evitar que los dineros de los contribuyentes, estuviesen destinados en varias ocasiones al mismo objetivo. Resaltando a su vez el autor, que de no haberse hecho dicho anuncio, la catástrofe hubiera sido inmensa, toda vez que la lucha entre organismos en búsqueda de perdurar e influenciar las actividades del otro no hubiese tenído fácil solución.

[125] Justificados en el artículo 4 del Tratado de Funcionamiento de la Unión Europea, y en pronunciamientos jurisprudenciales tales como la sentencia del Tribunal de Justicia de las Comunidades Europeas, asunto C-213/1989, *The Queen Vs. Secretary of State for Transport, ex parte: Factortame Ltd and others,* de 19 de Junio de 1990 en sus apartados 19 y 22, texto disponible para consulta en: http://eur-lex.europa.eu/LexUriServ/LexUriServ.do?uri=CELEX:61989J0213:ES:PDF; del mismo Tribunal, asunto C-275/2000, *Fisrt & Franex,* de 26 de Noviembre de 2002 en apartado 49; del Tribunal de primera instancia, asunto C-60/1992, *Otto BV Vs. Postbank NV* en sus apartado 64 y 65, texto disponible para consulta en: http://eur-lex.europa.eu/LexUriServ/LexUriServ.do?uri=CELEX:61992J0060:ES:HTML. Así como las sentencias *Van Schijndel y Van Veen* y *Mastersfood Ltda Vs. HB Ice Cream Ltda.*

jurídica y/o condena, conlleva un desánimo real por parte de aquellas a transgredir la normativa de libre competencia[126].

Deterrence[127], es la palabra anglosajona con la cual se expresa la persuasión que se ejerce sobre los particulares para que no lleven a cabo actuaciones contrarias a la normativa, en razón de la "suficiencia" en las sanciones[128]. Las normas jurídicas y una manifestación y parte importante de ellas como lo es la normativa de libre competencia, cumplen una labor de influencia sobre los particulares, en aras de que éstos no lleven a cabo actuaciones socialmente refutables.

La disuasión mencionada, necesita tanto del establecimiento normativo de sanciones que adviertan de la posible consecuencia al potencial transgresor, como de la sanción efectiva puesta en marcha cuando la infracción se presenta, ya que ambos elementos generan un razonamiento en aquel que está considerando infringir la normativa de libre competencia y lo persuaden a estimar y ponderar el posible valor de su conducta[129].

El total entendimiento de dicha premisa, permite introducir el *deterrence* como un elemento a tomar en cuenta para comprender cuál es el grado de incremento en la efectividad, que puede favorecer al sistema en general en razón de la compenetración entre los modelos de aplicación, así como vislumbrar el motivo por el cual, la doctrina ha

---

[126] MOODALIYAR, Kasturi, REARDON, James y THEUERKAUF, Sarah, "The relationship between public and private enforcement in competition law : a comparative analysis of South African, the European Unión, and Swiss law", en *South African Law Journal,* Volumen. 127, N° 1, 2010, Pág. 153.

[127] Como objetivo de importancia de la sanción en términos generales y de la multa en términos específicos. Tal y como queda claro en la Sentencia del Tribunal de Primera Instancia, de 15 de marzo de 2006, asunto T-15/02, *BASF AG Vs. La Comisión de las Comunidades Europeas,* apartado 269, texto disponible para consulta en: http://curia.europa.eu/juris/document/document.jsf?text=&docid=57670&pageIndex=0&doclang=ES&mode=doc&dir=&occ=first&part=1&cid=47354.

[128] HOVENKAMP, H, *Federal Antitrust policy – the law of competition and its practice,* West Publishing, St Paul, Minn, 1999, Pág. 651. El autor añade que el *Deterrence* es una importante arma teórica con falencias en el campo práctico, lo expone en los siguientes términos: *"The case for adopting the optimal deterrence model wholesale becomes quite weak when we consider he difficulties of using it in litigation".* Donde es posible resaltar las dudas que se extraen de su texto, acerca de las posibilidades que tiene el modelo privado, de realmente cumplir funciones de disuasión.

[129] POLINSKY, Mitchell y SHAVELL, Steven, "The Economic Theory of Public enforcement of Law", Documento de Trabajo N° 159, presentado en la Stanford Law School, John M. Olin Program in Law and Economics, 2000, Págs. 6 y 7; BUCCIROSSI, Paolo, CIARI, Lorenzo, DUSO, Tomaso, SPAGNOLO, Giancarlo y VITALE, Cristiana, "Deterrence in Competition Law", Discussion Paper N° 285, presentado en la Governance and the Efficiency of Economic Systems, 2009, Págs. 7 a 11, el documento está disponible para consulta en lengua original en: http://www.sfbtr15.de/dipa/285.pdf; así como también TISSOT-FAVRE, Anna y SAKKERS, Edwoud, "What Kind of Sanctions? A Perspective from the European Commission", en *Current Developments in European and International Competition Law, 16^{Th} St. Gallen International Competition Law Forum ICF 2009,* Editor BAUDENBACHER, Carl, Helbing Lichtenhahn, Basilea, 2010, Pág. 317.

centrado su análisis de conveniencia en cualquiera de los sentidos, basándose en gran medida, en dicho argumento persuasivo[130].

Aquellos más arraigados con la cultura europea de aplicación, vigente hasta la reforma del Reglamento 17/1962, han compuesto un sector que ha utilizado este elemento no para estructurar puntos de convergencia, sino para exponer razones en las cuales sustentan sus reservas en cuanto a participación de los Jueces se refiere, exponiendo que la estabilidad del sistema se garantiza con el uso que a este delicado elemento le den Autoridades administrativas, toda vez que los contras que residen en el modelo privado se les antojan abundantes.

Para este sector, la preponderancia, poder, principios, soporte, altruismo en sus objetivos, entre otros, son los pilares que sustentan que quien mejor puede llevar a cabo una función sancionadora, sea una autoridad pública con el respaldo del aparato Estatal y/o Comunitario, ya que incluso de cara al entendimiento general y en razón de su naturaleza, son este tipo de autoridades las que generan un desánimo a posibles infractores, merced del engranaje funcional, normativo y político que las rodea, por ser una cabeza visible de la organización administrativa de un territorio o comunidad y por la objetividad que se presume de sus actuaciones.

Los adeptos a un modelo de aplicación administrativa, continúan el desarrollo de sus ideas, manifestando que no hay disuasión en el *enforcement* privado, ya que esa función solo puede ser cumplida en un modelo público[131]. Para este grupo de autores, que una resolución judicial determine un resarcimiento consecuencia de un daño e infracción a la normativa de libre competencia, no genera, como sí lo hace en el modelo público, una

---

[130] Este elemento y la valoración de su estrecha relación con los resultados de la aplicación de las normas *antitrust*, fue ampliamente introducido por ROSOCHOWICZ, Patricia Hanh, "Deterrence and the Relationship Between Public and Private enforcement of Competition Law", en *European Competition Law Review*, Volumen. 25, N° 12, 2005, Págs. 1 y siguientes; secundado a su vez por BUXBAUM, Hannah, "Private enforcement of competition law in the United States - Of optimal deterrence and social cost", en *Private enforcement of EC competition law*, Editor BASEDOW, Jurgen, Kluwer Law International, Alphen aan den Rijn, Holanda, 2007; WILS, Wouter, P.J, "The relationship between public *antitrust* enforcement and private actions for damages", en *World Competition: Law and Economics Review*. Volumen 32, N° 1, 2009, Págs. 17 y siguientes; y por KOMNINOS, Assimakis, "Integrating public and private enforcement of competition law: Implications for courts and agencies", discurso pronunciado en el 16th Annual EU Competition Law and Policy Workshop, el 17 y 18 de junio de 2011, Pág. 4.

[131] Lo cual soportan en la valoración realizada por el particular, quien no se ve impulsado por ningún interés general y por el contrario busca su beneficio patrimonial, no pretendiendo advertir nada a nadie con su demanda. SEGAL, Ilya. R y WHINSTON Michael, "Public vs private enforcement of antitrust law: A Survey", Working paper N° 335, Págs. 10 y siguientes. El documento está disponible para consulta en: http://papers.ssrn.com /sol3/papers.cfm?abstract_id=952067. Óptica que es interpretada por quien escribe este trabajo como excesiva, toda vez que no se cree que la disuasión deba ser un factor determinante que los particulares deben tomar en cuenta, cuando estos por medio de sus acciones de daños buscan el resarcimiento ante una transgresión a la normativa *antitrust*. Dicho efecto *Deterrence* puede verse cumplido incluso sin ser buscado por el demandante, y no se cree que basado en este parámetro se pueda interpretar que la función de disuasión no es cumplida en el modelo privado. Al respecto, también de relevancia, resultan los aportes de ROSOCHOWICZ, Patricia Hanh, "Deterrence and the Relationship Between Public and Private enforcement of Competition Law", en *European Competition Law Review*, Volumen. 25, N° 12, 2005, Págs. 1 y siguientes.

disuasión a futuros infractores, ya que dicho resarcimiento simplemente es una manifestación de su finalidad compensatoria[132].

Añaden, que si alguna incidencia disuasoria le puede ser otorgada al *private enforcement*, la misma solo respondería a las cuantías de las sanciones impuestas por los Jueces, que tienden a ser más impredecibles y onerosas que las impuestas por una autoridad administrativa. Aun así, no dudan en matizar dicho efecto, diciendo que el mismo podría ser equiparado por el modelo público si fuera aumentada la onerosidad de las multas que impone la autoridad de competencia[133]; aunque reconociendo a la par, que dicha subida en los correctivos económicos puede tener un efecto inverso al deseado, toda vez que las empresas podrían quebrar o desacelerar su desarrollo ante tan grandes valores monetarios[134].

Agregan en clara consonancia con los demás argumentos "pro - públicos" inmersos en la evaluación de conveniencia y convergencia de los prototipos de aplicación, que los intereses de los particulares pueden generar la impunidad de conductas anticompetitivas, ya que es común que el nivel de disuasión en el modelo privado no le otorgue la suficiente confianza al particular, de que su demanda perdurará y le significará un beneficio económico contundente, que justificará sus esfuerzos dentro del proceso.

El sector de la doctrina opuesto a dichos razonamientos, como era de esperarse, discute los mismos, y empieza expresando que es claro el efecto *deterrence* del modelo privado, ya que la cuantiosidad de los resarcimientos impuestos por un Juez, siempre

---

[132] Así se ve reseñado en ORTIZ BAQUERO, Ingrid, *La aplicación privada del Derecho de la competencia. Los efectos civiles derivados de la infracción de las normas de libre competencia*, La Ley, Wolters Kluwer España, 2011, Pág. 58, así como en la doctrina por ella nombrada en el pie de página número 15 de su obra, Pág. 44.

[133] Acerca de esta posibilidad, las críticas realizadas por SULLIVAN, Charles. A, "Breaking Up the Treble Play: Attacks on the Private Treble Damage Antitrust Action", en *Seton Hall Law Review*, N° 14, 1983, Págs. 17 y siguientes, quien muestra su desacuerdo con la idea erigida principalmente por BREIT, William y ELZINGA, Kenneth. G, "Antitrust Enforcement and Economic Efficiency – The Uneasy Case for Treble Damages", en *Journal of Law and Economics*, University of Chicago Press, N° 17, 1974, Págs. 329 a 356; la cual fue secundada, en respuesta a los comentarios de Sullivan, en años posteriores, por los mismos autores, tal y como puede verse en BREIT, William y ELZINGA, Kenneth. G, *Antitrust Penalty Reform – An Economic Analysis*, American Enterprise Institute for Public Policy Research, Washington D.C, 1986.

[134] Los matices que se hacen a una hipotética subida de las sanciones, con el ánimo de contar con un nivel mayor de disuasión, están dirigidos a manifestar que no es tan claro y tan evidente para algunos, que las consecuencias pecuniarias y de otras índoles que tienen que poner en marcha las Autoridades administrativas de competencia, deban ser incrementadas, pues el nivel de *deterrence* con dicha subida puede ser incorrecto y peligroso, toda vez que sería susceptible de ir en contravía de la protección de la Competencia, de la cual forma parte, máxime cuando el aumento en las cuantías y en las consecuencias, puede resultar innecesario, al observar el gran incremento que ha tenido el *Enforcement* público en persecución de los carteles. Tal y como así puede extraerse de la lectura de BAKER, Donald. I, "Revisiting History—What Have We Learned About Private Antitrust Enforcement That We Would Recommend To Others?", en *Loyola Consumer Law Review*, N° 16, 2004, Pág. 382; así como también de CALKINS, Stephen, "An Enforcement Official's Reflections on Antitrust Class Actions", en *Arizona Law Review*, N° 39, 1997, Pág. 445; y CAVANAGH, Edward, "Detrebling Antitrust Damages: An Idea Whose Time Has Come?", en *Tulane Law Review*, N° 61, 1987, Pág. 780.

desanima al infractor a mantenerse en su actuación, e influencia a otros operadores a evitar participar en hechos similares, al hacer una valoración de las consecuencias y efectos que ha traído la conducta contraria a la normativa *antitrust*[135].

Es común, según lo expresado por los adeptos a la participación activa de los Jueces nacionales, que una empresa a pesar de ser sancionada por una autoridad pública de competencia en razón de la comisión de una infracción, incurra en idéntica conducta o en una similar incluso sabiendo que será penalizada por la misma. Prefiriendo otorgar un valor económico a su transgresión, asumiéndolo y pronosticando su pago, antes que a verse restringida de llevar a cabo nuevamente un comportamiento anticompetitivo.

Es claro que dicho escenario no es ni mucho menos conveniente para la consolidación de un sistema de aplicación de la normativa *antitrust*, toda vez que a pesar de la sanción, los agentes harán su valoración individual y continuarán distorsionando el funcionamiento del mercado, ya que las consecuencias que son impuestas por las autoridades no les resultan de suficiente talante y por el contrario se les antojan abordables y asumibles.

Este panorama es muy frecuente en sistemas que tienen preponderancia del modelo de aplicación público, ya que las sanciones normalmente guardan ciertos parámetros estándar que son ampliamente conocidos por las empresas, y que se escenifican en la tendencia a no imponer condenas tan cuantiosas como las que comúnmente se presentan en sistemas con altos niveles de litigiosidad como el de los Estados Unidos[136].

Critican el argumento esgrimido por los defensores de la aplicación preferentemente administrativa en claro reproche al modelo privado, en el cual los primeros han mantenido que a la "supuesta" superioridad disuasoria que tiene el *private enforcement* en razón de la mayor onerosidad de sus sanciones, se le puede dar fácil alcance por medio

---

[135] A lo que no dudan en añadir que esa labor de disuasión beneficia al interés general al alivianar la labor de las Autoridades administrativas, aminorando sus costos y sentando precedentes económicos de talante alto que normalmente no son impuestos en el modelo público. PITOSFSKY, Robert, "Arbitration and *antitrust* enforcement", en *Arbitration Journal*, N° 40, 1970, Pág. 41.

[136] Un análisis acerca de las acciones de daños en Estados Unidos por infracción a la normativa *antitrust* en LANDE, Robert H., "Five Myths about *antitrust* damages", en *University of San Francisco Law Review*, Volumen 40, 2004, Págs. 651 y siguientes. Siendo también escencial, el trabajo de BUCCIROSSI, Paolo, CIARI, Lorenzo, DUSO, Tomaso, SPAGNOLO, Giancarlo y VITALE, Cristiana, "Measuring the Deterrence Properties of Competition Policy: The Competition Policy Indexes", en *Journal of Competition Law & Economics*, Volumen. 7, N° 1, Págs. 165 a 204, en el cual los autores, desde la perspectiva económica, realizan un estudio dirigido a "cuantificar" por medio de un compendio de factores de medición, las propiedades disuasorias que en un territorio específico tiene la política de competencia, estructurada para defender la estabilidad de los mercados; resaltando en el proceso ciertos elementos que influencian la efectividad de dichos sistemas, como lo son la independencia de la Autoridades que llevan a cabo la funcion de aplicación, la necesaria separación entre los poderes de investigación y sanción (que según su óptica influencian positivamente el *Enforcement)*, la correcta prevención plasmada en las normas jurídicas que sustentan el sistema, las calidades de los poderes de investigación otorgados a una Autoridad, los recursos con los cuales cuenta para llevar a cabo acciones dirigidas a la protección del mercado, la teoría que se incluye de cara al público referente a las sanciones efectivamente impuestas por transgreder las normas de libre competencia, así como la realidad, que debe hacer plausible demostrar siempre que sea necesario, la existencia de aquellas sanciones aplicadas a un asunto particular.

del aumento de la cuantiosidad de las multas que son impuestas por las Autoridades administrativas[137]. Aduciendo que las diferencias en las finalidades de las acciones de daños y las multas, impedirían que dicha actuación llegara a buen puerto, y que por sí solo dicho argumento, no tiene posibilidad de otorgar virtudes al modelo público, ni de desvirtuar las bondades del modelo privado[138].

Así las cosas, ya expuestos los fundamentos en que basan los diferentes sectores los beneficios de cada uno de los modelos desde la óptica del *deterrence* y delimitados de forma sistemática dichos argumentos, es posible concluir, que ninguno de ellos tiene el suficiente poder para no gozar de sus beneficios frente al otro en un escenario de coexistencia, sino que al contrario, le otorgan un "extra disuasorio" que puede generar un efecto real en las empresas y los particulares, que ahora tienen más incertidumbre acerca de las consecuencias de una hipotética infracción, puesto que no hay un catálogo de consecuencias pecuniarias que les permita cuantificar sin vacilación los efectos de la transgresión; actuando, tal y como es interpretado en este texto, como un avance hacia la conjunción de las vías de aplicación, tal y como merced de otros factores, también es posible concluir. A continuación la exposición de otro de aquellos componentes, de acuerdo al orden trazado en páginas anteriores.

II. Apreciación de las determinaciones que ponen en marcha los prototipos de aplicación.

Ya ha sido suficientemente enunciado que, la aplicación de las normas de libre competencia efectuada por los Jueces nacionales, difiere de la realizada por las autoridades de competencia de naturaleza administrativa. Siendo importante resaltar dicha idea, pues resulta ser un punto esencial que se ampara en la finalidad que busca satisfacer cada *Enforcement Body* cuando aplica las normas *antitrust*[139].

Para empezar siguiendo el mismo orden de evolución de los sistemas de aplicación de las normas de libre competencia, cabe iniciar afirmando que un modelo de aplicación

---

[137] LANDE, Robert H. y DAVIS, Joshua P., "Comparative Deterrence from Private enforcement and Criminal Enforcement of the U.S. Antitrust Laws", Research paper N° 2010-08, 2010, Pág. 883. El documento está disponible para consulta en: http://papers.ssrn.com/sol3/papers.cfm?abstract_id=1565693. Igualmente BUXBAUM, Hannah, "Private enforcement of competition law in the United States - Of optimal deterrence and social cost", en *Private enforcement of EC competition law*, Editor BASEDOW, Jurgen, Kluwer Law International, Alphen aan den Rijn, Holanda, 2007, Pág. 48.

[138] McAFEE, R. Preston, MIALON, Hugo. M y MIALON, Sue. H, "Private v Public *Antitrust* Enforcement: A strategic analysis", en *Journal of Public Economics and Emory Public Law*, Enero de 2008, Pág. 2 y siguientes. El documento está disponible para consulta en: http://userwww.service.emory.edu/~hmialon/StrategicPrivatePublic AntitrustEnforcement.pdf.

[139] Este elemento, el cual se interpreta idóneo para continuar definiendo el incremento en la efectividad que se logra con la coexistencia de sistemas, partiendo de las preferencias que se presentan según la doctrina en ambos modelos, ha sido soportado en el trabajo de KOMNINOS, Assimakis, "Integrating public and private enforcement of competition law: Implications for courts and agencies", discurso pronunciado en el 16th Annual EU Competition Law and Policy Workshop, el 17 y 18 de junio de 2011, Pág. 3.

administrativa seduce a un importante sector de la doctrina, tal y como se adelantó en páginas anteriores, gracias a lo loable de las determinaciones que emprende y busca llevar a buen puerto por medio de las herramientas dispuestas en su favor[140], las cuales se basan de forma primigenia, en la protección y defensa del interés general, por medio de la salvaguarda del correcto funcionamiento del mercado.

La defensa de este modelo, toma cuerpo cuando sus exponentes expresan que, la realización de esa función no puede ser llevada a cabo por ningún otro órgano de una forma más eficiente que aquella emprendida por las autoridades de competencia de carácter administrativo[141]. Siendo así, según los protectores del sistema de aplicación pública, en razón de los poderes que le confiere el aparato estatal para investigar y

---

[140] TISSOT-FAVRE, Anna y SAKKERS, Edwoud, "What Kind of Sanctions? A Perspective from the European Commission", en *Current Developments in European and International Competition Law, 16^Th St. Gallen International Competition Law Forum ICF 2009*, Editor BAUDENBACHER, Carl, Helbing Lichtenhahn, Basilea, 2010, Pág. 317, al expresar que el objetivo final y central de la Defensa de la Competencia, es un objetivo de caracter general, dirigido a *"(garantizar) that consumers can benefit to the maximum extent possible of that common market where products and services from suppliers are provided against the lowest price whilst ensuring the best quality and choise (...)* (buscando por lo tanto garantizar) *an optimal welfare distribution and to prevent that artificially created joint monopolies affect the benefits that consumers may expect to receive.";* WILS, Wouter, P.J, "Should private *antitrust* enforcement be encouraged in Europe?",en *World Competition: Law and Economics Review*, Volumen 26, N° 3, 2003, Pág. 482. El documento está disponible para consulta en: http://papers.ssrn.com/sol3/papers.cfm?abstract_id=1540006; En este fundamento basa su exposición igualmente FRIEDMAN, David, "Efficient institutions for the private enforcement of law", en *Journal of legal studies*, N° 13, 1984, Págs. 379 y siguientes; así como también DE LEON, Ignacio, "Manual para la Formación y Aplicación de las Leyes de Competencia", Documento de Trabajo presentado en la Conferencia de las Naciones Unidas para el Comercio y el Desarrollo (UNCTAD), 2002, Págs. 17 y 18, quien entiende que los objetivos de cualquier política de competencia, primero deben sustentarse en un interés general que solo pueden proteger las normas legitimamente constituidas y los organismos directa o indirectamente adscritos al poder gubernamental.

[141] Siempre y cuando la Autoridad en mención, cumpla con unos parametros de eficacia institucional que le permitan funcionar correctamente y proteger los mercados de una forma idónea y adecuada en pro del bienestar general; tales como la independencia, la neutralidad, la transparencia y la competencia técnica, sobre los cuales en las partes referentes a la Aplicación Pública de las normas *Antitrust* llevada a cabo por la Comisión y por las Autoridades administrativas de carácter nacional, se ahondará, por ser fundamentos básicos en los cuales una Autoridad pública carecería de la legitimidad para llevar a cabo las funciones a su cargo. SEGURA SÁNCHEZ, Julio, "La Politica de Defensa de la Competencia: Objetivos, Fundamentos y Marco Institucional", en *Ekonomiaz: Revista Vasca de Economía*, N° 61, 2006, Pág. 34.

sancionar incluso cuando no medie una petición de parte[142], y que le otorgan certidumbre, confianza, fortaleza y extensión a su función[143].

Añaden, que como resultado de la extensión y la capacidad de estas Autoridades administrativas, las mismas cuentan con poderes que difícilmente pueden ser otorgados a los órganos jurisdiccionales, tales como el de valorar en aras del interés general si una conducta no debe ser sancionada a pesar de haber transgredido con ella la normativa de libre competencia; el aplicar un programa de clemencia que puede dejar impune la actuación de un infractor; el aceptar compromisos con un transgresor, y todas aquellas actuaciones de valoración, en las cuales se concluya que algunos intereses particulares deben ceder ante el interés general[144].

La imposición de multas, las sanciones pecuniarias y los intereses particulares no son para este sector, los únicos razonamientos de validez de un sistema de aplicación.

Miran por lo tanto con desconfianza que la solicitud de un particular pueda desestabilizar una política comunitaria que entienden, siempre está en búsqueda de mejorar las condiciones económicas del mercado comunitario; y razonan, que gracias a los poderes que les son otorgados a los particulares, puede darse una fuerte distorsión del sistema ante la posible avalancha de demandas de estos, que motivados por la obtención de un lucro[145], obligarán a los Jueces a proceder, ya que estos últimos no están

---

[142] Diferenciándolo sustancialmente del modelo privado, otorgándole una amplitud que no tiene el *Private enforcement* ya que en razón de responder a principios de justicia rogada, los procesos adelantados ante un órgano jurisdiccional, restringen el marco de acción del Juez, permitiéndole aplicar el derecho que corresponda incluso el no alegado por las partes, pero obligándole a dirimir exclusivamente la contienda fruto del conflicto presentado, alegado y probado por las partes. En el modelo público por el contrario es posible incluso practicar una información previa reservada, siguiendo el impulso de oficio en la instrucción, estando facultada La Autoridad Nacional de Competencia para ordenar la práctica de otras pruebas con el objetivo de aclarar cuestiones precisas para la formación de su juicio. FERNANDEZ LOPEZ, Juan Manuel, "Aplicación judicial de la LDC: Una visión crítica", en *La Ley 15 de 2007 de Defensa de la Competencia. Reflexiones sobre las principales novedades*, Instituto de Derecho y ética Industrial, Madrid, 2008, Pág. 289.

[143] Siendo todos aquellos elementos de los cuales adolece la aplicación privada, toda vez que en Europa hay un nivel de subdesarrollo importante de aquel modelo, que hasta tanto no genere costumbres y procesos arraigados en el entorno de relevancia, requerirá de la mano amiga de las Autoridades Públicas, que deben estar siempre en disposición de auxiliar a los demas *Enforcers*. COLLINS, Philip, "Public and Private enforcement Challenges and Opportunities", discurso pronunciado en el Law Society's European Group, el 6 de junio de 2006, Pág. 2, el documento está disponible para consulta en: www.oft.gov.uk/sharedoft /speeches/0306.pdf.

[144] Como así lo resalta y expone, sin ser parte de dicho sector de la doctrina, GERBER, David, "Private enforcement of Competition Law: A Comparative Perspective", en *The Enforcement of Competition Law in Europe*, Editores MOLLER, Thomas, M.J y HEINEMANN, Andreas, Cambridge University Press, Cambridge, 2007, Págs. 431 y siguientes.

[145] En razón de la interpretación que hacen acerca de la incompatibilidad entre la defensa de los intereses públicos y otorgar dicha competencia a los Tribunales civiles, ya que no digieren que sea posible dejar en manos de ésta la Defensa de la Competencia. PETITBO JUAN, Amadeo y BERENGUER FUSTER, Luis, "La aplicación del Derecho de la Competencia por órganos jurisdiccionales y administrativos", en *Anuario de la Competencia*, N° 1, 1998, Pág. 30.

capacitados para sustraerse de la obligación de actuar cuando así se los solicite un particular o cuando de los hechos del asunto se infiera la aplicación de oficio de la normativa de competencia, poder con el cual si que cuentan las Autoridades administrativas.

Igualmente resaltan, en inequívoca consonancia con lo hasta aquí expuesto, que los intereses personales de los particulares están en capacidad de generar un efecto perturbador para la competencia, pues muchos eventos contrarios a los objetivos del sistema estarían en posibilidad de presentarse en el panorama de aplicación, tales como la promoción de acciones judiciales sin sostén alguno, o como parte de la estrategia de alguna empresa con claras intenciones de eliminar competidores[146], entre otras.

A lo que añaden que el *public enforcement* poco a poco se verá muy menguado en sus capacidades de llevar a buen puerto sus propósitos, en razón de la aparición del modelo privado, el cual creen, terminará complicando el cumplimiento de sus funciones ya que genera una influencia negativa en toda su labor. Las autoridades públicas verán disminuida la calidad de su patrimonio humano en razón de los menores estímulos que tendrán los particulares de formar parte de su fuerza laboral, generando que futuros procesos ya no sean llevados ante estas y si ante un Juez, por la mayor calidad técnica y jurídica que se presume de sus actuaciones. Generando un panorama inverso al de la creación de valor en pro del interés general y posibilitando la politización de la labor judicial, que merced de lo expuesto en este párrafo estará obligada a soportar presiones que naturalmente deben recaer en la autoridad administrativa de competencia[147].

El *private enforcement* cuenta igualmente con versados defensores que han estructurado un catálogo de beneficios de dicho modelo en base a las determinaciones que ponen en marcha los prototipos de aplicación, los cuales sin referirse de forma expresa a los múltiples pros enumerados por los defensores del sistema público, dan respuesta a sus inquietudes[148].

---

[146] AUSTIN, Arthur, "Negative Effects of Treble Damage Actions: Reflections on the New Antitrust Strategy", en *Duke Law Journal 1978*, 1978, Pág. 1369; así como también BUXBAUM, Hannah, "Private enforcement of competition law in the United States - Of optimal deterrence and social cost", en *Private enforcement of EC competition law*, Editor BASEDOW, Jurgen, Kluwer Law International, Alphen aan den Rijn, Holanda, 2007, Pág. 57; y ORTIZ BAQUERO, Ingrid, *La aplicación privada del Derecho de la competencia. Los efectos civiles derivados de la infracción de las normas de libre competencia*, La Ley, Wolters Kluwer España, 2011, Pág. 58, así como en la doctrina por ella nombrada en el pie de página número 15 de su obra, Pág. 54.

[147] GERBER, David, "Private enforcement of Competition Law: A Comparative Perspective", en *The Enforcement of Competition Law in Europe*, Editores MOLLER, Thomas, M.J y HEINEMANN, Andreas, Cambridge University Press, Cambridge, 2007, Págs. 50 y siguientes.

[148] De forma general, son resaltables las aportaciones de LANDE, Robert H. y DAVIS, Joshua P., "Comparative Deterrence from Private enforcement and Criminal Enforcement of the U.S. Antitrust Laws", Research paper N° 2010-08, 2010, Pág. 880 y siguientes. El documento está disponible para consulta en: http://papers.ssrn.com/sol3/ papers.cfm?abstract_id=1565693. También WOODS, Donncadh, SINCLAIR, Alisa y ASHTON, David, "Private enforcement of Community competition law: modernisation and the road ahead", en *Competition Policy Newsletter*, N° 2, 2004, Pág. 232. Y la percepción igualmente importante de algunos que han dado respuesta a los defensores del modelo público de forma expresa y refiriéndose a los errores que perciben en ellos. Tal es el caso de JONES, Clifford, "Private enforcement in Europe: A policy analysis and reality check", en *World Competition: Law and Economics Review*,

Para empezar con la exposición de dichos beneficios, se debe recordar, como ya se dijo previamente, que el bien jurídico protegido por los Jueces en función de la aplicación de las normas de libre competencia, es el interés privado[149], creando una divergencia latente con el modelo público.

En razón de ello, los defensores del modelo privado han planteado que éste genera un impulso y una evolución en la "cultura de la competencia", pues permite cumplir de forma eficaz con los objetivos del sistema[150]. Según su opinión, los particulares se encuentran en una posición excepcional en la cual tienen la posibilidad de localizar infracciones a las normas de libre competencia con antelación a las Autoridades administrativas[151], puesto que son más cercanos al mercado, cuentan con una

---

Volumen. 27, N° 1, 2004. Quien desarrolla su texto en respuesta a los postulados anti-modelo privado de Wouter Wills.

[149] Sin desconocimiento de la apreciación que hace un sector de la doctrina que cree que la función de aplicación del Juez, en ningún caso, se debe restringir al interés privado, pues tiene capacidad de influenciar al mercado y debe ser cumplida en consideración de la protección del interés general.. ALONSO SOTO, Ricardo, "El interés público en la Defensa de la Competencia", en *La Modernización del Derecho de la Competencia en España y en la Unión Europea*, Directores MARTINEZ LAGE, Santiago y PETITBO, Juan, Marcial Pons, Madrid, 2005, Pág. 41. Como matiz es importante la función de JONES, Clifford, "Private enforcement in Europe: A policy analysis and reality check", en *World Competition: Law and Economics Review*, Volumen. 27, N° 1, 2004. Págs. 18 a 20. Pues de su texto se infiere, no le resulta esencial buscar que los Jueces realicen una labor de protección al interés general, ya que siendo el objetivo del modelo privado la protección de los intereses de los particulares, bajo ningún concepto es perseguible o criticable dicha finalidad, pues por medio de ella se busca cumplir con fines distintos a los que ya están en cabeza de las autoridades administrativas de competencia.

[150] KOMNINOS, Assimakis, *EC Private Antitrust Enforcement: Decentralised Application of EC Competition Law by National Courts*, Oxford, Hart Publishing, 2008, Pág. 85. Igualmente al respecto la labor de HERRERA CUEVAS, Edorta Josu, "Aspectos Procedimentales de la aplicación de los artículos 81 y 82 TCE por los Jueces españoles, Estado de la cuestión", en *Gaceta Jurídica de la Unión Europea y de la Competencia*, N° 242, 2006, Pág. 28.

[151] Máxime cuando son aportados los datos específicos de la aplicación restrictiva que ha llevado a cabo en Europa la Comisión y en los países miembros las Autoridades administrativas de Competencia, los cuales de ninguna manera, son alentadores para algunos sectores doctrinales, pues así como se estaba creando un remanente de asuntos sin resolver en el seno de las Autoridades Públicas, muchas de las disposiciones que proferían, o no eran de carácter vinculante para los demas *Enforcement Bodies,* o no aportaban la seguridad jurídica que se preveía debía impregnarse en las actuaciones de este tipo de Autoridades, o simplemente carecían de efectividad para descubrir y procesar transgresiones a la normativa *Antitrust;* generando en conclusión, una incapacidad para hacer frente a todas sus obligaciones, a pesar de los multiples poderes con los que contaba y muy a pesar de estar provisto de un soporte institucional difícilmente emulable. Pudiendose ahondar sobre los datos y las ópticas en este pie de página aportados, en RITTER, Lennart y BRAUN, David, *European Competition Law, A Practitioner's Guide,* Tercera Edicion, Kluwer Law International, La Haya, 2004, Pág. 91; FORRESTER, Ian, "The Modernisation of EC Antitrust Policy: Compatibility, Efficiency, Legal Security", en *European Competition Law Annual 2000: the modernisation of EC antitrust policy,* Editores EHLERMANN, Claus-Dieter y ATANASIU, Isabela, Oxford, Hart Publishing, 2001, Pág. 76; así como también en MONTAG, Frank, "The case for a reform of Regulation 17/1962: Problems and Possible Solutions from a practitioner's Point of View", en *1998 Proceedings of the Fordham Corporate Law Institute,* Editor HAWK, Barry, E, Juris Publishing, Nueva York, 1999, Pág. 164.

equivalencia en el lenguaje negocial y desarrollan con reciprocidad una función de control de los operadores[152].

Desconfiar de los particulares, tal y como hacen a título de obligación los protectores de la aplicación administrativa, les resulta a los defensores de la aplicación privada una obstinación, toda vez que dicha desconfianza se basa en anécdotas y hechos aislados de unos cuantos particulares que han dado un uso incorrecto a las posibilidades que les otorga el *private enforcement*[153], y no a fundamentos de fondo y/o empíricos, como debería ser[154].

Además de ello, resaltan que algún sector de la doctrina que se ha mostrado reticente a la aceptación del *private enforcement*, ha tenido que rectificar en su posición a causa de la manifiesta idoneidad que tienen las acciones de daños en la consecución de compensaciones suscitadas de una infracción, y que le otorgan una mejor posición que el *public enforcement*[155].

---

[152] A lo que no dudan en añadir un elemento esencial que impulsa la efectividad de la defensa ejercida, ya que las acciones ejercidas por la vía judicial, crean un incentivo real para investigar, detectar y perseguir las conductas contrarias a la normativa de libre competencia comunitarias. CAVANAGH, Edward, "Detrebling Antitrust Damages: An Idea Whose Time Has Come?", en *Tulane Law Review*, N° 61, 1987, Pág. 783.

[153] Que a la par, son susceptibles de presentarse también en un ámbito de aplicación netamente público, pues como muchos sectores de la doctrina norteamericana han defendido, es el *private enforcement* el que previene que las empresas, los particulares, los investigados, los acusados, etc, tengan un incentivo oculto dirigido a buscar que los fondos que se destinan a la aplicación realizada por las Autoridades administrativas, se vean reducidos; o a proceder de forma concursada, en contra de los esfuerzos realizados por las Autoridades Públicas de Competencia. COFFEE, John, "Rescuing the Private Attorney General: Why the Model of the Lawyer as Bounty Hunter is Not Working", en *Maryland Law Review*, N° 42, 1983, Pág. 227. A lo que se debe añadir que el *private enforcement* establece ciertos principios básicos extraídos en muchas ocasiones de políticas públicas suficientemente contrastadas, que le son de aplicación y son tomadas en cuenta, tanto para posibilitar la puesta en marcha de la tarea del Juez, como para controvertir la sospecha que ponen sobre la aplicación privada los adeptos de la aplicación pública; siendo principios, entre los cuales debe resaltarse en este punto, aquel en virtud del cual se previene al Juez de dirimir una controversia en aplicación de las normas *antitrust*, cuando las pretensiones de parte que han dado lugar a la acción, se basen en un acto ilegal o inmoral adherido por ejemplo a un contrato. Tal y como puede verse en la sentencia originada en el Reino Unido, *Gibbs Mew Plc Vs. Gemmell*, de la Court of Appeal – Civil Division, de 22 de julio de 1998; así como también en los comentarios y el desarrollo del principio descrito y de otros anexos, que realizan GOFF, Robert y JONES, Gareth, *The Law of Restituion*, Sweet & Maxwell, Londres, 2006, Capítulo 24; y los aportes de JONES, Alison y SUFRIN, Brenda, *EC Competition Law. Text, Cases and Materials*, Oxford University Press, Nueva York, 2008, Pág. 1322.

[154] Así lo creen JONES, Clifford, "Private enforcement in Europe: A policy analysis and reality check", en *World Competition: Law and Economics Review*, Volumen. 27, N° 1, 2004. Pág. 20 y LANDE, Robert H. y DAVIS, Joshua P., "Comparative Deterrence from Private enforcement and Criminal Enforcement of the U.S. Antitrust Laws", Research paper N° 2010-08, 2010, Pág. 908. el documento está disponible para consulta en: http://papers.ssrn.com/sol3/papers.cfm?abstract_id=1565693.

[155] Así lo manifiesta EZRACHI, Ariel, "From Courage v Crehan to the white paper – The changing landscape of European private enforcement and the possible implications for article 82 EC", en *Abuse Of dominant position : New interpretation, new enforcement, new mechanisms?*, Editores MACKENRODT, Mark-Oliver, CONDE GALLEGO, Beatriz y ENCHELMAIER, Stefan, Springer, Munich, 2008, Pág. 119. También BUXBAUM, Hannah, "Private enforcement of competition law in the United States - Of optimal deterrence and social cost", en *Private enforcement of EC competition law*, Editor BASEDOW, Jurgen,

En virtud de dichas acciones, el Juez debe valorar si se dio una infracción a las normas de libre competencia, y de ser positiva su respuesta, definir los efectos jurídicos de carácter privado, tales como la declaración de nulidad de un acuerdo restrictivo, la responsabilidad civil del transgresor, así como la delimitación de consecuencias[156]. Siempre, buscando retrotraer en la medida de lo posible a su estado natural todos los aspectos que se vieron distorsionados con la infracción[157].

De tal manera, se observa cómo el objetivo principal del modelo privado, el cual es la protección de los intereses de los particulares que se han visto perjudicados con una infracción a las normas de libre competencia, se cumple con creces, presentando un gran panorama de evolución que debe basarse en la consolidación dentro de sus objetivos, y sin confusión, de una protección del interés general, tomando como fuente de su aplicación una petición de carácter particular[158].

Así las cosas, sería más real la confluencia de los dos sistemas pues los elementos y las determinaciones de cada modelo complementarían sus equivalentes, toda vez que no se percibe ninguna circunstancia insalvable que no pueda acercar las posturas, pues las voluntades de cada sistema son esenciales para diversos grupos, de carácter empresarial, de particulares, de Estados; y por lo tanto, se configura en la realidad una obligación de

---

Kluwer Law International, Alphen aan den Rijn, Holanda, 2007, Pág. 47 y siguientes. Donde la referencia invita a la rectificación elaborada por WILS, Wouter, P.J, "The relationship between public *antitrust* enforcement and private actions for damages", en *World Competition: Law and Economics Review*. Volumen 32, N° 1, 2009, Págs. 17 y siguientes; siendo a la par convenientes los comentarios hechos al respecto, resaltando la"impunidad" y carencias compensatorias del modelo público, KOMNINOS, Assimakis, "Integrating public and private enforcement of competition law: Implications for courts and agencies", discurso pronunciado en el 16th Annual EU Competition Law and Policy Workshop, el 17 y 18 de junio de 2011, Pág. 3.

[156] Siendo éstas, inequívocas manifestaciones de los beneficios que trae el modelo privado, que según la opinión de algunos, resalta la mayor contribución que tiene el litigio privado en la determinación de las violaciones a la normativa *antitrust*, en comparación con todas las multas, y consecuencias impuestas por las Autoridades administrativas de competencia. Dentro de dicho postulado es esencial resaltar la contribución y el análisis que realizan sobre este aspecto LANDE, Robert H. y DAVIS, Joshua P., "Comparative Deterrence from Private enforcement and Criminal Enforcement of the U.S. Antitrust Laws", Research paper N° 2010-08, 2010, Págs. 879 y siguientes. El documento está disponible para consulta en: http://papers.ssrn.com/sol3/papers.cfm?abstract_id=1565693. Pues en él los autores realzan que en Estados Unidos más de la mitad de las violaciones a la normativa en estudio, son primero puestas en relieve por abogados de carácter privado en representación de los afectados, y no como podría pensarse por los *Enforcement Bodies* del "aparato Estatal"; a lo que añaden que en la otra mitad, muchos procesos tienen un origen dual público y privado.

[157] Sobre el paralelo entre la nombrada función y las complicaciones que trae a las Autoridades administrativas la realización de dichas tareas. BENAVIDES VELASCO, Patricia, "Aplicación de las normas de Defensa de la Competencia por la jurisdicción ordinaria. La competencia atribuida a los juzgados de lo mercantil", en *Estudios de Derecho de la Competencia*, coordinadores FONT GALÁN, Juan Ignacio y PINO ABAD, Manuel, Marcial Pons, Madrid, 2005, Pág. 284.

[158] McAFEE, R. Preston, MIALON, Hugo. M y MIALON, Sue. H, "Private v Public *Antitrust* Enforcement: A strategic analysis", en *Journal of Public Economics and Emory Public Law*, Enero de 2008, Págs. 1 y siguientes. Texto disponible para consulta en: http://userwww.service.emory.edu/~hmialon/StrategicPrivatePública*ntitrust*Enforcement.pdf.

los Jueces y los organismos o autoridades de competencia, para conciliar sus objetivos de forma armónica.

III. Consideración de las vicisitudes en la aplicación de la normativa *antitrust*.

Siguiendo el orden establecido en los dos apartados anteriores, es menester exponer en primera instancia las motivaciones y razones que han sido sustentadas y desarrolladas por los defensores de la aplicación administrativa de las normas *antitrust,* en cuanto a los beneficios que según su opinión, trae el modelo público, en detrimento de la participación de los Jueces, a la correcta delimitación de una infracción a la normativa *antitrust,* al proceso y al interés general[159].

Este sector basa su defensa en principio, en la categoría que tienen las Autoridades administrativas gracias al poder que le otorga el aparato Estatal[160]. Dicha potestad es interpretada en defensa del modelo público, como una prueba de que la eficiencia con que estas autoridades llevaran a cabo su función, no puede ser emulada por los órganos jurisdiccionales[161].

Así las cosas, interpretan que la celeridad en los procesos llevados ante los Tribunales y ante los Jueces, está puesta en duda, y que es ampliamente conocida la premisa de que los procesos ante las Autoridades administrativas, por lo tanto procesos administrativos, otorgan una resolución más ágil ya que el funcionamiento interno de dichos órganos se basa en principios de eficacia que les permiten resolver las cuestiones a su cargo con mayor prontitud[162].

También ponen en duda que la cercanía de los particulares con el mercado, así como el autocontrol de operadores que estos llevan a cabo, sea suficiente razón para erigir al *private enforcement* como opción preponderante en deterioro del *public enforcement*[163].

---

[159] De relevancia al respecto, los comentarios de ORTIZ BAQUERO, Ingrid, *La aplicación privada del Derecho de la competencia. Los efectos civiles derivados de la infracción de las normas de libre competencia,* La Ley, Wolters Kluwer España, 2011, Pág. 58, así como en la doctrina por ella nombrada en el pie de página número 15 de su obra, Págs. 46 a 51.

[160] DE LEON, Ignacio, "Manual para la Formación y Aplicación de las Leyes de Competencia", Documento de Trabajo presentado en la Conferencia de las Naciones Unidas para el Comercio y el Desarrollo (UNCTAD), 2002, Págs. 17 y 18.

[161] COLLINS, Philip, "Public and Private enforcement Challenges and Opportunities", Discurso pronunciado en el Law Society's European Group, el 6 de junio de 2006, Pág. 2

[162] En parte, según aquel sector, gracias a la favorable posición en la cual se encuentra la Comisiòn, las Autoridades Nacionales de Competencia y otras Autoridades de corte administrativo, para realizar estudios de carácter económico esenciales para dirimir controversias relacionadas con la Defensa de la Competencia; que a la par, cabe decir, le resultan de suma dificultad a los Jueces nacionales por no tener un nivel de especialización que les acerque a cada situación particular. VAN BAEL, Ivo & BELLIS, Jean-François, *Competition Law of the European Community,* Kluwer Law International, Alphen aan den Rijn, Holanda, 2010, Pág. 1213.

[163] Ya que el análisis de costes, así como la proporción y envergadura de las partes que se vincularan al futuro proceso, condicionan la posición del particular, favoreciendo la de una entidad pública en razón de

Explican que el acceso a la información acerca de una infracción a la normativa *antitrust*[164] que puede tener un particular, no implica capacidad para probar dicha infracción, ya que las conductas que son fuente de este tipo de procesos, presentan profundas dificultades que sin lugar a dudas pueden ser verificadas con mayor soltura por las Autoridades administrativas que por lo particulares[165].

Esas dificultades probatorias son ampliamente conocidas por los particulares, quienes según los defensores del modelo público, incluso sabiendo que la conducta anticompetitiva sí se suscitó, en muchas ocasiones deciden no actuar, pues valoran que los beneficios que resultaran del proceso son menores que los costes y riesgos a los que deberán incurrir dentro del mismo[166].

A la dificultad probatoria[167] se unen la prolongación del proceso, la incertidumbre en la obtención de una compensación y la poca intensidad del daño[168], como algunas de las

---

su poderío, respaldo Estatal, entre otros. SEGAL, Ilya. R y WHINSTON Michael, "Public vs private enforcement of antitrust law: A Survey", Working paper N° 335, Págs. 4 y siguientes. El documento está disponible para consulta en: http://papers.ssrn.com/sol3/papers.cfm?abstract_id=952067

[164] Información a la que no discuten, acceden los particulares con más prontitud en razón de ser quienes se ven dañados por una conducta anticompetitiva.

[165] WILS, Wouter, P.J, "Should private *antitrust* enforcement be encouraged in Europe?",en *World Competition: Law and Economics Review*, Volumen 26, N° 3, 2003, Pág. 484. En el mismo sentido algunos añaden y van más allá expresando que el papel de las acciones de daños cuando la conducta ha sido descubierta, en ninguna circunstancia se sobrepondrá a lo que brinda el modelo público, mucho menos con la realidad que muestra la falta de incremento que trae el modelo privado a la revelación de ciertas conductas de gran dificultad probatoria. BUXBAUM, Hannah, "Private enforcement of competition law in the United States - Of optimal deterrence and social cost", en *Private enforcement of EC competition law*, Editor BASEDOW, Jurgen, Kluwer Law International, Alphen aan den Rijn, Holanda, 2007, Pág. 49.

[166] POLSTER, Stephan, "Access to cartel evidence as a key to enhanced private enforcement: The Austrian example", en *Chambers client report,* N° 25, 2008, Pág. única; BÜLBÜL, Asli, *Civil Law claims on the enforcement of competition rules: a comparative of US, EU and Turkish Laws,* Middle East Technical University, Ankara, 2006, Pág. 89; así como también la exposición realizada por el sector en desarrollo, al exponer lo que ellos llaman el "otro Derecho", por el cual los índices de litigiosidad impulsarán, como lo hace en Estados Unidos, a que incluso en los casos en los cuales el particular realice una valoración que lo direccione a buscar la declaración de un daño y el establecimiento de un resarcimiento, dentro del proceso, su contraparte lo desmotive a seguir adelante, llevando a cabo campañas de intimidación, obligándole a incurrir en altos costes u ofreciéndole acuerdos de solución. MACKENRODT, Mark-Oliver, "Private Incentive, Optimal Deterrence and Damage Claims under Article 82 EC – The Interaction between the Economic Review of the Prohibition of Abuses of Dominant Positions and Private enforcement" en *Abuse Of dominant position : New interpretation, new enforcement, new mechanisms?*, Editores MACKENRODT, Mark-Oliver, CONDE GALLEGO, Beatriz y ENCHELMAIER, Stefan, Springer, Munich, 2008, Pág. 170.

[167] Que hace referencia a la prueba de la conducta anticompetitiva, el daño y el nexo de causalidad; que en todos los casos, según los adeptos al modelo público, se encuentra en mejor posición de ser llevados a la luz, por la Comisión y las demas Autoridades de corte administrativo, en razón de los vastos poderes de investigación que se les proveen a estas, los cuales exceden desde cualquier optica las posibilidades comprobatorias de un particular y de cualquier Tribunal de carácter nacional en uno de los paises miembros. VAN BAEL, Ivo & BELLIS, Jean-François, *Competition Law of the European Community,* Kluwer Law International, Alphen aan den Rijn, Holanda, 2010, Pág. 1213.

razones que sirven de soporte a los particulares para desistir en su acción, permitiendo que muchas infracciones a la normativa de libre competencia no cesen, continúen perturbando el interés general, y en oportunidades, queden en la impunidad[169].

Dicha valoración realizada por el particular[170], de la cual se extrae su decisión de guardar silencio, solo puede ser sopesada con la labor de una autoridad pública, quien sin realizar ninguna valoración diversa a la protección del interés general, cumplirá con su labor de control[171]. Permitiendo así la comprobación de que la participación de un organismo público es en dichos casos esencial y necesaria, pues no hay ninguna equivalencia en el modelo privado[172].

Continuando con esta línea argumentativa, este sector arguye que descubrir el acaecimiento de una infracción a la normativa *antitrust* no amerita en todas las ocasiones la puesta en marcha de una inmensidad de recursos, ya que figuras tales como los programas de clemencia, entre otros, contribuyen con la localización de infracciones,

---

[168] Como factor desincentivador de la futura acción, en razón de la posible nimiedad en el daño que puede interpretar un particular se le causó con la infracción, y que le hace valorar que el resarcimiento por el mismo será muy poco frente a los múltiples esfuerzos que le significará persistir en su reclamación. Algunos exponen que algún sector crítico al modelo privado demuestra que las decisiones individuales han desplazado a las estrategias coherentes de las agencias públicas distorsionando los objetivos del *enforcement*. Al respecto los comentarios de BUXBAUM, Hannah, "Private enforcement of competition law in the United States - Of optimal deterrence and social cost", en *Private enforcement of EC competition law*, Editor BASEDOW, Jurgen, Kluwer Law International, Alphen aan den Rijn, Holanda, 2007, Pág. 48.

[169] Lo que no sucede según este sector, bajo ningún concepto, cuando una autoridad administrativa conoce del asunto y realiza la pesquisa consecuente. Situación en la cual hay un porcentaje de garantía de que la conducta anticompetitiva será investigada dentro de un proceso y tendrá una delimitación de consecuencias. VAN DER BERGH, Roger y KESKE, Sonja, "Private enforcement of competition law: Quo Vadis?",en *European Review of Contract Law*, Volumen 3, N° 4, 2007, Pág. 471.

[170] Ampliamente criticada por ser interpretada como un detonante de negativas consecuencias de carácter público, toda vez que se trasladan los costes de la actividad de Defensa de la Competencia a un particular que es movido por sus intereses. MARTINEZ MULLERO, Victor, "Defensa de la Competencia y Daños", en *Revista de Derecho Mercantil*, N° 255, 2005, Pág. 116.

[171] Máxime cuando hacen latente su interpretación de que "*el enforcement privado no es una herramienta que juegue un papel significativo en el aumento de la tasa de detección – y, por tanto, de represión – de los cárteles*". Como así lo manifiesta ALFARO ÁGUILA-REAL, Jesús, "Contra la armonización positiva: La propuesta de la comisión para reforzar el private enforcement del Derecho de la Competencia", en *Indret: Revista para el análisis del Derecho*, N° 3, 2009, Pág. 20. El documento está disponible para consulta en: http://www.indret.com/pdf/667_es.pdf.

[172] Tanto han entendido la asimetría probatoria descrita los países miembros, que en algunos de ellos, como Francia, se ha intentado dejar claro a los particulares, en uso de los medios idóneos, que la carga de la prueba en casos de cartel y abuso de poder, recaerá siempre de forma compartida, entre el demandante y la misma administración; permitiendo a los interesados, contar desde un principio con el soporte institucional que no solo pone en marcha la *Autorité de la concurrence*, sino también el *Ministre de l'économie, de l'industrie et de l'emploi*, quien puede presentar observaciones que ayuden a planificar cómo llevar la infracción a su fin, tal y como puede verse en el artículo L 470-5 del *Code de commerce* francés, así como en la reseña que realizan al respecto, FORGOUX, Jean-Louis y DJAVADI, Leyla, "France, special report: private litigation", en *Global Competition Review*, Londres, 2005, Pág. 30.

disminuyendo los costes de investigación y favoreciendo el correcto funcionamiento del *public enforcement*.

Reitera igualmente, que los recursos probatorios con los que cuentan las Autoridades administrativas de competencia no tienen parangón alguno con los de los particulares[173]. Los razonamientos que escogen para desarrollar dicha afirmación, se basan en la naturaleza de los procesos tanto administrativos como civiles que tienen equivalencia con el modelo público y privado respectivamente[174].

De tal manera, en los procesos civiles, los particulares son aquellos que tienen la carga probatoria y el deber de otorgar fuentes de comprobación del acaecimiento de ciertos hechos, contrastando con los procesos administrativos en los cuales la autoridad administrativa de competencia debe demostrar la transgresión ordenando la práctica de pruebas de distinta índole, asumiendo los costes fruto de dicha indagación. Siendo una manifestación inequívoca de un beneficio en favor de los particulares, que según su opinión, debe ser determinante para delimitar los factores de conveniencia de cada modelo.

Las complicaciones que puede traer a un particular la comprobación y prueba de ciertas conductas, puede ser excesiva incluso cuando hay disposición por parte de Él a asumir los riesgos y costes que le puede significar el proceso. Los carteles duros y ciertas actuaciones e infracciones de gran talante que vinculan fuertes figuras de poder en el mercado, son de muy difícil verificación en razón de la estabilidad de los acuerdos, y en no pocas oportunidades rebasan las posibilidades de prueba de los particulares[175], por lo que, la verificación de una autoridad administrativa, por ser quien más herramientas tiene para desmantelar este tipo de conductas, es fundamental[176].

---

[173] Máxime en un territorio como el europeo donde la Comisión y las Autoridades Nacionales de Competencia de los países miembros, cuentan con mecanismos idóneos de interacción, colaboración y cooperación, impidiendo que cualquier particular o grupo de particulares cuente con los recursos que han sido otorgados a dichas autoridades. Al respecto lo expresado por WILS, Wouter, P.J, "Should private antitrust enforcement be encouraged in Europe?",en *World Competition: Law and Economics Review*, Volumen 26, N° 3, 2003, Pág. 480. ALFARO ÁGUILA-REAL, Jesús, "Contra la armonización positiva: La propuesta de la comisión para reforzar el private enforcement del Derecho de la Competencia", en *Indret: Revista para el análisis del Derecho*, N° 3, 2009, Pág. 13. El documento está disponible para consulta en: http://www.indret.com/pdf/667_es.pdf. Esto es profundamente discutido por JONES, Clifford, "Private enforcement in Europe: A policy analysis and reality check", en *World Competition: Law and Economics Review*, Volumen. 27, N° 1, 2004, Pág. 19 y siguientes, quien manifiesta que los pluralidad de recursos no en todas las ocasiones implica una mayor y mejor aplicación de la normativa de libre competencia.

[174] Ejemplo de ello es lo acaecido en España, donde las reglas que se siguen en cada procedimiento son distintas. A saber, en el proceso administrativo que se lleva ante la autoridad administrativa de competencia en España, La Comisión Nacional de Competencia, es disciplinado por la Ley de Defensa de la Competencia 15/2007 y por la ley 30 de 1992, de Régimen Jurídico de las Administraciones Públicas y del Procedimiento Administrativo Común, en lo no previsto en la primera, tal y como lo expresa el artículo 45 de ésta. Contrastando con las reglas de enjuiciamiento civil que son las que rigen a los Jueces mercantiles.

[175] POLSTER, Stephan, "Access to cartel evidence as a key to enhanced private enforcement: The Austrian example", en *Chambers client report*, N° 25, 2008, Pág. única.

[176] Como lo expresan SEGAL, Ilya. R y WHINSTON Michael, "Public vs private enforcement of antitrust law: A Survey", Working paper N° 335, 2006, Pág. 5. El documento está disponible para consulta

En razón de todos los parámetros expuestos y a modo de conclusión, no dudan en expresar que lo que debería suceder comúnmente, es que los particulares fundamentaran sus acciones civiles en una decisión administrativa sobre la infracción. Infiriendo de tal forma, que toda vez que un particular tenga noticia de una posible infracción que rebase sus posibilidades probatorias en razón de la capacidad de los presuntos infractores, debe dirigirse a informar a la autoridad de carácter administrativo competente para que ésta confirme la trasgresión y merced de ella, el particular emprenda su acción[177].

Los defensores de la participación de los Jueces en la tarea de aplicación, por el contrario, han establecido unos parámetros de desacuerdo con los postulados hasta ahora expuestos, en primera instancia, poniendo relieve en los altos costes que dicen tienen que ser sufragados por las Autoridades administrativas de competencia para llevar a cabo sus investigaciones, y para adelantar procesos[178]. Expresan que al no tener contacto regular con una industria y al no estar inmersos en ella, los funcionarios de una autoridad administrativa de competencia en no pocas ocasiones desconocen las condiciones del mercado relevante en el cual se ha producido la presunta infracción, generando en múltiples ocasiones una asignación de recursos que no deben ser desplegados en el

---

en: http://papers.ssrn.com/sol3/papers.cfm?abstract_id=952067. Complementado por CRANE, David, "Private enforcement against international cartels in Latin America: a US Perspective", en *Competition law and policy in Latin America*, Hart Publishing, Oxford, 2009, Pág. 327.

[177] ALFARO ÁGUILA-REAL, Jesús, "Contra la armonización positiva: La propuesta de la comisión para reforzar el *private enforcement* del Derecho de la Competencia", en *Indret: Revista para el análisis del Derecho*, N° 3, 2009, Pág. 18. El documento está disponible para consulta en: http://www.indret.com/pdf/667_es.pdf. El autor expresa que no resulta realista basar el sistema en una suposición, como la de que los particulares cuenten con toda la información para procesar o desmantelar un cartel, y no se vean deseosos de contar con el soporte de la autoridad administrativa de competencia. Por lo que la demanda *Follow-on* le parece la opción más plausible en el actual modelo europeo. Apoyan dicha óptica MARCOS, Francisco y SANCHEZ GRAELLS, Albert, "Damages for breach of the EC *antitrust* rules: harmonising Tort Law through the back door?, en *Indret: Revista para el análisis del Derecho*, N° 1, 2008, Pág. 12.

[178] SCHINKEL, Maarten Pieter y RUGGEBERG, Jakob, "Consolidating *Antitrust* Damages in Europe: A Proposal for Standing in Line With Efficient Private enforcement", en *World Competition: Law and Economics Review*, Volumen 29, N° 3, 2006, Pág. 397

modelo privado[179], y que de manera inequívoca van en contravía del beneficio al interés general[180].

A la par de dicho postulado, razonan que la mencionada asignación de recursos es menor en el modelo privado, toda vez que hay cercanía del particular con la conducta anticompetitiva, la cual le permite estar en capacidad de contribuir en la delimitación de ciertos elementos puntuales de la transgresión, tales como la identificación del mercado en el cual se ha presentado y el alcance de los daños causados por la misma[181].

En razón de la posición de privilegio expuesta, este sector cree, que los intereses individuales de los particulares no son una desventaja como expone el sector defensor del modelo público, sino un pro en favor del *private enforcement,* ya que son los particulares quienes verdaderamente se encuentran motivados por la infracción cometida por un operador dentro del mercado en el cual se desenvuelven, siendo ellos quienes más interés ostentan de que la transgresión cese y sean establecidas unas consecuencias para el infractor[182].

---

[179] Generando una nivelación con las posibilidades probatorias de las Autoridades administrativas de competencia en el modelo público, que aunque no total, ya que se acepta el poder probatorio superior de la autoridad pública, posibilita el direccionamiento del proceso hacia los linderos expuestos por el particular, que comúnmente evita la asignación de recursos de investigación a ciertos aspectos no relevantes para el procedimiento. Por lo tanto, un sector de la doctrina critica que se interprete que dichas diferencias en el marco probatorio sean, con algunas otras, el fundamento de los defensores del modelo público acerca del posible descarte del modelo privado, máxime cuando se exponen sus bondades y se comprueban los beneficios que podría traer su correcta aplicación, aprovechando sus virtudes y cediendo al modelo público cuando éste último sea de más conveniente usanza. JONES, Clifford, "Private enforcement in Europe: A policy analysis and reality check", en *World Competition: Law and Economics Review,* Volumen. 27, N° 1, 2004, Págs.19 a 22; así como las bases sentadas por ELZINGA, Kenneth y WOOD, William, "Legal System in Private Antitrust Enforcement", en *Private Antitrust Litigation: New Evidence, New Learning,* Editor WHITE, Lawrence, Cambridge MIT Press, Cambridge, 1988, Págs. 132 y siguientes.

[180] LANDE, Robert H. y DAVIS, Joshua P., "Comparative Deterrence from Private enforcement and Criminal Enforcement of the U.S. Antitrust Laws", Research paper N° 2010-08, 2010, Pág. 906. El documento está disponible para consulta en: http://papers.ssrn.com/sol3/papers.cfm?abstract_id=1565693.

[181] Permitiendo que los derechos inmersos en las normas de libre competencia a favor de los particulares, se vieran protegidos de forma más eficiente y con un mayor volumen. Permitiendo adicionalmente que los recursos a utilizar fueran menores y el resultado mejor en razón de la eficacia del sistema. VAN DER BERGH, Roger y KESKE, Sonja, "Private enforcement of competition law: Quo Vadis?",en *European Review of Contract Law,* Volumen 3, N° 4, 2007, Pág. 471. A lo que otra parte importante de este sector no duda en añadir, que el tránsito de información debería funcionar de forma fluida entre ambos modelos cuando coexisten en búsqueda de un sistema más eficiente, ya que sin importar a quien le genere mayores costos, los mismos pueden presentarse en una sola ocasión, cuando por ejemplo en un proceso ante la autoridad pública de competencia se recolecte una información que con posterioridad o de forma simultánea es importante facilitar a los Jueces para dar luces sobre un proceso del cual está conociendo. Este fundamento entonces, no se basa en la crítica de un sistema, sino en el relieve que se hace acerca de la importancia de que este tipo de debates tengan cada día menor importancia. SEGAL, Ilya. R y WHINSTON Michael, "Public vs private enforcement of antitrust law: A Survey", Working paper N° 335, Pág. 114. El documento está disponible para consulta en: http://papers.ssrn.com/sol3/papers.cfm?abstract_id=952067

[182] A lo que añaden su objeción a los parámetros de los defensores del modelo público que expresan que las acciones de daños que carecen de una decisión administrativa previa que las soporte, no tienen una incidencia suficiente. Resaltan lo contrario y lo contrastan LANDE, Robert H. y DAVIS, Joshua P., "Comparative Deterrence from Private enforcement and Criminal Enforcement of the U.S. Antitrust Laws",

Aducen, que los intereses individuales no solo se presentan en el modelo privado ya que en el modelo público también son comunes. Entre dichos intereses y motivaciones particulares que pueden incidir y generar un condicionamiento en la labor de aplicación de la normativa *antitrust* llevada a cabo por un funcionario, resaltan la inseguridad que puede tener éste acerca de la continuidad en su empleo, el temor a verse perdedor en un proceso, el *networking* de las cabezas visibles de las empresas procesadas y las presiones políticas de importantes sectores de poder[183].

Tantos fundamentos opuestos necesitan de un punto intermedio, que parece darse, en parte, gracias al estudio que han hecho ambos sectores acerca de las diversas finalidades que tienen cada uno de los modelos. Coincidiendo los dos sectores, aunque no en sus argumentos, en la exposición de motivos por los cuales tanto el modelo público como el privado tienen una superioridad frente al otro en ciertos apartados que les permiten complementarse[184].

Cada uno desde su punto de vista afín a un modelo, expone sus razonamientos en tenor de esa finalidad. A saber, desde el costado defensor de lo público se resalta que la superioridad del *private enforcement* debería ser reconocida en lo referente a la obtención de una compensación[185], y que igualmente, no se debería suscitar duda alguna sobre ello, ya que este parámetro permite evitar el uso de recursos a las autoridades públicas de competencia, quienes gracias al mismo, podrán encargarse de controlar y sancionar aquellas conductas que estén en mayor capacidad de distorsionar o incidir negativamente en el adecuado funcionamiento de los mercados. Dejando en manos de la aplicación privada la resolución de conflictos de un talante diferente, de incidencia particular y con fines compensatorios[186].

Research paper N° 2010-08, 2010, Pág. 897. El documento está disponible para consulta en: http://papers.ssrn.com/sol3/papers.cfm?abstract_id=1565693.

[183] LANDE, Robert H. y DAVIS, Joshua P., *"Comparative Deterrence from Private enforcement and Criminal Enforcement of the U.S. Antitrust Laws"*, Research paper N° 2010-08, 2010, Pág. 906. El documento está disponible para consulta en: http://papers.ssrn.com/sol3/papers.cfm?abstract_id=1565693.

[184] KOMNINOS, Assimakis, *EC Private Antitrust Enforcement: Decentralised Application of EC Competition Law by National Courts*, Oxford, Hart Publishing, 2008, Pág. 9.

[185] MACKENRODT, Mark-Oliver, "Private Incentive, Optimal Deterrence and Damage Claims under Article 82 EC – The Interaction between the Economic Review of the Prohibition of Abuses of Dominant Positions and Private enforcement" en *Abuse Of dominant position : New interpretation, new enforcement, new mechanisms?*, Editores MACKENRODT, Mark-Oliver, CONDE GALLEGO, Beatriz y ENCHELMAIER, Stefan, Springer, Munich, 2008, Pág. 170 y 171.

[186] WILS, Wouter, P.J, "The relationship between public *antitrust* enforcement and private actions for damages", en *World Competition: Law and Economics Review*. Volumen 32, N° 1, 2009, Pág. 15. Igualmente SCHMIDT, Hedvig, "Private enforcement – is Article 82 EC special?", en *Abuse of Dominant Position: New Interpretation, New Enforcement Mechanisms?*, Editores MACKENRODT, Mark-Oliver, CONDE GALLEGO, Beatriz y ENCHELMAIER, Stefan, Editorial Springer, Munich, 2008, Pág. 140.

Desde el sector defensor del modelo privado, se coincide en lo referente a la superioridad del *private enforcement* en cuanto a fines compensatorios[187], y en la labor de liberación a favor de las Autoridades administrativas que puede otorgar la participación de los Jueces. Pero no creen que dicho principio deba significar que el *private enforcement* deba restringir su campo de acción a ciertas disputas de menor envergadura[188], ya que los particulares deben ver justificados los derechos inmersos en las normas de libre competencia, a favor de ellos, también en la posibilidad que debe otorgárseles de adelantar su proceso ante los Tribunales nacionales o ante una autoridad de competencia de índole administrativa[189].

Este acuerdo a medias sobre todos y cada uno de los aspectos expuestos hasta el momento, permite extraer una conclusión de gran importancia, relacionada con varios elementos que se ven beneficiados gracias a la coexistencia de ambos sistemas de aplicación, toda vez que ahí donde un modelo muestra fisuras e invita a desarrollar y ahondar un poco más en busca de la mejoría en la efectividad del *enforcement* por él emprendido, el modelo alterno intercede presentando soluciones más prontas e inmediatas que no está en capacidad de aportar su par.

No siendo la única característica que puede ser enunciada en defensa de la dualidad de sistemas de aplicación, sí que es importante manifestar antes de continuar, que la

---

[187] Al respecto lo añadido por JONES, Clifford, "Private enforcement in Europe: A policy analysis and reality check", en *World Competition: Law and Economics Review*, Volumen. 27, N° 1, 2004, Págs. 16 y siguientes. Donde el autor interpreta que dichos fines compensatorios son esenciales en un sistema de aplicación de la normativa de libre competencia, toda vez que entiende, el recorrido de evolución de los sistemas de aplicación, solo hasta ahora, está dando cabida a la compensación efectiva de las víctimas y ha desligado el debate de la función netamente disuasoria que pretendían algunos sectores de la doctrina, como la Escuela de Chicago, establecer como argumento central de la superioridad que entendían, tiene el modelo público frente al privado. Igualmente importante lo expuesto por otro sector de la doctrina, que señala que la superioridad que tiene el modelo privado en cuanto a fines compensatorios, lleva a concluir que, el nivel de disuasión que puede ser obtenido por la imposición de multas, siempre será menor que el que conjuntamente pueden lograr la unión de dichas multas con las acciones de daños. Siendo una manifestación inequívoca de que ambas consecuencias cumplen fines públicos, y no solo privados en el caso de las acciones de daños como algunos han defendido con ahínco. PROSPERETTI, Luigi, "antitrust Damages in Europe: An Economic perspective", Paper presentado en la conferencia *Antitrust* between EC Law and national law, Treviso, 18 y 19 de Mayo de 2006, Pág. 2 y siguientes. El documento está disponible para consulta en: http://www.lppartners.com/servizi/uploaded/Prosperetti%20Treviso%20final%20paper.pdf.

[188] Tal y como lo entendían, y aun entienden, algunos doctrinantes, que interpretan la participación judicial en asuntos de competencia, en mayor medida, como una liberación de las Autoridades administrativas, estructurada para permitir que las conductas de mayor visibilidad, peligrosidad, lesividad e impacto, estén siempre a cargo de la Comisión y las Autoridades Nacionales de Competencia. MONTI, Mario, "EU Competition Policy After May 2004", discurso pronunciado en la Fordham Annual Conference on International *Antitrust* Law and Policy, el 24 de Octubre de 2003, en Nueva York, 2003, discurso 03/489, texto disponible para consulta en lengua original en: http://europa.eu/rapid/pressReleasesAction.do?reference=SPEECH/03/489&format=HTML&aged=0&language=EN&guiLanguage=en

[189] Pues el reconocimiento del incremento del nivel de disuasión obtenido por la unión de las multas y las acciones de daños, no debe generar unos rangos de aplicación de la normativa de libre competencia. CONNOR, John M. y LANDE, Robert H., "How High do cartels raise prices?Implications for optimal cartel fines", en *Tulane Law Review*, N° 80, 2005, Págs. 560 y siguientes.

lógica jurídica permite de una forma poco rigurosa, concluir que la capacidad para abarcar distorsiones en el proceso competitivo está ahora mejor garantizada, toda vez que la proporción de aquellos con capacidad para conocer dichos asuntos es ahora mucho mayor.

El *deterrence* por ejemplo, gracias a la intensidad que puede aportar dicha "pluralidad" de *Enforcers*, incrementa igualmente sus niveles, pues tiene ahora el potencial para multiplicar su efectividad, en merced de las consecuencias que por un lado serán impuestas por las Autoridades administrativas a forma de multas, y por el otro, por los órganos jurisdiccionales, en razón de las acciones de daños; adicionando entonces una persuasión que difícilmente cada una de ellas podría lograr de forma individual[190].

Así mismo como el *deterrence* precisa del complemento que ambos modelos le pueden otorgar, tal y como hasta aquí se ha expuesto, otros aspectos también necesitan de dicha coexistencia, para verdaderamente generar efectos en los potenciales infractores, antes y después de cometida la transgresión, en pro de la estabilidad del mercado[191].

---

[190] Ambas consecuencias se complementan, aunque con una clara inclinación a favor del modelo privado, por su superioridad y según este sector de la doctrina defensor del mismo, por su labor ardua y eficaz en pro de disuadir a los particulares a no infringir la normativa *antitrust* y de otorgarles a los afectados la posibilidad de que sean retrotraídos los efectos de la transgresión. Aspectos favorables que interpretan, no son generados por la labor individual del modelo público. LANDE, Robert H. y DAVIS, Joshua P., "Comparative Deterrence from Private enforcement and Criminal Enforcement of the U.S. Antitrust Laws", Research paper N° 2010-08, 2010, Pág. 907. El documento está disponible para consulta en: http://papers.ssrn.com/sol3/papers.cfm?abstract_id=1565693. Igualmente y en consonancia SCHINKEL, Maarten Pieter y RUGGEBERG, Jakob, "Consolidating *Antitrust* Damages in Europe: A Proposal for Standing in Line With Efficient Private enforcement", en *World Competition: Law and Economics Review*, Volumen 29, N° 3, 2006, Pág. 17. Quienes creen que la onerosidad de las acciones de daños y las multas impuestas por las Autoridades administrativas deben cumplir una función conjunta.

[191] En consonancia con este postulado, KOMNINOS, Assimakis, *EC Private Antitrust Enforcement: Decentralised Application of EC Competition Law by National Courts*, Oxford, Hart Publishing, 2008, Págs. 10 y 11. También lo dicho por KROES, Neelie, en sus ponencias 05/533 y 05/613, "Enhancing actions for damages for breach of competition rules in Europe" discurso pronunciado en el Harvard Club, New York, 22 de Septiembre de 2005, y "Damages actions for breaches of EU competition rules: realities and potentials" en la Cour de Cassation, Paris, 17 de Octubre de 2005, documento disponible para consulta en: http://europa.eu/rapid/pressReleasesAction.do?reference=SPEECH/05/613&format=HTML&aged=0&language=EN&guiLanguage=en respectivamente.

PRIMERA PARTE

LA COMISIÓN EUROPEA Y LA TRADICIONAL VÍA DE APLICACIÓN DE LA NORMATIVA *ANTITRUST*

Los intereses, las garantías, los objetivos y los retos mismos emprendidos por la Defensa de la Competencia, son aspectos que están envueltos en un altruismo especial en razón de la capacidad que tendría un escenario de inexistencia de dicha protección, de distorsionar el cumplimiento de un grupo de intereses plurales que de forma general y puntual, necesitan del establecimiento de pautas y parámetros a seguir por los agentes participantes en una economía de mercado.

Es repetitiva y ha tenido diversas acepciones, la premisa de la necesidad de evitar que el mercado mismo destruya el mercado[192], la cual viene de un proceso evolutivo que pasó por múltiples escenarios, que someramente enunciados tienen que ver con el grado de participación del poder estatal o "institucional" en el mercado, y con el nivel de libertad y autorregulación que se le ha proporcionado en momentos puntuales, el cual ha arrojado un resultado aceptado de forma plural, direccionado a defender que si bien la neutralización a las perturbaciones que se generan en el mercado puede ser llevada a cabo por el mismo, es necesario que la dirección, regulación, exploración y examen de ciertas actuaciones, tengan un poder institucional que les proporcione una garantía y les prevenga de ir en contravía de ciertos principios esenciales y básicos.

Ya de por si es suficientemente complejo un proceso económico rodeado de la propensión común del mercado a la "amoralidad"[193] y a la "imperfección", el cual le hace necesitar de un soporte institucional como el enunciado, como para de forma añadida complicarlo más, empujándolo a adaptarse a una expansión global de los mercados en razón del fenómeno tan desarrollado en múltiples tratados científicos, como lo es la globalización económica.

Es dicho fenómeno, aquel que sin lugar a dudas ha influenciado el marco de actuación en Europa en la búsqueda de consolidar una Unión Económica más adaptada, y en mayores posibilidades de competir dentro de un sistema libre propenso a la ampliación de los mercados. La consecución de dichos resultados, guarda relación en parte, con el soporte colectivo y conjunto que otorgan los miembros a las instituciones supranacionales, el cual se configura en los intentos por llevar a la práctica los objetivos trazados al inicio de la aventura europea, y que van en consonancia con la Defensa de la Competencia, pues esta última sirve de herramienta para darle promoción e inyectar

---

[192] SORIANO GARCÍA, José Eugenio, *Derecho Público de la Competencia,* Delco: Instituto de Estudios del Libre Comercio, Marcial Pons Ediciones Jurídicas y Sociales, Madrid, 1998, Pág. 35.

[193] Le otorga dicho apelativo SOROS, George, *Globalización,* Editorial Planeta, Barcelona, 2002, Págs. 25 a 31, quien afirma que dicho estado es crónico en el mercado económico actual y centra su exposición en las páginas aportadas, a pesar que en toda la obra lo enuncia y desarrolla.

progreso a la economía y a la sociedad, así como también para revisar y asegurar la eficacia de los mecanismos e instituciones que se han edificado a nivel comunitario en relación a la economía y los mercados[194].

El propósito de posicionar el mercado común europeo, fruto de los objetivos previamente expuestos de forma sucinta, pasa entonces a ser parte esencial, o la parte fundamental e innegociable que estructura la avenencia reinante entre los países miembros de la Comunidad en la consecución de unos intereses económicos ambiciosos y conjuntos en un panorama de mayor integración[195], que necesita de las herramientas que le otorga la política de competencia para disciplinar ciertos aspectos que el mercado mismo no está en capacidad de vencer, para impedir que entren en disputa principios y objetivos más importantes que las circunstancias particulares, para estimular la cultura de la competencia, para velar por el eficaz cumplimiento de las labores realizadas por las instituciones de los niveles comunitario y nacional, entre otras[196].

La protección del mercado común en pro de su consolidación, es entonces la actuación que debe prevalecer en el ámbito Europeo hasta tanto la unión sea tan natural e interiorizada por la comunidad como lo son los mercados fruto de las divisiones nacionales, y hasta tanto la fluidez del mercado permita que su operatividad no sea puesta en duda, abriendo un espacio para plantear nuevos retos en búsqueda de la eficiencia[197].

---

[194]Que se resaltan por ser conexos con los objetivos que fueron trazados por el Tratado de la Unión Europea, firmado en Maastricht el 7 de Febrero de 1992, el cual entró en vigor el 1 de Noviembre de 1993, texto disponible para consulta en: http://eur-lex.europa.eu/es/treaties/index.htm. Donde textualmente se lee lo siguiente con enunciación del texto puntualmente relacionado: *"La Unión tendrá los siguientes objetivos: - Promover el progreso económico y social y un alto nivel de empleo y conseguir un desarrollo equilibrado y sostenible, principalmente mediante la creación de un espacio sin fronteras interiores, el fortalecimiento de la cohesión económica y social y el establecimiento de una unión económica y monetaria que implicará, en su momento, una moneda única, conforme a las disposiciones del presente Tratado.(...)Mantener íntegramente el acervo comunitario y desarrollarlo con el fin de examinar la medida en que las políticas y formas de cooperación establecidas en el presente Tratado deben ser revisadas, para asegurar la eficacia de los mecanismos e instituciones comunitarios. (...)"*

[195]WAELBROECK, Michel, FRIGNANI, Aldo y MÉGRET, Jacques, *Derecho Europeo de la Competencia*, Tomo 1, Editorial Bosch, Barcelona, 1998, Págs. 7 y siguientes.

[196] Una enunciación ilustrativa acerca del papel conexo que tiene la Política de Competencia con el cumplimiento de los objetivos Europeos, tales como los enunciados, pueden encontrarse en los comentarios de Mario Monti, a ese momento miembro de la Comisión Europea y Responsable de la Política de Competencia, en el prólogo al XXXIII Informe sobre la Política de Competencia en la Unión Europea del año 2003, documento disponible para consulta en: http://ec.europa.eu/competition/publications/annual_report/2003/final_es.pdf, Pág. 3.

[197] WAELBROECK, Michel, FRIGNANI, Aldo y MÉGRET, Jacques, *Derecho Europeo de la Competencia*, Tomo 1, Editorial Bosch, Barcelona, 1998, Pág. 24, quienes interpretan que la consolidación de la unión traerá eficiencia y eficacia al proceso económico al mediano y largo plazo con resultados positivos actuales; y GARRIDO ESPÁ, Luis, "Los Tribunales del orden civil y el Reglamento CE 1/2003 del Consejo, de 16 de Diciembre de 2002, relativo a la aplicación de las normas sobre competencia previstas en los arts. 81 y 82 del tratado constitutivo de la CE", en *La Defensa de la Competencia por los órganos judiciales: El Reglamento CE 1/2003*, Cuadernos de Derecho Judicial, Tomo XVII, CENDOJ, Madrid, 2005, Pág. 46.

No habiendo llegado ese momento, y siendo necesario aún el afianzamiento del Mercado común en Europa que le posicione por encima de los aspectos meramente nacionales, interpreto que es menester robustecer, entre otras, la posición institucional de las autoridades que se encargan de prevenir que a nivel comunitario y de los países miembros, la "destrucción del mercado perpetuada por el mercado mismo" se suscite, pues por medio de ellas se producen políticas comunitarias, se ejecutan las mismas, y se otorga a los agentes una certitud acerca de los aspectos que rodean la actividad económica.

Es bajo esta óptica donde el papel de la Comisión se erige como primordial, pues es a nivel comunitario eje central de la Defensa de la Competencia, que como herramienta trascendental de la protección del mercado único en Europa, cumple un papel indispensable y está direccionada a otorgar mayor estabilidad tanto al mercado europeo, como al internacional cada vez más globalizado. Donde igualmente la posición de las Autoridades Nacionales de Competencia de los países miembros es indispensable pues desde sus territorios suelen ser protagonistas de iniciativas que emprenden la misma búsqueda de la Comisión.

Todo lo hasta aquí expuesto en este apartado cobra valor, no solo por la escalonada importancia que ha venido nutriendo a la Defensa de la Competencia con el pasar de los años, la cual ha pasado a ser parte además del discurso jurídico, del político, pasando por el económico someramente expuesto previamente; sino que también obliga su análisis en razón del poderío institucional que tienen las autoridades en razón de la fluida compenetración que logran con el Derecho de la Competencia que ha sido por muchos, entre los cuales me incluyo, interpretado como un Derecho de corte administrativo.

La aplicación pública del Derecho de la Competencia realizada por Autoridades administrativas, en defensa de intereses públicos, ha sido preponderante y hasta la aparición del Reglamento 1/2003 y el paquete de modernización[198], vía exclusiva de aplicación, en razón de la cual solo las autoridades públicas del nivel comunitario, como del nacional estuvieron capacitadas para ejercer.

---

[198] Los textos que conforman dicho paquete además del Reglamento 1/2003: el Reglamento (CE) 773/2004 de la Comisión, de 7 de Abril de 2004, relativo al desarrollo de los procedimientos de la Comisión con arreglo a los artículos 81 y 82 del Tratado CE (texto disponible para consulta en: http://www.juntadeandalucia.es/defensacompetencia /documentos/13.pdf); así como un compendio de Comunicaciones y directrices fechadas el día 27 de Abril de 2004, publicadas en el Diario Oficial de la Unión Europea C 101/05, disponible para consulta en: http://eur-lex.europa.eu/JOHtml.do?uri=OJ:C:2004 :101:SOM:ES:HTML, las cuales son a saber: la *Comunicación de la Comisión sobre la cooperación en la Red de Autoridades de Competencia* (Pág. 43), la *Comunicación de la Comisión relativa a la cooperación entre la Comisión y los órganos jurisdiccionales de los Estados miembros de la Unión Europea para la aplicación de los artículos 81 y 82 CE* (Pág. 54), la *Comunicación de la Comisión relativa a las orientaciones informales sobre cuestiones nuevas relacionadas con los artículos 81 y 82 del Tratado CE que surjan en asuntos concretos* (cartas de orientación) (Pág. 78), la *Comunicación de la Comisión sobre la tramitación de denuncias por parte de la Comisión al amparo de los artículos 81 y 82 del Tratado CE* (Pág. 65), las *Directrices relativas al concepto de efecto sobre el comercio contenido en los artículos 81 y 82 del Tratado* (Pág. 81) y *las Directrices relativas a la aplicación del apartado 3 del artículo 81 del Tratado* (Pág. 97).

Siendo durante tantos años continuada esa cultura, no son pocos los que en el recorrido han defendido que el hábitat natural de un Derecho como el de la Competencia, es el público, toda vez que tiene rasgos inequívocos de Derecho Administrativo y cuenta con elementos específicos de dicha área que difícilmente son catalogables en una distinta. El Control de Concentraciones y sus particularidades, el requerimiento de ciertas autorizaciones ineludibles, los instrumentos sancionadores que crean una correlación entre ambos Derechos, las potestades, los caracteres institucionales y funcionales de las autoridades, etc., son aspectos que permiten soportar dicha óptica[199].

Donde además se debe añadir, que el Derecho de la Competencia ha sido empoderado y emplazado en una posición privilegiada y superior, en razón de lo que ya se había adelantado al principio de este apartado, como lo son los objetivos altruistas, generales y de política pública que busca cumplir con su aplicación, lo que lo hace de un corte público más afianzado, máxime si es aunado a la confianza que le han dado tanto el aparato comunitario, como el aparato estatal de los miembros.

Tal parece que habiendo nacido la conciencia acerca de la importancia de la Defensa de la Competencia como mecanismo para proteger el mercado común, en Europa se interpretó que el poderío institucional debía soportar el cumplimiento de la labor de aplicación de las normas de libre competencia, y que sería por lo tanto arriesgado darle dicho poder a los órganos judiciales desde el inicio, ya que eso generaría confusiones acerca de lo esencial que resulta ser el cometido público por cumplir.

Por el contrario confió dicha labor tanto a nivel europeo, como a nivel de los países de la comunidad, en las Autoridades administrativas, y basado en la envergadura de la Defensa de la Competencia y los objetivos por cumplir, les otorgó un marco amplio de actuación que no restringía su actuación a ningún sector económico, y que les ha dado más protagonismo con el pasar del tiempo.

Ya interiorizado el panorama descrito, entender entonces la relación especial que tiene la Defensa de la Competencia con los objetivos de carácter público que en Europa se han buscado cumplir desde un inicio, así como con aquellos del mismo carácter que han ido apareciendo y que le acercan a las posturas administrativas, es esencial, pues de dicha forma se interioriza la influencia que generan dichos aspectos en el *enforcement* del Derecho de la Competencia.

---

[199] SORIANO GARCÍA, José Eugenio, *Derecho Público de la Competencia.* Delco: Instituto de Estudios del Libre Comercio, Marcial Pons Ediciones Jurídicas y Sociales, Madrid, 1998, Pág. 39 y 40.

CAPÍTULO II

ASPECTOS ESTRUCTURALES Y FUNCIONALES DE LA AUTORIDAD DE COMPETENCIA EUROPEA

Estando clara la relación que con gran intensidad une a la Defensa de la Competencia y al sector público, tanto comunitario como nacional, en razón de los objetivos de dicho corte que en gran medida son el soporte de la protección ejercida por los distintos *Enforcers* del Derecho de la Competencia; se cree igualmente importante reseñar, las características y particularidades que tiene la Autoridad de Competencia Comunitaria, a saber, la Comisión Europea, toda vez que no es solo uno más de los nombrados *Enforcers*, ya que tiene una situación privilegiada frente a los demás que le ha sido conferida en los Tratados Europeos[200].

Es la Comisión entonces, eje central del ejercicio del sistema *antitrust* comunitario, y por lo tanto la encargada de la formulación, implementación y orientación de la Política de Competencia Europea[201]. Tan importante papel, le ha sido otorgado en condiciones especiales, que en razón de la amplitud de la estructura comunitaria, se encuentran justificadas, y que hacen inequívoca su posición de supranacionalidad e independencia[202].

Ambos aspectos enunciados, le dan un distintivo a la Comisión, y permiten justificar y garantizar el correcto cumplimiento de las funciones de esta, la cual debe velar por el interés general comunitario[203], y a la par, evitar verse condicionada por las filiaciones

---

[200] Dicha posición nace de un acierto que muchos autores interpretan como crucial, toda vez que en los textos europeos se le dio un poder a la Comisión que desde un principio era la única opción posible para garantizar la consistencia en la aplicación de la ley, no solo de las normas *antitrust*. DABBAH, Maher M., *International and comparative competition law,* Cambridge University Press, Nueva York, 2010, Pág. 169. Y para a la par, rotular la Defensa de la Competencia como un asunto de importancia central en la comunidad y en la sociedad futura. MASSEY, Patrick, "Reform of EC competition law: substance, procedure and institutions", en *Reform of EU competition law,* editor HAWK, Barry E, Juris públications, Nueva York, 2002.

[201] Al respecto las sentencias del Tribunal de Justicia de las Comunidades Europeas, de 28 de Febrero de 1991, asunto C-234 de 1989, *Stergios Delimitis Vs. Henninger Bräu AG,* texto disponible para consulta en lengua inglesa en: http://eur-lex.europa.eu/LexUriServ/LexUriServ.do?uri=CELEX:61989J0234:EN:HTML. Apartado 44 y 47; de 18 de Septiembre de 1992, asunto T-24/90,*Automec Srl Vs. La Comisión de las Comunidades Europeas.* Texto disponible para consulta en: http://eur-lex.europa.eu/LexUriServ/LexUriServ.do?uri=CELEX:61990A0024:ES:HTML. Apartado 73; y de 14 de Diciembre de 2000, Asunto C-344/98, en su apartado 47. Texto disponible para consulta en: http://eur-lex.europa.eu/LexUriServ/LexUriServ.do?uri=CELEX:61998J0344:ES:PDF, Apartado 73.

[202]PACE, Lorenzo Federico, *European Antitrust Law. Prohibitions, Merger Control and Procedures,* Edward Elgar Publishing, Cheltenham, 2007, Pág. 199; y FORRESTER, Ian, S. y NORALL, Christopher, "The Laicization of Community Law: self help and the rule of reason: how competition law is and could be applied", en *Common Market Law Review,* Volumen. 21, N° 11, 1984.

[203] Como así puede verse en el artículo 245 del Tratado de Funcionamiento de la Unión Europea. De donde se concluye que a pesar de que sean nombrados por los Estados Comunitarios, los miembros de la Comisión no están supeditados a ellos y mucho menos obligados a defender sus intereses particulares. Sustentado igualmente por BELLAMY, Christopher, CHILD, Graham y PICAÑOL, Enric, *Derecho de la competencia en el mercado común,* Civitas, Madrid, 1992, Pág. 45.

nacionales que tengan sus miembros con los países de la comunidad, por encima de los cuales se encuentra la Autoridad Comunitaria.

A pesar de tanto poder que ostenta la Comisión en lo referente a la Política de Competencia Comunitaria, sus atribuciones no terminan ahí, pues dicha Autoridad igualmente por medio de sus Direcciones Generales y servicios, implementa y da cumplimiento a un número plural de políticas, que aunadas favorecen el desarrollo del estilo de vida Europeo y salvaguardan de agresiones internas y externas al mercado común[204].

La condensación de múltiples poderes y facultades en cabeza de la Comisión, como era previsible, ha generado desconfianza en muchos, que en el recorrido no han dudado en interpretar que tal posición casi hegemónica, en ningún caso está en consonancia con los planteamientos que originaron la Comunidad Europea[205]. Han advertido entonces, que aglutinar en un solo cuerpo el establecimiento de tantas políticas comunitarias, que a la par se encuentran expuestas a las presiones que ejercen tantísimos interesados, es un peligro latente que debe ser mitigado y solventado so pena de generar un perjuicio futuro difícil de contener. Por lo cual, han estructurado un grupo de iniciativas que han creído convenientes para "democratizar" en mayor proporción el papel de la Comisión.

La crítica, ha llevado a que se iniciaran y a la par consolidaran iniciativas en búsqueda de liberar de una carga de poder de tal envergadura a la Comisión. En el proceso, entre otras posibilidades, se ha propuesto complementar la labor realizada por aquella autoridad con la participación de otros *Enforcers,* incluso algunos "no públicos", en pro de la desconcentración de funciones; se ha recomendado estructurar una Red de Autoridades de Competencia que fortalezca la colaboración eficaz entre los distintos *Enforcers* de la normativa *antitrust* comunitaria[206]; e incluso, algunos más osados, se han aventurado a proponer la creación de una autoridad totalmente desligada de la Comisión y más especializada, que de forma restrictiva se encargue de velar por la adecuada aplicación de las normas de libre competencia comunitarias[207].

---

[204] Como así lo defiende MORENO MOLINA, Ángel Manuel, "Aspectos Institucionales del Derecho de la Competencia", en *Derecho Europeo de la Competencia*, Editores CALVO CARAVACA, Alfonso-Luis y BLANCO-MORALES LIMONES, Pilar, Editorial Colex, Madrid, 2000, Págs. 438 y siguientes.

[205] A pesar de que han sido erigidos dichos cambios a favor del poder de la Comisión, en razón del deseo que se ha tenido de que todos los posibles involucrados tengan un mayor nivel de confianza respecto de la Autoridad. Siendo un aspecto que ha influido altamente en cada una de las variaciones que se han visto efectuadas hasta la actualidad. Tal y como lo ha puesto de manifiesto la doctrina y siendo ejemplo de ello, REYNOLDS, Michael y MANSFIELD, Philip, "Complaining to the Commission", en *European Counsel*, N° 34, 1997.

[206] Dicha iniciativa ha encontrado sustento legal a nivel comunitario en razón del Reglamento 1/2003 y la *Comunicación* de 27 de Abril de 2004 sobre la *"cooperación en la red de autoridades de competencia,* que serán a profundidad reseñadas en razón de la incidencia que tienen en temas a abordar en apartados posteriores del presente trabajo, así por ejemplo en lo referente a la cooperación entre Autoridades de Competencia en la Red Europea de Competencia, se verá el como también respecto a la incidencia que ha tenido el Reglamento enunciado en lo referente al *Private enforcement,* así como acerca de la cooperación entre Jueces nacionales y Autoridades Públicas de Competencia.

[207] Sobre la propuesta, los comentarios de CALVO CARAVACA, Alfonso-Luis y CARRASCOSA, Javier, "El Derecho Europeo de la Competencia: Objeto, fuentes y sistematica", en *Derecho Europeo de la*

Algunas de las nombradas iniciativas[208], tal y como se verá a mas profundidad en apartados posteriores, llegaron a buen puerto, contrastando con la renuencia de muchos a la instauración y conformación de una autoridad independiente diferente a la Comisión. Algunos pensamos que la idoneidad que rodea el funcionamiento de esta última, difícilmente podrá ser emulada al corto y mediano plazo por una autoridad distinta, por lo que interpretar su constitución como un paso atrás, no resulta ser descabellado.

El poder de la Comisión es entonces de forma casi generalizada, interiorizado y comprendido, pues permite unificar en momentos como el actual donde aún existen deficiencias e iniciativas peligrosas en el mercado único, políticas que cumplen una labor de contención frente a fallos puntuales, y que de estar totalmente desconcentradas y no conjuntas en cabeza de la Comisión como sucede en la actualidad, serían de difícil ejecución[209]. Óptica que apuntala que la Autoridad Comunitaria mencionada sea eje central de un sistema cada vez más descentralizado[210], que por ahora necesita de la homogeneización en uso de herramientas como la Red de Autoridades de Competencia[211].

Competencia, Editores CALVO CARAVACA, Alfonso-Luis y BLANCO-MORALES LIMONES, Pilar, Editorial Colex, Madrid, 2000, Pág. 164.

[208] Tanto la Creación de una Red Europea de Competencia, como la implementación de un sistema más descentralizado de aplicación que permite la participación de los Jueces nacionales, se han visto afianzados como una liberación a favor de la Comisión, que con el panorama de descentralización puede centrarse en la formulación de la Política de Competencia Comunitaria, en la labor de investigación, y procesamiento de aspectos puntuales que por su envergadura o novedad ameritan el uso de su especialización, así como en el fortalecimiento de funciones primordiales.

[209] Soporta dicha óptica, en la total autonomía con la que debe contar una autoridad con funciones tales como las de la Comisión, en razón de la importancia de las mismas, MORENO MOLINA, Ángel Manuel, "Aspectos Institucionales del Derecho de la Competencia", en *Derecho Europeo de la Competencia*, Editores CALVO CARAVACA, Alfonso-Luis y BLANCO-MORALES LIMONES, Pilar, Editorial Colex, Madrid, 2000, Pág. 438.

[210] Sobre el tema, la disputa de algunos sectores de la doctrina que se dividen entre aquellos que interpretan que la Comisión es solo la pieza más importante del grupo conformado por las Autoridades de Competencia a nivel comunitario que comparten el mismo nivel y las mismas responsabilidades, siendo una clara acepción del concepto latino *Primus Inter Partes*, VAN DER WOUDE, Michael, "The modernization paradox: Controlled descentralization", paper presentado en el seminario Europeanisation of National Systems en el International Bar Association 10 Annual advanced Competition Law Conference, Bruselas, 6 y 7 de Noviembre de 2003, Pág. 15.; contrastando con aquellos que creen que la Comisión es mucho más que eso, pues es la Autoridad primordial y con más poderes en la red que Europa está intentando consolidar entre *Enforcers* de las normas *antitrust*, EHLERMANN, Claus-Dieter, "The Modernization of EC *Antitrust* Policy: a legal and cultural revolution", en *Common Market Law Review*, Volumen. 37, N° 3, 2000, Págs.537 a 539.

[211] Para LOWE, Philip, "The Design of competition policy institutions for the twenty-first century: the experience of the European Commission and the Directorate-General for Competition", en *Competition Policy in the EU. Fifty years from the treaty of Rome*, editor VIVES, Xavier, Oxford University Press, Nueva York, 2009, Págs. 21 y 22, es indispensable conocer la composición básica de una autoridad como la Comisión en lo que a Competencia se refiere, pues es con los instrumentos legales, una de las dos piezas básicas que tiene la política de competencia y el *enforcement* de dicha defensa. Lo expone como de importancia igualmente, al entender que la estructura administrativa de la institución encargada de cumplir con aquellas funciones que facilitan el cumplimiento de sus objetivos, es materia de obligatorio estudio y desarrollo, puesto que comporta un marco estructural tan complejo como el de cualquier institución pública o privada, a la par que facilita la comprensión acerca de la ejecución real de las normas *antitrust*.

I. Particularidades estructurales de la Comisión.

En razón de ser compleja la organización interna de una autoridad de envergadura como lo es la Comisión, es menester realizar un estudio puntual acerca de los aspectos orgánicos que influencian la aplicación de las normas de libre competencia por parte de aquella, con el ánimo de que el lector pueda "poner un rostro" a cada actividad realizada de forma genérica por la Comisión, que a la par y de forma puntual responde al trabajo de muchos a nivel interno.

Así las Cosas, cabe acotar que la Comisión se compone de un comisario por cada uno de los países miembros de la Comunidad[212], el cual tiene a su cargo una de las políticas propias de la agenda de la Comisión[213]. El periodo de aquellos es por lo general de cinco años, en los cuales están obligados, a pesar de ser nacionales de los Estados comunitarios, a velar por el interés general de la Unión y no el individual de sus propios países.

Internamente, la Comisión se divide en Direcciones Generales[214] que están bajo la responsabilidad de un Comisario, las cuales a su vez tienen un organigrama interno que les permite concentrar sus recursos de forma más puntual y efectiva en los aspectos de mayor relevancia de la Política Comunitaria a su cargo, y que en lo referente a la Política que compete, responde al nombre de Dirección General de Competencia (en lo sucesivo DG de Competencia)[215].

La nombrada Dirección es la encargada entonces de velar por el buen funcionamiento del mercado común europeo, detectando los fallos que en el mismo se puedan generar, y apartándolos por ser contrarios a la Política comunitaria.

Al ser tantos los sectores económicos, cinco de las nueve Direcciones que conforman la DG de Competencia, se dividen el control de cada sector, lo que les permite ser más eficaces y eficientes en el control de ellos, pues por medio del estudio profundo obtienen

---

[212] 27 en el periodo 2010 -2014, LOWE, Philip, "The Design of competition policy institutions for the twenty-first century: the experience of the European Commission and the Directorate-Genneral for Competition", en *Competition Policy in the EU. Fifty years from the treaty of Rome*, editor VIVES, Xavier, Oxford University Press, Nueva York, 2009, Pág. 22.

[213] Dentro de los cuales está la Competencia. Al respecto puede consultarse la actual configuración de Comisarios para el periodo 2010 – 2014 en: http://ec.europa.eu/commission_2010-2014/index_es.htm#link1. Donde se pueden observar de forma individualizada las políticas a cargo de cada uno de ellos.

[214] Desarrollo de este aspecto en KORAH, Valentine, *An introductory guide to EC Law and practice*, Hart Publishing, Oxford, 2004, Pág. 24.

[215] El Organigrama vigente en el año 2011, donde pueden observarse las diferentes Direcciones internas de la Dirección General de Competencia (A (Política y estrategia), B (Mercados y asuntos I: Energía y Medio Ambiente), C (Mercados y asuntos II: Información, comunicación y medios informativos), D (Mercados y asuntos III: Servicios Financieros y sectores de salud), E (Mercados y asuntos IV: Industrias Basicas, sector manufacturero y Agricultura), F (Mercados y asuntos V: Transportes, Correos y otros servicios), G (Carteles), H (Ayudas Estatales I: Cohesión, I+D+i y *Enforcement*), R (Registro y Recursos)), y los temas asignados a cada una de ellas, pueden consultarse en: http://ec.europa.eu/dgs/competition/directory/organi_en.pdf.

un grado mayor de conocimiento sobre un sector específico y sobre las particularidades que le rodean[216].

Las distorsiones en el mercado que se presenten en un sector concreto, ya sean resultado de un cartel, de una concentración, o de ayudas públicas[217], en cualquier caso serán conocidas por la Dirección que tiene asignado dicho sector, pues al interior de ella, como sucede de forma general en todas las Direcciones de la DG de Competencia, hay unidades especializadas con capacidad de afrontar el conocimiento particular de cada distorsión, sea cual sea su naturaleza, y de actuar en pro de los intereses comunitarios[218].

La división por sectores al interior de la DG de Competencia, favorece la labor de las Direcciones y la protección efectiva de los mercados, pues del recaudo de información acerca de un sector en específico y de la concentración de recursos administrativos e intelectuales en él, nace una capacidad de actuación autónoma que otorga un margen de maniobra amplio, y una capacidad de reacción cada vez más expeditiva que resulta ser inmensamente conveniente para el cumplimiento de los objetivos de las normas de libre competencia comunitarias[219].

II. Las prerrogativas y facultades de la Comisión en relación a la Defensa de la Competencia.

La organización interna de cualquier institución, sea cual sea el nivel al cual pertenece, público o privado, facilita el cumplimiento de las labores que se ha asignado a

---

[216] LOWE, Philip, "The Design of competition policy institutions for the twenty-first century: the experience of the European Commission and the Directorate-Genneral for Competition", en *Competition Policy in the EU. Fifty years from the treaty of Rome*, editor VIVES, Xavier, Oxford University Press, Nueva York, 2009, Pág. 34.

[217] Esta última en razón de la adición que en el año 2007 se hizo a la reforma del año 2003, en razón de la cual también este tipo de actuaciones pasaron a ser trabajadas en el interior de las cinco Direcciones "mercados y asuntos", uniéndose así a la labor explícita que sobre cada sector llevaban a cabo hasta ese momento y por cuatro años las "unidades" *antitrust* y de concentraciones. Al respecto LOWE, Philip, "The Design of competition policy institutions for the twenty-first century: the experience of the European Commission and the Directorate-Genneral for Competition", en *Competition Policy in the EU. Fifty years from the treaty of Rome*, editor VIVES, Xavier, Oxford University Press, Nueva York, 2009, Pág. 34.

[218] Pues creen que esa es una de las formas de involucrar a los particulares con la política de competencia. WHISH, Richard, *Competition Law*, Oxford University Press, Londres, 2008, Pág. 54.

[219] Al respecto de la reforma los comentarios de Mario Monti, en el prólogo al XXXIII Informe sobre la Política de Competencia en la Unión Europea del año 2003, Pág. 5, sobre la *"Reorganización interna necesaria para una política activa de competencia"*. En el texto enunciado, además de los parámetros descritos hasta este punto referentes a la división sectorial entre las Direcciones, el autor resalta la designación de un economista jefe que ayude a arraigar el planteamiento económico que debe impregnarse a la política de competencia (Comentarios al respecto en LOWE, Philip, "The Design of competition policy institutions for the twenty-first century: the experience of the European Commission and the Directorate-Genneral for Competition", en *Competition Policy in the EU. Fifty years from the treaty of Rome*, editor VIVES, Xavier, Oxford University Press, Nueva York, 2009, Pág. 35); El establecimiento de prioridades en la lucha contra prácticas restrictivas, centrando su atención en aquellas que más afecten al bienestar del consumidor; y la creación de una Unidad de Ejecución de decisiones.

sí misma desde su aparición, o que le han sido asignadas en razón de un grupo de propósitos, a los cuales se desea, darle cumplimiento.

Tal y como se observó en lo netamente estructural en el apartado anterior, la Comisión Europea, como no podía ser de otra forma, es una de aquellas instituciones que requieren de un marco organizacional, pero a la vez funcional, e interno, que le añada certeza, transparencia y claridad al cumplimiento de los propósitos propios del Organismo, pues al tener una relevancia y una connotación mediática especial, y siendo un cuerpo integrado por muchos, necesita tener posiciones y procesos suficientemente regulados que le ayuden a cumplir sus objetivos.

Dicho aspecto deviene indispensable, ya que al ser de gran relevancia para la Comunidad las actuaciones de la Comisión referidas a cualquiera de las políticas sobre las que está facultada para tomar decisiones, cobran mucha importancia la razón de ser de dichas disposiciones, la claridad de la fuente de cada una de ellas, así como del proceso que se ha seguido para llegar a las mismas, toda vez que comúnmente la Comisión es el foco de las miradas, al cual no se le permite bajo ningún concepto nada distinto, a actuar con transparencia en todas las ocasiones, ya que siempre está en capacidad de influenciar el funcionamiento de la Unión Europea.

Que la transparencia sea de obligatorio cumplimiento, requiere de la "remodelación" continua del catálogo[220] de facultades con las que cuenta la Comisión, ya que los retos a los cuales debe hacer frente aquella Autoridad no son siempre los mismos, y están en continua variación en razón de las costumbres cambiantes que se suscitan en Europa, bien por la inclusión de nuevos países a la Unión como ha sucedido en los últimos años, o bien por el dinamismo propio de la Economía, la demografía, la sociedad, etc.[221].

Además de transparentes y actuales, las prerrogativas de la Comisión deben ser coherentes y estar enfocadas a lograr un equilibrio en la práctica de las distintas políticas en las que influye esta Autoridad, debiendo contribuir también en la armonía entre las diferentes Direcciones y Servicios de la Comisión, y estar enfocadas a la implementación de soluciones eficaces y reales ante cualquier situación que pueda vulnerar principios básicos defendidos en toda la Comunidad.

No es arriesgado defender entonces, que tanto la transparencia como la eficacia, deben ir de la mano en la implementación de todas las políticas comunitarias, incluida la de Competencia, y deben estar en continua evolución, pues por ejemplo en lo que a esta

---

[220] En clara referencia a los soportes, sea cual sea su naturaleza, que cumplen una labor informativa de cara a los diversos agentes, acerca de las prerrogativas con las que cuenta una Autoridad como la Comisión, así como los procedimientos que adelanta, la firmeza de aquellos, su régimen sancionatorio, etc.

[221] BORCHARDT, Klaus-Dierter, COMISIÓN DE LAS COMUNIDADES EUROPEAS, *El ABC del Derecho Comunitario*, Oficina de públicaciones oficiales de las Comunidades Europeas, Bruselas, 2000,Pág. 28. *"(...) con el paso del tiempo la CE debe hacer frente a nuevas funciones no previstas en el momento de la celebración de los Tratados constitutivos y para las cuales no existen facultades concretas en los mismos."* El documento se encuentra disponible para consulta en: http://ec.europa.eu/públications/booklets/eu_documentation/02/txt_es.pdf.

última se refiere, son comúnmente requeridas acciones certeras que den solución a las mutaciones que se presentan en razón del dinamismo propio de los mercados.

El grupo de facultades genéricas que le han sido otorgadas por la normativa comunitaria a la Comisión[222], parecen ser resultado de un proceso teórico pensado para posibilitar, con el pasar de los años, la inclusión dentro de ellas de poderes especiales y más específicos que vayan apareciendo en razón del dinamismo, siendo una especie de "contenedor" donde se envuelven todo un catálogo de acciones puntuales que puede emprender la Comisión para obstruir deficiencias[223].

Así por ejemplo, el *Enforcement* del Derecho de la Competencia llevado a cabo por la Comisión, al ser parte de una política de importancia a cargo de aquella autoridad, se ve facilitado gracias a ese grupo de facultades genéricas nombradas en el párrafo anterior, pues son atribuciones sin las cuales la Comisión estaría atada de manos o condicionada en gran medida, para solventar conductas anticompetitivas que se estén presentado en el mercado común, o para contener las anomalías propias generadas por una figura dominante dentro del mismo.

A continuación una exposición de aquellas prerrogativas o atribuciones generales que le otorgan un distintivo a la Comisión, y le empoderan para llevar a cabo actuaciones específicas en el marco del cumplimiento de las políticas a su cargo, haciendo un énfasis especial y claro, en la influencia que tienen en la Defensa de la Competencia.

---

[222] Una importante referencia en el tiempo es la del Tratado de la Unión Europea, firmado en Maastricht el 7 de Febrero de 1992, artículo 211: "*Con objeto de garantizar el funcionamiento y el desarrollo del mercado común, la Comisión: Velará por la aplicación de las disposiciones del presente Tratado, así como de las disposiciones adoptadas por las instituciones en virtud de este mismo Tratado; Formulará recomendaciones o emitirá dictámenes respecto de las materias comprendidas en el presente Tratado, si éste expresamente lo prevé o si la Comisión lo estima necesario; Dispondrá de un poder de decisión propio y participará en la formación de los actos del Consejo y del Parlamento Europeo en las condiciones previstas en el presente Tratado; Ejercerá las competencias que el Consejo le atribuya para la ejecución de las normas por él establecidas.*" Donde se entrevén aspectos que con posterioridad fueron puntualizados por otros textos comunitarios que sirven de base para la enunciación que se realizará a continuación en el cuerpo del texto. Al respecto, la interpretación del artículo transcrito, realizada por CRAIG, Paul y DE BÚRCA, Gráinne, *EU Law. Text, cases and materials*, Cuarta Edición, Oxford University Press, Nueva York, 2008, Págs. 43 a 45., quienes resaltan que de dicho artículo se desprenden poderes claros en cabeza de la Comisión, a saber: Legislativo, Administrativo, Ejecutivo y Judicial, y realizan un desarrollo de los mismos.

[223] En relación a las atribuciones que serán analizadas, cabe decir que nacen de la interpretación mayoritaria del Reglamento 1/2003, el cual en sus capítulos III, V y VI hace referencia a los mismos; sin olvidar igualmente el Tratado de Funcionamiento de la Unión Europea, artículo 288, antiguo artículo 249 del TCE, el cual se interpreta le otorga una prerrogativa especial, como lo es la de tener ciertas funciones legislativas, que no puede pasar desapercibida a pesar de no encontrar parangón en el Reglamento enunciado. Razón por la cual se da inicio a la exposición por dicha facultad, seguida de aquellas incluidas en el Reglamento.

(A) Facultades normativas.

La Comisión tiene un papel central en el proceso legislativo europeo, y genera un impacto continuo en él, en razón de ciertas actuaciones puntuales de dicha Autoridad en el trámite normativo, que le han sido conferidas y se han visto fortalecidas con el pasar del tiempo, y que a la par le han permitido consolidarse como motor de la integración de la comunidad gracias a su participación en la estructuración de instrumentos legales.

Son varios los aspectos que relacionan a la Comisión con el terreno legislativo, y muy a pesar de que algunos de ellos tengan una relevancia especial que merezca ser destacada, todos ellos deben ser enunciados, toda vez que influencian en mayor o menor medida la adopción de instrumentos normativos en el seno de la comunidad en lo que a Defensa de la Competencia se refiere.

Una parte importante de la participación de la Comisión, viene de la facultad de iniciativa legislativa que se le otorga a la mencionada Autoridad, la cual le pone al frente del desarrollo de múltiples políticas, y le empodera a hacer propuestas que son punto de partida de la actuación del Consejo y el Parlamento, quienes deben atender dichas iniciativas y seguir el trámite para la implementación de instrumentos normativos que nacen de un estudio de la Comisión, quien los cree prioritarios para el desarrollo de las políticas a su cargo[224].

Es tal la influencia de la Comisión en este terreno, que no suele ser extraño que muchas iniciativas que "formalmente" vienen del Consejo, verdaderamente nazcan de inquietudes de la Comisión, quien por su cercanía con ciertas políticas puede entender como conveniente su regulación.

Otros aspectos apuntalan la atribución normativa en cabeza de la Comisión y complementan los hasta ahora enunciados, tales como ser partícipe y pieza fundamental del desarrollo de la programación legislativa que año tras año se estructura en razón de las prioridades comunitarias[225]; recibir por delegación del Consejo el poder para reglamentar dentro de áreas que no le están atribuidas; e interpretada como la de más relevancia para el tema que atañe, adoptar actos jurídicos comunitarios referentes a áreas específicas que faciliten el cumplimiento de su misión, inclusive sin la participación formal de ninguna otra de las instituciones comunitarias.

A pesar de ser una atribución que le es otorgada a varias Autoridades Comunitarias de forma indistinta en el artículo 288 del Tratado de Funcionamiento de la Unión Europea[226], dicha facultad merece ser resaltada en lo referente a la Comisión, por ser

---

[224] Sobre el Derecho de iniciativa y el proceso naciente de una propuesta de la Comisión, puede verse BORCHARDT, Klaus-Dierter, COMISIÓN DE LAS COMUNIDADES EUROPEAS, *El ABC del Derecho Comunitario,* Oficina de publicaciones oficiales de las Comunidades Europeas, Bruselas, 2000,Págs. 75 a 78.

[225] CRAIG, Paul y DE BÚRCA, Gráinne, *EU Law. Text, cases and materials,* Cuarta Edición, Oxford University Press, Nueva York, 2008, Págs. 43 y 44.

[226] Por la relevancia del texto se transcribe: Artículo 288: *"Para ejercer las competencias de la Unión, las instituciones adoptarán reglamentos, directivas, decisiones, recomendaciones y dictámenes. El*

objeto del estudio actual, toda vez que en razón de dicho poder, está habilitada para adoptar Reglamentos o instrumentos similares, que están destinados a regular cuestiones necesarias para la protección de los intereses de la Unión Europea y de sus ciudadanos.

Se nombran los Reglamentos de forma especial, pues es palpable y continuado el uso de estos por parte de la Comisión, la cual empezó a utilizar estos instrumentos, como respuesta a la imposibilidad material, humana y técnica, que empezó a tener con el pasar de los años para hacer frente a todos los casos específicos que se presentaban y que necesitaban de su participación.

La Utilidad que comportan los Reglamentos[227], viene de su carácter general, de la obligatoriedad que tienen cada uno de sus elementos, así como de ser aplicables de forma directa en cada Estado miembro tal y como lo expresa el artículo 288 del Tratado[228]. Particularidades que no generan extrañeza alguna acerca de las razones por las cuales la Comisión empezó a hacer uso continuado de ellos, pues por medio de los mismos tiene la capacidad de proferir leyes comunitarias sobre aspectos determinados y de forma abstracta y global[229], referidos a cuestiones de forma, fondo o proceso, que no necesitan de ningún trámite interno en los Estados miembros[230].

Así las cosas, por medio de esos instrumentos, se posibilita a la Comisión, a regular aspectos generales que abarcan situaciones que comúnmente son materia de los casos

---

reglamento tendrá un alcance general. Será obligatorio en todos sus elementos y directamente aplicable en cada Estado miembro. La directiva obligará al Estado miembro destinatario en cuanto al resultado que deba conseguirse, dejando, sin embargo, a las autoridades nacionales la elección de la forma y de los medios. La decisión será obligatoria en todos sus elementos. Cuando designe destinatarios, sólo será obligatoria para éstos. Las recomendaciones y los dictámenes no serán vinculantes."

[227] Sobre los cuales se puede ahondar en sus particularidades y efectos en GIRÓN LARRUCEA, José Antonio, La Unión Europea, La Comunidad Europea y el Derecho Comunitario, Universidad de Sevilla, Sevilla, 2002, Págs. 315 a 318; así como también en CRAIG, Paul y DE BÚRCA, Gráinne, EU Law. Text, cases and materials, Cuarta Edición, Oxford University Press, Nueva York, 2008, Págs. 83 y siguientes.

[228] Importante la apreciación de LOUIS, Jean-Victor, El Ordenamiento jurídico comunitario, Quinta Edición, Oficina de publicaciones oficiales de las comunidades europeas, Luxemburgo, 1995, Pág. 109, quien entiende que el Reglamento: "(...) es el acto más completo y eficaz de la gama de instrumentos de que disponen las instituciones".

[229] Consideración que puede verse en la Sentencia del Tribunal de Justicia de las Comunidades Europeas de 5 de Mayo de 1977, Koninklijke Scholten Honig N.V. Vs. El Consejo y la Comisión de las Comunidades Europeas, asunto 101/76, acerca de los instrumentos adoptados por una institución, en lo referente a los Reglamentos expresa en ingles: "A regulation is a measure which applies to objectively determined situations and produces legal effects with regard to categories of persons regarded generally and in the abstract." Texto disponible para consulta en lengua inglesa en: http://eur-lex.europa.eu/LexUriServ/LexUriServ.do?uri=CELEX:61976J0101:EN:PDF.

[230] La validez automática de estos instrumentos en toda la Comunidad Europea fruto de la aplicación directa, puede verse sustentada en la Sentencia Simmenthal, del Tribunal de Justicia de las Comunidades Europeas, de 9 de Marzo de 1978, Asunto 106/77. Texto disponible para consulta en: http://www.jurisweb.com/jurisprudencia/STJCE/stjce_simmenthal.htm, apartado 15, "estas disposiciones son una fuente inmediata de derechos y obligaciones para todos aquellos a quienes afectan, ya se trate de Estados miembros o de particulares que son parte en relaciones jurídicas que entran en el ámbito del derecho comunitario."

específicos que llegan a su conocimiento, y que "afectan" a muchos agentes, quienes con la simple atención del Reglamento, deben verse capacitados para responderse preguntas al respecto de su situación particular.

En lo que a Defensa de la Competencia se refiere, los Reglamentos se han ido erigiendo cada vez más, como herramientas idóneas para prestar un servicio a los diversos agentes, pues ha quedado claro que dichos instrumentos permiten otorgar pautas claras y genéricas acerca de importantes aspectos. El catálogo de Reglamentos que comúnmente son proferidos por la Comisión, puede ser resumido en: (i) aquellos que hacen referencia a la aplicación de las normas de competencia a un sector específico[231]; (ii) Los que versan sobre cierta conducta controlada[232]; y (iii) aquellos que determinan que ciertos acuerdos son exentos por ceñirse a las particularidades descritas en el apartado 3 del artículo 101[233] del Tratado de Funcionamiento de la Unión Europea[234].

La Transparencia que en este mismo texto se ha dejado claro se le exige en todas y cada una de las actuaciones a la Comisión, se ve mejor garantizada gracias a los Reglamentos, y en especial, a los de Exención por categorías, puesto que los mismos añaden certitud en tiempo real a los diversos agentes, quienes tendrán todas las herramientas necesarias para saber si una conducta en la cual están participando, o si un acuerdo que tienen planeado llevar a cabo, configura una transgresión a las normas de libre competencia comunitarias o no[235].

---

[231] Así por ejemplo a los sectores de la agricultura, energía, servicios postales, telecomunicaciones, transportes. Textos de los Reglamentos en división por sectores disponibles en: http://europa.eu/legislation_summaries/competition/specific_sectors/in_dex_es.htm.

[232] Por ejemplo en referencia a las ayudas públicas, donde se nombra alguno por estar inmerso en dicha categoría, a saber, El Reglamento (CE) n° 736/2008 de la Comisión, de 22 de Julio de 2008, relativo a la aplicación de los artículos 87 y 88 del Tratado CE a las ayudas estatales concedidas a las pequeñas y medianas empresas dedicadas a la producción, transformación y comercialización de productos de pesca.

[233] "3. No obstante, las disposiciones del apartado 1 podrán ser declaradas inaplicables a: — cualquier acuerdo o categoría de acuerdos entre empresas; — cualquier decisión o categoría de decisiones de asociaciones de empresas; — cualquier práctica concertada o categoría de prácticas concertadas, que contribuyan a mejorar la producción o la distribución de los productos o a fomentar el progreso técnico o económico, y reserven al mismo tiempo a los usuarios una participación equitativa en el beneficio resultante, y sin que: a) impongan a las empresas interesadas restricciones que no sean indispensables para alcanzar tales objetivos; b) ofrezcan a dichas empresas la posibilidad de eliminar la competencia respecto de una parte sustancial de los productos de que se trate."

[234] Conocidos como Reglamentos de Exención por Categorías, son interpretados por muchos como una herramienta en cabeza de la Comisión, por medio de la cual esta autoridad busca nivelar las distintas políticas comunitarias, impidiendo que la "rigidez" arrope la Defensa de la Competencia y por tanto interceda en otros instrumentos igualmente importantes que se ponen en marcha a nivel comunitario para consolidar el mercado único y otros derroteros económicos y sociales. sobre los mismos se puede ahondar en DE LA FUENTE, Marta y ECHARRI, Alberto, Modelos de contratos internacionales, Fundación Confemetal, Madrid, 1999; Pág. 42; igualmente CALVO CARAVACA, Alfonso-Luis y CARRASCOSA, Javier, Mercado Único y libre competencia en la Unión Europea, Editorial Colex, Madrid, 2003, Pág. 970; y WHISH, Richard, Competition Law, Oxford University Press, Londres, 2008, Págs. 148 y siguientes.

[235] Siendo así en razón de la conclusión clara a la cual deben poder llegar los agentes acerca de si están cobijados por el Reglamento de exención por categorías o no, sin que deban solicitar ninguna aclaración, notificación o examen de la autoridad comunitaria; para lo cual se hace menester la utilización de una correcta técnica jurídica, que debe ser origen de una enunciación clara en el texto del Reglamento, el cual

La seguridad jurídica que otorgan, es resultado de una técnica estricta en la cual se fijan condiciones "en bloque" que protegen a quien se encuentre dentro de los parámetros de una prohibición general[236], y que nacen de un proceso técnico riguroso estructurado en pro de abolir la premisa de que "todo está prohibido", cuando verdaderamente no es así, puesto que sería más que absurdo interpretar que todos los acuerdos o conductas tienen la misma importancia, máxime cuando sobre algunos de ellos aun existen debates acerca de su peligrosidad o capacidad real de crear distorsiones en el mercado.

Por la importancia misma de la Defensa de la Competencia, la Comisión ha tenido un comportamiento de inquietud continua, que ha generado por parte de dicha autoridad, la asignación de gran parte de sus recursos en otorgar una claridad a los agentes en lo referente a cuáles son las circunstancias que les hacen merecedores de verse incluidos en una exención, cobijando entre otras, por ejemplo en lo que a restricciones a la competencia se refiere: (i) la celebración de ciertos contratos puntuales, o(ii) a aquellas empresas que cumplan ciertos rangos de poder de mercado determinados por medio de la cuota que estas tengan en él[237].

La existencia de un Reglamento no es ni mucho menos perpetua y se ve en todo caso supeditada al dinamismo del Mercado y de las necesidades Comunitarias, las cuales pueden dejar en evidencia el daño y/o el perjuicio que trae la aplicación del instrumento[238]. La Comisión en dichos casos, y en razón de la facultad que se ha

---

está obligado a incluir las conductas o acuerdos que pueden ser parte del contrato por encontrarse exentos, así como también las actuaciones o parámetros contractuales prohibidos. NEALE, Alan Derrett y GOYLE, D.G, *The Antitrust Laws of the United States of America. A Study of Competition Enforced by Law*, Cambridge University Press, Nueva York, 1980, Pág. 476; y WAELBROECK, Michel, FRIGNANI, Aldo y MÉGRET, Jacques, *Derecho Europeo de la Competencia*, Tomo 1, Editorial Bosch, Barcelona, 1998, Págs. 590 y 591.

[236] SORIANO GARCÍA, José Eugenio, *Derecho Público de la Competencia*, Idelco: Instituto de Estudios del Libre Comercio, Marcial Pons Ediciones Jurídicas y Sociales, Madrid, 1998, Pág. 574.

[237] Reglamentos de relevancia merecen ser enunciados en lo referente a restricciones tanto verticales como horizontales a la competencia, así por ejemplo con respecto a restricciones verticales: el Reglamento (UE) No. 330/2010 de la Comisión, de 20 de Abril de 2010, relativo a la aplicación del artículo 101, apartado 3, del Tratado de Funcionamiento de la Unión Europea a determinadas categorías de acuerdos verticales y prácticas concertadas (publicado en el Diario Oficial L 102 de 23/04/2010), el cual sigue la experiencia positiva del Reglamento (CE) No. 2790/1999 de la Comisión, de 22 de Diciembre de 1999 que le precedió (Diario Oficial L236 de 23/09/2003); Restricciones horizontales: el Reglamento (CE) No. 2659/2000 de la Comisión, de 29 de Noviembre de 2000, relativo a la aplicación del apartado 3 del artículo 81 del Tratado (101 TFUE) a determinadas categorías de acuerdos de investigación y desarrollo (Diario Oficial L 304 de 05/12/2000), Reglamento (CE) No. 2658/2000 de la Comisión, de 29 de Noviembre de 2000, relativo a la aplicación del apartado 3 del artículo 81 del Tratado a determinadas categorías de acuerdos de especialización (Diario Oficial L 304 de 05/12/2000), entre otros aplicables a ciertos sectores específicos en la misma tónica de exención.

[238] En razón de no cumplir con los parámetros del numeral 3 del artículo 101 del Tratado sobre el tema (al respecto del artículo y su desarrollo BELLAMY, Christopher, CHILD, Graham, *European community law of competition*, sexta edición, editores ROTH, Peter, M. y ROSE, Vivien, Sweet & Maxwell, Londres, 2008, Capítulo 3.), o de devenir incompatible con ellos, tanto a nivel general y Comunitario, como a nivel particular de los Estados miembros, ya que pueden darse casos específicos en los cuales la aplicación de un Reglamento genere un menoscabo en cierto marco territorial, en donde la Autoridad de Competencia

guardado para sí, puede tomar la decisión de retirar la exención, buscando así que se configure un retorno a un estado original que prohíbe un acuerdo contra Ley, que si bien en razón de una dispensa ha sido permitido durante un periodo, no ha dejado nunca de ser, teóricamente, una distorsión a la competencia[239].

En razón de la atribución normativa hasta aquí expuesta, cabe decir que la Comisión ha hecho uso de la misma en múltiples oportunidades, acogiendo en sus Reglamentos diversos sectores que se han visto cobijados y que gozan de una protección conferida por una clausula legal con plenos efectos a nivel comunitario.

A modo de conclusión, y pecando de repetitivo, creo que la importancia de esta atribución, radica en permitir a una institución tan especializada como lo es la Comisión, a que actúe de forma certera ante posibles deficiencias que por la naturaleza misma de la economía y los mercados son susceptibles de presentarse, agilizando la contención de ciertas circunstancias nocivas al preverlas en instrumentos legislativos, o simplemente, generando una liberación en el extenso marco funcional al cual debe hacer frente de forma genérica, como también de forma particular en cada una de las Direcciones, donde no es excepción la Dirección General de Competencia[240]. Poder sin él que, sin lugar a dudas, la Comisión vería restringido su marco de acción ampliamente.

(B) Facultades de investigación.

La Atribución normativa desarrollada en el apartado anterior, como se adelantó previamente, se diferencia de los demás poderes de la Comisión en lo que a Defensa de la Competencia se refiere, toda vez que nace de la interpretación del Tratado de Funcionamiento de la Unión Europea, que en términos genéricos se ha referido a ella, haciendo posible su transposición al tema concurrencial, y poniendo de manifiesto la influencia real, que no puede ser desconocida, tiene en las labores y actuaciones efectivas que lleva a cabo la Comisión para proteger la libre competencia en la Comunidad.

El Reglamento 1/2003, como un instrumento catalizador, que ha traído importantes modificaciones a la aplicación de las normas de libre competencia comunitarias, incluye en su texto una serie de poderes y facultades que de forma taxativa, determinan las

---

Nacional, deberá tomar las medidas de contención necesarias, como lo puede ser la Retirada del Instrumento. Así se concluye en parte, gracias a la lectura de GIL IBAÑEZ, José Luis, "La Comisión y la aplicación del Derecho Comunitario de la Competencia", en *La Defensa de la Competencia por los Órganos Judiciales: El Reglamento CE 1/2003*, Editor GARRIDO ESPÁ, Luis, Consejo General del Poder Judicial, Madrid, 2005, Pág. 122.

[239] SORIANO GARCÍA, José Eugenio, *Derecho Público de la Competencia,* Idelco: Instituto de Estudios del Libre Comercio, Marcial Pons Ediciones Jurídicas y Sociales, Madrid, 1998, Pág. 575.

[240] La referencia de los Reglamentos de exención por categorías puntuales adoptados por la Comisión, así como de otros instrumentos que tienen como fuente a la Autoridad Comunitaria puede encontrarse navegando en la página web reseñada: http://europa.eu/legislation_summaries/competition/index_es.htm.

capacidades que tiene la Comisión en lo referente a la Defensa de la Competencia, y que creo deben acompañar a la atribución normativa desarrollada previamente[241].

El primero que deseo resaltar de aquellos poderes inmersos en el Reglamento enunciado, por creer conveniente seguir un orden lógico determinado por el acaecimiento o la puesta en marcha de dicho poder por parte de la Comisión (estructura a la que se le dará continuidad respecto a las siguientes atribuciones en el presente trabajo), es el poder que le ha otorgado el Reglamento 1/2003 a aquella autoridad en el texto de su capítulo V[242], donde se encuentra un catálogo de facultades de investigación que en conjunto, ponen a la Comisión en una posición que difícilmente podrá ser igualada por los distintos *Enforcement Bodies*[243], y que en principio parece ser una herramienta útil para darle contención a eventualidades anticompetitivas.

El objetivo de otorgar este poder a la Comisión, es descubrir y profundizar en conductas, acuerdos o circunstancias específicas que se estén presentando en el mercado y que son contrarias a las normas de libre competencia comunitarias, y por consiguiente susceptibles de generar efectos anticompetitivos[244]. Siendo el mecanismo idóneo a

---

[241] Sobre los aspectos relevantes adheridos por el Reglamento 1/2003, así como por el Reglamento (CE) 773/2004 de la Comisión, relativo al desarrollo de los procedimientos de la Comisión con arreglo a los artículos 81 y 82 del Tratado CE, en relación a los poderes de investigación de la Comisión y el desarrollo de los mismos, es indispensable la lectura de BERENGUER FUSTER, Luis, "La Comisión completa el "paquete de modernización", en *Anuario de la Competencia*, N° 1, 2003, Págs. 92 y siguientes.

[242] A saber: Investigaciones por sectores y por tipo de acuerdo (Artículo 17); Solicitudes de información (Artículo 18); Poder de recabar declaraciones (Artículo 19); Poderes de la Comisión en materia de inspecciones (Artículo 20); Inspección de otros locales (Artículo 21); Investigaciones efectuadas por las autoridades de competencia de los Estados miembros (Artículo 22).

[243] Como de forma lógica, según algún sector de la doctrina, debe ser, toda vez que las Autoridades administrativas, y por encima de estas y de los demás *Enforcement Bodies*, la Comisión, deben tener una posición privilegiada que nace en parte, de los múltiples medios y recursos que les han sido otorgados, los cuales les dan un mayor nivel de maniobra para llevar a cabo investigaciones, procesos sancionadores, y similares. Escenario que ha fundamentado la opinión de la doctrina, pues apuntala que, la envergadura propia de la Comisión, así como de los recursos con los que cuenta para darle cumplimiento a los cometidos plurales que tiene como objetivos, es única, y que teniendo medios mucho mayores que los de los demás *Enforcers,* esta Autoridad es la que en mejor posición se encuentra para proteger la libre competencia comunitaria, y como tal, es la que con más poderes debe contar. De esta opinión es WILS, Wouter, P.J, *"Should private antitrust enforcement be encouraged in Europe?",*en World Competition: Law and Economics Review, Volumen. 26, N° 3, 2003, Págs. 474 a 476. Donde es pertinente añadir, por resultar igualmente de relevancia, los comentarios de BRAMMER, Silke, *Co-operation Between National Competition agencies in the enforcement of EC Competition Law,* Hart Publishing, Oxford y Portland, Oregon, 2009, Pág. 20, quien enuncia que la Comisión en razón de la naturaleza descrita, ha decidido priorizar la labor de investigación en base al Reglamento 1/2003, efectuando un cambio radical de perspectiva, pasando de ser reactiva, a ser proactiva.

[244] Descubrimiento que debe ser en todos los casos resultado de un estudio actual, que no puede ser bajo ningún concepto sustituido por la simple enunciación de aspectos que quedaron comprobados en casos acaecidos. con antelación y que tienen una relación estrecha, pues la actualización de la información por mas similar y operante que parezca, merece y debe ser puesta en contexto y en tiempo. Ejemplo de ello es el caso *Coca-Cola Vs. La Comisión de las comunidades europeas,* del Tribunal de Primera Instancia, de 22 de Marzo de 2000, asuntos T-125 y 127/97, donde se defendió dicha postura por parte del Tribunal. Caso enunciado por KORAH, Valentine, *An introductory guide to EC Law and practice,* Hart Publishing, Oxford y Portland, 2007, Pág. 258.

utilizar por parte de la Comisión, para encontrar sustentos probatorios que justifiquen la imposición de una sanción futura, pudiendo en todo caso iniciar de oficio una pesquisa alrededor de un sector, una empresa, un agente[245], o iniciarla a petición de un involucrado o algún particular que alegue tener un legítimo interés en ello[246].

Son varios los métodos que podrá utilizar la Comisión para darle cumplimiento al poder investigador, pues está empoderada suficientemente por parte del Reglamento para hacerlo. Así por ejemplo, solicitando información directamente del investigado o utilizando medios "físicos" tales como inspecciones o similares que faciliten el recaudo de pruebas; pudiendo en todo caso, y si perdura la sospecha de la Autoridad, intimidar con la imposición de sanciones fruto de la falta de cooperación del agente; o en su defecto, y de no obtenerse resultados, buscando que los mecanismos delatorios y los programas de clemencia que tiene a su disposición, seduzcan a alguno o algunos de los implicados[247], que al acogerse a los mismos aporten el material probatorio que evidencie el acaecimiento de la conducta transgresora de la normativa *antitrust*[248].

El Reglamento a simple vista, se ha percatado de la necesidad de allegar el mayor volumen de detalle en su texto, facultando de forma genérica a la Comisión, a solicitar información, recabar declaraciones, realizar inspecciones *in situ*, requerir la colaboración de los Jueces nacionales en la materialización de diligencias, colaborar con las Autoridades Nacionales de Competencia en el recaudo de pruebas, etc.[249]. Todas ellas,

---

[245] Son varias las situaciones que pueden generar el conocimiento por parte de la Comisión de conductas anticompetitivas. Resalta así por ejemplo la relación institucional con las otras autoridades parte de la cúpula europea, así como la posición de poder que le permite manejar un flujo informativo importante, como aspectos que le nutren continuamente de datos que son fruto constante de investigaciones llevadas a cabo por la Comisión. KERSE, Christopher Stephen, *EC Antitrust procedure*, Sweet & Maxwell, Londres, 1998, Pág. 214. Reafirma esta posición KORAH, Valentine, *An introductory guide to EC Law and practice*, Hart Publishing, Oxford y Portland, 2007, Págs. 258 y 259.

[246] WILS, Wouter, P.J, *Efficiency and European antitrust enforcement*, Hart Publishing, Portland, 2008, Págs. 1 y 2, quien cree que las facilidades que puede traer al proceso de descubrimiento de conductas anticompetitivas, la participación de terceros interesados, es invaluable, pues a pesar de que la mejor información viene de quienes participan en la conducta anticompetitiva, la colaboración de otros que la han vivido de cerca, a pesar de no ser participantes directos, le da valor al proceso de investigación. El mismo autor lo defiende en otro de sus textos, WILS, Wouter, P.J, *Principles of European Antitrust Enforcement*, Hart Publishing, Oxford, 2005.

[247] Muchos debaten si los programas de clemencia deben ser una especie de *"última ratio"* que busque solucionar el estancamiento de las labores investigadoras de las autoridades de competencia, o si por el contrario, deben fortalecerse en búsqueda de que generen un malestar al interior del entramado anticompetitivo, facilitando la labor del *Enforcer*, quien desde un principio, puede crear un clima de riesgo y de inminencia acerca del descubrimiento de la conducta, que normalmente generará la actuación delatoria de alguien al interior del acuerdo transgresor de las normas de libre competencia. HAMMOND, Scott, D, "Cornerstones of an effective leniency program", paper presentado en con antelación al ICN Workshop on leniency programs, celebrado en Sídney Australia, los días 22 y 23 de Noviembre de 2004. El documento está disponible para consulta en lengua inglesa en: http://www.justice.gov/atr/public/speeches/206611.htm.

[248] WILS, Wouter, P.J, *Efficiency and European antitrust enforcement*, Hart Publishing, Portland, 2008, Pág. 2

[249] PACE, Lorenzo Federico, *European Antitrust Law. Prohibitions, Merger Control and Procedures*, Edward Elgar Publishing, Cheltenham, 2007, Pág. 250.

atribuciones suficientemente desarrolladas en el texto del Reglamento y que merecen de forma individual ser resaltadas en el orden establecido por dicho instrumento.

1. Investigaciones por sectores económicos y por tipos de acuerdo.

Las variaciones, la evolución y el movimiento dinámico que siguen en Europa los diversos sectores económicos; la popularización de ciertos tipos de acuerdos que encuentran un uso continuado en distintos marcos territoriales de la Unión; la envergadura y el tamaño de esta última, así como un número importante de circunstancias jurídico económicas influyentes que hacen necesario un control más estructurado de los mercados europeos tendientes al crecimiento, son el sustento, entre otras, de la facultad que el Reglamento 1/2003 ha otorgado a la Comisión para supervisar el funcionamiento de cada sector específico[250]. Facultad que guarda una coherente relación con la división en direcciones que al interior de la DG de Competencia se ha consolidado, y que está enfocada a la especialización, al mayor entendimiento de los diversos sectores, y a la vigilancia más profunda de todas las áreas económicas.

Poder este de la Comisión, otorgado por el Reglamento 1/2003, que parece encontrar sustento igualmente, en la supresión que a la par hizo aquel del sistema de notificación previa[251], pues la desaparición de este último y de forma previsible, conllevaría una importante reducción en el flujo informativo de la Comisión sobre el mercado comunitario, así como sobre los sectores específicos que lo conforman[252]. Haciendo necesario sopesar dicho "menoscabo informativo", por medio del otorgamiento de un marco de acción amplio, en el cual la Comisión pudiese llevar a cabo investigaciones por sectores y en razón del tipo de acuerdo.

El Reglamento 17/1962, a pesar de incluir en su artículo 12 una provisión parecida a la del poder de investigación en estudio, al parecer pecó de falta de técnica en su implementación, y estuvo envuelto en un marco de aplicación poco frecuente del precepto, lo que hizo más que latente la necesidad de fortalecer los poderes de

---

[250] En específico en su artículo 17 el cual reza: "*1. Cuando la evolución de los intercambios entre Estados miembros, la rigidez de los precios u otras circunstancias hagan presumir que pueda limitarse o falsearse la competencia dentro del mercado común, la Comisión podrá proceder a una investigación general en un sector determinado de la economía o en un tipo concreto de acuerdos comunes a diversos sectores económicos. En el curso de la misma, la Comisión podrá recabar de las empresas o asociaciones de empresas de que se trate la información necesaria para la aplicación de los artículos 81 y 82 del Tratado y efectuar las inspecciones pertinentes a tal efecto.*"

[251] Y de solicitud individual de acuerdos restrictivos a la Comisión Europea, que se establecía en el Reglamento 17/1962 y sobre el que el considerando 3 del Reglamento 1/2003 acotó: "*(...) el sistema de notificación que comporta impide a la Comisión concentrar sus recursos en la represión de las infracciones más graves. Por otra parte, ocasiona a las empresas costes importantes.*"

[252] JIANG, Lijun, "Descentralization of EC Competition law: Reform of Regulation No. 17", en *International Journal of Humanities and social science*, Volumen. 1, N° 4, Abril de 2011, Pág. 12. El documento está disponible para consulta en lengua original en: http://www.ijhssnet.com/journals/Vol._1_No._4;_April_2011/30.pdf.

investigación de la Comisión, que solo hasta la aparición del Reglamento 1/2003 se vieron comprendidos de manera efectiva en un texto legal comunitario.

La facultad otorgada a la Comisión por parte del legislador europeo, empodera de forma legítima a aquella autoridad para que lleve a cabo investigaciones en toda regla sobre un sector específico de la economía, o para que centre sus recursos en indagar y explorar los aspectos que rodean un tipo de acuerdo particular que está siendo común en varios sectores económicos a la vez[253].

El Artículo 17 del Reglamento 1/2003, por ser el que incluye la atribución, enuncia los parámetros que justifican la actuación de la Comisión en este sentido, y de forma genérica plantea tres circunstancias que resumidas hacen referencia a: (i) la evolución de los intercambios entre Estados miembros; (ii) la rigidez de los precios; y (iii) otras circunstancias que hagan presumir que pueda limitarse o falsearse la competencia dentro del mercado común.

Que la Comisión haga uso de este poder de investigación, no significa en todos los casos la estructuración de acciones ejecutivas o de actuaciones puntuales consecuencia del estudio, toda vez que un resultado probable de las comprobaciones puede ser que las particularidades que impulsaron el inicio de la exploración, no están generando distorsiones en el mercado que ameriten la puesta en marcha de actos de poder por parte de la Autoridad Comunitaria.

Distinto sería el escenario si se evidenciara, como resultado del estudio, el acaecimiento de una circunstancia restrictiva de la competencia, como lo puede ser que un sector tenga impuestas gran variedad de barreras de entrada al mismo[254], pues en dicho caso estaría más que justificada la continuación de las labores por parte de aquella

---

[253] Se resalta la conceptualización que del tema realizan ADRIÁN ARNÁIZ, Antonio Javier y QUIJANO GONZÁLEZ, Jesús, "Procedimiento de aplicación de las reglas sobre competencia de los artículos 81 y 82 del Tratado de la Comunidad Europea", en *Derecho Europeo de la Competencia: (antitrust e intervenciones públicas)*, coordinador VELASCO SAN PEDRO, Luis Antonio, Lex Nova, Valladolid, 2005, Pág. 409.

[254] Como así lo dijo KROES, Neelie, "Competition and Growth", discurso pronunciado en el OECD Global fórum on competition, el día 17 de Febrero de 2005 en Paris, discurso 05/98. Documento disponible para consulta en lengua inglesa en: http://europa.eu/rapid/pressReleasesAction.do?reference=SPEECH/05/98&format=HTML&aged=0&language=EN&guiLanguage=en. Ratificado por ella misma en el discurso "The Competition Principle as a Guideline for Legislation and State Action – the Responsibility of Politicians and the Role of Competition Authorities", pronunciado en el 12th International Conference on Competition, el día 6 de Junio del mismo año en Bonn, discurso 05/324. Documento disponible para consulta en lengua original en: http://europa.eu/rapid/pressReleasesAction.do?reference=SPEECH/05/324&format=HTML&aged=0&language=EN&guiLanguage=en. E igualmente parte importante de su discurso, "Fact-based competition policy – the contribution of sector inquiries to better regulation, priority setting and detection", discurso pronunciadoen el 13th international conference on Competition y 14th European Competition day, del día 26 de Marzo de 2007 en Múnich, discurso 07/186. Documento disponible para consulta en lengua original en: http://europa.eu/rapid/pressReleasesAction.do?reference=SPEECH/07/186&format=HTML&aged=0&language=EN&guiLanguage=en.

Autoridad, ya que deberá iniciar una investigación formal y especializada centrada en los aspectos descubiertos[255].

En todo caso, la Comisión podrá, como lo establece el inciso 3 del numeral 1 del artículo 17, publicar los resultados que ha arrojado el estudio de un sector específico o de un tipo de acuerdo, invitando a los agentes involucrados a que aporten las observaciones que crean pertinentes. Siendo ello, una manifestación inequívoca del propósito que se tiene con la asignación de esta atribución a la Comisión[256], quien a su vez, y en las circunstancias y tiempo que lo decida, estará capacitada para complementar su investigación por medio de los demás poderes que también le asigna el Reglamento 1/2003, tales como realizar inspecciones en las premisas empresariales, requerir la aportación de información y recabar declaraciones. Todas ellas atribuciones que serán desarrolladas en apartados siguientes de este trabajo.

Para concluir este apartado, se cree indispensable resaltar que las investigaciones fruto del poder en mención que más trascendencia han tenido en el campo comunitario, han sido aquellas que han rodeado los sectores de servicios financieros, farmacéutico y de la energía, siendo especialmente mediáticos por las falencias que la Autoridad Comunitaria ha detectado en ellos[257]. Aunque en ningún caso acaparando la atención de

---

[255] El entendimiento del sector, le permite a la Comisión llegar a conclusiones acerca de las posibles conductas que distorsionan la competencia, para de tal forma decidir qué acciones deben ser tomadas, o de forma genérica, cuales son los pasos a seguir. Así lo defiende WHISH, Richard, *Competition Law,* Oxford University Press, Londres, 2008, Pág. 265, quien igualmente enuncia las restricciones que tiene a nivel europeo esta figura, contrastando con el Reino Unido, donde la Oficce of Fair Trading puede poner en marcha remedios efectivos en razón del poder de investigación por sectores que también tiene otorgado en dicho país la autoridad de competencia. Remedios que no están en disposición de la Comisión, impidiéndole hacer frente a los fallos de mercado en el momento en el cual los detecta, y haciendo necesario el inicio de un proceso posterior alrededor de los fallos hallados. Sobre esta misma disparidad de poderes entre la Autoridad británica y la Comisión en lo referente al poder de investigación por sectores y por tipo de acuerdo, las palabras de FURSE, Mark, *Competition law of the EC and UK,* Oxford University Press, Nueva York, 2006, Pág. 89. Acerca de las circunstancias que pueden llevar a la Comisión a tomar la decisión de poner en marcha todos los mecanismos necesarios que vislumbren con claridad la categoría de la distorsión en el sector, se refieren CREUS CARRERAS, Antonio y AMADOR PEÑATE, Olivia, "Procedimiento administrativo ante la Comisión Europea y control jurisdiccional del TJCE", en *Tratado de Derecho de la Competencia. Unión Europea y España,* Directores BENEYTO PÉREZ-CERDÁ, José María; MAILLO GONZÁLEZ ORÚS, Jerónimo, Editorial Bosch, Madrid, 2005, Tomo 2, Pág. 812.

[256] Fomentando la participación de las empresas y los diversos agentes, para de tal manera generar un panorama cada vez más plural y transparente. PACE, Lorenzo Federico, *European Antitrust Law. Prohibitions, Merger Control and Procedures,* Edward Elgar Publishing, Cheltenham, 2007, Pág. 251.

[257] Así lo resalta KORAH, Valentine, An introductory guide to EC Law and practice, Hart Publishing, Oxford y Portland, 2007, Pág. 265. Ejemplo de ello, los hallazgos que se empezaron a suscitar en razón de las investigaciones de un sector específico de los enunciados, el de la energía, donde llaman la atención los problemas percibidos por parte de la Comisión, que no solo encuentran sustento en los reportes sobre dicho mercado (donde se resalta el de fecha 10 de Enero de 2007: documento disponible para consulta en: http://europa.eu/legislation_summaries/energy/internal_energy_market_/l27076_es.htm), sino también en los informes sobre toda la Política de competencia. Así por ejemplo el informe del año 2006, donde la Comisión resaltó las falencias que hasta ese momento fueron percibidas, y que por consiguiente configuraban un impedimento a la consolidación de la liberalización del sector, destacando inconvenientes como la presencia de mercados al por mayor muy concentrados, la insuficiente disociación de las actividades de suministro y de red, la insuficiente e inexistente capacidad transfronteriza, la falta de información fiable y adecuada sobre la disponibilidad de las redes, así como la limitada competencia al por

la Comisión[258], toda vez que la organización interna de la DG de Competencia, como ya se enunció al inicio del presente apartado, se encuentra ahora en mejor posición para garantizar la atención efectiva y el estudio continuo de cada área económica de relevancia.

2. Facultad para solicitar información.

La Comisión, esta empoderada por el Reglamento 1/2003 en su artículo 18[259], para que en búsqueda de darle cumplimiento a las labores a su cargo, requiera toda la información necesaria de las empresas, grupos de empresas y agentes de diversas índoles, que le permita despejar incógnitas acerca de cualquier aspecto que esté en capacidad de distorsionar la competencia en el mercado común[260].

Al contrario de otras atribuciones otorgadas a la Comisión por el Reglamento 1/2003, la presente tiene un precedente claro en el Reglamento 17/1962, el cual en su artículo 11 proveía algo similar bajo el mismo título *"Solicitud de Información"*. Los términos de aquel precepto[261] y del actual, si bien similares, no pueden considerarse idénticos, y por lo tanto las conclusiones de su estudio en algunos aspectos serán dispares.

---

menor. COMISIÓN DE LAS COMUNIDADES EUROPEAS, *Informe sobre la Política de Competencia 2006,* COM(2007) 358 FINAL, Bruselas, 25 de Junio de 2007. El documento está disponible para consulta en http://ec.europa.eu/comm/competition/annual_reports/2006/es.pdf. Al respecto se resalta por ser de importancia igualmente, el resumen realizado por la Office of gas and electricity Markets del Reino Unido, donde se encuentran categorizados y por conocimiento del sector, los aspectos más importantes del estudio realizado por la Comisión como parte del poder de investigación por sectores - Sector Inquiry and EU Commission issues. Documento disponible para consulta en lengua original en: http://www.ofgem.gov.uk/Europe/Whatwedo/ECSectEnq/Pages/ECSectEnq.aspx.

Explicación sucinta de las investigaciones que se suscitaron hasta el año 2008, tanto en el sector energético, como en el sector de servicios financieros en WHISH, Richard, *Competition Law,* Oxford University Press, Londres, 2008, Pág. 265.

[258] Como puede comprobarse en la apertura de investigaciones sectoriales que también obtuvieron un importante eco mediático, así por ejemplo la que se llevo a cabo en el 2004 al respecto de la provisión de contenidos deportivos a través de redes móviles de tercera generación, Commission Press Release, referencia IP/04/134 de 30 de Enero de 2004; así como también aquella que involucra al sector farmacéutico desde el año 2008, y sobre la cual se puede encontrar la información actualizada en el siguiente enlace: http://ec.europa.eu/competition/sectors/pharmaceuticals/inquiry/. Sobre los casos enunciados, FURSE, Mark, *Competition law of the EC and UK,* Oxford University Press, Nueva York, 2006, Pág. 89; y PACE, Lorenzo Federico, *European Antitrust Law. Prohibitions, Merger Control and Procedures,* Edward Elgar Publishing, Cheltenham, 2007, Pág. 251.

[259] El cual provee: *"1. Para la realización de las tareas que le asigna el presente Reglamento, la Comisión, mediante una decisión o una simple solicitud, podrá solicitar a las empresas y asociaciones de empresas que le faciliten toda la información que estime necesaria."*

[260] BELLAMY, Christopher, CHILD, Graham y PICAÑOL, Enric, *Derecho de la competencia en el mercado común,* Civitas, Madrid, 1992, Pág. 680.

[261] Bajo la vigencia del cual se suscitaron asuntos de gran importancia que soportaron el poder de solicitud de información, como lo son la sentencia del Tribunal de Justicia de las Comunidades Europeas, *Orkem Vs. La Comisión de las Comunidades Europeas* (en lo sucesivo *Orkem*), de 18 de Octubre de 1989, asunto 374/87. Texto disponible para consulta en: http://eur-lex.europa.eu/LexUriServ/LexUriServ.do?uri=

De la lectura del artículo 18 del Reglamento[262], es posible extraer tres modalidades de solicitud de información que podrá realizar la Comisión en razón de dicha provisión, las mismas pueden resumirse en:

- Solicitud simple de información a una empresa o a una asociación de empresas, en virtud del numeral segundo del artículo.

- Solicitud de información a una empresa o a una asociación de empresas como resultado de una decisión de la Comisión, como así lo expresa el numeral tercero del artículo[263].

- Solicitud de información a los Gobiernos o a las Autoridades de Competencia de los Estados miembros, en razón del numeral sexto del artículo.

Para algún sector de la doctrina, en todos los casos descritos, la solicitud[264] debe nacer de una necesidad real de la Comisión de ver provista dicha información, para lo

---

CELEX:61987J0374:ES:PDF. Así como también la sentencia del mismo Tribunal, de la misma fecha, *Solvay Vs. La Comisión de las Comunidades Europeas* (en lo sucesivo *Solvay*), asunto 27/88. Texto disponible para consulta en: http://eur-lex.europa.eu/LexUriServ/LexUriServ.do?uri=CELEX:61988J0027:ES:PDF.

[262] Sobre el cual se resaltan aspectos innovadores que deja claros este y que deben ser conexos en todo momento a las explicaciones que se otorgan en el desarrollo de la presente atribución en este trabajo. Importantes toda vez que sobre los mismos adolecía el artículo 11 del Reglamento 17/1962, a saber: (i) El requerimiento de información también puede hacérsele a las empresas que no se encuentran bajo sospecha alguna de haber transgredido la normativa de libre competencia; (ii) La solicitud puede versar sobre aspectos o situaciones acaecidas incluso con antelación a la adhesión del país miembro, de la empresa, a la Comunidad Europea; (iii) Se autoriza a los abogados y/o apoderados para que en representación de los diversos agentes a quienes se les ha solicitado la información, aporten la misma, no excluyendo de responsabilidad a los "representados", quienes deberán siempre responder por la información incompleta, inexacta, incorrecta, engañosa o similar que sea allegada a la Autoridad. Las innovaciones se infieren de textos como el de FURSE, Mark, *Competition law of the EC and UK*, Oxford University Press, Nueva York, 2006, Pág. 90. Así como también de WHISH, Richard, *Competition Law*, Oxford University Press, Londres, 2008, Pág. 266; y WILS, Wouter, P.J, *Efficiency and European antitrust enforcement*, Hart Publishing, Portland, 2008, Pág. 4. Al respecto igualmente, en especial de los aspectos (i) y (ii) enunciados en esta misma nota al pie de página, la Sentencia del Tribunal de Justicia de las Comunidades Europeas, de 17 de Octubre de 1989, asuntos acumulados 87 a 99/87, *Dow Chemical Iberica y otros Vs. La Comisión de las Comunidades Europeas*, en especial sus apartados 2, 6, 55 y 61 a 65.

[263] Respecto de esta modalidad llama la atención el cambio aportado por el Reglamento 1/2003, que generó una variación de lo que establecía el artículo 11 del Reglamento 17/1962, toda vez que bajo la vigencia de este último, la Comisión solo podía solicitar la información a los agentes por medio de una decisión, cuando estos hubiesen previamente rehusado dar respuesta al requerimiento simple. Aspecto que con la evolución aportada por el Reglamento 1/2003 otorgó una liberación a la Comisión, quien se vió así facultada para poder solicitar la información por dicha modalidad, incluso si previamente no se había hecho solicitud alguna a la empresa.

[264] En todo caso relevantes los comentarios al respecto de CREUS CARRERAS, Antonio y AMADOR PEÑATE, Olivia, "Procedimiento administrativo ante la Comisión Europea y control jurisdiccional del TJCE", en *Tratado de Derecho de la Competencia. Unión Europea y España*, Directores BENEYTO PÉREZ-CERDÁ, José María; MAILLO GONZÁLEZ ORÚS, Jerónimo, Editorial Bosch, Madrid, 2005, Tomo 2, Págs. 758 a 760.

cual se le debe demandar a aquella Autoridad, siempre, la realización de un "examen" interno del cual se infiera, así sea de la forma más etérea, cual es la relación que tiene el material solicitado con la infracción a las normas de libre competencia[265], para de dicha forma facilitar el sustento de la petición[266].

El planteamiento cobra importancia, toda suerte que tanto el numeral 2, como el numeral 3 del artículo 18 implantan ciertos parámetros que debe cumplir la Comisión al momento de realizar la solicitud de información, y entre ellos resalta el requisito de otorgar al agente explicación de las razones que tiene la autoridad para llevar a cabo el requerimiento[267]. En cualquier caso, y sea cual sea la modalidad de solicitud que realiza la Autoridad, la misma deberá estar acompañada de una explicación clara del objeto que tiene la petición, así como de las bases jurídicas que la soportan[268].

Como parte de los principios de cooperación que forman parte de la modernización de la Defensa de la Competencia[269], el artículo 18 plantea igualmente el necesario transito de la solicitud de información[270], en razón del cual la Comisión deberá remitir, en todos

---

[265] Así lo cree FURSE, Mark, *Competition law of the EC and UK*, Oxford University Press, Nueva York, 2006, Pág. 90; quien sigue una senda similar a la planteada en BELLAMY, Christopher, CHILD, Graham y PICAÑOL, Enric, *Derecho de la competencia en el mercado común*, Civitas, Madrid, 1992, Pág. 680. También siendo relevantes los fundamentos al respecto que se hallan en los comentarios del Abogado General F.G. Jacobs, en razón de la Sentencia del Tribunal de Justicia de las Comunidades Europeas (Sala quinta), de 19 de Mayo de 1994, asuntos C-36/92 P, *Samenwerkende Elektriciteits-Produktiebedrijven NV (SEP) Vs. La Comisión de las Comunidades europeas* (en lo sucesivo *SEP Vs. La Comisión)*, texto disponible para consulta en: http://eur-lex.europa.eu/LexUriServ/LexUriServ.do?uri=CELEX:61992J0036:ES:PDF.

[266] Algún sector de la doctrina cree que el examen es apropiado, aunque explican que difícilmente del mismo se obtengan respuestas claras acerca de la relevancia que tiene la información en el descubrimiento de una infracción a las normas de libre competencia, ya que lo más difícil es decidir que una información en específico no es necesaria, cuando puede ser indispensable para evidenciar la transgresión. Por lo que conceptúan que la noción de relevancia de la información solicitada debe ser "somera" y no total. KORAH, Valentine, *An introductory guide to EC Law and practice*, Hart Publishing, Oxford y Portland, 2007, Pág. 260.

[267] Sobre este aspecto los comentarios de WHISH, Richard, *Competition Law*, Oxford University Press, Londres, 2008, Pág. 266, quien entiende que la proporcionalidad debe ser principio básico de la petición de información realizada por la Comisión, y por ello resalta el importante papel de la sentencia *SEP Vs. La Comisión.*

[268] Jurisprudencia de relevancia, recalcó en su momento la necesidad de realizar la solicitud de información vía simple con antelación a la solicitud de información mediante decisión, toda vez que recalca el no aporte de lo solicitado por parte de la empresa como requisito, así como también la necesidad de que la empresa haya tenido espacio y tiempo para manifestar su punto de vista. Asunto *Orkem*, apartado 26; y la Sentencia del Tribunal de Primera Instancia, de 8 de Marzo de 1995, *Société généraleVs. La Comisión de las Comunidades europeas*, asunto T-34/1993, apartado 71, texto disponible para consulta en: http://eur-lex.europa.eu/LexUriServ/LexUriServ.do?uri=CELEX:61993A0034:ES:PDF

[269] Y en relación a la atribución en desarrollo, los comentarios de VENIT, James, "Brave new world: The modernization and decentralization of enforcement under Articles 81 and 82 of the EC treaty", en *Common Market Law Review*, volumen. 40, N° 3, Nueva York, 2003, Pág. 657.

[270] *"5.La Comisión remitirá sin dilación una copia de la solicitud simple o de la decisión a la autoridad de competencia del Estado miembro en cuyo territorio se encuentre la sede de la empresa o*

los casos, sea por solicitud simple o por decisión, copia de la misma a las autoridades de competencia de los países miembros involucrados, bien porque la sede de la empresa o asociación de empresas investigada se encuentre en su territorio, o bien porque este último se vea afectado.

Si bien hasta este punto, son símiles y conexos los dos primeros tipos de requerimiento (simple o por decisión)[271], la diferencia empieza a radicar, en la obligación efectiva que tiene aquel al que le han solicitado la información por decisión, ya que estará forzado, y deberá en todo caso proporcionarla, sin importar si considera que la Comisión no tiene suficientes motivos para ejercer una acción en contra suya, y muy a pesar, igualmente, de si quiere ejercer su derecho a recurrir la decisión ante el Tribunal de Justicia de las Comunidades Europeas[272].

El requerimiento simple por el contrario, no obliga al "solicitado" a proporcionar la información, lo que no obsta a que sí decide hacerlo, deba prepararla con inmenso cuidado y de la forma más concienzuda, ya que de hacer allegar material a la Autoridad, estará vulnerable a una posible sanción en razón de la falta de exactitud en lo aportado, y obligado a enmendarla si descubre el error, en prontitud[273], toda vez que ello es preferible a iniciar un tránsito de explicaciones del agente con el interior de la Comisión que puede ser desgastante e inútil[274].

---

asociación de empresas (y a la autoridad de competencia del Estado miembro cuyo territorio se vea afectado)."

[271] No solo en razón de las explicaciones que da la Comisión acerca del objeto y bases jurídicas que sustentan la solicitud, sino también acerca de ciertas formas que debe cuidar en el requerimiento, el cual debe incluir además, en ambos casos, cuál es la información que se solicita, los plazos para darle cumplimiento a la misma, y una enunciación clara acerca de las sanciones en las que puede incurrir el "solicitado": (multas sancionadoras del artículo 23 en el caso de solicitud simple (que hacen referencia a aportar información inexacta); multas sancionadoras del artículo 23 y multas coercitivas del artículo 24 en el caso de solicitud por decisión (que hacen referencia a la no aportación de la información))

[272] Ya que es una decisión de las empresas recurrir o no la decisión por la cual se les solicita información, tal y como así puede verse en las Sentencias del Tribunal de Primera Instancia, de 15 de Marzo de 2000, *Cimenteries CBR y otros Vs. La Comisión de las Comunidades Europeas,* asuntos acumulados T-25/95 y otros, apartado 734, texto disponible para consulta en: http://eur-lex.europa.eu/smartapi/cgi/sga_doc? smartapi!celexplus!prod!CELEXnumdoc&lg=en&numdoc=61995A0025; de 20 de Abril de 1999, *Polypropyleen,* asuntos acumulados T-305/94 a T-307/94, T-313/94 a T-316/94, T-318/94, T-325/94, T-328/94, T-329/94 y T-335/94, apartados 455 y 457, texto disponible para consulta en lengua inglesa en: http://eur-lex.europa.eu/LexUriServ/LexUriServ.do?uri=CELEX:61994A0305:EN:HTML.

[273] Toda vez que la Comisión ha visto reforzados sus poderes con la aparición del Reglamento 1/2003 en lo que a este poder se refiere, si se compara con lo descrito en el Reglamento 17/1962, ya que este último advertía que una vez se aportara el material solicitado, la Comisión podía también pedir explicaciones sobre documentos, contrastando con la posibilidad actual, en la cual la explicación que la Autoridad puede solicitar al personal de la empresa, representantes, apoderados o similares, no solo debe restringirse a los documentos, sino que igualmente se hace extensiva a los hechos. Tal y como lo plantea FERNANDEZ LOPEZ, Juan Manuel, "Los juzgados de lo mercantil ante el Derecho Comunitario de la Competencia", en *Anuario de la Competencia,* N° 1, 2003, Pág. 170.

[274] Acerca de la dificultad de convencimiento que tendrá que abordar el agente al interior de la Comisión y en específico con los oficiales de esta última, en KORAH, Valentine, *An introductory guide to EC Law and practice,* Hart Publishing, Oxford y Portland, 2007, Págs. 260 y 261, quien a su vez realiza

En cualquier caso, y por ser un aspecto de suma importancia que puede en el tránsito del proceso perjudicar a la empresa, esta última deberá, antes de tomar la decisión de cuál será el material que aportará a la Comisión, analizar la solicitud para decidir con exactitud qué información allegara por considerarla certera, verdadera e importante para dilucidar una posible infracción a la normativa *antitrust* de conformidad con la base jurídica y objeto de la solicitud expuestos por la Comisión.

Pudiendo incluso concluir, más allá de su disposición para colaborar, que lo que le solicita la Comisión es irrelevante, y que por lo tanto no lo aportara, motivando en dicho caso las razones que le han llevado a tomar dicha postura, la cual a su vez puede ser aceptada por la Comisión, o rechazada[275], en cuyo caso obligará a la empresa por medio de una decisión a que allegue la información[276].

La duda ineludible que se suscita al respecto, es si al considerar irrelevante la información que le es requerida, un "solicitado" por modalidad de decisión podría hacer uso de la misma facultad, y rehusarse a aportarla, tal y como puede hacerlo aquel al que se le solicita por vía simple, o si por el contrario está obligado a aportarla en todos los casos. La respuesta que puede extraerse del Reglamento 1/2003 parece ser negativa, y en mi opinión, no del todo afortunada, toda vez que dicha excepción se le debería otorgar a los agentes que se encuentren en dicha circunstancia, pues la misma no genera un peligro diferente al dilatorio, y cuenta con el soporte institucional de la Comisión, que se encuentra en capacidad de valorar los motivos por los cuales los agentes interpretan que la información que les es solicitada es irrelevante.

El Reglamento además de la duda enunciada, genera algunas vacilaciones anexas que han generado debate, y entre las cuales resalta aquella referente a la "Autoincriminación" que interpretan algunos sectores de la doctrina, se configura en razón de la solicitud de información en desarrollo. La situación no es clara, toda vez que no hay límites precisos acerca del poder de la Comisión al respecto, y si bien por un lado se entiende que la Autoridad no puede estar capacitada para obligar a una empresa a que responda preguntas o aporte material que constituya una admisión de la infracción cometida, por el otro añade una obligación a aquellas de responder preguntas y aportar documentos en contra de ellas mismas y de otras empresas, acerca de transgresiones sobre las que si alguien debe establecer su acaecimiento, es la Comisión[277].

---

una exposición de la relación que entablan las dos partes y de los aspectos procesales que se generan de la misma.

[275] Tal y como se dio en la decisión de la Comisión, de 26 de Mayo de 1978, *RAI/UNITEL*, asunto 78/516/EEC, Caso IV/29.559. Texto disponible para consulta en lengua inglesa en: http://eur-lex.europa.eu/LexUriServ/LexUriServ.do?uri=CELEX:31978 D0516:EN:HTML.

[276] En todo caso, El Tribunal de Justicia tiene la atribución, de cuando proceda, decidir si la petición de información es excesiva.

[277] KORAH, Valentine, *An introductory guide to EC Law and practice*, Hart Publishing, Oxford, 2004, Pág. 223, e igualmente KORAH, Valentine, *An introductory guide to EC Law and practice*, Hart Publishing, Oxford y Portland, 2007, Págs.260 y 261.Citado por relevancia, toda vez que plantea los límites que a simple vista no se perciben en el texto legal, en el fallo del Tribunal de Primera instancia, de 20 de Abril de 1999, asuntos acumulados T-305/94, T-306/94, T-307/94, T-313/94, T-314/94, T-315/94, T-316/94, T-318/94, T-325/94, T-328/94, T-329/94 y T-335/94, *Limburgse Vinyl Maatschappij NV y Otros Vs. La*

Los límites y parámetros delimitadores que permitan la coexistencia pacífica entre el poder de la Comisión para requerir información y el Derecho a no inculparse, aun están en construcción, y si bien cuentan con la doctrina y la jurisprudencia enunciada, la problemática en no pocos casos se ha suscitado, generando una dinámica de tira y afloja entre los oficiales de la Comisión y las empresas[278], las cuales normalmente toman la decisión de esperar a que el requerimiento simple, deje de serlo, y se vea refrendado por una solicitud por decisión emitida por la Comisión, que incluso, y ante la falta de cesión por parte de esta última sobre el tema, puede generar una apelación ante el Tribunal de Primera Instancia por parte del "solicitado".

A la par de las dudas enunciadas alrededor de la atribución en estudio, otro tema aparece generando algo de conflicto, como lo es el referente al secreto profesional que ampara ciertos documentos que pueden ser objeto del requerimiento de la Comisión, y sobre el que tampoco se arrojan demasiadas luces en el texto legal.

Esta cuestión ha sido objeto de las líneas de algún sector de la doctrina[279], que ha entendido que de ser el caso, el material aun en dichas circunstancias, y cuando la solicitud se haga por decisión, debe ser allegado a la Comisión; donde si bien puede generar alguna influencia en los oficiales que conozcan de él, no tiene otra forma de ver cumplimentado el poder en cabeza de aquella autoridad.

Para muchos otros por el contrario, dicha apreciación casi "absolutista" que apuntala un poder soberano de la Comisión frente al que en teoría poco se puede hacer, no es una solución real al conflicto entre principios, y creen que el escenario idóneo en estos casos, debe ser el de empujar a la Comisión a que requiera los documentos amparados por el privilegio y objeto de la disputa, siempre por medio de una decisión, la cual a su vez podrá ser apelada ante el Tribunal de Primera Instancia, quien resolverá aquel asunto[280].

Comisión de las Comunidades Europeas, texto disponible para consulta en: http://eur-lex.europa.eu/LexUriServ/LexUriServ.do?uri=CELEX:61994A0305:ES:PDF. Sobre el tema igualmente las Sentencias *Orkem* y *Solvay,* así como los comentarios de WHISH, Richard, *Competition Law,* Oxford University Press, Londres, 2008, Pág. 267.

[278] En específico es recomendable, WILS, Wouter, P.J, "Self-Incrimination in EC *Antitrust* Enforcement: a legal and Economic Analysis", en *World Competition: Law and Economics Review,* Volumen. 26, N° 4, 2003.Pág. 567. Así como también MACCULLOCH, Angus, "The privilege against self-incrimination in competition investigations: theoretical foundations and práctical implications",en *Legal Studies,* Volumen. 26, N° 2, Junio de 2006, 2006; y ANDREANGELI, Arianna, *EU Competition enforcement and human rights,* Edward Elgar Publishing, Cheltenham, 2008, Págs.92 y siguientes.

[279] Al respecto, VESTERDORF, Bo, "Legal Professional Privilege and the Privilege Against Self-Incrimination in EC Law: RecentDevelopments and Current Issues", en *Fordham International law journal,* Volumen. 28, N° 4, 2004.

[280] Cabe enunciar el aporte de WHISH, Richard, *Competition Law,* Oxford University Press, Londres, 2008, Pág. 269. Pues entiende que la solución más pragmática y más usual de este aspecto, es enviar en sobre cerrado a la Comisión los documentos que la empresa "solicitada" entiende están amparados por el secreto profesional, para que el oficial que conoce del caso determine en efecto lo están o no. Así mismo cobran importancia los comentarios de otro sector, que entiende que el comportamiento común de la Comisión al respecto, es solicitar a la empresa o agente información certera, puntual e importante para dilucidar si una transgresión a las normas de libre competencia se suscitó, aunque en versión no

Siendo varias las teorías barajadas alrededor de la autoincriminación, el secreto profesional y similares, queda claro que el desarrollo de la atribución en estudio aun esta en tránsito de alcanzar la evolución, y por lo tanto en espera de lograr un consenso que disipe las disputas entre principios.

Más allá de la existencia de dudas, el poder de requerir información a los diversos agentes es manifestación fidedigna de la mayor focalización que actualmente le es requerida a la Comisión, para concentrarse en los aspectos de mayor importancia y con mayor peligrosidad dentro del mercado común, los cuales usualmente vinculan a los agentes de más relevancia y envergadura del mercado, que a su vez cuentan con un gran catálogo de medios y posibilidades para encubrir infracciones a las normas de libre competencia, siendo parte de la justificación que soporta el margen de maniobra amplio que le es otorgado a la Autoridad comunitaria en preceptos como el estudiado[281], y razón por la cual en el presente texto se defiende que la consolidación de dicho poder es más que prioritaria.

3. Facultad para tomar declaraciones.

El poder de recabar declaraciones, llama la atención en principio, por ser una nueva y especial atribución que le es otorgada a la Comisión en el artículo 19 del Reglamento 1/2003, que le concede mayor licencia para Defender la libre competencia en el mercado común[282] de la que le era otorgada por el Reglamento 17/1962.

Esta atribución[283], como todas las demás plasmadas en el Reglamento 1/2003, lleva aparejadas ciertas particularidades que no pueden en ningún caso ser desconocidas por la Autoridad, y que si bien en nada impiden el empoderamiento en cabeza de la Comisión, deben ser correctamente interiorizadas por esta última en pro de la correcta ejecución de la atribución a su cargo.

---

confidencial, toda vez que la misma puede ser mostrada a otros. KORAH, Valentine, *An introductory guide to EC Law and practice,* Hart Publishing, Oxford y Portland, 2007, Pág. 260.

[281] De esta opinión, por hacer hincapié en la relevancia de esta atribución en el panorama actual, son RIVAS, José y BRANTON, Jonathan, "Developments in EC competition law in 2002: an overview", en *Common Market Law Review,* volumen. 40, N° 5, 2003, Pág. 514; GALAN CORONA, Eduardo, "Notas al Reglamento (CE) No. 1/2003 del Consejo, de 16 de Diciembre de 2002, para la aplicación de los artículos 81 y 82 del tratado de Roma", en *Revista de Derecho Comunitario Europeo,* Año 7, N°15, 2003, Pág. 514.

[282] El texto en mención reza en su numeral primero: "*1. Para la realización de las tareas que le asigna el presente Reglamento, la Comisión podrá oir a toda persona física o jurídica que acepte ser entrevistada a efectos de la recopilación de información en relación con el objeto de una investigación.*"

[283] Sobre la cual se expresa, FERNANDEZ LOPEZ, Juan Manuel, "Los juzgados de lo mercantil ante el Derecho Comunitario de la Competencia", en *Anuario de la Competencia,* N° 1, 2003, Pág. 170. Planteando que la misma es un complemento del poder de requerir información del artículo 18 del Reglamento, pues en razón de esta atribución, la información no se le solicita a los investigados, sino a terceros que puedan añadir datos determinantes para el curso de la investigación.

En razón de la posibilidad en estudio, la Comisión estará entonces capacitada para entrevistar a toda persona natural o jurídica que lo consienta, con el objetivo de recolectar información relativa al objeto de una investigación[284].

Debiendo en todo caso tener inmenso cuidado en lo que a personas naturales se refiere, pues la Comisión no está capacitada a obligarles a someterse a una entrevista, y deberá siempre contar con su consentimiento[285]. Haciendo por lo tanto común, que la posibilidad de recabar declaraciones se haga usual en situaciones no contenciosas, tales como lo son entrevistar a un competidor o cliente de una empresa que está bajo investigación[286].

Rehusarse a participar de la entrevista, negarse a responder ciertas preguntas en el curso de la declaración, así como declinar dar explicación acerca de las razones en las cuales soporta su silencio, son posibilidades con las cuales cuenta toda persona natural en su "exposición" ante la Comisión; no habiendo sanción o consecuencia alguna fruto de dichas actuaciones.

Sorprende que incluso brindar información engañosa o incorrecta en el curso de la declaración, no implique la imposición de una penalidad al entrevistado; lo que con un adjetivo mínimo podría ser catalogado como singular, toda vez que contrasta con una figura similar que plasma el literal (e) del numeral segundo del artículo 20 del Reglamento[287], en razón de la cual, bajo otra modalidad de entrevista, se les exige a los representantes y/o trabajadores de la empresa inspeccionada, so pena la imposición de una sanción[288], que respondan de forma fidedigna, correcta, veraz y autentica, todas las preguntas que les hagan los oficiales de la Comisión en el curso de la inspección[289].

---

[284] Los medios que servirán para llevar a cabo la entrevista no se ven restringidos ni por el Reglamento 1/2003, ni por el Reglamento 773/2004, de donde se extrae que la misma podra adelantarse de forma personal, vía telefónica, o por cualquier medio electrónico en disposición.

[285] La voluntariedad es un tema esencial que recalca el Reglamento 773/2004 en su artículo 3, numeral primero, y es por lo tanto, por mandato del texto mencionado, uno de los puntos que debe resaltarle la Comisión al entrevistado al momento de rendir declaración; el cual se une a otros aspectos que igualmente deberá indicarle, como lo son el objeto de la entrevista, la base jurídica que la soporta y la intención de guardar constancia y registro, mediante cualquier procedimiento, de la misma.

[286] FURSE, Mark, *Competition law of the EC and UK*, Oxford University Press, Nueva York, 2006, Pág. 90.

[287] Al respecto del cual se resalta el literal (e), referente a "Explicaciones sobre hechos", el cual reza de forma textual acerca de las posibilidades que tienen las personas acreditadas por la Comisión en el curso de una inspección: *"solicitar a cualquier representante o miembro del personal de la empresa o de la asociación de empresas explicaciones sobre hechos o documentos relativas al objeto y la finalidad de la inspección y guardar constancia de sus respuestas."*

[288] Cabe resaltar sobre el tema, que el Reglamento 1/2003 no plantea ninguna sanción a imponer a los miembros del personal por proveer información incorrecta, inexacta o engañosa en el curso de una inspección. Las sanciones solo podrán ser impuestas a la Empresa que no enmiende, corrija o clarifique dentro del tiempo límite que le es otorgado por la Comisión para ello, la información errónea que proporcionó una persona natural miembro de su personal. Así lo expone WILS, Wouter, P.J, *Efficiency and European antitrust enforcement*, Hart Publishing, Portland, 2008, Pág. 4. Siendo un contraste claro con la posición que tienen ciertos Estados miembros como el Reino Unido, los cuales son resaltados por JONES,

El tratamiento dispar expuesto en el párrafo anterior[290], si bien de forma aparente está justificado, pues en el curso de la inspección los entrevistados están vinculados a la empresa investigada[291]; no deja de antojarse riesgoso, ya que puede implicar escenarios estructurados para perjudicar incluso sin bases a una empresa investigada, conllevando la asignación de recursos de la Comisión, de las Autoridades Nacionales de Competencia si participan de la entrevista, etcétera, que en todo caso pudiesen haber sido evitados. Lo que permite concluir, que es acuciante buscar una solución al tema, en la cual se planteen consecuencias especiales a soportar por parte del entrevistado que proporcione información engañosa, toda vez que al dar vía libre al respecto, se empuja a que la declaración de una persona natural en estos términos, pueda convertirse por sí sola, en una estrategia anticompetitiva; en una forma de distorsionar el sistema de aplicación; o incluso, en un medio para encubrir verdaderas conductas transgresoras de las normas *antitrust*[292].

Además de dichas particularidades, otros aspectos igualmente relevantes ameritan estudio en lo referente al poder en mención[293].Llama la atención por ejemplo, que el artículo 19 del Reglamento, no obligue de forma taxativa a que la Comisión haga participe a las Autoridades Nacionales de Competencia de los países miembros de cualquier declaración que vaya a ser llevada a cabo en su territorio, y la única apreciación

---

Alison y SUFRIN, Brenda, *EC Competition Law. Text, Cases and Materials,* Oxford University Press, Nueva York, 2008, Pág.1163, Pie de página 121.

[289] Esta diferencia en el tratamiento entre los dos apartados (artículo 19 y artículo 20.2.(e)), es puesta en manifiesto por parte de JONES, Alison y SUFRIN, Brenda, *EC Competition Law. Text, Cases and Materials,* Oxford University Press, Nueva York, 2008, Pág. 1173.

[290] Se profundiza toda vez que otros aspectos hacen que difieran ampliamente en su tratamiento. Como puede palparse, en la falta de debate que existe en el caso de la declaración voluntaria acerca de la autoincriminación, toda vez que dicho poder no da lugar a cuestiones de autoinculpación; que en contraposición, se encuentran latentes en el caso de las preguntas que se le hacen al personal de una empresa como parte de una inspección, puesto que dicha persona no puede negarse a responder, y puede generar con su respuesta una represión futura a su empresa al incurrir en error, conllevando en no pocos casos, la asunción de la responsabilidad corporativa en el asunto. KORAH, Valentine, *An introductory guide to EC Law and practice,* Hart Publishing, Oxford y Portland, 2007, Pág. 261.

[291] Contrastando con la declaración en desarrollo, toda vez que las personas naturales en este caso, no cuentan con una relación contractual con la empresa. Siendo ejemplo de ello, los clientes y los competidores de la involucrada, tal y como se expuso previamente.
[292] Máxime cuando queda clara para algunos autores, la posibilidad que tiene de suscitarse no solo en razón de una solicitud que extiende la Comisión a la persona en búsqueda de que esta declare, sino también como resultado de la intención del "declarante", quien puede mostrar su voluntad de hacerlo a la Comisión. ADRIÁN ARNÁIZ, Antonio Javier y QUIJANO GONZÁLEZ, Jesús, "Procedimiento de aplicación de las reglas sobre competencia de los artículos 81 y 82 del Tratado de la Comunidad Europea", en *Derecho Europeo de la Competencia: (antitrust e intervenciones públicas),* coordinador VELASCO SAN PEDRO, Luis Antonio, Lex Nova, Valladolid, 2005, Pág. 411.

[293] Uno de aquellos aspectos, el cual es de resaltar; es que una vez efectuada la entrevista, una copia de la misma se pondrá a disposición del declarante, en el medio que la Comisión haya elegido, para que este la apruebe. Existiendo a su vez la posibilidad, cuando se haga necesario, de fijar un plazo en el cual se corrijan por parte del entrevistado secciones de su declaración. Tal y como puede verse en el artículo 3, numeral tercero, del Reglamento 773/2004, y en el artículo 17, numeral tercero del mismo Reglamento, donde se plantea que aquel último plazo, debe ser de al menos dos semanas.

al respecto que se encuentre en su texto, se limite a establecer que la Autoridad Comunitaria debe informar a la Autoridad nacional, solo en aquellos casos en los cuales la declaración vaya a llevarse a cabo en las instalaciones de la empresa[294], que a su vez estén emplazadas en el territorio de ese Estado.

Parece extraño y contrario a los principios de cooperación y continua colaboración entre Estados en materia de competencia, que la Comisión pueda llevar a cabo algunas actividades de investigación en un país de la Comunidad, sin siquiera tener el deber, sea cual sea su naturaleza[295], de hacer partícipe de ello al país involucrado. Tal vez el Legislador Europeo ha preferido dejar abierta la posibilidad para que la Autoridad Comunitaria la gestione como mejor convenga a los intereses del mercado común, o simplemente ha entendido que en la práctica no hay razón alguna para que la Comisión no informase de la toma de una declaración que interesa a un Estado miembro.

Que no haya una concreción clara en el texto legal acerca de si se debe informar o no a las Autoridades de Competencia en situaciones distintas a la prevista en el numeral segundo del artículo 19, ha generado un debate entre dos bandos que tienen diversas opiniones al respecto. Siendo el primero aquel integrado por quienes interpretan que mas allá de que haya silencio sobre ello, la Comisión debe participar de la situación a la autoridad de competencia siempre que la declaración se recabe en su territorio[296]; y el segundo el conformado por aquellos que se resguardan en el tenor del texto legal para defender que solo, y de forma exclusiva, dicha información se deberá otorgar cuando la entrevista se lleve a cabo en la sede empresarial[297].

---

[294] El texto del artículo 19, donde el Reglamento 1/2003 se expresa al respecto: *"2. Cuando la entrevista contemplada en el apartado 1 se realice en los locales de la empresa, la Comisión informará de ello a la autoridad de competencia del Estado miembro en cuyo territorio se lleve a cabo la entrevista. Si así lo solicitare la autoridad de competencia de ese Estado miembro, sus agentes podrán ayudar a los agentes y demás personas acreditadas por la Comisión para llevar a cabo la entrevista."*

[295] Referida a una asignación legal, o a una asignación no jurídica, reglamentaria o similar, que la práctica de la actividad al interior de los *Enforcement Bodies* ha llevado a hacer común y parte de la costumbre de los procesos que les relacionan.

[296] De esta opinión es WHISH, Richard, *Competition Law,* Oxford University Press, Londres, 2008, Pág. 269.

[297] Aunque no sin matices, por entender que si bien solo en dicho caso (el del numeral segundo del artículo 19) la Comisión deberá informar a la Autoridad Nacional de Competencia relevante; dicha situación difiere de lo expresado en el numeral quinto del artículo 18 del Reglamento 1/2003, toda vez que en este último, en lo que a requerimiento de información se refiere, se expresa una obligación que tiene la Comisión de informar en prontitud a la Autoridad de Competencia del país donde se encuentra la sede de la empresa cuando le esté solicitando información a esta. La diferencia entre el tratamiento de los dos preceptos por lo tanto no se entiende y parece desafortunada, pero no es por sí sola, una justificación para entender que en casos distintos al planteado en el artículo 19, la Comisión tenga una obligación a su cargo. Como así se infiere de la lectura de PACE, Lorenzo Federico, *European Antitrust Law. Prohibitions, Merger Control and Procedures,* Edward Elgar Publishing, Cheltenham, 2007, Pág. 252. Y se ve reafirmado, aunque sin matices, por entender que en casos distintos al del numeral segundo, simplemente no hay obligación de la Comisión, FURSE, Mark, *Competition law of the EC and UK,* Oxford University Press, Nueva York, 2006, Pág. 90.

Personalmente, no le encuentro mucho sentido a que la Comisión no le informase a la Autoridad de Competencia del país donde se lleva a cabo la toma de declaración, pues además de carente de sentido, es contrario a la naturaleza que envuelve a la Defensa de la Competencia y a los principios rectores de todos y cada uno de los poderes de investigación a su cargo[298].

Obviar entonces el valor añadido que trae a la investigación la participación y el conocimiento de la Autoridad Nacional, es inapropiado; por lo que creo que de estar involucrado un país miembro en razón de ser su territorio sede de la entrevista, en todo caso deberá ser notificado, para que de estimarlo pertinente, la Autoridad de dicho país solicite estar presente en dicha "diligencia" con los oficiales o las personas autorizadas por la Comisión para conducir la declaración, no debiendo ser dicho escenario restringido a los casos en los cuales la entrevista tenga lugar en el emplazamiento de la empresa[299].

4. Facultades en materia de inspección.

Una parte importante de los medios con que cuenta la Comisión para proteger al mercado común y a la libre competencia en el, es la atribución que le otorga el numeral primero del Artículo 20 del Reglamento 1/2003, la cual le da el poder para llevar a cabo todas las inspecciones de empresas y asociaciones de empresas, que sean necesarias para "desmantelar" aquellas conductas transgresoras de las normas *antitrust* comunitarias.

Como en el caso de otras atribuciones descritas en este capítulo en cabeza de la Comisión, la presente, es una manifestación de la evolución y de una mejora en pro de la modernización, que el legislador europeo ha hecho del "poder de verificación" que desarrollaba el Reglamento 17/1962 en su artículo 14; la cual genera una ampliación significativa en los poderes de la Autoridad comunitaria al respecto[300].

El objetivo, es poder descubrir por medio de la sorpresa a aquellos responsables de las distorsiones que se presenten en el mercado[301]; quienes en conciencia de que aquello

---

[298] Tal y como se explica en la nota al pie de página precedente en lo referente a la disparidad entre el numeral segundo del artículo 19, y el numeral quinto del artículo 18 del Reglamento 1/2003.

[299] La disputa doctrinal también se presenta en lo referente a la posibilidad que tienen las Autoridades Nacionales de Competencia para estar presentes en la entrevista, pues algunos creen que es un derecho ya establecido que no debe ser solicitado a la Comisión, sino simplemente notificado, entre los cuales esta WHISH, Richard, *Competition Law*, Oxford University Press, Londres, 2008, Pág. 269; y otros que entienden que en todo caso debe ser solicitado, implicando por lo tanto que pueda ser denegado, como se extrae de PACE, Lorenzo Federico, *European Antitrust Law. Prohibitions, Merger Control and Procedures*, Edward Elgar Publishing, Cheltenham, 2007, Pág. 252.

[300] GIL IBAÑEZ, José Luis, "La Comisión y la aplicación del Derecho Comunitario de la Competencia", en *La Defensa de la Competencia por los Órganos Judiciales: El Reglamento CE 1/2003*, Editor GARRIDO ESPÁ, Luis, Consejo General del Poder Judicial, Madrid, 2005, Pág. 124.

[301] Es posible que el descubrimiento de la conducta llegue también como resultado de una inspección realizada a una empresa o a una asociación de empresas, previamente pactada por la "Inspeccionada" y por la Comisión; y en la cual la primera, por lo tanto, este ampliamente enterada de su acaecimiento. No siendo entonces, en ningún caso, obligatoria la sorpresa para que la inspección tenga un resultado positivo para la

que están realizando es contrario a las normas de libre competencia, buscan "desaparecer" cualquier evidencia de sus actividades ilícitas[302].

Poner en marcha mecanismos de choque, que permitan a la Comisión sacar a flote un secreto de unos pocos que perjudica a muchos, se logra en parte, gracias al poder en mención, toda vez que en razón de él, la Autoridad podrá conducir inspecciones en la sede y establecimientos de la empresa investigada, e incluso en otros sitios, como lo pueden ser las residencias particulares de personas vinculadas con la empresa (lo cual es un aporte de importancia del artículo 21 del Reglamento), en aquellos casos en los cuales las infracciones a los artículos 101 y 102 del Tratado sean de extrema gravedad[303].

Una vez otorgada la atribución en términos genéricos en su numeral primero, el numeral segundo del artículo 20, detalla los poderes que tienen los oficiales y las personas facultadas por la Comisión para conducir la inspección[304]; y en su numeral tercero, enuncia las condiciones en las cuales dichos poderes deben ser ejercidos[305].

De dichos textos se extrae, que los agentes de la Autoridad Comunitaria podrán acceder a los emplazamientos empresariales, estando capacitados para movilizarse dentro

---

protección de las normas de libre competencia. Como así puede extraerse de WHISH, Richard, *Competition Law*, Oxford University Press, Londres, 2008, Pág. 269.

[302] Hace énfasis en el descubrimiento *infraganti* de las conductas, y entiende que en todo caso la atribución en mención, la cual llama redada e inspección sorpresa, se justifica en el imprevisto que se debe añadir a su puesta en marcha, pues en caso contrario no cuenta con el mismo sentido de la eficiencia. WHISH, Richard, *Competition Law*, Oxford University Press, Londres, 2008, Pág. 269. Lo cual es matizado por KORAH, Valentine, *An introductory guide to EC Law and practice*, Hart Publishing, Oxford y Portland, 2007, Pág. 265, quien entiende que el proceso de investigación se ve igualmente enriquecido con la inspección, así sea previamente notificada a la empresa o asociación de empresas, toda vez que dicha noticia en la práctica, genera reacciones de la inspeccionada, quien sin importar que la diligencia aun esté por realizarse, puede poner de manifiesto a la Comisión acerca de concepciones equivocadas que se tienen sobre algunos aspectos, o puede simplemente anexar pruebas que acreditan su no implicación en lo investigado.

[303] El artículo 21 mencionado, en su numeral primero, justifica dicha posibilidad en los siguientes términos: *"(...) puedan servir para demostrar una infracción grave del artículo 81 o del artículo 82 del Tratado, la Comisión podrá ordenar, mediante decisión, que se realice una inspección en esos locales, terrenos y medios de transporte."*

[304] Que de forma textual se aporta por su relevancia, expresando que podrán: *"(...) a) acceder a todos los locales, terrenos y medios de transporte de las empresas y asociaciones de empresas; b) examinar los libros y cualquier otra documentación profesional, cualquiera que sea su soporte material; c) hacer u obtener copias o extractos en cualquier formato de dichos libros o de la documentación; d) colocar precintos en cualquiera de los locales y libros o documentación de la empresa durante el tiempo y en la medida necesarios para la inspección; e) solicitar a cualquier representante o miembro del personal de la empresa o de la asociación de empresas explicaciones sobre hechos o documentos relativas al objeto y la finalidad de la inspección y guardar constancia de sus respuestas."*

[305] Donde en resumen se establece una obligación de: (i) informar a la Autoridad de Competencia del País miembro acerca de la inspección a realizar; (ii) Presentar una orden escrita donde se expresen (a) la finalidad de la diligencia; (b) el objeto de la misma; y (c) las sanciones del artículo 23 del Reglamento que serán impuestas ante aportación incompleta de documentos, o respuestas inexactas o engañosas del personal de la empresa.

de ellos y para solicitar la muestra de lugares específicos, documentos o similares, siempre en términos de anuencia y no de imposición; ya que no tienen el poder para lograr por la fuerza sus propósitos[306].

Estando igualmente empoderados para examinar libros y documentos sea cual sea su soporte[307], sacar fotocopias de ellos o de ciertos apartes de interés; para colocar precintos en lugares y documentos cuando lo estimen pertinente[308]; así como para preguntar al personal de la "inspeccionada" y grabar sus respuestas cuando necesite explicaciones acerca de hechos o documentos relacionados con la materia y propósitos de la diligencia[309].

La inspección, en términos similares a los de la atribución de la Comisión de solicitar información a una empresa o asociación de empresas, puede nacer de una autorización simple[310], o de una decisión en firme, conllevando en ambos casos condiciones y consecuencias dispares para la Comisión y para la "inspeccionada".

De tal manera, si la inspección se basa en una simple autorización, los oficiales de la Comisión o las personas autorizadas por ella para llevar a cabo la diligencia, deberán estar en posesión de dicho documento, en el cual deben incluirse, en todos los casos, el objeto y propósitos de la investigación, así como las sanciones que pueden serle impuestas a la empresa o asociación de empresas, cuando, de forma intencionada o negligente, aporten incompleta la documentación requerida; o como ya se explicó

---

[306] La fuerza solo podrá ser utilizada en los casos en los cuales la oposición de la empresa o asociación de empresas venga en el escenario de una inspección basada en una decisión. Pues ahí la Comisión podrá solicitar la asistencia del Estado para que le colabore en su puesta en marcha; no implicando por tanto la utilización de la fuerza por parte de los agentes, sino por parte de las fuerzas del Estado que asisten a estos últimos. Aspecto sobre el cual se ahondará más adelante dentro de la presente sección y que se encuentra claramente descrito en el fallo *Hoechst A. G. Vs. La Comisión* en sus apartados 31 y 32.

[307] Facultad que tenía un precedente claro en el literal a, del numeral primero del artículo 14 del Reglamento 17/1962 en el cual se leía que en la verificación la Comisión tenía el poder de: *"controlar los libros y demás documentos profesionales"*. Poder que se ha visto correctamente complementado con el Reglamento 1/2003, en razón de ser una adaptación a los múltiples medios y soportes en los cuales puede encontrarse el material documental y a los cuales, gracias a esta atribución, puede acceder la Comisión.

[308] Sobre este poder se expresan JONES, Alison y SUFRIN, Brenda, *EC Competition Law. Text, Cases and Material"*. Oxford University Press, Nueva York, 2008, Pág. 1162, poniendo de manifiesto que si bien hasta ahora se incluye dentro de las atribuciones de la Comisión, esta facultad ya venía siendo una práctica común, que en el marco actual, gracias a lo dispuesto en el Reglamento 1/2003 se encuentra mejor regulada, toda vez que el numeral 25 del Reglamento deja claro que dichos precintos normalmente no deberán ser impuestos por mas 72 horas, y el literal (e) del numeral primero del artículo 23 otorga el poder de imposición de multas cuando sean vulnerados.

[309] No está de acuerdo con esta atribución y la crítica de forma acentuada, SIRAGUSA, Mario, "A critical review of the white paper on the reform of the EC Competition Law Enforcement rules", en *1999 Proceedings of the Fordham Corporate Law Institute*, Editor HAWK, Barry, E, Juris Publishing, Nueva York, 2000, Págs. 295 a 301.

[310] La cual debe en todo caso contener de forma similar, o equivalente, los mismos aspectos que le son requeridos al mandamiento simple por el cual la Comisión requiere información, contenidos en el artículo 18, numeral segundo, del Reglamento 1/2003.

sucintamente en el apartado acerca de la toma de declaración, respondan de forma engañosa, incorrecta, inexacta o similar por medio de su personal, sin rectificar en el tiempo límite establecido para ello, las preguntas realizadas por los agentes de la Autoridad Comunitaria, de conformidad al literal (e) del numeral segundo del artículo 20 del Reglamento 1/2003[311].

Lo que implica entonces, que si bien las empresas o asociaciones de empresas pueden desmarcarse de la solicitud simple y negarse a someterse a la inspección fruto de este tipo de mandato[312]; dicha posibilidad no supone que cuando acepten la realización de la diligencia, estén exentas de que les sea impuesta una multa en las eventualidades descritas en el párrafo anterior, conforme al artículo 23 del Reglamento, de hasta el 1% del volumen de negocios total en el ejercicio económico precedente.

Conllevando, que de ser tomada la decisión de someterse a la inspección[313], la empresa no solo deba permitir el acceso de los oficiales al lugar y a los archivos físicos o tecnológicos donde puede estar la información buscada por la Comisión, sino que igualmente deba asistir y colaborar con quienes realicen la diligencia en el encuentro de dicho material[314] tal y como está obligada a hacerlo en el caso en que la inspección

---

[311] Las preguntas que bajo la vigencia del Reglamento 17/1962 estaban capacitados a realizar los oficiales de la Comisión a los empleados de la inspeccionada, en cualquier caso, fuese la inspección en virtud de un mandamiento simple o una decisión, podían ser explicaciones acerca de referencias, términos, archivos, etc., pero nunca un interrogatorio general. Siendo una restricción que el Reglamento 1/2003 expandió, generando un poder mayor para pedir explicaciones sobre hechos y documentos con relación al asunto central y propósito de la diligencia. JONES, Alison y SUFRIN, Brenda, *EC Competition Law. Text, Cases and Materials,* Oxford University Press, Nueva York, 2008, Págs.1162 y 1163.

[312] En términos similares a la posibilidad que tienen estas mismas de abstenerse de aportar la documentación que le es requerida por la Comisión por vía simple. Lo cual implica tomar la decisión de no someterse a la diligencia hasta cuando no sea una decisión en firme, o de someterse; bajo la premisa de que en este último caso deberá afrontar las consecuencias fruto de su decisión. FERNANDEZ LOPEZ, Juan Manuel, "Los juzgados de lo mercantil ante el Derecho Comunitario de la Competencia", en *Anuario de la Competencia,* N° 1, 2003, Págs. 170 y 171.

[313] Decisión de cooperación que es entendida por los agentes investigados, como un medio para comprobar su buena voluntad en el proceso, así como para llevar el mismo por un camino de anuencia y no de disputa, pues está mas que interiorizado el paso futuro que conlleva negarse a colaborar con la Comisión tras una autorización simple, cual es el retorno de los oficiales con una decisión en firme, que para expedirse se nutre del indicio que puede significar el rechazo a someterse con el simple mandamiento inicial (Aunque algunos dicen que la Comisión debe prevenirse de actuar en dicho sentido, pues que la empresa se resista a la inspección cuando es fruto de un mandamiento simple no siempre significa que haya algo que esconder. KORAH, Valentine, *An introductory guide to EC Law and practice,* Hart Publishing, Oxford y Portland, 2007, Pág. 263). Al respecto la Sentencia del Tribunal de Justicia de las Comunidades Europeas, sala quinta, de 24 de Junio de 1986, asunto 53/85, *AKZO Chemie BV Vs La Comisión de las Comunidades Europeas,* texto disponible para consulta en: http://eur-lex.europa.eu/LexUriServ/LexUriServ.do?uri=CELEX:61985J0053:ES:PDF.

[314] Pues incluso es la forma idónea para, de haber error en la interpretación de la situación por parte de la Comisión, poner de manifiesto evidencia que contradiga el parecer de la Autoridad Comunitaria; demostrar, o por lo menos sugerir, cuales son las correctas circunstancias que rodean las dudas de la Comisión, etc. Erigiéndose como indispensable que la iniciativa dentro de la diligencia esté en la empresa o asociación de empresas investigada, incluso si la inspección no ha sido anunciada. KORAH, Valentine, *An introductory guide to EC Law and practice,* Hart Publishing, Oxford y Portland, 2007, Pág. 264.

estuviese basada en una decisión[315]. Exigiéndosele igualmente, el cumplir con la inspección de forma íntegra, hasta el final, pues no está capacitada para terminarla unilateralmente aduciendo que es resultado de una simple autorización; mas allá de que durante la inspección descubra que su posición es comprometida tras la búsqueda emprendida por la Autoridad Comunitaria[316].

El caso es distinto cuando la inspección está basada en una decisión, pues esta última en adición a las sanciones que pueden ser impuestas cuando la diligencia es resultado de una autorización simple, debe contener una explicación acerca de las consecuencias pecuniarias que conlleva incumplir la misma. A saber, la Comisión está en capacidad, conforme a los literales (c) y (d) del numeral primero del artículo 23 del Reglamento, a imponer multas del mismo valor cuando la "inspeccionada" se rehúse a someterse a la diligencia[317].

A lo que debe ser añadido que bajo el literal (e) del numeral primero del artículo 24, la Comisión podrá también imponer multas del 5% del volumen de negocios medio diario del ejercicio social anterior por cada día de retraso en el cumplimiento de la decisión[318], o lo que es lo mismo, por cada día que se rehúse o ponga trabas en el cumplimiento del mandamiento de la Autoridad Comunitaria.

Así como hay mayor rigidez en materia de multas en la inspección por decisión, igualmente la hay en lo referente a los mecanismos de coerción excepcionales que puede poner en marcha la Comisión cuando hay una negativa de la empresa a cumplir con el

---

[315] Como así puede verse en la sentencia unificadora, que acogió esta motivación inmersa en otro grupo de fallos previos bajo la vigencia del Reglamento 17/1962, del Tribunal de Justicia de las Comunidades Europeas, de 29 de Junio de 2006, asunto C-301/04 P, *LaComisión de las Comunidades Europeas Vs. SGL Carbon AG* (en lo sucesivo *La Comisión de las Comunidades Europeas Vs. SGL Carbón AG y otros*), texto disponible para consulta en: http://eur-lex.europa.eu/LexUriServ/LexUriServ.do?uri=CELEX: 62004J0301:ES:PDF, en específico su apartado 40; siendo también relevante el fallo *Orkem*, en su apartado 27, y la decisión de la Comisión, 80/334/CEE, de 20 de Diciembre de 1979, por la que se impuso una multa en razón del artículo 15 del Reglamento 17 a la empresa *Fabbrica Pisana*, disponible de forma autentica solo en italiano en: http://eur-lex.europa.eu/LexUriServ/LexUriServ.do?uri=CELEX:31980D0334:IT:HTML. Nombrada por FURSE, Mark, *Competition law of the EC and UK*, Oxford University Press, Nueva York, 2006, Pág. 92.

[316]KORAH, Valentine, *An introductory guide to EC Law and practice*, Hart Publishing, Oxford y Portland, 2007, Pág. 263.

[317] Así como cuando decline responder preguntas que se le realicen en el curso de la inspección o conteste a las mismas de forma engañosa, incompleta o inexacta, sin rectificar en el tiempo propuesto para ello. JONES, Alison y SUFRIN, Brenda, *EC Competition Law. Text, Cases and Materials*, Oxford University Press, Nueva York, 2008, Pág. 1163. En apreciación extensiva del artículo 4, numeral tercero del Reglamento 773/2004, en el cual se expone que la inspeccionada podrá rectificar en el tiempo que se le otorgue para ello; caso en el cual cualquier modificación adherida, deberá ser incorporada al expediente por parte de la Comisión.

[318] Sobre el tema en desarrollo, WILS, Wouter, P.J, *Efficiency and European antitrust enforcement*, Hart Publishing, Portland, 2008, Pág. 4, quien acota que el Reglamento 17/1972 establecía unos límites a las penalidades pecuniarias que imponía, siendo la multa máxima de €5,000; y de €1,000 por día para multas coercitivas como las actualmente inmersas en el artículo 24 del Reglamento 1/2003. Todas ellas sanciones que en opinión del autor enunciado deben ser comparadas para definir la mayor conveniencia del sistema acerca del tema.

mandato de la Comisión, tales como acudir a la colaboración del Estado miembro, para que este le proporcione fuerzas de seguridad, públicas o de policía en aquellos casos que lo ameriten[319], que permitan darle cumplimiento a la decisión de la Comisión[320].

El numeral sexto del artículo 20 del Reglamento 1/2003 aporta esta posibilidad, que a la par es desarrollada por los numerales séptimo y octavo, donde se otorga claridad acerca de la importancia que tiene en este tipo de colaboración prestada por los Estados miembros, el darle cumplimiento cabal a los requisitos impuestos por la normativa interna; que en caso de requerir mandamiento judicial para que se haga efectiva dicha asistencia de las fuerzas públicas, deberá ser solicitada por la Comisión y puesta en consideración de un Juez nacional, quien en su examen deberá constatar que:

- La decisión de la Comisión por la cual se ordena la inspección, es autentica; y que
- Las medidas coercitivas previstas no son excesivas, ni arbitrarias conforme al asunto objeto de la investigación[321].

Para motivar suficientemente su respuesta, el Juez estará capacitado a solicitar información a la Comisión y a formular las preguntas que estime pertinentes a aquella autoridad; e incapacitado para requerir toda la información que se encuentre sobre el asunto en los archivos de la Comisión y para poner en tela de juicio la necesidad de la diligencia[322].

---

[319] La Solución a dicha reticencia es aportada por el numeral sexto del artículo 20 del Reglamento 1/2003, el cual reza: "6. *Cuando los agentes y demás personas acreditadas al efecto por la Comisión constaten que una empresa se opone a una inspección ordenada con arreglo al presente artículo, el Estado miembro interesado les prestará la asistencia necesaria, requiriendo si es preciso la acción de la policía o de una fuerza pública equivalente, para permitirles realizar su misión de inspección.".* Sobre esta posibilidad y acerca de la importancia del papel de las autoridades y las fuerzas de los países miembros, para llevar a cabo diligencias que ayuden a descubrir falencias en la competencia del mercado común. PACE, Lorenzo Federico, *European Antitrust Law. Prohibitions, Merger Control and Procedures,* Edward Elgar Publishing, Cheltenham, 2007, Pág. 253. Así como también el aporte que en este mismo texto se hizo al respecto en la nota al pie de página 156.

[320] Un desarrollo especial sobre la asistencia de los Estados miembros en estas situaciones, en JONES, Alison y SUFRIN, Brenda, *EC Competition Law. Text, Cases and Materials,* Oxford University Press, Nueva York, 2008, Págs.1163 y 1164.

[321] Acerca de esta labor cooperativa que lleva a cabo un Juez o Tribunal Nacional, así como de algunas de aquellas que se pondrán de manifiesto en detalle en este mismo trabajo al analizar los instrumentos de colaboración con que cuentan los *Enforcers* privados para complementar la labor de los públicos, en WAINWRIGHT, Richard, "Application of EC competition rules by national courts", paper presentado para la conferencia *"Antitrust* reform in Europe: A year in practice", organizada de forma conjunta por el Colegio de Abogados Internacional y la Comisión Europea, Bruselas, 9 a 11 de Marzo de El documento está disponible para consulta en lengua original en: http://www.int-bar.org/images/downloads/Richard%20Wainwright%20-%20Paper.pdf.

[322] Sobre ello, los comentarios de la Sentencia del Tribunal de Justicia de las Comunidades Europeas, de 22 de Octubre de 2002, *Roquette Frères SA Vs. Directeur général de la concurrence, de la consommation et de la répression des fraudes, y la Comisión de las Comunidades Europeas* (en lo sucesivo *Roquette Frères),* asunto C-94/2000, texto disponible para consulta en: http://eur-lex.europa.eu/LexUriServ/LexUriServ.do?uri=CELEX:62000J0094:ES:PDF. En específico su apartado 39 en el cual se lee: "*Procede recordar, con carácter preliminar, que de la jurisprudencia del Tribunal de Justicia se desprende que el órgano jurisdiccional nacional competente, al realizar el examen, no puede sustituir, por la suya propia, la apreciación de la Comisión acerca del carácter necesario de las*

La empresa o asociación de empresas inspeccionada en razón de una decisión, cuenta a la par con mecanismos de oposición distintos a los "físicos" o "materiales", que puede poner en marcha para impedir la realización de la diligencia[323], o para, accediendo a la inspección, imposibilitar el acceso de la Comisión a ciertos documentos cuando crea que dicha Autoridad no está empoderada para apropiarse de ellos. Debiendo en ambos casos, poner en consideración del Tribunal de Primera Instancia su percepción al respecto, pues en ningún caso la empresa está capacitada para decidir sobre dichos aspectos unilateralmente[324].

Si bien implican niveles de compromiso distintos para las empresas o asociaciones de empresas, queda claro que tanto la inspección que se basa en una decisión, como aquella que se basa en un mandato simple, encuentran un punto conexo en el cual su desarrollo es equivalente, cuando en razón de la última, la "inspeccionada" accede a la realización de la diligencia; ya que en dicho momento el grado de implicación que se genera, es idéntico

---

verificaciones ordenadas, ya que las valoraciones de hecho y de Derecho de la Comisión sólo están sometidas al control de legalidad de los órganos jurisdiccionales comunitarios (...)", donde a la par se recuerda la sentencia *Hoechst A. G. Vs. La Comisión de las Comunidades Europeas*, que en su apartado 35 establece un parámetro en el mismo sentido. Sobre el fallo y la posición del Juez nacional en estos casos desde la óptica española, PASCUAL Y VICENTE, Julio, "La nueva política comunitaria europea de control de conductas y su repercusión en España", en *Anuario de la Competencia*, N° 1, 2003, Pág. 141.

[323] Como parte de la revisión que puede realizar el Tribunal de Justicia de las Comunidades Europeas, de la decisión de la Comisión que ha sido recurrida. Posibilidad que merced del numeral cuarto del artículo 20 del Reglamento 1/2003, debe estar incluida en la decisión misma y puesta en conocimiento de la empresa o asociación de empresas investigada.

[324] Un fallo de gran importancia acerca de la inspección basada en una decisión, que incluye en sus hechos un compendio de los elementos de contradicción de las empresas a la diligencia, así como de las actuaciones de los distintos *Enforcers* en búsqueda de darle cumplimiento al mandamiento de la Comisión, es el previamente enunciado, *Hoechst A. G. Vs. La Comisión*, el cual nació de una sospecha de la Comisión acerca de la existencia de un acuerdo entre algunos proveedores y productores de Polietileno y PVC, que generó la adopción el 15 de Enero de 1987 de una decisión que ordenaba en virtud del artículo 14 del Reglamento 17, una verificación al interior de la empresa *Hoechst*, que se intentó poner en marcha el 20 de Enero, pero que se encontró con la negativa de la empresa, que alegaba que no permitía el registro por ser ilegal y por un compendio de razones que pretendían fueran puestas por escrito por los oficiales. Situación que se volvió a suscitar los días 22 y 23 de Enero con el mismo resultado, generando una reacción de la Comisión que comunicó a la empresa que sería sancionada, como efectivamente lo hizo por medio de una decisión el día 3 de Febrero. A la par, la Comisión solicitó asistencia de la *Bundeskartellamt* (Oficina Federal de Carteles en Alemania) en virtud de los numerales cuatro y cinco del artículo 14 del Reglamento enunciado, quien a su vez buscó que el *Amtsgerich* como Tribunal competente expidiera una orden de registro, que esta última decidió no conceder el día 12 de Febrero basándose en que no habían hechos previos que justificaran la sospecha de existencia del cartel. *Hoechst* a su vez recurrió ante el Tribunal de Justicia tanto la decisión que ordenaba la verificación, como aquella que imponía la multa, no prosperando su solicitud. Suscitándose el otorgamiento que el 31 de Marzo, realizo la *Amtsgerich* de la orden de registro que tras la negativa inicial de esta última, la *Bundeskartellamt* solicitó ahora en nombre de la Comisión y que generó que la diligencia se llevara a cabo los días 2 y 3 de Abril, con una posterior decisión el día 26 de Mayo en la cual la Comisión establecía los parámetros finales de la sanción; que no está de más decir también fueron objeto de acciones de *Hoechst* ante el Tribunal de justicia por considerar que debían ser anuladas a la par con las decisiones de 15 de Enero y de 3 de Febrero.

al de la inspección por decisión y conlleva que el desarrollo de ambas diligencias sea análogo[325].

Sea cual sea la modalidad elegida por la Comisión, ya en el curso propio de la pesquisa, es importante que la empresa mantenga una actitud proactiva, que inicia con la disposición de un "comité" que se encargue de asistir a los inspectores de la Comisión en todo momento; el cual la doctrina cree, debe incluir en cualquier caso a un abogado y a un directivo con un largo historial de servicios dentro de la empresa, así como a un grupo de secretarias, que en el mismo número que los inspectores, estén dejando constancia documental, telemática o similar de todos los pasos que estos den, de cuáles son los lugares y el material al que tienen acceso, qué documentos solicitan[326], las respuestas que la empresa dé sobre los mismos: aportándolos[327] o rehusándose a suministrarlos, especificando las razones de dicha postura; registrando igualmente cada pregunta que formulen los oficiales al personal, y en fin, todo lo que permita balancear la posición informativa de la empresa acerca de la inspección frente a la Comisión, quien normalmente no permite el acceso de las investigadas al expediente donde se incluyen las anotaciones acerca de la diligencia.

La disposición de este grupo de personas, que a la par deben tener sustitutos ante imprevistos que se pueden suscitar, permite que la inspección y el proceso de investigación en general tengan una transparencia mayor y que las labores de colaboración y asistencia a la Comisión, así como de contradicción de las empresas, sean más efectivas, posibilitando que por ejemplo, el abogado de la empresa valore los instrumentos jurídicos que empoderan a los oficiales de la Comisión[328]; o que objete,

---

[325] En ambos casos, al momento de presentarse en el establecimiento o sede donde se llevará la inspección, los oficiales de la Comisión o las personas autorizadas por ella para la puesta en marcha de la misma, deberán presentar un memorándum en el cual estén consignados los derechos de la inspeccionada a contar en la diligencia con la asistencia de su representante legal; lo cual en ningún caso debe significar que la inspección sea retrasada. KORAH, Valentine, *An introductory guide to EC Law and practice*, Hart Publishing, Oxford y Portland, 2007, Pág. 263.

[326] Sobre los cuales merece resaltar que los inspectores de la Comisión o las personas facultadas por ella para realizar la diligencia, no están capacitados para extraer copias completas de los discos duros de los ordenadores de la inspeccionada, debiendo en todo caso, siempre, solicitar documentos individuales por su nombre, que de estar en formato electrónico, también podrán ser requeridos por aquellos para guardar constancia de ellos en los expedientes de la Comisión, pero siempre de forma puntual y no total.

[327] El seguimiento continuo a los oficiales de la Comisión en el emplazamiento inspeccionado, permite a la par, dejar un registro de los documentos específicos que la Comisión tendrá en disposición como evidencia, permitiendo a la inspeccionada contar con mayor conocimiento acerca del propósito de la Autoridad y tener un margen de maniobra importante, en el cual incluso puede enviar a la Comisión explicaciones acerca del material en su poder que pueda ser interpretado como sospechoso al no estar en contexto.

[328] No solo para determinar en el momento inicial en el cual los oficiales de la Comisión se presentan en el emplazamiento donde van a llevar a cabo la inspección, si los documentos que presentan les dan el suficiente poder para llevar a cabo la diligencia, sino también para dentro del desarrollo de la misma, diagnosticar si el mandamiento o la decisión son insuficientes; caso en el cual deberá informar a su representado cuales son las consecuencias de dicha insuficiencia y cuáles son los efectos que se generan en el curso de la diligencia, tales como poder negarse a proveer ciertos documentos por ser material privilegiado o irrelevante, etc. KORAH, Valentine, *An introductory guide to EC Law and practice*, Hart Publishing, Oxford y Portland, 2007, Pág. 263.

cuando sea el caso, la formulación de preguntas sugestivas, complejas, engañosas o similares, como también que no se esté otorgando suficiente tiempo a los "entrevistados" para que motiven su respuesta o revisen el material necesario donde se incluye la información de lo preguntado.

Al parecer, además de la predisposición y receptividad de la "inspeccionada" en el desarrollo de la diligencia, existe un punto de encuentro claro entre las modalidades de inspección fruto de una autorización simple, o de una decisión; en lo referente a la obligada participación de las Autoridades Nacionales de Competencia en este tipo de diligencias, aunque eso sí, con matices en el nivel de participación e implicación, que resulta ser más intenso en el caso de la última.

Los numerales tres y cuatro del artículo 20, establecen una obligación en ambos casos, de involucrar a las Autoridades Nacionales de Competencia del país donde se realizará la inspección; de la cual se infiere, que cuando la diligencia sea en ejercicio de los poderes de la Comisión por medio de la presentación de un mandamiento escrito simple, aquella solamente deberá advertir con antelación de la misión a la autoridad de competencia del territorio; mientras que cuando es por decisión, antes de la toma de la misma, la Comisión deberá consultarle sobre ella a la Autoridad del país donde se va a llevar a cabo la diligencia.

Los apartados mencionados dejan en el aire un aspecto de importancia, cual es, la capacidad que las Autoridades Nacionales de Competencia tienen para oponerse a la inspección, en los casos en los cuales esté soportada en una autorización simple o en una decisión. El carácter etéreo al respecto, genera dudas razonables que indican que tal vez, las Autoridades nacionales tendrán más que decir y más capacidad de maniobra, incluso para oponerse, cuando la inspección sea ordenada por una decisión; pues en todo caso ser consultado no es lo mismo que ser notificado, y por lo tanto debe generar efectos diversos, que no está de más decir, no están claramente delimitados y están capacitados para entorpecer la labor dual de los *Enforcement Bodies*.

A pesar de algunas imprecisiones como las enunciadas, referentes al tránsito de colaboración entre las Autoridades Nacionales de Competencia y la Comisión, el Reglamento 1/2003 en todo lo que la inspección se refiere, deja claro que no puede ser desaprovechada la cooperación que aquellas pueden prestar a la Autoridad Comunitaria en estos casos[329], pues en no pocas circunstancias son quienes pueden ser empoderadas para acudir a las diligencias cuando se estén llevando misiones simultaneas en varios Estados miembros en búsqueda de descubrir un mismo cartel; o simplemente, quienes por su conocimiento del territorio, las costumbres, la lengua, etcétera, en mejor posición se encuentran para asistir a los oficiales de la Comisión en todo momento en la práctica de la inspección[330].

---

[329] Plantea los beneficios de la compenetración de las autoridades en este caso en específico y enuncia las eventualidades que se pueden suscitar, que hacen necesaria la participación de los agentes de la Autoridad Nacional de Competencia del país del territorio de la diligencia. KORAH, Valentine, *An introductory guide to EC Law and practice*, Hart Publishing, Oxford y Portland, 2007, Pág. 262.

[330] De la lectura del numeral quinto del artículo 20 del Reglamento, se extrae que las Autoridades Nacionales de Competencia, por medio de sus agentes, a la par del conocimiento enunciado acerca de la diligencia y de los aspectos hasta aquí expuestos en razón de los cuales acompaña la realización de la

La realización efectiva de una inspección, una vez superadas todos las cuestiones enunciadas, ha generado debates de ahínco alrededor de otros aspectos[331], que a la par han envuelto la atribución de la Comisión de solicitar información, los cuales si bien cuentan con sustento jurisprudencial y sendas doctrinales que los aclaran, aun adolecen de imprecisión y deben ser retocados en busca de una delimitación más propia de la importancia de los poderes en mención[332].

Los debates, son generados por la ambigüedad acerca del secreto profesional que ampara a cierto material documental, así como por la autoincriminación a la cual se empuja a los investigados con una solicitud de información o con una inspección en la cual se formulan preguntas a su personal[333]. Llama la atención por ejemplo, que cuando la Comisión pone en funcionamiento alguno de estos dos poderes enunciados por medio de una decisión, incluso guardar silencio en busca de no inculparse a sí mismo, puede ser sancionado[334].

---

inspección, deben estar en disponibilidad de prestar la asistencia que les sea requerida y de colaborar como les sea solicitado por la Comisión y por la Autoridad misma a la cual representan, en búsqueda de la ejecución de la diligencia; para lo cual le serán otorgados los poderes del numeral segundo del mismo artículo.

[331] Entre los cuales se desea resaltar, como uno más de aquellos argumentos aducidos por las empresas para abstraerse de la obligación de darle cumplimiento a la decisión de inspección, el de la efectiva puesta en marcha de la diligencia; donde llama la atención, la sentencia del Tribunal de Justicia de las Comunidades Europeas, de 26 de Junio de 1980, *National Panasonic (UK) limited Vs. La Comisión de las Comunidades Europeas*, asunto 136/79, texto disponible para consulta en: http://eur-lex.europa.eu/LexUriServ/LexUriServ.do?uri=CELEX:61979J0136:ES:PDF, donde una empresa tomó la decisión de combatir las vías de verificación y de puesta en marcha de la diligencia de la Comisión, alegando imposibilidad para controvertir la decisión y falta de suficientes precedentes de inspección, con una solicitud clara de que fueran destruidos o retornados la totalidad de documentos extraídos en la verificación. Que a la postre terminó con la desestimación de los argumentos de *National Panasonic*, y con el refuerzo de la Comisión por entenderse que se habían cumplido todos los requisitos de ley y que existían parámetros que otorgaban suficientes garantías a la empresa y a cualquiera en su posición. Para ahondar acerca de la reseña de este fallo y sus conclusiones sobre lo que aquí se expuso en resumen, FURSE, Mark, *Competition law of the EC and UK,* Oxford University Press, Nueva York, 2006, Pág. 94.

[332] Esta opinión se extrae de algún sector de la doctrina que desarrolla el poder en estudio, tales como ADRIÁN ARNÁIZ, Antonio Javier y QUIJANO GONZÁLEZ, Jesús, "Procedimiento de aplicación de las reglas sobre competencia de los artículos 81 y 82 del Tratado de la Comunidad Europea", en *Derecho Europeo de la Competencia: (antitrust e intervenciones públicas)*, coordinador VELASCO SAN PEDRO, Luis Antonio, Lex Nova, Valladolid, 2005, Págs. 410 y siguiente.

[333] Entiende que a pesar de que la línea entre el poder de preguntar a las personales naturales durante la inspección y la autoincriminación sea muy delgada, esta última no se configura en la diligencia, aunque valga decir, no expone de forma suficiente las razones que fundamentan su posición. KORAH, Valentine, *An introductory guide to EC Law and practice,* Hart Publishing, Oxford y Portland, 2007, Pág. 260.

[334] Este caso le parece de gran extrañeza a algún sector de la doctrina, que interpreta que hay desprotección de la empresa o asociación de empresas en la inspección, en lo referente a las preguntas que están capacitados los oficiales para hacerle a cualquier miembro del personal de estas durante la diligencia. Dichos comentarios son puntuales y de una claridad total en JONES, Alison y SUFRIN, Brenda, *EC Competition Law. Text, Cases and Materials,* Oxford University Press, Nueva York, 2008, Pág. 1173, quienes interpretan que es en todo caso problemático para las empresas, que la Comisión pueda dirigir sus preguntas a personas naturales, entre las cuales pueden estar empleados descontentos; mas aun cuando no hay un derecho de la empresa a acceder a una copia de la entrevista. A lo que añaden que en respuesta a esa "indefensión" sobre el tema, no parece haber razón por la cual una empresa no pueda instruir a sus

El poder casi "hegemónico" que se deja entrever en ciertos aspectos de las atribuciones de inspección y de solicitud de información de la Comisión, es en alguna proporción incoherente; pues si bien por un lado el Reglamento ha intentado otorgar claridad total acerca de los límites que tienen los oficiales de la Comisión para llevar a cabo las inspecciones, con el ánimo de delimitar sus atribuciones y a la par evitar comportamientos arbitrarios que perjudiquen la confianza de las empresas; por el otro incita a los investigados a que acepten sus responsabilidades por medio de sus respuestas, o por medio de la documentación que en el curso de la inspección le es requerida[335].

Siendo entonces de tanta importancia los conflictos que se generan entre varios de los poderes de investigación de la Comisión con el secreto profesional y con el Derecho a no autoincriminarse, se hace latente, por la capacidad que tienen estos últimos de influenciar la pesquisa llevada a cabo por la Comisión y por la extensión misma que requiere su exposición, la necesidad de desarrollarlos a profundidad de forma individual, para de tal manera, otorgar claridad acerca del estado actual de la cuestión y del margen de maniobra con el cual cuentan tanto la Comisión como los investigados en lo que a ellos se refiere, así como para entender de forma completa cuál es la incidencia que tienen en la práctica de la inspección.

Igualmente, un aspecto innovador del Reglamento 1/2003, como es la posibilidad de llevar a cabo inspecciones en "otros locales", amerita ser tratado de forma individual, por ser un tema controversial que ha generado amplios debates y que si bien se encuentra soportado como una dilatación lógica de la atribución de realizar inspecciones, tiene algunos elementos que le diferencian ampliamente de la diligencia llevada a cabo en un emplazamiento empresarial, no solo referentes a los requisitos que debe cumplir para poder ser puesta en marcha, sino también en lo que a la práctica misma de la inspección

---

empleados a no aceptar invitaciones a entrevistas, entretanto no se garantice un asesoramiento legal y no se den unas garantías que estén planteadas en términos de igualdad. Como contraste a lo expuesto por la doctrina nombrada, los parámetros de la Comisión en el asunto *Fabbrica Pisana,* de donde se extrae que si bien losinspectores están capacitados para hacer preguntas al personal, es labor de la empresa, presentar a las personas que en su concepto, se encuentren en mejor posición para responder a las preguntas, pues la Comisión no es quien debe evaluar las competencias o conocimientos de los empleados.

[335] El tema de la autoincriminación, en relación a la solicitud de información y también al respecto de la atribución de llevar a cabo inspecciones, es desarrollado por un sector de la doctrina que interpreta que un grupo de fallos son los de más relevancia sobre el asunto, los cuales han coincidido en el tiempo, al acotar que debe estar permitido a la empresa o asociación de empresas guardar silencio respecto de ciertas preguntas de la Comisión, cuando responderlas pueda generar una autoinculpación (máxime cuando las preguntas formuladas por la Comisión, vayan más allá de aquello que requieren para darle solución a una investigación, o en términos generales, de lo que están empoderados para preguntar); lo que en ningún caso, debe hacerse extensivo a la aportación del material documental que le es requerido en una inspección o sin la existencia de ella, pues en dichos casos, el agente investigado, siempre, deberá colaborar entregándolo, incluso si dichos documentos llevan inmersos información que le involucra con la infracción. Los fallos en relación *Orkem* (en especial sus apartados 33 a 36) y *Solvay* previamente reseñados; la Sentencia del Tribunal de Primera Instancia, sala primera ampliada, de 20 de Febrero de 2001, asunto T-112/98, *Mannesmannröhren-Werke AG Vs. La Comisión de las Comunidades Europeas,* texto disponible para consulta en: http://eur-lex.europa.eu/LexUriServ/LexUriServ.do?uri=CELEX:61998A0112:ES:PDF apartados 65 a 67; así como la sentencia *La Comisión de las Comunidades Europeas Vs. SGL Carbón AG y otros,* apartados 33 a 51. Sobre los parámetros descritos WHISH, Richard, *Competition Law,* Oxford University Press, Londres, 2008, Pág. 267.

se refiere, ya que cuenta con restricciones puntuales que merecen ser expuestas de forma especial.

A continuación entonces, una presentación de los aspectos enunciados en los dos párrafos precedentes, no sin antes manifestar en consonancia con las atribuciones hasta este punto descritas, que la inspección es, posiblemente, el poder más eficaz con el cual cuenta la Comisión para destruir conductas perjudiciales para la competencia comunitaria, pues permite el desarrollo *in situ* de la atribución, accediendo al material que la investigación previa, en uso de los demás poderes[336], ha arrojado como pertinente[337]. Todo ello como manifestación de los recursos extraordinarios con los que cuenta la Autoridad Comunitaria, que le posicionan en un nivel de privilegio frente a los otros *Enforcement Bodies*.

5. Facultades de inspección en otro tipo de locales.

El Artículo 21 del Reglamento 1/2003 plantea un poder que como ya se enunció en el apartado anterior, no estaba contenido en el Reglamento 17/1962 en lo que a los "poderes de verificación" se refería; y que resulta ser una innovación que amplía los poderes de inspección de la Comisión[338], en busca de contener ciertos comportamientos comunes de los agentes, por medio del otorgamiento de una herramienta más eficaz y más contundente en cabeza de la Autoridad Comunitaria[339].

El Reglamento mencionado, pone de manifiesto desde el inicio, en específico en su numeral 26, la práctica más que común llevada a cabo por las empresas y por los empleados de mayor rango dentro de la misma, cual es la de almacenar los documentos con capacidad de arrojar luces acerca de la existencia, funcionamiento o distintivos de un

---

[336] A pesar de ser una situación común en la cual los poderes de la Comisión en materia de investigación se van concatenando en aras de llegar a una conclusión benéfica para la Defensa de la Competencia, no hay ningún precepto legal que plantee un procedimiento previo a la inspección que la Comisión deba seguir para poder llevar cabo la diligencia.

[337] De esta opinión y en exposición de las particularidades de las atribuciones de la Comisión para llevar a cabo diligencias de inspección. CREUS CARRERAS, Antonio y AMADOR PEÑATE, Olivia, "Procedimiento administrativo ante la Comisión Europea y control jurisdiccional del TJCE", en *Tratado de Derecho de la Competencia. Unión Europea y España*, Directores BENEYTO PÉREZ-CERDÁ, José María; MAILLO GONZÁLEZ ORÚS, Jerónimo, Editorial Bosch, Madrid, 2005, Tomo 2, Págs. 763 y siguientes.

[338] Resalta en su texto la conmoción que generó la simple propuesta de la Comisión y la relevancia que está en capacidad de tener este poder en la obtención de un objetivo específico de la Autoridad Comunitaria, el cual es descubrir carteles y conductas anticompetitivas. KORAH, Valentine, *An introductory guide to EC Law and practice*, Hart Publishing, Oxford y Portland, 2007, Pág. 261.

[339] Pone de manifiesto esta circunstancia GIL IBAÑEZ, José Luis, "La Comisión y la aplicación del Derecho Comunitario de la Competencia", en *La Defensa de la Competencia por los Órganos Judiciales: El Reglamento CE 1/2003*, Editor GARRIDO ESPÁ, Luis, Consejo General del Poder Judicial, Madrid, 2005, Pág. 125.

cartel, en locales privados[340]. A lo que añade, que en respuesta a dicha conducta y en busca de que las diligencias de inspección sigan realizándose en términos de eficacia, a los agentes de la Comisión o a las personas facultadas por esta para llevar a cabo la pesquisa, se les debe permitir acceder a esos emplazamientos de carácter privado distintos a los propios de la empresa o asociación de empresas investigada[341].

Dichos locales, hacen referencia, en especial, a los hogares, vehículos o similares que pertenezcan a los directores, gerentes o estrechos colaboradores de la empresa; donde la Comisión con el soporte de un indicio razonable, crea poder encontrarse material documental acerca del objeto de la diligencia, que esté en capacidad de servir de sustento probatorio de una transgresión a las normas de libre competencia[342].

El numeral primero del artículo 21 del Reglamento 1/2003, otorga una amplitud importante acerca de quiénes pueden ser las personas en cuyos domicilios particulares podrán ser llevadas a cabo las inspecciones, dejando claro y posibilitando concluir, que cualquier miembro de la empresa o asociación de empresas, sea cual sea el nivel del mismo, podrá ser objeto de la diligencia, siempre y cuando la Comisión tenga una señal clara que indique que ciertas pruebas se encuentran en su emplazamiento particular[343].

La inspección debe ser ordenada mediante una decisión, que antes de ser adoptada, requiere de la consulta por parte de la Comisión a la Autoridad Nacional de Competencia

---

[340] Esta realidad quedó retratada, en parte, gracias a la Decisión de la Comisión, de 18 de Julio de 2001, relativa al procedimiento de conformidad con el artículo 81 del Tratado CE y el artículo 53 del Acuerdo sobre el Espacio Económico Europeo, Asuntos COMP.D.2 37.444 SAS/Maersk Air y COMP.D.2 37.386 *SUN-Air Vs. SAS y Maersk Air,* texto disponible para consulta en: http://eur-lex.europa.eu/LexUriServ/LexUriServ.do ?uri=OJ:l:2001:265:0015:0041:es:PDF, donde quedó claro que documentos importantes relativos a un pacto de reparto de mercado dirigido a impedir, restringir y falsear la competencia, se resguardaban en los hogares de los vinculados y no en el emplazamiento empresarial, como así puede verse en los apartados 7 y 123 de la mencionada, así como en el 89, de donde se sustrae el extracto que se considera de más relevancia: "*«[Un representante de Maersk Air] afirmó que había que destruir todo el material de los acuerdos sobre precios, acuerdos de reparto del mercado y similares antes de que nos fuéramos hoy. Había que llevar a casa cualquier cosa que se hubiera utilizado. También, había que suprimir de los ordenadores cualquier material comprometedor.»*".

[341] Ante la más que común práctica de poner los documentos o el material que sirva para probar la infracción, fuera del alcance de la Comisión, esta última debe contar con la oportunidad de llegar a ellos por medio de mecanismos como la inspección en detalle. Como así se concluye de la lectura de FURSE, Mark, *Competition law of the EC and UK,* Oxford University Press, Nueva York, 2006, Pág. 94.

[342] Desarrollo de esta atribución como respuesta a una conducta común de los implicados, en el numeral 40 de *La comunicación relativa a la cooperación entre la Comisión y los Órganos jurisdiccionales de los Estados miembros para la aplicación de los artículos 85 y 86 del Tratado CEE* del año 1993, publicada en el Diario Oficial de la Unión Europea el 27 de Abril de 2004, C 101/60.

[343] Como no podía ser de otra forma, al ser novedoso el poder conferido por el mencionado artículo a la Autoridad Comunitaria, la doctrina entró en un debate dirigido a determinar con exactitud cuáles son los distintivos de las personas que pueden ser objeto de las inspecciones en desarrollo; planteándose la pregunta de si en dichas personas podían estar incluidos los abogados de las empresas. Cuestionamiento que tras razonarlo, les llevó a concluir que de ser reconocido el abogado como el representante legal de la empresa, dicha posibilidad no le sería aplicable. PACE, Lorenzo Federico, *European Antitrust Law. Prohibitions, Merger Control and Procedures,* Edward Elgar Publishing, Cheltenham, 2007, Pág. 255.

del País del territorio donde se llevará a cabo la diligencia. En todos los casos, en el cuerpo de la decisión, deberán estar consignados los mismos aspectos que le son requeridos cuando la diligencia se lleva a cabo en la sede empresarial[344];no siendo requisito único a cumplir para poder poner en marcha de forma efectiva la diligencia, ya que a la par, está supeditada a una participación de los Jueces nacionales, en términos similares a los planteados en el numeral sexto del artículo 20, pero con ciertas particularidades excepcionales que al parecer han sido impuestas en razón de ciertos Derechos que están involucrados con una decisión de este estilo.

La diferencia radica, en que en los casos contemplados en el artículo 20, la autorización de un Juez nacional solo es requerida cuando la normativa nacional contempla dicha obligación; mientras que en lo descrito en el numeral tercero del artículo 21, se establece que una decisión que implique la inspección en "otros locales", no puede ser ejecutada hasta tanto haya una autorización proferida por un órgano jurisdiccional competente del Estado de realización de la diligencia, quien eso sí, y a pesar de haber más amplitud y frecuencia en la realización de dicha labor, deberá realizar un examen en términos similares a los del primer caso, verificando que:

- La decisión de la Comisión por la cual se ordena la inspección es autentica.; que

- Las medidas coercitivas previstas no son excesivas ni arbitrarias[345] conforme a la gravedad de la presunta transgresión y al grado de implicación de la empresa en la infracción; y que

- Las mencionadas medidas son coherentes y relativas con la importancia que tienen para el objeto de la investigación las pruebas que se pretenden encontrar, debiendo existir una probabilidad razonable de que el material objeto de la diligencia se encuentra en el lugar señalado para el cual se requiere la autorización[346].

Al igual que en el caso en que se requiera su autorización para llevar a cabo la inspección en sede empresarial, el Juez nacional no debe excederse en sus funciones, estando entonces imposibilitado para poner en tela de juicio la necesidad de llevar a cabo la diligencia, o para requerir toda la información que consta en el expediente de la

---

[344] Los cuales están consignados en el numeral segundo del artículo 21 del Reglamento en los siguientes términos: "*2. La decisión precisará el objeto y la finalidad de la inspección, indicará la fecha de su comienzo e informará sobre el derecho de recurso contra la decisión ante el Tribunal de Justicia de las Comunidades Europeas. La decisión expresará, en particular, en qué motivos se basa la sospecha de la Comisión con arreglo al apartado 1. (...)*"

[345] A pesar de ser un fallo suscitado bajo la vigencia del Reglamento 17/1962, el asunto *Roquette Frères* resulta ser de obligada lectura y análisis respecto de la posición de los Jueces nacionales de los países miembros ante las autorizaciones para llevar a cabo las diligencias de inspección en lugares privados, toda vez que en su texto se sientan las bases que justificaron la estructuración de los parámetros que con posterioridad fueron incluidos en el paquete de modernización, en específico sus apartados 6, 19, 27, 29 y 59.

[346] El desarrollo de dichos aspectos en el asunto *Roquette Frères*, apartados 79, 80 y 99, así como las apreciaciones de la parte resolutiva.

Comisión, ya que dicha labor solo puede ser realizada por el Tribunal de Justicia[347]. Estando capacitado eso sí, para en busca de facilitar el cumplimiento de su labor, formular a la Autoridad Comunitaria las preguntas que estime pertinentes[348].

La participación del Estado miembro en este tipo de inspección, no se restringe al campo judicial y se ve nutrida por aspectos del artículo 20 del Reglamento que le son igualmente aplicables, en razón de la analogía que el numeral cuarto del artículo 21, dice debe existir en la aplicación de los numerales quinto y sexto de aquel.

Así las cosas, en virtud de dichos preceptos, en la inspección en "otros locales", al igual que en la diligencia en emplazamientos empresariales, los agentes de las Autoridades Nacionales de Competencia también deberán prestar asistencia cuando les sea requerida por la Comisión; caso en el cual, serán empoderados en los mismos términos que los oficiales de la Autoridad Comunitaria, conforme al numeral segundo del artículo 20.

Lo que se une a la colaboración y a los mecanismos coercitivos que pueden ser provistos por los Estados miembros a la Comisión cuando esta última los solicite, poniendo a su disposición fuerzas de seguridad, del Estado, públicas o similares, en aquellos casos en los se requieran para poder llevar a cabo este tipo de inspección, cuando esté siendo ejercida una oposición por parte de la persona titular del local a inspeccionar, que impida la realización de la diligencia de inspección en el emplazamiento requerido[349].

Otorgar instrumentos de cooperación como los descritos a favor de la Comisión también en lo que a inspección de otros locales se refiere, no significa que haya una transposición completa de todos los fundamentos de la inspección del artículo 20 a la inspección del artículo 21; pues hay aspectos puntuales que generan divergencia entre ambas diligencias. La diferencia de más relevancia, es aquella referente a las multas sancionadoras y a las multas coercitivas de los artículos 23 y 24 del Reglamento, las cuales no son aplicables a la Inspección en otros locales, generando una imposibilidad de

---

[347] PACE, Lorenzo Federico, *European Antitrust Law. Prohibitions, Merger Control and Procedures,* Edward Elgar Publishing, Cheltenham, 2007, Pág. 256; la misma tónica doctrinal también en CONCEPCIÓN RODRÍGUEZ, José Luis, GIMENO-BAYON COBOS, Rafael y RODRIGUEZ VEGA, Luis, "Coordinación entre los Tribunales, la Comisión y las Autoridades nacionales en la aplicación de los artículo 81 y 82 del TCE", en *Cuadernos de Derecho Judicial,* N° 17, 2004, Pág. 215.

[348] Para algunos autores, la extensión de los parámetros del examen realizado por los Jueces nacionales en el caso de la inspección en otros locales, con respecto a los otorgados en el artículo 20 del Reglamento acerca de la inspección en los emplazamientos empresariales, es acertada, toda vez que la razonabilidad del indicio y la valoración de la importancia de las pruebas a encontrar, generan un mayor margen de maniobra a favor del Juez quien tiene más motivos por los cuales requerir información de la Comisión, para de tal forma motivar su decisión en consonancia con la sensibilidad de los aspectos que involucra la inspección en domicilios, vehículos o locales privados en general. JONES, Alison y SUFRIN, Brenda, *EC Competition Law. Text, Cases and Materials,* Oxford University Press, Nueva York, 2008, Pág. 1172.

[349] Acerca de la aplicabilidad de los fundamentos de la inspección del artículo 20 del Reglamento a la diligencia del artículo 21, puede verse WILS, Wouter, P.J, *Efficiency and European antitrust enforcement,* Hart Publishing, Portland, 2008, Pág. 6.

la Comisión a imponerlas en estos casos, incluso si se presentan eventualidades análogas; comportando un contraste especial que en todo caso debe ser tomado en cuenta.

Como también deben ser atendidas las facultades con las que cuentan los agentes en este tipo de diligencias; quienes en el curso de la inspección estarán capacitados para examinar cualquier registro que tenga relación con la empresa, sacar fotocopias de documentos o apartes de estos, etcétera; y a su vez inhabilitados para colocar precintos en lugares o zonas específicas del local "particular" o en documentos que ahí encuentre, así como también para solicitar explicaciones[350] en términos similares a los de la inspección del artículo 20 del Reglamento.

Por ser una atribución aun en construcción y en razón de ser un poder que tiene contacto con aspectos especialmente sensibles, es previsible que sea ejercido de forma excepcional y solo en ocasiones específicas en las que la Comisión crea conveniente ponerlo en marcha como último recurso, cuando entienda que recabar información relevante, pasa por inspeccionar locales privados de los responsables individuales de los carteles, sobre los cuales tiene indicios de ser lugares de resguardo de dicho material[351].

(C) El secreto profesional.

Hay cierta distorsión y confusión alrededor del secreto profesional[352] en cuanto a su relación con los poderes de investigación de la Comisión, en especial respecto al requerimiento de información y a la inspección; pues bajo el mismo postulado, la doctrina ha desarrollado dos aspectos conexos, pero no idénticos[353], como los son (i) la posibilidad que en razón de este privilegio tienen las empresas de retener cierta documentación que esté amparada por el secreto, y (ii) la obligación que tiene la Autoridad Comunitaria de darle al material documental, el uso específico por el que ha sido recabado[354].

---

[350] Como así puede concluirse de la lectura del artículo 21 al no encontrarse mención al respecto. Siendo esta la opinión de JONES, Alison y SUFRIN, Brenda, *EC Competition Law. Text, Cases and Materials,* Oxford University Press, Nueva York, 2008, Pág.1172; y de WILS, Wouter, P.J, *Efficiency and European antitrust enforcement,* Hart Publishing, Portland, 2008, Pág. 6.

[351] Un sector de la doctrina así lo interpreta, adhiriendo que parece ser en todo caso correcto que la Comisión cuente con dicha posibilidad, pues achica el marco de actuación de los transgresores en potencia y de los infractores, WHISH, Richard, *Competition Law,* Oxford University Press, Londres, 2008, Pág. 271.

[352] De forma general los comentarios de FURSE, Mark, *Competition law of the EC and UK,* Oxford University Press, Nueva York, 2006, Págs. 97 y 98, así como KORAH, Valentine, *"An introductory guide to EC Law and practice",* Hart Publishing, Oxford y Portland, 2007, Págs. 265 a 268.

[353] Ejemplo de ello y bajo el título *"Legal Professional privilege"* en WHISH, Richard, *Competition Law,* Oxford University Press, Londres, 2008, Pág. 268; *"Confidentiality"* en KORAH, Valentine, *An introductory guide to EC Law and practice,* Hart Publishing, Oxford y Portland, 2007, Pág.265; y *"Secrecy"* en FURSE, Mark, *Competition law of the EC and UK,* Oxford University Press, Nueva York, 2006, Pág. 97.

[354] Al respecto se resalta la exposición que se hace sobre los mencionados temas en VAN BAEL, Ivo & BELLIS, Jean-François, *Competition Law of the European Community,* Kluwer Law International,

Ambas acepciones tienen un nivel de coherencia y pertinencia importante que les relaciona directamente con el título genérico, secreto profesional; por lo que interpretar que no hay error en la doctrina al haber desarrollado bajo este mismo postulado las dos figuras, no resulta descabellado, ya que las mismas exponen aspectos que son símiles.

Las semejanzas no convierten ambos postulados en uno solo, sino que ocasionan una obligada división interna que debe ser estructurada para diferenciarlos. Lo que a la postre genera sorpresa, toda vez que una parte importante de la doctrina, comúnmente, ha tomado la decisión de decantarse por uno u otro, incluso dejando de lado alguno de ellos en su exposición.

En el presente apartado, ambos aspectos serán unificados pues se percibe una fuerte relación entre ellos; pero desarrollándolos de forma puntual resaltando sus particularidades, ya que se entiende que cuentan con suficientes distintivos que hacen necesaria su exposición.

1. La existencia y desarrollo del privilegio.

Al respecto del secreto profesional que ampara ciertos documentos que eventualmente pueden ser solicitados por la Comisión como parte de una investigación llevada a cabo por esta, ya sea en razón de la atribución de solicitar información del artículo 18, o en el curso de una inspección de los artículos 20 y 21; cabe decir que los fundamentos que delimitaron dicha eventualidad, fueron planteados en la Sentencia *Australian Mining & Smelting Europe Limited Vs. La Comisión de las Comunidades Europeas* (en lo *AM & S Europe Limited Vs. La Comisión*)[355], en la cual no se proporcionaron a los agentes de la Autoridad Comunitaria algunos documentos requeridos en el curso de una inspección por entenderlos cubiertos por el *legal privilege*[356].

El fallo mencionado, a pesar de haberse suscitado bajo la vigencia de otros instrumentos normativos y en una realidad diversa, incluye aspectos que incluso en la

---

Alphen aan den Rijn, Holanda, 2010, Págs. 1023 a 1033, donde los autores realizaron una división clara de ambos temas bajo los títulos: *"Legal Privilege"*, *"Use of Information- purpose of the inquiry"* y *"Professional Secrecy"*, referidos en dicho orden a los puntos (i) y (ii) enunciados en el párrafo origen del presente pie de página.

[355] Sentencia del Tribunal de Justicia de las Comunidades Europeas, de 18 de Mayo de 1982, asunto 155/79, texto disponible para consulta en: http://eur-lex.europa.eu/LexUriServ/LexUriServ.do?uri=CELEX:61979J0155:ES:PDF.

[356] Con antelación al fallo mencionado, también se suscitaron debates a su alrededor, más que todo en razón de la evolución que sobre el tema se había dado en los Estados Unidos, que a la par soportaba el cuestionamiento acerca del privilegio de secreto profesional, no solo en lo que hacía referencia a la Defensa de la Competencia, así por ejemplo STEWARD, Stephen y VAUGHAN, David, "Does legal profesional privilege exist in the ECC?", en *Law Society Gazette*, N° 1207, 1975, Pág. 72; TANDEAU DE MARSAC, Maitre Xavier, "Professional Privilege (confidentiality)", en *International Bar Journal*, Noviembre de 1976, Pág. 32 y EDWARD, D. "Confidentiality and privilege in the ECC context", en *National Law Journal*, N° 128, 1978, Pág. 1208.

actualidad y bajo el prisma del Reglamento 1/2003, son aplicables, y que por 28 años fueron la guía básica a seguir en lo que a protección documental amparada en el secreto profesional se refiere[357].

Durante los años mencionados y hasta la actualidad, en ausencia total de normas que regulen este delicado aspecto, la sentencia enunciada fue una baza principal de consulta al respecto, pues sentó bases claras sobre aspectos puntuales, gracias al enfoque que siguió, al encauzarse en dos planteamientos específicos, como lo fueron: (i) delimitar la existencia de una doctrina de privilegio en el Derecho Comunitario, y de existir (ii) establecer los mecanismos idóneos que permitan determinar si un documento está amparado por dicho privilegio o no[358].

Tras dejar clara la respuesta al cuestionamiento inicial, cual fue la de que la confidencialidad de las comunicaciones entre los abogados y sus clientes es un Derecho de nivel comunitario que no puede ser desconocido bajo ningún concepto por los miembros de la Comisión[359]; sostuvo que debían ser erigidos ciertos límites a dicho Derecho[360], como así lo hizo, manifestando que los representantes a los cuales hace referencia este Derecho deben ser de un país comunitario[361], y que en todo caso deben ser independientes y no tener una relación contractual de carácter laboral con la empresa,

---

[357] La sentencia mencionada generó debates doctrinales de ahínco alrededor de cada uno de sus aspectos, los cuales pueden encontrarse, entre otras en: CHRISTOFOROU, Theofanis, "Protection of legal privilege in ECC competition law: The imperfections of a case", en *Fordham International Law Journal*, Volumen. 9, N° 1, 1985, Págs. 1 a 62; así como también PAGONE, G. T, "Legal profesional privilege in the European Communities: The AM & s Case and Australian Law", en *International and comparative law Quarterly*, N° 33, 1984, Págs. 663 a 683.

[358] Planteamiento extractado de WHISH, Richard, *Competition Law*, Oxford University Press, Londres, 2008, Pág. 268, quien en respuesta al primer planteamiento, expone que la sentencia sostuvo que el privilegio existe, pero no sobre todos los documentos que relacionen a la empresa o asociación de empresas investigada y su representante, o respecto a toda la correspondencia que estos dos mantienen.

[359] *AM & S Europe Limited Vs. La Comisión*, apartados 8 y 14 respecto de la consolidación del privilegio; y apartado 23 acerca de la extensión temporal del mismo al expresar que el mismo abarca la comunicación anterior al proceso y la comunicación una vez ya iniciado el mismo, en los siguientes términos: *"(...)esta protección debe entenderse en el sentido de que ampara de pleno Derecho cualquier correspondencia mantenida una vez ya incoado el procedimiento administrativo (...). La protección deberá poder extenderse igualmente a la correspondencia anterior relacionada con el objeto de dicho procedimiento.*

[360] La definición del secreto profesional objeto de la protección en desarrollo, puede encontrarse en WAINWRIGHT, Richard, "Application of EC competition rules by national courts", paper presentado para la conferencia *"Antitrust* reform in Europe: A year in practice", organizada de forma conjunta por el Colegio de Abogados Internacional y la Comisión Europea, Bruselas, 9 a 11 de Marzo de 2005; así como también en GIPPINI-FOURNIER, Eric, "Legal Professional privilege in Competition Proceedings before the European Commission: Beyond the cursory Glance", en *Fordham International Law Journal*, Volumen. 28, Book 4, 2005, Pág. 970.

[361] *AM & S Europe Limited Vs. La Comisión*, apartado 25, siendo un tema que por su sensibilidad, ha generado debates y propuestas incluso de la Autoridad Comunitaria, sobre los cuales se podrá ahondar en las siguientes páginas y sobre las que llama la atención en este punto la realizada en razón del *XIII Report on Competition Policy del año 1983*, apartado 78. El documento está disponible para consulta en lengua inglesa en: http://ec.europa.eu/competition/publications/annual_report/index.html.

pues al no estar sujetos estos últimos en varios países miembros a códigos de disciplina y similares, no deberían incluirse como sujetos del privilegio[362].

Así mismo, al darle respuesta al segundo planteamiento acerca de los mecanismos idóneos a poner en marcha para delimitar si un documento se encuentra amparado o no por el privilegio ya consolidado, la jurisprudencia en desarrollo, entendió que ni el agente involucrado, empresa o asociación de empresas, ni la Comisión misma estaban en posición de decidir en dicha circunstancia; puesto que el primero en ningún caso debería contar con ese poder ya que otorgárselo vulneraria el Derecho Comunitario y estaría en capacidad de distorsionar la aplicación de las disposiciones *antitrust*[363], y empoderar a la Comisión a que tomara dicha decisión, podría generar en todo caso una situación incómoda, en la cual incluso cuando algún agente de la Autoridad Comunitaria decidiese que un documento cuenta con dicho privilegio, la "investigada" pudiese ser reticente a aceptarlo, fundamentando que el haber tenido acceso a dicho material puede generar una influencia en la decisión de la Comisión.

Para solucionar una situación de disputa acerca de un material documental, la sentencia conceptuó que el Tribunal de Primera Instancia debería ser el encargado de dirimir ese tipo de controversias[364], tanto si la inspección o el requerimiento de información se ponía en marcha en razón de un mandamiento simple de la Comisión con anuencia del agente investigado, como si la misma se basaba en una decisión, caso en el cual también podría conocer de ella vía apelación[365].

Con posterioridad al fallo *AM & S Europe Limited Vs. La Comisión,* otro grupo de pronunciamientos ha desarrollado los aspectos enunciados, siempre basando sus postulados en el primero y reafirmándolos, aunque con matices propios del dinamismo que la jurisprudencia debe imprimir a sus actuaciones[366].

---

[362] Sobre dicho aspecto, es de relevancia la sentencia del Tribunal de Primera Instancia, de 12 de Diciembre de 1991, *Hilti AG Vs. La Comisión de las Comunidades Europeas,* asunto T-30/89, texto disponible para consulta en: http://eur-lex.europa.eu/LexUriServ/LexUriServ.do?uri=CELEX:61989A0030:ES:PDF. En la cual el Tribunal consideró que dicha circunstancia era excesivamente rígida, por lo que accedió a extender los límites del privilegio incluso a un documento interno en el cual un abogado con relación contractual con la investigada, reportaba el concepto de un abogado externo sobre un asunto. Sobre el fallo los comentarios que se encuentran en VAN BAEL, Ivo & BELLIS, Jean-François, *Competition Law of the European Community,* Kluwer Law International, Alphen aan den Rijn, Holanda, 2010, Págs. 1023 y 1024.

[363] Existiendo una clara coincidencia de conceptos entre el Tribunal y el Gobierno de la República Francesa, que en el asunto hizo de coadyuvante de las pretensiones de la Comisión, en razón de la cual se otorgó concepto, a la par comprendido en el apartado 12 del fallo *AM & S Europe Limited Vs. La Comisión.*

[364] Suscitadas en razón de una reticencia de la empresa a otorgar los documentos requeridos a la Comisión, aduciendo estar amparados por el secreto profesional, que ella está obligada a probar, pues la carga de la prueba es suya. Tal y como puede verse en CALVO CARAVACA, Alfonso-Luis, *Derecho Antitrust Europeo, Tomo I Parte General La Competencia,* Colex, Madrid, 2009, Pág. 630.

[365] *AM & S Europe Limited Vs. La Comisión,* apartados 8 y 32.

[366] A saber: la decisión de la Comisión, de 14 de Diciembre de 1984, relativa a un procedimiento de aplicación del artículo 85 del Tratado CEE(IV/30.809 - *John Deere*), Diario Oficial L 035/58, texto disponible para consulta en lengua inglesa en: http://eur-

Un ejemplo de ello, es la relevante sentencia *Akzo Nobel Chemicals Ltda & Akcros Chemical Ltda Vs. La Comisión de las Comunidades Europeas* (en lo sucesivo *Akzo Nobel Chemicals Vs. La Comisión*)[367], en la cual si bien el Tribunal de Primera Instancia no cedió ante aspectos de gran rigidez hasta ese momento consolidados, como lo eran que la correspondencia entre los abogados internos de la empresa y la empresa misma no se vieran cobijados por el secreto profesional[368], así como también que los abogados de terceros países ajenos a la Unión Europea no tuvieran dicho privilegio[369]; se marcaron

---

lex.europa.eu/LexUriServ/LexUriServ.do?uri=OJ:L:1985:035:0058:0064:EN:PDF, sobre la cual se puede encontrar un análisis exhaustivo de los hechos y de los argumentos esgrimidos en relevancia con el tema en mención en JONES, Alison y SUFRIN, Brenda, *"EC Competition Law. Text, Cases and Materials"*, Oxford University Press, Nueva York, 2008, Pág. 1185; *AKZO Chemie BV y AKZO Chemie UK Ltd Vs. La Comisión de las Comunidades Europeas*, de 3 de Julio de 1991, apartado 28, texto disponible para consulta en:http://eur-lex.europa.eu/LexUriServ/LexUriServ.do?uri=CELEX: 61986O0062:ES:PDF; así como también la Sentencia del Tribunal de Justicia de las Comunidades europeas, de 17 de Octubre de 1989, asunto 85/87, *Dow Benelux NV Vs. La Comisión de las Comunidades Europeas,* apartado 27,texto disponible para consulta en: http://eur-lex.europa.eu/LexUriServ/LexUriServ.do?uri=CELEX:61987J0085:ES:PDF.

[367] Sentencia del Tribunal de Primera Instancia, de 17 de Septiembre de 2007, asuntos acumulados T-125/03 y T-253/03, texto disponible para consulta en: http://eur-lex.europa.eu/LexUriServ/LexUriServ.do?uri=CELEX:62003A0125:ES:HTML. Sobre la misma y de relevancia, el resumen que se encuentra en CALVO CARAVACA, Alfonso-Luis y CANEDO ARRILLAGA, María Pilar, "Casos escogidos de Derecho *Antitrust* Europeo", en *Estudios de Deusto*, Volumen. 56, N° 1, Enero-Junio 2008, 2008, Págs. 236 a 242.

[368] Tras la sentencia *AM & S Europe Limited Vs. La Comisión,* hasta llegar ala apelación al asunto *Akzo Nobel Chemicals Vs. La Comisión,* se han suscitado reafirmaciones jurisprudenciales acerca del argumento elegido por el Tribunal de Justicia y por el Tribunal de Primera Instancia, referente a que las comunicaciones que vinculen a abogados con relación laboral con la empresa, no deben verse cobijadas por el privilegio del secreto profesional, como así lo son en orden cronológico el Auto del Tribunal de Justicia de las Comunidades Europeas, sala quinta, de 5 de Diciembre de 1996, *Orlando Lopes/Tribunal de Justicia de las Comunidades Europeas,* AsuntoC-174/96, apartado 11, texto disponible para consulta en: http://eur-lex.europa.eu/LexUriServ/LexUriServ.do?uri=CELEX:61996O0174:ES:PDF; La Sentencia del Tribunal de Justicia de las Comunidades Europeas, de 3 de Julio de 1999, *solicitud de decisión prejudicial en el proceso penal contra Jean Claude Becu, Annie Verweire, Smeg NV y Adia Interim NV* (en lo sucesivo *Jean Claude Becu y otros*), asunto C-22/98, apartado 26, texto disponible para consulta en: http://eur-lex.europa.eu/LexUriServ/LexUriServ.do?uri=CELEX:61998J0022:ES:PDF y del Tribunal de Primera Instancia, de 8 de Diciembre de 1999, *Euro-Lex European Law Expertise GmbH Vs. La Oficina de Armonización del Mercado Interior (marcas, dibujos y modelos),* asunto C-79/59, apartados 27 y 29, texto disponible para consulta en: http://eur-lex.europa.eu/JOHtml.do?uri=OJ:C:2000:079:SOM:EN:HTML. Así Como también la Decisión de la Comisión, de 28 de Enero de 1998, relativa a un procedimiento de aplicación del artículo 85 del Tratado CE, Caso IV/35.733, *Volkswagen Vs. La Comisión de las Comunidades Europeas,* publicada en el Diario Oficial L 124/60 de 25 de Abril de 1998, texto disponible para consulta en: http://eur-lex.europa.eu/LexUriServ/LexUriServ.do?uri=OJ:l:1998:124:0060:0108:es:PDF.

[369] Al tener suficiente sustento doctrinal y jurisprudencial, cabe acotar que sorprende que aun en la actualidad las iniciativas de la misma Comisión hayan sido insuficientes para solventar esta situación paradójica, en la cual las comunicaciones con abogados independientes de un país ajeno a la Unión Europea no se ven cobijadas por el privilegio del secreto profesional; máxime cuando en algunos de esos países, como por ejemplo Estados Unidos, se garantiza ese privilegio a los abogados europeos a los efectos de la aplicación de su propia normativa *antitrust,* como así puede verse en JOSHUA, Julian, "It's a Privilege: Managing legal privilege in multijurisdictional *Antitrust* Investigations", en *Competition Law Insight,* 11 de Diciembre de 2007, Págs. 14 a 16.

pautas que han servido de sustento a aquellos que creen que dichas situaciones deben ser flexibilizadas y puestas en consideración del Tribunal competente para decidir si el *legal privilege* ampara cierto material documental o no, pues cortar de raíz la posibilidad de que cierta documentación que se encauce en dichas eventualidades esté a su vez cobijada por una obligación de secreto, no parece la solución más conveniente, máxime cuando no es coherente considerar que la situación jurídica ha estado estancada y sin evolución en tantos años.

El fallo *Akzo Nobel Chemicals Vs. La Comisión* fue apelado y su respuesta se hizo esperar hasta el año 2010[370], cuando el Tribunal de Justicia dio respuesta a las inquietudes que se habían planteado en la sentencia predecesora[371]. Donde volvió a dejar claro que la confidencialidad entre abogados y clientes debía ser protegida como Derecho fundamental, pero no en todas las circunstancias, toda vez que reafirmó que es esencial que la situación del abogado sea de total independencia[372], sin que exista relación laboral alguna entre aquel y la empresa investigada[373], ya que en un escenario opuesto, las condiciones para el análisis del privilegio serían totalmente distintas.

Los argumentos elegidos en conclusión, no desconocen bajo ningún concepto que el privilegio existe, pero lo delimitan, priorizando la salvaguarda del proceso investigador y por consiguiente la protección de muchos; antes que el amparo de la empresa, que claramente, en ciertas circunstancias en las cuales el privilegio de secreto profesional no les cobije, estarán expuestas a procesos futuros incluso basados en la información a la cual terceros podrán acceder en ciertos casos.

Lo cual inequívocamente, según mi concepto y el de muchos otros[374], es benéfico, toda vez que la avalancha de conflictos que se producirían en las inspecciones o alrededor

---

[370] En la Sentencia del Tribunal de Justicia de las Comunidades europeas, de 14 de Septiembre de 2010, asunto 550/07 P, apelación *Akzo Nobel Chemicals Ltda & Akcros Chemical Ltda Vs. La Comisión de las Comunidades Europeas* (en lo sucesivo *Apelación asunto Akzo Nobel Chemicals Vs. La Comisión*), texto disponible para consulta en: http://eur-lex.europa.eu/LexUriServ/LexUriServ.do?uri=CELEX:62007J0550:ES:HTML.

[371] Indispensable al respecto de este fallo, resulta la lectura de SUDEROW, Julia, "Nota sobre la sentencia del TJCE Akzo Nobel y otros de 14 de Septiembre de 2010: límites al privilegio legal de las comunicaciones entre abogados y sus clientes", en *Cuadernos de Derecho Transnacional*, Volumen. 3, N° 1, Marzo 2011, 2011, Págs. 316 a 325, quien hace un resumen de las circunstancias del caso específico, poniendo de manifiesto las circunstancias factuales que desde el inicio acaecieron causando el conflicto.

[372] WILS, Wouter, P.J, *Efficiency and European antitrust enforcement,* Hart Publishing, Portland, 2008, Pág. 20 pone de manifiesto que probar si la litigiosidad crece al otorgar el privilegio también a las comunicaciones con los abogados con vinculación a la empresa investigada, es posible si se hace un seguimiento a aquellos países miembros que cubren dichas comunicaciones en los mismos términos que aquellas que tienen como parte a un abogado independiente, a saber: Bélgica, Grecia, Irlanda y el Reino Unido.

[373] Las razones en resumen, sustentadas en las conclusiones aportadas por la Abogado General Juliane Kokott, de fecha 29 de Abril de 2010, en específico los apartados 61 y 62. El documento está disponible para consulta en: http://www.icam.es/docs/web3/doc/ABOGEMP_SecretoJULIANE_KOKOTT.pdf.

[374] Como puede serlo, según se concluye de su lectura, KORAH, Valentine, *An introductory guide to EC Law and practice,* Hart Publishing, Oxford y Portland, 2007, Págs. 265 a 268, quien a la par de este aspecto, enuncia las iniciativas que han sido seguidas por varias asociaciones y colegios de abogados

de los requerimientos de información, sería insostenible[375], pues se convertiría en un mecanismo de defensa regular elegido por las empresas para desgastar a la Autoridad y para dilatar la resolución del asunto, convirtiendo el ejercicio de las atribuciones de la Comisión en un ejemplo de complejidad, ineficacia e inviabilidad, que de forma muy acertada el Tribunal de Justicia ha impedido que se suscite[376].

A la par de la teoría, para concluir, cabe decir que las empresas y la Comisión son conscientes de la situación problemática que comúnmente se genera alrededor del material documental protegido por el privilegio del secreto profesional, por lo que han ideado una conducta común, actualmente frecuente y en todo caso no contenciosa, que está permitiendo en el día a día darle una solución pragmática a este tipo de situaciones, cual es, que las empresas pongan la documentación en disposición de los oficiales encargados de la investigación, enviándoselas en un sobre sellado, para que estos determinen si el privilegio se ve configurado en el material aportado o no[377]. Siendo una salida que en cualquier caso, resulta ser un alivio para las partes y previene el uso de recursos evitables que tendrían que ser puestos en marcha en caso contrario.

---

europeos, en búsqueda de que, en específico, las comunicaciones de los abogados internos con vinculación excepcional con la empresa, también estén cobijados por el privilegio en desarrollo; como lo son en lo referente al asunto *Akzo Nobel Chemicals Vs. La Comisión* y a su apelación: El CCBE, Consejo de la Abogacía Europea, El Consejo de la Abogacía de los Países Bajos, La European Company Lawyers Association, la Asociación americana de abogados de empresa-sección europea y la Asociación Internacional de Colegios de Abogados, a las cuales igualmente se unieron El Reino Unido, los Países Bajos e Irlanda.

[375] Pues es de por sí, una situación que conlleva normalmente múltiples conflictos de trasfondo, como así puede verse en ALLENDESALAZAR CORCHO, Rafael, "Confidencialidad de las comunicaciones abogado y cliente y eficacia de la labor inspectora: dos principios a la búsqueda de un equilibrio", en *Gaceta Jurídica de la Unión Europea y de la Competencia*, N° 7, Enero-Febrero 2009, Pág. 83, en donde se ponen de manifiesto las particularidades de las inspecciones en el ámbito español.

[376] También de importancia los comentarios que sobre el privilegio del secreto profesional se encuentran en GRAY, Margaret, LESTER, Maya, DARBON, Cerry, FACENNA, Gerry, BROWN, Christopher Y HOLMES, Elisa, *Eu Law Competition law: procedures and remedies*, Oxford University Press, Richmond, 2006, Págs. 30 y siguientes.

[377] Esta posibilidad es puesta en manifiesto cómo común y a la par benéfica para la investigación llevada a cabo por la Comisión, así como para el agente investigado, por JONES, Alison y SUFRIN, Brenda, *EC Competition Law. Text, Cases and Materials*, Oxford University Press, Nueva York, 2008, Pág. 1185; así como también por WHISH, Richard, *Competition Law*, Oxford University Press, Londres, 2008, Pág. 269. Aunque sobre la misma, se cree pertinente poner de manifiesto ciertas dudas que genera, pues plantea un conflicto acerca de: (i) la influencia que puede generar en el oficial de la Comisión la información que le es remitida en sobre sellado, de verla; (ii) la necesidad de en esa eventualidad, más que en cualquier otra, exigir un razonamiento en la decisión de la Comisión, en el cual se deje clara la justificación de los argumentos en los que ha soportado su decisión, los cuales no pueden tener relación alguna con la información protegida a la que tuvo acceso (como así lo expresa la sentencia del Tribunal de Justicia de las Comunidades Europeas, de 9 de Noviembre de 1983, *NV Nederlandsche Banden Industrie Michelin Vs. La Comisión de las Comunidades Europeas* (en lo sucesivo *Michelin Vs. La Comisión*), asunto 322/81, apartados 9 y 10, texto disponible para consulta en: http://eur-lex.europa.eu/LexUriServ/LexUriServ.do?uri=CELEX:61981J0322:ES:PDF; así como también acerca del (iii) poder de decisión que informalmente se le otorga al miembro de la Comisión para delimitar si efectivamente la información se encuentra amparada por el privilegio o no; todos ellos puntos que van en contravía de algunos de los fundamentos que han disciplinado el tema en mención desde la sentencia *AM & S Europe Limited Vs. La Comisión*.

2. Confidencialidad y uso del material recabado por la Comisión.

Una vez delimitados los parámetros que definen la existencia de cierto material protegido, que permite a las empresas ser reticentes a su entrega y disposición a favor de la Comisión; es importante concretar el segundo punto, igualmente importante en lo que a secreto profesional respecta, tal y como en páginas previas se convino.

Dicho aspecto, es el referente a la obligación que tiene la Autoridad Comunitaria, de darle al material documental que ha sido acumulado en el curso de una investigación conforme a los mecanismos dispuestos por el Reglamento 1/2003, el uso específico para el que ha sido recabado y no otro[378] que pueda generar un perjuicio en la empresa o asociación de empresas investigada, o incluso en el mercado mismo[379].

La naturaleza de dicha prohibición[380],tiene su sustento principal en el artículo 339 del Tratado de Funcionamiento de la Unión Europea[381], en el cual se les impone a los funcionarios de la Comisión la obligación de no divulgar información que *"(...) por su naturaleza, esté(n) amparada(s) por el secreto profesional (...)"*[382].

De la lectura no sistemática y netamente individual del precepto enunciado, es posible interpretar que el legislador europeo ha dejado en el aire ciertos aspectos esenciales y no ha otorgado los soportes suficientes que garanticen una línea de comportamiento en lo referente al manejo de la información, y lo que es más delicado, ha dejado en merced de la interpretación un tema como el actual que puede suscitar tantísimos perjuicios en el mercado mismo.

---

[378] Esta apreciación se hace, toda vez que la restricción no se hace extensiva a la información que los miembros de la Comisión obtengan por medio de los medios informales, como lo pueden ser conversaciones con los oficiales de la Autoridad Comunitaria. De esta forma lo expone KORAH, Valentine, *An introductory guide to EC Law and practice,* Hart Publishing, Oxford y Portland, 2007, Pág. 265.

[379] Acerca de la obligación a cargo de los oficiales de la Autoridad Comunitaria, de darle un uso exclusivo a la información, marcado por los propósitos que se incluyen en el mandamiento simple o en la decisión que pone en marcha los poderes de la Comisión, son de importancia los aportes jurisprudenciales encontrados en el fallo *Michelin Vs. La Comisión*, apartado 8; *Dow Benelux NV Vs. La Comisión de las Comunidades Europeas*, apartados 18 y 19; y el asunto *Polypropyleen*, apartados 472 y 473.

[380] Expuesta de forma puntual y ceñido a los instrumentos normativos pertinentes por WHISH, Richard, *Competition Law,* Oxford University Press, Londres, 2008, Pág. 281.

[381] El cual se transcribe por su relevancia: *"Los miembros de las instituciones de la Unión, los miembros de los comités, así como los funcionarios y agentes de la Unión estarán obligados, incluso después de haber cesado en sus cargos, a no divulgar las informaciones que, por su naturaleza, estén amparadas por el secreto profesional y, en especial, los datos relativos a las empresas y que se refieran a sus relaciones comerciales o a los elementos de sus costes."*

[382] En el artículo enunciado, además de verse cobijados los empleados de la Comisión, también se incluyen, en las mismas condiciones, todos los miembros de las instituciones de la Unión que puedan llegar a tener acceso a información de naturaleza susceptible.

Lo expresado por el artículo339, llama la atención y genera muchos debates e interpretaciones a su alrededor, pues el texto no delimita a qué se refiere cuando habla de la "naturaleza de la información", así como tampoco arroja luces acerca de cuáles son puntualmente las situaciones en las que se configura una obligación de silencio por parte de los agentes de la Comisión[383]. Siendo una situación que a su vez, se ve refrendada en la reproducción casi idéntica que hace el artículo 28 del Reglamento 1/2003 del artículo 339, en donde en iguales términos, no se aporta explicación alguna al respecto[384].

La aclaración de ambos artículos mencionados, se ha venido dando de forma irregular en la normativa interna de algunos Estados miembros, donde se ha coincidido en expresar que tanto el artículo 339 del Tratado, como el artículo 28 del Reglamento, se refieren a aquella información que haya recabado el miembro de la Comisión en virtud de sus funciones, no siendo exclusivamente referente a secretos comerciales[385].

Dichos avances domésticos, a su vez se han visto complementados con la aparición de *la Comunicación de la Comisión sobre la cooperación en la red de autoridades de competencia*[386], la cual en su numeral 28, literal a), ha incluido en su texto ejemplos básicos, que si bien no han aclarado completamente los casos específicos que generan la obligación de prudencia de los agentes de la Comisión, sí que ha estrechado un poco el marco haciéndose eco de lo que la doctrina ya con antelación había planteado, al expresar que el término secreto profesional se refiere a *"secretos comerciales y otro tipo de información confidencial"*.

Así las cosas, de haber obtenido la información en el desarrollo de las funciones que le son otorgadas por el Reglamento 1/2003 y por los textos comunitarios, así como estando dicha información encauzada en los parámetros del numeral 28 de la Comunicación enunciada en el párrafo anterior, los agentes y miembros de la Comisión deben darle un uso estricto marcado por los propósitos de la investigación; estando obligados a resguardar y proteger la información "sensible" incluso ante los Tribunales de los Países miembros con los cuales tienen una obligación de cooperación, pudiendo solicitar a estos garantías de que están en capacidad de proteger la información confidencial[387].

---

[383] La falta de precisión al respecto ya había sido previamente resaltada, en lo referente al artículo 287 del TCE, por CHRISTOFOROU, Theofanis, "Protection of legal privilege in ECC competition law: The imperfections of a case", en *Fordham International Law Journal*, Volumen. 9, N° 1, 1985, Pág. 1 y siguientes.

[384] El artículo 28 del Reglamento 1/2003 siendo una extensión del artículo 339 del Tratado de Funcionamiento de la Unión Europea, no se refiere a todos los miembros de las instituciones de la Unión, sino que centra la obligación de secreto, en la Comisión, las Autoridades Nacionales de Competencia de los Estados miembros, así como en los individuos que se vean empoderados por estas para darle cumplimiento a las funciones a su cargo.

[385] KORAH, Valentine, *An introductory guide to EC Law and practice*, Hart Publishing, Oxford y Portland, 2007, Págs.265 a 268.

[386] Publicada en el Diario Oficial de la Comunidad Europea C 101/ 43 de 27 de Abril de 2004.

[387] Conclusión que es posible extraer de la lectura de VAN BAEL, Ivo & BELLIS, Jean-François, *Competition Law of the European Community*, Kluwer Law International, Alphen aan den Rijn, Holanda,

No obstante la claridad que se logra tras el párrafo anterior, otra disposición del Reglamento 1/2003 emerge, generando algo de dudas al respecto y en específico acerca del alcance de la obligación de los funcionarios dispuesta en el artículo 28, como lo es la del numeral segundo del artículo 27, en el cual se otorga el poder a la Comisión de difundir *"la información necesaria para demostrar una infracción"*. Disposición que en apariencia, ampara lo suficiente a los oficiales de la Autoridad Comunitaria para justificar en oportunidades la transmisión de información confidencial.

Es claro al tenor del artículo 27, que hay un resquicio utilizable por la Comisión para desconocer, así sea de forma parcial, la obligación a su cargo de resguardar aquella información que pueda ser interpretada como confidencial, cuando entienda que es menester hacerla pública para descubrir y demostrar una infracción a las normas *antitrust;* máxime al observar que el artículo 28 del Reglamento 1/2003 en su numeral segundo dice que la obligación de secreto existe sin prejuicio del uso de la información previsto en varios artículos del Reglamento[388], entre los cuales se encuentra el artículo 27[389].

Si bien la grieta existe, creo que la misma es una protección especial del interés general que solo debe ser puesta en marcha en situaciones particulares que lo ameriten, y que debe ser interpretada con cautela, amén de no convertirla en una configuración del "todo vale", o del "fin justifica los medios", toda vez que aparentemente no extrae por si sola de las obligaciones de los miembros de la Comisión, aquella referente a evaluar en cada situación particular[390],cuáles pueden ser los efectos que está en capacidad de conllevar hacer públicos documentos de especial sensibilidad[391]; como así se extrae de las actuaciones de la Autoridad Comunitaria de Competencia, donde efectiva y comúnmente

---

2010, Págs. 1031 a 1033, donde soportados en la jurisprudencia comunitaria, los autores reafirman la necesaria protección de la información que debe ser llevada a cabo por los funcionarios de la Comisión en la actualidad, en términos de eficiencia y rigurosidad que no eran operantes bajo la vigencia del Reglamento 17/1962.

[388] A saber: los artículos 11, 12, 14 y 15.

[389] Posición reafirmada en la *Comunicación sobre cooperación en la red de autoridades de competencia,* numeral 28, literal a),al expresa que: *"(...) el interés legítimo de las empresas por la protección de sus secretos comerciales no puede ir en perjuicio de la divulgación de la información necesaria para verificar una infracción de los artículos 81 y 82 del Tratado."*

[390] Dentro de los exámenes a realizar en todos los casos para delimitar el alcance de la protección que arrope cierto material documental, está uno de importancia resaltado por la jurisprudencia, cual es el de sopesar dicha protección con los derechos de defensa, para así delimitar hasta que punto estos últimos se pueden ver menoscabados. Como así puede verse en BARENTS, Rene, *Directory of EC case Law on Competition,* Kluwer Law International, Alphen aan den Rijn, Holanda, 2007, Pág. 593, quien enuncia un grupo de sentencias relevantes sobre el aspecto descrito.

[391] De esta opinión es GIL IBAÑEZ, José Luis, "La Comisión y la aplicación del Derecho Comunitario de la Competencia", en *La Defensa de la Competencia por los Órganos Judiciales: El Reglamento CE 1/2003,* Editor GARRIDO ESPÁ, Luis, Consejo General del Poder Judicial, Madrid, 2005, Pág. 138; quien entiende que en oportunidades la publicidad de cierto material o información, puede generar más perjuicios que los de la transgresión misma.

antes de divulgar cualquier información, se tasan los beneficios y perjuicios que se pueden generar en cada evento[392].

La jurisprudencia ha tenido un papel protagónico, que se puede palpar, además de en los fallos enunciados a lo largo de este apartado, en otro grupo de sentencias que han intentado disciplinar y concretar suficientemente la obligación de la Comisión en el manejo de la información, con el ánimo de delimitar, entre otros, aspectos como el suscitado entre el artículo 28 y el numeral segundo del artículo 27[393].

La Conclusión tras la lectura de todos ellos, es que a pesar de las dudas que se puedan generar y de los choques de principios e interés que potencialmente se pueden suscitar en razón de la protección de información confidencial, la obligación de los oficiales de la Comisión de no divulgar cierta información sensible amparada por el secreto, efectivamente existe, y genera a su vez, un deber de conducta ineludible a seguir por los miembros de la Autoridad en los procesos a su cargo, cual es el de adoptar mecanismos eficientes que impidan en todos los casos la configuración de un menoscabo a los intereses de una empresa, bien porque se hace público su *Know How*, los precios de

---

[392] Sobre dicho estudio, son relevantes los comentarios realizados por BARENTS, Rene, *Directory of EC case Law on Competition,* Kluwer Law International, Alphen aan den Rijn, Holanda, 2007, Pág. 594, quien basado en la jurisprudencia comunitaria expone, que aun en los casos en los cuales los involucrados pongan de manifiesto ante la Comisión la existencia de material sensible arropado por el secreto profesional, comercial, o similar, y lo señalen inequívocamente; la Comisión debe realizar, pues dicha actuación de terceros no le libera de ello, conforme a la obligación que le impone el artículo 339 del Tratado de Funcionamiento de la Unión Europea, un examen propio en el cual se analice todo el material que sea interpretado por la Autoridad como riesgoso no solo por su naturaleza, sino por la situación particular en disputa, los implicados, etc. Planteamiento soportado por el fallo del Tribunal de Primera Instancia, de 25 de Octubre de 2005, *Tetra Laval BV Vs. La Comisión de las Comunidades Europeas,* asunto T-5/02, apartado 101. Texto disponible para consulta en: http://eur-lex.europa.eu/LexUriServ/LexUriServ.do?uri=CELEX:62002A0005:ES:PDF.

[393] Así por ejemplo, no pueden ser obviados los aportes realizados en: el fallo del Tribunal de Justicia de las Comunidades Europeas, de 30 de Octubre de 1978, *Heintz van Landewyck SARL y otros Vs. La Comisión de las Comunidades Europeas,* asuntosacumulados 209/78 R a 215/78 R y 218/78 R, texto disponible para consulta en lengua inglesa en: http://eur-lex.europa.eu/LexUriServ/LexUriServ.do?uri=CELEX:61978O0209 :EN:PDF; La Sentencia del Tribunal de Justicia de las Comunidades Europeas, de 7 de Noviembre de 1985, *Stanley George Adams Vs. La Comisión de las Comunidades Europeas,* asunto 145/83, apartado 34, texto disponible para consulta en: http://eur-lex.europa.eu/LexUriServ/LexUriServ.do?uri=CELEX:61983J0145:ES:PDF; *AKZO Chemie BV Vs La Comisión de las Comunidades Europeas,* apartado 28; *SEP Vs. La Comisión,* apartados 30 y 36; así como las Sentencias del Tribunal de Primera Instancia, de 18 de Septiembre de 1996, *Postbank NV Vs. La Comisión de las Comunidades Europeas,* asunto T-353/94, apartado 86, texto disponible para consulta en: http://eur-lex.europa.eu/LexUriServ/LexUriServ.do?uri=CELEX:61994A0353: ES:HTML; de 6 de Julio de 2000, *Volkswagen AG Vs. La Comisión de las Comunidades Europeas,* asunto T-62/98, apartado 279; y de 30 de Mayo de 2006, *Bank Austria Creditanstalt Vs. La Comisión de las Comunidades Europeas,* asunto T-198/03, apartado 29, texto disponible para consulta en lengua inglesa en: http://eur-lex.europa.eu/LexUriServ/LexUriServ.do?uri=CELEX:62003A0198:EN:HTML.

sus insumos, proveedores[394], o simplemente porque cualquier información confidencial que le afecte pasa a ser de dominio general[395].

(D) El Derecho a guardar silencio y a no autoincriminarse.

Así como en ramas jurídicas como la penal, están más que interiorizados los Derechos a permanecer en silencio y a no declarar contra sí mismo como parte de los privilegios con los que cuenta el imputado para, no responder al ser preguntado acerca de aspectos que de exponer pueden configurar una admisión de su infracción; en lo que a asuntos de la Competencia se refiere, dicha premisa debería estar más que interiorizada, y a la par prevista en los instrumentos normativos de relevancia.

Los conflictos inician cuando exactamente lo contrario sucede, y a la par los instrumentos normativos prevén situaciones contrarias a dicho privilegio, generando una confusión de importancia que sirve de pistoletazo de salida a gran variedad de interpretaciones a su alrededor[396].

En resumidas cuentas, ese es el caso del Reglamento 1/2003, el cual por un lado no contiene referencia alguna, directa o indirecta, a un privilegio tal o similar al de no declarar contra sí mismo; y por el otro, otorga poderes a la Comisión para requerir información[397]y para solicitar a los empleados de una empresa o asociación de empresas,

---

[394] FURSE, Mark, *Competition law of the EC and UK,* Oxford University Press, Nueva York, 2006, Pág. 97, enuncia este tipo de información, al entender que lo esencial es que la obligación a cargo de los funcionarios de la Comisión, impida la configuración de ayuda comercial, de la cual pueda sacar provechos económicos un tercero competidor.

[395] La forma de hacer públicos los documentos, de ser decidido así por la Comisión, también comporta un control a la Autoridad Comunitaria, toda vez que se exige, como requisito indispensable, que la divulgación se haga por medio de una decisión específica e independiente, tomada por la Comisión para comunicar a terceros la información recabada. Decisión que podrá ser recurrida conforme al artículo 263 del Tratado de Funcionamiento de la Unión Europea, y que en cualquier caso no debe ser confundida, y mucho menos coincidir en el mismo cuerpo, con la decisión que pone fin al proceso. Tal y como así puede concluirse de la lectura de *AKZO Chemie BV Vs La Comisión de las Comunidades Europeas,* apartado 29, donde se añade al respecto que: "*Habida cuenta del perjuicio en extremo grave que podría resultar de la comunicación irregular de documentos a un competidor, la Comisión debe, antes de ejecutar su decisión, dar a la empresa la posibilidad de acudir al Tribunal para que se revisen las apreciaciones de que se trata e impedir de esta forma que se efectúe la comunicación.*"

[396] Sobre los debates y las percepciones doctrinales, puede verse BELLAMY, Christopher, CHILD, Graham y PICAÑOL, Enric, *Derecho de la competencia en el mercado común,* Civitas, Madrid, 1992, Pág. 690; VESTERDORF, Bo, "Legal Professional Privilege and the Privilege Against Self-Incrimination in EC Law: Recent Developments and Current Issues", en *Fordham International law journal,* Volumen. 28, N° 4, 2004; VAN BAEL, Ivo & BELLIS, Jean-François, *Competition Law of the European Community,* Kluwer Law International, Alphen aan den Rijn, Holanda, 2010, Págs. 1027 a 1031; MACCULLOCH, Angus, "The privilege against self-incrimination in competition investigations: theoretical foundations and práctical implications", en *Legal Studies,* Volumen. 26, N° 2, Junio de 2006, 2006; WHISH, Richard, *Competition Law,* Oxford University Press, Londres, 2008, Pág.267; y WILLIS, Peter, "The Privilege against self-incrimination in competition investigations", Paper presentado en el Competition, Regulation and Trade Group Taylor Wessing, 27 de Enero de 2006.

[397] En razón de la ya suficientemente expuesta atribución incluida en el artículo 18 del Reglamento.

en el curso de una inspección, las explicaciones sobre hechos o documentos relacionados con el objeto y finalidad de la diligencia[398]. Añadiendo multas sancionadoras y coercitivas en caso de resistirse al ejercicio de aquellos poderes mencionados[399], que hacen más compleja la delimitación de la existencia o no en el ámbito europeo, de un privilegio a permanecer en silencio cuando lo contrario signifique inculparse.

El silencio del Reglamento, como en otras circunstancias, ha generado que se hayan producido aproximaciones divergentes por partes de las Cortes Europeas, inclusive la de Derechos Humanos, en busca de delimitar si el privilegio se configura en Europa o aun no es un mecanismo de defensa operativo. Los argumentos elegidos, no solo se han erigido alrededor de las condiciones en las cuales dicho privilegio puede ser puesto en marcha, sino también en la existencia misma de dicho privilegio en lo que a Defensa de la Competencia se refiere, y en específico alrededor de los poderes de investigación de la Comisión.

En los asuntos *Orkem* y *Solvay* mencionados en apartados previos, el Tribunal de Justicia de las Comunidades Europeas se manifestó sobre este aspecto, tomando una posición llamativa, toda vez que si bien planteó que efectivamente las empresas podían declinar a responder preguntas basadas en que contestarlas configuraría una autoinculpación; por el otro lado afirmó que dicho privilegio era limitado en el Derecho Comunitario y que por lo tanto no empoderaba a las empresas o asociaciones de empresas investigadas, a erigirlo como mecanismo de defensa para negarse a entregar documentos que podían serle útiles a la Comisión para demostrar el acaecimiento de una infracción a las normas de libre competencia, que le vinculara a si misma o a otros[400].

El Tribunal entre sus argumentos predilectos, puso de manifiesto la ausencia de preceptos normativos que le incluyeran, toda vez que el Reglamento 17/1962 tampoco decía nada al respecto; y a su vez expuso que el privilegio a favor de las empresas solo podía configurarse en aquellas circunstancias en las cuales la atribución de la Comisión de solicitar respuestas por fuera de una diligencia de inspección o en la inspección misma, se pusiese en marcha en razón de una decisión de la Autoridad Comunitaria y no como resultado de un mandamiento simple.

La situación problemática y la disputase suscitó, toda vez que además de los argumentos del Tribunal de Justicia, el Tribunal Europeo de Derechos Humanos, también

---

[398] Como así puede comprobarse en el mencionado artículo 20, numeral segundo, literal e) del Reglamento 1/2003.

[399] A saber, aquellas previstas en los artículos 23 y 24 del Reglamento 1/2003.

[400] Sentencia *Orkem,* apartado 34: "*Por consiguiente, aunque para preservar la eficacia de los apartados 2 y 5 del artículo 11 del Reglamento n° 17 la Comisión tenga la potestad de obligar a la empresa a que facilite toda la información necesaria relacionada con hechos de los que pueda tener conocimiento y a que le presente, si fuere preciso, los documentos correspondientes que obren en su poder, incluso si los mismos pueden servir para probar contra ella o contra cualquier otra empresa la existencia de una conducta contraria a la competencia, la referida institución no puede, mediante una decisión de solicitud de información, vulnerar el derecho de defensa reconocido a la empresa.*"

se expresó al respecto[401],en específico, en el fallo *Funke Vs. Francia*[402], en el cual planteó una solución diversa basado en el *Convenio para la Protección de los Derechos Humanos y de las Libertades Fundamentales*, y en especial en su artículo 6[403], relativo al *"Derecho a un proceso equitativo"*, aduciendo que el privilegio a permanecer en silencio y a no contribuir en su propia inculpación, debe otorgársele a cualquiera que esté siendo imputado en la comisión de una infracción[404], tanto en lo que se refiere a responder preguntas, como en lo referente a proporcionar documentos que puedan generar dicho efecto autoincriminatorio[405].

Los Tribunales Europeos no han cedido a los argumentos elegidos por el Tribunal Europeo de Derechos Humanos y han mantenido su perspectiva[406], erigiendo como

---

[401] Sobre los comentarios de dicho Tribunal, CRAIG, Paul y DE BÚRCA, Gráinne, *EU Law. Text, cases and materials,* Cuarta Edición, Oxford University Press, Nueva York, 2008, Págs. 393 y 394.

[402] Sentencia de 25 de Febrero de 1993, No. 10828/84, texto disponible para consulta en lengua inglesa en: http://cmiskp.echr.coe.int/tkp197/view.asp?item=1&portal=hbkm&action=html&highlight=FUNKE&sessionid=72886579&skin=hudoc-en. Sobre el fallo mencionado y los parámetros del privilegio a permanecer en silencio, los comentarios de VAN OVERBEEK, Walter, "The Reight to remain silent in competition investigations: The Funke decision of the Court of Human Rights Makes Revision of the ECJ's Case Law Necessary", en *European Competition Law Review*, Volumen. 15, N° 3, 1994, Págs. 127 y siguientes.

[403] El artículo en mención fue igualmente abordado en el fallo *Orkem*, en su apartado 30, en el cual el Tribunal de Justicia determinó que si bien el privilegio podía ser invocado en un proceso, de su texto y de la Jurisprudencia del Tribunal Europeo de Derechos Humanos no se desprendía el reconocimiento del Derecho en disputa (al parecer basado en la ausencia de apartado taxativo sobre el). Planteamiento que a su vez, fue reafirmado por el fallo del Tribunal de Primera Instancia, de 29 de Abril de 2004, *Tokai Carbon Co. Ltd, SGL Carbon AG, Nippon Carbon Co. Ltd y otros Vs. La Comisión de las Comunidades europeas* (en lo sucesivo *Tokai Carbon y otros Vs. La Comisión)*, asuntos acumulados T-236/01, T-239/01, T-244/01, T-245/01, T-246/01, T-251/01 y T-252/01, apartado 404, texto disponible para consulta en: http://eur-lex.europa.eu/LexUriServ/LexUriServ.do?uri=CELEX:62001A0236:ES:PDF, así como por la sentencia del Tribunal de Justicia de las Comunidades Europeas que resolvió la casación del caso, de 29 de Junio de 2006, *La Comisión de las Comunidades Europeas Vs. SGL Carbón AG y otros*, asunto C-301/04 P, apartado 10, texto disponible para consulta en: http://eur-lex.europa.eu/LexUriServ/LexUriServ.do?uri=CELEX: 62004J0301:ES:PDF.

[404] Los planteamientos al respecto realizados en la Sentencia *Funke Vs. Francia*, fueron a su vez refrendados en fallos posteriores del Tribunal Europeo de Derechos Humanos, donde se defendió que a pesar de la falta de precepto taxativo que incluyera en la norma el privilegio, el mismo existía sin duda, en razón del artículo 6 del Convenio, dichas sentencias son, a saber: de 8 de Febrero de 1996, *John Murray Vs. El Reino Unido*, apartado 45; de 17 de Diciembre de 1996, *Saunders Vs. El Reino Unido*, apartado 71 y de 3 de Agosto de 2001, *J.B. Vs. Suiza*, apartado 64, todas ellas disponibles para consulta en lengua inglesa en: http://cmiskp.echr.coe.int/tkp197/search.asp?skin= hudoc-en.

[405] Como así puede extraerse de la lectura de *Funke Vs. Francia*, apartado 44.

[406]Los pronunciamientos de las Cortes Europeas, parecen ceñirse claramente a lo expuesto por el Reglamento 1/2003, donde si bien nada se dice en su articulado sobre este privilegio, sí que hay un texto de relevancia en el numeral 23 inicial, donde se abre una puerta a la interpretación, al expresar: "(...) *no podrá obligarse a las empresas a admitir que han cometido una infracción, pero éstas estarán obligadas en cualquier caso a responder a preguntas relativas a los hechos y a proporcionar documentos, aun cuando dicha información pueda ser utilizada en contra de dichas u otras empresas para constar la existencia de una infracción."*

principal baza de su posición las obligadas limitaciones que debe tener el privilegio, el cual interpretan, en ningún caso debe ser absoluto[407], pues entienden que dicho reconocimiento extrapolaría los Derechos de Defensa de las empresas en el proceso llevado ante la Comisión[408] y con seguridad constituiría un obstáculo para el cumplimiento de las funciones de aplicación de la normativa *antitrust* por parte de dicha Autoridad, conllevando una pérdida de la eficiencia en la protección llevada a cabo por esta[409].

De tal manera, las limitaciones que las Cortes han entendido deben ser impuestas a este privilegio, se basan en delimitar bajo qué circunstancias las empresas podrán invocarlo, ya que en su opinión el manejo es diverso si el escenario es el de una solicitud de documentos, o si es el de una formulación de preguntas[410].

Así por ejemplo, en lo referente a solicitar documentación a una empresa, los argumentos han sido que en ningún caso las investigadas podrán invocar el Derecho a permanecer en silencio, y que por el contrario en todas las circunstancias deberán proveer lo solicitado, incluso si el establecimiento de la infracción y su participación en ella, están comprendidos en el material requerido[411].

---

[407] Sentencia del Tribunal de Primera Instancia, de 20 de Febrero de 2001, *Mannesmann-Rohrenwerke AG Vs. La Comisión de las Comunidades Europeas* (en lo sucesivo *Mannesmannrohren Vs la Comisión*), asunto T-112/98, apartado 66.

[408] Acerca de los principios fundamentales del proceso y los Derechos a favor de las empresas en este tipo de procedimientos en el nivel Comunitario ante la Comisión, puede verse LEÓN JIMÉNEZ, Rosario, "Los Derechos Fundamentales de las Empresas en el Procedimiento de Competencia Comunitario", en *Derecho de la Competencia Europeo y Español*, Coordinadores ORTIZ BLANCO, Luis y PASCUAL SEQUEROS, Adriana, Editorial Dykinson, Madrid, Volumen. III, 2002, Págs. 115 y siguientes.

[409] Esta línea conceptual puede verse en la relevante sentencia *Mannesmannrohren Vs la Comisión*, apartados 66 y 67, texto disponible para consulta en: http://eur-lex.europa.eu/LexUriServ/LexUriServ.do?uri=CELEX:61998A0112:ES:PDF; así como también en la Sentencia del Tribunal de Justicia de las Comunidades Europeas, de 7 de Enero de 2004, *Aalborg Portland, Irish Cement Ltd., Ciments français SA, Italcementi – Fabbriche Riunite Cemento SpA, Buzzi Unicem SpA y Cementir – Cementerie del Tirreno SpA Vs. La Comisión de las Comunidades Europeas* (en lo sucesivo *Aalborg Portland y otros Vs. La Comisión*), asuntos acumulados C-204/00 y otros, apartado 208, texto disponible para consulta en lengua inglesa en: http://eur-lex.europa.eu/LexUriServ/LexUriServ.do?uri=CELEX:62000J0204:EN:HTML.

[410] Además de dicha diferenciación, las Cortes han entendido que el procedimiento seguido ante la Comisión, no es uno de aquellos procesos que se encuentran comprendidos en el artículo 6 del *Convenio para la Protección de los Derechos Humanos y de las Libertades Fundamentales*, conllevando la existencia limitada del privilegio a permanecer en silencio en este tipo de procedimientos. Posición que puede verse en el apartado 31 del fallo *Orkem*, así como también en algún sector de la doctrina, que ha centrado su apreciación sobre el privilegio a permanecer en silencio, alrededor de esta circunstancia, por entender, que resuelto este parámetro, no serían necesarios argumentos diversos para contradecir lo expuesto por el Tribunal Europeo de Derechos Humanos. Como así puede verse en JONES, Alison y SUFRIN, Brenda, *EC Competition Law. Text, Cases and Materials*, Oxford University Press, Nueva York, 2008, Págs.1176 y 1177.

[411] Como así se extrae de la lectura de *La Comisión de las Comunidades Europeas Vs. SGL Carbón AG y otros*, apartado 44, donde se reafirmo dicha óptica de las Cortes Europeas.

Por el contrario, acerca de las preguntas formuladas por la Comisión, las Cortes han interpretado en un sentido opuesto, toda vez que han comprobado que en oportunidades dichas preguntas van más allá de los poderes de la Comisión y de las atribuciones mismas que se le otorgan para llevar a cabo una investigación, ya sea por ser sugestivas, engañosas, conclusivas, ambiguas o similares[412].Entendiéndolo, han dicho que el privilegio a permanecer en silencio y a dejar sin respuesta los cuestionamientos, se configura en aquellos casos en los cuales la pregunta formulada es de alguno de los estilos descritos[413], o en su caso, cuando se hubiese forzado al personal de la empresa a dar respuestas que impliquen una admisión de su participación en una transgresión a las normas de libre competencia, que por atribución debe ser probada por la Autoridad[414].

De la misma forma, las Cortes han manifestado que el Derecho en favor de las empresas también puede ser puesto en marcha por estas, cuando son preguntadas con respecto a hechos y no a documentos, pues en la práctica, las preguntas netamente "factuales" pueden marcar diferencias y permitir a la Comisión una vez respondidas probar la responsabilidad de la empresa en el ilícito.

La Diferencia entonces entre las ópticas de las Cortes Europeas (Tribunal de Justicia y Tribunal de Primera Instancia) y el Tribunal Europeo de Derechos Humanos, se basa en que en razón de los fallos y concepto de este último, cualquier acción positiva de una autoridad, que potencialmente esté en capacidad de conllevar la aceptación de la culpa por parte de un "imputado", puede comportar la decisión de guardar silencio[415]; mientras que para aquellas, solo algunas acciones de la Comisión pueden justificar el ejercicio del Derecho, toda vez que no plantear ciertos límites, y otorgar a los agentes un privilegio

---

[412] Lo importante, es determinar, con el ánimo de saber si efectivamente una pregunta menoscaba el derecho de las empresas, si una respuesta efectivamente sería equivalente a la admisión de la infracción, como así se expone en la Sentencia del Tribunal de Primera Instancia, de 27 de Septiembre de 2006, *Archer Daniels Midland Co Vs. La Comisión de las Comunidades Europeas*, asunto T-59/02, apartado 262, en los siguientes términos: "(...) *La protección de este derecho supone, en caso de discrepancia acerca del alcance de una pregunta, que se compruebe si una respuesta del destinatario equivaldría efectivamente a la confesión de una infracción, de manera que se vulneraría el derecho de defensa (...)* "

[413] Ejemplos de esta postura cada vez mas interiorizada, que ya encuentra soportes jurisprudenciales, pueden ser encontrados en VAN BAEL, Ivo & BELLIS, Jean-François, *Competition Law of the European Community*, Kluwer Law International, Alphen aan den Rijn, Holanda, 2010, Pág. 1030, pie de página 379.

[414] El reconocimiento de la infracción, de darse, debe ser resultado de la voluntad individual de la empresa y en ningún caso resultado de un constreñimiento efectuado por los funcionarios de la Comisión, quienes deben evitar en todos los casos, dar una impresión equivocada que haga entender, que están obligando con sus cuestionamientos a reconocer la participación en la infracción. Como así se extrae de un grupo de fallos, a saber, del Tribunal de Justicia de las Comunidades Europeas, de 14 de Julio de 2005, *ThyssenKrupp Stainless GmbH y ThyssenKrupp Acciai speciali Terni SpA Vs. La Comisión de las Comunidades Europeas* (en lo sucesivo *ThyssenKrupp Vs. La Comisión*), asuntos acumuladosC-65/02 y C-73/02, apartado 52, texto disponible para consulta en: http://eur-lex.europa.eu/LexUriServ/LexUriServ.do?uri=CELEX:62002J0065:ES:PDF; El fallo *Polypropyleen*, apartados 455 y 457; *La Comisión de las Comunidades Europeas Vs. SGL Carbón AG y otros*, apartado 42; el fallo *Orkem*, apartado 35, y el fallo *Polypropyleen*, apartado 449.

[415]*Funke Vs. Francia*, apartado 71.

"total" como el que está en estudio, iría mas allá de lo que es necesario para garantizar el apropiado Derecho de Defensa en favor de las empresas[416].

La Divergencia[417], lo que ha venido a dejar claro, es que a pesar de la disputa, la Comisión, en los asuntos que se susciten alrededor de los artículos 101 y 102 del Tratado de Funcionamiento de la Unión Europea, debe otorgar el privilegio a guardar silencio y a no autoincriminarse, de forma limitada y en ciertas eventualidades ya previamente descritas, pues las apreciaciones del Tribunal Europeo de Derechos Humanos sobre el tema, no se hacen extensivas a las disputas de Competencia[418].

No Obstante, nuevas vías de disputa son puestas en manifiesto por la doctrina acerca del presente tema, al expresar que la situación actual es en todo caso cambiante y puede generar mutaciones en el sistema de protección de la competencia. Los Autores, expresan que en razón de la modernización y la cabida que en el contexto actual tiene el *Private enforcement* del Derecho de la Competencia, Los Tribunales de los países miembros[419], puedan interpretar el Derecho y otorgar el privilegio a los implicados siguiendo la línea marcada por el Tribunal Europeo de Derechos Humanos y no aquella trazada por las Cortes Europeas; siendo un aspecto que creen, debe ser resuelto por algún instrumento normativo, o por la jurisprudencia, de suscitarse la oportunidad, antes de que asuntos de *Forum Shoping* condicionen la actuación de la Comisión[420].

Al finalizar con este privilegio limitado de los agentes investigados, y habiendo sido resaltados todos y cada uno de los pormenores esenciales que envuelven las atribuciones de investigación que el Reglamento 1/2003 le ha otorgado a la Comisión, no es arriesgado concluir, que la Autoridad Comunitaria actualmente se encuentra en una posición privilegiada, superior y de inmensa relevancia, que le faculta para cumplir su

---

[416] El cual se encuentra suficientemente garantizado en razón de las múltiples oportunidades que tienen las empresas para manifestar su parecer en varios momentos del proceso seguido ante la Comisión, desde la apertura del mismo, e incluso previamente, mediante comunicaciones informales y similares; pudiendo poner en marcha los mecanismos de defensa en referencia a documentos, preguntas que le son formuladas y en general, estando capacitadas para replicar los planteamientos de la Autoridad Comunitaria. Como así se encuentra estipulado en la sentencia *Polypropyleen,* apartado 448.

[417] El Desarrollo de los postulados erigidos por el Tribunal de Primera Instancia y el Tribunal de Justicia de las Comunidades Europeas, puede encontrarse en BARENTS, Rene, *Directory of EC case Law on Competition,* Kluwer Law International, Alphen aan den Rijn, Holanda, 2007, Págs. 528 a 530.

[418] En adición a los fallos mencionados sobre el tema, cabe enunciar algunas otras sentencias que han soportado los planteamientos de las Cortes Europeas, en contraposición a lo dicho por el Tribunal Europeo de Derechos Humanos, a saber las Sentencias del Tribunal de Primera Instancia de 21 de Junio de 2006, *Danzer Vs. El Consejo de la Unión Europea,* asunto T-47/02, texto disponible para consulta en: http://eur-lex.europa.eu/LexUriServ/LexUriServ.do?uri=CELEX:62002A0047:ES:PDF; el asunto *Cimenteries CBR y otros Vs. La Comisión de las Comunidades Europeas,* apartado 734; y el asunto *Société généraleVs. La Comisión de las Comunidades europeas,* apartado 74.

[419] En razón de ser todos aquellos Estados, firmantes del *Convenio para la Protección de los Derechos Humanos y de las Libertades Fundamentales.*

[420] Un ejemplo de la situación mencionada, es resaltado por VAN BAEL, Ivo & BELLIS, Jean-François, *Competition Law of the European Community,* Kluwer Law International, Alphen aan den Rijn, Holanda, 2010, Pág. 1031, pie de página 383, en donde se pone en manifiesto la situación suscitada en Francia alrededor del asunto *Sony France y Philips France Vs. Avantage y otros.*

labor en términos de eficiencia y preeminencia frente a los demás *Enforcement Bodies* que el mismo Reglamento ha empoderado para cumplir la labor de protección de la competencia en el ámbito Europeo.

Contar con una ampliación significativa de sus poderes de investigación, así como envolver dichas facultades en la idoneidad, utilidad y la conveniencia, extrayendo de su entorno circunstancias que dificulten el descubrimiento y desmantelamiento efectivo de las conductas contrarias a la normativa de libre competencia, le ha equiparado a otra autoridad igualmente relevante, como lo es la *Federal Trade Commission* de los Estados Unidos, de la cual se han aprovechado experiencias que a día de hoy enriquecen los poderes de la Autoridad Comunitaria de Competencia en Europa, y que conjuntamente, por ser representantes en el tema, de dos de las economías de mayor trascendencia, con seguridad marcarán una pauta de importancia en la estructuración de un sistema cada vez mas internacional de Defensa de la Competencia, en el cual el tránsito informativo, la cooperación, y el trabajo conjunto en materia de investigación, no sean aspectos restrictivos de la Red de Autoridades de Competencia en Europa, sobre la cual en apartados posteriores, se referirá el presente trabajo.

(E) Facultades decisorias.

Así como los poderes de investigación de la Comisión se han visto ampliados en razón de la aparición del Reglamento 1/2003, el catálogo de decisiones que aquella Autoridad Comunitaria puede tomar en relación a una situación particular, también se ha visto igualmente extendido gracias al mencionado instrumento y a otros más que le han dado desarrollo; toda vez que al parecer, el legislador Europeo entendió que no todos los escenarios ameritan una misma actuación y que muchos aspectos alrededor de ellos, están en capacidad de comprometer cuestiones igualmente importantes, como lo son las sociales, económicas y todas aquellas que guardan estrecha relación con los derroteros del *Enforcement Body* comunitario[421].

Además de dichas razones, era claro desde hace ya algún tiempo, antes de la aparición del Reglamento 1/2003, que el sistema de Defensa de la Competencia necesitaba variaciones estructurales y procedimentales que garantizaran a Europa una protección de la competencia, efectiva, continua, no supeditada al paso del tiempo, y a la par, en vigencia; planteando soluciones a las circunstancias irregulares que el tenor del Reglamento 17/1962 y la situación de la Comisión le habían otorgado la posibilidad de

---

[421] Con antelación a la aparición del Reglamento 1/2003, un grupo de autores había puesto de manifiesto la necesidad de refrendar en un instrumento normativo de carácter comunitario, todas las posibles decisiones que la Comisión debía estar empoderada para tomar, las cuales se estaban, en ocasiones, poniendo en marcha como parte de la costumbre interna de la Autoridad en lo referente a las infracciones a las normas *antitrust*, pero no como parte de un sistema coherentemente estructurado en ese sentido, que según ellos, debía concretarse, dando un amplio poder de observación y razonamiento a la Comisión que le permitiese escoger entre las posibilidades otorgadas, dependiendo del carácter de la transgresión y sus particularidades. WAELBROECK, Michel, FRIGNANI, Aldo y MÉGRET, Jacques, *Derecho Europeo de la Competencia*, Tomo 1, Editorial Bosch, Barcelona, 1998, Págs. 534 y siguientes.

poner en práctica a los agentes[422], y mitigando las consecuencias económicas y de otras estirpes que tenia para estos últimos, el tener que notificar decisiones relevantes a la Comisión[423].

Las empresas podían permitirse en ocasiones, ciertos comportamientos "improcedentes", aprovechándose del sistema planteado por el Reglamento 17/1962, toda vez que la Comisión se encontraba sobrecargada de funciones, debiéndole dar solución al aluvión continuo de solicitudes de autorización, así como al catálogo desmesurado de competencias en su cabeza, de las cuales, muchas de ellas, eran atribuciones exclusivas.

Ejemplo de ello, era el monopolio de aplicación del numeral tercero del aquel entonces artículo 81 del Tratado (actual 101 del Tratado de Funcionamiento de la Unión Europea), así como también, la obligación de darle resolución a la gran cantidad de notificaciones que las empresas hacían, en ocasiones de poca envergadura, que necesitaban en todo caso un pronunciamiento de la Autoridad Comunitaria sobre ellas[424]. Notificaciones, sobre las cuales es justo decir, la Comisión resolvía por medio de *Comfort Letters* que usualmente expresaban no haber encontrado transgresión a la normativa *antitrust* comunitaria en la actuación[425].

Era claro que solucionar el inconveniente expuesto y a la par solventar algunos otros no planteados en el presente texto, era acuciante, ya que la competencia en el mercado

---

[422] El sistema del Reglamento 17/1962, empezó a erigirse como ineficaz, por lo que no era para nada extraño, que una empresa acudiese a la Comisión en búsqueda de una autorización sobre una conducta, teniendo el verdadero objetivo de entorpecer la labor de otros *Enforcers*, que por las particularidades del sistema debían detener sus procedimientos hasta tanto la Comisión no se pronunciara acerca de la actuación, pacto o convenio notificado por una empresa. Esta situación, la pone de manifiesto PASCUAL Y VICENTE, Julio, "La nueva política comunitaria europea de control de conductas y su repercusión en España", en *Anuario de la Competencia*, N° 1, 2003, Pág. 129.

[423] Era común que las empresas se viesen perjudicadas por el sistema de notificación que planteaba el Reglamento 17/1962, ya que con la espera de la respuesta comunitaria, con regularidad se generaba un incremento en los costos a soportar por parte de aquellas en razón del tiempo de espera; añadiendo igualmente una importante cuota de incertidumbre jurídica, que entre otras cosas, les impedía autorregularse y valorar por si solas el pacto. Generando todo ello, una asignación de recursos innecesaria en el lado privado y en el público.

[424] El sistema de notificaciones ha suscitado comentarios de algún sector de la doctrina, que entiende, que el control *ex-ante* en este caso, no garantiza la protección efectiva de la Competencia, la cual creen, se asegura de mejor forma, realizando un control *ex-post*, en el cual se intente desmantelar cualquier transgresión a las normas de libre competencia una vez suscitada. Parámetro que soportan en la buena experiencia que en los Estados Unidos ha tenido dicho sistema. GALAN CORONA, Eduardo, "Notas al Reglamento (CE) No. 1/2003 del Consejo, de 16 de Diciembre de 2002, para la aplicación de los artículos 81 y 82 del tratado de Roma", en *Revista de Derecho Comunitario Europeo*, Año 7, N°15, 2003, Pág. 512.

[425] Esta solución se generalizó peligrosamente durante varios años, pues el tiempo de preparación de las *comfort letters* era considerablemente menor, además que en razón de la multiplicidad de notificaciones, se hacía necesario buscar una solución como aquella, que "estandarizara" las respuestas en las cuales la Comisión informaba a las empresas que una conducta no ameritaba acción alguna y por lo tanto no era contraria a la normativa de libre competencia. Como así lo pone de manifiesto, VAN BAEL, Ivo & BELLIS, Jean-François, *Competition Law of the European Community*, Kluwer Law International, Alphen aan den Rijn, Holanda, 2010, Pág. 957.

único debía protegerse de una forma eficaz y la Comisión no se encontraba en posición de hacerlo por tener tantísimas funciones a su cargo.

La entrada de nuevos países a la Unión hacía necesario un enfoque más actual, que en parte, podía llegar gracias a los ejemplos que se extraían de la experiencia norteamericana, donde había un eje claro del sistema de protección de las normas *antitrust*, la *Federal Trade Commission,* la cual se encargaba, y se encarga, de plantear parámetros genéricos a seguir por los demás *Enforcers,* que giran alrededor suyo en cuanto a política de competencia y dejan en manos de aquella la toma de decisiones acerca de asuntos de gran envergadura, relevancia e importancia.

El trabajo conjunto que se seguía en los Estados Unidos, planteaba varios beneficios, toda vez que erigía la cooperación como principio básico de la función realizada por las diversas autoridades y a la par demostraba que había una alta posibilidad de compenetrar a varios agentes en términos de eficiencia.

Interiorizadas aquellas bondades y estudiadas las vías apropiadas para trasponer algunas de ellas al terreno europeo, tras un tiempo de análisis, se hicieron variaciones que permitieron delimitar con mayor claridad los roles de cada autoridad dentro de la nueva figura añadida por el Reglamento 1/2003, la red de Autoridades de Competencia, abreviando el control administrativo y permitiendo a la Comisión centrarse en las que deben ser sus funciones primordiales, cuales son, la de formular la política de competencia comunitaria que debe ser seguida por los demás *Enforcement Bodies* y centrarse en la resolución de las transgresiones de mayor envergadura y más relevancia a nivel comunitario[426].

Descentralizar el poder que hasta ese momento era monopolio de la Comisión, se hizo realidad, generando que la nueva Red de Autoridades de Competencia colaborara activamente en la identificación de falencias que fueran perjudiciales para el mercado común Europeo, así como dejando en manos de la Comisión aquellas que así lo ameritasen por su gravedad[427].

---

[426] Así las cosas, tal y como algún sector de la doctrina defendía, se extrajo el requisito de notificación previa, y por lo tanto el control *ex–ante* que requería una delimitación de la conducta por parte de la Comisión en búsqueda de establecer su licitud o ilicitud, pasó a ser un control *ex–post*, en el cual son las empresas quienes deben valorar la actuación, pacto o similar, y delimitar si la/el misma(o) no configura una transgresión a las normas de libre competencia, que solo en ciertos casos, ameritará la valoración de un *Enforcement Body.* Como así se extrae del texto de GARRIDO ESPÁ, Luis, "Los Tribunales del orden civil y el Reglamento CE 1/2003 del Consejo, de 16 de Diciembre de 2002, relativo a la aplicación de las normas sobre competencia previstas en los arts. 81 y 82 del tratado constitutivo de la CE", en *La Defensa de la Competencia por los órganos judiciales: El Reglamento CE 1/2003*, Cuadernos de Derecho Judicial, Tomo XVII, CENDOJ, Madrid, 2005, Pág. 74.

[427] Sobre el recorrido temporal que desencadenó en el sistema descentralizado actual en Europa, los pertinentes comentarios de DABBAH, Maher M., *International and comparative competition law,* Cambridge University Press, Nueva York, 2010, Págs. 179 a 181, donde el autor expresa que el debate surgió en los años ochenta, hasta llegar a la estructuración coherente de los parámetros de un mejor sistema, en el cual se involucrase a los Jueces nacionales; dándoles a estos y a las Autoridades Nacionales una mayor responsabilidad, comprometiéndolos con tan importante tarea y potenciando la normativa doméstica como eje central del desarrollo de las funciones de acuerdo a las bases del Derecho comunitario.

De tal forma, para resolver aquellas situaciones que el reparto coherente de asuntos pone en cabeza de la Comisión, esta Autoridad actualmente cuenta con un catálogo de decisiones de varias estirpes que se encuentran delimitadas mayoritariamente en el Reglamento 1/2003, aunque no de forma conjunta, pues otros instrumentos comunitarios exponen otras salidas anexas que una buena parte de la doctrina ha obviado como "decisión", y a las cuales en el presente trabajo se les dará cabida dentro del actual apartado, toda vez que se interpreta que de necesitarse anuencia por parte de la Comisión para que el procedimiento tome un camino específico, dicha situación debe ser considerada en toda regla, una manifestación del poder de ejecución de la mencionada Autoridad Comunitaria.

Todas las decisiones a exponer, son de gran relevancia, pues guardan una relación estrecha con aquello expuesto al inicio del presente apartado, cual es la necesidad de tener una amplia baraja de soluciones que impregnen de flexibilidad el desmantelamiento de infracciones y se encaucen en la multiplicidad de situaciones fácticas que se presentan en el mercado y en el marco concurrencial europeo. Dichas decisiones, las cuales tras su enunciación serán desarrolladas de forma individual, son las siguientes[428]:

- Decisiones de constatación y cese de la Infracción.

- Decisiones de adopción de Medidas Cautelares.

- Decisiones de aceptación de Compromisos.

- Decisiones de declaración de inaplicabilidad.

- Decisiones de Retirada del Beneficio Individual de Exención por Categorías.
- Decisiones de Adopción de un Programa de Clemencia.

- Decisiones de adoptar Cartas de Orientación.

- Decisiones de desestimación de una denuncia o de sobreseimiento.

- Decisiones de carácter Procesal.

Con los debates que pueda suscitar la enunciación previa, es indispensable, antes de desarrollar cada una de dichas decisiones, dejar claro que igualmente, la Comisión esta empoderada para tomar decisiones por medio de las cuales se imponen sanciones en las diversas etapas a su cargo, las cuales, se excluyen del presente apartado, toda vez que sus particularidades serán puestas en manifiesto de manera especial en el apartado siguiente, referente a las atribuciones sancionatorias de la Autoridad Comunitaria.

---

[428] Sigue los parámetros y el orden que viene establecido en el Reglamento 1 /2003 y se ciñe a él, sin adoptar algunas de las decisiones que se exponen en el presente trabajo dentro de este apartado, PACE, Lorenzo Federico, *European Antitrust Law. Prohibitions, Merger Control and Procedures*, Edward Elgar Publishing, Cheltenham, 2007, Pág. 231.

1. Decisiones de constatación y cese de la infracción.

De conformidad a lo establecido en el Artículo 7 del Reglamento 1/2003, en específico en su numeral primero, la Comisión está capacitada para, previa verificación, prohibir acuerdos o prácticas restrictivas de la competencia que resulten ser una transgresión a los artículos 101 y 102 del Tratado de Funcionamiento de la Unión Europea[429].

Esta premisa de detección y reacción ante la infracción[430], ha rondado el presente trabajo desde su inicio y marca la pauta de la decisión por antonomasia, toda vez que no hay misterio alguno sobre ella, ya que se basa simplemente en constatar la contravención a las normas de libre competencia y ordenar por medio de una decisión[431]a los implicados poner fin a la misma[432]. Lo cual, gracias a lo expresado en el artículo 7 del Reglamento 1/2003, se encuentra actualmente mejor garantizado, pues la Comisión, taxativamente, se encuentra ahora empoderada para imponer remedios estructurales o de comportamiento que sean necesarios para llevar la actuación en estudio, al cese[433].

---

[429]PACE, Lorenzo Federico, *European Antitrust Law. Prohibitions, Merger Control and Procedures,* Edward Elgar Publishing, Cheltenham, 2007, Pág. 232.

[430] Es interpretada por algunos, como una de las decisiones esenciales de la Comisión, la cual en conjunto con las decisiones "positivas" (en relación a la declaración de inaplicabilidad), así como también a las decisiones de compromiso, engloban un gran porcentaje de las situaciones en las cuales la Autoridad Comunitaria pone en marcha esta atribución. BRAMMER, Silke, *Co-operation Between National Competition agencies in the enforcement of EC Competition Law,* Hart Publishing, Oxford y Portland, Oregon, 2009, Pág. 32.

[431] Acerca de las características de dicha decisión, asociándola con un acto administrativo de carácter singular, así como enumerando ciertas características que dicho acto debería tener en el campo general, trascendiendo y acogiendo efectos *Erga Omnes*, BALLESTERO MOFFA, Luis Ángel, "La delimitación de las funciones normativa y administrativa en el orden comunitario, en particular, la decisión", en *Revista de Derecho Comunitario Europeo,* Año 5, N° 9, 2001, Pags. 303 a 320.

[432] Sustento jurisprudencial de esta facultad decisoria, en fallos tales, como el del Tribunal de Primera Instancia, de 6 de Octubre de 1994, *Tetra Pak International SA Vs. La Comisión de las Comunidades europeas,* asunto T-83/91, apartado 220, texto disponible para consulta en: http://eur-lex.europa.eu/LexUriServ/LexUriServ.do? uri=CELEX:61991A0083:ES:PDF; del Tribunal de Justicia de las Comunidades europeas, de 6 de Abril de 1995, *Radio Telefis Eireann e Independent Television Públicents Ltda Vs. La Comisión de las Comunidades Europeas* (en lo sucesivo *RTE e ITP Vs. La Comisión),* asuntos acumulados C-241/91 P y C-242/91 P, apartado 93, texto disponible para consulta en: http://eur-lex.europa.eu/LexUriServ/LexUriServ.do?uri=CELEX: 61991J0241:ES:PDF; *Polypropyleen,* apartado 1250; del Tribunal de Primera Instancia, de 14 de Mayo de 1998, *Gruber + Weber GmbH & Co. KG Vs. La Comisión de las Comunidades Europeas,* asunto T-310/94, apartado 165, texto disponible para consulta en: http://eur-lex.europa.eu/LexUriServ/LexUriServ.do?uri=CELEX:61994A0310:ES: PDF; y *Cimenteries CBR y otros Vs. La Comisión de las Comunidades Europeas,* apartado 4705.

[433] Lo cual configura en toda regla un avance significativo del Reglamento 1/2003, toda vez que el anterior Reglamento, 17/1962, no preveía esa posibilidad, que es actualmente exclusiva de la Comisión, ya que los demás *Enforcement Bodies* no se encuentran facultados para hacer uso de ella. En referencia a la situación suscitada en vigencia del Reglamento anterior, resulta de relevancia el asunto *Automec Srl Vs. La Comisión de las Comunidades Europeas,* en específico su apartado 52, en el cual se lee: *"(...) Es cierto que, en tales circunstancias, la Comisión tiene la facultad de declarar que existe la infracción y de ordenar a las partes afectadas que pongan fin a la misma, pero no puede imponer a las partes su elección entre las distintas conductas posibles, todas conformes al Tratado."*

A pesar de la simplicidad de la premisa, se observa que la facultad de la Comisión de imponer remedios[434], le ha venido a otorgar a este tipo de decisiones, un distintivo estructural más completo[435]; el cual a su vez, se ve complementado por la adición que también ha hecho el numeral primero, concediéndole a la Comisión el poder para tomar decisiones de esta estirpe también respecto a infracciones acaecidas en el pasado, cuando tenga interés legítimo para ello[436].

En cuanto a los remedios de comportamiento, cabe acotar que los mismos pueden ser negativos o positivos[437]: siendo negativos aquellos que por ejemplo están dirigidos a que la empresa se detenga y deje de tener un comportamiento determinado; y positivos, aquellos que imponen a la empresa la realización de una acción en específico[438], como lo

---

[434] Acerca de esta nueva posibilidad adherida por el Reglamento 1/2003, son de importancia los comentarios de PASCUAL Y VICENTE, Julio, "La nueva política comunitaria europea de control de conductas y su repercusión en España", en *Anuario de la Competencia*, N° 1, 2003, Pág. 136.

[435] Que se entiende es una novedad del paquete de modernización y del Reglamento, a pesar de la opinión de algún sector de la doctrina, que ha defendido que no hay razón para suponer que los poderes de decisión han variado con el Reglamento 1/2003; pues según su óptica, sentencias como la del Tribunal de Justicia de las Comunidades Europeas, de 6 de Marzo de 1974, *Istituto Chemioterapico Italiano S.p.A. y Commercial Solvents Corporation Vs. La Comisión de las Comunidades Europeas* (en lo sucesivo *Solvents Corporation Vs. La Comisión*), asuntos acumulados 6/73 y 7/73, apartado 45, texto disponible para consulta en: http://eur-lex.europa.eu/LexUriServ/LexUriServ.do?uri=CELEX:61973J0006:ES:PDF (la cual es ampliamente desarrollada en BELLAMY, Christopher, CHILD, Graham y PICAÑOL, Enric, *Derecho de la competencia en el mercado común*, Civitas, Madrid, 1992, Pág. 644); así como la Sentencia del Tribunal de Primera Instancia, de 17 de Septiembre de 2007, *Microsoft Corp. Vs. La Comisión de las Comunidades Europeas*, asunto T-201/04, apartado 1265, texto disponible para consulta en: http://eur-lex.europa.eu/LexUriServ/LexUriServ.do?uri=CELEX:62004A0201:ES:HTML; sirven para comprobar que lo único que ha variado es la enunciación taxativa de dicha facultad en el Reglamento. WHISH, Richard, *Competition Law*, Oxford University Press, Londres, 2008, Pág. 251. De esta opinión también, GIL IBAÑEZ, José Luis, "La Comisión y la aplicación del Derecho Comunitario de la Competencia", en *La Defensa de la Competencia por los Órganos Judiciales: El Reglamento CE 1/2003*, Editor GARRIDO ESPÁ, Luis, Consejo General del Poder Judicial, Madrid, 2005, Pág. 120, quien dentro de las sentencias que prueban su postura enuncia la sentencia *Gillette*.

[436] Acerca de las contribuciones específicas que traen a la Defensa de la Competencia este tipo de decisiones, se expresa WILS, Wouter, P.J, *Efficiency and European antitrust enforcement*, Hart Publishing, Portland, 2008, Pág. 29, quien en resumen entiende que son 6 los aportes específicos que trae al sistema en general, a saber: (i) la constatación de la infracción clarifica el contenido de la prohibición de los artículos 101 y 102 del Tratado, garantizando el respeto futuro de dichas disposiciones, (ii) La terminación del proceso por este medio lleva la infracción al cese, (iii) al ir acompañada de una sanción, se contribuye con el efecto persuasivo o *deterrence*, (iv) el *deterrence* aportado por la sanción genera un desestímulo a realizar actuaciones contrarias a la normativa *antitrust* en el futuro, (v) las sanciones pecuniarias que impone, garantizan un retorno de las ganancias fruto de la infracción e incluso configuran un castigo, y (vi) la constatación de la infracción facilita las acciones *Follow-on* de compensación de las víctimas de las infracciones ante los Tribunales nacionales de los países miembros.

[437] Como así lo expresan varias sentencias, tales como *Solvents Corporation Vs. La Comisión*, apartado 45; *RTE e ITP Vs. La Comisión*, y delTribunal de Primera Instancia, de 12 de Diciembre de 2000, *Aéroports de Paris Vs. La Comisión de las Comunidades europeas*, asunto T-128/98, apartado 82.

[438] Es esencial entender que dichos remedios positivos, en ningún caso, pueden estar dirigidos a coaccionar a una empresa a firmar un acuerdo o a adherirse a uno ya existente, ya que eso iría mas allá de las competencias que le son otorgadas por el Reglamento 1/2003. VAN BAEL, Ivo & BELLIS, Jean-François, *Competition Law of the European Community*, Kluwer Law International, Alphen den Rijn, Holanda, 2010, Pág. 1074, y la jurisprudencia enunciada en dicha obra.

puede ser, no llevar a cabo en el futuro acción idéntica o similar a la que generó la intervención de la Comisión[439].

Los remedios estructurales que el artículo 7 enuncia, han estado envueltos en mayores controversias que las suscitadas sobre los remedios de comportamiento, pues son una novedad del Reglamento 1/2003 que no tenía precedente en el Reglamento 17/1962. Sobre ellos es de resaltar que, la Comisión solo podrá ponerlos en marcha cuando no haya remedio de comportamiento con el que se logre la misma finalidad en términos de eficacia, o cuando el remedio de comportamiento resulte más gravoso que el estructural[440].

Este tipo de remedios, se plantean también, como así puede verse en el numeral 12 del Reglamento, para tomar medidas drásticas en contra de aquellas conductas que transgreden la normativa *antitrust*; preceptuando incluso, que de ser necesario imponerlos a una empresa en específico, con el ánimo de retornar su estructura a como era antes de la infracción, la Comisión podrá hacerlo, en aquellas situaciones en las cuales la estructura misma de la empresa, resulte ser un riesgo continuo que claramente va a seguir suscitando infracciones. Siendo un aspecto de importancia que en ningún caso debe ser desconocido y que da un distintivo especial a esta facultad de la Comisión[441].

---

[439] En cualquier caso, la jurisprudencia reciente se ha expresado sobre las imposiciones que en razón del artículo 7 está en capacidad de poner en marcha la Comisión, resaltando la necesaria proporcionalidad de los remedios; como así puede verse en la Sentencia del Tribunal de Primera Instancia, de 11 de Julio de 2007, *Alrosa Company Ltda Vs. La Comisión de las Comunidades Europeas*, asunto T-170/06, apartado 102, texto disponible para consulta en: http://www.idpbarcelona.net/docs/recerca/dretue/docs/pdf/subsid_jurisprudencia/t170.pdf, en la cual se lee: "*El Tribunal de Justicia ya ha declarado, sobre la base del artículo 3 del Reglamento no. 17, que las obligaciones impuestas a las empresas para poner fin a una infracción del Derecho de la competencia no deben ir mas allá de los límites de lo necesario y adecuado para alcanzar el fin perseguido, a saber, el restablecimiento de la legalidad en relación con las normas que se hayan infringido en el caso de autos (sentencia RTE e ITP/Comisión, antes citada, apartado 93). La misma interpretación se impone en lo relativo al artículo 7, apartado 1, primera frase, del Reglamento no. 1/2003, cuyo tenor literal es muy similar al del artículo 3, apartado 1, del Reglamento no. 17.*" Siendo un aspecto que puede ser sustentado, de igual forma, con lo expuesto en su momento en el fallo *Microsoft Corp. Vs. La Comisión de las Comunidades Europeas*, apartados 1251 y siguientes referentes a la apreciación del Tribunal; la sentencia *Automec Srl Vs. La Comisión de las Comunidades Europeas*, apartados 50 al 52; así como también la Sentencia del Tribunal de Primera Instancia, de 28 de Febrero de 2002, *Atlantic Container Line AB y otros Vs. La Comisión de las Comunidades europeas*, Asunto T-395/94, apartados 410 y siguientes. Acerca de la proporcionalidad en los remedios, haciendo una especial mención a la peligrosidad de aquellos de índole estructural, los comentarios que se hallan en JONES, Alison y SUFRIN, Brenda, *EC Competition Law. Text, Cases and Materials*, Oxford University Press, Nueva York, 2008, Pág. 1206, así como también los parámetros jurisprudenciales que pone de manifiesto BARENTS, Rene, *Directory of EC case Law on Competition*, Kluwer Law International, Alphen aan den Rijn, Holanda, 2007, Pág. 616.

[440] Disponer en este sentido, se entiende, se ha hecho, pues los remedios estructurales propiamente dichos, están en capacidad por sí solos de generar distorsiones e inestabilidad en el mercado; por lo que en todas las circunstancias, deben ser utilizados tras agotar todas las demás opciones y solo cuando un remedio de comportamiento no brinde solución alguna a la transgresión.

[441] MARTÍNEZ LAGE, Santiago, "Cambio de cultura: aprobada, al fin, la reforma de las normas de aplicación de los artículos 81 y 82 CE", en *Gaceta Jurídica de la Unión Europea y de la Competencia*, N° 223, 2003, Pág. 9.

Además de los remedios a imponer, como ya se dijo en la parte inicial de este apartado, el artículo 7 del Reglamento 1/2003 ha adherido una situación excepcional que amerita un desarrollo con el ánimo de entender su alcance, cual es, el poder para tomar decisiones de constatación y cese[442], también respecto a infracciones acaecidas en el pasado ya interrumpidas, en aquellas circunstancias en las que tenga un interés legítimo para hacerlo[443].

De ser este el deseo de la Comisión[444], la misma deberá explicarlo claramente, so pena de que la decisión sea anulada o apelada, enunciando nítida e inequívocamente las razones que le impulsan a tomar una postura respecto de una actuación pasada. Las justificaciones más comunes de la Autoridad Comunitaria, aunque no las únicas, toda vez que taxativamente no hay imposición alguna en el Reglamento, son el facilitar acciones *Follow-on* y el aportar claridad acerca de aspectos esenciales de la Defensa de la Competencia[445].

Este poder de tomar decisiones de cese una vez constatadas las infracciones, necesita de una organización al interior de la Autoridad Comunitaria, que garantice una motivación clara de las razones que llevan a la Comisión, en cada caso particular, a la estructuración misma de la decisión; lo cual, actualmente se logra, gracias a la existencia

---

[442] Sobre los efectos de dichas decisiones, sea cual sea su modalidad, respecto de una transgresión actual, o aquella ya acaecida y cesada, WAELBROECK, Michel, FRIGNANI, Aldo y MÉGRET, Jacques, *Derecho Europeo de la Competencia,* Tomo 1, Editorial Bosch, Barcelona, 1998, Pág. 4.

[443] Aquel sector de la doctrina que entiende que los remedios podían ser igualmente impuestos cuando estaba en vigencia el Reglamento 17/1962, también defiende que la Comisión se encontraba igualmente empoderada antes de la aparición del Reglamento 1/2003 con la facultad de adoptar decisiones acerca de transgresiones ya cometidas y cesadas, para lo cual anexan un número plural de sentencias que comprueban dicha postura. Siendo exponentes principales de aquella óptica, WHISH, Richard, *Competition Law,* Oxford University Press, Londres, 2008, Pág. 252, nota al pie de página número 35. Así como también BRAMMER, Silke, *Co-operation Between National Competition agencies in the enforcement of EC Competition Law,* Hart Publishing, Oxford y Portland, Oregon, 2009, Pág. 33.

[444] Por estar capacitada para hacerlo, como así se comprueba gracias a la jurisprudencia, incluso anterior a la aparición del Reglamento 1/2003, apuntando el concepto de la doctrina expuesto en el pie de página anterior. Siendo ejemplo de ello la Sentencia del Tribunal de Justicia de las Comunidades Europeas, de 2 de Marzo de 1983, *Gesellschaft zur Verwertung von Leistungsschutzrechten mbH (GVL) Vs. La Comisión de las Comunidades Europeas* (en lo sucesivo *GVL Vs. La Comisión),* asunto 7/82, apartados 26 a 28, texto disponible para consulta en: http://eur-lex.europa.eu/LexUriServ/LexUriServ.do?uri=CELEX:61982J0007:ES:PDF; *RTE e ITP Vs. La Comisión,* apartado 91; así como también *Bank Austria Creditanstalt Vs. La Comisión de las Comunidades Europeas.*

[445] Acerca de los requisitos procedimentales que envuelven este tipo de decisiones, se refiere la Sentencia del Tribunal de Primera Instancia, de 12 de Octubre de 2007, *Pergan Hilfsstoffe für industrielle Prozesse GmbH Vs. La Comisión de las Comunidades Europeas,* asunto T-474/04, texto disponible para consulta en: http://eur-lex.europa.eu/LexUriServ/LexUriServ.do?uri=CELEX:62004A0474:ES:HTML. Siendo igualmente de relevancia los comentarios realizados por WHISH, Richard, *Competition Law,* Oxford University Press, Londres, 2008, Pág. 252. Así mismo son de relevancia sobre este tema, aunque centrándose en la justificación que en cualquier caso debe tener la decisión tomada por la Comisión acerca de de una conducta, pasada o actual, los comentarios de WAELBROECK, Michel, FRIGNANI, Aldo y MÉGRET, Jacques, *Derecho Europeo de la Competencia,* Tomo 1, Editorial Bosch, Barcelona, 1998, Pág. 535, donde se enuncian un compendio de fallos de importancia al respecto.

de un *"Peer Panel"*[446], que se encarga de añadir frescura al proceso de valoración de todos los aspectos que en conjunto tiene la Comisión respecto de una infracción en específico, los cuales llegan a sus manos tras la etapa de investigación realizada por el equipo encargado de ello, y sobre los cuales, debe dar opinión, en busca de solventar cualquier debilidad que perciban en los argumentos, material probatorio, o cualquier otro aspecto en su poder, que pueda impedir el desmantelamiento futuro de la transgresión[447].

2. Decisiones de adopción de medidas cautelares.

El artículo 8 del Reglamento 1/2003, confiere a la Comisión el poder de adoptar medidas cautelares, en aquellos casos en los cuales declarada la infracción a las normas de libre competencia, la Autoridad entienda que existe un riesgo de generar un menoscabo de gravedad y a la vez irreparable para la competencia[448].

A pesar del silencio que el Reglamento 17/1962 guardaba al respecto de una figura como la actual, la Doctrina ha entendido que el precedente esencial que deja claro que en vigencia de aquel, la Comisión se encontraba igualmente empoderada para poner en práctica medidas cautelares, es el asunto *Camera Care Ltda Vs. La Comisión de las Comunidades Europeas* (en lo sucesivo *Camera Care Vs. La Comisión*)[449], el cual en su apartado 18 hace clara referencia a la atribución de adoptar disposiciones cautelares[450],

---

[446] Respecto de esta figura, LOWE, Philip, "The design of competition policy institutions for the Twenty-first Century: The experience of the Eruopean Commission and the Directorate-General for Competition", en *Competition Policy in the EU. Fifty years from the treaty of Rome*, editor VIVES, Xavier, Oxford University Press, Nueva York, 2009, Pág. 37.

[447] Esta expresión de la organización al interior de la Comisión en búsqueda de generar una decisión difícilmente rebatible, se encuentra en VAN BAEL, Ivo & BELLIS, Jean-François, *Competition Law of the European Community*, Kluwer Law International, Alphen aan den Rijn, Holanda, 2010, Pág. 1068.

[448] En el Reglamento 1/2003 se encuentran preceptos que enuncian dicha facultad, en el Capítulo III, artículo 8, así como en el numeral 11 inicial, en el cual, en su última parte, se lee: *"Conviene, por otra parte, establecer expresamente en el Reglamento la facultad de la Comisión, reconocida por el Tribunal de Justicia, de adoptar decisiones que impongan medidas cautelares."*

[449] Auto del Tribunal de Justicia de las Comunidades Europeas, de 17 de Enero de 1980, asunto 792/79 R, texto disponible para consulta en: http://eur-lex.europa.eu/LexUriServ/LexUriServ.do?uri=CELEX:61979OO792:ES:PDF; el cual se suscitó en razón del alegato que presentó ante la Comisión la empresa Camera Care, dedicada a la venta y reparación de cámaras, solicitando que se adoptaran medidas cautelares por parte de la Autoridad Comunitaria, toda vez que Hasselblad y sus distribuidores estaban obstaculizando el comercio de cámaras de dicha marca y manejando precios diferenciales. La Comisión en respuesta a ello dijo no estar empoderada a adoptar las medidas solicitadas, pero dicho razonamiento no fue aceptado por Camera Care, quien apeló la decisión, la cual fue resuelta por el Tribunal de Justicia, estableciendo que la Comisión sí que tenía el poder para adoptar dichas medidas, pues era una extensión de las actuaciones que podía poner en marcha para llevar una infracción a su fin, tal y como lo expresaba el artículo 3 del Reglamento 17/1962, pues en su concepto, lo contrario sería inútil y baldío. Concepto que a la postre generó que ya establecido claramente el poder, se volviera al asunto central de la disputa planteada por Camera Care.

[450] De esta opinión son inequívocamente todos aquellos doctrinantes que han desarrollado esta posibilidad de adoptar medidas cautelares, siempre basados en la taxatividad que se logra gracias a la jurisprudencia enunciada. Donde coinciden JONES, Alison y SUFRIN, Brenda, *EC Competition Law. Text, Cases and Materials*, Oxford University Press, Nueva York, 2008, Pág.1209; WHISH, Richard,

como una extensión de las facultades que se le otorgaban a la Autoridad Comunitaria en el artículo 3 del Reglamento 17/1962 para obligar a los implicados a cesar en la infracción[451].

En el asunto mencionado, el Tribunal de Justicia entendió que de no otorgársele dicha posibilidad a la Comisión, el poder genérico de toma de decisiones en su favor, sería ilusorio y poco efectivo, ya que claramente las empresas tomarían acciones conducentes a evitar los efectos negativos que les serían impuestos en razón de su infracción[452]. Por lo que en pro de garantizar y fortalecer la eficacia de las decisiones a tomar, como de la Defensa de la Competencia en general, las medidas cautelares deberían poder ser impuestas por la Comisión[453].

El Reglamento 1/2003 ha venido a perfeccionar la figura[454], otorgando un marco taxativo, y regulando los aspectos de temporalidad de dichas medidas, dejando claro que deben tener un periodo determinado que puede renovarse de ser necesario y apropiado[455].

Es tan importante para ponerlas en marcha[456], la existencia, o indicio racional del acaecimiento de una infracción, *Prima Facie*, así como la presencia de elementos que

---

Competition Law, Oxford University Press, Londres, 2008, Pág. 253 y BRAMMER, Silke, *Co-operation Between National Competition agencies in the enforcement of EC Competition Law*, Hart Publishing, Oxford y Portland, Oregon, 2009, Pág. 33; VAN BAEL, Ivo & BELLIS, Jean-François, *Competition Law of the European Community*, Kluwer Law International, Alphen aan den Rijn, Holanda, 2010, Pág. 1068.

[451] Acerca de los debates que a pesar de lo expresado en el caso *Camera Care Vs. La Comisión* se suscitaron alrededor de las medidas cautelares, son de importancia los comentarios de WAELBROECK, Michel, FRIGNANI, Aldo y MÉGRET, Jacques, *Derecho Europeo de la Competencia*, Tomo 1, Editorial Bosch, Barcelona, 1998, Págs. 539 y siguientes.

[452] Auto del Tribunal de Justicia de las Comunidades Europeas, de 29 de Septiembre de 1982, *Ford Werke AG y Ford of Europe Incorporated Vs. La Comisión de las Comunidades Europeas*, asuntos acumulados 228 y 229/82, apartado 19, texto disponible para consulta en lengua inglesa en: http://eur-lex.europa.eu/LexUriServ/LexUriServ.do?uri=CELEX:61982OO228:EN:PDF; así como también la Sentencia del Tribunal de Primera Instancia, de 12 de Julio de 1991, *Automobiles Peugeot SA y Peugeot SA Vs. La Comisión de las Comunidades Europeas*, Asunto T-23/90, apartados 19, 20 y 22, texto disponible para consulta en lengua inglesa en: http://eur-lex.europa.eu/LexUriServ/LexUriServ.do?uri=CELEX:61990A0023:EN:HTML

[453] Siempre y cuando se den las condiciones para su efectiva puesta en marcha, y en todos los casos, se respete el principio de proporcionalidad. Auto del Tribunal de Primera Instancia, de 26 de Octubre de 2001, *IMS Health, Inc Vs. La Comisión de las Comunidades Europeas*, asunto Y-184/01 R, texto disponible para consulta en: http://eur-lex.europa.eu/LexUriServ/LexUriServ.do?uri=CELEX:62001B0184(01):EN:HTML.

[454] Así lo ve, GIL IBAÑEZ, José Luis, "La Comisión y la aplicación del Derecho Comunitario de la Competencia", en *La Defensa de la Competencia por los Órganos Judiciales: El Reglamento CE 1/2003*, Editor GARRIDO ESPÁ, Luis, Consejo General del Poder Judicial, Madrid, 2005, Pág. 121.

[455] Artículo 8, numeral segundo del Reglamento 1/2003.

[456]Acerca de las Condiciones y procedimiento a seguir para llevar al ejercicio este poder, VAN BAEL, Ivo & BELLIS, Jean-François, *Competition Law of the European Community*, Kluwer Law International, Alphen aan den Rijn, Holanda, 2010, Págs. 1069 a 1071.

hagan necesaria una actuación urgente de la Autoridad[457],cuando se tema que sus efectos pueden ser incontenibles, irreparables, dañosos, o impedimento de la preservación del *Status Quo*[458].

Ejercer el poder de adoptar medidas cautelares, en base en un indicio, no debe significar la obligación de probar bajo cualquier concepto la existencia de la infracción, por lo que no debe ser una razón a erigir por la Autoridad para negarse a ordenar las medidas en desarrollo aduciendo que el examen inicial no reveló la existencia de una clara transgresión[459].

Una vez analizadas al interior de la Comisión las condiciones de una decisión de adoptar medidas cautelares, la Autoridad debe en todo caso respetar los parámetros que el numeral primero del artículo 27 del Reglamento 1/2003 plantea a favor del Derecho de defensa y de los implicados, garantizándoles la posibilidad de que sus opiniones y observaciones sean tomadas en cuenta.

Así mismo y como en eventualidades expuestas en apartados anteriores, la Comisión está empoderada para, en los casos en que los que lo estime pertinente, imponer multas sancionadoras y multas coercitivas según sea el caso, para obligar a las involucradas a

---

[457] El análisis de la Autoridad, previa la toma de la decisión que ordena se pongan en marcha las medidas cautelares, debe incluir además de una proyección de los efectos perjudiciales que puede generar no tomar dicha decisión, un estudio concienzudo del daño irreparable que puede generar dicha "omisión", por haber una dificultad manifiesta en contener los efectos del perjuicio con una decisión futura. Como así se puede ver en la Sentencia del Tribunal de Primera Instancia, de 24 de Enero de 1992, *La Cinq SA Vs. La Comisión de las Comunidades europeas,* Asunto T-44/90, apartado 80, texto disponible para consulta en: http://eur-lex.europa.eu/LexUriServ/LexUriServ.do?uri=CELEX:61990A0044:ES:HTML. Siendo necesario igualmente, un estudio de la Autoridad, acerca de los perjuicios que puede traer a las empresas involucradas, aplicante o afectada, la toma de una decisión como la que está bajo estudio, como así puede verse en *Camera Care Vs. La Comisión,* apartado 19. No siendo la razón única de la toma de la decisión, pues por ejemplo no puede ser la base para poner en marcha las medidas o no, el perjuicio que le causa a la empresa demandante una u otra decisión, toda vez que es necesario un marco más plural en el cual el perjuicio se esté causando a la estabilidad de la competencia en términos generales. VAN BAEL, Ivo & BELLIS, Jean-François, *Competition Law of the European Community,* Kluwer Law International, Alphen aan den Rijn, Holanda, 2010, Pág. 1069.

[458] Además del ya nombrado asunto *Camera Care Vs. La Comisión,* el cual cuenta con especial relevancia en el tema que compete, jurisprudencia anexa se refiere a la necesaria presencia de estos dos aspectos como soporte de la decisión de la Comisión de adoptar medidas cautelares. Así por ejemplo son de relevancia, *Ford Werke AG y Ford of Europe Incorporated Vs. La Comisión de las Comunidades Europeas,* apartado 13; *La Cinq SA Vs. La Comisión de las Comunidades europeas,* apartados 28 y 29, donde se expone la necesaria flexibilidad que debe tener la Comisión para llevar a cabo el estudio de la urgencia de las medidas, toda vez que no deben ser únicamente puestas en marcha cuando no haya ninguna otra solución o cuando sea en toda regla irreparable, ya que en otros eventos menos drásticos también pueden tener cabida; y la Sentencia del Tribunal de Primera Instancia, de 13 de Diciembre de 1999, *Service pour le groupement d'acquisitions (SGA) Vs. La Comisión de las Comunidades europeas,* asuntos acumulados T-189/95, T-39/96 y T-123/96, apartado 66, texto disponible para consulta en:http://eur-lex.europa.eu/LexUriServ/LexUriServ.do?uri=CELEX:61995ª 0189:ES:PDF.

[459] Como así se lee en *La Cinq SA Vs. La Comisión de las Comunidades europeas,* apartado 61; y en la Sentencia *Automobiles Peugeot SA y Peugeot SA Vs. La Comisión de las Comunidades Europeas,* apartado 61.

cumplir con las medidas adoptadas o para sancionar haber desobedecido la decisión de adopción de aquellas[460].

Como un acto jurídico de la Unión, comprendido en el artículo 288 del Tratado de Funcionamiento de la Unión Europea, las decisiones de esta estirpe, pueden ser apeladas ante el Tribunal de Justicia de las Comunidades Europeas, quien en razón del recurso puede tomar varias posturas frente a las medidas adoptadas por la Comisión, como lo son refrendarlas, suspenderlas[461], modificarlas o anularlas[462].

Este poder es en cualquier caso un avance de las facultades en favor de la Comisión y una atribución efectiva que siempre debe ser valorada, pues como ya se dijo, el comportamiento común de los agentes involucrados en el proceso ante la Comisión, normalmente es el de buscar eludir los efectos de una presunta decisión futura, y por consiguiente amilanar los costes pecuniarios y de otras estirpes que llevan aparejadas las decisiones sobre una infracción a las normas de libre competencia[463]. Conducta que requiere del encuentro de un mecanismo idóneo de defensa, que en opinión de quien escribe, se halla en las medidas cautelares, pues la implementación correcta de las mismas, está en capacidad de solventar suficientemente las eventualidades expuestas[464].

3. Decisiones de aceptación de compromisos.

Al igual que anteriores adhesiones que el Reglamento 1/2003 realizó acerca de atribuciones a favor de la Comisión, la decisión de aceptación de compromisos, se formalizó gracias al mencionado texto[465]; el cual de forma taxativa en el artículo 9 hace

---

[460] En específico, soportada en lo expuesto por el literal (b) del numeral segundo del artículo 23 y por el literal (b) del numeral primero del artículo 24.

[461] *IMS Health, Inc Vs. La Comisión de las Comunidades Europeas.*

[462] En el asunto *Ford Werke AG y Ford of Europe Incorporated Vs. La Comisión de las Comunidades Europeas* se dieron ambas eventualidades, pues el Tribunal modificó y anuló algunas de las medidas adoptadas por la Comisión.

[463] La razón de ser de la atribución a favor de la Comisión, así como también desarrollo de la aplicación que tuvo la figura desde su entrada en vigencia hasta el año 2006, puede verse en el relevante texto de NORDSJO, Andreas, "Regulation 1/2003: Power of the Commission to adopt interim measures", en *European Competition Law Review*, Volumen. 27, N° 6, 2006, Págs. 299 a 308.

[464] La importancia de estos mecanismos no se basa simplemente en la toma de decisión, sino también en la capacidad que otorgan para llevar la infracción al cese. Así por ejemplo, WHISH, Richard, *Competition Law*, Oxford University Press, Londres, 2008, Pág. 253, pone de manifiesto cómo en el asunto *Hilti AG Vs. La Comisión de las Comunidades Europeas,* la Comisión pactó con la empresa, tal y como está posibilitada para hacerlo y en efecto ha hecho en otras circunstancias, un acuerdo cautelar sin tomar las medidas propiamente dichas. Lo que generó posteriormente un efecto en la decisión final de la Comisión, pues la empresa no cumplió los términos a los que se había comprometido.

[465] El Reglamento 1/2003 hace referencia a este tipo de decisión, además de en el articulado que será mencionado en el cuerpo del trabajo a continuación, en el numeral inicial 13, donde se establece la posibilidad de la Comisión de tomar este tipo de postura, desarrollando sus particularidades más esenciales. Estando a su vez, así mismo, soportado en el numeral 22, correspondiente al impacto de las decisiones de la Comisión en los demás *Enforcement Bodies*; sobre el cual en páginas posteriores se hará una reseña de sus aportes a la disposición en estudio.

referencia a ella, como una medida coherente y operativa para llevar a su fin las disputas sobre competencia[466].

El Reglamento 17/1962 no contenía referencia alguna a este tipo de decisión, aunque efectivamente era una solución alternativa que en oportunidades era puesta en marcha por la Comisión, toda vez que no había impedimento legal alguno que vetara este tipo de salida "informal"[467]; que la Comisión entendía, en oportunidades, estaba en capacidad de generar mayores beneficios que la declaración de la infracción[468].

La no inclusión explicita en el Reglamento 17 de la posibilidad de pactar compromisos con las empresas[469], generó la interpretación de la doctrina y de la Comisión, quienes entendieron y defendieron en aquella época, que este tipo de práctica era procedente y justificada pues dos preceptos del texto del Reglamento le eran

---

[466] Se transcribe el numeral primero del artículo mencionado, dada su alta relevancia y como guía del desarrollo que se llevará a cabo a continuación: "*Cuando la Comisión se disponga a adoptar una decisión que ordene la cesación de la infracción y las empresas interesadas propongan compromisos que respondan a las inquietudes que les haya manifestado la Comisión en su análisis preliminar, ésta podrá, mediante decisión, convertir dichos compromisos en obligatorios para las empresas. La decisión podrá ser adoptada por un período de tiempo determinado y en ella constará que ya no hay motivos para la intervención de la Comisión.*"

[467] A pesar de ser una situación consolidada que la Comisión podía poner en marcha, este sistema "no taxativo", contenía dos inconvenientes de importancia, siendo el primero la falta de mecanismos que tenía la Autoridad Comunitaria para hacer cumplir los compromisos que habían conllevado la conclusión del procedimiento administrativo, pues mas allá de la amenaza de reabrir el asunto, no había soluciones alternativas; y el segundo, la falta de transparencia en los procesos que se solventaban por medio de este tipo de solución, la cual conllevaba que los terceros interesados, quienes normalmente garantizan el cumplimiento de los compromisos por medio de su continuo monitoreo, no pudiesen enriquecer el seguimiento, que a la postre es generador de una cultura jurídico empresarial gracias a la creación de precedentes. WILS, Wouter, P.J, *Efficiency and European antitrust enforcement,* Hart Publishing, Portland, 2008, Pág. 27.

[468]El asunto más mediático y con mayor relevancia en vigencia de aquel Reglamento, en parte por haber sido adherida una reseña sobre él en el Informe Anual sobre la Política de Competencia, (*XIV Informe sobre la Política de Competencia,* de 1984,. El documento está disponible para consulta en lengua inglesa en: http://ec.europa.eu/competition/publications/annual_report/index.html), cuando comúnmente este tipo de decisiones ameritan en su manejo un alto nivel de discreción, es el asunto *IBM,* en el cual la Autoridad aceptó un remedio propuesto por la empresa, dándole fin al proceso a su cargo.

[469] No impidió que se suscitaran suficientes precedentes en el seno de la Comisión, pues varios acuerdos se pusieron en marcha por parte de la Autoridad Comunitaria, la cual normalmente daba prenda de ellos en los informes anuales sobre la Política de Competencia, sin entrar en demasiado detalle sobre las particularidades de los mismos; aunque en alguna circunstancia excepcional sí lo hizo, como así sucedió alrededor del asunto *S.W.I.F.T ,* publicado en el Diario Oficial C 335 de 6/11/1997, en donde de forma clara fueron publicados los compromisos adquiridos que llevaron a la Comisión a velar por el cumplimiento de lo pactado, conllevando su posterior reseña en el *XXVII Informe sobre la política de competencia.* Teniendo relevancia igualmente otros compromisos, no publicados de forma completa en el Diario Oficial, pero sí reseñados en los informes anuales previamente nombrados, como lo son los enunciados por WHISH, Richard, *Competition Law,* Oxford University Press, Londres, 2008, Págs 254, que son a saber: los asuntos *Microsoft* (1994)*, Interbrew* (1996)*, IRI/Nielsen* (1996)y *Digital* (1997).

asimilables[470]. Siendo en todo caso una situación debatible que estuvo durante largo tiempo en espera de ser clarificada.

Era necesario un elemento taxativo que otorgara mayor seguridad jurídica a las decisiones de compromiso, por lo que la aparición del artículo 9 del Reglamento 1/2003, se agradeció con vehemencia; ya que significaba un impulso a este tipo de decisiones al dejar claros aspectos esenciales que debían ser tomados en cuenta por la Autoridad y las empresas, como partes involucradas en el pacto[471].

En el artículo 9, el legislador europeo expuso que este tipo de decisiones son una salida adicional que las empresas están en capacidad de solicitar a la Comisión[472], por medio de la proposición y planteamiento de ciertos compromisos, que de verse satisfechos, estén en capacidad de llevar la infracción a las normas *antitrust*, o la distorsión de la competencia en el mercado común, a su fin[473]; toda vez que son solución

---

[470] Según su interpretación, por medio de una decisión de excepción, la Comisión estaba empoderada para tomar decisiones en las cuales se pusieran condiciones y cargas a las empresas, que podían incluso nacer de un proceso de negociación con estas últimas; y de las cuales a su vez, podía generarse, de ser incumplidas, la imposición de multas. Base de aquella postura, el numeral primero del artículo 8 del Reglamento 17/1962, así como también el literal (a) del numeral segundo del artículo 15 del mismo.

[471] Uno de aquellos aspectos de importancia, era referente al procedimiento, toda vez que la doctrina se preguntaba en qué tiempo era procedente el acuerdo, o si existía algún formalismo o momento procesal que debía verse superado para que pudiesen hacerse efectivos los acuerdos. Pregunta que se ha visto solventada gracias al planteamiento de algunos autores, que han entendido que no es necesaria la presentación del pliego de cargos a la empresa, para que esta pueda proponer compromisos, ya que con el mero envío a la empresa de un documento independiente como lo puede ser una "valoración preliminar", el cual es en todo caso un documento de menor formalidad; esta última puede responder a las inquietudes que le hayan sido planteadas por la Comisión. WHISH, Richard, *Competition Law*, Oxford University Press, Londres, 2008, Págs 255; así como también VAN BAEL, Ivo & BELLIS, Jean-François, *Competition Law of the European Community*, Kluwer Law International, Alphen aan den Rijn, Holanda, 2010, Pág. 1162, donde los autores no dudan, que a pesar de ello, si las empresas quieren esperar hasta después de que la Comisión les haya hecho llegar el pliego de cargos, podrán hacerlo, tal y como sucedió en el asunto *Alrosa Company Ltda Vs. La Comisión de las Comunidades Europeas*.

[472] Esta Autoridad se encuentra también en capacidad de hacer propuestas de compromiso a las empresas, pues en múltiples ocasiones es más benéfico para el cumplimiento del compendio de objetivos perseguidos por la Comisión, llegar a este tipo de soluciones, que a la decisión de declaración de la infracción. BRAMMER, Silke, *Co-operation Between National Competition agencies in the enforcement of EC Competition Law*, Hart Publishing, Oxford y Portland, Oregon, 2009, Pág. 35, donde debe hacerse un énfasis especial en la doctrina mencionada por el autor.

[473] El numeral inicial 13 del Reglamento 1/2003, deja claro que esta posibilidad no es operante en los casos en los cuales la Comisión tenga una disposición clara de imponer una multa, por lo que por lo tanto, está excluida como una solución a los asuntos que involucren el desmantelamiento de Carteles. Desarrolla esta situación y plantea la problemática que genera esta conclusión no compartida por algún sector de la doctrina, MARQUIS, Mel, "Cartel Settlements and Commitment decisions", en *European Competition Law Annual 2008, Antitrust* settlements under EC Competition Law, Editores EHLERMANN, Claus-Dieter y MARQUIS, Mel, Hart Publishing, Orford y Portland, Oregon, 2010, Págs. XVII y siguientes. El documento se encuentra disponible para consulta en: http://papers.ssrn.com/sol3/papers.cfm?abstract_id=1657996.

idónea a las inquietudes que la Autoridad Comunitaria de Competencia le ha expuesto a la empresa comprometida en el análisis preliminar[474].

La Comisión entonces, debe tomar una postura respecto de la propuesta empresarial[475], pudiendo, formalmente, en el curso del procedimiento, aceptarlas y adoptarlas por medio de una decisión que garantice la obligatoriedad de los pactos[476], la cual debe servir como aval de las acciones futuras que la Comisión puede poner en marcha de no verse satisfechos los compromisos adquiridos por la empresa, y en la que debe constar que en razón de ella *"no hay motivos para la intervención de la Comisión"*[477].

---

[474] Esta posibilidad es resultado de la experiencia de la Comisión en materia de concentraciones empresariales, como así lo pone de manifiesto PACE, Lorenzo Federico, *European Antitrust Law. Prohibitions, Merger Control and Procedures,* Edward Elgar Publishing, Cheltenham, 2007, Pág. 236, pie de página número 6, al expresar: *"(...) The Merger regulation provides for a similar power (articles 6(2) and 8(2) of Regulation 4064/89, which have now been replaced by the identically numbered articles of Regulation 139/04). The Commission also required a similar experience in the interminable IECC case. See International Express Carriers Conference (IECC) v Commission, (...); IECC v Commission (...), and, on appeal, IECC v Commission. (...) see in particular, recital 30 of the preamble to Regulation 139/04".* De esta misma opinión es también SCHAUB, Alexander, "Modernisation of EC Competition Law: Reform of Regulation No. 17", en *1999 Proceedings of the Fordham Corporate Law Institute,* Editor HAWK, Barry, E, Juris Publishing, Nueva York, 2000, Pág. 151.

[475] Que se debe basar en todos los casos en las prioridades de aplicación de la Comisión, quien tiene el poder, para escoger y valorar cuáles son las conductas, empresas, prácticas o situaciones que involucren la Defensa de la Competencia, que ameritan una declaración de infracción, o son elegibles para las decisiones de compromiso en desarrollo; y el deber, de antes de poner en marcha este tipo de disposición, haber analizado suficientemente si la misma presta un servicio claro a la interpretación normativa, al interés general, genera efectos negativos o positivos en cuanto al *deterrence,* genera impunidad o impide las acciones compensatorias *Follow-On.* Como así puede verse en la Sentencia del Tribunal de Primera Instancia, de 18 de Septiembre de 1992, *Automec Srl Vs. La Comisión de las Comunidades Europeas,* asunto T-24/90. Texto disponible para consulta en: http://eur-lex.europa.eu/LexUriServ/LexUriServ.do?uri=CELEX:61990A0024:ES:HTML.

[476] Decisión que, se desprende de la última parte del numeral primero del artículo 9, puede ser tomada para un periodo de tiempo determinado, aunque no en todas las ocasiones, ya que el texto del artículo no adhiere un requisito imperativo, de que en todas las oportunidades la disposición deba contener la vigencia de la misma. Lo que lleva a entender que la Comisión puede incluir el periodo en el cual surtirá efectos el pacto, o no hacerlo. Siendo un aspecto que genera algo de debate, pues la doctrina y la Comisión no se han puesto de acuerdo al respecto, ya que la Autoridad Comunitaria le ha querido dar una interpretación específica a esta situación, como así puede verse en el Memorandum 04/217 de 17 de Septiembre de 2004 en el cual la Autoridad dijo que los compromisos deberían tener, en todos los casos, un marco temporal específico y además, añadir remedios estructurales o de comportamiento según fuera el caso.

[477] Los términos generales de la decisión en desarrollo pueden ser consultados en WILS, Wouter, P.J, *Efficiency and European antitrust enforcement,* Hart Publishing, Portland, 2008, Págs. 25 y siguientes; GIL IBAÑEZ, José Luis, "La Comisión y la aplicación del Derecho Comunitario de la Competencia", en *La Defensa de la Competencia por los Órganos Judiciales: El Reglamento CE 1/2003,* Editor GARRIDO ESPÁ, Luis, Consejo General del Poder Judicial, Madrid, 2005, Pág. 121; SCHWEITZER, Heike, "Commitment decisions under Art. 9 of Regulation 1/2003: The developing EC practice and case law", documento de trabajo presentado en el EUI Law, N° 22, 2008, Págs. 1 siguientes; PASCUAL Y VICENTE, Julio, "La nueva política comunitaria europea de control de conductas y su repercusión en España", en *Anuario de la Competencia,* N° 1, 2003, Pág. 121; VAN BAEL, Ivo & BELLIS, Jean-François, *Competition Law of the European Community,* Kluwer Law International, Alphen aan den Rijn, Holanda, 2010, Págs. 1159 y siguientes; así como también en WHISH, Richard, *"Commitment Decisions under Article 9 of the EC Modernisation Regulation: some unanswered questions",* en *Liber Amicorum in honour*

La aceptación de compromisos[478], crea una línea alternativa en el procedimiento, que genera una decisión de la Comisión distinta a la declaración de la infracción[479], cual es la de llegar a un acuerdo con la empresa, acerca de ciertos comportamientos que esta última deberá llevar a cabo para solucionar brechas en la competencia que se han generado total o parcialmente con sus conductas[480].

---

of Sven Norberg – A European for all seasons, editores JOHANSSON, Martin, WAHL, Nils, y BERNITZ, Ulf, Bruylant, Bruselas, 2006.

[478] Una vez interiorizadas las condiciones que le han sido otorgadas por el Reglamento 1/2003, es posible percibir que la decisión en estudio, está, al igual que otros aspectos de la Defensa de la Competencia Europea, inspirada en la Defensa de la Competencia de los Estados Unidos, ya que en dicho país, tanto el Departamento de Justicia, como la *Federal Trade Commission*, tienen la capacidad de cerrar procesos e investigaciones a su cargo por medio de instrumentos como los *consent decrees* o *consent orders*, que cumplen una función y tienen un alcance muy similar a las decisiones de compromiso en desarrollo. Sobre las cuales, cabe decir, son una importante parte de la cultura jurídica que rodea los asuntos que por reparto deben ser resueltos por las mencionadas autoridades Norteamericanas, ya que el nivel de litigiosidad en Estados Unidos y la popularidad de las acciones *Follow-on* emprendidas con más facilidad por parte de los competidores en razón de una decisión en firme sobre la infracción que sirva de fundamento de la transgresión cometida por una empresa, las hace seductoras para estas últimas, pues ven preferible acogerse a dichas condiciones y a la adopción de algunos compromisos que en discrecionalidad pueden impedir perjuicios futuros para ellas. Como así puede verse en WILS, Wouter, *The Optimal Enforcement of EC antitrust Law*, Kluwer Law International, La Haya, 2002, Págs. 160 y 161; VON KALINOWSKI, Julian, SULLIVAN, Peter y McGUIRL, Maureen, *Antitrust Laws and Trade Regulation*, 2da Edición, Nueva York, Lexis, 2000, apartado 96.01; SULLIVAN, Thomas y HOVENKAMP, Herbert, *Antitrust Law, Policy and Procedure: Cases, Materials, Problems*, Lexis Nexis, Newark, San Francisco, Charlottesville, 2003, Págs. 147 a 152; FURSE, Mark, "The decision to Commit: some pointers from the US", en *European Competition Law Review*, Volumen. 25, N° 1, 2004, Pág. 5 y siguientes; así como también en DUCOR, Philipe, "Settlement of Competition conduct violations at the United States *Antitrust* Agencies and the Eruopean Commission-Stone Observations", en *2005 Proceedings of the Fordham Corporate Law Institute*, Editor HAWK, Barry E, Juris Publishing, Nueva York, 2006.

[479] Diferente, toda suerte que no incluye dos aspectos específicos que la declaración de la infracción si, como lo son la constatación a las normas de libre competencia comunitarias, y la obligación de que dicha transgresión sea cesada para que a partir de la decisión tomada por la Autoridad no se suscite en el futuro, como así lo resaltan ARMENGOL I GASULL, Oriol y PASCUAL, Álvaro, "Some reflections on article 9 commitment decisions in the light of the Coca-Cola case", en *European Competition Law Review*, Volumen. 27, N° 3, 2006, Pág. 124, quienes conceptúan dichas diferencias como "la neutralidad de las decisiones del Art. 9 en relación al fondo del asunto".

[480] Este tipo de decisiones están sujetas, de conformidad al artículo 263 del Tratado de Funcionamiento de la Unión Europea, a una revisión por las Cortes Europeas, en las mismas condiciones que las decisiones del artículo 7 del Reglamento 1/2003. Aunque, y es de importancia tenerlo claro, la competencia del Tribunal de Primera Instancia en este caso en específico no se extiende a corregir, enmendar o adicionar a la decisión que incluye los compromisos aceptados por la Comisión, ya que su revisión debe ceñirse a anular o confirmar la decisión, basada en: si hay competencia de la Autoridad Comunitaria para proferir este tipo de decisiones; en si fueron respetados los requisitos de procedimiento esenciales; en si no hay vulneración de los principios del Tratado de Funcionamiento de la Unión Europea; en si hay un uso correcto o incorrecto del poder institucional o en si fueron vulnerados principios esenciales. De no encontrar infracción a las reglas comunitarias, el Tribunal no estará en posición de revisar la compatibilidad de los compromisos con la normativa comunitaria de competencia y los principios rectores. Sobre este aspecto, la reseña realizada en VAN BAEL, Ivo & BELLIS, Jean-François, *Competition Law of the European Community*, Kluwer Law International, Alphen aan den Rijn, Holanda, 2010, Págs. 1167 y 1168.

El Reglamento 1/2003 ha intentado perfeccionar las decisiones de compromiso, solventando los inconvenientes que generaba esta misma atribución, en aquella época en la cual se aplicaba sin estar taxativamente dispuesta en el Reglamento 17/1962. Para ello, ha dispuesto remedios destinados a corregir las falencias de publicidad que tenían este tipo de acuerdos, en razón de las cuales se sacrificaban los niveles de transparencia en el proceso; reglamentando dos aspectos esenciales en pro de la mejora de aquel aspecto:

1. De conformidad con el numeral cuarto del artículo 27, ha dispuesto, que cuando la Comisión se proponga adoptar una decisión en virtud del artículo 9, deberá publicar un breve resumen del asunto y los acuerdos, otorgando por lo menos un mes para que los terceros interesados presenten las observaciones que estimen pertinentes[481].

2. Ha impuesto una obligación de darle publicidad a la decisión de la Comisión una vez tomada, en la cual se incluyan los compromisos que han sido adquiridos por una empresa, de conformidad al artículo 30 del mismo Reglamento, en igualdad de condiciones que las demás decisiones inmersas en su capítulo III[482].

La publicidad[483], además de incorporar altos niveles de transparencia al proceso, favorece el control ejercido por terceros interesados, añadiendo importantes cuotas de seguridad jurídica; que a pesar del avance, la doctrina cree, no se encuentra suficientemente garantizada en este tipo de decisiones, ya que entiende que una vez tomada la decisión por la Comisión, en la cual la Autoridad concluye el proceso preceptuando que no hay soporte adicional que justifique una acción futura por parte de la Comisión, no queda del todo claro si la parte comprometida puede impugnar la decisión donde se incluyen los pactos[484], o si los terceros interesados podrán ejercer

---

[481] Las condiciones específicas en las que se debe cumplir con dicha públicación, en el Memorandum 04/217 de 17 de Septiembre de 2004, donde se observa el interés por involucrar las nuevas tecnologías. Siendo igualmente de relevancia los comentarios de MONTAG, Frank, y CAMERON, S, "Effective enforcement: The practitioner's view of recent experiences under Reg. 1/2003", paper presentado para la Conferencia "*Antitrust* reform in Europe: A year in practice", organizada de forma conjunta por el Colegio de Abogados Internacional y la Comisión Europea, Bruselas, 9 a 11 de Marzo de 2005, Pág. 10.

[482] Acerca de este avance, los comentarios que se encuentran en VAN BAEL, Ivo & BELLIS, Jean-François, *Competition Law of the European Community*, Kluwer Law International, Alphen aan den Rijn, Holanda, 2010, Pág. 1162, donde se resalta que este tipo de periodo a favor de terceros interesados, es parte del "*market test*", en el cual la Comisión se puede soportar para conocer cuál es la verdadera relevancia que tienen en el mercado los compromisos propuestos por una empresa.

[483] Es resaltada por WILS, Wouter, "Settlements of EU *Antitrust* Investigations: Commitment decisions under article 9 of the Regulation No. 1/2003", en *World Competition*, N° 29, 2006, Pags. 345 y siguientes; como un avance de talante que el Reglamento le ha añadido a este tipo de desiciones, que a la postre, debe generar beneficios inmensos en materia de control a la labor realizada por la Comisión en cada uno de los asuntos a su cargo.

[484] En principio esta posibilidad se antoja absurda ya que la decisión de compromiso se toma tras un proceso basado en la voluntad de las partes. Por lo que la doctrina ha entendido, que mas allá de impugnar un aspecto procedimental seguido por la Comisión, por ejemplo por haber negado el acceso al expediente, la objeción realizada por el comprometido, no tiene asidero. WHISH, Richard, *Competition Law*, Oxford University Press, Londres, 2008, Págs. 256.

acciones ante otros *Enfocement Bodies*[485] que estén basadas en los mismos hechos que han dado lugar a los compromisos[486].

La seguridad jurídica en todo caso, sí se encuentra mejor garantizada en este tipo de disposiciones, pues no solo la publicidad de las decisiones contribuye en su logro, pues la misma también se alcanza, en parte, gracias a la claridad en las condiciones que se encuentran en el acuerdo, de las cuales se extraen obligaciones de comportamiento de la Comisión frente al asunto específico.

---

[485] Los terceros interesados tienen capacidad para impugnar los compromisos a los que ha accedido la Comisión, en los casos en los cuales estimen dichos acuerdos inadecuados para llevar a su fin la transgresión a las normas de libre competencia, o desproporcionados (Asunto *Alrosa Company Ltda Vs. La Comisión de las Comunidades Europeas,* apartados 112 y siguientes, sobre el cual se puede ver una reseña completa por relevancia, en el apartado del presente trabajo, referente al vínculo que generan las decisiones de compromiso en los Tribunales Nacionales), y a la par hayan puesto de manifiesto las conductas anticompetitivas objeto del proceso ante la Autoridad Comunitaria. Teniendo la posibilidad de impugnarlos en razón de que la decisión de esta estirpe no contiene una declaración de una infracción. Acerca de las particularidades de esta posibilidad, los comentarios de WHISH, Richard, *Competition Law,* Oxford University Press, Londres, 2008, Págs. 256.

[486] El haberle dado cumplimiento a una prioridad administrativa de la Comisión, no debe entenderse como el otorgamiento de una inmunidad total a las empresas, toda vez que el Reglamento dispone de herramientas suficientes para defender dicha postura, como aquella que se encuentra en el numeral inicial 22 del Reglamento 1/2003, donde se lee: *"(...)Las decisiones de la Comisión que impongan compromisos no afectan a la facultad de los órganos jurisdiccionales y las autoridades de la competencia de los Estados miembros para aplicar los artículos 81 y 82 del Tratado."* La cual es una apreciación de mucha importancia, pues permite interpretar, que las empresas más allá del compromiso adquirido, se encuentran vulnerables a las acciones que podrán ser emprendidas contra ellas, pues mas allá de que la Comisión por medio de pactos condicione la actuación futura de las empresas, los compromisos adquiridos no les eximen de acciones que sean impuestas contra ellas ante otros *Enforcement Bodies*; ya que no hay garantía alguna que se le pueda dar a las empresas de que una investigación, proceso o sanción no vaya a tener cabida en el seno de una Autoridad Nacional de Competencia al respecto de las mismas prácticas que generaron los compromisos ante la Comisión, o de que no sean impuestas ante los Tribunales de los Estados miembros, y resueltas, acciones de daños sustentadas en sus conductas ya acaecidas. Sobre este tema, el presente trabajo se extenderá en lo referente a la vinculatoriedad que generan las decisiones de la Comisión en los Tribunales Nacionales, en su segunda parte.

La doctrina misma, a pesar de la claridad que otorga el Reglamento 1/2003, ha creado un torbellino conceptual alrededor de este aspecto, que se interpreta innecesario, pues el alcance de la disposición claramente, no impide el ejercicio de acciones ante otros *Enforcement Bodies*. Creen que no queda suficientemente claro el tema tras la lectura del Reglamento, JONES, Alison y SUFRIN, Brenda, *EC Competition Law. Text, Cases and Materials,* Oxford University Press, Nueva York, 2008, Pág. 1207; BRAMMER, Silke, *Co-operation Between National Competition agencies in the enforcement of EC Competition Law,* Hart Publishing, Oxford y Portland, Oregon, 2009, Págs. 38 a 40; y SOUSA FERRO, Miguel, "Committing to commitment decisions-unanswered questions on article 9 decisions", en European Competition Law Review, Volumen. 26, N° 8, Págs. 451 y siguientes. Contrastando parcialmente con otros sectores de la doctrina: uno que entiende que claramente en estos casos, las decisiones de la Comisión no generan un vinculo en los demás *Enforcers,* donde resaltan GERBER, Davis y CASSINIS, Paolo, "The Modernisation of European community competition law. Achieving consistency in enforcement. Part II", en European Competition Law Review, Volumen. 27, N° 2, Págs. 51 y siguientes; y otro que critica fuertemente que no haya un efecto verdadero de obligación fruto de los compromisos, que en las condiciones que se encuentran actualmente, no son una opción atractiva para las empresas, siendo exponentes de dicha corriente ARMENGOL I GASULL, Oriol y PASCUAL, Álvaro, "Some reflections on article 9 commitment decisions in the light of the Coca-Cola case", en European Competition Law Review, Volumen. 27, N° 3, 2006, Pág. 125.

Ejemplo de ello, es la obligación que nace a cargo de la Comisión, de ceñirse en todos los casos, a las expectativas que se han generado en merced del acuerdo donde están consignados los compromisos, y mantener el asunto cerrado de haber un cumplimiento de las condiciones del pacto. Guardándose eso sí, la capacidad de entrar a valorarlo de nuevo en ciertas circunstancias, cuando: (i) haya variaciones de relevancia en los hechos; (ii) no hayan sido satisfechos los compromisos por parte de la empresa[487]; y (iii) en los casos en los cuales esta última haya engañado a la Comisión en el proceso de estructuración de los compromisos.

Es claro que hay una generación de obligaciones a ambos lados de la decisión de compromiso, que en cualquier caso deben ser interpretadas como un avance significativo para la Defensa de la Competencia en términos generales, pues son múltiples los beneficios que puede traer a la labor de aplicación de las normas *antitrust*; ya que coincide con uno de los objetivos principales de la función ejercida por la Comisión, como lo es, el actuar en pro del interés general[488], toda vez que este tipo de decisiones, proporcionan los medios para llevar rápidamente la transgresión a su fin, evitando la asignación de recursos innecesarios que pueden ser enfocados en solucionar circunstancias más gravosas o de mayor relevancia para el mercado común[489].

A la par de los beneficios enunciados[490], este tipo de decisión conlleva una responsabilidad inmensa, de preservar la transparencia del proceso de Defensa de la

---

[487] El Reglamento 1/2003 prevé sanciones a imponer a las empresas, tanto en los casos en los cuales no le den cumplimiento a los compromisos que han adquirido (Multas sancionadoras estipuladas en el literal (c) del numeral segundo del artículo 23), como en aquellas circunstancias en las cuales, la Comisión quiera compeler a la empresa a darle cumplimiento al acuerdo en razón de la vinculatoriedad de la decisión en la cual fueron consignados los acuerdos (Multas coercitivas que encuentran sustento en el literal (c) del numeral primero del artículo 24).

[488] Que en parte se obtiene igualmente, gracias al cumplimiento estricto que la Autoridad Comunitaria le debe dar al principio de proporcionalidad, en razón del cual la aplicación del Reglamento 1/2003 en general y de las decisiones de compromiso en específico, se debe realizar sin exceder la necesidad para alcanzar el eficaz *enforcement* de las normas de libre competencia comunitarias. Como así puede verse en la Sentencia previamente nombrada, *Alrosa Company Ltda Vs. La Comisión de las Comunidades Europeas*, apartados 92 a 158.

[489] PAULIS, Emil y DE SMIJTER, Eddy, "Enhanced Enforcement of the EC Competition rules since 1 May 2004 by the Commission and the NCAs", paper presentado para la conferencia"*Antitrust* reform in Europe: A year in practice", organizada de forma conjunta por el Colegio de Abogados Internacional y la Comisión Europea, Bruselas, 9 a 11 de Marzo de 2005, Págs. 11 y 12; WILS, Wouter, "Settlements of EU Antitrust Investigations: Commitment decisions under article 9 of the Regulation No. 1/2003", en *World Competition*, N° 29, 2006, Pag. 350.

[490] A los cuales es necesario añadir aquellos que trae este tipo de decisión a las empresas, quienes: (i) Evitan así el pago de multas; (ii) No admiten una transgresión ni son objeto de una declaración de infracción que posteriormente pueden ser sustento de una acción en sede civil; (iii) Evitan la asignación de recursos económicos que se causan en razón de la larga duración de los procesos tendientes a declarar una infracción; (iv) Eluden la mala publicidad y la pérdida del prestigio empresarial que puede suscitarse al comprobarse su participación en una infracción a las normas *antitrust*. BRAMMER, Silke, *Co-operation Between National Competition agencies in the enforcement of EC Competition Law*, Hart Publishing, Oxford y Portland, Oregon, 2009, Pág. 39. Y la doctrina por él nombrada en razón de cada uno de los beneficios enunciados, en especial en sus notas al pie de página 191 y 192.

Competencia ante la Autoridad de Competencia Comunitaria, así como también de decidir, en todas las circunstancias, en beneficio del interés general y no de la empresa involucrada, ya que con dicha actuación, no se verían configurados los beneficios enunciados en el párrafo inmediatamente anterior, que son primordiales para justificar la existencia de las decisiones de compromiso en desarrollo[491].

Poner a disposición de la Comisión un poder de decisión como el actual, sabiendo que el mismo es en parte resultado de la experiencia que en los Estados Unidos se ha cosechado acerca de los *consent decrees*[492], debe significar prevenir el acaecimiento de las circunstancias nocivas que se han presentado en dicho territorio en razón de este tipo de pactos[493], y estructurar un sistema blindado al poderío del sector privado y de las empresas, que sirva para contener las presiones de carácter político, económico, social, o simplemente el "cabildeo" al cual son propensas las grandes compañías, que en busca de obtener un mejor acuerdo y de adoptar los compromisos que más le beneficien, así sean perjudiciales para el ámbito general, pondrán en funcionamiento el tan censurado *lobbying*, altamente criticado por la doctrina norteamericana por tener niveles de relevancia y alcance jurídico discutibles[494].

En Europa se debe tener mucho cuidado al respecto, y se deben buscar soluciones temporales en espera de un remedio contundente y duradero, pues de no existir un

---

[491] Más allá de la rigurosidad que debe manejar la Autoridad Comunitaria para permitir a una empresa comprometerse con ella respecto de ciertos remedios a poner en marcha, deben ser cuidados los derechos de Defensa de aquellas, así como también los derechos que tienen dentro del proceso, permitiendo el acceso al expediente, y dándole las oportunidades de ley para manifestar su postura frente al asunto, toda vez que lo contrario puede generar una distorsión total de los beneficios que se buscan lograr con este tipo de decisiones (enfocadas a darle solución pronta y sin asignación de recursos a la distorsión en el mercado común), ya que podría ser utilizado como fundamento de una impugnación, sea cual sea el actor de la misma, de la cual el Tribunal de destino podría sacar conclusiones que pueden conllevar la anulación de la decisión tomada por la Comisión, tal y como así sucedió en *Alrosa Company Ltda Vs. La Comisión de las Comunidades Europeas*, y es remarcado por VAN BAEL, Ivo & BELLIS, Jean-François, *Competition Law of the European Community*, Kluwer Law International, Alphen aan den Rijn, Holanda, 2010, Pág. 1169.

[492] A pesar de ser fruto de la experiencia que se ha cosechado en Estados Unidos, las decisiones de compromiso tienen dos diferencias de importancia con los *consent decrees*, ya estos últimos tienen dos requisitos anexos que se han creado para prevenir una distorsión del objetivo para el cual fueron estructurados; como lo son en específico, que requieren de una consulta pública y la aprobación de un Tribunal Nacional para poder ser puestos en marcha.

[493] Hace una reseña muy detallada de los inconvenientes que se podrían suscitar en el ámbito Europeo, gracias a la experiencia que se ha recabado del caso Norteamericano, WILS, Wouter, P.J, *Efficiency and European antitrust enforcement*, Hart Publishing, Portland, 2008, Págs. 31 y 32.

[494] Sobre esta situación, y haciendo hincapié en los esfuerzos que se han hecho en los Estados Unidos para prevenir una distorsión del sistema en general, en razón de las presiones que imponen las empresas a las Autoridades, PACE, Lorenzo Federico, *European Antitrust Law. Prohibitions, Merger Control and Procedures*, Edward Elgar Publishing, Cheltenham, 2007, Pág. 238, quien resalta la labor del *Tunney Act*, con el cual se buscó otorgar más pureza y claridad a los *consent decrees*, pluralizando sus requisitos, adhiriendo la obligación de que un Tribunal independiente revisara los mismos y tuviera la última palabra en el *enforcement* de las normas *antitrust* en este tipo de circunstancias. Como así también se pone de manifiesto en FLYNN, John y BUSH, Darren, "The misuse and abuse of the Tunney act: the adverse consequences of the Microsoft fallacies", en *Loyola University Chicago Law Journal*, N° 34, 2003, Pág. 749.

propósito claro de velar por el interés general, el riesgo de que este mecanismo de decisión se convierta en el problema mismo, es muy latente. Siendo un inconveniente que la doctrina entiende, debe ser solucionado con un análisis realizado en todos los casos, por la Comisión, así como también por las Autoridades Nacionales cuando pongan en marcha este poder que también les ampara, acerca de cómo se ve protegido el interés general por medio de los compromisos que le van a permitir adquirir a una empresa[495].

Las decisiones de compromiso, adhieren un aspecto relevante a la Defensa de la Competencia en general, pues convierten a las empresas en colaboradoras de la Comisión, así como también en foco continuo de su revisión, toda vez que la Autoridad Comunitaria está obligada a realizar un seguimiento del cumplimiento de los compromisos adquiridos. Lo que a la postre genera, una mejor posición de la Comisión para conocer el comportamiento y las particularidades de un sector, así como un margen de actuación más efectivo, en razón del cual pueda interceder en prontitud cuando se generen distorsiones que ameriten su participación.

A pesar de las dudas que puedan generar este tipo de decisiones, no solo respecto a los comportamientos que deben seguir tanto la Comisión como las Autoridades Nacionales de Competencia para ponerlas en marcha, sino también acerca de los efectos legales que generan para terceros interesados[496]; este tipo de disposición es un avance aportado por el Reglamento 1/2003, pues permite cumplir objetivos de carácter general con prontitud y eficiencia, que deben ser suficiente sustento del impulso que debe otorgársele a futuro, tal y como en el seno de la Comisión ha sido entendido, ya que es un instrumento cada vez más utilizado por la Autoridad Comunitaria[497].

---

[495]WILS, Wouter, P.J, *Efficiency and European antitrust enforcement*, Hart Publishing, Portland, 2008, Pág. 30, pone de manifiesto la necesidad, de que en todos los casos, la Autoridad valore este aspecto y un conjunto de circunstancias que lo envuelven, siempre en beneficio del sistema de aplicación en términos generales, para que así este tipo de decisiones sea una solución benéfica para terminar en prontitud con las infracciones a las normas de libre competencia y con sus efectos; y no lo que otro sector de la doctrina entiende verdaderamente es, al expresar que esta modalidad de decisión está estructurada, simplemente, para que la Comisión pueda extraer de su lista de prioridades un asunto en específico. Siendo de esta última opinión, ARMENGOL I GASULL, Oriol y PASCUAL, Álvaro, "Some reflections on article 9 commitment decisions in the light of the Coca-Cola case", en *European Competition Law Review*, Volumen. 27, N° 3, 2006, Págs. 125 y 126.

[496] Acerca de los inconvenientes que la doctrina interpreta se generan en razón de este tipo de decisión, BRAMMER, Silke, *Co-operation Between National Competition agencies in the enforcement of EC Competition Law*, Hart Publishing, Oxford y Portland, Oregon, 2009, Págs. 37 a 40, quien en varias partes de su texto, hace énfasis en el temor de caer en la impunidad como consecuencia del uso continuado de esta salida.

[497] Algunos de los compromisos que hasta la fecha se han suscitado, en orden cronológico: *DBF – Deutsche Bundesliga* (COMP/37.214); *Coca-Cola* (COMP/39.116); *Grupo Alrosa + De Beers* (COMP/38.381); *Football Association Premier League* (COMP/38.173); *Repsol* (COMP/38.348); *The Cannes Extension Agreement* (COMP/38.681); *DaimlerChrisler, Toyota, GM y Fiat* (COMP/39.143 – 39.140); *Distrigaz* (COMP/37.966); *BUMA / SABAM – Santiago* (COMP/39.152 y 153); *Austrian Airlines & SAS* (COMP/37.749); *CISAC* (COMP/38.698); *SkyTeam* (COMP/37.984); *E.ON* (COMP/B-1/39.388 y 389); *RWE Gas* (COMP/39.402); así como el asunto *Estaser El Mareny Vs. La Comisión de las Comunidades Europeas*.

4. Decisiones de declaración de inaplicabilidad.

El Artículo 10 del Reglamento 1/2003, otorga a la Comisión una nueva facultad que en vigencia del anterior Reglamento 17/1962 no estaba prevista, la cual le capacita para reducir la labor de aplicación de las normas *antitrust*, ya que en razón de ella, ahora se encuentra empoderada para decidir, cuando así lo estime pertinente, que los artículos 101 y 102 del Tratado de Funcionamiento de la Unión Europea, no le son aplicables a un acuerdo, decisión, practica, conducta, o similar.

Este tipo de decisión, puede ser adoptada por la Autoridad Comunitaria, siempre en términos de excepcionalidad[498], cuando estime que las condiciones establecidas en el numeral primero del artículo 101 no se cumplen en el caso específico[499], o cuando por el contrario, compruebe que las condiciones del numeral tercero del mismo artículo, encuadran en el asunto particular[500].Debiendo analizar exclusivamente, para tomar este tipo de decisiones respecto del artículo 102, que no se cumplen las prohibiciones consignadas en aquel, ya que no hay exención alguna alrededor de las situaciones que dicho artículo regula[501].

Para declarar la inaplicabilidad de los artículos 101 y 102 a un asunto particular, la Comisión necesita contar con suficientes herramientas que le ayuden a soportar su decisión. Las cuales pueden llegar a sus manos en razón de ser provistas por el interesado, o en uso de los poderes de investigación que le han sido otorgados a la Autoridad Comunitaria en el Reglamento[502].

Las empresas no están facultadas para solicitar este tipo de decisión en concreto respecto de acuerdos o prácticas particulares, ya que solo la Comisión tiene la iniciativa

---

[498] GIL IBAÑEZ, José Luis, "La Comisión y la aplicación del Derecho Comunitario de la Competencia", en *La Defensa de la Competencia por los Órganos Judiciales: El Reglamento CE 1/2003*, Editor GARRIDO ESPÁ, Luis, Consejo General del Poder Judicial, Madrid, 2005, Pág. 122; así como también BRAMMER, Silke, *Co-operation Between National Competition agencies in the enforcement of EC Competition Law*, Hart Publishing, Oxford y Portland, Oregon, 2009, Pág. 34.

[499] Análisis que concuerda con el proceso de declaración negativa que se llevaba a cabo bajo la vigencia del Reglamento 17/1962.

[500] Lo cual se relaciona claramente con el procedimiento que previa la aparición del Reglamento 1/2003, se llevaba a cabo en relación al otorgamiento de una exención individual.

[501] Sea cual sea el razonamiento y el artículo que soporta la declaración de inaplicabilidad, 101 o 102; este tipo de decisiones son de carácter obligatorio, pues se encuadran en los actos jurídicos que pueden ser adoptados por la Comisión para ejercer sus competencias, de conformidad al artículo 288 del Tratado de Funcionamiento de la Unión Europea, pues desde las propuestas de modernización que generaron la aparición del Reglamento 1/2003, de fecha 27 de Septiembre de 2000, COM(2000) 582 final, disponible para consulta en lengua inglesa en: http://eur-lex.europa.eu/LexUriServ/LexUriServ.do?uri=COM:2000:0582:FIN:EN:PDF. se dejo claro dicho aspecto, acotando que: *"Non-infringement decisions will have the effects of community acts"*. Puede verse EHLERMANN, Claus-Dieter, "The Modernization of EC *Antitrust* Policy: a legal and cultural revolution", en *Common Market Law Review*, Volumen. 37, N° 3, 2000, Pág. 567.

[502]Como así lo explican VAN BAEL, Ivo & BELLIS, Jean-François, *Competition Law of the European Community*, Kluwer Law International, Alphen aan den Rijn, Holanda, 2010, Págs.1081 y 1082.

para adoptarla, cuando entienda que el interés público comunitario lo requiere[503]. En los casos en los cuales envuelva situaciones novedosas que no tienen sustento jurisprudencial, ni soporte práctico hasta el momento de realización del estudio[504].

Toda suerte que a la Comisión se le ha concedido la posibilidad de tomar decisiones de inaplicabilidad, la doctrina ha entendido que la coherencia en la aplicación de las normas de libre competencia comunitarias se ve mejor garantizada gracias a esta facultad, ya que en razón de ella se otorga un poder efectivo para clarificar situaciones extraordinarias, en creación continua de precedentes[505]; que en el asunto mismo que genera este tipo de decisión, como en circunstancias futuras, evitarán la asignación de recursos innecesarios[506].

---

[503] Al no estar posibilitadas las empresas para solicitar una "decisión positiva" (en referencia predilecta a la literatura anglosajona que da este nombre a las decisiones en estudio), no le es aplicable a este tipo de disposiciones lo dispuesto en el artículo 265 del Tratado de Funcionamiento de la Unión Europea, que se refiere a la posibilidad de recurrir la omisión de pronunciamiento de una autoridad a la cual se le ha solicitado previamente su actuación. Como así lo ponen de manifiesto PAULIS, Emil, "Coherent Application of EC competition rules in a system of parallel competences", en *European Competition Law Annual 2000: the modernisation of EC antitrust policy*, Editores EHLERMANN, Claus-Dieter y ATANASIU, Isabela, Oxford, Hart Publishing, 2001, Pág. 424; así como también BRAMMER, Silke, *Co-operation Between National Competition agencies in the enforcement of EC Competition Law*, Hart Publishing, Oxford y Portland, Oregon, 2009, Pág. 33.

[504] Además de los mencionados parámetros, el texto del numeral inicial 14 del preámbulo del Reglamento 1/2003, remarca la "excepcionalidad" y la "naturaleza declarativa", como características esenciales de este tipo de disposición. Texto que se aporta de forma completa en razón de ser sustento de lo expuesto: *"En los casos excepcionales en que el interés público comunitario lo requiera, puede igualmente ser útil que la Comisión adopte una decisión de carácter declarativo que establezca que la prohibición enunciada en el artículo 81 o en el artículo 82 no encuentra aplicación, y ello para aclarar el Derecho aplicable y garantizar su aplicación coherente en el conjunto de la Comunidad, en particular tratándose de nuevos tipos de acuerdos o prácticas que carezcan de precedentes en la jurisprudencia o en la práctica administrativa."* Sobre las características esenciales que debe tener la práctica para ser objeto de esta decisión, WHISH, Richard, *Competition Law*, Oxford University Press, Londres, 2008, Pág. 257.

[505] Siempre en términos de excepcionalidad por ser una situación novedosa que no tiene una solución preestablecida, y que requiere por parte de la Comisión, la estructuración de parámetros a seguir a futuro sobre dicho tema y sobre aquellos similares que se presenten, tanto por los particulares, como por las Autoridades Nacionales de Competencia, los Jueces nacionales y los demás *Enforcement Bodies* que tengan a su cargo la aplicación de las normas *antitrust* en virtud de la descentralización cada vez mas fortificada en el ámbito europeo. Como así lo exponen PAULIS, Emil y DE SMIJTER, Eddy, "Enhanced Enforcement of the EC Competition rules since 1 May 2004 by the Commission and the NCAs", paper presentado para la conferencia"*Antitrust* reform in Europe: A year in practice", organizada de forma conjunta por el Colegio de Abogados Internacional y la Comisión Europea, Bruselas, 9 a 11 de Marzo de 2005; e igualmente JONES, Alison y SUFRIN, Brenda, *EC Competition Law. Text, Cases and Materials*, Oxford University Press, Nueva York, 2008, Pág. 1148.

[506] Defiende esta postura PACE, Lorenzo Federico, *European Antitrust Law. Prohibitions, Merger Control and Procedures*, Edward Elgar Publishing, Cheltenham, 2007, Pág. 243, para quien este tipo de decisión, coadyuva que la función de formulación y orientación de la política comunitaria de competencia se vea facilitada, toda vez que clarifica y le otorga un elemento de previsibilidad general y coherencia a la aplicación de las normas *antitrust* comunitarias. Secundado a su vez por SCHAUB, Alexander, "Modernisation of EC Competition Law: Reform of Regulation No. 17", en *1999 Proceedings of the Fordham Corporate Law Institute*, Editor HAWK, Barry E, Juris Publishing, Nueva York, 2000, Págs. 143 y siguientes; así como también por GERBER, Davis y CASSINIS, Paolo, "The Modernisation of European community competition law. Achieving consistency in enforcement.Part 1", en *European Competition Law Review*, Volumen.27, N° 2, 2006, Págs. 10 a 16.

En resumidas cuentas, existiendo una disposición de la Comisión en este sentido, simplemente se eliminará el interés comunitario a examinar asuntos similares, facilitando el enfoque en aspectos de mayor envergadura e importancia que verdaderamente generen una distorsión en la competencia en el mercado común[507].

Como todas las otras atribuciones novedosas que ha aportado el Reglamento 1/2003 a la Comisión, la misma amerita cuidados en su implementación, ya que ha sido interpretada por algunos como una nueva forma de notificación a la que pueden acudir las empresas para obtener un guiño positivo de la Autoridad Comunitaria acerca de sus actuaciones; enmascarando una posibilidad que estaba taxativamente depositada en el Reglamento 17/1962[508], pero que no tiene cabida en el sistema actual, en el cual todos los mecanismos de notificación voluntaria han sido excluidos[509].

Los efectos que causa en los demás *Enforcement Bodies*, más allá de los debates que algún sector de la doctrina intentó poner en marcha sobre dicho aspecto, son amplios, pues son de carácter obligatorio[510], ya que de mantenerse los hechos y las circunstancias que conllevaron la decisión de la Comisión, este tipo de disposición genera un vínculo que condiciona la labor de las Autoridades Nacionales de Competencia y los Tribunales Nacionales, quienes deberán abstenerse de pronunciarse sobre el asunto específico[511].

---

[507] PASCUAL Y VICENTE, Julio, "La nueva política comunitaria europea de control de conductas y su repercusión en España", en *Anuario de la Competencia*, N° 1, 2003, Pág. 129.

[508] Las costumbres que había generado la vigencia del anterior Reglamento no pueden permitirse en la actualidad, más allá de que previsiblemente las empresas recurran al mecanismo de las declaraciones de inaplicabilidad para que les sean aprobados los acuerdos, conductas o similares que les involucren. Siendo aquella la opinión de EHLERMANN, Claus-Dieter, "The Modernization of EC *Antitrust* Policy: a legal and cultural revolution", en *Common Market Law Review*, Volumen. 37, N° 3, 2000, Pág. 568; y de RILEY, Alan, "EC *Antitrust* Modernisation: The Commission Does Very Nicely – Thank You! Part One: Regulation 1 and the Notification Burden", en *European Competition Law Review*, N° 604, 2003, Pág. 608.

[509] A pesar de la opinión de algún sector de la doctrina, que ha resaltado las bondades del sistema de notificación en aquellos casos en los cuales la magnitud y la importancia del asunto sea manifiesta, ya que entienden que en dichos casos la notificación actúa de forma coherente y útil, a *contrariu sensu* de aquellos asuntos en los cuales se requiere una solución y decisión rápida al caso concreto, toda vez que ahí, entienden, la notificación no es ni útil, ni necesaria. WIßMANN, Tim, "Decentralised enforcement of EC competition law and the new policy on cartels: The commission White paper of 28th of april 1999", en *Journal of World Competition*, N° 23, Volumen. 2, 2000, Pág. 128.

[510] No solamente una vez tomada la decisión, pues al involucrar la toma de una decisión en aplicación del Reglamento, la Comisión puede incoar un asunto en específico, desplazando a las Autoridades Nacionales de Competencia, en virtud del numeral sexto del artículo 11 del Reglamento 1/2003, quienes serán relevadas para actuar bajo el amparo de los mismos fundamentos legales, contra acuerdos, prácticas, conductas, empresas, o incluso emplazamientos geográficos o mercados relevantes análogos, tal y como puede verse suficientemente explicado en la *Comunicación de la Comisión, de 27 de Abril de 2004, sobre la Cooperación en la Red de Autoridades de Competencia* (2004/C 101/03), publicada en el Diario Oficial de la Unión Europea C 101/43, en específico en su apartado 51 y en el literal (d) del apartado 54.

[511] Este aspecto resulta ser una diferencia de importancia entre la declaración de inaplicabilidad actual y el sistema de exención que operaba bajo el Reglamento 17/1962, toda vez que en razón de este último, siempre era necesario que la Comisión se manifestara formalmente acerca de la retirada de una autorización, hubiesen o no cambiado los hechos y/o circunstancias que generaron la toma de la decisión por parte de la Autoridad Comunitaria; mientras que con el sistema actual, en razón de las decisiones de

Antes de la toma efectiva de este tipo de decisión, la Comisión debe publicar un sumario en el cual se pongan de manifiesto los aspectos fundamentales del asunto y se expliquen las bases de su posición al respecto. Debiendo otorgar, de conformidad al numeral cuarto del Artículo 27 del Reglamento 1/2003, un término mínimo de treinta días para que los terceros interesados hagan las observaciones que estimen pertinentes, después del cual, deberá publicar la decisión en el Diario Oficial.

Al ser un acto de carácter obligatorio que genera efectos frente a terceros, puede ser objeto de impugnación y de recurso por parte de un competidor de la empresa beneficiada con este tipo de decisión, o por un tercero interesado, ante los Tribunales Europeos, pues sus características esenciales se encuadran perfectamente en los parámetros del artículo 263 del Tratado de Funcionamiento de la Unión Europea[512].

A pesar de los beneficios que se perciben en este tipo de disposición, así como de los pocos debates que ha suscitado, las decisiones de declaración de inaplicabilidad no se han popularizado lo suficiente en el ámbito Europeo, y no son parte de las predilecciones de la Comisión, la cual hasta la fecha no ha tomado decisiones de esta estipe en base al artículo 10 del Reglamento 1/2003[513], ni en una sola ocasión; lo que desde cualquier punto de vista, resulta por lo menos, llamativo[514].

5. Decisiones de retirada del beneficio individual de exención por categorías.

El Artículo 29 del Reglamento 1/2003, le confiere la atribución a la Comisión para retirar un beneficio de exención, en los casos en los cuales compruebe que una actuación, práctica, o similar, que esté amparada por un Reglamento de Exención por categorías,

---

declaración de inaplicabilidad, si cambian los hechos o circunstancias relevantes que conllevaron la decisión de la Comisión, la conducta deviene ilícita y por lo tanto, objeto inmediato de aplicación de las normas de libre competencia comunitarias, por parte de los demás *Enforcement Bodies*, sin que sea necesario que la Comisión se pronuncie sobre ellos. Para lo cual pueden verse los comentarios de KERSE, Christopher y KAHN, Nicholas, *EC Antitrust procedure*, Sweet & Maxwell, Londres, 2005, Apartado 2.065.

[512]VAN BAEL, Ivo & BELLIS, Jean-François, *Competition Law of the European Community*, Kluwer Law International, Alphen aan den Rijn, Holanda, 2010, Pág. 1082.

[513] Lo pone de manifiesto, con otras de las decisiones que a pesar de tener sustento legal a nivel comunitario, no tienen una relevancia práctica tras la entrada en vigencia del Reglamento 1/2003, WILS, Wouter, "EU Antitrust Enforcement Powers and Procedural Rights and Guarantees: The Interplay between EU Law, National Law, the Charter of Fundamental Rights of the EU and the European Convention on Human Rights", paper presentado en el 2nd Annual International Concurrences Conference 'New Frontiers of *Antitrust*', Paris, 11 de Febrero de 2011, Pág. 8.

[514] Acerca de la aplicación futura de este tipo de decisión de declaración de inaplicabilidad, JONES, Alison y SUFRIN, Brenda, *EC Competition Law. Text, Cases and Materials*, Oxford University Press, Nueva York, 2008, Pág. 1148, quienes han resaltado ciertos aspectos que van a marcar la pauta del beneficio real que traerán a la Defensa de la Competencia estas disposiciones; exponiéndolo en los siguientes términos: "*It will be interesting to see how far the distinction between the public interest and the parties interests is maintained in practice, and how often 'exceptional circumstances' are found to arise.(...)*".

está causando efectos que son incompatibles con el numeral tercero del artículo 101 del Tratado de Funcionamiento de la Unión Europea, bien en todo el Territorio de la Comunidad, en algunos de los Estados miembros, en uno de ellos en específico, o incluso en una zona determinada de alguno de los países comunitarios[515].

La Comisión puede actuar de oficio o en virtud de la petición presentada por un interesado[516], y es el único de los *Enforcement Bodies* que está empoderado para tomar este tipo de decisión con repercusión en todos los países miembros. Aunque, con matices, pues las Autoridades Nacionales de Competencia, más allá del respeto que deben tener por las disposiciones en las cuales se otorga la exención a cierto tipo de conductas, están capacitadas para efectuar dicha retirada en su Estado miembro, cuando su territorio, o parte de él, tengan características de un mercado geográfico distinto.

Para tomar este tipo de decisiones, la Comisión debe cumplir con el requisito que le es impuesto por el numeral primero del artículo 14 del Reglamento, cual es el de consultar a un comité asesor o comité consultivo acerca de la retirada, con el ánimo de que le manifieste su posición por medio de un dictamen, que en todos los casos, debe darle cumplimiento a los requisitos de forma y procedimiento estipulados entre los numerales segundo al séptimo del mencionado artículo.

A la par de aquel requisito, y generando un punto de encuentro entre la decisión en desarrollo y las demás disposiciones decisorias expuestas hasta el momento; las partes involucradas, deben tener un espacio y tiempo para expresar lo que estimen pertinente acerca de la revocación que les compete, so pena de que la decisión pueda ser anulada. Siendo dicho periodo para presentar observaciones, por analogía con la misma posibilidad que se otorga en los otros tipos de decisiones de la Comisión, de por lo menos un mes.

A pesar de la relevancia que se percibe en la retirada del beneficio individual de exención por categorías, el artículo 30 del Reglamento no enuncia este tipo de decisiones entre aquellas que deben ser publicadas por la Comisión[517], por lo que en apariencia y ciñéndose al texto legal, nada hace pensar que deba cumplir requisitos de dicha estirpe.

---

[515] Algún sector de la doctrina hace especial hincapié en el alcance que tiene este poder de la Comisión, ya que entienden debe quedar claro, que la retirada puede hacerse respecto de una pequeña porción territorial de la comunidad, o de toda la Unión. Siendo labor de la Autoridad Comunitaria, el valorar en cada caso concreto, cuál es la trascendencia de los efectos contrarios generados en razón de la exención. GIL IBAÑEZ, José Luis, "La Comisión y la aplicación del Derecho Comunitario de la Competencia", en *La Defensa de la Competencia por los Órganos Judiciales: El Reglamento CE 1/2003*, Editor GARRIDO ESPÁ, Luis, Consejo General del Poder Judicial, Madrid, 2005, Pág. 122.

[516] Esta es la óptica de la gran mayoría de autores que se expresan al respecto de este tipo de decisiones, entre los cuales por la claridad, resaltan VAN BAEL, Ivo & BELLIS, Jean-François, *Competition Law of the European Community*, Kluwer Law International, Alphen aan den Rijn, Holanda, 2010, Pág. 1082 y 1083, así como también PACE, Lorenzo Federico, *European Antitrust Law. Prohibitions, Merger Control and Procedures*, Edward Elgar Publishing, Cheltenham, 2007, Pág. 233.

[517] De forma taxativa e inequívoca, el numeral primero del artículo 30 del Reglamento 1/2003 enuncia que son de obligatoria publicación, las decisiones que adopte la Comisión en aplicación de los artículos 7 a 10, así como 23 y 24, no diciendo nada sobre las disposiciones que sean fruto de la aplicación del artículo 29.

Además de estar actualmente empoderada por el artículo 29 del Reglamento 1/2003, la Comisión se ha guardado para sí, igualmente, el poder para revocar aquellas exenciones otorgadas en virtud del Reglamento 17/1962, toda vez que el numeral primero del artículo43 del Reglamento 1, no ha derogado el numeral tercero del artículo 8 del Reglamento 17, generando que la Comisión extienda, en lo que a este tema respecta, su alcance, más allá de la vigencia del actual Reglamento[518].

En ambos casos, y se hubiese otorgado la exención bajo cualquiera de los Reglamentos enunciados, es importante decir que este tipo de decisiones, han sido puestas en marcha por la Comisión en muy pocas ocasiones y que se prevé que el uso en el futuro sea casi nulo. Siendo prueba de ello que las exenciones otorgadas en vigencia del Reglamento 17/1962 han vencido, o están en tránsito de hacerlo pronto[519]; mientras que las otorgadas por el Reglamento 1/2003 no han suscitado hasta la fecha ni una sola retirada.

Claramente esta modalidad de decisión es una posibilidad que debe estar en el catálogo de la Comisión, pues cumple una función disuasoria que las Empresas deben tener presente en todo momento; ya que es una herramienta útil y eficiente en manos de la Autoridad Comunitaria, para reaccionar ante los cambios que se susciten respecto de una exención otorgada, sea cual sea la razón de ser de dichas variaciones.

6. Decisiones de adopción de un programa de clemencia.

Cada uno de los aspectos que rodean a los programas de Clemencia en el ámbito comunitario, ha generado debates en el seno de la doctrina, toda vez que la misma, se ha visto dividida a partes iguales, entre adeptos y críticos, que comúnmente se han enfocado en resaltar las bondades e inconvenientes que se generan en razón de la implementación de estos mecanismos en la Defensa de la Competencia[520].

El objetivo del presente trabajo no es desarrollar cada uno de aquellos conflictos, como sí lo es, dejar claro, que en opinión del autor, adoptar un programa de clemencia comporta una decisión de la Comisión, que no puede ser transpuesta únicamente al

---

[518] Reglamento 1/2003, artículo 43, numeral primero: *"Queda derogado el Reglamento no. 17, excepto el apartado 3 del artículo 8, que seguirá aplicándose a las decisiones adoptadas con arreglo al apartado 3 del artículo 81 del Tratado antes de la fecha de aplicación del presente Reglamento hasta la fecha de expiración de dichas decisiones."*

[519] En relación a la retirada del beneficio de exencion por categorías en vigencia del Reglamento 17/1962, los comentarios que se pueden encontrar en VAN BAEL, Ivo & BELLIS, Jean-François, *Competition Law of the European Community,* Kluwer Law International, Alphen aan den Rijn, Holanda, 2010, Págs. 1082 y 1083, nota al pie de página 635, en donde se nombran un conjunto de asuntos en los cuales la Comisión revocó el beneficio previamente otorgado, en los siguientes términos: *"Schöller Lebensmittel GmbH* (publicado en el Diario Oficial de la Unión Europea L183/1 de 1993), *(...) Tetra Pak* (publicado en el Diario Oficial L272/27 de 1988), *(...)* y, *Eco System/Peugeot* (Diario Oficial L66/1 de 1992).

[520] Para ahondar sobre dichas situaciones, SOTO PINEDA, Jesús Alfonso, "Aproximación a la implementación de los programas de clemencia como instrumentos del Derecho de la competencia", en *Con (Textos),* N° 3, 2010, Págs. 158 a 160.

debate sancionatorio y desconocida desde el punto de vista decisorio; ya que es una disposición emprendida para llevar la transgresión a las normas de libre competencia a su cese, y como tal, a pesar de que su desarrollo deba ser emprendido en el apartado acerca de las atribuciones sancionatorias de la Comisión, debe ser una de aquellas disposiciones enumeradas dentro de las atribuciones decisorias de la Autoridad Comunitaria[521].

Soy de la profunda opinión, de que la relevancia de este tipo de programas es inmensa[522], pues además de incidir en la determinación de las consecuencias fruto de una infracción cometida, conllevando un desenlace distinto para aquellos que colaboren con la Comisión en su misión de desmantelamiento de circunstancias que transgredan la normativa *antitrust*; también conlleva un desarrollo procedimental que condiciona las actuaciones de la Comisión en la toma de decisión de emprender una relación autoridad-delator con una empresa que haya sido partícipe en un cartel, en una conducta anticompetitiva, o simplemente en una infracción a las normas de libre competencia[523], otorgándole la posibilidad de acogerse a un programa estructurado para facilitar el cese de la conducta anticompetitiva[524].

---

[521] El planteamiento mismo puede no ser del todo claro, pues hay una delimitación clara en Europa, al ser incluido como aspecto sancionador de la Defensa de la Competencia; como puede verse en la *Comunicación de la Comisión relativa a la dispensa del pago de las multas y la reducción de su importe en casos de cártel, publicada en el* Diario Oficial de la Unión EuropeaC298/11 de 8 de Diciembre de2006.

[522] Una enunciación de todos los elementos que debe unificar una Autoridad de Competencia para que sea verdaderamente relevante la existencia de este mecanismo, enfocándose en el caso particular de los Estados Unidos, donde se requiere la ponderación de tantísimos aspectos, entre los cuales es de gran relevancia la participación de la Autoridad en el curso del procedimiento y no solo en el momento puntual en el cual se plantean las consecuencias fruto de la infracción, pueden percibirse en PATE, R. Hewitt; "Securing the benefits of global competition", conferencia pronunciada en el Tokyo American Center, Tokyo, el 10 de Septiembre de 2004, págs. 5-11, el documento está disponible para consulta en lengua original en: http://www.usdoj.gov/atr/public/speeches/205389.pdf.

[523] Los "elegibles" para este tipo de programas, forman parte de un catálogo amplio que día a día se ve modificado por las nuevas conductas y realidades del mercado, que hacen necesario en cada caso en concreto, una valoración de la Comisión, quien deberá tomar la decisión de permitir a algún agente su inclusión en un programa de clemencia, cuando se acomode a los parámetros establecidos por la *comunicación de clemencia*, a pesar que en oportunidades su participación pueda resultar novedosa. Un catálogo de los elegibles más comunes, en VAN BAEL, Ivo & BELLIS, Jean-François, *Competition Law of the European Community*, Kluwer Law International, Alphen aan den Rijn, Holanda, 2010, Pág. 1125.

[524] Este mecanismo comporta procedimientos al interior de la Comisión y por lo tanto decisiones a tomar, ya que la labor eficaz de la Autoridad Comunitaria no es referida simplemente a imponer sanciones a los agentes infractores, sino igualmente a la aplicación de ciertos criterios a lo largo del procedimiento en el cual se ha configurado la colaboración emprendida por la(s) empresa(s), valorando dicha cooperación en la asignación de una "recompensa" y otorgando certeza acerca de los efectos que genera acogerse a un programa delatorio, pues eso aporta un grado de seguridad que influirá positivamente en la puesta en marcha de estos programas en el futuro. A pesar de estar enfocados en el caso netamente español, son de importancia los comentarios sobre este aspecto que hace VIDE, Ana, "Ley 15/2007, de 3 de Julio, de Defensa de la Competencia. Artículo 65. Exención del pago de la multa", en *Derecho Español de la Competencia. Comentarios a la Ley 15/2007, Real Decreto 261/2008 y Ley 1/2002*, Director ODRIOZOLA, Miguel, coordinadora IRISARRY, Belén, Tomo II, Editorial Bosch, Barcelona, 2008, Pág. 1126.

Bajo la premisa básica de que para que los programas de clemencia sean puestos en marcha a nivel comunitario se necesita siempre la anuencia de la Comisión, se defiende la gran trascendencia que tienen para el terreno decisorio este tipo de mecanismos, ya que le otorgan la posibilidad a la Autoridad Comunitaria de, aprovechando la colaboración que prestan algunos involucrados, decidir si, en cumplimiento de los parámetros que le son planteados por la Ley, le da uso a este instrumento en específico, el cual cuenta con suficiente idoneidad para llevar a su fin la infracción a la normativa de libre competencia[525].

Aceptar que una empresa colabore y por lo tanto tomar en cuenta dicha contribución para "tasar" la sanción que le será impuesta, es en toda regla una decisión de la Comisión, que toma en uso de las atribuciones que tiene para valorar la información proporcionada por el delator[526], la cual genera efectos en los involucrados y en terceros, a la par que en los demás *Enforcement Bodies,* quienes deben considerarla para otorgar coherencia a la labor de aplicación que están realizando.

De tal manera y en uso de los conceptos hasta aquí expuestos, en el presente texto se resalta como una decisión de la Comisión, pues no podía ser desconocida como tal, pero a la vez se entiende que sus efectos están mayoritariamente direccionados a otorgar una inmunidad o una reducción frente a las consecuencias pecuniarias que la Autoridad Comunitaria está empoderada para imponer, lo cual hace recomendable que el desarrollo profundo de sus particularidades, se haga más adelante en el presente trabajo.

7. Decisiones de adoptar cartas de orientación.

Las Cartas de Orientación son un tipo de medida novedosa que a pesar de no estar comprendidas de forma taxativa en el articulado del Reglamento 1/2003, la Comisión puede emitir, con el ánimo de que las empresas estén en capacidad de evaluar sus

---

[525] La importancia de este tipo de mecanismos ya ha sido resaltada por varios sectores de la doctrina, entre los cuales por relevancia se resaltan los comentarios de quien fuera el Director General del Directorate General de Competencia, quien de forma textual, manifestó: *"The leniency instrument has proven to be a formidable tool for encouraging firms to cooperate with the competition authorities. Not only does it allow specific cartels to be uncovered, more generally the mere apprehension that a member of a cartel might go to the authorities and secure immunity tends to destabilise the activity of the cartel itself."* LOWE, Philip, *"What's the future for cartel enforcement",* discurso pronunciado en la conferencia Understanding Global Cartel Enforcement, Bruselas, 11 de Febrero de 2003, Pág. 3, el documento está disponible para consulta en lengua original en: http://ec.europa.eu/competition/speeches/text/sp2003_044_en.pdf.

[526] La valoración de la colaboración que presta el agente que se acoge a un programa de clemencia, es importante, y permite entender la incidencia que tiene en el terreno sancionatorio cada uno de los criterios que toma en cuenta la Comisión dentro del proceso. Por lo que el márgen de apreciación que debe tener la Comisión para delimitar el provecho que ha traído al desmantelamiento de la conducta la colaboración prestada por el agente, es esencial, pues las decisiones tomadas en el seno de la Autoridad Comunitaria, condicionan el objetivo principal que siguen quienes se acogen a los programas de clemencia, cual es el de que las consecuencias en principio previstas, muten en su favor. GARCÍA CACHAFEIRO, Fernando; "Hacia una política de clemencia en el Derecho de la competencia español", en *Gaceta jurídica de la Unión Europea y de la competencia,* N° 227, 2003, Pág. 20.

acuerdos y prácticas con suficientes conocimientos y herramientas, que les ayuden a soportar su actividad[527].

Estas cartas de orientación enunciadas, se encuentran formalmente consignadas en la *Comunicación de la Comisión relativa a las orientaciones informales sobre cuestiones nuevas relacionadas con los artículos 81 y 82* (101 y 102) *del Tratado CE que surjan en asuntos concretos (cartas de orientación)*[528](en lo sucesivo *Comunicación relativa a las cartas de orientación*).

Como el título de la comunicación lo indica, estas cartas son una nueva posibilidad con la que cuenta la Autoridad Comunitaria, para abordar temas "inéditos" y desconocidos en el ámbito Europeo que no tienen un marco conceptual claro, y que por lo tanto ameritan el estudio por parte de la Comisión de datos concretos y reales que tenga sobre ellos, para de tal forma manifestar su postura al respecto[529].

Como principal autoridad en el ámbito Europeo, y al estar encargada de definir la política comunitaria de competencia, la Comisión es la única autoridad facultada para hacer uso de la atribución de emitir cartas de orientación, significando ello, que las Autoridades Nacionales de Competencia de los Estados miembros no cuentan con dicho poder dentro de sus posibilidades decisorias[530].

La razón de ser de estas cartas, es según lo dicho por algún sector de la doctrina, la existencia de brechas que entorpecen la certeza de las empresas respecto de ciertas conductas, en parte, generada por el efecto directo que el artículo 6 del Reglamento 1/2003 le ha otorgado a los artículos 101 y 102 del Tratado de Funcionamiento de la Unión Europea, y por consiguiente al numeral tercero del artículo 101[531].

---

[527] A pesar del silencio que el articulado del Reglamento 1/2003 guarda al respecto, la génesis de este tipo de instrumentos sí que se encuentra en su texto, pues el considerando número 38 hace referencia a ellos en los siguientes términos: *"La seguridad jurídica de las empresas que realizan actividades reguladas por las normas comunitarias de competencia contribuye al fomento de la innovación y de las inversiones. Cuando se presente una situación de auténtica incertidumbre debido a la aparición de cuestiones nuevas o sin resolver en cuanto a la aplicación de las citadas normas, las empresas a que concierna podrán solicitar orientaciones informales de la Comisión. El presente Reglamento no constituye ningún impedimento para que la Comisión facilite esas orientaciones informales".*

[528] Publicada en el Diario Oficial de la Unión Europea de 27 de Abril de 2004, C101/78

[529] Desarrollo de los apartados más esenciales de la *Comunicación relativa a las cartas de orientación*, en WHISH, Richard, *Competition Law*, Oxford University Press, Londres, 2008, Pág. 258; así como también en FURSE, Mark, *Competition law of the EC and UK*, Oxford University Press, Nueva York, 2006, Págs. 88 y 89.

[530] Dándole cumplimiento a los planteamientos que deja claros el artículo 105 del Tratado de Funcionamiento de la Unión Europea, que empodera a la Comisión como "veedora" principal de la correcta aplicación de los artículos 101 y 102 del Tratado.
[531] Esta es la opinión de PACE, Lorenzo Federico, *European Antitrust Law. Prohibitions, Merger Control and Procedures*, Edward Elgar Publishing, Cheltenham, 2007, Pág. 244, quien para soportar dicha óptica, erige la razón misma lo ha aceptado en la *Comunicación de Cartas de Orientación*, en específico en su apartado cuatro, al exponer que los Reglamentos de exención por categorías, comunicaciones, directrices en general y directrices sobre la aplicación del artículo 101 (3), mayoritariamente, son instrumentos que generan certud en la evaluación a realizar por las empresas;

La ambigüedad del numeral tercero del artículo 101 y la necesaria discrecionalidad que amerita su aplicación a una situación particular, hace que resulte común que las empresas no tengan la suficiente certidumbre que necesitan para estructurar un marco de actuación específico[532]; por lo que es misión de la Comisión, entrar a esclarecer aspectos que faciliten la tarea de los diversos agentes y de los Tribunales de los Estados miembros[533], otorgando claridad acerca de las conductas compatibles con la normativa *antitrust*[534].

La existencia de fisuras informativas, afecta directamente a las empresas, toda vez que ven condicionada su actuación en razón de la incertidumbre; por lo que en aquellos casos en los cuales se vean sobrepasadas, podrán solicitar a la Comisión la emisión de una carta guía que les arroje luces acerca de su situación[535]. La cual, la Autoridad Comunitaria expedirá, de cumplirse ciertos requisitos que han sido consignados en la *Comunicación relativa a las cartas de orientación*[536]; donde se deja claro que la emisión

---

dando a entender que en algunas otras circunstancias, se hace necesaria la extensión de la información con la que cuentan los agentes.

[532] En parte, en razón de la inmensa carga que les ha sido proferida por el paquete de modernización a las empresas, ya que además de la aplicación directa que ahora tienen los artículos 101 y 102 del Tratado y especialmente (por la incidencia que genera) el numeral tercero del artículo 101, las empresas tienen que hacer estudios acerca de sus conductas que en muchas oportunidades no tienen las herramientas suficientes para realizar, ya que es muy debatible que se encuentren en la mejor posición para hacerlos, pues si bien según los parámetros comunitarios, tienen suficientes soportes en los Reglamentos, comunicaciones, directrices, y en la práctica misma; la realidad es que su posición se ve ahora más comprometida sin la posibilidad de notificar sus prácticas, tal y como lo hacían en vigencia del Reglamento 17/1962. Siendo esta la opinión, que no textualmente, pero en continuada lectura de su exposición, se percibe en JONES, Alison y SUFRIN, Brenda, *EC Competition Law. Text, Cases and Materials*, Oxford University Press, Nueva York, 2008, Págs.1149 y 1150.

[533] COMMISSION ON COMPETITION, *"EC Regulation 1/2003: views on its functioning"*, documento presentado en la International Chamber of Commerce, The World Bussiness Organization, documento N° 225/653, 23 de Octubre de 2008, Pág. 2.

[534] Para algún sector de la doctrina, las cartas de orientación son respuesta a la "ilegalidad" que ha traído al sistema de Defensa de la Competencia el otorgar efecto directo también al numeral tercero del artículo 101 del Tratado de Funcionamiento de la Unión Europea, pues creen que ahora la autoevaluación que tienen que hacer las empresas para poner en marcha alguna conducta, les sobrepasa, pues el examen que deberían hacer, resulta de una complejidad tal, que solo quien está en verdadera posición de hacerlo, como lo es la Comisión, puede enfrentar de forma eficaz y coherente, ya que cuenta con los recursos para hacerlo y es quien plantea la política comunitaria de competencia. PACE, Lorenzo Federico, *European Antitrust Law.Prohibitions, Merger Control and Procedures*, Edward Elgar Publishing, Cheltenham, 2007, Pág. 244.

[535] Esta posibilidad está consignada en el considerando número 12 de la *Comunicación relativa a las cartas de orientación*.

[536] Las cartas de orientación pueden ser igualmente solicitadas por las Autoridades Nacionales de Competencia y los órganos jurisdiccionales de los Estados miembros, sin ser necesaria una anuencia por parte de los agentes involucrados, de conformidad con el numeral quinto del artículo 11 del Reglamento 1/2003, así como también del artículo 15 del mismo texto, pues ambos preceptos desarrollan la cooperación entre la Autoridad Comunitaria y los mencionados *Enforcement Bodies*. También es una posibilidad que es planteada continuamente como esencial, pues está en capacidad de aportar mayor coherencia a la labor de aplicación, como así puede verse en COMMISSION ON COMPETITION, "EC Regulation 1/2003: views

de dichas cartas se hará en los casos en los cuales aquello sea compatible con sus prioridades de aplicación[537], y cuando se cumplan todos los parámetros del artículo 8[538], cuales son que la cuestión objeto de la petición sea novedosa, que no sea necesario llevar a cabo una investigación para ampliar los hechos que le han sido expuestos a la Comisión, así como que haya utilidad en la expedición de la carta de orientación de conformidad a los siguientes parámetros:

- La solicitud está relacionada con conductas o practicas que afectan bienes y servicios de contrastada relevancia económica.

- Hay una probabilidad de que la conducta o práctica en mención tenga un uso económico más extendido en el mercado.

- Están involucradas inversiones sustanciales en razón del tamaño de las empresas involucradas y la medida en que la transacción se refiere a una operación estructural.

No han sido planteados hasta el momento requisitos de forma que deban ser cumplidos por el solicitante de una carta de orientación y por lo tanto da la impresión de que este tipo de peticiones, están rodeadas de una informalidad que otorga a las empresas la posibilidad de innovar, con el ánimo de facilitar la toma de decisión por parte de la Autoridad Comunitaria.

Lo esencial, tal y como puede verse en el considerando número 14 de la *Comunicación relativa a las cartas de orientación*, es allegar a la Comisión un escrito, en el cual se incluya una clara determinación de los interesados, la conducta objeto de la petición, los hechos relevantes, las razones por las cuales resulta novedosa la práctica, así como también una declaración de que no hay procesos pendientes ante Tribunales de los Estados miembros[539]; pudiendo incluirse igualmente, una reseña de los aspectos que la empresa considere de importancia para motivar su solicitud[540].

---

on its functioning", documento presentado en la International Chamber of Commerce, The World Bussiness Organization, documento N° 225/653, 23 de Octubre de 2008, Pág. 7.

[537] Considerando número 7 de la *Comunicación relativa a las cartas de orientación*. El cual se basa en la excepcionalidad que rodea estos instrumentos, pues solo deben ser puestos en marcha cuando no es posible obtener guía alguna de la jurisprudencia o de la práctica jurídica.

[538] Aunque igualmente, son de importante valoración, los parámetros que establece la *comunicación relativa a las cartas de orientación* en su considerando número 10, toda vez que en él queda clara la obligación que tienen las empresas de solicitar la guía respecto de aspectos que tengan relevancia práctica, y no sobre aquellos que tengan un trasfondo hipotético, o referido a conductas ya no aplicadas por las partes. Aspecto resaltado por SCHUMAN, Robert, "Modernization of European Competition Law as a Form of Convergence", e*Jean Monnet/Robert Schuman Paper Series*, Volumen.4, N° 6, 2004, Pág. 8.

[539] Al respecto, el considerando número 9 de la *comunicación relativa a las cartas de orientación*, donde se deja clara la negativa a la solicitud, cuando cuestiones similares son objeto de un asunto pendiente de resolución ante los Tribunales Europeos, o cuando la práctica en sí misma, sea objeto de tramite en un procedimiento ante la misma Comisión, las Autoridades Nacionales de Competencia o los Jueces nacionales. El objetivo de este precepto, claramente, es evitar que las empresas que estén envueltas en un procedimiento ante una autoridad distinta de la Comisión, soliciten a esta última por medio de este mecanismo, una manifestación sobre el asunto, que puede condicionar la labor de la autoridad a cargo, por ser interpretada como una exhortación que hace la Autoridad Comunitaria acerca de cuál debería ser el

Si la Comisión, valorados todos los aspectos inmersos en la petición, valora que no procede expedir la carta de orientación solicitada, deberá informárselo a los interesados[541]; no significando ello que deba retornar la información otorgada a los solicitantes, pues puede retenerla, para, de ser necesario, utilizarla en procesos posteriores que surjan y en los cuales pueda ser considerada herramienta de relevancia, e incluso, usarla en contra de quienes la han aportado[542].

De considerar que hay méritos suficientes para emitir la carta solicitada, la Comisión podrá responder los cuestionamientos que le han formulado, total o parcialmente; no teniendo un límite temporal para hacerlo, pero debiendo seguir los parámetros de forma que la Comunicación le impone en el considerando 19[543] y de publicidad que se encuentran consignados en el considerando 21[544].

La *Comunicación relativa a las cartas de orientación*, ha hecho un especial hincapié acerca de los efectos que se generan en razón de aquel instrumento, y ha dejado claro que las cartas de orientación no prejuzgan la evaluación de la misma cuestión por los Tribunales comunitarios, así como tampoco procesos ulteriores a su cargo, ya que su existencia no impide que la Autoridad Comunitaria pueda entrar a estudiar las circunstancias particulares del asunto[545].

---

fallo. PACE, Lorenzo Federico, *European Antitrust Law.Prohibitions, Merger Control and Procedures*, Edward Elgar Publishing, Cheltenham, 2007, Pág. 246.

[540] La Comisión una vez recibida la solicitud, puede compartir la información en ella consignada, con las Autoridades de Competencia de los Estados miembros, pudiendo incluso debatir con ellos los aspectos que estime pertinentes en pro de la motivación más estructurada de la carta de orientación. Tal y como así se ve expresado en el considerando número 16 de la comunicación en desarrollo.

[541] Considerando número 17 de la *Comunicación relativa a las cartas de orientación*.

[542] Sobre este aspecto resultan relevantes en igual proporción el considerando número 11 de la *Comunicación relativa a las cartas de orientación* y el número 18. También, respecto al tema, VAN BAEL, Ivo & BELLIS, Jean-François, *Competition Law of the European Community*, Kluwer Law International, Alphen aan den Rijn, Holanda, 2010, Pág. 1084, quienes manifiestan que incluso en aquellos casos en los cuales el solicitante retire su petición, la Comisión podrá retener y utilizar la información aportada.

[543] El considerando mencionado resalta que la carta debe contener: (i) *una descripción sucinta de los hechos en los que se basa*; y (ii) *los principales argumentos jurídicos subyacentes en la interpretación de la Comisión de las cuestiones nuevas relativas a los artículos 81 y/u 82* (101 y/o 102) *que se hayan planteado en la solicitud.*

[544] Una vez acordada con los solicitantes la versión que va a hacerse pública (en razón del respeto por el secreto profesional y comercial que también es de aplicación al tema en desarrollo de conformidad al considerando 15 de la comunicación), la misma, deberá ser adherida a la página web de la Comisión para que sea consultada por todo aquel que lo desee.

[545] Estos aspectos se encuentran consignados en los considerandos 23 y 24 de la Comunicación en desarrollo, y sobre los mismos se expresan VAN BAEL, Ivo & BELLIS, Jean-François, *Competition Law of the European Community*, Kluwer Law International, Alphen aan den Rijn, Holanda, 2010, Pág. 1084, quienes afirman que la Comisión tiene el poder para decidir si quiere tomar la postura de una carta de orientación que sobre los mismos hechos se exprese, o no. Aunque en la realidad, lo que sucede, es que de no haber cambiado los hechos y de mantenerse los aspectos que suscitaron la carta, la misma será tomada en cuenta.

Así mismo, no siendo determinantes para la Comisión, quien podrá decidir sobre aspectos conexos en el futuro, los demás *Enforcement Bodies* podrán desmarcarse de ellas, pues las cartas de orientación no son en ningún caso vinculantes, toda vez que su naturaleza es informal e incluso "anómala", ya que su expedición no genera obligación formal alguna[546]. Aunque, si que son un instrumento que debe ser tomado en cuenta por los Tribunales Nacionales y las Autoridades de competencia de los Estados miembros, en la proporción que lo crean conveniente, para enriquecer el proceso a su cargo.

En el terreno netamente práctico, tanto la doctrina, como la Comisión misma, han puesto de manifiesto que las solicitudes que la Comisión ha recibido tras la entrada en vigor del paquete de modernización, han sido muy pocas, y que en respuesta a ellas, la Autoridad Comunitaria no ha creído necesario dar resolución a dichas peticiones por medio de una carta de orientación[547].

8. Decisiones de desestimación de una denuncia o de sobreseimiento.

Estructurado en el paquete de modernización un sistema de aplicación directa de las normas de libre competencia comunitarias y habiéndose abolido el mecanismo de notificación, la denuncia de una conducta anticompetitiva viene a cobrar mayor importancia, pues a pesar de ser también determinante bajo la vigencia del Reglamento 17/1962, su relevancia se ha visto incrementada sustancialmente, ya que es un instrumento con gran idoneidad que facilita la puesta en conocimiento de la Comisión, de las distorsiones que se presentan en el mercado común en razón del estudio que ahora solo las empresas pueden hacer respecto de sus conductas.

Tal y como la lógica lo plantea, la Comisión debe atender dichas denuncias y decidir si las mismas, otorgan suficientes soportes a un proceso futuro y/o ameritan la asignación de recursos que la Autoridad Comunitaria tendrá que poner en marcha en razón de aquel.

Existiendo suficientes elementos que sirvan de sustento al procedimiento futuro, la Comisión decidirá seguir adelante con el mismo, hasta tanto se obtengan resultados que regeneren el *Status-quo* que se ha perdido como causa de la distorsión en la competencia. También siendo posible, que en ausencia de aquellos elementos esenciales, o en presencia

---

[546] A la par, no son actos que estén sujetos a un control judicial, lo que le otorga distintivos que le acercan teóricamente en varios aspectos a las *"comfort Letters"* que tenían sustento en el Reglamento 17/1962. PACE, Lorenzo Federico, *European Antitrust Law.Prohibitions, Merger Control and Procedures,* Edward Elgar Publishing, Cheltenham, 2007, Pág. 247.

[547] Hasta la fecha no ha sido publicada ninguna carta de orientación, tal y como puede verse en la Comunicación de la Comisión al Parlamento Europeo y al Consejo, *"Informe sobre el funcionamiento del Reglamento 1/2003",* COM(2009) 206 final, de 29 de Abril de 2009, el documento se encuentra disponible para consulta en: http://eur-lex.europa.eu/LexUriServ/LexUriServ.do?uri=COM:2009:0206:FIN:ES:PDF. Así como también en COMMISSION ON COMPETITION, "EC Regulation 1/2003: views on its functioning", documento presentado en la International Chamber of Commerce, The World Bussiness Organization, documento N° 225/653, 23 de Octubre de 2008, Pág. 3.

de "vicios", circunstancias eximentes, o eventualidades específicas, la Comisión tome la decisión de rechazar o desestimar una denuncia[548].

Este tipo de decisión[549], que es pertinente enunciar también cobija a las Autoridades Nacionales de Competencia, limita la actividad de aplicación directa llevada a cabo por la Comisión, en conjunto con otras decisiones que está empoderada a tomar, como lo son las declaraciones de inaplicabilidad y la aceptación de compromisos sobre los cuales el presente texto ya se manifestó en apartados anteriores[550].

A pesar de no existir en la actualidad un catálogo taxativo de las razones en las cuales se puede basar la Comisión para desestimar una denuncia, existe un acuerdo generalizado por parte de la doctrina acerca de cuáles pueden ser dichos motivos, siendo los más aceptados y mejor soportados en el Reglamento 1/2003: (i) la falta de interés comunitario[551]; (ii) la existencia de un proceso ante una Autoridad Nacional de

---

[548] Al respecto un sector de la doctrina se ha manifestado, expresando que la decisión de desestimación, puede llegar tras haber realizado un estudio exhaustivo de las circunstancias incluidas en la denuncia e incluso después de la instrucción. ORTIZ BLANCO, Luis, *El Procedimiento en el Derecho de la Competencia Comunitario,* Volumen. II, Civitas, Madrid, 1994, Pág. 96.

[549] Es resultado del poder decisorio de la Comisión, que en ningún caso puede ser identificado como una obligación, ya que la jurisprudencia se refirió a él, enunciando que la Autoridad Comunitaria tiene la atribución de no actuar en un caso particular cuando así lo decida en razón de las prioridades que maneja respecto de los asuntos a su cargo, no siendo ello incompatible con las obligaciones que impone el Derecho Comunitario. Tal y como así puede verse en el asunto *Automec Srl Vs. La Comisión de las Comunidades Europeas,* en específico su apartado 77, así como en la Sentencia del Tribunal de Justicia de las Comunidades Europeas, de 4 de Marzo de 1999, *Unión française de l'express (Ufex) Vs. La Comisión de las Comunidades Europeas,* asunto C-119/97, apartado 88, texto disponible para consulta en: http://eur-lex.europa.eu/LexUriServ/LexUriServ .do?uri=CELEX:61997J0119:ES:PDF. Ademas de la jurisprudencia aquí enunciada, sobre este aspecto también puede consultarse BARENTS, Rene, *Directory of EC case Law on Competition,* Kluwer Law International, Alphen aan den Rijn, Holanda, 2007, Págs. 503 y 504.

[550] Acerca de dicha limitación, así como también respecto de este tipo de disposición, sorprende la especial atención que realiza en su obra, PACE, Lorenzo Federico, *European Antitrust Law. Prohibitions, Merger Control and Procedures,* Edward Elgar Publishing, Cheltenham, 2007, Págs.233 a 236.

[551] Este argumento se esgrime, siempre y cuando la competencia no sea exclusiva de la Comisión, ya que en dicho caso no podrá ser esgrimida, tal y como se encuentra sustentado suficientemente en la jurisprudencia, que ha reafirmado la posición de la sentencia *Automec Srl Vs. La Comisión de las Comunidades Europeas,* siendo las más actuales y por lo tanto relevantes, pues extraen la experiencia hasta el momento de su expedición aportada, La Sentencia del Tribunal de Justicia de las Comunidades Europeas, *Masterfood Ltda Vs. HB Ice Cream Ltda,* de 14 de Diciembre de 2000, Asunto C-344/98, en su apartado 46, Texto disponible para consulta en: http://eur-lex.europa.eu/LexUriServ/LexUriServ.do?uri=CELEX:61998J0344:ES:PDF; las Sentencias del Tribunal de Primera Instancia, de 14 de Febrero de 2001, *Trabisco S.A Vs. La Comisión de las Comunidades Europeas,* asunto T-26/99, apartado 30, texto disponible para consulta en: http://eur-lex.europa.eu/LexUriServ/LexUriServ.do?uri= CELEX: 61999A0026:ES:PDF; de 14 de Febrero de 2001, *Société de distribution de mécaniques et d'automobiles (Sodima) Vs. La Comisión de las Comunidades Europeas* (en lo sucesivo *Sodima Vs. La Comisión*), asunto T-62/99, apartado 36, texto disponible para consulta en: http://eur-lex.europa.eu/LexUriServ/LexUriServ.do?uri=CELEX:61999A0062:ES: PDF; de 17 de Diciembre de 2003, *British Airways Plc Vs. La Comisión de las Comunidades europeas,* asunto T-219/99, apartado 68, texto disponible para consulta en: http://eur-lex.europa.eu/LexUriServ/LexUriServ.do?uri=CELEX:61999A0219:ES: PDF; así como también de 26 de Enero de 2005, *Laurent Piau Vs. La Comisión de las Comunidades Europeas,* asunto T-193/02, apartado

Competencia que esté decidiendo el asunto; (iii) la efectiva resolución que una Autoridad de Competencia de un país miembro ya le ha dado a la cuestión[552]; y (iv) la existencia de una exención que cobija a la conducta objeto de la denuncia[553].

Respecto de las causas enunciadas[554], las cuales cabe decir, no suscitan mucho debate a su alrededor; es importante resaltar la primera de ellas, referente al rechazo fundado en la falta de interés comunitario, ya que la amplitud de su postulado, facilita la labor de interpretación y puede acarrear conceptos dispares con capacidad de otorgarle un poder ilimitado a la Comisión. Razón por la cual, se le exige a la Autoridad Comunitaria, en los casos en los cuales utilice este argumento para desestimar una denuncia, dejar consignadas claramente en su decisión, las razones de hecho y de derecho en las cuales funda su postura, ya que dicha explicación puede ser base futura de una impugnación presentada por los interesados[555].

A pesar de que podría entenderse que erigir cualquiera de las razones mencionadas, amerita una explicación similar a aquella que la Comisión debe dar en los casos en los cuales esgrime el argumento de "falta de interés comunitario";la obligación de motivar su postura, no le es exigida siempre a las Autoridades a las que se les ha otorgado la posibilidad de emitir una decisión como la actual, ya que en el evento descrito en el artículo 13 del Reglamento 1/2003, referente a desestimar la denuncia en base a un proceso paralelo llevado ante otra Autoridad, o una resolución en firme del asunto, se les excusa de detallar puntualmente los aspectos que les hacen tomar la decisión de rechazar el análisis de un caso concreto.

44, texto disponible para consulta en lengua inglesa en: http://eur-lex.europa.eu/LexUriServ/LexUriServ.do?uri=CELEX: 62002A0193:EN:HTML.

[552] Acerca de la razón enunciada en (iii), cabe decir que nace de una formulación taxativa que realiza el numeral segundo del artículo 13 del Reglamento 1/2003.

[553] Caso último, que se puede dar en razón de un Reglamento de Exención por categorías que ampare la práctica, o de una autorización individual que le haya dado cabida.

[554] A las cuales deben añadirse algunas otras, que se han estructurado también como razones del rechazo por parte de la Comisión y que son de una naturaleza más generica, no estrictamente relacionada con la Defensa de la Competencia, como lo son la falta de interés legítimo por parte del denunciante y la ausencia de relación entre la denuncia y las normas de libre competencia comunitaria. Sobre las cuales se ha referido ORTIZ BLANCO, Luis, *El Procedimiento en el Derecho de la Competencia Comunitario,* Volumen. II, Civitas, Madrid, 1994, Págs. 96 y siguientes, quien ha manifestado que en todos los casos debe existir una relación entre la práctica denunciada y el ámbito de aplicación de las normas de libre competencia; así como también, un interés legítimo en la denuncia, que hace necesario que aquel que la interpone se vea directa e individualmente afectado por la conducta, y obligado a presentar los argumentos que estime pertinentes para evidenciar dicha posición. Pues así se extrae por analogía de la lectura del artículo 263, inciso cuarto, del Tratado de Funcionamiento de la Unión Europea.

[555] Recalca que la desestimación en todos los casos debe estar soportada en una decisión formal que permita al denunciante, si así lo desea, contradecir la postura de la Autoridad Comunitaria. GIL IBAÑEZ, José Luis, "La Comisión y la aplicación del Derecho Comunitario de la Competencia", en *La Defensa de la Competencia por los Órganos Judiciales: El Reglamento CE 1/2003,* Editor GARRIDO ESPÁ, Luis, Consejo General del Poder Judicial, Madrid, 2005, Pág. 139.

Al parecer, el legislador europeo interpretó esta razón en particular como excepcional, entendiendo, que para configurarse, solo es necesario acreditar que efectivamente otra autoridad de competencia efectuó un análisis del caso particular, por lo cual, sin necesidad de realizar una larga exposición y con la mera referencia al poder que le es otorgado por el artículo, es suficiente.

Además del rechazo y desestimación, la Comisión, puede erigir los argumentos hasta este punto expuestos, también en los casos en los cuales su conocimiento acerca de un caso concreto sea mayor que el del simple contacto que se da como resultado de una denuncia, pues en aquellos casos en los cuales esté conociendo de un asunto en particular, sea cual sea la etapa en la cual se encuentre el proceso, puede decidir ponerle fin al mismo[556], debiendo adoptar la postura que el Reglamento 1/2003 le obligue a tomar en cada caso concreto, en razón del argumento elegido para apartar el caso específico de sus prioridades[557].

De tal manera, las Autoridades administrativas de Competencia, comunitaria y nacionales, están empoderadas para archivar cualquiera de sus procesos, cuando tengan noticia de que otro *Enforcement Body* está conociendo del mismo asunto y valoren que aquella Autoridad, se encuentra en mejor posición para llevar a cabo la investigación y el proceso en general.

Pudiendo a su vez suscitarse, que a pesar de no existir un "concurso" de autoridades, el *Enforcer* entienda, que han desaparecido los presupuestos justificantes de un pronunciamiento suyo al respecto, implicando la consecuente decisión de sobreseer la cuestión.

En todos los casos descritos, el contacto entre los *Enforcement Bodies* de carácter administrativo es esencial y una pieza clave del engranaje de este tipo de decisiones, ya que hay una parte importante de los asuntos desestimados, justificados en el desarrollo paralelo de un caso concreto o incluso en la resolución del mismo, que habiéndose dado facilita la labor de rechazo. Por lo que el intercambio informativo y la cooperación deben ser lo suficientemente fluidos, para evitar decisiones opuestas.

La desestimación, el sobreseimiento, el rechazo, el archivo y sus similares, a pesar de estar estructuradas por medio de una decisión y tener efectos ante terceros que a su vez posibilitan la labor de impugnación; no son decisiones respecto de la sustancia del asunto en concreto y por lo tanto pueden no ser el final del debate alrededor de la conducta que

---

[556] Sentencias del Tribunal de Primera Instancia, de 24 de Enero de 1995, *Bureau européen des médias de l'industrie musicale (BEMIM) Vs. La Comisión de las Comunidades europeas* (en lo sucesivo *BEMIM Vs. La Comisión*), asunto T-114/92, apartado 81, texto disponible para consulta en: http://eur-lex.europa.eu/LexUriServ/LexUriServ.do?uri=CELEX:61992A0114:ES:PDF; así como también de 16 de Septiembre de 1998, *International Express Carriers Conference (IECC) Vs la Comisión de las Comunidades Europeas,* asunto T-110/95, apartado 49, texto disponible para consulta en: http://eur-lex.europa.eu/LexUriServ/LexUriServ.do?uri=CELEX:61995A0110:ES:PDF.

[557] En este punto resulta de inmensa relevancia el trabajo de PACE, Lorenzo Federico, *European Antitrust Law. Prohibitions, Merger Control and Procedures,* Edward Elgar Publishing, Cheltenham, 2007, Págs. 235 y 236, quien desarrolla las diferencias entre las razones a esgrimir, existentes entre los artículos 7 y 13 del Reglamento 1/2003.

le suscitó. Lo cual es un aspecto esencial que no puede ser desconocido, ya que marca la pauta de las actuaciones que los demás *Enforcement Bodies* pueden llegar a efectuar sobre el mismo caso en concreto, a pesar de que la Comisión o una Autoridad Nacional de Competencia haya decidido dejarle de lado[558]. Aspecto sobre el cual al analizar la vinculatoriedad que generan las disposiciones de la Comisión en los Jueces nacionales, se ahondará.

Es claro en mi opinión, que este tipo de decisión es ineludible, ya que responde a la necesaria posibilidad con la que debe contar la Autoridad Comunitaria para resolver aquellos asuntos que estén envueltos en las razones descritas en el presente apartado. Su uso por parte de la Comisión y las Autoridades Nacionales de Competencia, eso sí, interpreto, debe contar con una regulación más clara, que le añada más transparencia a este tipo de disposición, toda vez que si bien no han forjado un debate doctrinal de ahínco, tienen todas las herramientas para generarlo.

9. Decisiones de carácter procesal.

A lo largo del presente trabajo y en específico en lo referente a los poderes que le son otorgados a la Comisión para el cumplimiento de sus funciones, ha quedado claro que en diversas etapas del proceso, la Autoridad Comunitaria está en capacidad de tomar decisiones que faciliten el desarrollo de su labor, las cuales, por su formalidad, añaden un elemento de "coerción" y obligatoriedad a los procedimientos, y facilitan el efectivo ejercicio de las atribuciones que la Comisión esta empoderada para poner en marcha.

Este tipo de decisiones, son aquellas que debe emitir la Autoridad respecto de un asunto a su cargo en el curso del mismo, con el ánimo de manifestar cual es el sendero que desea seguir dentro del procedimiento; siendo decisiones que cumplen una función de garantía y seguridad, ya que llevan aparejados medios de impugnación que les son otorgados a las partes interesadas en pro de la transparencia y la idoneidad de la aplicación que la Autoridad Administrativa hace de las normas de libre competencia comunitarias.

Algunas de ellas son, la decisión de solicitar información a una empresa o asociación de empresas sobre la cual la Comisión aguarda una sospecha, la decisión de ordenar una inspección en el emplazamiento empresarial, o incluso en establecimientos privados, etc. Teniendo todas ellas, con excepción de la última, como distintivo, que se suscitan comúnmente en razón de que un mandamiento simple en el cual se ven consignadas las mismas intenciones de la Comisión, no cumple su función, haciendo necesaria la aparición de una disposición decisoria en toda regla.

Este tipo de decisiones son una herramienta con la cual cuenta la Autoridad para desatascar ciertas trabas que se puedan ir generando dentro del proceso, muy posiblemente en razón de la actuación de las empresas; y por lo tanto son un mecanismo

---

[558] VAN BAEL, Ivo & BELLIS, Jean-François, *Competition Law of the European Community*, Kluwer Law International, Alphen aan den Rijn, Holanda, 2010, Pág. 1082, expresa que: *"The rejection of a complaint, on the other hand, is not vested with such erga omnes effects and does not preclude the Member States authorities from launching proceedings against the conduct to which it applies."*

de suficiente idoneidad para favorecer las funciones de la Comisión, además que son resultado del amplio poder que tiene esta última para desmantelar distorsiones, de cualquier naturaleza, que se presenten en el mercado. Pudiendo definirse entonces, como las "decisiones que posibilitan la toma de una decisión futura respecto de la sustancia del asunto".

(F) Facultades sancionatorias.

En virtud del tantas veces nombrado Reglamento 1/2003, la Comisión se encuentra ahora provista de una herramienta de resaltada utilidad para llevar a cabo la tarea de supervisión y protección de la libre competencia, toda vez que está empoderada y en mejor posición para imponer las sanciones que encuentre pertinentes, a las empresas que de forma intencionada o negligente transgredan la normativa de libre competencia comunitaria.

Si bien bajo la vigencia del Reglamento 17/1962[559] se había potenciado por medio de la jurisprudencia la facultad de la Comisión de castigar las infracciones a la normativa *antitrust* que sus investigaciones arrojasen[560], en el paquete de modernización debían quedar refrendados todos esos aportes, sin desconocer los aspectos fundamentales que habían sido añadidos gracias a aquellas sentencias, y a su vez, cumpliendo una labor

---

[559] En su artículo 15 referente a las multas, así como en el 16 relativo a las multas coercitivas, el Reglamento 17/1962 sentó las bases que con posterioridad se desarrollaron y reafirmaron en la Jurisprudencia Europea.

[560] Algunos de los fallos de pertinencia que se suscitaron bajo dicha vigencia, en orden cronológico: La Sentencia del Tribunal de Justicia de las Comunidades Europeas, de 7 de Junio de 1983, *SA Musique Diffusion française y otros Vs. La Comisión de las Comunidades Europeas*, asuntos acumulados 100/80 a 103/80, apartados 105 y 106, texto disponible para consulta en: http://eur-lex.europa.eu/LexUriServ/LexUriServ.do?uri=CELEX:61980J0100:ES:PDF; así como las Sentencias del Tribunal de Primera Instancia, de 10 de Marzo de 1992, *Solvay & CIE SA Vs. La Comisión de las Comunidades Europeas* (no confundir con *Solvay*, asunto 27/88), asunto T-12/89, apartado 309, el cual tiene una explicación extensa y pertinente de la atribución, texto disponible para consulta en: http://eur-lex.europa.eu/LexUriServ/LexUriServ.do?uri=CELEX:61989A0012:ES:HTML; de 7 de Octubre de 1999, *Irish Sugar plc Vs. La Comisión de las Comunidades Europeas*, asunto T-228/97, apartados 245 y 246, texto disponible para consulta en: http://eur-lex.europa.eu/LexUriServ/LexUriServ.do?uri=CELEX:61997A0228:ES:HTML, de 12 de Julio de 2001, *Tate & Lyle plc y otros Vs. La Comisión de las Comunidades Europeas*, asuntos acumulados T-202/98, T-204/98 y T-207/98, apartados 100 y 133, texto disponible para consulta en: http://eur-lex.europa.eu/LexUriServ/LexUriServ.do?uri= CELEX:61998A0202:ES:PDF; de 20 de Marzo de 2002, *ABB Asea Brown Boveri Ltda Vs. La Comisión de las Comunidades europeas*, asunto T-31/99, apartado 166, texto disponible para consulta en: http://eur-lex.europa.eu/LexUriServ/LexUriServ.do?uri=CELEX:61999A0031:ES:PDF; de 9 de Julio de 2003, *Archer Daniels Midland Company e ingredients Ltda Vs. La Comisión de las Comunidades Europeas*, asunto T-224/00, apartado 105, texto disponible para consulta en http://eur-lex.europa.eu/LexUriServ/LexUriServ.do?uri=CELEX:62000A0224:ES:PDF; y *Tokai Carbon Co. Ltda y otros Vs. La Comisión de las Comunidades Europeas*, asuntos acumulados T-236/01, T-239/01, T-244/01, T-245/01, T-246/01, T-251/01 y T-252/01, apartado 144, texto disponible para consulta en: http://eur-lex.europa.eu/LexUriServ/LexUriServ.do?uri=CELEX:62001A0236:ES:PDF.

efectiva de disuasión respecto de ciertas innovaciones que venían aparejadas al Reglamento 1/2003[561].

Sobre las sanciones en desarrollo, es importante manifestar que son una facultad que permite a la Comisión, imponer a las empresas, no a las personas naturales que cumplen una labor dentro de ellas[562], multas en el sentido genérico de la expresión mejor llamadas *multas sancionadoras*, enfocadas a castigar comportamientos ilícitos (Artículo 23 del Reglamento);así como *multas de carácter coercitivo*, dirigidas a sancionar a una compañía cuando persiste en la infracción, o a compeler a aquella, para que cumpla los parámetros que le han sido asignados por medio de una decisión de la Autoridad de Competencia Comunitaria (Artículo 24 del Reglamento)[563].

1. Multas sancionadoras.

Respecto de las consignadas en el artículo 23, bien llamadas multas sancionadoras, cabe decir que han generado una división teórica al interior, que de forma generalizada la doctrina ha hallado tras su lectura, al entender que este tipo de sanciones se suscitan respecto de dos especies distintas de infracción, las cuales son, a saber:

1. Las multas impuestas por haberse incumplido las obligaciones asignadas en razón de los poderes de investigación conferidos a la Comisión y a los *Enforcement Bodies* de carácter público (infracciones de carácter procesal); y

2. Las multas impuestas en razón de una infracción relacionada con las decisiones previstas en el capítulo III del Reglamento 1/2003 (infracciones de carácter sustantivo).

---

[561]Especialmente de procedimiento, tales como los compromisos, las preguntas formuladas por la Comisión en el curso de una inspección, la colocación de precintos en lugares y documentos, etc.

[562] Sobre este aspecto, se extiende FURSE, Mark, *Competition law of the EC and UK*, Oxford University Press, Nueva York, 2006, Pág. 112, quien deja ver su preferencia por la sanción también de tipo individual en razón de la cual los altos cargos de una empresa, quienes son los comúnmente involucrados en las conductas anticompetitivas, se verían realmente disuadidos a generar infracciones a las normas de libre competencia; pues en países como Estados Unidos e incluso el Reino Unido en el ámbito comunitario, la inclusión de la responsabilidad individual y de sanciones de tipo penal, han incrementado el efecto *deterrence*. Siendo de igual relevancia sobre el tema, pues lleva a cabo un análisis exhaustivo de los aspectos que generaría la inclusión de consecuencias de tipo penal y por lo tanto netamente individuales a la Defensa de la Competencia, desde el punto de vista norteamericano y transpuesto al terreno europeo; así como también una comparación entre dichas consecuencias de tipo penal y las de tipo económico ya consolidadas y sin mucho debate alrededor, ROSOCHOWICZ, Patricia Hanh, "The Appropiateness of Criminal Sanctions in the Enforcement of Competition Law", en *European Competition Law Review*, Volumen. 25, N° 12, 2004, Págs. 752 a 757.

[563] La diferencia entre estos dos tipos de multas, es delimitada por ADRIÁN ARNÁIZ, Antonio Javier y QUIJANO GONZÁLEZ, Jesús, "Procedimiento de aplicación de las reglas sobre competencia de los artículos 81 y 82 del Tratado de la Comunidad Europea", en *Derecho Europeo de la Competencia: (antitrust e intervenciones públicas)*, coordinador VELASCO SAN PEDRO, Luis Antonio, Lex Nova, Valladolid, 2005, Págs. 411 y siguientes.

Con respecto a las sanciones fruto de una infracción de carácter procesal, el presente texto ya ha adelantando en el apartado referente a las Atribuciones Decisorias, cuáles son las circunstancias que configuran el castigo, de conformidad con la enunciación taxativa que se hace en el numeral primero del artículo 23 del Reglamento, de donde se extrae que la imposición de multas tiene lugar cuando la empresa de forma negligente o intencionada:

- Suministre información inexacta o engañosa en respuesta a una solicitud que le haga la Comisión, ya sea por mandamiento simple o por decisión;

- No proporcione la información que le ha sido solicitada por la Comisión dentro del plazo fijado, o la suministre de forma incompleta;

- Suministre de forma incompleta los libros o documentos requeridos en el curso de una inspección;

- Cometa las siguientes faltas en relación con las preguntas que le formulen los oficiales de la Comisión en el curso de una inspección:

  • Responda de forma engañosa o inexacta;

  • No rectifique en el tiempo establecido por la Comisión, una respuesta engañosa, inexacta o incompleta proporcionada a la Autoridad Comunitaria; y

  • Se niegue u omita dar respuesta sobre hechos relacionados con el objeto y finalidad de la inspección ordenada mediante decisión.

- Rompa los precintos que los oficiales de la Comisión hayan puesto en lugares y/o documentos[564]; y

- Se niegue a someterse a una inspección ordenada mediante decisión.

Las multas que se imponen a este tipo de infracciones, de carácter procesal, no pueden exceder el 1% del volumen de negocios total de la empresa en el año inmediatamente anterior[565]; y tienen un periodo de prescripción[566] de tres años, de

---

[564] Llama la atención que a pesar de ser tantas las eventualidades específicas que son susceptibles de generar la imposición de una multa, haya sido especialmente esta circunstancia la primera en suscitar una sanción en toda regla, tal y como lo ponen de manifiesto VAN BAEL, Ivo & BELLIS, Jean-François, *Competition Law of the European Community,* Kluwer Law International, Alphen aan den Rijn, Holanda, 2010, Pág. 1085, quienes nombran el asunto *E.ON Energie,* apartado 296 y el MEMO/08/61 de 30 de Enero de 2008 como pruebas de aquella multa de € 38.000.000.

[565] Siendo una variación importante respecto del Reglamento 17/1962, ya que estando vigente, el límite de este tipo de sanciones era de € 5.000.

[566] Los periodos de prescripción que aporta el Reglamento 1/2003, empiezan a correr desde el momento en el cual se cometió la infracción, o en su defecto y cuando la comisión fue continuada, desde el

conformidad con el literal (a) del numeral primero del artículo 25 del Reglamento 1/2003, lo que le diferencia de todos los demás tipos de infracciones, que tienen un periodo de prescripción de cinco años[567].

Sobre las mismas, cabe decir que no han sido puestas en marcha de forma plural y que se han visto desplazadas por una actuación común al interior de la Autoridad Comunitaria, toda vez que la Comisión antes de imponer este tipo de sanción, ha preferido, hasta el momento, utilizar la reticencia a cooperar de la empresa o asociación de empresas procesada, como un agravante de la infracción sustancial principal[568], a tomar en cuenta a la hora de calcular el monto de la multa que le será impuesta por haber transgredido la normativa de libre competencia comunitaria; pudiendo ser inclusive más gravoso para el sancionado, ya que las restricciones en la tasación se antojan más flexibles[569].

A pesar de estar por asentarse en la práctica real de las competencias de la Comisión, esta sanción en específico, a imponer en las eventualidades descritas, al parecer, es una herramienta que el legislador europeo ha elegido para garantizar el fluido desarrollo de las competencias de la Comisión en la fase de pesquisa y exploración, con el ánimo de proteger la efectiva labor de verificación que tiene la obligación de llevar a cabo la Autoridad Comunitaria; toda vez que ha redactado un catálogo inequívoco de circunstancias que suscitan la imposición de una consecuencia pecuniaria.

---

momento en el cual se dejo de llevar a cabo, JONES, Alison y SUFRIN, Brenda, *EC Competition Law. Text, Cases and Materials,* Oxford University Press, Nueva York, 2008, Pág. 1211.

[567] Literal (b) del numeral primero del artículo 25.

[568] Los lineamientos que la jurisprudencia ha elegido para generar una base sólida en la cual la Comisión pueda apoyarse, para utilizar como agravante en la tasación de la multa, el comportamiento de la empresa o asociación de empresas en el proceso administrativo, fueron estructurados en la Sentencia del Tribunal de Justicia de las Comunidades Europeas, de 11 de Enero de 1990, *Sandoz prodotti farmaceutici SpA Vs. La Comisión de las Comunidades europeas,* asunto C-277/87, sumario del texto, ya que no fue publicado de forma íntegra, disponible en: http://eur-lex.europa.eu/LexUriServ/LexUriServ.do?uri=CELEX:61987J0277:ES:PDF.

[569] Como así puede verse en: *Professional videotapes* (obstrucción), COMP/38.432, publicado en el Diario Oficial de la Unión Europea C 57/10, apartado 17, texto disponible para consulta en lengua inglesa en: http://eur-lex.europa.eu/LexUriServ /LexUriServ.do?uri=OJ:C:2008:057:0010:0012:EN:PDF, donde fue incrementada un 30% la multa a los impedimentos que fueron configurados por la empresa en el curso de la inspección; *Empalmes y Aleaciones de Cobre* (información engañosa), COMP/F-1/38.121, Diario Oficial L 283/63, apartados 23 y 24, donde se incremento un 50% la multa al entregar documentación errónea que inducia a la Comisión al error, siendo un asunto a su vez apelado (asuntos T-375/06 a T-379/06, T-381/06, T-382/06 y T-384/06 a T-386/06) y decidido por parte del Tribunal el día 24 de Marzo de 2011 reduciendo las multas impuestas a las empresas involucradas, pudiendo encontrarse un sumario de las decisiones en el Diario Oficial de la Unión Europea, C 145/19 de 14 de Mayo de 2011; *Betún* (Obstrucción), COMP/F/38.456, Diario Oficial L 196/40, apartados 340 y 341, en el cual el incremento en la sanción fue del 10% por impedir ingresar a realizar la inspección y a la par evitar que fuera cuestionado un alto cargo dentro de la compañía, sumario del texto disponible para consulta en: http://eur-lex.europa.eu/LexUriServ/LexUriServ.do?uri=OJ:L:2007:196:0040:0044:ES:PDF; así como el asunto *Sacos Industriales* (obstrucción), COMP/38.354, Diario Oficial L 282/41, apartados 790 a 795, donde en razón de la destrucción de un documento seleccionado por los oficiales de la Comisión en el curso de la inspección por parte de un alto cargo, la multa fue aumentada en un 10%; decisión que fue a su vez apelada y en consecuencia desestimada por el Tribunal.

Además de a las sanciones fruto de una infracción de carácter procesal, la Comisión puede imponer multas a las empresas cuando cometan infracciones de tipo sustantivo, como las previstas en el numeral segundo del artículo 23 del Reglamento 1/2003, en los casos en los cuales el agente procesado, de forma intencionada o negligente[570]:

- Transgreda lo dispuesto en los artículos 101 y 102 del Tratado de Funcionamiento de la Unión Europea;

- Contravenga una decisión por la cual se adopten medidas cautelares; o

- No cumpla los compromisos adquiridos de conformidad al artículo 9 del Reglamento, los cuales le resultan vinculantes al estar consignados en una decisión.

Este tipo de sanciones, son de carácter económico y no podrán ser superiores a € 1.000.000, o al 10% del volumen de negocios mundial de la Empresa en el año inmediatamente anterior[571]; configurándose como multas de una magnitud extrema que en su tasación encuentran algo de réplica por parte de un sector de la doctrina, que entiende que la multa podría restringirse al volumen de negocios de la empresa en el mercado afectado con la conducta, o incluso al ámbito europeo[572], con el ánimo de que la sanción no fuera desproporcionada o determinante para el futuro económico de la empresa o asociación de empresas castigada.

Son dos los criterios que en todos los casos debe tomar en cuenta la Comisión para fijar el importe de una multa, cuales son la gravedad de la infracción y la duración de la misma[573]. Siendo aspectos de diversa naturaleza que ameritan igualmente valoraciones

---

[570] Ha quedado claro gracias a la jurisprudencia, que haber comprobado debidamente la existencia de la circunstancia que en teoría genera la imposición de la multa y sopesar los criterios de asignación de la misma, son labores esenciales de la Comisión y requisito *sine qua non* de la aplicación de la sanción. Tal y como así puede verse en la Sentencia del Tribunal de Primera Instancia, de 1 de Abril de 1993, *BPB Industries PLC y British Gypsum Ltda Vs. La Comisión de las Comunidades Europeas*, asunto T-65/89, apartado 98, texto disponible para consulta en: http://eur-lex.europa.eu/LexUriServ/LexUriServ.do?uri=CELEX:61989A0065:ES:HTML.

[571] Tal y como se encuentra sustentado en el asunto *Tokai Carbon y otros Vs. La Comisión*, apartado 365. Aunque de forma matizada, ya que puede suceder que en los casos en los cuales la empresa a sancionar no tenga movimientos negociales en el año precedente, sea posible tasar la multa en razón del año anterior a aquel, como así puede verse en la Sentencia del Tribunal de Justicia de las Comunidades Europeas, de 7 de Junio de 2007, *Britannia Alloys & Chemicals Ltda Vs. La Comisión de las Comunidades Europeas*, asunto C-76/06 P, apartados 10 al 33, texto disponible para consulta en: http://eur-lex.europa.eu/LexUriServ/LexUriServ.do?uri= CELEX:62006J0076:ES:PDF.

[572]WHISH, Richard, *Competition Law*, Oxford University Press, Londres, 2008, Pág. 272.

[573] Como así se encuentra consignado en el numeral tercero del artículo 23 del Reglamento 1/2003. Debidamente soportado en fallos previos a su entrada en vigor que se hacían eco de lo dispuesto en el numeral segundo del artículo 15 del Reglamento 17/1962, así como también en algunos posteriores que lo ratifican, tales como, en orden cronológico: el asunto *Polypropyleen*, apartado 1215; así como las Sentencias del Tribunal de Justicia de las Comunidades Europeas, de 17 de Julio de 1997, *Ferriere Nord SpA Vs. La Comisión de las Comunidades Europeas*, asunto C-219/95 P, apartado 32, texto disponible para consulta en: http://eur-lex.europa.eu/LexUriServ/ LexUriServ.do?uri=CELEX:61995J0219:ES:HTML;

distintas, ya que la evaluación de la duración de la transgresión puede hacerse en términos de objetividad, mientras que la referente a la gravedad de la transgresión tiene todos los elementos para ser una labor de mayor complejidad, toda vez que la gravedad como tal es un concepto etéreo que permite la inclusión de muchos factores, tanto particulares como de contexto, que tienen cabida ante la ausencia de listados o enunciaciones taxativas de criterios obligatorios a tomar en cuenta para delimitarla[574].

El Reglamento 1/2003 además de otorgar una mayor claridad acerca de aspectos básicos que el Reglamento 17/1962 no desarrollaba suficientemente respecto del tema sancionatorio, ha incluido un aspecto notable y novedoso que ha sido interpretado por la doctrina como la principal basa en lo que a multas se refiere[575], toda vez que ha configurado en el numeral cuarto del artículo 23, una responsabilidad solidaria en los casos en los cuales sea impuesta a una asociación de empresas una multa; permitiéndole a la Comisión, dirigirse a cualquiera de las empresas que conforman la asociación exigiendo el pago de la sanción[576].

Aalborg Portland y otros Vs. La Comisión, apartado 89; y de 28 de Junio de 2005, *Dansk Rorindustri y otros Vs. La Comisión de las Comunidades Europeas*, asuntos acumulados C-189/02 P, C-202/02 P, C-205/02 P a C-208/02 P y C-213/02 P, apartado 240, texto disponible para consulta en lengua inglesa en: http://eur-lex.europa.eu/LexUriServ/LexUriServ.do?uri=CELEX:62002J0189:EN:HTML.

[574]*Ferriere Nord SpA Vs. La Comisión de las Comunidades Europeas*, apartado 33; la Sentencia del Tribunal de Primera Instancia, de 20 de Marzo de 2002, *HFB Holding für Fernwärmetechnik Beteiligungsgesellschaft mbH & Co. KG y otros Vs. La Comisión de las Comunidades europeas* (en lo sucesivo *HFB y otros Vs. La Comisión*), asunto T-9/99, apartado 443, texto disponible para consulta en: http://eur-lex.europa.eu/LexUriServ/LexUriServ.do?uri=CELEX:61999A0009:ES:PDF; y la Sentencia del Tribunal de Justicia de las Comunidades Europeas, de 16 de Noviembre de 2000, *Metsä-Serla Sales Oy Vs. La Comisión de las Comunidades europeas*, asunto C-298/98 P, apartado 56, texto disponible para consulta en: http://eur-lex.europa.eu/LexUriServ/LexUriServ.do?uri=CELEX:61998J0298:ES:PDF.

[575]GALAN CORONA, Eduardo, "Notas al Reglamento (CE) No. 1/2003 del Consejo, de 16 de Diciembre de 2002, para la aplicación de los artículos 81 y 82 del tratado de Roma", en *Revista de Derecho Comunitario Europeo*, Año 7, N°15, 2003, Pág. 515; PACE, Lorenzo Federico, *"European Antitrust Law. Prohibitions, Merger Control and Procedures"*, Edward Elgar Publishing, Cheltenham, 2007, Pág. 257; así como también PASCUAL Y VICENTE, Julio, "La nueva política comunitaria europea de control de conductas y su repercusión en España", en *Anuario de la Competencia*, N° 1, 2003, Pág. 141.

[576] Las condiciones de la mencionada solidaridad se encuentran en el numeral cuarto enunciado, el cual se transcribe por relevancia: *"Cuando se imponga una multa a una asociación de empresas tomando en consideración el volumen de negocios de sus miembros y ésta no sea solvente, la asociación estará obligada a recabar las contribuciones de sus miembros hasta cubrir el importe de la multa.*

En caso de que no se aporten dichas contribuciones a la asociación dentro del plazo fijado por la Comisión, la Comisión podrá exigir el pago de la multa directamente a cualquiera de las empresas cuyos representantes sean miembros de los órganos de gobierno de que se trate dentro de la asociación de que se trate.

Una vez que la Comisión haya requerido el pago con arreglo a lo dispuesto en el segundo párrafo, podrá exigir el pago del saldo a cualquier miembro de la asociación que operase en el mercado en el que se hubiese producido la infracción cuando ello sea necesario para garantizar el pago íntegro de la multa.

No obstante, la Comisión no exigirá el pago contemplado en los párrafos segundo o tercero a las empresas que demuestren que no han aplicado la decisión de la asociación constitutiva de infracción y que o bien ignoraban su existencia o se distanciaron activamente de ella antes de que la Comisión iniciara la investigación del caso.

La responsabilidad financiera de cada empresa con respecto al pago de la multa no podrá ser superior al 10 % de su volumen de negocios total realizado en el ejercicio social anterior. "

El Reglamento también, y en específico el numeral quinto del artículo 23, ha decidido dejar claro que las multas sancionadoras fruto de una infracción procesal o sustantiva, no tienen carácter penal y que simplemente son una consecuencia económica lógica ante las conductas puntualmente enunciadas en los numerales primero y segundo del artículo, zanjando cualquier debate que se pudiese suscitar respecto de este aspecto, que como ya se ha visto a lo largo del presente trabajo genera debates de ahínco en Europa por ser interpretado como poco disuasorio al ser comparado con el operante en los Estados Unidos.

Aunque la iniciativa ha sido ambiciosa, como se ha visto a lo largo de este apartado, algunos aspectos no quedaron del todo cerrados y generaron importantes dudas, que con posterioridad fueron objeto de un desarrollo más exhaustivo en otros instrumentos comunitarios que a continuación se expondrán a profundidad; aunque no sin antes, poner de manifiesto la inconformidad que genera el hecho, de que la intencionalidad o la negligencia de la empresa en la comisión de la conducta, como aspectos relevantes enunciados por la norma como determinantes para fijar la cuantía de la sanción, no estén suficientemente delimitados por la Autoridad Comunitaria y carezcan de fundamentos objetivos, que a la postre pueden repercutir en dosis de inseguridad en la tasación de las multas.

Algunos autores han identificado la brecha enunciada alrededor de los conceptos de intencionalidad y negligencia, y han creído conveniente dejar claros ciertos aspectos que interpretan, deben ser tomados en cuenta por la Comisión en lo que respecta a dicho tema; tales como que ambas, negligencia e intencionalidad[577], se configuran en igualdad de condiciones, en razón de la actuación de un alto cargo adscrito a ella o de aquellas personas que actúen en su nombre, siendo un punto de encuentro entre ambas conductas.

Hallando sus diferencias, en los impulsos que sigue la empresa para llevar a cabo la conducta, ya que en el caso de la intencionalidad[578] hay un deseo y una sapiencia absoluta

---

[577] Su determinación, según el concepto de algunos autores, es incluso sencilla, ya que la gravedad del asunto marca la pauta de cuál fue la razón de ser de la actuación. Como así lo creen WAELBROECK, Michel, FRIGNANI, Aldo y MÉGRET, Jacques, *Derecho Europeo de la Competencia,* Tomo 1, Editorial Bosch, Barcelona, 1998, Pág. 546.

[578] Es la jurisprudencia la que ha venido a dejar claro el concepto de intencionalidad, en sendos fallos que se han ido concatenando uno a uno resaltando y puliendo las bases que habían quedado planteadas al respecto en la sentencia del Tribunal de Justicia de las Comunidades Europeas, de 1 de Febrero de 1978, *Miller International Schallplatten GmbH Vs. La Comisión de las Comunidades Europeas* (en lo sucesivo *Miller Vs. La Comisión),* asunto 19/77, apartado 18, texto disponible para consulta en: http://eur-lex.europa.eu/LexUriServ/LexUriServ.do?uri=CELEX:61977CJ0019:ES:PDF. Los fallos de mayor actualidad donde se encuentra un eco de los hasta veinte sentencias que han desarrollado el aspecto enunciado, son la sentencia del Tribunal de Primera Instancia, de 16 de Diciembre de 2003, *Nederlandse Federatieve Vereniging voor de Groothandel op Elektrotechnisch Gebied Vs. La Comisión de las Comunidades Europeas* (en lo sucesivo *Nederlandse Federatieve Vs. La Comisión),* asuntos acumulados T-5/00 y T-6/00, apartado 396, texto disponible para consulta en: http://eur-lex.europa.eu/LexUriServ/LexUriServ.do?uri=CELEX:62000A0005:ES:PDF, así como también la sentencia del mismo Tribunal, de 27 de Julio de 2005, *Brasserie nationale SA y otros Vs. La Comisión de las Comunidades Europeas,* asuntos acumulados T-49/02 a T-51/02, apartado 155, texto disponible para consulta en lengua inglesa en: http://eur-lex.europa.eu/LexUriServ/LexUriServ.do?uri=CELEX:62002A0049:EN:HTML.

de que su comportamiento está en capacidad de distorsionar la competencia[579]; mientras que en la negligencia, la actuación se lleva a cabo accidentalmente, o por no prever que la misma conlleva un efecto anticompetitivo, que puede ser previsto[580].

Con la técnica apropiada, la Comisión está en capacidad de solventar este tipo de impases y cumplir de forma efectiva con la labor sancionatoria que le ha sido otorgada, aunque no de forma restrictiva y excluyente, toda vez que en razón del artículo 31 del Reglamento 1/2003 y del artículo 261 del Tratado de Funcionamiento de la Unión Europea, el Tribunal de Justicia también tiene jurisdicción para participar en la fijación de los montos, reduciendo, aumentando o incluso suprimiendo una multa impuesta.

Este tipo de variaciones pueden ser realizadas por las Altas Cortes Europeas, y en específico por el Tribunal de Primera Instancia, pues les ha sido otorgado por el artículo 31 previamente nombrado, la competencia para resolver los recursos que sean presentados contra las decisiones sancionatorias de la Comisión, en virtud de la cual, pueden realizar una revisión exhaustiva de la decisión, repasando tanto los hechos que la generaron, como las bases jurídicas erigidas por la Autoridad de Competencia como sustento de la misma[581].

El periodo de prescripción de este tipo de multas sancionadoras, independientemente de la modalidad que la genere, procesal o sustancial, es de cinco años a partir del

---

[579] Ponen de manifiesto sobre este aspecto, BELLAMY, Christopher, CHILD, Graham y PICAÑOL, Enric, *Derecho de la competencia en el mercado común,* Civitas, Madrid, 1992, Pág. 655, que lo importante no es si la empresa sabe o no que esta transgrediendo lo dispuesto en la normativa de libre competencia (en aquel momento artículos 81 y 82 del TCE, actualmente los artículos 101 y 102 del Tratado de Funcionamiento de la Unión Europea) con su conducta, sino si conoce las consecuencias anticompetitivas que traerá su actuación y aun así desea ponerlas en marcha sin importar que las mismas estén en capacidad de afectar a terceros. Lo que les lleva a concluir sobre este tema, que la ignorancia de la ley no sirve de excusa, así como tampoco el haber incurrido en un error de interpretación. Siendo una interpretación secundada por WAELBROECK, Michel, FRIGNANI, Aldo y MÉGRET, Jacques, *Derecho Europeo de la Competencia,* Tomo 1, Editorial Bosch, Barcelona, 1998, Pág. 546.

[580] Debiendo, claro está, ser proporcionadas por la empresa bajo investigación o en proceso, pruebas contundentes que permitan comprobar que efectivamente no actuó deliberadamente, sino en razón de una conducta negligente. Sentencia del Tribunal de Justicia de las Comunidades Europeas, de 25 de Febrero de 1986, *Windsurfing International Inc Vs. La Comisión de las Comunidades Europeas,* asunto 193/83, apartados 106 y 107, texto disponible para consulta en: http://eur-lex.europa.eu/LexUriServ/LexUriServ.do?uri=CELEX:61983J0193:ES:PDF.

[581] Esta posibilidad es de importancia para algunos doctrinantes, pues entienden que las Altas Cortes necesitan de todas las herramientas posibles para decidir que tránsito darle a un recurso fruto de una sanción impuesta por la Comisión. Siendo exponente de esta línea WHISH, Richard, *"Competition Law",* Oxford University Press, Londres, 2008, Págs. 288 y 289, quien expone que ciertas situaciones dan pie a la variación de la tasación, entre los cuales nombra de forma textual: *"when CFI finds that there is a factual error in the Commission's assessment it will not hesitate to adjust the fine;* (cuando) *the Commission has exaggerated the duration of an undertaking's participation in a cartel; (...)has wrongly attributed to an undertaking the role of instigator or ringleader of a cartel* (situación que ha suscitado desarrollo en la Sentencia del Tribunal de Primera Instancia, de 14 de Mayo de 1998, *Mayr-Melnhof Kartongesellschaft mbH Vs. La Comisión de las Comunidades Europeas,* asunto T-347/94, apartado 285, texto disponible para consulta en: http://eur-lex.europa.eu/LexUriServ/LexUriServ.do?uri= CELEX:61994A0347:ES:HTML); (o) *where it feels that an undertaking has been the victim of unequal treatment compared with other members of the same cartel".*

momento en el cual la decisión que las ordena queda en firme, de conformidad con lo establecido en el artículo 26 del Reglamento 1/2003[582].

Desde la vigencia del Reglamento 17/1962, la doctrina ha sido inquieta respecto de este tema en particular y se ha interesado por delimitar claramente los aspectos de más relevancia que deben ser tomados en cuenta por la Comisión para imponer efectivamente las sanciones[583].

La agitación no se ha focalizado ni mucho menos[584], ya que además de los entendidos, las Cortes Europeas se han interesado en el tema, pues desde el año 1995 el Tribunal de Primera Instancia había puesto de manifiesto a la Comisión, su preocupación respecto de la inseguridad que se percibía alrededor de este tema, y por lo tanto, la necesidad de que los destinatarios de una decisión sancionatoria estuviesen en capacidad de determinar de forma detallada, cual había sido el método empleado para fijar la multa[585].

---

[582] Los términos respecto a la prescripción de la sanción, así como referentes a la prescripción de la conducta generadora de la sanción, parecen ser una transposición casi textual de lo que estaba estipulado al respecto en el Reglamento 2988/74 del Consejo, de 26 de Noviembre de 1974, relativo a la prescripción en materia de actuaciones y de ejecución en los ámbitos del derecho de transportes y de la competencia de la Comunidad Económica Europea, tal y como lo interpreta PACE, Lorenzo Federico, *European Antitrust Law. Prohibitions, Merger Control and Procedures*, Edward Elgar Publishing, Cheltenham, 2007, Pág. 258, y se comprueba tras la lectura del instrumento enunciado por el autor, especialmente entre sus artículos 4 a 6.

[583] Una de las exposiciones más completas y novedosas por incluir los principios básicos que deben ser tomados en cuenta por la Comisión para imponer las sanciones, así como por el Tribunal de Primera Instancia para realizar su labor una vez recurrida la decisión de la Autoridad de Competencia Comunitaria, puede consultarse en VAN BAEL, Ivo & BELLIS, Jean-François, *Competition Law of the European Community*, Kluwer Law International, Alphen aan den Rijn, Holanda, 2010, Págs. 1087 a 1093, donde los autores remarcan que los principios de legalidad, proporcionalidad y *Non bis in ídem* (sobre el cual puede verse WILS, Wouter, "The principle of 'Ne Bis in Idem' in EC *antitrust* enforcement: a legal and economic analysis", en *World Competition: Law and Economics Review*, Volumen. 26, N° 2, 2003, Págs. 131 y siguientes, donde queda clara que su configuración solo se suscita cuando la conducta sea idéntica y el infractor e interés legal protegido sean los mismos; siendo también de relevancia el asunto *Aalborg Portland y otros Vs. La Comisión*, apartado 338) son los pilares básicos que soportan este tipo de atribución a favor de las instituciones Europeas.

[584] La preocupación de la doctrina estaba enfocada a la perdida de certitud y transparencia en la labor realizada por la Comisión, tal y como así lo manifiestan WAELBROECK, Michel, FRIGNANI, Aldo y MÉGRET, Jacques, *Derecho Europeo de la Competencia*, Tomo 1, Editorial Bosch, Barcelona, 1998, Pág. 549, y JONES, Alison y SUFRIN, Brenda, *EC Competition Law. Text, Cases and Materials*, Oxford University Press, Nueva York, 2008, Pág. 1220.

[585] Como así puede verse en la decisión del Tribunal de Primera Instancia, de 6 de Abril de 1995, *TréfilUnión S.A. Vs. La Comisión de las Comunidades Europeas*, asunto T-148/89, apartado 142, texto disponible para consulta en: http://eur-lex.europa.eu/LexUriServ/LexUriServ.do?uri=CELEX:61989A0148:ES:HTML; así como también en el asunto *SA Musique Diffusion française y otros Vs. La Comisión de las Comunidades Europeas*, apartados 105 y 106, pues en dicho texto se dejó claro que la determinación de las sanciones cumple una función de represión individual de la infracción y general en pro del cumplimiento de ciertos principios básicos planteados en los tratados, por lo que debe haber por parte de los diversos agentes, un conocimiento casi prístino de las condiciones que desembocan en la multa.

La inquietud como en muchos otros temas de referencia en el presente trabajo, se solventó, aunque no sin debate, generando un grupo de directrices a emplear por la Comisión en la tasación de sanciones, que a la postre, han generado un efecto en las empresas y los particulares, quienes se encuentran ahora en mejor posición para enfrentarse a las multas que les son impuestas[586] y para garantizar sus posibilidades de replicar las decisiones de esta estirpe[587].

A continuación, una explicación de dichas directrices[588], ya que marcan la pauta del *Enforcement* de carácter público, por ser un tema especialmente delicado que condiciona la labor tanto de la Autoridad de Competencia Comunitaria, como del Tribunal de Primera Instancia, quienes prevenidos por la susceptibilidad de este tema, en ocasiones en sus fallos y decisiones, hacen una exposición más extensa respecto de las motivaciones que han originado las sanciones a imponer, que aquella que realizan acerca de la comprobación de la conducta anticompetitiva[589].

---

[586] Para algunos autores, la delimitación clara de los parámetros que son analizados por la Autoridad para tasar la multa, no son del todo positivos para la protección de la competencia, toda vez que tener certeza acerca de cuál va a ser el importe de la sanción, puede generar que las empresas se vean tentadas incluso a transgredir las normas de libre competencia, por entender que les sea impuesta una sanción irrisoria antes que dejar de percibir cuantiosas ganancias fruto de la infracción, las cuales son muy superiores a la multa. Por lo que adherir cierta incertidumbre respecto de la tasación no puede ser interpretado como negativo, ya que de no saber a cuánto ascenderá la multa, muy posiblemente las empresas o asociaciones de empresas se abstendrán de tomar parte en una conducta anticompetitiva en razón del temor de que sea muy cuantiosa; lográndose una real disuasión e incrementando el efecto *deterrence* y evitando que los agentes elijan su predilección incluso teniendo como opción ser penalizado. Tal y como se comparte de la exposición que sobre este aspecto realiza JELEZTCHEVA, María, *Las Autoridades de Defensa de la Competencia. Los Estados Unidos y la Unión Europea. España y Bulgaria,* Tesis Doctoral, Universidad Complutense de Madrid, Madrid, 2007, Pág. 205.

[587] Las directrices enunciadas han venido a reemplazar aquellas que delimitaban los aspectos básicos de este tema bajo la vigencia del Reglamento 17/1962; las cuales tienen que ver con dos aspectos que influyen en la cuantía que debe ser soportada por la empresa, siendo la primera aquella relacionada directamente con el método a utilizar para calcular la multa y la segunda, la concerniente a la política de clemencia. Sobre ellas, el trabajo actual se detendrá suficientemente.

[588] Las cuales cuentan con un semejante en los Estados Unidos, donde las *"Federal Sentencing Guidelines"* sirven para delimitar aspectos esenciales a tomar en cuenta en aquellos casos de carácter criminal que sean resultado de la violación a las normas *antitrust*. Sobre aquellos instrumentos la información adherida en el Federal Sentencing Guidelines Manual que se encuentra disponible para consulta en lengua original en: http://www.ussc.gov/guidelines/2010_guidelines/index.cfm; así como los comentarios de WHISH, Richard, *Competition Law,* Oxford University Press, Londres, 2008, Pág. 273, quien resalta que estos instrumentos favorecen la función de determinación "con cierto nivel de precisión" de la sanción pecuniaria que va a ser impuesta.

[589] JONES, Alison y SUFRIN, Brenda, *EC Competition Law. Text, Cases and Materials,* Oxford University Press, Nueva York, 2008, Págs.1214 y siguientes; WHISH, Richard, *Competition Law,* Oxford University Press, Londres, 2008, Pág. 273.

(a) Las directrices de la Comisión para calcular multas sancionadoras.

Tras la presión ejercida por el Tribunal de Primera Instancia desde el año 1995[590], la Comisión adoptó en el año 1998 las primeras directrices para el cálculo de multas[591], las cuales tomaban como aspecto principal de tasación de la sanción la gravedad de la conducta[592], así como también la duración de la misma[593] y llamaban la atención, por incluir un listado taxativo de las circunstancias agravantes[594] y atenuantes[595] a tomar en cuenta para delimitar la "pena".

---

[590] A la que se debe añadir la del Tribunal Europeo de Derechos Humanos, que se expresó al respecto, tal y como puede verse en su Sentencia, de 27 de Febrero de 1992, *Societé Sténuit Vs. Francia.*

[591] Directrices para el cálculo de las multas impuestas en aplicación del apartado 2 del artículo 15 del Reglamento No. 17 y del apartado 5 del artículo 65 del Tratado CECA (en lo sucesivo Directrices 1998 para el cálculo de multas del Reglamento 17/1962), publicadas en el Diario Oficial de la Unión Europea C 9 de 14 de Enero de 1998. Sobre las cuales se puede ahondar por la exactitud del trabajo en WILS, Wouter, *"The Commission's new method for calculating fines in antitrust cases",* en European Law Review, Volumen. 23, 1998, Págs. 252 y siguientes, así como también en GERADIN, Damien y HENRY, David, "The EC fining policy for violations of competition law: An empirical review of the Commission decisional practice and the Community courts' judgments", en *The Global Competition Law Centre Working Papers Series,* documento de trabajo 03/05, 2005.

[592] Los criterios utilizados por la Comisión para delimitar la gravedad de la transgresión en vigencia de las mencionadas directrices: (i) la cuota de mercado afectada con la infracción; (ii) el volumen total de negocios de la empresa; (iii) la capacidad de la empresa para generar daños y perjuicios a terceros, sobre todo a consumidores; (iv) la capacidad de la empresa para conocer la ley y quebrantarla; (v) la evaluación individual de la conducta; (vi) el impacto de la transgresión; y (vii) las dificultades que implica la conducta a la consecución de los objetivos planteados en un Tratado o similar. Siendo todos ellos criterios a examinar para efectuar la categorización de la infracción cometida como leve (hasta 1 millón de euros aproximadamente), seria (hasta 20 millones de euros aproximadamente) o muy seria (más de 20 millones de euros), tal y como puede verse sustentado en la Sentencia del Tribunal de Primera Instancia, de 18 de Julio de 2005, *Scandinavian Airlines System AB Vs. La Comisión de las Comunidades Europeas* (en lo sucesivo *SAS Vs. La Comisión*), asunto T-241/01, apartado 160, texto disponible para consulta en lengua inglesa en: http://eur-lex.europa.eu/LexUriServ/LexUriServ.do?uri=CELEX: 62001A0241:EN:PDF; debiendo ser tomada en cuenta igualmente la posición de la empresa a sancionar en la conducta fruto del examen, toda vez que siempre debe ser valorado el tamaño de la empresa, su nivel de participación en la infracción, capacidad, entre otros, como aspectos de relevancia para modular la gravedad a cada uno de los agentes involucrados, de haberlos. Tema desarrollado en FURSE, Mark, *Competition law of the EC and UK,* Oxford University Press, Nueva York, 2006, Pág. 115; así como también en KORAH, Valentine, *An introductory guide to EC Law and practice,* Hart Publishing, Oxford y Portland, 2007, Págs. 277 y 278.

[593] Este aspecto resultaba ser parte importante del examen, ya que podía generar un incremento de la base de la multa, no configurándose en los casos en los cuales la duración de la transgresión fuera corta, incrementándola hasta el 50% cuando la duración fuese media y pudiendo verse ampliada hasta en un 10% por cada año en el cual perdurase la conducta, en aquellos casos en que hubiese sido de larga duración.

[594] Apartado segundo de las Directrices 1998 para el cálculo de multas del Reglamento 17/1962.

[595] Apartado tercero de las Directrices 1998 para el cálculo de multas del Reglamento 17/1962. Acerca de estas circunstancias, así como de las agravantes y el uso que tuvieron, resulta de relevancia el trabajo de PEÑA CASTELLOT, Miguel Ángel, "Política sancionadora de la Comisión Europea en el ámbito de competencia desde la segunda mitad de la década de los años noventa", en *Derecho de la Competencia Europeo y Español,* Coordinadores ORTIZ BLANCO, Luis y PASCUAL SEQUEROS, Adriana, Editorial Dykinson, Madrid, Volumen. III, 2002, Pág. 204.

Las directrices del año 1998 fueron un avance significativo, que a pesar de resolver puntos esenciales, contenía planteamientos ambiguos sobre algunos aspectos primarios[596] con capacidad de condicionar el papel de la Comisión en lo que a imposición de multas se refería[597]. La fijación del importe básico estaba poco delimitada y solo había una liviana exposición acerca del método para calcular la cuantía inicial, lo que se unía a la indeterminación acerca de las valoraciones de tipo económico y legal que debían ser tomadas en cuenta para delimitar la gravedad de la transgresión, como aspectos condicionantes a ser resueltos en prontitud[598].

Solo hasta el año 2006 se estructuró una verdadera solución a dichos aspectos, cuando se adoptaron las *Directrices para el cálculo de las multas impuestas en aplicación del artículo 23, apartado 2, letra a), del Reglamento (CE) no. 1/2003* (en lo sucesivo *Directrices 2006 sobre el cálculo de multas)*[599], donde fueron refinados y desarrollados los aspectos más relevantes de la política de multas de la Comisión que se encontraban indeterminados en vigencia de las anteriores directrices del año 1998[600], así como incrementados los niveles de disuasión[601] y previsibilidad que debía aportar el tema sancionatorio a la Defensa de la Competencia[602].

---

[596] Entre los cuales es menester resaltar la discrecionalidad que el legislador se guardó para otorgar a la Comisión, la cual fue resaltada como una necesidad por parte de la jurisprudencia del Tribunal de Primera Instancia, que recalcó que con las directrices del año 1998 claramente no se abolía la discrecionalidad de la Autoridad Comunitaria, sino que se pretendía incluir un mayor nivel de objetividad al proceso de imposición, para de tal forma lograr una aplicación de mayor calidad, tal y como así puede verse en el asunto *Tokai Carbon y otros Vs. La Comisión,* apartados 157 y 189, así como también en el asunto *SAS Vs. La Comisión,* apartados 64 y 75.

[597] Crítica destacada de las directrices del año 1998, realizada por RICHARDSON, Rusell, "Guidance without guidance – a European revolution in fining policy? The Commission's new guidelines on fines", en *European Competition Law Review,* Volumen.20, N° 7, Noviembre de 1999, Págs. 360 a 371.

[598] Ponen de manifiesto el inconveniente que se suscitaba en vigencia de aquellas directrices, VAN BAEL, Ivo & BELLIS, Jean-François, *Competition Law of the European Community,* Kluwer Law International, Alphen aan den Rijn, Holanda, 2010, Pág. 1097, quienes ejemplifican la situación de indeterminación de las bases en las cuales se soportaba la Comisión para imponer una multa, en el asunto *Seamless steel tubes,* asunto L 140/1.

[599] Publicadas en el Diario Oficial de la Unión Europea C 210/2, de 1 de Septiembre de 2006.

[600] Siendo ambas directrices, una manifestación de la imposición que la misma Comisión se hace de ciertos métodos a utilizar para determinar la cuantía de las multas. Pues son reglas que a pesar de ser planteadas por ella misma, no puede desconocer, ya que se configuran como una autolimitación de la discrecionalidad que le otorga a la Comisión el Tratado, tal y como así puede leerse en la Sentencia del Tribunal de Primera Instancia, de 9 de Julio de 2003, *Kyowa Hakko Kogyo Co. Ltda y Kyowa Hakko Europe GmbH Vs. La Comisión de las Comunidades Europeas,* asunto T-223/00, apartado 62, texto disponible para consulta en: http://eur-lex.europa.eu/LexUriServ/LexUriServ.do? uri=CELEX:62000A0223:ES:PDF, la cual, a pesar de suscitarse en vigencia de las Directrices 1998 para el cálculo de multas, incluye fundamentos que no pueden ser desconocidos en vigencia de las Directrices 2006.

[601] KORAH, Valentine, *An introductory guide to EC Law and practice,* Hart Publishing, Oxford y Portland, 2007, Pág. 278, resalta que la Comisión tanto en vigencia de las directrices para el cálculo de multas del año 1998, como previamente, había entendido que las multas que imponía eran interpretadas como "abordables" por parte de algunas empresas de gran tamaño, y por lo tanto la disuasión del sistema cuando la envergadura corporativa era de proporciones importantes, se veía menguada e incluso

Las Directrices del año 2006 no estaban enfocadas a despojar del alto nivel de discrecionalidad a la Comisión[603] y de hecho dejaron claros ciertos aspectos que vinieron a otorgarle un poder sancionatorio completo, anunciando incrementos sustanciales en los montos de las multas cuando se configuraran ciertas condiciones y dejando clara la facultad de la Autoridad Comunitaria para, si así lo estimase pertinente, cambiar la metodología a utilizar para delimitar las condiciones de la sanción, haciéndolas incluso más cuantiosas en aquellos casos en los cuales resultase necesario para garantizar la eficiencia en la aplicación de las normas de libre competencia comunitarias[604].

Las Directrices en mención, estructuraron una metodología en dos etapas para la determinación de las multas, siendo la primera aquella referente a la fijación de un importe base para cada empresa o asociación de empresas; y el segundo, la adecuación a la baja o a la alza de aquel importe base según las circunstancias particulares del asunto[605].

---

desaparecía; por lo que se hizo menester adherir dicha inquietud a las directrices del año 2006 y darle solución. Siendo igualmente de importancia, el apartado cuarto de las Directrices sobre el cálculo de multas, donde se resaltan las bases de la necesaria disuasión de carácter particular y general que debe tener capacidad de cumplir la Comisión.

[602] KROES, Neelie, "Delivering on the crackdown: recent developments in the European Commission's campaign against cartels", discurso pronunciado en el 10th Annual Competition Conference at the European Institute, el día 13 de Octubre de 2006 en Fiesole, Italia, discurso 06/595. Documento disponible para consulta en lengua inglesa en: http://europa.eu/rapid/pressReleasesAction.do?reference=SPEECH/06/595&format=HTML&aged=1&language=EN&guiLanguage=en.

[603] En los apartados segundo y 37 de las Directrices 2006 sobre el cálculo de multas, puede comprobarse que el nivel de discrecionalidad se encuentra altamente soportado, pues se le otorga a la Comisión la facultad de desmarcarse de parámetros esenciales de las Directrices cuando el caso particular, según su valoración, lo amerite. Siendo dicha realidad, al parecer, resultado del razonamiento que ha hecho en ya varias oportunidades la Comisión acerca del margen de maniobra que requiere para llevar a cabo su labor, pues establecer una sanción no es una tarea sencilla que se logre con la simple aplicación de una fórmula matemática, ya que son muchos los aspectos que se deben valorar en conjunto y que son más valiosos que un simple cálculo, tal y como así puede verse en el asunto *SA Musique Diffusion française y otros Vs. La Comisión de las Comunidades Europeas,* apartado 117.

[604] Sobre este aspecto, la comparación realizada por VELJANOVSKI, Cento, "Cartel Fines in Europe – Law, Practice and Deterrence", en *World Competition: Law and Economics Review,* Volumen. 29, Marzo de 2007, Pág. 65, quien enuncia los asuntos decididos en vigencia de las directrices para el cálculo de multas del año 1998, y resalta las variaciones que se suscitaron en razón de la aparición de las directrices del año 2006; siendo igualmente importantes los comentarios de WILS, Wouter, P.J, *Efficiency and European antitrust enforcement,* Hart Publishing, Portland, 2008, Págs. 87 a 90; y WHISH, Richard, *Competition Law,* Oxford University Press, Londres, 2008, Pág. 274.

[605] Tal y como así puede observarse en los apartados del nueve al once de las Directrices 2006 sobre el cálculo de multas. Sobre este aspecto y los pormenores de las Directrices 2006, puede verse DE BROCA, Hubert, "The Commission revises its guidelines for setting fines in *Antitrust* cases", en *Competition Policy Newsletter,* 2006-3, Otoño 2006, N° 1; así como también WILS, Wouter, "The European Commission's 2006 Guidelines on *Antitrust* Fines: A Legal and Economic Analysis", en *World Competition: Law and Economics Review,* Volumen. 30, N° 2, 2007.

De tal manera, el importe base se fijará determinando en primera instancia, el valor de las ventas de la empresa en un sector correspondiente dentro del Espacio Económico Europeo[606], de bienes o servicios a los que la transgresión se refiera de forma directa o indirecta[607]. Debiendo realizar tras su determinación, una valoración de un compendio de circunstancias particulares en pro de delimitar la gravedad de la infracción[608], tales como la naturaleza de la transgresión, la cuota de mercado de la empresa o empresas involucradas en la conducta, el espacio geográfico en el cual tuvo lugar la infracción o donde se vio implementada, así como de aquellos aspectos específicos del asunto particular que resulten de relevancia[609].

Debiendo valorar a renglón seguido, un aspecto de gran importancia en la labor de tasación del importe base[610], como lo es la duración de la empresa en la conducta anticompetitiva, ya que el monto resultante del compendio de circunstancias enunciadas en el párrafo anterior, debe entonces ser multiplicado por el número de años en los cuales la empresa ha sido participe del cartel o la infracción[611].

Lo que permite concluir, respecto del importe base, que la unificación de todas las reglas planteadas puede llevar a la imposición de sanciones muy cuantiosas y por lo tanto altamente disuasorias, máxime si el asunto particular es el de un cartel consolidado con una extensión temporal importante[612]; que de no haber, como efectivamente lo hay, un

---

[606] Apartado 21 de las Directrices 2006 sobre el cálculo de multas: *"Por regla general, la proporción del valor de las ventas que se tendrá en cuenta se fijará en un nivel que podrá alcanzar hasta el 30%"*

[607] Apartado 13 de las Directrices 2006 sobre el cálculo de multas, donde a la par queda claro que para dicha determinación, será tomado como referencia por parte de la Comisión el dato de las ventas de la empresa en el último ejercicio social completo en el cual haya participado de la conducta contraria a las normas de libre competencia comunitarias. Sobre ello se refiere igualmente KORAH, Valentine, *An introductory guide to EC Law and practice*, Hart Publishing, Oxford y Portland, 2007, Pág. 278, adhiriendo que el porcentaje comúnmente será del 30% del valor de las ventas para las infracciones de mayor calado como lo son los carteles de fijación de precios.

[608] Apartado 20 de las Directrices 2006 sobre el cálculo de multas.

[609] Acerca de los múltiples aspectos a tomar en cuenta, WHISH, Richard, *Competition Law*, Oxford University Press, Londres, 2008, Pág. 274, resalta que realizar una determinación completa del mercado relevante en estos casos, no resulta necesario, tal y como puede verse en la jurisprudencia por él enunciada en el pie de página 189 de aquella obra.

[610] Apartado 19 de las Directrices 2006 sobre el cálculo de multas.

[611] Un desarrollo exhaustivo de las condiciones en las cuales todos los factores enunciados deben ser evaluados por la Comisión para cuantificar el importe base, puede encontrarse en VAN BAEL, Ivo & BELLIS, Jean-François, *Competition Law of the European Communit"*, Kluwer Law International, Alphen aan den Rijn, Holanda, 2010, Págs. 1099 a 1104.

[612] El hecho de que las sanciones impuestas por la Comisión incluyan un alto nivel de disuasión, genera que el debate acerca del *deterrence* sea menos claro en favor de las sanciones que son impuestas por los Jueces nacionales, pues como se ha visto previamente, hay una presunción basada en circunstancias pasadas y en la experiencia norteamericana, que indica que la onerosidad de las sanciones es mayor cuando quien la determina es un Tribunal y no una Autoridad de corte Administrativo. Al respecto, los comentarios que en este mismo trabajo se han hecho al respecto.

tope de sanción en el 10 % del volumen de negocios mundial de la empresa[613], sin duda no solo extinguiría el cartel, sino igualmente a las empresas involucradas, por haber prolongado sobradamente la práctica contraria a la normativa *antitrust*[614].

Como ya se adelantó previamente, tras delimitar el importe base, el paso a seguir, es el de ajustar aquel porcentaje a la configuración en el asunto particular, de ciertas circunstancias agravantes y atenuantes que permitan adaptar a los aspectos puntuales del caso la sanción a imponer; las cuales si bien están taxativamente enunciadas en las Directrices 2006 sobre el cálculo de multas, ameritan revisiones y adiciones continuas que faciliten la conservación de un nivel de disuasión coherente y efectivo que favorezca el desmantelamiento de conductas anticompetitivas[615], ya que el listado proporcionado por dichas directrices no es exhaustivo.

En resumen, las circunstancias agravantes que se incluyen en las Directrices[616], son:

- La persistencia o reincidencia de la empresa en la realización de la infracción, similar o idéntica[617];

---

[613] Los casos en los cuales de la tasación se concluya que la multa es superior al 10% enunciado, la sanción deberá simplemente ser adecuada a dicho porcentaje, como techo establecido en el numeral segundo del artículo 23 del Reglamento 1/2003.

[614] Máxime cuando las directrices son severas en cuando a la tasación del importe base en los casos de carteles, pues como puede verse en el apartado 25, en dichos casos se añade a dicho valor una suma de entre el 15% y el 25% del valor de las ventas, lográndose así un nivel de disuasión mayor frente a este tipo de prácticas contrarias a la normativa *antitrust*. Aunque no de forma restrictiva, ya que como puede verse en la última parte del apartado enunciado, así como también en la reseña que sobre el tema hace WILS, Wouter, P.J, *"Efficiency and European antitrust enforcement,* Hart Publishing, Portland, 2008, Pág. 78, aquel monto adicional, puede ser aplicado en otro tipo de infracciones.

[615] Este aspecto está incluido en la esencia misma de las Directrices 2006 sobre el cálculo de multas, pues incluso, en los casos en los cuales del proceso de tasación de la multa resulte una sanción poco disuasoria o menor a las ganancias fruto de la infracción, la Comisión podrá modificarla a la alza en aquellos casos en los cuales la empresa a quien se le impone la penalización, tenga una envergadura importante y un volumen de negocios alto, tal y como puede verse en los apartados 30 y 31 del mencionado instrumento. Siendo sin lugar a dudas una iniciativa que pretende erradicar la opción con la que cuentan las grandes empresas, de decidir infringir la normativa de libre competencia con la sapiencia de que con posterioridad deberán abordar una multa, previniendo que les resulte más tentador transgredir las normas *antitrust* y pagar la sanción, obteniendo un lucro fruto de aquella conducta; antes que respetar los postulados comunitarios. Situación que se ha suscitado en *Professional videotapes,* donde a Sony le fue incrementada la sanción en un 10% en razón de dicha posibilidad ya que su envergadura era mayor que la de los demás involucrados, comprobable en los apartados del 242 al 245; así como también en el asunto *Synthetic Rubber Producers* (Productores de caucho sintético), IP/08/78, donde a Bayer se le incrementó en un 10% la multa también en virtud de su tamaño, apartado 19.

[616] Apartado 28 de las Directrices 2006 sobre el cálculo de multas.

[617] Esta circunstancia agravante es sin lugar a dudas una herramienta de mucha peligrosidad, toda vez que el apartado 28 de las Directrices, donde se encuentra consignada, deja claro que de configurarse, puede implicar el incremento de hasta un 100% del importe base; siendo la más drástica de las circunstancias descritas en dicha disposición. Previa la aparición de las Directrices 2006, en varias decisiones de la Comisión la sanción se había visto incrementada en razón de dicha conducta, donde deben ser resaltadas en orden cronológico, la Sentencia del Tribunal de Justicia de las Comunidades Europeas, de 14 de Julio de 1972, *Imperial Chemical Industries Ltda. Vs. La Comisión de las Comunidades Europeas,* asunto 48/69,

- La obstrucción de la investigación por parte de la empresa o su rechazo a cooperar; y

- El papel protagónico de la empresa en la conducta, como líder o instigador de la misma.

Siendo a su vez las circunstancias atenuantes que se encuentran consignadas en las Directrices:

- El Cese Inmediato de la Infracción;

- La Comprobación de haber realizado la conducta en razón de una actuación negligente;

- La Participación limitada en la infracción o la falta de aplicación de la misma[618];

- La Cooperación con la Comisión fuera del ámbito de aplicación de la *Comunicación sobre Clemencia*; y

- La Autorización de la conducta anticompetitiva por parte de la normativa o autoridades públicas.

La estructuración de las directrices expuestas[619], más allá de los inconvenientes que con seguridad surgen en razón de la susceptibilidad del tema sancionatorio, creo, permite la consecución en términos de eficiencia y suficiencia, del objetivo primordial de su promulgación, cual es el que haya mayor transparencia en el proceso de imposición de multas[620]. Alcanzar dicha finalidad, beneficia tanto a la Autoridad Comunitaria como a

texto disponible para consulta en: http://eur-lex.europa.eu/LexUriServ/LexUriServ.do?uri=CELEX:61969CJ0048:ES:PDF; así como también la decisión de la Comisión, de 23 de Julio de 1984, *Flat-glass sector*, 84/388/EEC, publicado en el diario oficial L 212 del 8 de Agosto de 1984, 13-22; texto disponible para consulta en lengua inglesa en: http://eur-lex.europa.eu/LexUriServ/LexUriServ.do?uri=CELEX:31984D0388:EN:HTML.

[618] Esta circunstancia atenuante se nutre y tiene una fuerte relación con lo establecido en el inciso cuarto del numeral cuatro del artículo 23 del Reglamento 1/2003, en el cual se incluyen aspectos referentes a la exculpabilidad, a otorgar a las empresas que evidencien que: (i) no han aplicado la decisión fruto de la infracción; (ii) ignoraban la existencia de dicha decisión; y (iii) se distanciaron de la infracción con antelación a la puesta en marcha de la investigación por parte de la Comisión. Al respecto puede verse, BLAKE, Stephen y SCHNICHELS, Dominik, "Leniency following Modernisation: safeguarding Europe's leniency programmes", en *Competition Policy Newsletter*, N° 2, 2004, Págs. 7 a 13, texto disponible para consulta en: http://ec.europa.eu/competition/publications/cpn/2004_2_7.pdf.

[619] Sobre los cuales se recomienda la lectura de WILS, Wouter, P.J, *"Efficiency and European antitrust enforcement"*, Hart Publishing, Portland, 2008, Págs. 77 a 112, pues en su texto se incluye un extenso análisis de todas las circunstancias sobre las que el presente trabajo, por no ser el objeto del mismo, no profundiza.

[620] Sin sacrificar otros importantes objetivos que fueron expuestos por Neelie Kroes como señales que la reforma envía a las empresas en razón de aportar tres aspectos puntuales de los que carecían las directrices del año 1998, como lo son la tasación del importe base, la relación entre la multa y la duración en la infracción, así como también el incremento fruto de la reincidencia en la conducta; siendo aquellas

las empresas, toda suerte que en el caso de la Comisión, la labor sancionatoria puede ser llevada a cabo en mejores condiciones gracias a la existencia de un catálogo más preciso; y en el caso de las empresas, se logra un mayor nivel de certeza respecto de las consecuencias fruto de ciertas actuaciones contrarias a la normativa de libre competencia.

A pesar de ello, y siendo el objetivo primordial de la estructura y los instrumentos legales puestos a disposición de la Comisión para la Defensa de la Competencia, el desmantelamiento real de cualquier conducta que ponga en peligro la estabilidad en el mercado único; de la mano del tema sancionatorio, tal y como lo entendió el legislador europeo, debía estar una herramienta que facilitara aun más el cese de aquellas actuaciones transgresoras, máxime cuando de la experiencia norteamericana se extraía su éxito.

Los programas de clemencia aparecieron en el contexto europeo gracias a dichas inquietudes planteadas, y a pesar del debate, han demostrado ser mecanismos idóneos para descubrir aquellas conductas, en especial los carteles, que comúnmente tienen los mismos distintivos, de secreto, difícil detección y claro conocimiento de estar yendo en contravía de las normas de libre competencia. Su incidencia en el tema sancionatorio es importante pues supedita la labor de la Autoridad Comunitaria en el uso de aquella atribución, por lo que no puede ser desconocida dentro de la reseña realizada en el presente trabajo.

(b) La Influencia de los programas de clemencia en la imposición de multas.

Llama la atención que incluso con antelación a la entrada en vigencia de las primeras directrices para el cálculo de multas en Europa, la Comisión hubiese tomado como prioridad de su actividad, la estructuración en el ámbito comunitario, de herramientas que en Estados Unidos habían dado gran resultado descubriendo y desmantelando conductas anticompetitivas, y en especial, carteles; las cuales ponían a las empresas en una situación de exposición y compromiso indeseada por aquellas[621].

---

señales: no infringir la normativa de libre competencia comunitaria; de hacerlo, detenerse en prontitud; y de haberse detenido, no incurrir nuevamente en dicha actuación. KROES, Neelie, Discurso pronunciado el 28 de Junio de 2006 referente a las Directrices 2006 sobre el cálculo de multas, IP/06/857, sumario disponible para consulta en lengua inglesa en: http://europa.eu/rapid/pressReleasesAction.do?reference=IP/06/857& format=HTML&aged=0&language=EN&guiLanguage=en.

[621] Pone de manifiesto aquello, KORAH, Valentine, *An introductory guide to EC Law and practice*, Hart Publishing, Oxford y Portland, 2007, Pág. 279, quien ejemplifica la razón del interés Europeo, en el éxito que el Departamento de Justicia Estadounidense cosechó con su programa de clemencia, añadiendo un elemento desestabilizador en las prácticas concertadas que las empresas en aquel momento, no sabían cómo enfrentar; siendo igualmente completa la exposición que al respecto puede encontrarse en SOTO PINEDA, Jesús Alfonso, "Aproximación a la implementación de los programas de clemencia como instrumentos del Derecho de la competencia", en *Con (Textos)*, N° 3, 2010, Págs. 162 a 167.

Sabiendo de la peligrosidad de los carteles, como lacra nociva capacitada para desarticular el mercado común[622]; la Comisión entendió que era necesaria la puesta en marcha de una solución extrema que alterara el núcleo de las conductas de mayor envergadura, proponiendo tratamientos distintos a las empresas involucradas que se decidieran a colaborar con la Autoridad Comunitaria, denunciando la existencia de la práctica contraria a la normativa *antitrust*, o aportando material probatorio que revelara aspectos esenciales de la conducta como tal[623].

El éxito de estos programas, ahí donde han sido implementados, está en desarbolar la actuación anticompetitiva, el cartel, o similar; desde adentro, gracias a la información obtenida de primera mano por uno de sus participantes[624], quien con su contribución a la labor administrativa, previene la asignación de recursos de investigación, y direcciona a la Comisión a la puesta en marcha de actuaciones puntuales y certeras que con garantía evidenciaran la existencia de la actuación *contra legem*[625].

---

[622] Ponen de manifiesto su peligrosidad y el desequilibrio que aparejan distribuyendo entre las empresas participantes la renta de los consumidores, CARLTON, Dennis y PERLOFF, Jeffrey, *Modern Industrial Organization*, Editorial Pearson/Addison Wesley, Mass, 2005, Pág. 165.

[623] La desestabilización de la conducta o cartel, viene de la mano del miedo, a que otro miembro del acuerdo anticompetitivo se acoja antes al programa de la Autoridad; así como también de la urgencia que emerge en el arbitrio de la empresa, de ser la primera en gozar de las ventajas que trae la clemencia, máxime si por el devenir común de las circunstancias empiezan a verse caras nuevas entre los miembros del cartel, cambia la comodidad que se percibía entre los miembros, etc. Pues son aspectos que a la postre generan desconfianza e incomodidad al interior de la conducta. KORAH, Valentine, *An introductory guide to EC Law and practice*, Hart Publishing, Oxford y Portland, 2007, Pág. 281; JOSHUA, Julian, "Leniency and enforcement: the carrot and stick – a view from Europe", discurso pronunciado en el International Bar Association, en Amsterdam, 2000; así como también VAN BAEL, Ivo & BELLIS, Jean-François, *Competition Law of the European Community*, Kluwer Law International, Alphen aan den Rijn, Holanda, 2010, Pág. 1125.

[624] Lo cual es resaltado por algunos como la forma prístina de desarticular este tipo de conductas, ya que la existencia de un cartel además de la concertación misma realizada por los implicados contraria a la normativa de libre competencia, lleva aparejados mecanismos de control que impiden que haya filtraciones informativas. PEÑA CASTELLOT, Miguel Ángel, "Política sancionadora de la Comisión Europea en el ámbito de competencia desde la segunda mitad de la década de los años noventa", en *Derecho de la Competencia Europeo y Español*, Coordinadores ORTIZ BLANCO, Luis y PASCUAL SEQUEROS, Adriana, Editorial Dykinson, Madrid, Volumen. III, 2002, Pág. 179.

[625] Por ser el instrumento más certero para luchar contra las conductas de mayor envergadura anticompetitiva, es aplaudido por ZOIDO, Elena y GUTIERREZ, Inmaculada, "Cárteles, análisis y valoración de sus efectos", en *Anuario de la Competencia*, N° 1, 2003, Pág. 271, quienes aportan al análisis de sus bondades, elementos acerca de las condiciones internas que disciplinan la actuación de los participantes en el cartel y la incidencia de la clemencia en dicha organización; siendo también reseñada ampliamente por WILS, Wouter, P.J, *Efficiency and European antitrust enforcement*, Hart Publishing, Portland, 2008, Págs. 127 a 134, quien desarrolla los efectos positivos que trae al sistema la implementación de este tipo de programas, los cuales, de forma resumida pueden ser enunciados como: (i) la mejora del sistema de recolección de pruebas; (ii) la dificultad que generan los programas de clemencia en la creación y sostenimiento de carteles; (iii) la reducción del coste de adjudicación en razón de la menor litigiosidad que implica el reconocimiento que las empresas hacen de su implicación en el ilícito; y (iv) la facilidad de restitución a terceros afectados si el sistema lleva aparejado, como en los Estados Unidos, un mecanismo de pago voluntario que incluso reduzca el nivel de culpa de las empresas y por lo tanto la sanción a soportar.

Acogerse a un programa de clemencia, significa para la empresa colaboradora, ver reducida o incluso desmontada la sanción a soportar por haber participado en la conducta, ya que de aparejar material de relevancia al proceso, aquella, puede obtener incluso inmunidad total.

En Europa con antelación a la aparición en el año 1996 de la "*Comunicación relativa a la no imposición de multas*" (en lo sucesivo *Comunicación 1996 relativa a la no imposición de multas*)[626], la Comisión ya venía premiando la actitud colaboradora y delatoria de los miembros de una conducta contraria a las normas de libre competencia, dándoles un tratamiento diverso que comúnmente hacia las veces de atenuante[627].

A pesar de este trato, no fue hasta la aparición del instrumento enunciado cuando verdaderamente empezó a ser un aspecto desestabilizador a soportar al interior de los carteles[628]; el cual había extraído apartes importantes del modelo norteamericano, pero a su vez, había añadido elementos que hacían más tentador para las empresas dirigirse a la Autoridad Comunitaria en busca de una tasación más benévola de la multa que le sería impuesta a la empresa, toda vez que además de la inmunidad total a otorgar al primer delator, la cual ya se incluía en el modelo reinante en los Estados Unidos, el sistema europeo incluía reducciones de sanción a los delatores subsiguientes dependiendo su orden de llegada aportando nueva información o material, configurando un avance que desunía a los miembros de la práctica anticompetitiva incluso después de que uno de ellos hubiese acudido a la Autoridad Comunitaria de Competencia[629].

La simple aparición de la *Comunicación 1996 relativa a la no imposición de multas*, ya contribuía enormemente con la desarticulación de conductas anticompetitivas, y en

---

[626] *Comunicación de la Comisión relativa a la no imposición de multas o a la reducción de su importe en los asuntos relacionados con los acuerdos entre empresas*, de 18 de Julio de 1996, publicada en el Diario Oficial de la Comunidad Europea C 207/4.

[627] El precedente de mayor relevancia es el de la decisión de la Comisión de 13 de Julio de 1994, referente al cartel del cartoncillo, 94/601/CE, texto disponible para consulta en: http://eur-lex.europa.eu/Result.do?direct=yes&lang=es&where=GRP_CITATION:31987D0001&whereihm=Actos%20citados:31987D0001, en el cual el monto de las sanciones a algunas de las implicadas se vio reducido conforme el grado mayor o menor de colaboración que habían tenido con la Comisión, incluso al no negar las alegaciones en las que basó la Comisión sus imputaciones. Decisión que fue objeto de apelación, generando la apreciación del Tribunal de Primera Instancia, en fecha 14 de Mayo de 1998, asunto T-295/94, donde puede leerse que la reducción debe configurarse solo si el comportamiento de la empresa permite a la Comisión, con menor dificultad, comprobar la infracción y poner fin a esta.

[628] KORAH, Valentine, *An introductory guide to EC Law and practice*, Hart Publishing, Oxford y Portland, 2007, Pág. 279

[629] Las reducciones eran de tres tipos, los cuales estaban claramente relacionados con el nivel de colaboración, siendo en el primer caso, una colaboración primigenia otorgada antes de que la Autoridad hiciese comprobación alguna, caso en el cual la rebaja era del 75% al 100%; en el segundo caso, una reducción de entre el 50% al 75% cuando la colaboración se diera en los casos en los que la Comisión hubiese iniciado la investigación pero requiriera material probatorio; y un tercer caso, a configurarse con la colaboración prestada antes de la entrega del pliego de cargos, con la cual se pudiese confirmar la existencia de la conducta anticompetitiva, o, con la no puesta en duda, una vez recibido dicho pliego, de los hechos en los cuales la Comisión soporta su proceso, casos en los cuales la reducción podía ser de entre el 10% y el 50%.

especial de carteles; pero no era suficiente para despejar incógnitas que se fueron presentando en su implementación, toda vez que quedaba en manos de la Autoridad y a su discreción, la configuración de dichas reducciones, o de la inmunidad, y por lo tanto las empresas no contaban con un marco legal o un desarrollo taxativo de las condiciones en las cuales dicho tratamiento especial les sería otorgado; lo que en otras palabras llevaba a concluir que la clemencia como tal, carecía de la necesaria transparencia exigible a todos y cada uno de los parámetros comunitarios[630].

En respuesta a aquellos inconvenientes, en el año 2002 apareció la *Comunicación de la Comisión relativa a la dispensa del pago de las multas y la reducción de su importe en casos de cartel*[631] (en lo sucesivo *Comunicación sobre la Clemencia 2002*)[632], donde se abordó el tema dividiéndolo en dos secciones, que se desarrollaban ampliamente, siendo la primera referente a la dispensa del pago cuando se cumpliesen ciertas circunstancias[633]; y la segunda a la reducción de la multa cuando no cumplidos los requisitos para configurar la inmunidad, igualmente la empresa hubiese colaborado activamente[634].

A pesar de la evolución técnica que traía aparejada la *comunicación sobre la clemencia 2002*[635], la doctrina seguía empeñada en que algunos aspectos de fondo y

---

[630] Además de dicho inconveniente, sobre el cual se extiende suficientemente, un sector de la doctrina también resalta que la inmunidad solo podía lograrse por parte de la empresa, cuando no hubiese investigación en curso sobre la conducta de la cual ha sido partícipe, ya que de estar en curso, sin importar la calidad o las condiciones de la colaboración a prestar, la empresa solo podría obtener una reducción en la sanción. GARCÍA CACHAFEIRO, Fernando, "Hacia una política de clemencia en el derecho de la competencia español", en *Gaceta Jurídica de la Unión Europea y de la Competencia*, N° 227, 2003, Pág. 20.

[631] Sobre este instrumento en específico, se recomienda la lectura de VAN BARLINGEN, Bertus, "The European Commission's 2002 Leniency Notice after one year of operation", en *Competition Policy Newsletter*, N° 2, 2003, Págs. 16 y siguientes, ARBAUL y PEIRO, "The Commission's notice on inmunity and reduction from fines in cartel cases: building on success", ", en *Competition Policy Newsletter*, 2002, Pág. 15; así como también VAN BARLINGEN, Bertus y BARENNES, Marc, "The European Commission's 2002 Leniency Notice in practice", en *Competition Policy Newsletter*, N° 3, 2005, Págs. 6 a 16.

[632] Publicada en el Diario Oficial de la Comunidad Europea C-45 de 19 de Febrero de 2002.

[633] Tales como cooperar plenamente con la Comisión durante el tiempo que se requiriese; detener la participación en la conducta anticompetitiva; no haber obligado a otras empresas a participar siendo cabecilla o instigador de la conducta; acudir antes que otras empresas participantes lo hiciesen, ante la Comisión, aportando material que la Autoridad no poseyese y que le permitiese a esta última proceder a una verificación que facilitase el descubrimiento de la transgresión, o simplemente favoreciese la comprobación efectiva de la infracción.

[634] Cumpliendo a su vez un compendio de requisitos, tales como cesar completamente su participación en la infracción; y proporcionar información de suficiente relevancia que no poseyese la Comisión, la cual aportase un especial valor añadido al proceso llevado por la Autoridad Comunitaria.

[635] Que a su vez aparejaba variaciones en las condiciones porcentuales de las reducciones, pues la empresa que llegase tras el aporte realizado por la primera compañía en acogerse al programa, elegible para ser exculpada, podía recibir una reducción de entre el 30% y el 50%, mientras que la siguiente podría recibir una reducción entre el 20% y el 30%, y las subsiguientes de hasta un 20%.

forma aun planteaban inconvenientes de diversas índoles, pues las falencias que se incluían en la *comunicación 1996* no habían sido abordadas lo suficiente[636].

En razón de aquellas y otras inquietudes, apareció un nuevo instrumento que fue interpretado por algunos, como una simple revisión de la *comunicación sobre la clemencia 2002*[637], cual fue la *Comunicación de clemencia del año 2006*; la que, con el mismo nombre que su predecesora, surgió con el ánimo de otorgar más certitud a las empresas acerca de los beneficios que traería su colaboración[638], y a la Comisión respecto de los procedimientos y parámetros a seguir para lograr niveles de transparencia más altos en el uso de la delicada facultad que le había sido otorgada, despejando incógnitas sobre aspectos tan puntillosos como el de la posibilidad que en procesos posteriores llevados por los Jueces nacionales de los Estados miembros, las declaraciones de las empresas acogidas al programa de clemencia, fueran utilizadas e incluso valoradas como prueba principal de la culpabilidad de dicha compañía en el ilícito.

La *Comunicación de clemencia 2006*, se divide en cuatro partes: (i) Introducción; (ii) inmunidad; (iii) reducción; y (iv) declaraciones de las empresas a efectos de la aplicación de la *comunicación de clemencia*.

En la Introducción, la comunicación deja claros los aspectos básicos referentes a los beneficios de los cuales pueden hacerse acreedoras las empresas al acogerse a los programas de clemencia, y por lo tanto, plantea una numeración de las circunstancias que deben cumplir las mismas para ser objeto de las figuras de exculpación y reducción inmersas en su texto.

En el mismo sentido que sus predecesoras, en la introducción, la comunicación resalta de forma genérica, aspectos tales como que, para que se configure la inmunidad, es necesaria una aportación decisiva de la Empresa a la Comisión dirigida a permitir, o bien la iniciación de una investigación, o bien la comprobación de la trasgresión[639]; así

---

[636] MONTAG, Frank, y CAMERON, S, "Effective enforcement: The practitioner's view of recent experiences under Reg. 1/2003", paper presentado para la Conferencia "*Antitrust* reform in Europe: A year in practice", organizada de forma conjunta por el Colegio de Abogados Internacional y la Comisión Europea, Bruselas, 9 a 11 de Marzo de 2005.

[637] GIVAJA SANZ, Ángel y CABRERA MAQUEDA, Eduardo, "Desarrollos recientes en torno al programa comunitario de clemencia y su implantación en la nueva Ley de Defensa de la Competencia", en *Gaceta Jurídica de la Unión Europea y de la Competencia*, N° 246, 2006 , Pág. 33 y siguientes; así mismo, por relevancia y por el análisis exhaustivo que hace hasta el momento de publicación, de los sistemas europeo y norteamericano, WILS, Wouter, "Leniency in *Antitrust* Enforcement", en *World Competition Law and Economics review*, Volumen. 30, N° 1, Marzo 2007, Págs. 25 y siguientes.

[638] A pesar que la condicionalidad de la *comunicación de clemencia del año 2006* es menor que la que se incluía en la *comunicación sobre la clemencia 2002*, no se ha solucionado totalmente el tema de la certeza, que aun no se le puede otorgar a la empresa que decide acogerse al programa, ya que en algunas circunstancias, aquellas son incapaces de determinar si les conviene más mantenerse en la estructura de silencio y unión al interior del cartel con la esperanza de que no haya lugar a acciones en su contra, o acogerse a la protección de la Comisión acogiéndose a su clemencia. FURSE, Mark, *Competition law of the EC and UK*, Oxford University Press, Nueva York, 2006, Pág. 120.

[639] Apartado cuarto de la *Comunicación de clemencia 2006*.

como que solo se verá justificada una reducción, cuando haya un espíritu real de cooperación por parte de la empresa[640], que a su vez, apareje la adición de una prueba que añada valor al material que ya este en posesión de la Autoridad Comunitaria[641].

A renglón seguido de la introducción[642], la Comunicación inicia un desarrollo aun más detallado de los aspectos ligeramente relacionados en su "preámbulo", y en su segunda parte, referente a la exculpación o inmunidad, deja claro que la primera empresa en concurrir frente a la Comisión es aquella elegible para verse excusada del pago de una sanción, eso sí, cumpliendo ciertos requisitos básicos que no solo dependen de la posición de la delatora, tales como que la Comisión no posea la información que le está siendo suministrada por el confidente; y que el material proporcionado sea lo suficientemente completo[643], aportando material descriptivo de importancia acerca de los involucrados, sus posiciones empresariales, los emplazamientos de relevancia, direcciones de domicilios de ser procedente, así como cualquier otra evidencia significativa que esté en su poder[644] y que pueda resultar determinante en el procedimiento[645].

En el mismo sentido, en la tercera parte de la comunicación, referente a la reducción del importe de la multa, se encuentra un eco de la liviana exposición que en la introducción se hace sobre ella; potenciando dos aspectos para que se configure la rebaja, como lo son que el elegible para la reducción es aquel que no cumple los requisitos para obtener la exculpación, pero, que a su vez, suministra información que representa una

---

[640] Asunto *La Comisión de las Comunidades Europeas Vs. SGL Carbón AG y otros*, apartados 66 al 70.

[641] Apartado quinto de la *Comunicación de clemencia 2006*.

[642] Sobre la cual es pertinente acotar igualmente, incluye, en específico en su apartado sexto, un reconocimiento de la posible disuasión indeseada por la Comisión, que puede significar para las empresas, aportar material o declaraciones que con posterioridad pueden ser utilizadas en su contra en procesos en sede civil llevados ante los Jueces nacionales de los países miembros; dejando claro, que acogerse a este tipo de programas no debe significar soportar riesgos de litigio ante los Tribunales de un país comunitario, mayores que aquellos que debe tolerar cualquiera de las empresas participantes en la conducta transgresora, que a su vez no haya hecho las veces de cooperante de la Autoridad Comunitaria de Competencia.

[643] Para probar la existencia de la infracción, o en su defecto, para permitir a la Comisión tomar la decisión de poner en marcha una inspección. Siendo necesario un material probatorio de envergadura que es reseñado por KERSE, Christopher y KAHN, Nicholas, *EC Antitrust procedure*, Sweet & Maxwell, Londres, 2005.

[644] Además de dichos requisitos, el apartado doce de la *Comunicación de clemencia 2006*, establece un compendio de "condiciones cumulativas" que deben ser cumplidas, las cuales pueden resumirse en los siguientes términos: (i) la cooperación prestada por la empresa debe ser permanente, completa y diligente; (ii) la empresa debe poner fin a la implicación en la conducta, a menos que la Comisión estime necesario para preservar la integridad de la investigación que continúe participando de ella; y (iii) que la empresa, al tiempo en el que contempló su aplicación a la inmunidad, no haya destruido, falsificado, modificado u ocultado evidencia relevante. A los que hay que añadir los requisitos que ya venían establecidos previamente en la *comunicación sobre la clemencia 2002* que se encuentran provistos en los numerales 12 y 22 de la *comunicación de clemencia 2006*, que a la vez en el presente trabajo han sido nombrados.

[645] Sobre el cual, en lo que a inmunidad se refiere, hay un desarrollo suficiente en los apartados del 14 al 22 de la *comunicación de clemencia 2006*.

adición de valor al asunto llevado por la Comisión[646].Incorporando así mismo, una explicación del procedimiento que deberá seguirse tanto por la empresa como por la Comisión para que la disminución de la sanción se haga efectiva[647].

A continuación de la sección referente a la reducción del importe de la multa, la comunicación incluye en su cuarta parte, un avance primordial a los programas de clemencia, que tiene la capacidad de añadir un mayor nivel de coherencia a la aplicación de dichos instrumentos, toda vez que entre sus apartados 31 al 35, se hace una reseña especializada acerca de las declaraciones de las empresas en lo que a acogimiento a este tipo de programas se refiere. Donde al parecer, la Comisión ha querido conferir mayor protección a los aportes de las empresas, dejando ver su preferencia por las declaraciones verbales y no por aquellas de carácter escrito; otorgando a las compañías, la posibilidad de que expongan sus confidencias oralmente, para que la Autoridad Comunitaria con posterioridad las transcriba y guarde registro de ellas, lejos del acceso de los Tribunales nacionales dentro o fuera de la comunidad[648].

La Comisión, claramente, busca con lo expuesto en la cuarta parte de la comunicación, que los programas de clemencia no pierdan su efectividad en razón de la posibilidad de que las empresas se vean perjudicadas por sus propias declaraciones en procesos por daños y perjuicios posteriores llevados ante los Jueces nacionales. Pues estos últimos están capacitados para, dentro del marco de un proceso, tener acceso al material escrito fruto de la labor empresarial; y a su vez imposibilitados para, acceder a los archivos de la Comisión, quien con la simple alusión del interés público, puede negarse a proporcionar aquellos documentos que sean de su autoría, prefiriendo resguardarlos.

Para los efectos consiguientes, la explicación de este último aspecto, así como de todos los demás pormenores de la reforma al sistema de clemencia que ha significado ser la *comunicación de clemencia 2006* y sus predecesoras, resulta de gran importancia; toda vez que abordado el tema desde la óptica de las atribuciones de carácter sancionatorio con las cuales cuenta la Comisión para cumplir su cometido, el lector puede unificar, ahora sí, todos los aspectos que deben ser tomados en cuenta por la Autoridad Comunitaria para determinar el monto que una empresa involucrada con una conducta anticompetitiva debe soportar en razón de su participación.

No es posible bajo ningún concepto ejercer la atribución sancionatoria sin sopesar todos y cada uno de los elementos que condicionan la tasación de la consecuencia; y entre ellos, sin lugar a dudas, el acogimiento a las condiciones de la *comunicación sobre clemencia*, tiene un lugar de privilegio, pues puede incluso hacer fútiles los análisis

---

[646] Los márgenes de reducción contenidos en el apartado 26 de la *comunicación de clemencia 2006*, son idénticos a los que estaban previstos en la *comunicación sobre la clemencia 2002*, siendo para la primera empresa que añada valor con su aportación del 30% al 50%, para la segunda del 20% al 30% y para las siguientes de hasta el 20%.

[647] Apartados del 27 al 30 de la *comunicación de clemencia 2006*.

[648] Se comparte dicha posición, que es expuesta en su obra por WHISH, Richard, *Competition Law*, Oxford University Press, Londres, 2008, Pág. 278.

sancionatorios en caso de inmunidad. Por lo que, una enunciación taxativa de los elementos que han sido expuestos en el presente trabajo referentes a la atribución sancionatoria de la Comisión, se hace necesaria, por ser aspectos con capacidad de condicionar el papel de la Comisión en lo referente a las multas, dichos elementos son[649]:

- La determinación de la gravedad de la conducta *contra legem*.

- La determinación del incremento en razón de la duración de la conducta.

- La determinación de la aplicabilidad de circunstancias agravantes.

- La determinación de la aplicabilidad de circunstancias atenuantes fuera del ámbito de aplicación de la *Comunicación sobre Clemencia*.

- La determinación de un porcentaje en razón de la aplicación de la *Comunicación de clemencia*.

La unificación de aquellos elementos, así como de todos los instrumentos comunitarios que sirven de sustento a la atribución sancionatoria de la Comisión, como lo son: las directrices para el cálculo de multas, la *comunicación de clemencia* y el propio Reglamento 1/2003, es necesaria y permite que el estudio objetivo de las circunstancias particulares de cada caso en concreto se vea mejor sustentado y a su vez proyectado, al existir un catálogo inequívoco a seguir por la Comisión en el ejercicio de esta facultad.

A la par, el compendio de parámetros expuestos, permiten concluir que la labor de imposición de multas, es en la actualidad, un tema mejor regulado y a su vez más drástico que apareja consecuencias más contundentes y cuantiosas para las empresas infractoras.

Los avances, no solo han venido de la mano del incremento en el valor de las "penas" a imponer, sino que igualmente se han extendido a la disposición de remedios, que ahora se incluyen en los instrumentos comunitarios, para controlar recursos que eran erigidos por las empresas para eludir sus responsabilidades pecuniarias fruto de una sanción, tales como insolventarse. Para lo cual se ha estructurado con un alto margen de exactitud, la solidaridad como medio para garantizar que las empresas se harán cargo de las consecuencias de la trasgresión que han cometido[650].

A pesar de la "comodidad" que genera en la actualidad el compendio de instrumentos que condicionan la labor sancionatoria, es claro que aun ciertos aspectos pueden ser mejorables y ameritan una labor jurídica que esté estructurada para llevar las infracciones

---

[649] Base de esta enunciación en el texto de JELEZTCHEVA, María, *Las Autoridades de Defensa de la Competencia. Los Estados Unidos y la Unión Europea. España y Bulgaria,* Tesis Doctoral, Universidad Complutense de Madrid, Madrid, 2007, Pág. 211.

[650] Numeral cuarto del artículo 23 del Reglamento 1/2003.

a la normativa *antitrust* a su fin, y no para permitir, así sea de forma tácita, la continuidad de ciertas conductas en la clandestinidad[651].

No deja de sorprender que no haya una compenetración en el tema sancionatorio de todos los programas de clemencia dentro de la comunidad, y que se traslade a la empresa que desea cooperar con las Autoridades administrativas, el esfuerzo de acogerse simultáneamente a todos los programas de clemencia existentes en Europa si quiere asegurarse la "indulgencia" en cada uno de los territorios afectados por su transgresión[652]. Lo que implica el acogimiento en el terreno comunitario al programa gestionado por la Comisión, y en el terreno de cada país miembro a aquellos gestionados por las Autoridades Nacionales de Competencia.

La *Comunicación sobre la cooperación en la red de autoridades de competencia* ha venido a establecer percepciones acerca de dicha circunstancia problemática, y ha dejado claro que son las empresas quienes deben gestionar su participación en programas de clemencia alrededor de la comunidad[653]. Lo que no implica ni mucho menos una solución, y viene a dejar claro que este aspecto debe ser solucionado en prontitud, toda vez que está en capacidad de frenar el avance del desmantelamiento efectivo de conductas de gran envergadura.

---

[651] Uno de aquellos inconvenientes es el de la inmunidad corporativa y no individual de los directores y empleados de las empresas; toda vez que aquellos, quedan expuestos totalmente tras acogerse al programa de clemencia, tal y como lo expone WILS, Wouter, P.J, *Efficiency and European antitrust enforcement,* Hart Publishing, Portland, 2008, Pág. 118. Sobre lo cual, cabe acotar, merece la interpretación de quien escribe, de que ese simple hecho, puede por sí solo implicar el desánimo a concurrir frente a la Comisión, aportando información sobre el cartel. Siendo de igual importancia otros riegos e inconvenientes planteados por el mismo autor, Págs. 134 a 140, quien entiende que pueden ser efectos negativos a mejorar: (i) la pérdida del nivel de disuasión necesario que implica la aplicación de la clemencia a varias empresas participantes en un mismo cartel; y (ii) la dependencia exclusiva de la Autoridad a los programas de clemencia no descubriendo sino aquellas conductas que son denunciadas desde su interior.

[652] Por considerarlo un lastre en el programa de clemencia tanto comunitario como de los países miembros, que a la postre terminara "minando" la aplicación de la clemencia y por lo tanto generara el desuso de la figura y la clandestinidad de muchas conductas que quedaran sin descubrir, es criticado este escenario por FURSE, Mark, *Competition law of the EC and UK,* Oxford University Press, Nueva York, 2006, Pág. 120. En parte, se entiende, por la poca gEnerosidad que tendría el programa con esta difícil gestión, de cara al sector económico privado; el cual necesita de la proporción de un compendio de circunstancias benévolas que generen fluidez y facilidad en su acogimiento al programa planteado por la Autoridad. KORAH, Valentine, *An introductory guide to EC Law and practice,* Hart Publishing, Oxford y Portland, 2007, Pág. 280; así como también enunciado y desarrollado por WHISH, Richard, *Competition Law,* Oxford University Press, Londres, 2008, Pág. 284 y SOTO PINEDA, Jesús Alfonso, "Aproximación a la implementación de los programas de clemencia como instrumentos del Derecho de la competencia", en *Con (Textos).* N° 3, 2010, Págs. 162 1 165.

[653] *Comunicación de la Comisión sobre la cooperación en la Red de Autoridades de Competencia,* de 27 de Abril de 2004, publicada en el Diario Oficial C 101/43, apartado 38, donde se deja claro que en razón de la no existencia de armonización entre los programas de clemencia en el ámbito Europeo, es la empresa quien debe, preferiblemente de forma simultánea, presentar su solicitud de clemencia ante todas las Autoridades aplicantes del artículo 101 del Tratado que estén "bien situadas" para actuar contra la infracción en su territorio.

Seguramente el catálogo de aspectos mejorables que se extraen del compendio de instrumentos puestos a disposición de los diversos agentes en Europa para definir las condiciones del ejercicio de la atribución sancionatoria de la Comisión, e incluso de las Autoridades Nacionales de Competencia; empezará a funcionar mejor y de manera más efectiva, cuando se estructure una armonización de todos los sistemas y haya una coherencia inequívoca entre cada uno de los programas a nivel comunitario y nacional.

Hasta tanto esa armonización no esté sustentada suficientemente en los instrumentos legales comunitarios y de los países miembros, será necesario continuar solucionando incidencias puntuales que se presenten en torno a la imposición de multas, las cuales, simplemente ameritan una gestión más juiciosa por parte de las Autoridades y las empresas o particulares implicados.

El estado actual de la cuestión es de profunda evolución y de necesaria enmienda de circunstancias muy específicas que en principio, no deben menoscabar el desarrollo de la facultad por parte de la Comisión, pues al contrario que en otros momentos, en la actualidad, el desarrollo de la labor de tasación de una multa y valoración de los aspectos que inciden en ella, son sobradamente fluidos.

2. Multas coercitivas.

Además de las multas de carácter sancionador que han ocupado las líneas de las atribuciones sancionatorias de la Comisión hasta este punto, la Autoridad igualmente, se encuentra empoderada, tal y como se manifestó al principio del apartado correspondiente,y en virtud del artículo 24 del Reglamento 1/2003, para imponer multas de carácter coercitivo, dirigidas a sancionar a una compañía cuando persiste en una infracción, o a compeler a aquella, para que cumpla los parámetros que le han sido asignados por medio de una decisión de la Autoridad de Competencia Comunitaria[654].

Sobre este tipo de multas, es importante iniciar manifestando, que se configuran en razón de dos aspectos específicos que funcionan de forma cumulativa, como lo son, la transgresión llevada a cabo por la empresa a las normas de libre competencia comunitarias, así como la renuncia por parte de aquella, a acatar las condiciones que le han sido impuestas por una decisión de la Autoridad Comunitaria de Competencia[655].

---

[654] Análisis exhaustivo de este tipo de sanciones, puede encontrarse en LEÓN JIMÉNEZ, Rosario, "Los Derechos Fundamentales de las Empresas en el Procedimiento de Competencia Comunitario", en *Derecho de la Competencia Europeo y Español*, Coordinadores ORTIZ BLANCO, Luis y PASCUAL SEQUEROS, Adriana, Editorial Dykinson, Madrid, Volumen. III, 2002, Págs. 135 y siguientes; así como también de importancia, la explicación realizada por WHISH, Richard, *Competition Law*. Oxford University Press, Londres, 2008, Pág. 278.

[655] Al respecto, lo expresado por WAELBROECK, Michel, FRIGNANI, Aldo y MÉGRET, Jacques, *Derecho Europeo de la Competencia*, Tomo 1, Editorial Bosch, Barcelona, 1998, Pág. 565, quienes dejan claro que el objetivo de este tipo de sanciones no es compeler a los particulares a que le den cumplimiento a los aspectos generales plasmados en el Tratado, sino a que obedeciendo los parámetros de una decisión legítimamente tomada, indirectamente se acoja a ellos.

Las sanciones coercitivas son entonces, el medio con el que cuenta la Comisión para asegurarse el cumplimiento de cualquier tipo de requerimiento que haya hecho respecto a la infracción, que esté enfocado a que los efectos nocivos de la misma cesen[656]. El objetivo primigenio de este tipo de multas, es exigir al "requerido" el sometimiento a ciertas decisiones en específico que impiden en cuanto no se cumplan, la extinción de los efectos perjudiciales de la conducta; siendo la negativa por parte de la empresa a cumplir la decisión, lo que genera la imposición por parte de la Autoridad.

Las decisiones más comunes en la generación de este tipo de sanciones una vez la empresa no se somete a ellas son: (i) aquellas por medio de las cuales se solicita información completa y exacta a la empresa; (ii) por medio de las que se ordena la práctica de una inspección; (iii) las cuales determinan el cumplimiento de un compromiso adquirido por la empresa que le vincula totalmente; (iv) aquellas que ordenan poner fin a una infracción a los artículos 101 y 102 del Tratado; y (v) por medio de las cuales se ordena la puesta en marcha de ciertas medidas cautelares[657].

Este tipo de multas no pueden superar el 5% del volumen de negocios medio diario de la empresa realizado durante el ejercicio social inmediatamente anterior, a imponer por cada uno de los días que la empresa esté en mora de darle cumplimiento a la decisión que le origina, y a contar a partir de la fecha en la cual se fije la decisión.

La decisión inicial que ordene la imposición de este tipo de multas, puede variar en razón del cumplimiento que la empresa haga de la obligación que estando en mora de ser cumplida, ha generado la imposición; por lo cual, puede configurarse una reducción, que del tenor del numeral que la incluye, permite concluir, será fruto de la discrecionalidad de la Autoridad Comunitaria de Competencia.

El artículo 31 del Reglamento 1/2003, deja claro que hay una competencia jurisdiccional plena del Tribunal de Justicia para resolver los recursos interpuestos contra las decisiones que incluyan sanciones de corte coercitivo, al igual que sancionador; por lo que el mencionado Tribunal, está en capacidad de suprimir, reducir o incrementar la multa impuesta, sea cual sea su naturaleza.

---

[656] CREUS CARRERAS, Antonio y AMADOR PEÑATE, Olivia, "Procedimiento administrativo ante la Comisión Europea y control jurisdiccional del TJCE", en *Tratado de Derecho de la Competencia. Unión Europea y España*, Directores BENEYTO PÉREZ-CERDÁ, José María; MAILLO GONZÁLEZ ORÚS, Jerónimo, Editorial Bosch, Madrid, 2005, Tomo 2, Pág. 790.

[657] Como puede verse, el Reglamento 1/2003 busca que se dé cumplimiento a obligaciones que se imponen por medio de una decisión de la Autoridad de Competencia Comunitaria, de conformidad con los artículos 7, 8, o 9 del Reglamento, o de aquellas que se implantan como resultado de las facultades de investigación de la Comisión, adheridas en los artículos 17, 18 (numeral tercero) o 20 (numeral cuarto) de aquel. Tal y como lo resalta PACE, Lorenzo Federico, *"European Antitrust Law. Prohibitions, Merger Control and Procedures*, Edward Elgar Publishing, Cheltenham, 2007, Pág. 257.

3. Límites temporales para la imposición y ejecución de la sanción (prescripción).

El Reglamento 1/2003 ha tenido la iniciativa de ser más riguroso respecto de los tiempos dentro de los cuales, la Comisión debe poner en marcha sus facultades de pesquisa, búsqueda, resolución e imposición de consecuencias fruto de una transgresión a las normas de libre competencia.

En dicho Reglamento, y en específico en sus artículos 25 (prescripción de imposición de sanciones) y 26 (prescripción de ejecución de sanciones), queda claro que el objetivo es impregnar de mayor celeridad la labor sancionatoria de la Autoridad Comunitaria, impulsándola a que el cese y resultado pecuniario se vean garantizados en el menor tiempo posible, evitando la asignación de recursos extraordinarios e innecesarios que hacen el procedimiento dispendioso y poco razonable.

No siendo el objetivo del presente trabajo desarrollar cada uno de los numerales de aquellos artículos mencionados, se cree que lo verdaderamente importante, es dejar claro que en ellos, el Reglamento ha preceptuado que el poder sancionatorio en cabeza de la Comisión tiene dos tipos distintos de tiempos límite, siendo para el caso de las infracciones cometidas en relación a una solicitud de información o ejecución de una inspección, de tres años[658]; y en los demás casos, de cinco años[659].

Además de la prescripción en la imposición de las sanciones[660], la prescripción en la ejecución de las mismas se encuentra también dispuesta en el Reglamento, en específico en su artículo 26, donde queda claro que el poder de la Autoridad Comunitaria para darle cumplimiento a este tipo de decisiones tiene un plazo de prescripción de cinco años a contar desde el día en el cual la decisión esté en firme[661].

No hay, según la óptica de la reforma, una necesidad clara de extender dichos plazos y de generar una "comodidad" innecesaria que difiera y extienda incongruentemente los términos de actuación de la Autoridad; pues en principio, los plazos incluidos en el Reglamento, otorgan un nivel de flexibilidad y temporalidad suficiente a la Comisión, para llevar a cabo las actividades propias del ejercicio de las facultades que le han sido otorgadas. Además, que actúan en pro de la seguridad jurídica y la protección que las empresas, asociaciones de empresas y particulares en general interesados en la puesta en

---

[658] Literal (a) del numeral primero del artículo 25 del Reglamento 1/2003.

[659] Literal (b) del numeral primero del artículo 25 del Reglamento 1/2003.

[660] Además de los periodos de prescripción descritos, el artículo 25 incluye: (i) momento a partir del cual se empieza a contar el periodo de prescripción (numeral segundo); (ii) eventos para la interrupción del periodo de prescripción (numeral tercero); (iii) validez de la interrupción del periodo de prescripción; (iv) periodo máximo en el cual el poder de la Comisión debe ser ejercido; y (v) suspensión del periodo de prescripción por procedimiento ante el Tribunal de Justicia.

[661] El artículo 26, a renglón seguido del periodo de prescripción en la ejecución, desarrolla: (i) eventos para que se configure la interrupción de dicha prescripción; y (ii) eventos para que se configure la suspensión de la prescripción en materia de ejecución de sanciones; dejando a su vez claro, que *"El plazo de prescripción volverá a contar a partir de cada interrupción"*.

marcha de dichas atribuciones, necesitan para garantizar el buen funcionamiento de los procesos que les involucran.

SEGUNDA PARTE

LA VÍA DESCENTRALIZADA DE APLICACIÓN DE LA NORMATIVA *ANTITRUST*

CAPÍTULO III

LA DINÁMICA DE LA REFORMA HACIA LA DESCENTRALIZACIÓN EN LA APLICACIÓN DE LA NORMATIVA *ANTITRUST*

Tras reseñar y desglosar los poderes con los que cuenta la Autoridad de competencia comunitaria para garantizar la aplicación de las normas de libre competencia en el mercado común europeo; y habiendo descrito los derroteros de carácter especialmente público que son perseguidos por esta Autoridad, los cuales coinciden en gran proporción con aquellos buscados por Autoridades administrativas del nivel nacional en la Comunidad, queda claro que la normativa *antitrust* en Europa, tiene distintivos que le hacen especial y única, al ser cotejada con sistemas alrededor del globo.

La "especialidad" de la normativa de libre competencia en Europa, viene aparejada a la inclusión de un aspecto que ha influenciado su evolución, el cual, a su vez, no se encuentra incluido en los debates respecto de la Defensa de la Competencia que son llevados a cabo en otros territorios de relevancia, como el de Estados Unidos.

Ese aspecto, es el de la búsqueda de la consolidación del mercado común en Europa, ya que como muchos autores lo han resaltado, ha sido un punto esencial a debatir desde el inicio[662], que a su vez, es interpretado como el mecanismo idóneo para obtener la tan ansiada integración en términos de eficiencia y fluidez en la comunidad[663].

---

[662] Uno de los precedentes primigenios en los cuales queda claro este objetivo mencionado como principal, en virtud del cual, incluso los Estados comunitarios son compelidos a no instaurar nuevamente las barreras que impedían su existencia y consolidación del mercado común, es el de la Sentencia del Tribunal de Justicia, de 13 de Julio de 1966, *Gobierno de la República Italiana Vs. El Consejo de la Comunidad Economica Europea,* asunto 32/65, texto disponible para consulta en: http://eur-lex.europa.eu/LexUriServ/LexUriServ.do?uri=CELEX:61965J0032:ES:PDF.

[663] Ejemplo de dicha presencia doctrinal, son los trabajos del mismo autor: KITZINGER, Uwe, W, *The Politics and Economics of European integration: Britain, Europe, and the United States,* Praeger, Nueva York, 1961, Págs. 22 y siguientes; así como también, KITZINGER, Uwe, W, *"The Challenge of the Common Market,* B. Blackwell, Oxford, 1961. Del mismo modo, la reseña que al respecto de la existencia de dicha inquietud ha existido en Europa y que es resaltada por DABBAH, Maher M., *International and comparative competition law,* Cambridge University Press, Nueva York, 2010, Págs. 164 y 165.

De tal manera, los *Enforcement Bodies* en Europa, además de tener como objetivos de su labor aquellos que se erigen como propósitos en casi todos los sistemas de Defensa de la Competencia en el mundo; tienen, dentro de su catálogo de finalidades, una de carácter político social que soporta los cimientos de la Comunidad, y en razón de la cual, deben propender por que la integración económica no sea menoscabada o desconocida por aquellos con capacidad de distorsionar el mercado único. Siendo una finalidad en virtud de la cual, se hace necesaria la persecución, de manera inequívoca, de cualquier intención que vaya en contra de la consecución y consolidación de la mencionada "unión".

A dicho objetivo singular que solo puede ser encontrado en el sistema europeo y que a su vez le otorga un distintivo a la Defensa de la Competencia en el ámbito comunitario, se le une la peculiar regulación de carácter supranacional que le ha venido siendo aseverada con el pasar del tiempo por la jurisprudencia europea[664], incluso dándole a la normativa de libre competencia comunitaria, un distintivo de extraterritorialidad que influye también fuera de sus fronteras y que condiciona y disciplina la actividades de empresas foráneas en el terreno europeo[665].

Los mencionados elementos, no solo por ser especiales, sino a su vez por compenetrar aspectos que pueden servir de base a una relación cada vez más fluida entre los diversos Estados en materia de Defensa de la Competencia, resultan ser un ejemplo de internacionalización, que define en parte la estructura que es elegida por los países no comunitarios para resolver las distorsiones que se presenten en sus ámbitos, de consuno con Autoridades foráneas que pueden añadirle valor a su labor. Por lo que la influencia de la normativa de libre competencia en Europa, en cualquier caso, debe ser reseñada y resaltada igualmente, como un aspecto que le añade incluso más especialidad e innovación.

Como puede verse, claramente son varios los aspectos que le dispensan singularidad a la normativa *antitrust* en Europa; a los cuales, debe añadirse la especial perspectiva

---

[664] El fallo de mayor relevancia al respecto, resulta ser el del Tribunal de Justicia de las Comunidades europeas, de 5 de Febrero de 1963, *NV Algemene Transport - en Expeditie Onderneming Van Gend & Loos Vs. La Administración Tributaria holandesa* (en lo sucesivo *Van Gend en Loos*), petición de decisión prejudicial: Tariefcommissie – Países Bajos, Asunto 26/62, texto disponible para consulta en: http://eur-lex.europa.eu/LexUriServ/LexUriServ.do?uri=CELEX:61962CJ0026:ES:PDF. El cual, sin ser un asunto de competencia, le ha influenciado muchísimo, toda vez que en este ya lejano fallo, queda claro que el Derecho Comunitario es especial y *"constituye un nuevo ordenamiento jurídico de Derecho internacional, a favor del cual los Estados miembros han limitado su soberanía, si bien en un ámbito restringido, y cuyos sujetos son, no sólo los Estados miembros, sino también sus nacionales"*.

[665] Algunas sentencias de importancia que tienen como origen a las altas cortes Europeas, intentaron en su momento, darle solución a la duda generada acerca de la aplicación de la normativa de libre competencia comunitaria fuera de las fronteras de la comunidad, tales como el fallo *Imperial Chemical Industries Ltda. Vs. La Comisión de las Comunidades Europeas* y la Sentencia del Tribunal de Justicia de las Comunidades europeas, de 31 de Marzo de 1993, *Ahlstrom Osakeyhtio y otros Vs. La Comisión de las Comunidades europeas*, asuntos acumulados C-89/85, C-104/85, C-114/85, C-116/85, C-117/85 y C-125/85 a C-129/85, texto disponible para consulta en: http://eur-lex.europa.eu/LexUriServ/LexUriServ.do?uri=CELEX:61985J0089(01):ES:PDF. Siento ambas, base de la reseña que sobre el tema realiza en su texto, WHISH, Richard, *Competition Law*, Oxford University Press, Londres, 2008, Págs. 478 a 484.

que ha hecho posible la estructuración de dichas reglas en la comunidad, toda vez que es de carácter interdisciplinario y difiere en algunos aspectos de aquellas erigidas en otros territorios. En suma, además de la óptica jurídica y económica que comúnmente abarcan el mayor porcentaje de las inquietudes que permiten atizar el debate del cual se erige la normativa de libre competencia; está la óptica política, que en Europa es imposible de desvincular de aquellas, toda vez que son comprobables los múltiples cambios que se han suscitado en el articulado de relevancia, conforme se ha hecho necesario el cumplimiento de compromisos de carácter meramente político[666].

Además de las particularidades de la normativa en desarrollo, en Europa se ha entrado en una dinámica de descentralización de la aplicación de las normas *antitrust* comunitarias, que si bien no es nueva en el ámbito de la Defensa de la Competencia en otros territorios, pues por ejemplo en Estados Unidos se ha venido implementando con éxito y con la participación de un número plural de *Enforcement Bodies,* sí que tiene matices de importancia que le hacen excepcional, ya que requiere de una armonización de connotada amplitud y dificultad, que se enfrenta a retos tales como incrementar los niveles de seguridad jurídica, eficiencia y eficacia, así como de lograr una coherencia del sistema con los principios establecidos en los Tratados, evitando inconsistencias más que posibles en la aplicación de la normativa en desarrollo[667].

I. La inclusión del elemento privado en la aplicación de la normativa *antitrust*.

Siendo muchas las disputas que se han generado en torno a la viabilidad de los sistemas de aplicación de las normas *antitrust*, la realidad es que las principales, en el caso europeo, por venir de una cultura arraigada a la vía pública, han nacido de la desconfianza y la falta de bondades que perciben algunos doctrinantes en la aplicación privada, entendiéndola como innecesaria y fuera de lugar en el ámbito comunitario[668],

---

[666] DABBAH, Maher M., *International and comparative competition law,* Cambridge University Press, Nueva York, 2010, Pág. 176.

[667] A lo que hay que añadir la cultura sobre el tema, que en ciertos países es escasa ya que la experiencia y los recursos limitados, así como la evolución jurídica y la normativa en temas de competencia hasta ahora asentándose, hacen más difícil la tarea de compenetración y coordinación necesaria para consolidar la descentralización. Siendo el ejemplo más notable el de Italta, donde no había al momento del debate, autoridad alguna de competencia que pudiese hacerse cargo de la representación de aquel país. Al respecto COVA, Bruno, "The New Italian *Antitrust* act vis-à- vis EC competition law". en *European Competition Law Review*, N° 20, 1991; así como también SIRAGUSA, Mario y SCASSELLATI-SFORZTINE, Giuseppe, "Italian and EC Competition Law: a new relationship – reciprocal exclusivity and common principles", en *Common Market Law Review*, N° 93, 1993.

[668] Pues han entendido que se puede suscitar un abuso de la aplicación privada, tal y como se ha dado en Estados Unidos, donde han surgido inquietudes acerca del manejo que las empresas le han dado a la flexibilidad del sistema de aplicación reinante en Norteamerica, utilizando el litigio en asuntos de competencia como una herramienta empresarial que distorsiona en gran medida el modelo y genera una cultura del litigio excesiva, que en Europa debe ser evitada a como de lugar. Y sobre la cual puede encontrarse una reseña clara, en lo netamente referente al caso de los Estados Unidos, en WAGENER, William, "Modeling the Effect of One Way Fee Shifting on Discovery Abuse in Private Antitrust Litigation", en *New York University Law Review,* N° 78, 2003, Pág. 1887; y a su vez, en el análisis del caso Europeo frente a dicha circunstancia, que se puede encontrar en KROES, Neelie, ponencia 05/533, "Enhancing actions for damages for breach of competition rules in Europe" discurso pronunciado en el

en razón de contar con fuertes tradiciones jurídicas en virtud de las cuales la aplicación pública es interpretada por muchos como superior[669].

Dicha superioridad es, según el concepto de aquel sector, fruto de la efectividad del contenido de las normas, así como de la certeza en la sanción que servirá de retribución a la falta cometida por el infractor. Razones por las cuales, han interpretado que, si bien el *private enforcement* puede estar en el entorno de aplicación y no debe verse extinguido por las deficiencias que se perciben en él, sí debe ceder ante el *public enforcement*[670], ya que por tener objetivos distintos, la categoría y prioridad de la autoridad que decidirá en cada caso en concreto es indispensable para delimitar el alcance de los diversos modelos de aplicación, entre los cuales inequívocamente continúan prefiriendo el modelo público[671].

Harvard Club, New York, el 22 de Septiembre de 2005, documento disponible para consulta en: http://europa.eu/rapid/pressReleasesAction.do?reference=SPEECH/05/533&format=HTML&aged=0&lan guage=EN&guiLanguage=en, en el cual la entonces Comisionada de Competencia Europea, dejaba claro que el objetivo de la reforma, era el de fomentar una cultura de competencia y no una cultura del litigio.

[669] Arraigos como el de la encomiable función que un sector de la doctrina reticente al modelo privado, interpreta tienen las Autoridades administrativas y por consiguiente el modelo público. Este sector cree, que el afán de lucro de los particulares puede generar multitud de demandas en sede civil, sin sustento jurídico suficiente y en razón de hechos que no encuentran concordancia con los objetivos de la reforma, así como la distorsión de la realidad del mercado en razón de acuerdos realizados en búsqueda de aprovechar la posibilidad de acceso al sistema, y un catálogo de posibilidades fruto de los intereses particulares y no generales. WILS, Wouter, P.J, "Should private *antitrust* enforcement be encouraged in Europe?",en *World Competition: Law and Economics Review*, Volumen 26, N° 3, 2003, Págs. 481 a 483.El documento está disponible para consulta en: http://papers.ssrn.com/sol3/papers.cfm?abstract_id=1540006.

[670] Máxime ante la claridad de la situación a la cual se enfrenta el sistema de aplicación actual, pues hasta tanto algunas costumbres arraigadas no le den paso real e incondicional al *private enforcement*, tal y como se verá en apartados posteriores, dicha vía de aplicación tendrá que desenvolverse en un ambiente enrarecido y denso impuesto por las autoridades de carácter adminsitrativo, los juristas, la doctrina, y todos aquellos que puedan tener reservas acerca de la capacidad que tienen los Jueces nacionales para desenvolverse dirimiendo controversias que vinculan tantísimos aspectos de carácter e interés general. Como puede observarse en los comentarios acerca de los pesos y contrapesos que genera al sistema de aplicación en general, la incursión judicial en un entorno que, en su mayoría, y por algún tiempo, hasta tanto la jurisprudencia siente bases que mitiguen dicha realidad, está sujeto a las decisiones ideológicas tomadas por autoridades de corte administrativo y público. CAVANAGH, Edward, "Detrebling Antitrust Damages: An Idea Whose Time Has Come?", en *Tulane Law Review*, N° 61, 1987, Pág. 790.

[671] Un sector de la doctrina reconoce que las acciones de daños y la compensación fruto de una infracción, constituyen un pro a favor de la aplicación privada, por lo cual dichos objetivos se ven mejor salvaguardados por medio del *Private enforcement*. Aún así, creen que este último debe ceder ante el modelo público en todo lo que hace referencia al establecimiento de la política de competencia, desarrollo de las normas de libre competencia, así como los mecanismos disuasorios y de castigo en razón de las posibles y reales infracciones a una norma *antitrust*. MARCOS, Francisco y SANCHEZ GRAELLS, Albert, "Damages for breach of the EC antitrust rules: harmonising Tort Law through the back door?",en *Indret: Revista para el análisis del Derecho*, N° 1, 2008, Págs. 9 y 10. El documento está disponible para consulta en: http://www.raco.cat/_index.php/InDret/article/viewFile_/77871/101726. Y WILS, Wouter, P.J, "The relationship between public antitrust enforcement and private actions for damages", en *World Competition: Law and Economics Review*. Volumen 32, N° 1, 2009, Pág. 1.

Los detractores de los aspectos positivos del *private enforcement*, han olvidado en el proceso resaltar alguna bondad del nombrado modelo y solo han corregido su postura en merced de los avances jurisprudenciales que se han suscitado en razón de las necesidades reales del Derecho de la competencia comunitario, cuando se hizo efectiva la implementación de políticas más acordes con las necesidades de los particulares y con la protección de la competencia en Europa.

Un sector de la doctrina, seducido por la inserción de los Jueces en la tarea de aplicación, se encargó de defender las bondades, que gracias al *private enforcement*, pasarían a formar parte del sistema en general, las cuales a su vez, según su óptica, debían servir de justificación a la inmersión y consolidación del prototipo de aplicación privado; resaltando entre ellas, el más fácil acceso a la defensa fruto de una infracción a las normas de libre competencia, la posibilidad de coexistencia con el modelo público, la congruencia en su implementación y los beneficios de su sencilla inclusión en el ordenamiento jurídico de los países miembros y de la Comunidad[672].

Es claro que los razonamientos más íntimos que han servido de sustento a la evolución desde un sistema centralizado a un sistema descentralizado, se basan en la conveniencia que se ha percibido y en el mejor funcionamiento que se ha previsto, debe tener el sistema cuando las tareas y las labores pueden verse desempeñadas por una pluralidad de "organismos", que ya han venido siendo enunciados en el presente texto como *Enforcement Bodies*[673].

No sin críticas se ha seguido un recorrido que conlleva a un sistema cada vez más descentralizado[674] y dual, sobre el cual se expondrán, en el presente capítulo y en los siguientes, los caracteres que se han visto modificados por la reforma, resultando en el proceso aquellos que se interpretan de mayor relevancia.

Los fundamentos que respaldaron dicha evolución y el recorrido de los mismos hasta la estructuración de un sistema conjunto en el cual se le diese cabida al *private*

---

[672] CAVANAGH, Edward, "Antitrust Remedies Revisited", en *Oregon Law Review*, N° 84, 2005, Págs. 207 y siguientes; y SCHINKEL, Maarten Pieter, "Effective Cartel Enforcement in Europe", Amsterdam Center for Law & Economics Working Paper No. 2006-14; en *World Competition: Law and Economics Review*, Volumen. 30, 2007, Págs. 539 a 572; así como la enunciación que acerca de dichas ventajas puede encontrarse en VAN BAEL, Ivo & BELLIS, Jean-François, *Competition Law of the European Community*, Kluwer Law International, Alphen aan den Rijn, Holanda, 2010, Págs. 1212 y 1213.

[673] BRAMMER, Silke, *Co-operation Between National Competition agencies in the enforcement of EC Competition Law*, Hart Publishing, Oxford y Portland, Oregon, 2009, Pág. 1. El autor critica a quienes interpretan la palabra *"Bodies"* como cuerpo administrativo, y expone que es esta la forma correcta de enunciar a todos aquellos cuerpos colegiados o no, con poder para administrar justicia, o en posición de hacerlo. A saber: Comisión, Autoridades administrativas Nacionales de Competencia, Autonómicas, Jueces y Árbitros.

[674] Al respecto la labor de KON, Stephen, "Article 85: A case for application by national courts", en *Common Market Law Review*, Volumen. 19, N° 4, 1982, Págs. 541 y siguientes. El autor aporta en su texto una perspectiva que fiscaliza la imposibilidad que durante la evolución de la aplicación de las normas de libre competencia han tenido los Jueces para cumplir la función de administradores de justicia en casos de competencia, y enfoca su crítica en la comparación entre autoridades y la incongruencia que decanta que dicha posibilidad no se viese consolidada en aquella época.

enforcement[675], están enmarcados por la carga de labores que comúnmente acompaña a sistemas centralizados, y en las posibilidades de eludir responsabilidades y de viciar el mercado y la competencia, que tienen los particulares al encontrarse en un escenario en el cual, los recursos no son aprovechados y la condensación de funciones y de poderes actúa en detrimento y no en beneficio del sistema.

Llegar a entender dicha realidad ha tomado en el ámbito europeo un tiempo prudencial, ya que por un largo periodo, las autoridades de carácter administrativo, fueron en Europa las encargadas de aplicar las normas de libre competencia. Dicho oficio, sobre el cual tenían un monopolio absoluto en el cual los Jueces nacionales se veían relegados a algunas tareas secundarias, comprendía ciertas competencias que erigían a la Comisión como el eje central del modelo[676], y que posicionaban tras esta fuerte figura de poder a las Autoridades Nacionales de Competencia[677], quienes debían afrontar un compendio de limitaciones explícitas que restringían en parte el desarrollo de sus atribuciones.

---

[675] Es indispensable conceptualizar el *Private enforcement* previa la exposición de caracteres que han llevado a su posición actual. Al respecto SCHMIDT, Hedvig, "Private enforcement – is Article 82 EC special?", en *Abuse of Dominant Position: New Interpretation, New Enforcement Mechanisms?*, Editores MACKENRODT, Mark-Oliver, CONDE GALLEGO, Beatriz y ENCHELMAIER, Stefan, Editorial Springer, Munich, 2008, Págs. 138 y 139. Igualmente la posición de algún sector que lo define en lo referente al litigio, de suerte que los particulares están en capacidad de presentar demandas en sede civil y/o de responder a las mismas basándose en la normativa Europea de Competencia, que igualmente servirá de base de aplicación para la resolución que será motivada por un Juez nacional. Dicha conceptualización en principio estaría restringida al terreno civil, aunque con capacidad en razón de su amplitud, para abarcar las reclamaciones de terceros vinculados a los procedimientos civiles y administrativos de carácter público. KOMNINOS, Assimakis, *EC Private Antitrust Enforcement: Decentralised Application of EC Competition Law by National Courts*, Hart Publishing, Oxford, 2008, Pág. 2.

[676] Lo cual no ha cambiado en lo referente a la naturaleza misma del principio, como si en lo relacionado a los efectos y alcance de la dirección ejercida por la máxima autoridad comunitaria, toda vez que en la actualidad, la Comisión, tal y como se verá a profundidad en apartados posteriores, sigue siendo el eje alrededor del cual giran los demás *Enforcement Bodies*, pero con diferencias de importancia que la alejan de la posición preeminente de antaño y le obligan a ser mas cuidadosa de sus relaciones con los Jueces nacionales, los árbitros y las Autoridades administrativas de competencia en los países miembros, pues puede llegar incluso a verse influenciada por las disposiciones y pronunciamientos que tengan como origen a otras autoridades de corte administrativo y/o jurisdiccional; debiendo a su vez armonizar en múltiples circunstancias sus competencias con dichos *Enforcers* y promover una interacción lo suficientemente fluida con ellos. WINCKLER, Antoine, "Pannel Discussion – Procedural Issues" en *European Competition Law Annual 2001: Effective private enforcement of EC Antitrust Law*, Editores EHLERMANN, Claus-Dieter y ATANASIU, Isabela, Oxford, Hart Publishing, 2003, Pág. 181; JONES, Alison y SUFRIN, Brenda, *EC Competition Law. Text, Cases and Materials*, Oxford University Press, Nueva York, 2008, Págs. 1140 y siguientes; KIRCHHOFF, Wolfang, "Centralised and Decentralised application of EC competition law in relation to national law", en *Competition Law: European Community practice and Procedure*, Editores HIRSCH, Gunter; MONTAG, Frank y JURGEN SACKER, Franz, Sweet & Maxwell, Londres, 2008, Págs.93 y 94; así como también DABBAH, Maher M., *International and comparative competition law*, Cambridge University Press, Nueva York, 2010, Págs. 163 y 164.

[677] VAN BAEL, Ivo & BELLIS, Jean-François, *Competition Law of the European Community*, Kluwer Law International, Alphen aan den Rijn, Holanda, 2010, Pág. 1212; así como los antecedentes comunitarios logrados con un amplio nivel de detalle en KORAH, Valentine, *An introductory guide to EC Law and practice*, Hart Publishing, Oxford y Portland, 2007, Págs. 33 y 34.

Las funciones de aplicar las normas de libre competencia, estaban direccionadas a las Autoridades administrativas, otorgando a la Comisión la exclusividad para la realización del estudio de exención a la prohibición de acuerdos restrictivos, comprendido en el apartado 3 del artículo 101 del Tratado de funcionamiento de la Unión Europea[678], y confiriendo conjuntamente a las Autoridades Nacionales y a la Comisión, la labor de aplicar las normas de libre competencia cuando de acuerdos restrictivos de la competencia y abuso de posición dominante se tratase[679].

Las atribuciones nombradas, direccionadas al *public enforcement,* fueron el resultado de que en 1962, el Consejo adoptara el Reglamento 17, conocido como primer Reglamento de aplicación de los artículos 81 y 82 del Tratado constitutivo de la Comunidad Europea[680] (actuales artículos 101 y 102 del Tratado de funcionamiento de la Unión Europea).

En aquella época y en vigencia del nombrado Reglamento, en tiempos en los cuales la condensación de funciones en cabeza de la Comisión era más que latente, fueron muchas las voces críticas que entendieron que la aplicación restrictiva del apartado 3 del artículo 101 en cabeza de la Comisión, era igualmente, más que un error.

Dichas voces críticas de la doctrina afirmaban que no otorgar a las Autoridades Nacionales de Competencia y a los Jueces nacionales la posibilidad de aplicar dicho apartado, era contribuir con el menoscabo a los intereses de los particulares mediante la reducción paulatina de la seguridad jurídica y la dilación en los procesos[681].

---

[678] Los Reglamentos de exención por categorías de acuerdos y prácticas concertadas, previo a la aparición del Reglamento 1/2003, estaban regulados por el Reglamento 19/1965, de 2 de Marzo de 1965, publicado en el Diario Oficial de la Comunidad Europea número 36 de 6 de Marzo de 1965. Reglamento en el cual a la Comisión se le atribuía la expedición de dichos Reglamentos generales o singulares, y el retiro de la inmunidad previamente otorgada por los mismos.

[679] Se buscaba con la participación de la autoridad, como ya se ha expresado previamente en apartados anteriores, que la conducta cesara, que se retornara al estado previo a la actuación y que, tal y como expresan los artículos 15 y 16 del Reglamento 17/1962, a quien había transgredido la normativa le fuera impuesta una consecuencia pecuniaria. De igual importancia lo expresado por DE LA VEGA GARCIA, Fernando, "Responsabilidad civil de administradores y daños derivados de ilícitos concurrenciales", en *Revista de Derecho Mercantil,* N° 246, 2002, Págs. 1769 a 1771. Donde el autor afirma que el Juez nacional es quien debe conocer de una acción de indemnización de daños y perjuicios, y que la Comisión y las Autoridades Nacionales de Competencia no están facultadas para ello, pues solo están en capacidad en dichos casos ya descritos en esta nota al pie, debiendo inequívocamente ceñirse a las actuaciones ya descritas igualmente en este pie de página.

[680] Reglamento 17/1962 del Consejo, de 6 de Febrero de 1962, primer Reglamento de aplicación de los artículos 81 y 82 del TCE, Diario Oficial de la Comunidad Europea número 13 de 21 de Febrero de 1962, Pág. 204. Al respecto del recorrido y variaciones que trajo el Reglamento enunciado a la aplicación de las normas *antitrust,* se recomienda la obra de PACE, Lorenzo Federico, *Derecho Europeo de la Competencia. Prohibiciones antitrust, control de concentraciones y procedimientos de aplicación,* Marcial Pons, Madrid, Barcelona, 2007, Págs. 263 a 269; así como la reseña efectuada por PIRRUNG, Marc, "EU enlargement towards cartel paradise? An economic analysis of the reform of European competition law", en *Erasmus Law and Economics Review,* N° 1, 2004, Págs. 81 a 83.

[681] VAN GERVEN, Walter, "Substantive remedies for the private enforcement of EC *antitrust* rules before national courts", en *European Competition Law Annual 2001: Effective private enforcement of EC*

Así mismo, el sector enunciado entendía que dicho monopolio en cabeza de la Comisión, estimulaba indirectamente la carga de trabajo de esta Autoridad administrativa, la cual en aquella época, se encontró en imposibilidad de centrar sus recursos y capacidades en la exploración, observación, estudio, y examen de aquellas actuaciones con capacidad de influir en el marco comunitario[682].

En un panorama bastante impropio en el cual la Comisión era magnánima en funciones, las Autoridades Nacionales de Competencia eran dependientes en gran medida de aquella, y en el cual los Jueces poco tenían que decir en este tipo de procesos, se empezó a percibir un avance paulatino que llevó a que la posición de éstos últimos a base de pequeños pasos[683], evolucionara hacia su consolidación.

Antitrust Law, Editores EHLERMANN, Claus-Dieter y ATANASIU, Isabela, Oxford, Hart Publishing, 2003, Págs. 67 y 68. Igualmente ARROYO APARICIO, Alicia, "la aplicación descentralizada de los artículos 81 y 82 del tratado CE según el Reglamento CE Num. 1/2003", en *Estudios de Derecho de la Competencia,* coordinadores FONT GALÁN, Juan Ignacio y PINO ABAD, Manuel, Marcial Pons, Madrid, 2005, Pág. 250.

[682] Lo que han sustentado en parte, en la actuación de las autoridades de carácter administrativo en los Estados Unidos, donde la *Antitrust Division* del Departamento de Justicia de los Estados Unidos y la *Federal Trade Commission,* cuentan con una labor preponderante a pesar de coexistir con los órganos judiciales Federales y Estatales en la aplicación de la normativa *antitrust*. Al respecto GARCIA CACHAFEIRO, Fernando, "El giro norteamericano del Derecho *antitrust* comunitario: el artículo 81 del Tratado CE y el artículo 1 de la Sherman Act", en *Revista de Derecho Mercantil,* N° 256, 2005, Pág. 632. Igualmente la labor de McAFEE, R. Preston, MIALON, Hugo. M y MIALON, Sue. H, "Private v Public *Antitrust* Enforcement: A strategic analysis", en *Journal of Public Economics and Emory Public Law,* Enero de 2008, Texto disponible para consulta en: http://userwww.service.emory.edu/~hmialon/StrategicPrivatePública*ntitrust*Enforcement.pdf; y los comentarios de MONTI, Mario, "EU Competition Policy After May 2004", discurso pronunciado en la Fordham Annual Conference on International *Antitrust* Law and Policy, el 24 de Octubre de 2003, en Nueva York, 2003, discurso 03/489.

[683] Siendo los primeros precedentes, los creados por la sentencia *Van Gend en Loos,* sobre la cual puede encontrarse un resumen de los hechos que dan lugar a esta sentencia, el fallo y los fundamentos en esta utilizados, disponibles para consulta en: http://páginaspersonales.deusto.es/jrcanedo/VAN%20GEND.PDF. Debiendo ser resaltados por su importancia los comentarios que se hacen sobre ella en la página web de la Unión Europea, en la cual otorgan a la sentencia en mención preponderancia en la elaboración de un concepto acerca del efecto directo y lo define: "*El efecto directo (o aplicabilidad directa) constituye, con el principio de primacía, un principio básico del Derecho comunitario. Dicho principio, sentado por el Tribunal de Justicia de las Comunidades Europeas en la sentencia Van Gend en Loos, crea derechos en favor de los particulares que pueden alegarlos ante los órganos jurisdiccionales nacionales y comunitarios. El principio facilita la introducción del Derecho comunitario en el Derecho nacional y refuerza su eficacia. Protege, además, los derechos de los particulares al permitir que puedan alegar una norma comunitaria, al margen de que existan o no textos de origen interno.*" Texto disponible para consulta en: http://europa.eu/legislation_summaries/institutional_affairs/decisionmaking_process/l14547_es.htm. En esta sentencia, se determinó que en el nuevo orden jurídico comunitario, los sujetos de este nuevo orden no son solo los Estados, sino también sus ciudadanos. En este sentido, el Derecho comunitario otorga a los ciudadanos deberes y derechos, independientemente de los otorgados por sus ordenamientos locales, que también pueden ser objeto de tutela y protección por los Tribunales nacionales. Debiendo a su vez resaltarse, que dicho efecto estuvo limitado por algún tiempo a aquellas situaciones de carácter vertical en las cuales estuviese vinculado un Estado, excluyendo las de carácter horizontal, hasta la aparición del asunto *Walrave y Koch* (en lo sucesivo *Walrave*), Sentencia del Tribunal de Justicia de 12 de Diciembre de 1974, , asunto 36-74, donde se reafirmó la posibilidad de los particulares de invocar las normas comunitarias de forma horizontal en las disputas con otros particulares. Siendo un fallo de relevancia sobre el cual se expresa GONZALEZ DEL RIO, Jose María, *"El deportista profesional ante la extinción del contrato deportivo",* La Ley, Madrid, 2008, Pág. 443, al resaltar que en la misma el Tribunal extendió

En dicho proceso, la influencia más positiva vino de los Tribunales, de Justicia de las Comunidades Europeas, y de Primera Instancia[684], pues fue conforme a la jurisprudencia de éstos, acerca del efecto directo de las normas comunitarias de competencia, entre otros, que se les otorgó un papel más importante[685].

Anterior a esta evolución jurisprudencial sucintamente expuesta, a los Jueces se les restringía su campo de acción, y solo les era permitido participar en dos casos específicos, a saber:

- Cuando una Autoridad administrativa de competencia nacional o Comunitaria declaraba la ilicitud de una conducta por haber transgredido las normas comunitarias, al Juez se le encargaba la labor de delimitar los efectos civiles generados con dicha transgresión[686]; y

- Llevando a cabo la labor de revisión de las disposiciones de las Autoridades Nacionales de Competencia.

Dicho marco restrictivo, era mucho menos que conveniente y como se enunció escuetamente en páginas anteriores, conllevaba la consolidación de problemáticas de inmensa importancia para los perjudicados e inmersos en el proceso. Dichos inconvenientes eran los siguientes:

---

la aplicación directa del articulado del tratado a cualquier actividad laboral o prestación de servicios. Sentencia que fue complementada en el año 1996, en sentencia de 17 de Septiembre, del mismo Tribunal, *Cooperativa agrícola zootécnica S. Antonio y Otros Vs. Amministrazione delle finanze dello Stato*, unión de asuntos C-246/94, C-247/94, C-248/94 y C-249/94.

[684] También en sentencias tales, como *Salgoil Vs. el ministerio de comercio exterior de la República Italia*, del Tribunal de Justicia de las Comunidades Europeas, de 19 de Diciembre de 1968, Asunto C-13/1968, donde se siguió dicha senda del Tribunal; y donde a pesar de no tener relación con las normas *antitrust*, se otorgaron más fundamentos para fallos posteriores que sí desarrollaron el tema que atañe al presente texto. Al respecto y referente al recorrido jurisprudencial acerca del efecto directo en otras materias no referentes a la normativa de libre competencia, DE LA ORDEN ORDATEGUI, Enrique, *Análisis jurisprudencial del Tribunal de Justicia de las Comunidades Europeas en relación al concepto de efecto directo en las directivas*, trabajo dirigido por PRATS JANÉ, Sergi, Universitat Abad Oliba CEU, 2009. El documento se encuentra disponible para consulta en: http://www.recercat.net/bitstream/2072/42438/1/TFC-DELAORDENSP-2009.pdf

[685] JONES, Clifford, "Private enforcement in Europe: A policy analysis and reality check", en *World Competition: Law and Economics Review*, Volumen. 27, N° 1, 2004. Pág. 13. Entre otras y como se ahondará en apartados posteriores, se resaltan las siguientes sentencias: del Tribunal de justicia de las Comunidades Europeas, asunto C-94/2000, *Roquette Frères SA Vs. Directeur général de la concurrence, de la consommation et de la répression des fraudes, y la Comisión* (en lo sucesivo *Roquette Frères*), texto disponible para consulta en: http://eur-lex.europa.eu/LexUriServ/LexUriServ.do?uri=CELEX:62000J0094 :ES:PDF. Y del Tribunal de primera instancia, asunto C-60/1992, *Otto BV Vs. Postbank NV* en sus apartados 67 y 68, texto disponible para consulta en: http://eur-lex.europa.eu/LexUriServ/LexUriServ.do?uri=CELEX:61992J0060:ES:HTML.

[686] Los Jueces eran los encargados de delimitar si la nulidad sobre la cual previamente se debía haber pronunciado la autoridad administrativa, era parcial para alguna parte o apartes del contrato o genérica. PEÑA LOPEZ, Fernando, *La responsabilidad civil y la nulidad derivadas de la realización de un ilícito antitrust (aspectos procesales y sustantivos de las acciones civiles en el Derecho a la Defensa de la Competencia)*, Comares, Granada, 2002, Pág. 46.

- La dilación de los procesos era cada vez más común, y se veía escenificada en la inmensa alteración de los tiempos de los perjudicados, quienes en principio debían adquirir una declaración de la infracción por parte de la autoridad administrativa, para con ésta acudir al Juez en busca de que se definieran los efectos civiles fruto de la infracción[687]. Pudiendo ser incluso más largo dicho procedimiento en los casos en los cuales la legalidad de la declaración de la autoridad fuese refutada.

- Los derechos de los perjudicados se veían condicionados pues el Juez no tendría competencia para delimitar los efectos civiles, cuando no mediara una decisión en firme por parte de la autoridad administrativa, en casos en los cuales la decisión de ésta fuera contraria a la petición del particular, o en su defecto cuando fuera archivado por la autoridad. Resultando ser entonces un proceso incierto que desbalanceaba la posición del perjudicado y el transgresor.

La claridad que otorgaba la presencia de dichos inconvenientes, generó que las funciones de los Jueces poco a poco se vieran engrosadas gracias al empuje de la Jurisprudencia del Tribunal de Justicia de las Comunidades Europeas previamente enunciada[688], en la cual se impulsó la intervención de los Jueces[689], otorgándoles un

---

[687]Lo cual era un sin sentido para la mayor parte de la doctrina y para los comúnmente vinculados con las labores de aplicación, toda vez que claramente, los Jueces nacionales tienen la posibilidad de dirimir las controversias desde una óptica que la Comisión o las Autoridades Nacionales tienen a mucha distancia; pues protegiendo Derechos de carácter subjetivo y no el interes general en sí, el *Enforcement* de las normas de libre competencia se ve enriquecido gracias a la participación de los Tribunales de los países miembros, tal y como así puede verse en varios de los informes sobre la política de competencia, remarcados por VAN BAEL, Ivo & BELLIS, Jean-François, *Competition Law of the European Community,* Kluwer Law International, Alphen aan den Rijn, Holanda, 2010, Pág. 1210, nota al pie de página número 4.

[688] Que también sirve de materia de debate, pues no hay acuerdo doctrinal acerca de cuándo se dio el primer precedente jurisprudencial acerca de la aplicación judicial directa de las normas de libre competencia, pues para unos el primer precedente es el asunto *SociedadKledingverkoopbedrijf de Geus en Uitdenbogerd Vs. Robert Bosch GmbH y Maatschappij tot voortzetting van de zaken der Firma willen van Rijn* (en lo sucesivo *Bosch*), Sentencia del Tribunal de Justicia de las Comunidades europeas de 6 de Abril de 1962, Asunto 13/61, Petición de decisión prejudicial: Gerechtshof's-Gravenhage - Países Bajos. Texto disponible para consulta en lengua inglesa en: http://eur-lex.europa.eu/LexUriServ/LexUriServ.do?uri=CELEX:61961J0013:EN:PDF, ya que interpretan que la misma versaba inequívocamente sobre la eficacia directa del que en ese momento era el artículo 85 del Tratado constitutivo de la Comunidad Económica Europea (TCEE), y a que a pesar de que la sentencia nada dijera respecto del artículo 86, dicho efecto directo también fue reconocido no por la sentencia, sino por el artículo 9.3 del Reglamento 17/1962. CALVO CARAVACA, Alfonso-Luis y FERNANDEZ DE LA GANDARA, Luis, "Política y Derecho de la Competencia en la CEE: Una aproximación", en *Revista General de Derecho*, N° 583, 1993, Pág. 3439. Igualmente FERNANDEZ LOPEZ, Juan Manuel, "Aplicación jurisdiccional de los artículos 85.1 y 86 del TCEE y de las normas internas de competencia", en *Anuario de la Competencia*, 1997, Pág. 222. Mientras que para otros, el fallo mencionado afronta el tema de la eficacia de acuerdos restrictivos sin decir nada acerca de la aplicación privada, por lo que creen que el asunto *SA Brasserie de Haecht Vs. Consorts Wilkin-Janssen* (en lo sucesivo *Brasserie Vs. Wilk*, Sentencia del Tribunal de Justicia de las Comunidades europeas, de 12 de Diciembre de 1967, asunto 23/67, texto disponible para consulta en: http://eur-lex.europa.eu/LexUriServ/LexUriServ.do?uri=CELEX:61967CJ0023:ES:PDF. Es el fallo que primero desarrolló el tema, tal y como se ve en PETITBO JUAN, Amadeo y BERENGUER FUSTER, Luis, "La aplicación del Derecho de la Competencia por órganos jurisdiccionales y administrativos", en *Anuario de la Competencia*, N° 1, 1998, Pág. 33. Donde se defiende dicha postura, reconociendo que a pesar de nada

papel protagónico en la aplicación directa de las normas de libre competencia[690] (con excepción del apartado 3 del artículo 101 del Tratado de Funcionamiento de la Unión

---

decir acerca del artículo 86 del TCEE, en este fallo, el Tribunal de Justicia de las Comunidades Europeas otorgó a los Jueces la posibilidad de aplicar el artículo 85 del TCEE, pronunciándose sobre los efectos de los pactos previos y ulteriores al Reglamento 17/1962, y añadiendo aspectos hasta ese momento inéditos y novedosos, a saber: (i) Otorgándole al artículo 85 del TCEE, efecto directo por el cual los Jueces se verían facultados para constatar que una conducta o un pacto estaba en capacidad o no de distorsionar la competencia, pudiendo sancionar la misma cuando su examen se lo indicase; (ii) permitiéndole a los Jueces decidir acerca de la validez de un pacto, mediante un estudio en el cual se debía verificar si el mismo transgredía la norma del artículo 85.1. Concediéndole el poder, cuando su estudio arrojara que dicho convenio no era restrictivo de la competencia y que no afectaba el mercado entre países de la comunidad, de darle plenos efectos y validez a dicho pacto; (iii) Confiriéndole igualmente a los Jueces, en virtud del estudio enunciado en el apartado inmediatamente anterior, la posibilidad de declarar la nulidad de un pacto o conducta cuando tras comprobar su capacidad de viciar la competencia, del examen se infiriera que el mismo iba en contravía de lo estipulado en el Tratado y estaba en posibilidad de afectar el mercado entre países miembros; (iv) Poniendo de manifiesto que la posibilidad de que se presentasen razonamientos y decisiones opuestas por parte de la Comisión y los Jueces nacionales, hacía acuciante la implementación de principios básicos que previniesen choques y armonizaran las labores llevadas a cabo por unos y otros; y (v) Otorgándoles también el poder de esperar algún pronunciamiento de la Comisión en casos de vacilación o por razones de seguridad jurídica, tal y como posteriormente lo reafirmaría el apartado 14 de la sentencia *Anne Marty SA Vs. Estée Lauder SA*, sobre la cual se harán alusiones en páginas posteriores, en los siguientes términos: *"nevertheless, in such a case it is open to the national court, if it considers it necessary for reasons of legal certainty, to stay the proceedings before it while awaiting the outcome of the commission's action. On that matter, however, it should be noted that, as the court has already held in its judgment of 6 February 1973 in case 48/72, brasserie de haecht ii (1973) ecr 77,' 'article 9 , when referring to the initiation of a procedure under articles 2. 3 or 6, obviously concerns an authoritative act of the commission, evidencing its intention of taking a decision under the said articles"*.

[689] La iniciativa práctica y académica que ya venía desde hace mucho tiempo interesada por desarrollar unas normas de competencia más modernas que estuvieran acompañadas de un *enforcement* igualmente más acorde con la realidad empresarial y competitiva en los países occidentales y europeos, que otorgara mas protagonismo a los Jueces nacionales, también aportó mucho y permitió que la descentralización fuera consolidándose poco a poco, WIßMANN, Tim, "Decentralised enforcement of EC competition law and the new policy on cartels: The commission White paper of 28th of april 1999", en *Journal of World Competition,* N° 23, Volumen. 2, 2000, Págs. 123 a 154; así como también SCHAUB, Alexander, "EC competition System – Proposals for reform", en *Fordham International Law Journal,* N° 22, 1999, Págs. 853 y siguientes.

[690] La mayor parte de la doctrina coincide al interpretar que el fallo *Belgische Radio en Televisie Vs. SV SABAM and NV Fonior,* del Tribunal de Justicia de las Comunidades europeas de 30 de Enero de 1974, Asunto 127/73, Texto disponible para consulta en lengua inglesa en: http://eur-lex.europa.eu/LexUriServ/LexUriServ.do?uri=CELEX:61973J0127(00):EN:PDF, y no otro, es aquel que permitió al Tribunal responder a preguntas en lo que al efecto directo de las normas de libre competencia se refería. CENGIZ, Firat, *"Antitrust Damages Actions: Lessons from american indirect purchasers' Litigation"*, en *The International and Comparative Law Quarterly,* Volumen. 59, N° 1, Pág. 52; asi como los comentarios que sobre el fallo se incluyen en VAN BAEL, Ivo & BELLIS, Jean-François, *Competition Law of the European Community,* Kluwer Law International, Alphen aan den Rijn, Holanda, 2010, Pág. 1211. Pues en dicho fallo el demandante entendió que el artículo 9 del Reglamento 17/1962 al nombrar a las autoridades de los países miembros como órganos competentes, también se refería a los Tribunales nacionales como parte del aparato jurisdiccional (un estudio sobre las posibilidades de interpretación del artículo en mención, en WAELBROECK, Michel, "la aplicación de los artículos 85 y 86 del tratado CEE por las autoridades y por las jurisdicciones de los Estados miembros", en *El Derecho Comunitario Europeo y su aplicación judicial,* Directores RODRIGUEZ IGLESIAS, Gil Carlos y LIÑAN NOGUERAS, Diego Javier, Civitas, Madrid, 1993, Pág. 864.), y que por tanto se debían hacer extensivos los efectos de dicho apartado para estos. Generando reflexiones del Tribunal, direccionadas a

Europea), y posicionándolos como garantes de los Derechos inmersos en los artículos 101 y 102 del Tratado en favor de los particulares[691].

---

objetar lo que este expresaba sobre el artículo 9 del Reglamento. Aunque Igualmente, y siendo la razón por la cual este fallo es de esencial evaluación en el tema, el Tribunal consideró que las normas de libre competencia, como parte de las normas comunitarias, son de efecto directo, y que por tanto el artículo 85 y el artículo 86 del TCEE debían entrar dentro de dicha óptica de aplicación. El Tribunal otorgó claridad acerca de los derechos en favor de los particulares que se encuentran inmersos en las normas de libre competencia comunitarias, y acotó, que los Jueces nacionales deben estar capacitados para conocer y decidir acerca de las peticiones vinculadas con dichas normas, que los particulares en merced de los derechos a ellos conferidos por las mismas puedan realizar; Añadiendo que dichas competencias en cabeza de los Jueces, comportarían un mejor desarrollo de las funciones, pues tanto la Comisión, como las Autoridades Nacionales de Competencia se verían auxiliadas en el cumplimiento de las mismas; además que se defendería a los particulares, quienes en un escenario diverso se encontrarían en una posición de indefensión, en la cual no podrían ante una posible vulneración de los Derechos comprendidos en las normas de libre competencia, ver protegidos los mismos, pues la falta de consolidación del efecto directo les impediría formular pretensiones en dichos casos. Siendo todos esos aspectos, comprobables en la extracción del apartado 16 de la sentencia: *"As the prohibitions of Articles 85 (1) and 86 tend by their very nature to produce direct effects in relations between individuals, these Articles create direct rights in respect of the individuals concerned which the national courts must safeguard"*. Posteriormente reafirmada por la sentencia del Tribunal de Justicia de las comunidades Europeas de 18 de Marzo de 1997, asunto C-282/95 P, *Guérin automobiles Vs. la Comisión de las Comunidades Europeas* (en lo sucesivo *Guérin automobiles)*, sentencia igualmente clave para la evolución del tema que atañe pues reafirmó lo dicho por la sentencia *BRT Vs. SABAM* y posteriores a enunciar en páginas siguientes, remitiendo en su apartado 39 a lo expresado en el fallo enunciado, al expresar: *"Por otra parte, procede recordar que una empresa que se considere perjudicada por un comportamiento contrario a la competencia, siempre puede alegar ante los órganos jurisdiccionales nacionales, especialmente cuando la Comisión decide no dar curso a su denuncia, los derechos que se deduce del apartado 1 del artículo 85 y del artículo 86 del Tratado, que producen efectos directos en las relaciones entre particulares"*. PEÑA LOPEZ, Fernando, *La responsabilidad civil y la nulidad derivadas de la realización de un ilícito antitrust (aspectos procesales y sustantivos de las acciones civiles en el Derecho a la Defensa de la Competencia),* Comares, Granada, 2002, Pág. 8, interpreta dicho razonamiento innecesario, ya que los artículos 85 y 86 del TCEE podrían aplicarse por parte de los Jueces nacionales sin necesidad de incurrir en los fundamentos en los que sustentó el Tribunal su decisión, simplemente entendiendo que la enunciación de autoridades nacionales también incluía a los Tribunales como miembros del aparato jurisdiccional nacional, tal y como lo adujo el demandante. Igualmente el autor defiende la postura de la decisión *Brasserie Vs. Wilkin* como fallo anterior de relevancia acerca del efecto directo.

[691] ARRIBAS HERNANDEZ, Alberto, "La aplicación paralela por los Jueces y las Autoridades administrativas: posibles contradicciones y formas de evitarlas", en *El Derecho de la Competencia y los Jueces,* Directores MARTINEZ LAGE, Santiago y PETITBO, Juan, Marcial Pons, Madrid, 2007, Pág. 24. El autor analiza las atribuciones de los Jueces y los efectos que generó en su momento el efecto directo en dichos poderes. Igualmente MARTINEZ-CARRASCO PIGNATELLI, José Miguel, "Los principios generales del Derecho Comunitario. En particular los principios de Efecto Directo y Primacía", en *Noticias de la Unión Europea,* N° 179, 1999, Pág. 29. Sobre la relación que tiene esta evolución Europea con el panorama Norteamericano, cabe enunciar que en Estados Unidos a las víctimas les es permitido de manera individual o grupal, promover *Treble Damages Actions* ante los Jueces nacionales competentes,para obtener mediante ellas indemnizaciones equivalentes al triple del daño sufrido a causa de una infracción a la normativa *antitrust,* pues tanto la sección 7 de la *Sherman act* de 1890 como la *Clayton Act* de 1914 en su sección 4 lo estipulan en razón de ser las leyes que rigen el *Private enforcement* en el mencionado país. Siendo solo un ejemplo de la equivalencia evolutiva a la que tiene acceso el sistema europeo y que permite dar una mejor protección a los derechos que les están otorgados a los particulares en las normas de libre competencia. Al respecto la labor de BUXBAUM, Hannah, "Private enforcement of competition law in the United States - Of optimal deterrence and social cost", en *Private enforcement of EC competition law,* Editor BASEDOW, Jurgen, Kluwer Law International, Alphen aan den Rijn, Holanda, 2007, Pág. 44.

Dichas funciones extras ya por si solas podían ser interpretadas como un triunfo[692], aunque se veían atenuadas por la imposibilidad de los Jueces de realizar el estudio de exención del apartado 3 del artículo 101[693].

---

[692] Máxime cuando estaban sustentadas igualmente en un grupo de fallos que se habían referido a dos puntos clave que han influenciado ampliamente la evolución futura que se ha venido a consolidar por medio de la reforma, como lo son: (i) el efecto directo de los artículos 85 y 86, artículos 101 y 102 del Tratado del Funcionamiento de la Unión Europea en la actualidad, reafirmandolo y consolidándolo a profundidad (a pesar, en algunos casos, de no ser el tema central de cada sentencia menionada), en sentencias tales como *SA Fonderies Roubaix Wattrelos Vs.Société nouvelle des Fonderies A. Roux y Société des Fonderies JOT* (en lo sucesivo *Fonderies Roubaix*), del Tribunal de Justicia de las Comunidades Europeas, de 3 de Febrero de 1976, asunto 63/75, texto disponible para consulta en lengua inglesa en: http://eur-lex.europa.eu/LexUriServ/LexUriServ.do?uri=CELEX:61975J0063:EN:PDF; *Anne Marty SA Vs. Estée Lauder SA*, del Tribunal de Justicia de las Comunidades Europeas, de 10 de Julio de 1980, asunto 37/79, texto disponible para consulta en lengua inglesa en: http://eur-lex.europa.eu/LexUriServ/LexUriServ.do?uri=CELEX:61979J0037:EN:HTML. Donde en su apartado 13 se expresa que los Derechos en favor de los particulares, los cuales se encuentran plasmados en las normas de libre competencia del tratado (en dicho momento artículos 85 y 86 del TCEE), podrían estar en peligro ya que los medios para hacer valer los mismos serían irrisorios de no aceptarse plenamente a los Jueces como autoridades inmersas en los parámetros del artículo 9 del Reglamento 17/1962. Añadiendo en su apartado 14 que en búsqueda de que los fundamentos y decisiones de los Jueces y la Comisión no estuviesen en contravía cuando de los mismos hechos estuvieran conociendo, era menester y una posibilidad del Juez, el detener el proceso hasta cuando la autoridad de carácter administrativo se pronunciara; el procedimiento penal entablado contra *Lucas Asjes, Andrew Gray, Jacques Maillot, Léo Ludwig y otros* (en lo sucesivo *Nouvelles Frontieres*), Sentencia del Tribunal de Justicia de las Comunidades Europeas, de 30 de Abril de 1986, asuntos acumulados 209 a 213/84, especialmente en su apartado 49. Texto disponible para consulta en lengua inglesa en: http://eur-lex.europa.eu/LexUriServ/LexUriServ.do?uri=CELEX:61984J0209:EN:PDF. La cual tuvo gran eco al entender, en discordancia con los restantes fallos enunciados en este párrafo, que la decisión tomada sobre la legalidad de la conducta por parte de una autoridad administrativa comunitaria o nacional, era presupuesto esencial sin el cual un Juez estaría en incapacidad de declarar la nulidad de pleno derecho. Así el apartado 68 y 69. Al respecto de esta sentencia y un análisis del fondo del mercado aeronáutico y de los fundamentos enunciados por el Tribunal sobre el caso específico. QUINTANA CARLO, Ignacio, "La aplicación de las reglas de la competencia del Tratado de Roma a la fijación de tarifas en los transportes aéreos (comentario a la sentencia del TJCE de 30 de Abril de 1986, Nouvelles Frontieres), en *Revista de Instituciones Europeas*, Volumen. 15, N° 1, 1988, Págs. 105 a 138; el asunto *Dijkstra/Frico Domo*, Sentencia del Tribunal de Justicia de las Comunidades Europeas, de 12 de Diciembre de 1995, *Hendrik Evert Dijkstra Vs. Friesland (Frico Domo) Coöperatie BA; Cornells van Roessel y otros Vs. De coöperatieve vereniging Zuivelcoöperatie Campina Melkunie BA; y Willem de Bie y otros Vs. De Coöperatie Zuivelcoöperatie Campina Melkunie BA*, asuntos acumulados C-319/93, C-40/94 y C-224/94, el cual en su apartado 26 reza: *"(...) el apartado 1 del artículo 85 produce efectos directos en las relaciones entre particulares y crea directamente derechos en favor de los justiciables que los órganos jurisdiccionales nacionales deben tutelar."*, texto disponible para consulta en: http://eur-lex.europa.eu/LexUriServ/LexUriServ.do?uri=CELEX:61993CJ0319:ES:PDF; así como el caso *Leclerc Vs. Au blé vert*. Siendo el segundo punto clave, que complementa la sentencia *Brasserie Vs. Wilkin*: (ii) los mecanismos a utilizar para evitar resoluciones contradictorias de la Comisión y de los órganos jurisdiccionales en razón de sus competencias coincidentes, donde es posible incluir la sentencia *Stergios Delimitis Vs. Henninger Bräu AG*, Sentencia del Tribunal de Justicia de las Comunidades Europeas, de 28 de Febrero de 1991, asunto C-234 de 1989, texto disponible para consulta en lengua inglesa en: http://eur-lex.europa.eu/LexUriServ/LexUriServ.do?uri=CELEX:61989J0234:EN:HTML. Donde el Tribunal reafirmó lo expresado por otros pronunciamientos de los hasta este momento descritos en el presente texto, revalidando el efecto directo de las normas de libre competencia en el cuerpo normativo comunitario; y, es aquí donde se estima invaluable, planteando escenarios en los cuales tanto Jueces como Comisión armonicen sus actuaciones para el mejor funcionamiento del sistema y la no excesiva asignación de recursos innecesarios; así como la sentencia *Automec Srl Vs. La Comisión de las Comunidades Europeas* (en lo sucesivo *Automec*), Sentencia del Tribunal de Primera Instancia, de 18 de Septiembre de 1992, asunto T-24/90. Texto disponible para consulta en: http://eur-lex.europa.eu/

La Comisión mantuvo durante mucho tiempo dentro de sus competencias exclusivas, la de aplicar el mencionado apartado, forjando inconvenientes muy graves en los cuales el Juez se encontraba en una posición delicada, ya que se generaba una extensión de la dilación en los procesos como se vio previamente, perjudicando a los particulares interesados.

No era extraño en ese entonces, que el Juez nacional se viera obligado a detener el proceso en casos en los cuales se notificaba a la Comisión en búsqueda de obtener una autorización singular; Siendo así, ya que el Juez a menos que la conducta fuera palmaria y ninguna duda albergara acerca de la línea decisoria que sería seguida por la Comisión[694], debería detener el proceso en espera de la decisión adoptada por la máxima Autoridad Administrativa de Competencia Comunitaria[695].

LexUriServ/LexUriServ.do?uri= CELEX:61990A0024:ES:HTML, la cual aporta aspectos de importancia sobre la aplicación de los Jueces, pues en su apartado 85, libera a la Comisión al decir que no todas las denuncias deben ser investigadas por la máxima Autoridad, quien se debe concentrar en las de mayor interés comunitario; aduciendo que los Jueces nacionales pueden aliviar la carga de trabajo haciéndose cargo de muchos de los otros asuntos. Añadiendo también, fundamentos esenciales en los cuales soportar esa nueva realidad dual, en sus apartados 90 y siguientes, al expresar: *"(...) Por otra parte, esta atribución de competencias se caracteriza por la obligación de cooperación leal entre la Comisión y los órganos jurisdiccionales nacionales, que resulta del artículo 5 del Tratado"*. En las cuales el avance vino de la mano del desarrollo que realizaron en lo que a instrumentos de cooperación entre *Enforcement Bodies* se refiere (que en opinión de un importante sector de la doctrina, fue la oferta indispensable que apoyó la campaña de la Comisión, dirigida a incrementar la aplicación privada en el nivel nacional.VAN BAEL, Ivo & BELLIS, Jean-François, *Competition Law of the European Community,* Kluwer Law International, Alphen aan den Rijn, Holanda, 2010, Pág. 1210.), logrando así, una influencia tal que permitió la transposición de los principios y los parámetros adheridos en dichas sentencias, en *"La comunicación relativa a la cooperación entre la Comisión y los Órganos jurisdiccionales de los Estados miembros para la aplicación de los artículos 85 y 86 del Tratado CEE"* del año 1993 , donde se incluía un razonamiento que resaltaba la importancia de los mecanismos de cooperación entre Autoridades, para justificar y darle sentido a la participación de los Jueces, sentando las bases de una incursión armónica en la cual se evitasen confrontaciones continuas entre *Enforcers.* Estableciendo a la par, de forma clara, la concurrencia de poderes de aplicación entre Autoridades administrativas y organos jurisdiccionales, enunciando en su apartado 16 las ventajas considerables que traía a empresas y particulares esta nueva realidad. Influenciando instrumentos posteriores como la *"Comunicación de la Comisión relativa a la cooperación entre la Comisión y las autoridades de los Estados miembros en el ámbito de la competencia para la tramitación de los asuntos a los que sean de aplicación los artículos 85 y 86 del Tratado CE",* de 15 de Octubre de 1997, pues ambas comunicaciones fueron en su momento una extensión de lo expuesto en la sentencia *Nouvelles Frontières* en lo relativo a la conceptualización de la figura de "órganos jurisdiccionales", como aquellos Tribunales distintos de la "autoridad", que como ente, tiene encomendada de manera principal la aplicación de la normativa *antitrust.*

[693] Muy a pesar de que no se encuentran antecedentes o fundamentos históricos que sean obstáculo a este proceder, tal y como así lo afirma y defiende APPELDOORN, Jochen, "Are the Proposed Changes Compatible with Article 81 (3) E.C.?", en *European Competition Law Review,* N° 22, 2001, Pág. 401.

[694] Basado tal y como ya se expresó, en la notoriedad de la actuación, la certeza informada por figuras de poder dentro de la Comisión, solicitudes de autorización singular del mismo tipo otorgadas o rechazadas en el pasado, o en el Reglamento de Exención por categorías. Como lo expresa PEÑA LOPEZ, Fernando, *La responsabilidad civil y la nulidad derivadas de la realización de un ilícito antitrust (aspectos procesales y sustantivos de las acciones civiles en el Derecho a la Defensa de la Competencia),* Comares, Granada, 2002, Pág. 39. La razón de ser de esta senda doctrinal se encuentra en el apartado 50 de la sentencia *Stergios Delimitis vs. Henninger Bräu AG* que en páginas posteriores será abordada, la cual reza: *"If the conditions for the application of Article 85(1) are clearly not satisfied and there is,*

Fue necesario esperar hasta la aparición de la reforma[696], en la cual se incluía con protagonismo el Reglamento 1/2003[697], pues fue con este último, cuando verdaderamente se reconoció que los Jueces igualmente podían aplicar dicho apartado 3, pues no se plasmó en dicho Reglamento ninguna restricción o límite a la aplicación de los artículos 101 y 102 por parte de los órganos jurisdiccionales nacionales[698], conllevando, según mi opinión, un refuerzo y una liberación a la Comisión, quien amén de dicha reforma estaría en mejor posición para focalizarse en los asuntos vitales de la competencia en la comunidad[699].

---

*consequently, scarcely any risk of the Commission taking a different decision, the national court may continue the proceedings and rule on the agreement in issue. It may do the same if the agreement's incompatibility with Article 85(1) is beyond doubt and, regard being had to the exemption regulations and the Commission's previous decisions, the agreement may on no account be the subject of an exemption decision under Article 85(3)."*Situación descrita en la cual el Juez cuando por obviedad podía continuar con su proceso, debía sustentar y motivar un fallo en línea con el comunitario, tal y como lo expresan los apartados 52 a 55 de la sentencia previamente enunciada.

[695]VAN BAEL, Ivo & BELLIS, Jean-François, *Competition Law of the European Community*, Kluwer Law International, Alphen aan den Rijn, Holanda, 2010, Pág. 1212

[696] Que tal y como se ha visto, nacía de una dinámica de discusiones y prácticas enfocadas a cumplir las determinaciones de la Defensa de la Competencia y a consolidar el mercado único por medio de la tutela efectiva de los derechos de los particulares, generando la más importante de las reformas en torno al Derecho de la competencia. WIßMANN, Tim, "Decentralised enforcement of EC competition law and the new policy on cartels: The commission White paper of 28th of april 1999", en *Journal of World Competition*, N° 23, Volumen. 2, 2000, Pág. 123; GUSTAFSSON, Magnus, "Some Legal Implications Facing the Realisation of the Commission White Paper on Modernisation of EC Antitrust Procedure and the Role of National Courts in a Post-White Paper Era", en *Legal Issues of Economic Integration*, 2000, Pág. 159, así como también PIRRUNG, Marc, "EU enlargement towards cartel paradise? An economic analysis of the reform of European competition law", en *Erasmus Law and Economics Review*, N° 1, 2004, Pág. 78.

[697] KORAH, Valentine, *An introductory guide to EC Law and practice*, Hart Publishing, Oxford y Portland, 2007, Págs. 32 y 33; acerca de los efectos que añadió al proceso de aplicación de la normativa *antitrust* el Reglamento 1/2003, y que hacen referencia a la necesaria coexistencia normativa que debía gestionar con más inmediatez cada Derecho interno de los países comunitarios en lo que a libre competencia se refiere. ZURIMENDI ISLA, Aitor, "El concurso de normas en el Derecho *antitrust* y el impacto del Reglamento CE 1/2003 en la materia", en *Gaceta Jurídica de la Unión Europea y de la Competencia*, N° 244, 2006, Págs. 77 a 83. Acerca de los inconvenientes que plantea que ambos derechos deban gestionar el conocimiento de este tipo de asuntos. CALVO CARAVACA, Alfonso-Luis y FERNANDEZ DE LA GANDARA, Luis, "Política y Derecho de la Competencia en la CEE: Una aproximación", en *Revista General de Derecho*, N° 583, 1993, Págs. 3340 y siguientes.

[698] Permitiendo la interpretación realizada por la doctrina previa la inmersión de dichas facultades en el Reglamento, enumerar una serie de beneficios que comúnmente son de disponibilidad en el terreno privado, y que amén de una reforma del talante del Reglamento 1/2003, estarían a disposición de los particulares, tales como las acciones de nulidad, las medidas cautelares, de restitución y compensatorias, acciones de daños y demandas de carácter colectivo. Sobre el tema y en exposición de cada uno de los aspectos incluidos en el catálogo enunciado, lo expuesto por VAN GERVEN, Walter, "Substantive remedies for the private enforcement of EC *antitrust* rules before national courts", en *European Competition Law Annual 2001: Effective private enforcement of EC Antitrust Law*, Editores EHLERMANN, Claus-Dieter y ATANASIU, Isabela, Hart Publishing, Oxford, 2003, Págs. 54 a 66.

[699] Como manifestación de una iniciativa que quería, en Europa, familiarizarse, aunque no reproduciendo totalmente las experiencias, con el nivel de descentralización de los Estados Unidos; que

La función primigenia de la Comisión debe estar siempre enfocada, y actualmente sustentada, en parte, gracias a la liberación nombrada en el párrafo anterior, en virtud de la cual puede consolidarse como eje principal en lo referente a formulación de la política comunitaria de competencia[700], nutriéndose de la participación de las Autoridades Nacionales de Competencia y de los Jueces, en búsqueda de una más eficaz, certera y apropiada aplicación de las normas de competencia, ajustada a los objetivos de la reforma, los cuales están direccionados a que dicha aplicación no se encuentre ni monopolizada, ni concentrada[701].

La evolución descrita y el logro de posicionar a la Comisión como eje principal en el cual no estén centralizadas todas las funciones, no habría sido posible de no contar con las útiles herramientas que otorgaron evolución al sistema en forma de avances jurisprudenciales[702] y de transposiciones legislativas.

La consolidación del efecto directo de las normas de libre competencia, la delimitación del concepto de orden público, la legitimación para plantear acciones ante la jurisdicción civil, etc., son los temas que atañen la atención en el siguiente apartado y que otorgarán más claridad sobre el alcance que han tenido los Tribunales comunitarios con sus decisiones.

---

de por sí, una vez ya implementada la participación de los Tribunales de los países miembros de la comunidad, les ha hecho diferir en algunos aspectos esenciales en referencia al alcance de la tarea de los órganos jurisdiccionales, ya que el aporte de los Jueces en el caso europeo, no ha sido sustancial desde un principio y ha ido incrementándose conforme la cultura jurídica al respecto evoluciona escalonadamente, mientras que la litigiosidad en Estados Unidos ha generado un panorama en el cual, tanto en el nivel federal como estatal, los Jueces han tenido, y siguen teniendo, mucho que decir y mucho que aportar en los procesos que versan sobre aplicación de la normativa *antitrust*. RODGER, Barry y MAcCULLOCH, Angus, "Community Competition Law, Enforcement Deregulation and Re-regulation: the Commission, National Authorities and Private enforcement", en *Columbia Journal of European Law*, N° 4, 1998, Págs. 587 y 588.

[700] Como así lo resalta un sector, para el cual, la posición privilegiada y preponderante de la Comisión sobre este aspecto es un principio fundamental de la aplicación de la normativa de libre competencia, tanto privada, como pública. Posición que puede observarse en el asunto *Masterfoods Ltda Vs. HB Ice Cream Ltda,* de 14 de Diciembre de 2000, AsuntoC-344/98, en su apartado 47. Texto disponible para consulta en: http://eur-lex.europa.eu/LexUriServ/LexUriServ.do?uri=CELEX:61998J0344:ES:PDF, Donde resaltan las conclusiones generales presentadas por el Abogado General Cosmas.

[701] PAULIS, Emil, "Coherent Application of EC competition rules in a system of parallel competences", en *European Competition Law Annual 2000: the modernisation of EC antitrust policy,* Editores EHLERMANN, Claus-Dieter y ATANASIU, Isabela, Oxford, Hart Publishing, 2001, Págs. 400 y 401.

[702] Sobre la evolución descrita WHISH, Richard, *Competition Law,* Oxford University Press, Londres, 2008, Pág. 293 y siguientes.y BULZONI, Christian, "Changes in the enforcement of EC Competition law", en *Derecho de la Competencia Europeo y Español,* Coordinadores ORTIZ BLANCO, Luis y MARTIN DE LAS MULAS BAEZA, Reyes, Editorial Dykinson, Madrid, 2008, Pág. 79 y siguientes.

(A)   **El afianzamiento de la tarea jurisdiccional en Europa.**

A pesar del compendio de iniciativas y de cambios de tendencias que se habían suscitado en Europa, tal y como pudo verse en el apartado anterior, y muy a pesar igualmente de un compendio de fallos que se han suscitado en el continente en clara afinidad con la participación de los Jueces en la aplicación de la normativa *antitrust*, es la sentencia *Courage Ltd Vs. Bernard Crehan* (en lo sucesivo *Courage/Crehan*)[703], aquella que unificó en un mismo texto, un gran número de conclusiones que se habían podido, hasta dicho momento, extraer de la evolución, catalogando de forma puntual y certera ciertos aspectos esenciales que se encontraban algo dispersos, confiriendo poderes hasta ese momento ajenos a los Jueces en su función de aplicación de las normas de libre competencia[704], e incluso, descalificando ciertos procederes que impedían que hubiese fluidez en la relación cada vez más plural.

La sentencia enunciada, entre muchos otros avances, concedió una legitimación para plantear acciones ante la jurisdicción, materializada en la posibilidad otorgada a los

---

[703] Sentencia del Tribunal de Justicia de las Comunidades Europeas, de 20 de Septiembre de 2001, asunto C-453/99. Texto disponible para consulta en:http://eur-lex.europa.eu/LexUriServ/LexUriServ.do?uri=CELEX:61999J0453:ES:HTML. Sobre los aspectos que suscitaron las respuestas de las autoridades involucradas, LANDOLT, Philip Louis, *Modernised EC competition law in international arbitration*, Kluwer Law International, La Haya, 2006, Págs. 257 y siguientes y KOMNINOS, Assimakis, *EC Private Antitrust Enforcement: Decentralised Application of EC Competition Law by National Courts,* Hart Publishing, Oxford, 2008, Págs. 122 y siguientes. El asunto suscitado: *Courage Ltda* productor de cerveza y *Grand Metropolitan* acordaron fusionar sus pubs, transfiriéndolos a *Inntrepreneur Estates* como sociedad participada a partes iguales, quien los cedería en arrendamiento. Pactando que todos los arrendatarios debían adquirir la cerveza exclusivamente de *Courage*. En 1991, el Señor *Crehan* celebró dos contratos de arrendamiento con *Inntrepreneur Estates* y tras 2 años fue demandado por *Courage,* quien adujo impago y solicitó el dinero fruto del mismo. A lo que el demandado respondió solicitando la nulidad del contrato por ilegalidad de la cláusula de compra exclusiva, de acuerdo al artículo 81 del Tratado CE y solicitó resarcimiento por los daños y perjuicios pues otros arrendatarios sin cláusula de exclusividad compraban la cerveza más barata. El Tribunal de apelaciones ante esta solicitud por medio de una cuestión prejudicial formuló preguntas, entre las cuales se resalta aquella que versa sobre la posibilidad de solicitar resarcimiento por daños y perjuicios en base a un contrato ilícito en el que la parte solicitante fue parte y estuvo de acuerdo, etc., por las cuales las respuestas tanto del Juez británico como del Tribunal de Justicia, *"permitirían conocer, por tanto, si las consecuencias del efecto directo de las normas comunitarias de Defensa de la Competencia incluyen, en todo caso, el derecho a reparación de los daños sufridos y, en caso afirmativo, si de ese derecho pueden beneficiarse las partes de un acuerdo contrario a aquéllas"*. MORENO-TAPIA RIVAS, Irene y FERNANDEZ VICIÉN, Cani, "Un paso adelante en la aplicación del Derecho Comunitario de la Competencia por los Jueces Nacionales: El Asunto Courage", en *Indret: Revista para el análisis del Derecho*, N° 1, 2002. Texto disponible para consulta en: http://www.indret.com/pdf/074_es.pdf.

[704] Tal es la importancia del asunto *Courage/Crehan,* que ha dado pie a diversas disertaciones y opiniones que se cree pertinente recomendar. En especial STUYCK, Jules, "Case Note: ECJ-Courage v Crehan", en *European Review of Contract Law*, N° 2, 2005, Págs. 228 a 239. Igualmente REICH, Norbert, "The Courage Doctrine: Encouraging or discouraging compensation for antitrust injuries", en *Common Market Law Review*, N° 42, 2005, Págs. 35 a 66. OLSEN, Gregory, "Enhancing Private Antitrust Litigation in the EU, en *Fall Antitrust*, N° 20, 2005, Págs. 73 y siguientes; EZRACHI, Ariel, "From Courage v Crehan to the white paper – The changing landscape of European private enforcement and the possible implications for article 82 EC", en *Abuse Of dominant position : New interpretation, new enforcement, new mechanisms?*, Editores MACKENRODT, Mark-Oliver, CONDE GALLEGO, Beatriz y ENCHELMAIER, Stefan, Springer, Munich, 2008, Pág. 119.

particulares, quienes al verse afectados ante una conducta o pacto transgresor de las normas de libre competencia, estarían en capacidad de acudir al Juez para exponer dicha violación, y para solicitar una compensación pecuniaria de los daños y perjuicios sufridos como consecuencia de la misma[705].

A pesar de a simple vista no parecer ser de gran talante la evolución otorgada por el fallo, la realidad es que el matiz que otorgaba el fallo *Courage/Crehan* era sobresaliente ya que antes de éste, a los particulares solo se les otorgaba la posibilidad enunciada en el párrafo anterior, cuando quien había cometido la violación era el Estado, y cuando solo éste estuviese a cargo del resarcimiento del daño causado con dicha transgresión[706].

El fallo *Courage/Crehan* eliminó esa restricción y otorgó a los particulares la posibilidad de acudir al Juez en busca de una compensación también en los casos en los cuales otro particular había generado el daño[707], consolidando en toda regla a la vía de

---

[705] KOMNINOS, Assimakis, *EC Private Antitrust Enforcement: Decentralised Application of EC Competition Law by National Courts*, Hart Publishing, Oxford, 2008, Pág. 172. También esencial el matiz planteado por una parte de la doctrina que interpreta que la sentencia en mención incluye aspectos que ya con anterioridad habían sido planteados en algunos fallos de la *House of Lords*, tales como las sentencias de 1984 *Bord Bainne cooperative Ltd. Vs. Milk Marketing Broad* (2 CMLR 585) y *Garden Cottage Foods Vs. Milk Marketing Board* (1 AC 130), y de 1985 *Bourgoin S.A Vs. Minister of agriculture fisheries and Food* (1 QB 716). WHISH, Richard, "The enforcement of EC competition law in the domestic court of members states",en *Current and future perspectives on EC competition law: a tribute to Professor M.R. Mok*, Editor GORMLEY, Lawrence, Kluwer Law International, Londres; Boston, 1997, Pág. 81.

[706] Como lo expresaba la sentencia del Tribunal de Justicia de las Comunidades Europeas, *Andrea Francovich, Danila Bonifaci y otros Vs. La República Italiana* (en lo sucesivo *Francovich)*, de 19 de Noviembre de 1991, asuntos C-6 y C-9 de 1991. Texto disponible para consulta en: http://eur-lex.europa.eu/LexUriServ/LexUriServ.do?uri=CELEX:61990J0006:ES:HTML. En específico los apartados en los cuales se estipula que cuando los particulares no estén en capacidad de poner en ejercicio los Derechos que le son otorgados por el Derecho Comunitario, en razón de la falta de cumplimiento por parte del Estado de las obligaciones propias que le impone el Derecho Comunitario, los particulares estarán en posición de solicitar un resarcimiento. Conclusión a extraer de los apartados siguientes que se transcriben: "*33. Hay que señalar que la plena eficacia de las normas comunitarias se vería cuestionada y la protección de los derechos que reconocen se debilitaría si los particulares no tuvieran la posibilidad de obtener una reparación cuando sus derechos son lesionados por una violación del Derecho comunitario imputable a un Estado miembro; 34. La posibilidad de reparación a cargo del Estado miembro es particularmente indispensable cuando, como ocurre en el presente asunto, la plena eficacia de las normas comunitarias está supeditada a la condición de una acción por parte del Estado y, por consiguiente, los particulares no pueden, a falta de tal acción, invocar ante los órganos jurisdiccionales nacionales los derechos que les reconoce el Derecho comunitario.*"Sobre el cual resulta importante la lectura de DOUGAN, Michael, "What is the point of Francovich?", en *European Unión Law for the Twenty-First Century. Rethinking the New Legal Order*, Volumen. 1, Hart Publishing, Oxford y Portland – Oregon, 2004, Págs. 239 a 257; e igualmente MORENO-TAPIA RIVAS, Irene y FERNANDEZ VICIÉN, Cani, "Un paso adelante en la aplicación del Derecho Comunitario de la Competencia por los Jueces Nacionales: El Asunto Courage", en *Indret: Revista para el análisis del Derecho*, N° 1, 2002. Pág. 10. Texto disponible para consulta en: http://www.indret.com/pdf/074_es.pdf.

[707] Tema previamente abordado jurisprudencialmente aunque con resultado final marcado por el silencio, en la sentencia del Tribunal de Justicia de las Comunidades Europeas, de 13 de Abril de 1994,*H. J. Banks & co. ltda Vs. British Coal Corporation*, asunto C-128/92. Texto disponible para consulta en: http://eur-lex.europa.eu/LexUriServ/LexUriServ.do?uri=CELEX:61992J0128:ES:HTML. Donde debe resaltarse el desarrollo realizado por el abogado general Walter Van Gerven en su interpretación de los artículos 60 y 65 (con excepción del apartado 4 del artículo 65) y el artículo 67 del tratado CECA, como normas con efecto directo con posibilidad de ser aplicadas por los Jueces. Resaltando igualmente en sus consideraciones, la obligación que según su razonamiento, tienen las autoridades jurisdiccionales de

aplicación judicial de las normas de libre competencia, y a los Jueces como garantes de los Derechos inmersos en favor de los particulares en las mismas.

La sentencia en estudio fue más allá del reconocimiento del resarcimiento enunciado, e incluyó también a aquellos individuos que formaron parte de la conducta y/o pacto transgresor, quienes en razón de esta posibilidad también estarían en posición de solicitar una compensación[708] siempre y cuando su comportamiento no se encauzara dentro de los parámetros de lo doloso u engañoso, y no hubiesen contado con un papel protagónico en la transgresión a las normas de libre competencia[709].

El talante de la sentencia *Courage/Crehan*[710], es una realidad, en razón de la aportación que fue posible estructurar ordenadamente tras la pesquisa y análisis de un grupo de fallos adicionales que han hecho posible el cambio de tendencias y la mayor de las manifestaciones de la intención de descentralización que hace ya algún tiempo fue puesta en práctica en Europa[711]. Muchas de aquellas herramientas, han sido

---

conceder una indemnización a una empresa que ha sufrido un daño por parte de otra empresa infractora de las normas con efecto directo. Conclusiones del abogado general posteriormente ahondadas en su texto y conjuntadas como soporte al análisis del caso *Courage/Crehan*. VAN GERVEN, Walter, "Crehan and the way ahead", en *European Business Law Review*, N° 17, 2006, Págs. 269 a 274, y apoyados igualmente por KOMNINOS, Assimakis, "New Prospects for Private enforcement of EC Competition Law: Courage Vs. Crehan and the Community Right to Damages", en *Common Market Law Review*, Volumen. 39, N° 3, 2002, Pág. 455, e igualmente por DRAKE, Sara, "Scope of Courage and the principle of "individual liability" for damages: Further development of the principle of effective judicial protection by the Court of Justice", en *European Law Review*, N° 6, 2006, Págs. 841 a 864.

[708] En las conclusiones del asunto el Abogado General Jean Mischo sustenta que, excluir al participante o vinculado en el acuerdo de la posibilidad de ser resarcido, es invocar fundamentos supremamente formalistas que excluirían a aquellos que sin incurrir en ilícitos participaron en el pacto.

[709] Sentencia *Courage/Crehan* en su Apartado 24: "(...) *se desprende que cualquier particular puede invocar ante los Tribunales la infracción del artículo 85, apartado 1, del Tratado, incluso cuando sea parte en un contrato que pueda restringir o falsear el juego de la competencia con arreglo a dicha disposición*"; Igualmente y como fundamento restrictivo a quien ha tomado parte de la trasgresión, el Apartado 31: "*De la misma forma, el Derecho comunitario no se opone a que, con la condición de respetar los principios de equivalencia o de efectividad (véase la sentencia Palmisani, antes citada, apartado 27), el Derecho nacional deniegue a una parte, de la cual se haya comprobado que tiene una responsabilidad significativa en la distorsión de la competencia, el derecho a obtener una indemnización por daños y perjuicios de la otra parte contratante. En efecto, conforme a un principio reconocido en la mayoría de los sistemas jurídicos de los Estados miembros y que el Tribunal de Justicia ya ha aplicado (véase la sentencia de 7 de Febrero de 1973, Comisión/Italia, 39/72, Rec. p. 101, apartado 10), un justiciable no puede beneficiarse de su propio comportamiento ilícito, cuando este último haya sido comprobado*". Sobre el análisis del fallo se recomienda MORENO-TAPIA RIVAS, Irene y FERNANDEZ VICIÉN, Cani, "Un paso adelante en la aplicación del Derecho Comunitario de la Competencia por los Jueces Nacionales: El Asunto Courage", en *Indret: Revista para el análisis del Derecho*, N° 1, 2002. Texto disponible para consulta en: http://www.indret.com/pdf/074_es.pdf.

[710] Sobre la cual cabe resaltar igualmente, genera disertaciones que impiden el consenso de la doctrina, que en un sector se ha encargado de resaltar las que en su opinión, fueron las equivocaciones en las cuales incurrió el Tribunal en su resolución. En específico, SCHEPEL, Harm, "The Enforcement of EC Law in Contractual Relations: Case Studies in How Not to 'Constitutionalize' Private Law", en *European Review of Private Law*, N° 12, 2004, Págs. 666 a 669.

[711] En la cual ha tenido un rol de importancia el fallo *Vincenzo Manfredi y otros Vs. Lloyd Adriatico Assicurazioni SpA y otros* (en lo sucesivo *Manfredi Vs. Lloyd Adriatico*), de 13 de Julio de 2006, asuntos C-295/04 a C-298/04, en su apartado 39, y sobre la posibilidad de solicitar compensación por daños

dispuestas en primera medida en la jurisprudencia y en los ecos que en sentencias posteriores se hizo de los parámetros que los Tribunales comunitarios convertían en realidad, siendo muchos de ellos, a pesar de no ser considerados integrantes de la columna vertebral de la aplicación judicial y de la descentralización en la aplicación de las normas de competencia, parte importante, ya que en ellos fueron aportados trascendentales sustentos al tema en sí[712] y desarrollados adecuadamente aspectos con la capacidad suficiente para influir en su puesta en práctica[713].

---

perpetrados fruto de una infracción de las normas de libre competencia, el apartado 60. Texto disponible para consulta en lengua inglesa en: http://eur-lex.europa.eu/LexUriServ/LexUriServ.do?uri=CELEX:62004J0295:EN:HTML. En el cual y en razón de que la Autorita' Garante de la Concorrenza e del Mercato (en lo sucesivo AGCM) consideró como una restricción ilegal en distorsión de la libre competencia, el pacto realizado por compañias aseguradoras por el cual se vieron aumentadas ciertas primas, clientes de dichas aseguradoras demandaron solicitando la devolución de dicho incremento. El Tribunal JCE en respuesta a dicha solicitud respondió en consonancia con el asunto *Courage/Crehan* y desarrolló respecto de la responsabilidad por ilícitos anticoncurrenciales, así como el daño y perjuicios lo referente a la legitimación de parte, Juez competente, prescripción de la acción, entre otros. Desarrollan la posición del Tribunal en este caso respecto a la competencia AFFERNI, Giorgio, "Case: ECJ-Manfredi v Lloyd Adriatico", en *European Review of Contract Law*, Volumen. 3, N° 2, Págs. 179 a 190. Igualmente y respecto a la relación de la normativa nacional con la normativa comunitaria, y el efecto directo sustentado en dicha sentencia RODRIGUEZ-IZQUIERDO SERRANO, Miryam, "Condiciones de interpretación para las disposiciones procedimentales estatales en la aplicación del Derecho europeo: primacía, efectos colaterales, efecto mariposa", Ponencia de 5 de Febrero de 2010 en el VIII congreso de la asociación Constitucionalista de España, texto disponible para consulta en: http://www.acoes.es/congresoVIII/documentos/MRIS_ACE_SanSebastian0110.pdf.

[712] Tal y como se interpreta, en el papel de la sentencia del Tribunal de Justicia de las Comunidades Europeas *Masterfoods Ltda Vs. HB Ice Cream Ltda*. Sobre la que puede ahondarse en el aporte doctrinal de CASTILLO DE LA TORRE, Fernando, "Decisiones de la Comisión Europea en materia de política de competencia ante los Tribunales nacionales: la sentencia Masterfoods", en *Gaceta Jurídica de la Unión Europea y de la Competencia*, N° 213, 2001. Una sucinta exposición de los hechos: El caso se suscitó en Irlanda en razón del uso que los clientes de HB Ice Cream hicieron de los refrigeradores que la empresa les había proporcionado para la exclusiva presentación y refrigeración de sus productos, por el cual se incumplió la exclusividad pactada por medio de la exposición de productos de la empresa Masterfoods. Hb Ice Cream solicitó que solo se expusieran sus productos, y ello fue respondido por Masterfoods con una solicitud de declaración de nulidad del pacto de exclusividad por entenderlo abusivo, lo cual a su vez, tuvo respuesta de Hb Ice Cream, quien solicito el cese de la incitación que realizaba Masterfoods a los clientes a exponer sus productos aun sabiendo que no podían hacerlo en razón de la exclusividad, y añadiendo que se habían generado perjuicios con su conducta que debían ser resarcidos. Masterfoods recurrió la decisión por la que fue ordenado por la Alta Corte el cese de dicha persuasión ante la Suprema Corte, y de forma paralela denunció por comportamiento abusivo a Hb Ice Cream ante la Comisión, quien interpretó que efectivamente se presentaba un abuso en provecho de la posición de dominio de la empresa en el mercado, Hb Ice Cream solicitó la anulación de la decisión 98/531 en la cual se contenían los parámetros de la Autoridad Comunitaria. La Suprema Corte Irlandesa formuló ciertas cuestiones al Tribunal de Justicia a raíz de tan especial situación, y en razón de ellas se suscitó el debate que permite darle relieve al fallo. Las cuestiones prejudiciales en mención, se recomiendan con el objetivo de realizar de forma conjunta con la sentencia *Manfredi Vs. Lloyd Adriatico* nombrada en apartados anteriores, un análisis, del cual se puede extraer el complemento que aportan, que permite extraer soportes al efecto directo, a los derechos en favor de los particulares inmersos en ella, a la competencia de tanto la Comisión (Posición privilegiada), como de las autoridades jurisdiccionales nacionales para desde diferentes perspectivas aplicar los actuales artículos 101 y 102. Fallos que también desarrollaron temas de importancia como el de la nulidad, la cual se resalta por haber sido delimitada dentro de la normativa nacional que otorga competencia de aplicación a los Jueces para resolver de la solicitud de declaración de la misma. HERRERA CUEVAS, Edorta Josu, "Aspectos Procedimentales de la aplicación de los artículos 81 y 82 TCE por los Jueces españoles, Estado de la cuestión", en *Gaceta Jurídica de la Unión Europea y de la Competencia*, N° 242, 2006, Pág. 27.

Todos los pronunciamientos de la jurisprudencia, en conjunto, crean un catálogo de importancia que no puede ser desconocido, pues gracias a ellos se ha robustecido y apuntalado la competencia de los Jueces para aplicar los actuales artículos 101 y 102; aunque en el camino, tal y como se expresó previamente, algunas competencias de la Comisión se han resistido y se han opuesto con mayor tenacidad, de la que a simple vista se interpreta coherente con los beneficios que trae la participación del Juez en estos asuntos[714].

A pesar de dichas resistencias y de la ausencia de regulación alguna que sustentara la posibilidad de los Jueces de aplicar las normas de libre competencia, la Jurisprudencia ganó un pulso que otorgó precedentes que soportaron la posterior

---

[713] El orden público es otro aspecto de importancia, que se ha encargado de apoyar el fortalecimiento de la aplicación judicial, pues en en el se soportaron los pronunciamientos tanto del Tribunal de Justicia de las Comunidades Europeas, como del Tribunal de Primera instancia, en búsqueda de prevenir que los particulares estuvieran en capacidad de sustraerse de lo estipulado en la normativa de libre competencia comunitaria cuando así fuera de su conveniencia. Por lo que los Jueces nacionales siempre que la normativa interna de su país no les impusiera un deber de pasividad, estarían en capacidad de aplicar de oficio los artículos 101 y 102 del TFUE, aún cuando las partes nada hubiesen dicho al respecto o no hubiesen solicitado la aplicación de dicho articulado, y siempre y cuando la normas nacionales otorgasen dicha facultad a los Jueces en lo referente a la protección del orden público interno. Los fallos al respecto, en orden cronológico, son la sentencia del Tribunal de primera instancia de las Comunidades Europeas *Fiatagri UK y New Holland Ford vs. La Comisión de las Comunidades Europeas* (en lo sucesivo *Fiatagri UK y New Holland Ford)*, de 27 de Octubre de 1994, asunto T-34/1992, en específico en los apartados 4 y 39. Texto disponible para consulta en: http://eur-lex.europa.eu/LexUriServ/LexUriServ.do?uri=CELEX:61992A0034:ES:HTML; El asunto *Jeroen van Schijndel y Johannes Nicolaas Cornelis van Veen Vs. Stichting Pensioenfonds voor Fysiotherapeuten* (en los sucesivo *Van Schijndel y Van Veen*, Sentencia del Tribunal de Justicia de las Comunidades Europeas, de 14 de Diciembre de 1995, asuntos C-430 y C-431 de 1993, del cual se resalta su apartado 21: *"That limitation is justified by the principle that, in a civil suit, it is for the parties to take the initiative, the court being able to act of its own motion only in exceptional cases where the public interest requires its intervention. That principle reflects conceptions prevailing in most of the Member States as to the relations between the State and the individual; it safeguards the rights of the defence; and it ensures proper conduct of proceedings by, in particular, protecting them from the delays inherent in examination of new pleas."* Texto disponible para consulta en lengua inglesa en: http://eur-lex.europa.eu/LexUriServ/LexUriServ .do?uri=CELEX:61993J0430:EN:HTML; el asunto *Eco Swiss China Time Vs. Benetton International NV* (en lo sucesivo *Eco Swiss*), Sentencia del Tribunal de Justicia de las Comunidades Europeas, de 1 de Junio de 1999, asunto C-126/1997. Texto disponible para consulta en: http://eur-lex.europa.eu/LexUriServ/LexUriServ.do?uri=CELEX:61997J0126:EN:HTML. En la cual el Tribunal trató tres temas primordiales que tienen importante eco en lo referente a la aplicación privada de las normas de libre competencia, a saber: (i) examinó el rol primario que las normas de competencia en Europa tienen en el sistema inmerso en los Tratados, recalcando el fuerte impacto que tienen aquellas reglas en la autonomía privada; (ii) Reafirmó las bases de la autonomía nacional en términos de procedimiento; y, tal y como se ahondará en el capítulo VIII referente a la aplicación arbitral de las normas de libre competencia, (iii) Desarrolló lo referente a los poderes de los Tribunales de arbitramento en temas de competencia; así como también el fallo *Masterfoods Ltda Vs. HB Ice Cream Ltda*, Aportando una consideración real de la relación entre la máxima Autoridad Comunitaria y los Tribunales Nacionales en lo que atañe a las competencias paralelas que en su aplicación de las normas de libre competencia comunitarias. Tal y como así lo acotan, resaltándole como aspecto principal a extraer de dicho fallo, VAN BAEL, Ivo & BELLIS, Jean-François, *Competition Law of the European Community*, Kluwer Law International, Alphen aan den Rijn, Holanda, 2010, Pág. 1211.

[714] PHEASAND, John, "Private *antitrust* damages in Europe: the policy debate and and judicial developments", en *Antitrust*, Volumen. 21, N° 59, Págs. 59 y siguientes.

modificación de los lineamientos que arropaban la aplicación de las normas de libre competencia. Generando bases, soportes y razones que permitieron que la reforma aplicara dichos cambios al proceso de modernización del *antitrust* comunitario, el cual, se adelanta, inclusive a día de hoy, permite a los Jueces realizar el estudio de exención por tanto tiempo esquivo[715].

El Reglamento 1/2003 sobre la aplicación de las normas *antitrust* previstas en los artículos 101 y 102 del Tratado de Funcionamiento de la Unión Europea, ya varias veces nombrando a lo largo del presente trabajo, es el protagonista de una reforma, que además de acoger los aportes jurisprudenciales, ha traído, como conjunto, cambios fundamentales en la aplicación de las normas de libre competencia europea, las cuales hasta dicho momento y por más de 40 años estuvieron bajo el prisma del Reglamento 17/1962.

La reforma y el Reglamento en mención, llaman la atención en razón de importantes y novedosos aspectos que modificaron suficientemente la aplicación de las normas *antitrust,* los cuales[716], escuetamente y con el ánimo de recapitular, toda vez que alguno de ellos ya ha sido desarrollado, pueden ser resumidos en:

- El establecimiento de un sistema de aplicación directa de los artículos 101 y 102, los cuales sin restricción, e inclusive el apartado 3 del artículo 101[717], podrán ser aplicados por parte de las Autoridades Nacionales de Competencia y los Jueces.
- El abandono del requisito de notificación que fue pieza clave del Reglamento 17/1962[718].

---

[715] Como un aporte pequeño pero relevante en el compendio de variaciones que trajo el Reglamento, enfocado en gran parte, como puede extraerse de su "espíritu" y de la senda que habían trazado los pronunciamientos jurisprudenciales en la comunidad hasta aquí expuestos, a facilitar el acceso de los particulares a la Defensa de la Competencia, pues las infracciones a las normas *antitrust*, como cualquier otra infracción normativa, conlleva un efecto negativo que afecta los derechos individuales que estaban medianamente salvaguardados en vigencia del Reglamento 17/1962. WURMNEST, Wolfang, "A new Era for private *antitrust* litigation in Germany? A Critical Appraisal of the Modernized law against restraints of Competition", en *German Law Journal,* Volumen.6, N° 8, 2005, Págs. 1177 a 1179; y CRAIG, Paul y DE BÚRCA, Gráinne, *EU Law. Text, cases and materials,* Cuarta Edición, Oxford University Press, Nueva York, 2008, Págs. 999 a 1003.

[716] Enfocados en un proceso de descentralización, estructurado para involucrar en las tareas de aplicación también a los Jueces; de una forma que si bien es compartida por un amplio sector doctrinal, es también criticada por algunos, que entienden que el proceso emprendido con antelación a la llegada de la reforma y de su instrumento "estelar", como lo es el Reglamento 1/2003, y en razón de aquel instrumento, una vez entró en vigor, no ha sido el más adecuado. Siendo de la mayor relevancia al respecto, los comentarios de RILEY, Alan, "EC *Antitrust* Modernization: The Commission Does Very Nicely – Thank You! Part Two: Between the idea and the reality: descentralization under regulation 1", en *European Competition Law Review*, N° 24, 2003, Págs. 657 y siguientes.

[717] Como poder cada vez más consolidado, en parte, gracias al soporte brindado por la jurisprudencia del Tribunal de Justicia de las Comunidades Europeas, tal y como se puede ver en su fallo de 23 de Noviembre de 2006, *Asnef-Equifax, Servicios de Información sobre Solvencia y Crédito y la Administración del Estado Vs. Asociación de Ususarios de Servicios Bancarios "Ausbanc" (*en lo sucesivo *Asnef-Equifax Vs. Ausbanc),* asunto C-238/05, apartados 64 y 67, texto disponible para consulta en inglés en: http://eur-lex.europa.eu/LexUriServ/LexUriServ.do?uri=CELEX:62005CJ0238:EN:HTML.

- Estipuló un aumento significativo en los poderes de investigación de la Comisión.

- Estableció nuevos mecanismos de cooperación entre la Comisión y los *Enforcement Bodies* de carácter nacional.

Dichos aspectos, son el cimiento de la reforma del Reglamento en cuanto a descentralización de la aplicación de la normativa *antitrust* y en cuanto a *private enforcement,* y sustentan gracias al principio de efecto directo, los cambios en la forma de debatir acerca de la participación de los Jueces en la aplicación de las normas *antitrust*[719], ya que la positivización de las competencias de éstos ha cerrado controversias que la evolución de la jurisprudencia suscitó.

A pesar de la creciente evolución que pudo suponer la aparición del Reglamento 1/2003, aportando fortaleza y refuerzo a la política Europea de Competencia, los numerosos cambios han implicado incertidumbres que han generado otros debates de inmensa profundidad, los cuales han influenciado en forma de ajustes la percepción de los particulares en cuanto a la defensa de sus Derechos vía judicial[720]. Dichos debates en mención serán de consuno con los avances originados por el Reglamento 1/2003, desarrollados a continuación de manera conjunta cuando guarden estrecha relación.

---

[718] VAN GERVEN, Walter, "Substantive remedies for the private enforcement of EC *antitrust* rules before national courts", en *European Competition Law Annual 2001: Effective private enforcement of EC Antitrust Law,* Editores EHLERMANN, Claus-Dieter y ATANASIU, Isabela, Hart Publishing, Oxford, 2003, Págs. 71 y 72.El autor resalta que es indudable que todos y cada uno de los apartados del artículo 101 y 102 en lo referente a su alcance y contenido, tienen efecto directo.

[719] DIEZ PICAZO, Ignacio, "Sobre algunas dificultades para la llamada "aplicación privada" de las normas de competencia en España", en *1987 – 2007. Una reflexión sobre la política de Defensa de la Competencia,* Libro Marrón, Círculo de Empresarios, Madrid 2008, Pág. 54. Para quien la distinción entre *Public enforcement* y *Private enforcement* resulta *"confusa ya que los Tribunales están llamados igualmente a decidir sobre la legalidad de las actuaciones de las Autoridades administrativas reguladoras cuando los interesados plantean pretensiones al respecto"*, con lo cual pone en duda la conveniencia de la clásica distinción entre los modelos público y privado y cree pertinente la distinción de los dos modelos en base a la autoridad y no a la adscripción de la misma con la senda pública o privada. En el mismo sentido lo expuesto por COLOMER HERNANDEZ, Ignacio, "La tutela judicial de la Defensa de la Competencia", en *Derecho de la Competencia. Estudios sobre la ley 15 de 2007, de 3 de Julio, de Defensa de la Competencia,* Directores PAREJO ALFONSO, Luciano y PALOMAR OLMEDA, Alberto, La Ley, Madrid, 2008, Págs. 497 y 498. Donde el autor afirma que, con el ánimo de darle el alcance correcto a la reforma, es menester *"superar la clásica distinción entre aplicación pública y aplicación privada de las normas de competencia y sustituirla por la clara diferenciación entre los planos administrativo y jurisdiccional de tutela de la competencia, perfilando los efectos de actuación de las autoridades de Defensa de la Competencia y de los Jueces en atención al ámbito de tutela que desempeñan cada uno."*

[720] Impulsados por la doctrina, que en ciertos casos puntuales, ha desarrollado las ventajas e inconvenientes que percibe en los procesos llevados ante los Tribunales Nacionales, y sobre los cuales puede verse VAN BAEL, Ivo & BELLIS, Jean-François, *Competition Law of the European Community,* Kluwer Law International, Alphen aan den Rijn, Holanda, 2010, Págs. 1212 y 1213; así como el ejemplo claro de la reticencia que en Alemania se tuvo, al respecto de implementar las innovaciones que apareja el Reglamento, las cuales pueden verse en BUCH, Michael, "Private antitrust litigation in Germany", en *The European Antitrust Review,* 2005, Págs. 145 a 147.

El otorgar a los particulares que se han visto menoscabados por una infracción, la posibilidad de acudir al Juez para que éste en aplicación de los artículos 101 y 102 del Tratado de Funcionamiento de la Unión Europea conozca del tema, resulta ser una característica especial del Reglamento, por la cual las dilaciones y problemáticas suscitadas bajo el Reglamento 17/1962 fueron disipadas[721].

En merced de esta posibilidad, los efectos civiles fruto de la conducta contraria a la normativa *antitrust*, pueden ser definidos por un Juez nacional[722] cuando de su estudio, éste concluya, que se ha cometido un ilícito que transgrede los parámetros de prohibición de los artículos 101 y 102, y que la exención del apartado 3 del 101 no le es aplicable[723].

Otorgar dicha posibilidad a los Jueces, tal y como fue desarrollado en páginas anteriores del presente texto, era mostrarse conforme normativamente con las potestades

---

[721]Con antelación al Reglamento, era común que las víctimas, estuvieran obligadas a adelantar un proceso administrativo anterior sin el cual un Juez no estaba en capacidad de declarar los efectos civiles de un pacto colusorio o similar, lo cual comportaba inmensos problemas como la suspensión del proceso en razón del procedimiento de autorización singular, generando una baraja restringida de posibilidades al particular, quien bajo dicho prisma, estaba obligado a dirigirse en orden a la autoridad administrativa y seguidamente al Juez. Aspecto que ha sido variado por el Reglamento 1/2003, ya que el mismo le confirió a los particulares la opción de dirigirse cuando así lo estimen pertinente directamente al Juez, o si así lo desean, a la autoridad administrativa comunitaria o nacional con carácter previo a la jurisdicción nacional. Al respecto la opinión de un sector de la doctrina que estima que la celeridad que plantea dicha opción es una positiva posibilidad para los particulares, quienes casi en términos de titulo ejecutivo podrán llevar la resolución de la autoridad administrativa ante los Jueces. PACE, Lorenzo Federico, *Derecho Europeo de la Competencia. Prohibiciones antitrust, control de concentraciones y procedimientos de aplicación*, Marcial Pons, Madrid, Barcelona, 2007, Pág. 362; opinión compartida por ORTIZ BAQUERO, Ingrid, *La aplicación privada del Derecho de la competencia. Los efectos civiles derivados de la infracción de las normas de libre competencia*, La Ley, Wolters Kluwer España, 2011, Pág. 86.

[722] Las condiciones respecto a la determinación del Juez competente, y al proceso por el cual los particulares buscarán la defensa de sus derechos y el resarcimiento de los daños y perjuicios cuando sea el caso, serán implantadas por el Derecho interno de cada país miembro cuando el derecho comunitario nada diga al respecto, con el único limite al suscitado por los principios de equivalencia y efectividad (no generando ni inconveniencias ni dilaciones en aquellos procesos que se sustenten en la norma comunitaria, y llevar su desarrollo en las mismas condiciones que los que se sustenten en las normas nacionales). Tal y como lo manifestó en sus apartados 62, 72 y 82 la sentencia *Manfredi Vs. Lloyd Adriatico* entre los cuales se resalta mediante transcripción el 62 y las sentencias coadyuvantes por este nombradas: *"In the absence of Community rules governing the matter, it is for the domestic legal system of each Member State to designate the courts and Tribunals having jurisdiction and to lay down the detailed procedural rules governing actions for safeguarding rights which individuals derive directly from Community law, provided that such rules are not less favourable than those governing similar domestic actions (principle of equivalence) and that they do not render practically impossible or excessively difficult the exercise of rights conferred by Community law (principle of effectiveness) (see Case C-261/95 Palmisani [1997] ECR I-4025, paragraph 27, and Courage and Crehan, cited above, paragraph 29)"*. Como lo reafirman igualmente O'DONOGHUE, Robert y PADILLA, Jorge, *The Law and economics of article 82 EC*, Hart Publishing, Oxford, 2006, Págs. 741 y siguientes.

[723] GARRIDO ESPÁ, Luis, "Los Tribunales del orden civil y el Reglamento CE 1/2003 del Consejo, de 16 de Diciembre de 2002, relativo a la aplicación de las normas sobre competencia previstas en los arts. 81 y 82 del tratado constitutivo de la CE", en *La Defensa de la Competencia por los órganos judiciales: El Reglamento CE 1/2003*, Cuadernos de Derecho Judicial, Tomo XVII, CENDOJ, Madrid, 2005, Pág. 80.

que ya eran reconocidas jurisprudencialmente en el ámbito comunitario en cabeza de los Jueces, liberando a la Comisión de su papel casi soberano[724] y vigorizando los conceptos de privatización, modernización, y descentralización de la aplicación de las normas de libre competencia comunitarias.

Aun así, y a pesar de tantos y tan importantes avances plasmados en el Reglamento 1/2003, fue otro instrumento de la reforma, como lo es la *Comunicación de la Comisión de 27 de Abril de 2004, relativa a la cooperación entre la Comisión y los órganos jurisdiccionales de los Estados miembros de la UE para la aplicación de los artículos 81 y 82 del Tratado CE* (Actuales Artículos 101 y 102 del Tratado de Funcionamiento de la Unión Europea) (Comunicación que en lo sucesivo será "*La Comunicación relativa a la cooperación entre la Comisión y los órganos jurisdiccionales*"), aquella que complementó y delimitó ciertos parámetros esenciales que debían quedar en claridad para la puesta en marcha de la aplicación de la normativa *antitrust* por parte de los Jueces.

Se agradece que dicho instrumento, delimitara que sería entendido a efectos de dicha comunicación por "Órganos Jurisdiccionales de los Estados miembros de la Unión Europea"[725], con la importancia que ello apareja, dándole relevancia a la capacidad que debía tener un Tribunal para presentar una cuestión prejudicial ante el Tribunal de Justicia de las Comunidades Europeas[726]. Siendo precisamente el mencionado Tribunal, el encargado de estructurar con claridad las características esenciales que debe tener un Tribunal o juzgado nacional, para poder presentar las mencionadas cuestiones prejudiciales ante él, recogidas en el artículo 267 del Tratado en vigor[727].

---

[724] En especial en los referente a la aplicación del apartado 3 del artículo 101.

[725] Numeral 1: "*se entenderá por «órganos jurisdiccionales de los Estados miembros de la UE» (denominados en lo sucesivo «órganos jurisdiccionales nacionales») aquellos juzgados y Tribunales de un Estado miembro de la UE que pueden aplicar los artículos 81 y 82 CE y están autorizados a presentar una cuestión prejudicial al Tribunal de Justicia de las Comunidades Europeas de conformidad con el artículo 234 CE*"

[726] Y en la cual deben verse excluidos las Autoridades Nacionales de Competencia y los órganos jurisdiccionales nacionales que hayan sido designados como autoridad de Competencia de un país miembro, tal y como lo recoge el Numeral 2 de la *Comunicación relativa a la cooperación entre la Comisión y los órganos jurisdiccionales*. Caso en el cual se le da prioridad a su categoría de autoridad protectora del interés general, y se rigen sus actuaciones de cooperación también por la *Comunicación sobre la cooperación en la red de autoridades de competencia*.

[727] Tema que ha generado varios debates en razón a la obligación que tienen los órganos jurisdiccionales nacionales de presentar una cuestión prejudicial, según lo expuesto por la Jurisprudencia del Tribunal de Justicia de las Comunidades Europeas, cuando su fallo contradiga una disposición de la Comisión. Siendo las razones del conflicto la falta de coherencia que aporta el mencionado Tribunal al ser muy pocos los pronunciamientos al respecto, el poder absoluto que ha tenido la Comisión en su labor de aplicación, y la inmensa carga que puede significar para el Tribunal una avalancha de cuestiones prejudiciales que irían en detrimento del eficaz funcionamiento del sistema. ORTIZ BLANCO, Luis y LEÓN JIMÉNEZ, Rosario, "Reforma Revolucionaria de la aplicación del Derecho de competencia comunitario: análisis y comentario", en *Derecho de la Competencia Europeo y Español*, Coordinadores ORTIZ BLANCO, Luis y LEÓN JIMÉNEZ, Rosario, Editorial Dykinson, Madrid, 2003, Pág. 8.

Resaltando, que el órgano debe ser interno y que independientemente de su naturaleza positiva, debe tener una existencia, organización y competencias permanentes; se haya constituido válidamente conforme a su legislación nacional; tenga atribuidas competencias vinculantes; esté sometido, en virtud de normas concretas y obligatorias a un procedimiento contradictorio y resuelva las controversias aplicando normas jurídicas[728].

A lo que a renglón seguido, y encontrándose dicho órgano inmerso en el panorama de cumplimiento de los parámetros enunciados previamente, se le añadió como requisito, que al mismo se le hubiese conferido la capacidad de aplicar la normativa *antitrust* comunitaria, para cumplir completamente con los fundamentos expresados en el numeral 1 de la Comunicación en desarrollo.

De cumplir con los parámetros descritos, queda claro que el órgano jurisdiccional se ve investido por unas facultades de aplicación, que le empoderan en gran proporción, pero a la par, incluso, le restringen, a seguir una senda trazada por una Autoridad de mayor relevancia en el tema que atañe, como lo es la Comisión; ya que como se verá en apartados posteriores, hay cierto nivel de subordinación de los jueces a la máxima Autoridad comunitaria, toda vez que esta última, como eje principal de la formulación de la Política comunitaria de competencia, no puede entregar las potestades fruto de esa posición a los jueces nacionales de los países miembros, pues aquello resultaría tanto inconveniente como peligroso[729].

De su cargo se infiere que en las oportunidades en las cuales la protección del interés y orden público así lo ameriten, la Comisión debe adoptar decisiones de carácter declarativo con el fin de dilucidar el papel de la normativa y garantizar su aplicación, incluso cuando de una situación de inaplicabilidad de los artículos 101 y 102 se tratase[730].

---

[728] Al respecto lo enunciado por MELLADO RUIZ, Lorenzo, "La Cuestión prejudicial comunitaria y su interposición por órganos administrativos nacionales", en *Panorama Jurídico de las Administraciones Públicas en el Siglo XXI*, Coedición del Instituto nacional de administración pública y el Boletín Oficial del Estado, Madrid, 2002, Pág. 900.

[729] Las variaciones comprendidas en el Reglamento 1/2003, se basan en gran medida, en la liberación de esta autoridad, la cual debe ser perseguida mas allá de la vigencia especifica de la normativa comunitaria. Siendo necesario, proteger en múltiples circunstancias este principio, cuidando que su flujo de trabajo nunca iguale los niveles que abordaba con antelación a la reforma. PACE, Lorenzo Federico, *Derecho Europeo de la Competencia. Prohibiciones antitrust, control de concentraciones y procedimientos de aplicación*, Marcial Pons, Madrid, Barcelona, 2007, Pág. 272.

[730] En particular con respecto a los nuevos tipos de acuerdos o prácticas que no han sido establecidos ni desarrollados en la Jurisprudencia y en la práctica administrativa. MÜLLER, Felix, "The New Council Regulation (EC) No. 1/2003 on the Implementation of the Rules on Competition", en *German Law Journal*, Volumen 5, N° 6, 2004, Pág. 727.

Acerca de la de la declaración de inaplicabilidad, cabe decir que es la misma una declaración negativa que si tiene sustento jurisprudencial en ciertos pronunciamientos, entre los cuales se resalta el fallo *Anne Marty SA Vs. Estée Lauder SA* en su numeral décimo.

Los Jueces deben adecuar sus poderes a las políticas de la Comisión, generando un panorama en el cual se erige como forzosa la puesta en marcha de mecanismos de colaboración, que actualmente, y en parte gracias a las aclaraciones y ahondamientos realizados por el Reglamento 1/2003, la *Comunicación relativa a la cooperación entre la Comisión y los órganos jurisdiccionales* y la reforma en general, permiten afirmar que los Tribunales y Jueces nacionales están más capacitados para aprovechar los instrumentos puestos a su disposición para armonizar sus actuaciones y resoluciones con las de otros *Enforcement Bodies* de carácter administrativo[731].

Desconocer el beneficio que trae dicha realidad, es obstinado y equivocado, como también puede serlo acceder a interpretar que la implementación de principios en pro de la armonía del sistema, el establecimiento de instrumentos cooperativos y de mecanismos de control de las actuaciones de los Jueces, por resultar más complejas que las realizadas solo entre autoridades de carácter administrativo, puedan llegar a ser sustento de la inviabilidad y dificultad en la aplicación de las normas *antitrust* por parte de los Jueces, ya que a pesar de reconocerse como una empresa de mayor envergadura, la misma, creo, cuenta con todos los instrumentos necesarios otorgados por una reforma ambiciosa, estructurada para permitir llevar a buen puerto las iniciativas por ella emprendidas.[732].

Es por todo lo anterior que se concluye, que olvidar la evidente aportación y realidad de la reforma, así como no reconocerla como instrumento de evolución suficientemente sustentado en la jurisprudencia, puede ser interpretado como el deseo a retroceder a problemáticas previas que entre otros aspectos están en capacidad de perjudicar a los particulares, y de fraccionar la interpretación de cada uno de los apartados de los artículos 101 y 102, que según lo establecido por el Reglamento 1/2003, no puede ser segmentada.

La Reforma en general, en lo que a aplicación privada se refiere, a pesar de los múltiples cambios que presumiblemente requerirá en razón del dinamismo de las relaciones que suscita su aplicación, es un logro que no puede ser desconocido, y que al contrario debe ser aplaudido pues le ha venido a dar respuestas a inquietudes que el mismo mercado y la misma realidad se habían planteado. Siendo entonces un producto, fruto de la modernización de un modelo que hace mucho tiempo daba muestras de cansancio, que si es correctamente enfocado, y coherentemente implementado por la Comisión de la mano de los poderes extraordinarios con los cuales cuenta, seguramente estará envuelto en términos de eficiencia y efectividad.

---

[731] Tema a desarrollar en apartados siguientes de este capítulo.

[732] En la misma tónica y en defensa de la posición de aplicación de los Jueces, así como en desacuerdo con aquel sector de la doctrina que alega ilicitud del artículo 6 del Reglamento 1/2003, SCHAUB, Alexander, "Modernization of EC competition law: Reform of regulation N° 17", en *Fordham International Law Journal*, N° 23, 1999, Págs. 765 a 770.

(B) El afianzamiento de la tarea jurisdiccional en España.

Conforme han sido puestos en manifiesto los fundamentos principales que han permitido a nivel comunitario la implementación real del *private enforcement* como complemento de un sistema europeo propenso a la protección de la aplicación pública, se cree esencial igualmente la exposición de dichos aspectos puntuales, ahora en el caso español, toda vez que resulta necesario plantear un marco estructural en el cual se muestre la implementación real de la aplicación privada en por lo menos uno de los países miembros de la comunidad y su convivencia con un engranaje público mucho más asentado, para de tal forma ahondar en apartados posteriores, acerca de las condiciones que se generan, tanto para las Autoridades administrativas, como para las autoridades jurisdiccionales, en base a la coexistencia del Derecho nacional y el comunitario de libre competencia.

Es exactamente en la coexistencia nombrada, donde se han suscitado las mayores incongruencias en España[733], en razón de un recorrido que llama la atención por ser paradójico, puesto que los Jueces españoles se han visto atados de manos durante más tiempo para llevar a cabo la aplicación de las normas de libre competencia internas que las comunitarias.

Ya es consabido y largamente desarrollado en el presente trabajo, que la aplicación de las normas *antitrust* en Europa y en los países miembros de la comunidad, donde se incluye a España, ha sido tradicionalmente de corte público, y que por lo tanto la función de los Jueces ha estado mayoritariamente relegada a las actuaciones de las Autoridades administrativas.

Así las cosas, en España durante mucho tiempo, fueron este tipo de autoridades las que aplicaron tanto la normativa de libre competencia comunitaria, como la nacional, relegando a los Jueces a cumplir una función secundaria en ciertos tramos, o a verse supeditados por una declaración de infracción realizada por un *Enforcement Body* de corte administrativo que daba inicio a su participación en la labor de aplicación de las normas *antitrust*[734].

---

[733] En clara crítica de la coexistencia de la normativa española de libre competencia y la comunitaria, un sector de la doctrina que cree que en razón de la consolidación del mercado único ya no resulta tan lógico y coherente que cada uno de estos Derechos (Español y Comunitario), se encargue de controlar conductas que afectan su territorio, máxime cuando el comercio comunitario se ve afectado siempre sin importar el alcance o lugar donde se suscite o genere sus efectos, y el Derecho comunitario es de aplicación preferente. ALONSO SOTO, Ricardo, "Las relaciones entre los derechos comunitario europeo y español de la competencia", en *Tratado de Derecho de la Competencia. Unión Europea y España*, Directores BENEYTO PÉREZ-CERDÁ, José María; MAILLO GONZÁLEZ ORÚS, Jerónimo, Editorial Bosch, Madrid, 2005, Tomo 1, Págs. 64 y siguientes.

[734] O bien para declarar los efectos jurídicos que se suscitaban en razón de la infracción, o bien para aplicar indirectamente la normativa de libre competencia por medio de la revisión de las decisiones tomadas por las autoridades de corte administrativo. Siendo siempre necesaria la declaración de una autoridad administrativa, como así lo establecía el numeral 2 del artículo 13 de la Ley 16/1989 en lo que respecta a la acción de resarcimiento por daños y perjuicios en los siguientes términos: "*2. La acción de resarcimiento de daños y perjuicios, fundada en la ilicitud de los actos prohibidos por esta Ley, podrá ejercitarse por los que se consideren perjudicados, una vez firme la declaración en vía administrativa y, en su caso, jurisdiccional. El régimen sustantivo y procesal de la acción de resarcimiento de daños y*

España, por un largo periodo, fue evasiva de la posibilidad de que los Jueces nacionales aplicaran la normativa de libre competencia, tanto comunitaria como nacional, como así puede verse en lo que ha venido a definirse como la doctrina "CAMPSA", la cual tiene como fuente la sentencia del mismo nombre del Tribunal Supremo Español[735], de 30 de Diciembre de 1993[736], donde se establecieron pautas que dejaron claro, que para aquel momento, los Jueces no tenían competencia para aplicar las normas *antitrust* comunitarias (y por consiguiente mucho menos las nacionales)[737], y que en todos los casos debían esperar un pronunciamiento de la autoridad administrativa acerca de la transgresión, impidiéndoles así que pudiesen hacer declaraciones sobre los daños y perjuicios[738].

---

perjuicios es el previsto en las leyes civiles.", lo que fue reafirmado por el Libro Blanco para la Reforma del Sistema Español de Defensa de la Competencia en su numeral 61: *" (...) solo es posible solicitar la nulidad y los daños y perjuicios derivados de un acto o acuerdo anticompetitivo tras acudir previamente a los órganos administrativos, con competencia exclusiva para la declaración de la existencia de conducta prohibida, (...)".* También ESTUPIÑAN CACERES, Rosalia, "El resarcimiento de daños y perjuicios derivados de ilícitos *antitrust*: problemática que plantea y posibles soluciones", en *Gaceta Jurídica de la Unión Europea y de la Competencia*, N° 230, 2004, Pág. 66.

[735] La cual es claro resultado de una interpretación equivocada de la sentencia del Tribunal de Justicia de las Comunidades Europeas *BRT Vs. SABAM*, pues en ella el Tribunal Supremo exigió los mismos requisitos procedimentales que se exigían en la Ley 16/1989 para reclamar daños y perjuicios, solo cuando existiera una declaración en firme en vía administrativa, también para las reclamaciones por infracciones de los art. 81 y 82 TCE (actuales 101 y 102), negando el efecto directo de los mencionados artículos.

[736] A la cual se unen la Sentencia UIP de 4 de Noviembre de 1999 y la Sentencia Nissan de 30 de Noviembre de 1999, en las cuales se hacían extensivos los parámetros esgrimidos por la sentencia CAMPSA, impidiendo a los Jueces pronunciarse sobre el pacto desde la óptica civil sin previa decisión de las Autoridades administrativas. Parámetros que igualmente tuvieron eco en algunos pronunciamientos del Tribunal de Defensa de la Competencia y que incluso sorprenden por profundizar en el inconveniente en mayor medida que la sentencia originaria de esta doctrina, pues en CAMPSA se aceptaba la aplicación incidental judicial en casos donde se buscase la declaración de nulidad, pero en UIP no se aceptaba dicha óptica y propendía porque incluso en estos casos fuera de obligado cumplimiento el pronunciamiento previo de una autoridad administrativa. Desarrollan el tema y en mayoría se decantan porque la declaración de nulidad no necesitase del pronunciamiento previo del órgano administrativo (aunque con matices), FERNANDEZ VICIEN, Cani, "La Eficiencia Real del Derecho de la Competencia: la indemnización de los daños causados", en *La Modernización del Derecho de la Competencia en España y la Unión Europea*, Directores MARTINEZ LAGE, Santiago y PETITBO, Juan, Marcial Pons, Madrid-Barcelona, 2005, Pág. 179; MARTINEZ LAGE, Santiago, "La aplicación del Derecho de la Competencia por los Tribunales ordinarios", en *Gaceta Jurídica de la Comunidad Europea y de la Competencia*, 1994, B-97, Pág. 3; PEÑA LOPEZ, Fernando, *La responsabilidad civil y la nulidad derivadas de la realización de un ilícito antitrust (aspectos procesales y sustantivos de las acciones civiles en el Derecho a la Defensa de la Competencia)*, Comares, Granada, 2002, Pág.53. También exponen el tema y sus orígenes, PETITBO JUAN, Amadeo y BERENGUER FUSTER, Luis, "La aplicación del Derecho de la Competencia por órganos jurisdiccionales y administrativos", en *Anuario de la Competencia*, N° 1, 1998, Págs. 45 y siguientes.

[737] Fundamentos de Derecho número 2 y 3 de la Sentencia "CAMPSA".

[738] La doctrina generada en este fallo causó que por varios años fueran pocas las reclamaciones de reparación de daños y perjuicios por incumplimiento de las normas de Defensa de la Competencia. Pocas veces se concedía resarcimiento por los daños y perjuicios causados y en asuntos puntuales las reclamaciones se basaron en la Ley de Competencia Desleal de 1991. Sobre los parámetros que envolvieron la sentencia BROKELMANN, Helmunt, "Conflictos y soluciones en la administración paralela administrativa y judicial", en *La Modernización del Derecho de la Competencia en España y la*

A pesar de la reticencia, España fue obligada a ceder ante los parámetros que se establecían en Europa, los cuales fueron nombrados en apartados anteriores[739], y que comprendían una dignificación a los Jueces como garantes de la efectividad de las normas de libre competencia, generando que poco a poco se vieran complementados por fallos a nivel interno que propendían por la superación de la doctrina CAMPSA[740].

No fue hasta la aparición de la sentencia DISA, de 2 de junio de 2000[741], cuando se otorgaron nuevas conclusiones al debate[742], pues en el caso se invocó la nulidad de un contrato por incluir cláusulas contrarias al numeral primero del artículo 81 del Tratado de las Comunidades Europeas. El Tribunal Supremo se declaró competente para determinar la nulidad del contrato litigioso como Juez nacional de un Estado miembro que debe aplicar el ordenamiento comunitario, donde se veían incluidos también los art.

Unión Europea, Directores MARTINEZ LAGE, Santiago y PETITBO, Juan, Marcial Pons, Madrid-Barcelona, 2005, Pág. 96.

[739] Y que resaltaban que a nivel comunitario, las normas inmersas en los artículos 101 y 102 del Tratado de Funcionamiento de la Unión Europea tenían la categoría de normas de orden público con efecto directo, y que eran susceptibles de generar una evolución en el sistema de aplicación favoreciendo la participación de los Jueces nacionales. Todos ellos fundamentos que no estaban siendo respetados u acogidos por la Jurisprudencia Española integrante de la doctrina CAMPSA. FERNANDEZ VICIEN, Cani, "La judicialización del Derecho comunitario de la competencia", en *Anuario de la Competencia*, N° 1, 2001, Pág. 194.

[740] Tales como las Sentencias del Tribunal Supremo DISA, de 2 de Junio de 2000, Mercedes Benz, de 2 de Marzo de 2001 y Petronor, de 15 de Marzo de 2001. Igualmente las acotadas por EIZAGUIRRE, José María de, *Derecho Mercantil*, cuarta edición, Thomson Civitas, 2005, Pág. 349, donde resaltan las del Tribunal Supremo de 24 de Junio de 2002, de 27 de Julio de 2003, de 18 de Septiembre de 2003, de 23 de Diciembre de 2004, de 22 de Junio de 2006, de 3 de Octubre de 2007 y algunas de Audiencias Provinciales como la de Valencia, de 17 de Octubre de 2001, y de Girona de 10 de Junio de 2004. También las resaltadas por otro sector de la doctrina, que pone relieve en la valentía e innovación que es posible entrever en algunas sentencias de Tribunales distintos al Supremo alrededor de España. Nombra aquellos fallos FERNANDEZ LOPEZ, Juan Manuel, "Aplicación jurisdiccional de los artículos 85.1 y 86 del TCEE y de las normas internas de competencia", en *Anuario de la competencia*, 1997, Págs. 215 y siguientes. Siendo todas ellas manifestaciones de la competencia real que debe consolidarse a favor de los Jueces para aplicar directamente la normativa *antitrust* y sus derivados.

[741] Un análisis completo del fallo en ARROYO APARICIO, Alicia, "Aplicación de la normativa protectora de la libre competencia: La STS (Sala primera) de 2 de Junio de 2000", en *Aranzadi Civil: Revista Doctrinal*, N° 3, 2001, Págs. 2201 a 2253. Igualmente en COSTAS COMESAÑA, Julio, "En torno al sistema español de aplicación compartida del Derecho de Defensa de la Competencia (Comentario a la STS de 2 de Junio de 2000), en *Actas de Derecho Industrial y Derechos de Autor*, Tomo 21, 2000, Págs. 231 a 250.

[742] Especialmente en su fundamento de Derecho número 6 donde expresa que en lo que a relaciones entre particulares se refiere, los Jueces nacionales deben estar facultados para aplicar el que era en su momento el artículo 85, en su apartado 6. Igualmente destacable con antelación a la sentencia DISA, algún fallo que había "desafiado" todo el poderío administrativo que ya estaba implementado incluso bajo la normativa anterior a la Ley 16/1989, de la Ley 110/1963, de 20 de Julio, de represión de prácticas restrictivas de la competencia. Tal y como lo fue la sentencia de la Sala de lo Civil del Tribunal Supremo, de 31 de Diciembre de 1979, 4713/1979, en la cual el Tribunal Supremo aplicó la normativa de competencia vigente, la cual le sirvió de sustento para declarar la nulidad del contrato por ilicitud de su causa y por contrariar el orden público; todo ello a pesar de que el Tribunal de Defensa de la Competencia ya se había pronunciado al respecto.

81 y 82 del mencionado tratado[743], dejando abierta la aplicación directa de los artículos que forman la normativa *antitrust* comunitaria, pero esclareciendo que los art. 1 y 6 de la ley de Competencia de 1989[744] solo podían ser aplicados directamente para declarar la nulidad[745] pero no para reclamar daños y perjuicios[746].

La Sentencia enunciada y el grupo de fallos que siguieron su doctrina[747], fueron los pilares de la estructuración de todo un sistema por el cual a los Jueces españoles, les resultaría con el pasar del tiempo, más sencillo y eficaz el proceso de compenetración con los *Enforcement Bodies* comunitarios[748].

---

[743] Sentencia DISA, Fundamento de Derecho número 6.

[744] Acerca de la aplicación bajo el amparo de esta norma, SANCHO GARGALLO, Ignacio, "Ejercicio privado de las acciones basadas en el Derecho comunitario y Nacional de Competencia", en *Indret: Revista para el análisis del Derecho*, N°1, 2009, Págs. 5 y siguientes. El documento está disponible para consulta en: http://www.indret.com/pdf/619_es.pdf.

[745] Aunque en algunos pronunciamientos continuaron defendiendo que la previa declaración de la infracción, realizada mediante un acto administrativo de la autoridad de competencia competente, era necesaria, y requisito esencial que marcaba el inicio de la participación del Juez. Como así puede verse en el Auto de la Audiencia Provincial de Madrid de 15 de Septiembre de 2003.

[746] Esta sentencia amplía la óptica del marco de actuación de los Jueces, pues no solo abre la posibilidad de aplicación directa de las normas de libre competencia comunitarias por parte de los Jueces, sino que también sirve de sustento para que los Jueces aplicasen la normativa Española *antitrust* conforme se le diera una interpretación de acuerdo a la normativa y Derecho Comunitario, como lo resalta ARROYO APARICIO, Alicia, "Aplicación de la normativa protectora de libre competencia", en *Aranzadi Civil: Revista doctrinal*, N° 3, 2001, Págs. 2201 a 2253. Al respecto la Sentencia de la Audiencia Provincial de Valencia de Junio de 2.003, Asunto Petrogal Española: *"Segundo. (...) De lo dicho en el apartado anterior se desprende que el contrato debe ser declarado nulo de pleno derecho por su incompatibilidad con el Derecho Comunitario y, en último extremo, por aplicación del art. 1.2 de la Ley de Defensa de la Competencia interpretado según el Derecho Comunitario".* Así también la sentencia del juzgado de primera instancia N° 3 de Madrid, 180/2005 de 29 de Julio donde se puede leer: *"(...) el principio de interpretación conforme conllevaría a la misma conclusión, ya que en cualquier caso sería aplicable al contrato litigioso el artículo 1.2 de la Ley Española de Defensa de la Competencia interpretada de acuerdo con las normas del Derecho Comunitario",* la cual se ve complementada por la sentencia de 30 de Octubre de 2006 del Juzgado de lo Mercantil N° 1 de Madrid. Igualmente las consideraciones al respecto realizadas en CREUS CARRERAS, Antonio, *Código de Derecho de la Competencia,* La Ley, Madrid, 2006, Pág. 405.

[747] Así por ejemplo las sentencias del Tribunal Supremo: 202/2001 de 2 de Marzo de 2001, 232/2001 de 15 de Marzo de 2001, 631/2006 de 22 de Junio de 2006, y 567/2009 de 30 de Julio de 2009. De igual forma las sentencias de la Audiencia Provincial de Madrid: 10/2004 de 26 de Enero de 2004, 3494/2004 de 2 de Junio de 2004, 358/2004 de 7 de Junio de 2004, 423/2004 de 23 de Junio de 2004, 42/2005 de 31 de Enero de 2005, 27/2007 de 31 de Enero de 2007, 226/2007 de 13 de Diciembre de 2007, 618/2007 de 18 de Diciembre de 2008, 750/2007 de 28 de Diciembre de 2007. De Juzgados de lo Mercantil: N° 2 de Madrid: 14/2005 de 22 de Marzo de 2005, N° 1 de Madrid: recurso 39/2004 de 7 de Marzo de 2006, N° 1 de Madrid: Recurso 16/2005 de 12 de Junio de 2006, N° 2 de Madrid: 91/2007 de 27 de Junio de 2007, N° 6 de Madrid: 477/2007 de 29 de Julio de 2007, N° 2 de Madrid: 104/2007 de 3 de Septiembre de 2007, N° 2 de Bilbao: 22/2007 de 22 de Febrero de 2007.

[748] Acerca del recorrido de la aplicación judicial hasta el año 2002 y un especial énfasis en la influencia jurisprudencial del grupo de fallos que superaron la doctrina CAMPSA, en FERNANDEZ VICIEN, Cani y GONZALEZ ESPEJO, Paloma, "Actions for damages base don EC competition law. New case law on direct applicability of articles 81 and 82 in Spanish civil courts", en *Int'l Business Law*, Volumen 31, N° 175, 2003, Págs. 175 y siguientes.

Se reitera la incongruencia que entre líneas se percibe en el recorrido, la cual se basó en que durante algún tiempo los Jueces españoles estuvieron posibilitados para aplicar la normativa de libre competencia comunitaria, pero imposibilitados para aplicar la interna, estando paradójicamente facultados para determinar si una conducta resultaba ser una transgresión a las normas *antitrust* comunitarias y para establecer los efectos de dicha infracción[749], e incapacitados para realizar dicho estudio conforme a la normativa española que le obligaba a esperar a que una autoridad administrativa declarara la contravención[750].

Al Tribunal de Defensa de la Competencia y al Servicio de Defensa de la Competencia, se les unieron las Autoridades Autonómicas de Competencia como autoridades facultadas en España para llevar a cabo la aplicación del Derecho interno de libre competencia, otorgando un papel menor que el secundario a los Jueces, quienes solo en razón de la aparición del Reglamento 1/2003, y del artículo 86 ter de la Ley Orgánica del Poder Judicial se vieron en posibilidad de aplicar el Derecho comunitario *antitrust*, pero no el español[751].

La situación que se generó en el tiempo comprendido entre la aparición del Reglamento 1/2003 y la aparición de la reforma a la Ley 16/1989, y en específico de la Ley 15 de 2007, fue paradójica en toda regla. La incapacidad de los Jueces para aplicar

---

[749] Así a pesar, la consolidación del poder de aplicación de las normas *antitrust* comunitarias, no le significaba a los Jueces realizar dicha labor de forma directa y sin la verificación de ciertos aspectos esenciales, toda vez que en todos los casos, para llevar a cabo la aplicación, debía y debe ser previamente corroborada la afectación que genera la conducta al mercado intracomunitario y por lo tanto la ilicitud de la conducta. Como así puede verse en las siguientes sentencias: del Juzgado de lo Mercantil N° 1 de Madrid: de 7 de Marzo de 2006, recurso 39/2004; de 23 de Mayo de 2006, procedimiento 42/2005; de 12 de Junio de 2006, recurso 16/2005 Del Juzgado de lo Mercantil N° 2 de Madrid: de 27 de Julio de 2007, 91/2007; de 3 de Septiembre de 2007, 104/2007. Del Juzgado de lo Mercantil N° 3 de Madrid: de 29 de Septiembre de 2006, 278/2006. Del Juzgado de primera instancia N° 3 de Madrid: de 29 de Julio de 2005, 189/2005. De la Audiencia Provincial de Madrid: de 16 de Noviembre de 2006, 174/2006; de 27 de Octubre de 2006, 162/2006; de 6 de Febrero de 2007, 29/2007 y de 7 de Junio de 2007, 126/2007.

[750] FERNANDEZ VICIEN, Cani, "La Eficiencia Real del Derecho de la Competencia: la indemnización de los daños causados", en *La Modernización del Derecho de la Competencia en España y la Unión Europea*, Directores MARTINEZ LAGE, Santiago y PETITBO, Juan, Marcial Pons, Madrid-Barcelona, 2005, Pág. 173, pues sobre entiende de la lectura normativa que *"(...) La declaración de ilicitud por parte del TDC se erige así como condición de procedibilidad para poder acudir a la jurisdicción civil".*

[751] Reforma realizada a la Ley Orgánica del Poder Judicial, 6/1985, de 1 de Julio, por medio de la Ley Orgánica 8/2003, de 9 de Julio, la cual anexó el artículo nombrado (86 ter) en el que se podía leer en el literal f de su numeral 2 que los juzgados de lo mercantil conocerían: *"De los procedimientos de aplicación de los artículos 81 y 82 del Tratado constitutivo de la Comunidad Europea y su derecho derivado, así como los procedimientos de aplicación de los artículos que determine la Ley de Defensa de la Competencia."* Durante su vigencia y hasta la aparición de la reforma que supuso la LDC del año 2007, *"(...) las denuncias por la infracción de las normas comunitarias de competencia iban a los juzgados de lo mercantil que aplicaban los artículos 81 y 82 en su integridad, por el contrario si se trataba de aplicación de la norma española continuaba la situación anterior en que los Jueces, en este caso el civil de primera instancia, podían declarar la nulidad de contratos en base al artículo 1.2 de la LDC pero no aplicar el artículo 1.3 LDC".* GONZALEZ LOPEZ, María Jesús, "La aplicación privada de las normas de competencia en España y su regulación en la Ley 15/2007", en *Actas de Derecho Industrial*, N° 28, 2007-2008, Pág. 270.

el Derecho interno fue en aquella época altamente criticada por algunos doctrinantes, quienes entendían que la doctrina CAMPSA que regía el tema aunque con los matices de DISA (que defendían debían ser traspuestos en lo referido al campo comunitario al nacional), hacía referencia a otro momento histórico, bajo los parámetros de una norma ya extinta que debía dejarse atrás, y que debía dar paso a una interpretación que favoreciera la participación de los Jueces[752].

En esa tónica, no fueron pocos los que defendieron que la Ley 16/1989 establecía una posibilidad y no una obligación para los que se "considerasen perjudicados", y que por lo tanto no existiendo un precepto que condicionara a las presuntas víctimas a direccionar sus pretensiones en una primera fase a una autoridad administrativa, ya que la palabra "podrá" de ninguna forma podía ser interpretada como "deberá", los particulares debían estar en capacidad de dirigirse al Juez no solo para que delimitara las condiciones de la indemnización, sino también para que declarara la infracción[753].

Los intentos puestos en marcha para que los Jueces no se viesen atados por pronunciamientos de la autoridad administrativa, no terminaron ahí, ya que muchos creyeron que mas allá de que el artículo 13 de la Ley 16/1989 imposibilitara la labor directa de aplicación de los órganos jurisdiccionales nacionales, estos últimos podían verse liberados de dicha "coerción" cuando se basaran las intenciones compensatorias en la Ley de Competencia Desleal que otorgaba esa posibilidad; o simplemente dándole al requisito inmerso en el artículo mencionado una interpretación de prejudicialidad y no de procedibilidad en razón de la cual no se prohibía que los Jueces conocieran del asunto sin disposición administrativa previa, sino que se pretendía que el proceso judicial se suspendiera hasta tanto no se adoptara una decisión sobre la transgresión por parte de la autoridad administrativa[754].

---

[752] DE LA VEGA GARCIA, Fernando, *Responsabilidad civil derivada del ilícito concurrencial, resarcimiento del daño causado al competidor,* Civitas, Madrid, 2001, Pág. 354; FERNANDEZ VICIEN, Cani, "La Eficiencia Real del Derecho de la Competencia: la indemnización de los daños causados", en *La Modernización del Derecho de la Competencia en España y la Unión Europea,* Directores MARTINEZ LAGE, Santiago y PETITBO, Juan, Marcial Pons, Madrid-Barcelona, 2005, Pág. 176.

[753] De esta opinión, ALONSO GARCIA, Ricardo, "La aplicación de los artículos 85 y 86 del Tratado CEE por órganos administrativos y judiciales españoles", en *Revista de Instituciones Europeas,* Volumen. 17, N° 2, 1990. Págs. 473 y siguientes; FERNANDEZ LOPEZ, Juan Manuel, "Aplicación jurisdiccional de los artículos 85.1 y 86 del TCEE y de las normas internas de competencia", en *Anuario de la competencia,* 1997, Pág. 231; DE LA VEGA GARCIA, Fernando, *Responsabilidad civil derivada del ilícito concurrencial, resarcimiento del daño causado al competidor,* Civitas, Madrid, 2001, Pág. 354; PEÑA LOPEZ, Fernando, *La responsabilidad civil y la nulidad derivadas de la realización de un ilícito antitrust (aspectos procesales y sustantivos de las acciones civiles en el Derecho a la Defensa de la Competencia),* Comares, Granada, 2002, Pág. 66; FERNANDEZ VICIEN, Cani, "La Eficiencia Real del Derecho de la Competencia: la indemnización de los daños causados", en *La Modernización del Derecho de la Competencia en España y la Unión Europea,* Directores MARTINEZ LAGE, Santiago y PETITBO, Juan, Marcial Pons, Madrid-Barcelona, 2005, Pág. 176.

[754] Esta forma de interpretar lo dispuesto en el artículo 13 es resaltada por RODRIGUEZ DIAZ, Isabel, "El ilícito *antitrust* como ilícito desleal. El resarcimiento de daños y perjuicios", en *Gaceta Jurídica de la Unión Europea y de la Competencia,* N° 228, Noviembre/Diciembre 2003, Págs. 33 a 41, quien enuncia el sector doctrinal adepto a esta corriente, así como fallos jurisprudenciales que lo soportan, tales como la sentencia de la Audiencia Provincial de Baleares de 21 de Febrero de 2003 y la de la Audiencia Provincial de Guipúzcoa de 4 de Septiembre de 2001. En sus consideraciones, la autora se centra también en exponer que sin importar la normativa invocada (LDC o LCD), los inconvenientes

A pesar del debate, había una imposibilidad real de los Jueces a aplicar la normativa *antitrust* española, generando una búsqueda emprendida por las empresas, los particulares y las víctimas, de aprovechar, solicitando la aplicación de la normativa comunitaria y no de la española, los beneficios que se percibían en la aplicación privada[755], ya que se entendía que la resolución del asunto sería más rápida y eficaz en razón de que solo un *Enforcer,* como lo es el Juez, pudiese conocer del caso, declarar la infracción y los efectos jurídicos de la misma[756]. Contrastando así con la necesaria participación dual que se suscitaba cuando la solicitud de aplicación se realizaba respecto a la normativa española, pues en tal circunstancia el Juez nacional solo podía participar una vez hubiese sido declarada la infracción por parte de una autoridad administrativa[757].

---

seguirían sucediéndose toda vez que en cualquier caso el Juez tendría que decidir si era competente para aplicar directamente la normativa *antitrust*, o si por el contrario necesitaba de un pronunciamiento previo de la autoridad administrativa.

A pesar de la exposición de inconvenientes que se suscitarían a pesar de la invocación de la LCD, un sector la defendió por entenderla el mecanismo idóneo para garantizar la participación judicial. FERNANDEZ LOPEZ, Juan Manuel, "Aplicación jurisdiccional de los artículos 85.1 y 86 del TCEE y de las normas internas de competencia", en *Anuario de la competencia*, 1997, Pág. 228, y del mismo autor, "La Aplicación judicial en litigios privados", en *La Nueva Ley de Defensa de la Competencia, Análisis y comentarios*, Directores BENEYTO PÉREZ-CERDÁ, José María; MAILLO GONZÁLEZ ORÚS, Jerónimo, Coordinador ESPER, Mariano, Editorial Bosch, Madrid, 2009, Pág. 118.

[755] Que nacen en parte de las diferencias de enfoque entre las Autoridades administrativas de competencia y los Jueces, las cuales de forma más que clara, y en mi opinión, afortunada, fueron expuestas en la Sentencia de la Audiencia Provincial de Castellón, 54/2008, de 4 de Febrero.

[756] Aunque también permitido, si en dicho sentido versaba la solicitud del interesado, el llevar a cabo dos procesos, uno detrás del otro, siendo el primero ante la autoridad administrativa (Tribunal de Defensa de la Competencia), y el segundo ante el Juez español.

[757] Aspecto ampliamente criticado por algún sector de la doctrina que articuló las falencias que percibía en la participación previa de las Autoridades administrativas, las cuales fueron soporte de su erradicación, y que se basaban en el entendimiento de que la exigencia de pronunciamiento administrativo previo no tenia soportes suficientes, toda vez que no dejaba claro si solo de ciertas Autoridades administrativas debía nacer la disposición o si por el contrario podía venir de cualquiera con alguna atribución sobre competencia; perjudicando también a los interesados pues (i) existían ciertas situaciones en las cuales la Ley de competencia desleal permitía a las víctimas dirigirse directamente a los Jueces sin tener que pasar por la autoridad administrativa, impregnando inequidad el proceso, (ii) habían ciertas circunstancias que terminaban con una declaración administrativa de sobreseimiento de proceso y no referida a la existencia de la transgresión, imposibilitando la continuación en sede civil, (iii) de prescribir la acción administrativa no era posible dirigirse a sede civil; y en general, en razón de la dilatación común de un proceso que necesitaba de dos partes para configurarse. Sobre estas críticas, CREUS CARRERAS, Antonio, "La privatización del Derecho de la competencia", en *Gaceta Jurídica de la Unión Europea y de la competencia*, N° 200, 1999, Págs. 54 y siguientes; ESTUPIÑAN CACERES, Rosalia, "El resarcimiento de daños y perjuicios derivados de ilícitos *antitrust*: problemática que plantea y posibles soluciones", en *Gaceta Jurídica de la Unión Europea y de la Competencia*, N° 230, 2004, Pág. 68; FERNANDEZ LOPEZ, Juan Manuel, "Aplicación jurisdiccional de los artículos 85.1 y 86 del TCEE y de las normas internas de competencia", en *Anuario de la competencia*, 1997, Pág. 229; FERNANDEZ VICIEN, Cani, "La Eficiencia Real del Derecho de la Competencia: la indemnización de los daños causados", en *La Modernización del Derecho de la Competencia en España y la Unión Europea*, Directores MARTINEZ LAGE, Santiago y PETITBO, Juan, Marcial Pons, Madrid-Barcelona, 2005, Págs. 175 y siguientes y DE LA VEGA GARCIA, Fernando, *Responsabilidad civil derivada del ilícito concurrencial, resarcimiento del daño causado al competidor*, Civitas, Madrid, 2001, Pág. 347.

El acaecimiento del escenario expuesto, generó que la evolución jurisprudencial en torno a la normativa *antitrust* comunitaria fuera mayor que la nacional, pues el volumen de solicitudes en la última se vio restringido a ciertos asuntos y no obtuvo relevancia significativa en lo referente al tema que compete[758].

Siendo acuciante la aparición de una solución al panorama de incongruencias descrito, en la cual, entre otros aspectos, se implementara un medio que acercara las posturas de la normativa española y la comunitaria en lo referente a la posibilidad de los Jueces de lo mercantil de declarar una infracción y sus efectos sin ningún pronunciamiento administrativo previo, a algunos se les ocurrió que la solución tal vez no se encontraba en otorgar un poder de aplicación a los Jueces nacionales por medio de la regulación efectiva de dicha facultad[759], sino en asignar poderes extraordinarios a las Autoridades administrativas, en razón de los cuales estas últimas pudiesen solventar las inquietudes indemnizatorias de los diferentes agentes, sin necesidad de recurrir a un Juez.

Si bien era innovadora la propuesta, que según sus defensores generaría una certidumbre en el proceso de aplicación que le añadiría celeridad y efectividad al mismo, no se vieron generados dichos excedentes, toda vez que tras ser parcialmente traspuesta en la normativa española por medio de la inclusión del numeral 3 al artículo 13 de la Ley 16/1989, lo que verdaderamente se suscitó fue la estructuración de un proceso cada vez más complejo, que generaba más cargas para las Autoridades administrativas, las cuales no sobra decirlo, no son las encargadas naturales de solventar las pretensiones resarcitorias de las partes, ya que pueden llevar a la confusión temas diversos como el indemnizatorio y el sancionatorio en el cual tienen más experiencia por la imposición de multas que están acostumbradas a llevar a cabo[760].

No siendo suficiente esta y otras soluciones propuestas, pues no permitían al Juez dar el salto que le permitiese aplicar también la normativa *antitrust* española, la solución a este inconveniente continuó sin llegar, y cedió a la aparición de otras medidas que llegaron con antelación, las cuales fueron fruto de un proceso paralelo que

---

[758] Lo cual genera una influencia actualmente al analizar el bagaje jurisprudencial, toda vez que al desarrollar el tema de la aplicación judicial de las normas de libre competencia, las sentencias dejan entrever una mayor experiencia en el tema comunitario que en el nacional que permite que el estudio sea más estructurado y certero en el primero, tal vez en razón de la influencia ejercida por el Reglamento 1/2003, así como por las medidas propias que en busca de la modernización de dicha aplicación se han implementado.

[759] Pues en razón de la desconfianza que generaba la participación del Juez, se prefería estructurar soluciones alternas que solventaran el temor de muchos a que los particulares, los agentes económicos o similar, quisieran emplear la posibilidad de que un Juez dirimiera una controversia concurrencial, en búsqueda de esquivar la obligación de darle cumplimiento a los pactos contractuales por él adquiridos, o para restringirlos. Así por ejemplo puede verse en los siguientes fallos: Del Juzgado de lo Mercantil N° 2 de Madrid: 91/2007 de 27 de Junio de 2007 y 104/2007 de 3 de Septiembre de 2007; de la Audiencia Provincial de Madrid: 174/2006 de 16 de Noviembre de 2006 y 162/2006 de 27 de Octubre de 2006.

[760] URIA FERNANDEZ, Francisco, "Las consecuencias jurídico privadas de las conductas contrarias a la Ley de Defensa de la Competencia, aportaciones de la ley 52/1999, de 28 de Diciembre, de reforma de la ley de Defensa de la Competencia", en *Anuario de la Competencia*, N° 1, 1999, Págs. 186 y siguientes.

buscaba solventar otro tipo de conflictos[761], que con las nuevas posibilidades de aplicación de la normativa *antitrust* comunitaria por parte de los Jueces, eran más que probables.

Dichos conflictos claramente se suscitarían por la joven coexistencia de competencias, en razón de las cuales tanto un Juez de lo mercantil, como una autoridad administrativa de competencia en España[762] podían estar conociendo dentro de sus procesos de un mismo asunto, generando así disputas y contradicciones. Panorama que con el Real Decreto 2295/2004, de 10 de Diciembre, relativo a la aplicación en España de las normas comunitarias de competencia, se vio solventado toda vez que permitió establecer unos parámetros mínimos regulatorios para esa dualidad de competencias[763].

Ante una realidad latente que mostraba que las soluciones no tenían el talante y la envergadura necesaria, solo se pudo estabilizar realmente el sistema de aplicación de la normativa *antitrust* española y comunitaria realizada por los Jueces españoles, otorgándoles equivalencia, con la aparición de la Ley 15/2007, de 3 de Julio, de Defensa de la Competencia[764], pues permitía la generación de un panorama que afianzaba y planteaba una paridad real entre las competencias de los Jueces de lo mercantil para conocer de asuntos de libre competencia también a nivel interno[765], además que

---

[761] Que fueron puestos en manifiesto en el Libro Blanco para la Reforma del Sistema Español de Defensa de la Competencia, del cual se resaltan al respecto los numerales 12 por servir de enunciación a las debilidades que se percibían en el sistema, donde se lee: *"la duplicación de trámites del procedimiento y longitud de plazos hasta la firmeza de las resoluciones, la insuficiente delimitación de competencias con los reguladores sectoriales y la inadecuada imbricación de los planos administrativo y judicial."*, así como también los numerales entre el 68 y el 74, donde bajo el título Debilidades se realiza un detalle más específico al respecto.

[762] Que para dichos efectos y en el marco temporal expuesto, eran tanto el Tribunal de Defensa de la Competencia, como el Servicio de Defensa de la Competencia y las Autoridades Autonómicas de Competencia.

[763] Real Decreto que implementaba la colaboración y cooperación que debía regir las actuaciones de los *Enforcement Bodies* involucrados, las cuales se encontraban en disposiciones comunitarias de gran interés para el tema en mención y ya suficientemente expuestas como lo son el Reglamento 1/2003 y la *Comunicación relativa a la cooperación entre la Comisión y los órganos jurisdiccionales.*

[764] La disposición adicional primera de la norma citada reza: *"De los Juzgados de lo Mercantil. De acuerdo con lo dispuesto en el artículo 86 ter 2. Letra f de la ley orgánica 6/1985, de poder judicial, los juzgados de lo mercantil conocerán de cuantas cuestiones sean de la competencia del orden jurisdiccional civil respecto de los procedimientos de aplicación de los artículos 1 y 2 de la presente ley"*

[765] Ley 15/2007, disposición adicional primera: *De acuerdo con lo dispuesto en el artículo 86 ter 2. Letra f de la Ley orgánica 6/1985, del poder judicial, los Juzgados de lo Mercantil conocerán de cuantas cuestiones sean de la competencia del orden jurisdiccional civil respecto de los procedimientos de aplicación de los artículos 1 y 2 de la presente Ley.* Acerca de la normativa enunciada se ha realizado un análisis por parte de RODRIGUEZ SASTRE, Iñigo, "Ley 15/2007, de 3 de Julio, de Defensa de la Competencia. Disposición Adicional primera. De los juzgados de lo mercantil", en *Derecho Español de la Competencia: Comentarios a la ley 15/2007, Real decreto 261/2008 y ley 1/2002*, Director ODRIOZOLA ALEN, Miguel, Coordinadora IRISSARRY, Belén, Editorial Bosch, Barcelona, 2008, Volumen 2, Págs. 1177 y siguientes. Igualmente y en consonancia con la doctrina previamente enunciada y en crítica de algunos aspectos de la reforma, pues interpreta que no se otorga claridad acerca de la función de los juzgados de lo mercantil y los de primera instancia, añadiendo que acentuaba el inconveniente la no modificación del artículo 86 ter, numeral 2, literal f, que debía haberse generado con

aportaba luces acerca de muchas de las problemáticas que habían sido resaltadas en el Libro Blanco[766].

De esta forma los Jueces españoles de lo mercantil, se vieron facultados para conocer de un asunto de libre competencia nacional o comunitario sin necesidad de esperar ninguna disposición que tuviese como fuente a una autoridad administrativa[767], pudiendo declarar una conducta como transgresora de la normativa *antitrust*, ordenar el cese de la misma, declararla nula, así como establecer los efectos jurídicos de dicha actuación[768].

En cualquier caso, ya habiéndose dado pasos hacia la consolidación de facultades de aplicación en cabeza de los jueces en terreno español, el debate, tal y como se verá y desarrollará a profundidad en capítulos posteriores, se traslada, pues por si solos y de forma teórica, los poderes no garantizan un excedente en la aplicación de las normas *antitrust;* por lo que, el paso siguiente para darle una transposición práctica a la participación judicial, debe venir de la mano de la estructuración de instrumentos dispuestos para garantizar que los jueces de lo mercantil podrán ejercer efectivamente

---

la aparición de la disposición adicional primera, ARRIBAS HERNANDEZ, Alberto, *Comentario de la ley de Defensa de la Competencia*, Directores MASSAGUER, José, FOLGUERA, Jaime, SALA ARQUER, José Manuel y GUTIERREZ, Alfonso, Civitas, Madrid, 2008, Págs. 720 y siguientes. Así también COLOMER HERNANDEZ, Ignacio, "La tutela judicial de la Defensa de la Competencia", en *Derecho de la Competencia. Estudios sobre la ley 15 de 2007, de 3 de Julio, de Defensa de la Competencia*, Directores PAREJO ALFONSO, Luciano y PALOMAR OLMEDA, Alberto, La Ley, Madrid, 2008, Págs. 506 y siguientes. Quien resalta que la modificación de la norma enunciada era menester, para de tal manera no desconocer la posición del Juez ordinario en favor del mercantil.

[766] En razón de los avances mencionados y de la mayor experiencia que se tenía en la aplicación de las normas *antitrust* comunitarias, se implementó un sistema que se puede entrever en pronunciamientos donde, siguiendo una guía clara, los órganos jurisdiccionales nacionales delimitaron en orden: (i) el cumplimiento de los supuestos de aplicación de las normas *antitrust*, (ii) el estudio de la conducta en vías de calificarla como restrictiva de la competencia o no, (iii) la posible exención que cobija la conducta, (iv) la definición de los efectos jurídico privados de la actuación. Al respecto son de destacar las sentencias de la Audiencia Provincial de Madrid 750/2007 de 28 de Diciembre de 2007 y 174/2006 de 16 de Noviembre de 2006.

[767] En merced de la autonomía jurisdiccional fruto de haber interiorizado suficientemente, los objetivos que se buscan cumplir con la participación de los Jueces en las tareas de aplicación de las normas *antitrust*, siendo a saber: uno que hace referencia a la protección de los intereses privados involucrados en razón de la actuación transgresora, y otro que es consecuencia de aquel, como lo es el de dar garantía al correcto ejercicio mercantil. Sobre el tema muy pertinentes son las apreciaciones realizadas en la sentencia 22/2007 del Juzgado de lo Mercantil número 2 de Bilbao, de 22 de Febrero, en la cual se lee: "(es importante) *comprender que el triunfo de un resarcimiento derivado de la nulidad de conductas es lo único que puede acicatear a que los empresarios demanden dicha nulidad, y teniendo éxito su interés patrimonial frente al contrario, indirectamente defiendan el libre mercado"*.

[768] La competencia de los Jueces de lo mercantil se ha estructurado, en aras de que estos sean competentes para conocer de las disputas que se generen por la infracción a la normativa de libre competencia, y que pueden estar encaminadas o bien a declarar nulo un contrato o una parte del mismo, o bien a delimitar la responsabilidad de las partes en razón de la trasgresión. FERNANDEZ LOPEZ, Juan Manuel, "Aplicación judicial de la LDC: Visión crítica", en *La Ley 15/2007 de Defensa de la Competencia. Reflexiones sobre las principales novedades*, Director FERNANDEZ LOPEZ, Juan Manuel, Instituto de Derecho y Ética Industrial, Madrid, 2008, Pág. 291.

las atribuciones que les han sido concedidas, así como también que podrán adherirse con armonía al grupo de *Enforcement Bodies* del Derecho de la competencia.

II. La "cancelación" del requisito de notificación previa.

A pesar de que se han hecho múltiples esfuerzos para evitar debates alrededor de la nueva realidad "descentralizada", y muy a pesar de la iniciativa, que de forma paulatina y escalonada ha pretendido llevar a la práctica los cambios en la aplicación de las normas *antitrust*; la realidad, es que en Europa se perciben altos niveles de arraigo, por algunas figuras que en su momento, más que todo con cercanía a la ocasión en la que fueron instauradas, solventaron las inquietudes que presentaba la Defensa de la Competencia, exhibiendo estándares de eficiencia.

Dicha situación puede comprobarse tras la desaparición del requisito de notificación previa[769], que ha generado reacciones diversas en un importante sector de la doctrina, que ha entendido que gracias a dicha supresión, en la actualidad, se erige un sistema en el cual las conductas anticompetitivas son toleradas hogaño incluso en mayor proporción que antaño, pues hasta tanto no sean descubiertas y prohibidas pueden asentarse en el mercado generando distorsiones que con posterioridad difícilmente podrán ser remediadas[770]. Lo que a la larga, puede repercutir en una reducción de los niveles de efectividad y en una asignación de recursos evitables que si bien en teoría se desean eludir, en la práctica están en capacidad de implicar el mismo esfuerzo y la puesta en marcha de medios similares a los que requería la notificación.

Este sector añade, que la "liberación de recursos" de la Comisión, al ser abolida la notificación previa, no necesariamente configura la correcta asignación de los mismos al descubrimiento y desmantelamiento de conductas anticompetitivas, toda vez que nuevas circunstancias aparecen requiriendo la participación de la Comisión, tales como aquellas referentes al monitoreo, coordinación, consulta e intervención en procesos llevados por *Enforcers* de carácter nacional, entre los cuales ahora deben añadirse los Jueces, quienes aportan una proporción considerable, que en cuanto la aplicación privada se sitúe suficientemente en la cultura de los particulares, están seguros, desbordará las capacidades de la Autoridad Comunitaria de Competencia; máxime, cuando a dichas competencias deben ser añadidas aquellas en virtud de las cuales, la Comisión debe darle gestión a las solicitudes de expedición de cartas de orientación o a las de solventar

---

[769] Sobre el cual es llamativo acotar que se ha visto defendido con más ahínco tras su desaparición que durante su vigencia.

[770] De esta opinión, previa la aparición del Reglamento 1/2003, por entender que la realidad de la carga de trabajo aducida por la Comisión, en razón de la cual la Autoridad Comunitaria ponía de manifiesto agobio en sus labores, no era de la proporción que la Comisión quería hacer ver, son METSMÄCKER, Ernst-Joachim, "The EC Commission's Modernization of Competition Policy: a Challenge to the Community's Constitutional order", en *European Business Organization Law Review*, N°1, 2000, Págs. 410 a 412, así como también WOLF, Dieter, "Comment on the white paper on the reform of EC Competition Law", en *1999 Proceedings of the Fordham Corporate Law Institute*, Editor HAWK, Barry, E, Juris Publishing, Nueva York, 2000, Pág. 308.

la insistencia de las empresas de que sea declarada la inaplicabilidad a un asunto particular[771].

Además, creen que con el sistema actual las empresas inmersas en una investigación o proceso, pueden desmarcarse fácilmente de la sanción, aduciendo haber actuado de buena fe por entender que su conducta, acuerdo o similar, se encuadra en las eventualidades descritas en el numeral tercero del artículo 101 del Tratado de Funcionamiento de la Unión Europea. Lo que según estos opositores, puede implicar mayores dificultades de la Comisión para imponer multas a las empresas o asociaciones de empresas involucradas.

Escenarios como el descrito, según su óptica, son prueba suficiente de que los niveles de seguridad jurídica una vez abolido el sistema de notificación, son muy bajos actualmente, pues las empresas ahora tienen toda la responsabilidad de motivar sus actuaciones sin contar con las herramientas necesarias y suficientes para hacerlo, máxime con el silencio que rodea ciertas conductas controvertidas o "áreas grises" que sin la opinión certera de la Comisión, difícilmente permiten el acierto de las empresas.

Siendo de importancia las censuras formuladas por el sector detractor, el sistema actual ha sido suficientemente defendido por otros, quienes creen que los inconvenientes enunciados por los primeros, en ningún caso son una desventaja frente al sistema de notificación, pues creen que en vigencia de aquel sistema las empresas también se encontraban en posición de ejercer conductas contrarias a la normativa *antitrust,* pues se les toleraba implementar sus acuerdos tras la notificación a la Comisión, quien en no pocas circunstancias tardaba muchísimo en dar respuesta, en razón de tener una fuerte carga de trabajo generada por el volumen de notificaciones recibidas y por otras atribuciones a su cargo, así como también como resultado de la ausencia de plazos límite para la resolución de dichos asuntos[772].

Además, los adeptos al nuevo sistema, en respuesta a las críticas enunciadas, han comprobado que los recursos que la Comisión ha dejado de asignar a las notificaciones del sistema anterior, han sido bien enfocados al interior de la Autoridad Comunitaria,

---

[771] Pues con dicha actuación ven mejor garantizada su labor, ya que lo contrario sería realizar los análisis exhaustivos del mercado y de las circunstancias relevantes, por sí mismas, o con la colaboración de expertos, abordando los múltiples gastos económicos que aquello implica, y que según el sector detractor, son una enorme desventaja del nuevo sistema, que puede terminar perjudicando la totalidad del sistema. Por lo que entender que se configura un beneficio a favor de las empresas al evitarles la preparación de documentación y asunción de un proceso tal y como debían hacerlo antes de la aparición de la reforma, les resulta descabellado, pues la realidad es que ahora los costos que debe asumir la empresa son de mayor talante. GILLIAMS, Hans, "Modernisation: From Policy to Practice", en *European Law Review*, N° 4, 2003, Pág. 472.

[772] De forma genérica y sin centrarse en el caso Europeo, son analizados los mayores beneficios que trae a la Defensa de la Competencia el control "expost" de las conductas al ser comparado con el control "exante", o de notificación ejercido en Europa antes de la aparición del Reglamento 1/2003, por parte de CAYCEDO, Ana Margarita, "Política de Defensa de la Competencia y acuerdos entre empresas para invertir en I+D: análisis de incentivos", en *Revista Economía y Desarrollo de la Universidad Autónoma de Colombia*, Volumen. 3, N° 2, Septiembre de 2004, Págs. 90 a 92.

permitiéndole direccionar su actividad al efectivo descubrimiento de las infracciones[773].
Lo cual sustentan, en parte, manifestando que no comparten que las cartas de orientación y las declaraciones de inaplicabilidad puedan generar una carga extraordinaria para la Comisión, tal y como lo ha expuesto el sector crítico, ya que son instrumentos que hasta el momento han motivado muy pocas solicitudes.

Los descensos en los niveles de seguridad jurídica también son materia de debate por parte de los adeptos al sistema actual, quienes entienden que la simple implementación de reglas uniformes en los últimos años, la existencia de jurisprudencia como marco de solución a un gran número de cuestiones[774], así como el hecho de que la Comisión por medio de los reglamentos de exención, directrices, comunicaciones e instrumentos similares le otorga a las empresas las suficientes herramientas para motivar sus actuaciones, incluso de una forma más completa y diligente[775], deben ser suficiente contrapeso para sopesar la pérdida de la certeza que en el sistema de notificación traía a las empresas el pronunciamiento de la Autoridad. A lo que añaden, que las empresas en el sistema anterior también debían hacer un análisis exhaustivo de la actuación antes de notificarla, y que por lo tanto, ese fundamento no puede ser erigido como una fuente de inseguridad.

No dudan en afirmar, que la notificación abstraía totalmente a las empresas de la figura de la sanción, y que ese privilegio era nocivo para las compañías. Por lo que aplauden la iniciativa de que las empresas deban analizar y motivar con mayor juicio sus actuaciones sin el asentimiento de la Autoridad Comunitaria de Competencia.

---

[773] Entendiendo a su vez, que los parámetros que fueron planteados en el Libro Blanco sobre la modernización de las normas de aplicación de los artículos 81 y 82 del Tratado CE, publicado en el Diario Oficial C 132/1 de 12 de Mayo de 1999, están viéndose cumplidos con la efectiva implementación de cambios respecto de la asignación de recursos al interior de la Autoridad; lo cual era una clara prioridad del instrumento enunciado, que así lo expresó en su apartado 44. Al respecto PIRRUNG, Marc, "EU enlargement towards cartel paradise? An economic analysis of the reform of European competition law", en *Erasmus Law and Economics Review,* N° 1, 2004, Págs. 83 y 84.

[774] Hay poca certeza en este argumento, toda vez que los fallos si bien tienen un valor como precedentes, cuentan con un elemento de incertidumbre basado en los múltiples cambios que se pueden suscitar en los enfoques con el pasar de los años, pudiendo entonces ser una herramienta incorrecta a utilizar por parte de las empresas, ya que entendiendo que una de sus conductas es totalmente legítima y se acomoda a la normativa de libre competencia, puede dejarse guiar equivocadamente por sentencias que han planteado aspectos de poca actualidad. Como así lo entienden BISHOP, Simon, "Modernisation of the rules implementing articles 81 y 82", en *European Competition Law Annual 2000: The Modernisation of Ec antitrust policy",* Editores EHLERMANN, Claus-Dieter y ATANASIU, Isabela, Hart Publishing, Oxford, 2001, Pág. 59 a 61; y BRAMMER, Silke, *Co-operation Between National Competition agencies in the enforcement of EC Competition Law,* Hart Publishing, Oxford y Portland, Oregon, 2009, Pág. 24; quienes a su vez ven complementada su óptica por algún sector de la doctrina, que cree que no es la reforma la que ha generado incertidumbre, pues con antelación a ella ya habían suficientes desacuerdos entre los fallos de la Comisión y los Tribunales. WESSELING, Rein, "The Draft Regulation Modernising the Competition rules: The Commission is married to one idea", en *European Law Review,* N° 26, 2001, Pág. 362.

[775] Esta defensa es fácilmente desvirtuada por algún sector de la doctrina que pone de manifiesto que la Comisión ha cambiado sustancialmente la perspectiva a utilizar, siendo cada vez más común que le de uso al análisis económico por encima de otro tipo de ópticas. VAN GERVEN, Gerwin, " The application of article 81 in the new Europe", en *2003 Proceedings of the Fordham Corporate Law Institute,* Editor HAWK, Barry, E, Juris Publishing, Nueva York, 2004, Págs. 421 y siguientes.

La opinión que se genera tras el análisis de aspectos positivos y negativos remarcados por la doctrina respecto de la reforma, es que si bien hay varias razones aducidas en el bando detractor que hacen dudar acerca de la conveniencia de la abolición del sistema de notificación, como lo puede ser el detrimento de la seguridad jurídica que ha traído aparejado, los demás argumentos no son lo suficientemente sólidos para censurarla, máxime cuando son fácilmente debatibles.

Así por ejemplo, no puede compartirse que el sistema actual sea más tolerante y permisivo con las infracciones, pues la realidad es que en ambas vigencias las empresas han tenido oportunidad de continuar gozando de los efectos de la trasgresión, hasta tanto la Comisión no se pronunciara acerca del acuerdo una vez notificado, o hasta tanto no sea descubierto en el sistema actual, por lo que no puede defenderse bajo ningún concepto que ahora se haya incrementado la posibilidad de que actuaciones anticompetitivas continúen produciendo efectos difíciles de remediar.

Como tampoco se puede aceptar que el sistema actual sea por sí solo una distorsión que ha trasladado la alta asignación de recursos que debía poner en marcha la Comisión con el sistema de notificación, a las empresas, ya que estas últimas siempre han estado obligadas de forma tácita, a realizar estudios exhaustivos que permitan motivar sus actuaciones y conductas de conformidad con la normativa de libre competencia comunitaria[776]; por lo que se antoja como poco, arriesgado, entender que asignarle una responsabilidad plena sobre sus actuaciones a las compañías pueda ser negativo, máxime cuando durante en devenir de los años se han otorgado herramientas suficientes para, con suficiente diligencia, tomar decisiones concienzudas que compenetren las inquietudes empresariales y el interés público que ya sobradamente, es conocido por las empresas, como objetivo preponderante de la labor de la Autoridad de Competencia Comunitaria.

Por último, el debate acerca de la gestión de los recursos de la Comisión, una vez analizado concienzudamente, no arroja los resultados que el bando opositor al nuevo sistema ha defendido, pues si bien ahora se han generado nuevas obligaciones y funciones en cabeza de la Comisión para "gestionar" la aún no consolidada descentralización, aquellas no parecen ser tan dispendiosas como las que debía tramitar como resultado de las notificaciones previas. Como tampoco parecen generar una carga excesiva la gestión de las solicitudes de emisión de cartas de orientación o de declaraciones de inaplicabilidad[777].

El nuevo sistema ha hecho cambios que se entiende, generan mayores beneficios que desventajas, pues ha establecido prioridades y ha extendido el marco de actuación de la Defensa de la Competencia permitiendo a otros *Enforcers* involucrarse con dicha protección[778], estructurando una descentralización teórica parcialmente aplicable, pues

---

[776]VAN BAEL, Ivo & BELLIS, Jean-François, *Competition Law of the European Community*, Kluwer Law International, Alphen aan den Rijn, Holanda, 2010, Pág. 959.

[777] Prueba de ello, lo expuesto en el presente trabajo en los apartados referentes a aquellas decisiones de la Autoridad de Competencia Comunitaria.

[778] Lo cual es benéfico y enriquecedor en la opinión del autor y de algún sector de la doctrina que no duda en conceptuar, que un sistema centralizado plantea problemas burocráticos y de poca eficacia, que

es innegable que la Comisión aun tiene vastos poderes que le permiten incluso, continuar compartiendo los papeles de acusador haciendo las veces de fiscal, y de Juez[779].

Soy de la opinión de que simplemente basados en la envergadura de la Comisión y en la enorme confianza que han depositado los países miembros en aquella, en este momento histórico es necesario otorgarle a dicha Autoridad la posición de privilegio en la que se encuentra; no solo asignándole todos los poderes hasta este punto desarrollados, que estoy seguro actuarán en beneficio del sistema en general, sino permitiéndole que estructure con suficiente soltura la política de competencia en la comunidad, toda vez que aun hay diversos cambios que se han suscitado en el seno Europeo, que implican la modulación de los parámetros de aplicación[780].

Ante una realidad especial que rodea la normativa de libre competencia en Europa, son requeridas igualmente medidas especiales que han conllevado que la Comisión se encuentre en su posición actual, pues debe gestionar los poderes que le han sido conferidos por las normas comunitarias, con las facultades que tienen las distintas Autoridades Nacionales de Competencia, e incluso con aquellas que ahora están empoderados para ejercer los Jueces nacionales, muy a pesar de que muchas de ellas puedan emerger de la normativa domestica, con las connotaciones que aquello pueda aparejar. Debiendo entonces enfrentar varios aspectos que están en capacidad de menoscabar la coherencia y solidez de la Defensa de la Competencia, en general, en el ámbito europeo.

Por ello, entendiendo que la "conexión y los enlaces" entre tantos elementos, normativos e institucionales hacen que el tema en mención sea muy delicado, toda vez

---

se solucionan en parte gracias a la descentralización, como integrante del principio de subsidiariedad, en razón del cual se impulsa positivamente la aceptación de la normativa comunitaria de competencia y su aplicación. Tal y como puede extraerse de la lectura de WAELBROECK, Michel, FRIGNANI, Aldo y MÉGRET, Jacques, *Derecho Europeo de la Competencia,* Tomo 1, Editorial Bosch, Barcelona, 1998, Pág. 40, así como también de JELEZTCHEVA, María, *Las Autoridades de Defensa de la Competencia. Los Estados Unidos y la Unión Europea. España y Bulgaria,* Tesis Doctoral, Universidad Complutense de Madrid, Madrid, 2007, Pág. 249, nota al pie de página número 95, quien soportando dicha óptica, enuncia a los primeros.

[779] Tanto la Autoridad de Competencia de Italia, como la de Alemania, han discutido con fuerte convicción, incluso antes de que se hiciese realidad la posición dual de la Comisión para llevar a cabo las funciones de investigación y juzgamiento, la necesidad que ha existido y existe en Europa, de que dichas labores sean llevadas a cabo por distintas Autoridades, ya que con lo contrario, se genera un conflicto de intereses indeseado que actúa en contra de los principios del Tratado y del sistema en general. Tal y como así lo pone de manifiesto KORAH, Valentine, *An introductory guide to EC Law and practice,* Hart Publishing, Oxford y Portland, 2007, Pág. 282.

[780] Como lo son la incorporación de nuevos países, la óptica cada vez más económica que debe ser puesta en marcha para darle resolución a los asuntos en el seno de los diferentes *Enforcement Bodies,* y lo más importante, la aun precoz implementación y armonización de un sistema cada vez mas descentralizado en el cual se le otorga un poder a Autoridades y Jueces Nacionales con una cultura concurrencial restringida, distinta a la que ha recibido la Comisión enfrentándose a asuntos de competencia. Pues hacen más que necesaria la posición privilegiada de la Comisión, que con seguridad durante varios años se mantendrá, hasta tanto no se palpe una evolución en la cultura jurídica que solvente a su vez los inconvenientes en esta nota al pie de página planteados.

que la coexistencia de leyes complica la labor de los *Enforcers,* quienes claramente deben tener unos parámetros a seguir para solventarlo, debiendo enfrentar a su vez las pugnas que son susceptibles de generarse entre los diferentes *Enforcement Bodies* capacitados para aplicar la normativa *antitrust* comunitaria; se considera que resulta pertinente entrar a detallar la primera de aquellas "disputas", tal y como lo es la de carácter normativo en Europa, pues con dicho análisis será posible poner de manifiesto la gran dificultad que comporta la combinación de dichos elementos, e igualmente ahondar en las circunstancias que deben ser atendidas por los distintos *Enforcement Bodies,* a modo de guía, para aplicar la normativa de libre competencia de forma coherente, máxime cuando afecta de forma indistinta y en la misma proporción a las Autoridades administrativas y a los órganos jurisdiccionales nacionales.

III.   Concurrencia de la normativa comunitaria y nacional de competencia.

Gestionar la coexistencia de la normativa comunitaria de competencia con la de cada uno de los países miembros, es una tarea que gracias a la reforma y en razón de la iniciativa comprendida en el Reglamento 1/2003, debe ser emprendida ahora, incluso con mayor intensidad que antaño, por parte de los distintos *Enforcement Bodies,* muy a pesar de las dificultades que lleva aparejada, pues la realidad es que a pesar de que sean establecidas reglas que intenten que la armonización de los dos Derechos se haga efectiva, la realidad y la práctica siempre se encargan de superar a la teoría[781]; y más en un escenario de apertura y libertad en las relaciones entre particulares y entre empresas como el que se ha venido asentando en Europa, donde los agentes económicos están capacitados para transar en un vasto territorio que puede coincidir con aquel donde llevan a cabo sus actividades económicas, o no; pudiendo por lo tanto afectar el mercado común de acuerdo a las condiciones de un pacto[782].

---

[781] Las dos teorías que se han estructurado para delimitar las condiciones de esa pugna, son la teoría de la barrera única y la de la doble barrera. Siendo la primera, aquella en virtud de la cual el Derecho Comunitario es el único Derecho aplicable en razón de su superioridad, por lo que la valoración en cada caso concreto debería ser realizada de forma restrictiva al tenor de aquel Derecho, desplazando al derecho nacional y evitando inconvenientes que claramente son comunes en el ámbito, tal y como lo puso de manifiesto la Autoridad Comunitaria de Competencia en su momento, insinuando su preferencia por dicho método que a la postre fue rechazado en Europa. Por el contrario, la segunda teoría, la de la doble barrera, defiende que el Derecho Nacional y el Comunitario deben ser aplicados conjunta y simultáneamente a un mismo supuesto, modulando para el comercio interestatal la aplicación comunitaria y dejando para el Derecho nacional de cada país miembro las conductas que no tengan efecto alguno en el mercado "*intracomunitario*"; lo que en la práctica viene a significar, que si una infracción afecta en el ámbito nacional y a su vez en el comunitario, la conducta que ha originado se analizará de conformidad a la aplicación simultanea de ambos Derechos en lo que les corresponde. Tal y como lo explica DIEZ ESTELLA, Fernando, "50 años de política *antitrust* comunitaria", en *Revista-Escuela de Administración de Negocios,* N° 59, Enero-Abril, 2007, Págs. 60 y 61; y sobre el cual se puede ahondar, respecto de las circunstancias que suscitaron el acogimiento de la segunda teoría en Europa, en MARTÍNEZ LAGE, Santiago, "Cambio de cultura: aprobada, al fin, la reforma de las normas de aplicación de los artículos 81 y 82 CE", en *Gaceta Jurídica de la Unión Europea y de la Competencia,* N° 223, 2003, Pág. 6.

[782] FURSE, Mark, *Competition law of the EC and UK,* Oxford University Press, Nueva York, 2006, Pág. 45.

El tema a priori es delicado[783], pues además de lo enunciado, amerita un cuidado extraordinario por involucrar un Derecho especial como lo es el comunitario que condiciona al Derecho interno de los países miembros[784]. Siendo así, en razón de las pugnas que en muchas ocasiones son susceptibles de presentarse entre los dos ordenamientos jurídicos al intentar proteger bienes jurídicos heterogéneos[785]; disciplinando a su vez, la labor realizada por las autoridades nacionales de un país miembro, quienes deben aplicar el Derecho Comunitario atendiendo sus características especiales[786].

El objetivo de la reforma que ha significado el Reglamento 1/2003, es en lo que se refiere a la pugna en análisis, intentar que cualquiera de los *Enforcers* de carácter nacional, llámese autoridad administrativa o Juez, pueda enfrentarse con garantías a la aplicación de la normativa *antitrust* comunitaria sin eludir la posibilidad de que sus decisiones y las de la Comisión pugnasen, fortaleciendo la labor realizada por dichos *Enforcement Bodies* del nivel nacional, y persuadiéndolos, en conjunto con la Comisión como eje principal, para que eviten a toda costa el choque entre los dos derechos[787].

---

[783]Tal y como lo interpreta BRAMMER, Silke, "Concurrent Jurisdiction under Regulation 1/2003 and the Issue of Case Allocation", en *Common Market Law Review*, N° 42, 2005, Pág. 1383.

[784] Desarrollo de la situación y de la compenetración entre el Derecho Comunitario y el Derecho Nacional, con especial énfasis del estado del tema en España al momento de su publicación, puede encontrarse en ALONSO SOTO, Ricardo, "Las Relaciones entre los Derechos Comunitario Europeo y Español de la Competencia", en *Tratado de Derecho de Derecho de la Competencia*, Tomo I, BENEYTO PÉREZ, José María, Editorial Bosch, Barcelona, 2005, Págs. 61 y siguientes.

[785] MASSEY, Patrick, "Reform of EC competition law: substance, procedure and institutions", en *Reform of EU competition law*, editor HAWK, Barry E, Juris públications, Nueva York, 2002, Págs. 117 a 121.

[786] Las dos características esenciales a enunciar en este punto, hacen referencia a: (i) el efecto directo ya reseñado (*Van Gend & Loos*), en virtud del cual la normativa de libre competencia comunitaria genera derechos y deberes en favor de los particulares, quienes pueden invocar dichas normas ante un Tribunal Nacional, quien a su vez está capacitado para aplicar de forma directa las mismas; así como también (ii) la preponderancia del Derecho Comunitario en caso de conflicto (*Flamino Costa Vs. E.N.E.L*), en razón de la cual la normativa de los países miembros debe procurar no ir en contravía de los parámetros establecidos por el primero, ni prohibiendo pactos autorizados expresamente en el Derecho Comunitario, ni consintiendo aquellos expresamente prohibidos, como tampoco permitiendo que la aplicación de los fundamentos del Derecho interno resulte restrictiva de la competencia o contraria a la cobertura otorgada por el numeral tercero del artículo 101 o por un Reglamento de exención (situación sobre la cual se expresa, por entender que debe ser diferenciada una exención de una práctica en concreto, de la simple compatibilidad de aquella con el mercado común, MARKERT, Kurt, "Some Legal Administrative problems of the coexistence of Community and National Competition Law in the ECC", en *Common Market Law Review*, N° 11; debiendo analizar, cuando las circunstancias particulares del caso tengan cierta especialidad por ser planteadas por el derecho interno como una infracción y nada se diga sobre ella en el derecho comunitario, si debe hacerse efectiva la prohibición de la normativa doméstica o no.

[787] A pesar de que en el nuevo sistema la aplicación de la normativa de libre competencia ha dado un vuelco especial en muchos aspectos, la realidad es que el referente a la concurrencia de la normativa comunitaria y nacional, ya había sido delimitado bajo la vigencia del Reglamento 17/1962 en un fallo que aun en la actualidad, comporta mucha importancia respecto del tema. Siendo aquel, el fallo del Tribunal de Justicia de las Comunidades Europeas, de 13 de Febrero de 1969, *Walt Wilhelm y otros Vs. Bundeskartellamt*, asunto 14/68, texto disponible para consulta en lengua inglesa en: http://eur-lex. europa.eu/LexUriServ/LexUriServ.do?uri=CELEX:61968J0014:EN: HTML, en la cual, el Tribunal dejó claro que una misma infracción puede estar sujeta a dos procedimientos; uno basado en las normas

Si bien la iniciativa original de la Comisión en el proceso de estructuración de las bases en las que se fundó el Reglamento 1/2003, era que la normativa comunitaria desplazara totalmente la aplicación de las normas nacionales desde el momento en el cual con la conducta se afectara el comercio entre Estados miembros[788], algunos países como Alemania[789] ejercieron una oposición férrea que terminó dándoles frutos con la efectiva implementación de la aplicación actual, en virtud de la cual, el Reglamento 1/2003 ha dejado claro que ninguno de los Derechos implicados se verán desplazados y por el contrario es procedente la aplicación concurrente[790].

Así las cosas, en la actualidad, tanto la normativa de libre competencia comunitaria, como la nacional, permiten su aplicación simultanea respecto de una misma infracción en los casos en los cuales se vea afectado el comercio entre Estados miembros, así como también el interno del país del *Enforcer* de carácter nacional[791]. Lo que no quiere decir

---

antitrust comunitarias y otro en las nacionales, siempre y cuando aquello no pusiese en peligro la aplicación uniforme de las normas comunitarias de competencia en toda comunidad y siempre que en caso de conflicto, el principio de supremacía solventara la disputa. Sobre la sentencia enunciada y en esta tónica, especialmente los apartados 3, 4 y 6 del fallo. Acerca de la situación, igualmente los comentarios de GALAN JUAREZ, Mercedes, "Relación entre el Derecho nacional y el Derecho Comunitario de la Competencia", en *Curso de Derecho de la Competencia Europeo y Español*, Editor ORTIZ BLANCO, Luis, Volumen II, Universidad Rey Juan Carlos, 2000, Pág. 437.

[788] En razón de la experiencia que habían cosechado en varios campos, incluido el jurisprudencial que en sentencias posteriores al asunto *Walt Wilhelm y otros Vs. Bundeskartellamt*, habían reafirmado la incidencia de las Autoridades Nacionales de Competencia en la aplicación de la normativa *antitrust* comunitaria, a saber: del Tribunal de Justicia de las Comunidades Europeas, de 10 de Julio de 1980, *Procureur de la République y otros Vs. Bruno Giry and Guerlain SA y otros*, asuntos acumulados 253/78 y 1 a 3/79, apartados 15 y 16, texto disponible para consulta en lengua inglesa en: http://eur-lex.europa.eu/LexUriServ/LexUriServ.do?uri=CELEX:61978J0253:EN:HTML; de 16 de Julio de 1992, *Asociación Española de Banca Privada*, asunto C-67/91, apartado 11 y 32, texto disponible para consulta en: http://eur-lex.europa.eu/LexUriServ/LexUriServ.do?uri=CELEX:61991J0067:ES:PDF; y de 26 de Noviembre de 1998, *Oscar Bronner GmbH & Co. KG Vs. Mediaprint Zeitungs- und Zeitschriftenverlag GmbH & Co. KG, Mediaprint Zeitungsvertriebsgesellschaft mbH & Co. KG y Mediaprint Anzeigengesellschaft mbH & Co. KG* (en lo sucesivo *Bronner Vs. Mediaprint y otros*), asunto C-7/97, apartado 19, texto disponible para consulta en: http://eur-lex.europa.eu/LexUriServ/LexUriServ.do?uri=CELEX:61997CJ0007:ES:HTML.

[789] El análisis profundo de esta circunstancia y de la nueva perspectiva que tuvo que ser soportada en Alemania en razón del Reglamento 1/2003, puede encontrarse en WURMNEST, Wolfang, "A new Era for private *antitrust* litigation in Germany? A Critical Appraisal of the Modernized law against restraints of Competition", en *German Law Journal*, Volumen.6, N° 8, 2005, Págs. 1173 a 1189; y en BUCH, Michael, "Private antitrust litigation in Germany", en *The European Antitrust Review*, 2005, Págs. 145 a 147.

[790]KOMNINOS, Assimakis, "Modernisation and Descentralisation: Retrospective and Prospective", en *EC Competition Law. A Critical Assessment*, Editores EHLERMANN, Claus-Dieter y AMATO, Giuliano, Hart Publishing, Oxford, 2007, Pág. 656.

[791] Siempre y cuando, se reitera, el *Enforcement Body* del nivel nacional, no prohíba acuerdos, prácticas o similares que no se encuentren comprendidas como restrictivas de la competencia en las normas *antitrust* comunitarias, o en su defecto, cumplan las condiciones planteadas en el numeral tercero del artículo 101 del Tratado de Funcionamiento de la Unión Europea o las comprendidas en un Reglamento de exención por categorías. Como lo resaltan VAN BAEL, Ivo & BELLIS, Jean-François, *Competition Law of the European Community*, Kluwer Law International, Alphen aan den Rijn, Holanda,

---

que estén en el mismo nivel, toda vez que la normativa interna está siempre supeditada a que con su aplicación, no se ponga en peligro la de las normas comunitarias de forma uniforme y completa[792].

Si bien el Reglamento 1/2003 ha intentado que haya un alto nivel de coherencia en la aplicación, la realidad es que algunos aspectos inmersos en su texto han sido interpretados por un sector de la doctrina como divergentes, como por ejemplo: (i) el hecho de que se les permita a los países miembros la inclusión e implementación en su normativa interna de parámetros más estrictos respecto de las conductas inmersas en el artículo 102 del Tratado, o en otras palabras, referentes a prohibir o sancionar de una forma más rigurosa conductas unilaterales de las empresas[793]; así como también que (ii) ciertas normas nacionales que persigan objetivos distintos a los pretendidos por la normativa *antitrust* comunitaria, no estén sujetas a las garantías comprendidas en el artículo 3 del Reglamento 1/2003[794].

Se extrae tras el análisis del modelo de aplicación concurrente actual, el cual, como se ha visto, es un reflejo de la preferencia de los países miembros transpuesta en el artículo 3 del Reglamento 1/2003; que lo importante a renglón seguido no es continuar con el debate acerca de la conveniencia de esa "aplicación paralela", ni ahondar acerca de las incongruencias que la doctrina entiende nacen de divergencias como las enunciadas en el párrafo anterior[795].

2010, Pág. 969, como un requisito de la labor que ahora se encuentran empoderadas para realizar las Autoridades tanto Administrativas como Jurisdiccionales de los países miembros.

[792]Sentencia *Walt Wilhelm y otros Vs. Bundeskartellamt*, apartados 6 y 9; soportada a su vez en un fallo precedente, del Tribunal, de 12 de Julio de 1973, *Riseria Luigi Geddo Vs. Ente Nazionale Risi*, asunto 2-73, texto disponible para consulta en: http://eur-lex.europa.eu/LexUriServ/LexUriServ.do?uri=CELEX:61973CJ0002:EN:PDF, en el cual se reafirmaba un principio establecido en el artículo quinto del Tratado, de carácter general no restringido a la competencia, que se transcrito en lengua inglesa: *"They* (los Estados miembros) *shall abstain from any measure which could jeopardise the attainment of the objectives of the Treaty"*;así como también la Sentencia del Tribunal de Primera Instancia, de 6 de Abril de 1995, *Sotralentz SA Vs. La Comisión de las Comunidades Europeas*, asunto T-149/89, apartados 26 y 27, texto disponible para consulta en lengua inglesa en: http://eur-lex.europa.eu/LexUriServ/LexUriServ.do?uri=CELEX:61989A0149: EN:HTML; y el apartado 12 del asunto *Asociación Española de Banca Privada*.

[793] Numeral segundo del artículo 3 del Reglamento 1/2003. En razón del cual, en la normativa de los Estados miembros pueden existir prohibiciones y sanciones respecto de conductas unilaterales no prohibidas en el artículo 102 del Tratado. Siendo una previsión que intenta impedir que se abuse de la dependencia económica que algunas empresas tienen con unas de mayor tamaño con las que tienen obligaciones vis-à-vis. Ejemplo de ello en el Code de Commerce en Francia, en el cual, en su artículo L 420-2, puede encontrarse una disposición que hace uso de aquella posibilidad.

[794] VAN BAEL, Ivo & BELLIS, Jean-François, *Competition Law of the European Community*, Kluwer Law International, Alphen aan den Rijn, Holanda, 2010, Pág. 969; quienes a la par de las dos divergencias ya nombradas que se generan entre las normativas nacionales con la comunitaria, ponen de manifiesto que en algunos países como Italia, Grecia y Dinamarca, no fue abolido el sistema de notificación e implementado el control "expost".

[795] Algunos autores por el contrario, entienden que realizar un análisis exhaustivo del recorrido histórico que ha tenido la coexistencia de normas, tanto nacionales como comunitarias, puede ser muy enriquecedor para descubrir falencias y para "concienciar" acerca de la envergadura y el peligro que tiene no compenetrar los dos Derechos de forma idónea. Máxime cuando no es equitativo el nivel de

Lo verdaderamente importante, es dejar claros los parámetros que deben servir de base a los distintos *Enforcers* para darle cumplimiento a la labor de aplicación a su cargo sin estar colisionando continuamente con la labor de otros. Máxime cuando al parecer esta aplicación simultánea, se basa en el deseo de generar cultura jurídica en los distintos *Enforcement Bodies* del nivel nacional, disminuyendo de forma paulatina y escalonada la aplicación de las normas nacionales de los países miembros, antes que otorgarle a dichas autoridades completas facultades para aplicar de forma restrictiva la normativa comunitaria.

Así las cosas, se percibe que se han desarrollado esos parámetros necesarios de una forma parcial pero a la par suficiente, gracias a la cual se ha facilitado la aplicación simultanea de la normativa de libre competencia. Las medidas de más relevancia según el criterio de quien escribe el presente trabajo son:

1. El refuerzo que se le ha dado a la posición superior y prevalente de la normativa comunitaria, en virtud de la cual los *Enforcers* nacionales están obligados a llegar a una conclusión conforme a las normas de libre competencia comunitarias cuando apliquen aquella normativa y la de sus respectivos países[796] de forma simultánea[797];

2. La Posición superior de la Comisión que se ha venido a consolidar, en razón de la cual se desplaza a las Autoridades Nacionales de Competencia, toda vez que

---

armonización entre el Derecho Comunitario y cada uno de los Derechos, ya que según su óptica, cuentan con ventaja aquellos países que por su adhesión a la comunidad hace poco tiempo han implementado reglas de competencia basadas en las normas comunitarias. DABBAH, Maher M., *International and comparative competition law*, Cambridge University Press, Nueva York, 2010, Págs.176 a 179.

[796] Algunos fallos de relevancia centralizaron su desarrollo en la primacía de las normas de carácter comunitario, los marcos de actuación judicial en merced de dicho postulado, y el soporte que da el mismo al efecto directo de las normas Comunitarias, como lo son los fallos *Simmenthal*, Sentencia del Tribunal de Justicia de las Comunidades Europeas, de 9 de Marzo de 1978, Asunto 106/77. Texto disponible para consulta en: http://www.jurisweb.com/jurisprudencia/STJCE/stjce_simmenthal.htm. Apartado 6, *"El Juez nacional, encargado de aplicar, en el marco de su competencia, las disposiciones del Derecho comunitario, tiene la obligación de asegurar el pleno efecto de estas normas, dejando, si es necesario, inaplicada, por su propia autoridad, toda disposición contraria de la legislación nacional, inclusive posterior, sin que tenga que solicitar o esperar la eliminación previa de ésta por vía legislativa o por cualquier otro procedimiento constitucional"*; así como también el asunto *Tetra Pak Rausing SA Vs. La Comisión de las Comunidades Europeas* (en lo sucesivo *Tetra Pak*), Sentencia del Tribunal de primera instancia, de 10 de Julio de 1990, Asunto T-51/89, en especial su apartado 42.

[797] Principio que, se ha consolidado gracias a la posición jurisprudencial que ha marcado las pautas necesarias para su puesta en marcha, las cuales a su vez, han hecho concluir en la etapa de desarrollo del Reglamento 1/2003, que su inclusión taxativa era innecesaria, tal y como lo afirma WILS, Wouter, "the reform of competition law enforcement-will it work?", en *The Modernisation of EU Competition Law enforcement in the EU-FIDE 2004 National Reports*, Editor CAHILL, Dermont, Cambridge University Press, 2004, Pág. 50; quien pugna con otro grupo que tiene una óptica diversa, al entender que nada negativo habría desembocado de la inclusión o enunciación del principio de forma inequívoca en el Reglamento 1/2003. VAN DER WOUDE, Michael, "The modernization paradox: Controlled descentralization", paper presentado en el seminario Europeanisation of National Systems en el International Bar Association 10 Annual advanced Competition Law Conference, Bruselas, 6 y 7 de Noviembre de 2003, Pág. 3.

una vez incoado un asunto por parte de la primera, las segundas perderán automáticamente la competencia[798] para aplicar las normas *antitrust* comunitarias[799]; o de estar ya siendo conocido un asunto por parte de una Autoridad Nacional de Competencia, la Comisión solo lo incoará previa consulta a la Autoridad del país miembro[800];

3. La imposibilidad en el ámbito nacional para consentir una conducta prohibida por la normativa de libre competencia comunitaria, para hacer una interpretación extensiva de un Reglamento de Exención con el ánimo de permitir dicha práctica[801], o para estructurar una normativa interna más indulgente que la normativa de libre competencia comunitaria en términos generales[802];

---

[798] Sobre el tema, es importante manifestar que, al relevar a una Autoridad Nacional de Competencia, la Comisión no despoja del poder a aquella para aplicar la normativa de libre competencia doméstica. Siendo un punto importante a no ignorar, pues adquiere relevancia en los casos en los cuales la normativa nacional es aplicable a situaciones con relevancia comunitaria. Puesto de manifiesto por PACE, Lorenzo Federico, *European Antitrust Law. Prohibitions, Merger Control and Procedures*, Edward Elgar Publishing, Cheltenham, 2007, Pág. 262.

[799] Siendo también relevante cuando el involucrado es un Tribunal de un país miembro. Debiéndose a su vez, acotar en este punto, que el desplazamiento descrito, en virtud del cual la Comisión "releva" de su competencia para actuar a las Autoridades Nacionales de Competencia, no se configura en el caso de los Jueces nacionales, a menos que el mismo haya sido designado como Autoridad de competencia de un país miembro (numeral tercero del artículo 35 del Reglamento 1/2003). Pudiéndose ver a su vez por relevancia, la Sentencia del Tribunal de Justicia de las Comunidades europeas de 30 de Enero de 1974, *Belgische Radio en Televisie Vs. SV SABAM and NV Fonior*(en lo sucesivo *BRT Vs. SABAM*), asunto 127/73, Texto disponible para consulta en lengua inglesa en: http://eur-lex.europa.eu/LexUriServ/LexUriServ.do?uri=CELEX:61973J0127(00):EN:PDF

[800] Apartado inicial 17 del Reglamento 1/2003, así como también el numeral sexto del artículo 11 del mismo texto, en el cual se lee: "*La incoación de un procedimiento por parte de la Comisión con vistas a la adopción de una decisión en aplicación del capítulo III privará a las autoridades de competencia de los Estados miembros de su competencia para aplicar los artículos 81 y 82 del Tratado. Si una autoridad de competencia de un Estado miembro está actuando ya en un asunto, la Comisión únicamente incoará el procedimiento tras consultar con la autoridad nacional de competencia.*"

[801] LUENGO HERNANDEZ DE MADRID, Gustavo, "Coexistencia de dos Derechos de la Competencia: la facultad de retirada de exención comunitaria por los Estados miembros", en *Derecho de la Competencia Europeo y Español*, Coordinadores ORTIZ BLANCO, Luis y PASCUAL SEQUEROS, Adriana, Editorial Dykinson, Madrid, Volumen. III, 2002, Pág. 240; así como también la Sentencia del Tribunal de Justicia de las Comunidades Europeas, de 16 de Noviembre de 1977, *SA GB-Inno-BM Vs. Association des détaillants en tabac (ATAB) Asbl*, asunto 13/77, apartados 31 y 33, texto disponible para consulta en: http://eur-lex.europa.eu/LexUriServ/LexUriServ.do?uri=CELEX: 61977CJ0013:ES:PDF.

[802] Al respecto, la Sentencia del Tribunal de Justicia de las Comunidades Europeas, de 9 de Septiembre de 2003, *Consorzio Industrie Fiammiferi (CIF) Vs. Autorità Garante della Concorrenza e del Mercato*, asunto C-198/01, apartado 58, en la cual queda claro, que de suscitarse esa indeseada situación en razón de la cual una conducta contraria a la normativa *antitrust* comunitaria es autorizada o fomentada por las normas domésticas, la Autoridad Nacional de Competencia implicada, debe: "*(...) excluir la aplicación de dicha normativa nacional; (no imponer) sanciones a las empresas implicadas por comportamientos realizados cuando era la propia normativa nacional la que exigía dichos comportamientos; (decidir si impone) sanciones a las empresas implicadas por sus comportamientos posteriores a la decisión de excluir la aplicación de dicha normativa nacional, una vez que esta decisión se ha convertido en definitiva frente a ellas; y (decidir si impone) sanciones a las empresas implicadas por comportamientos realizados cuando la citada normativa nacional simplemente los fomentaba o facilitaba, siempre que tenga debidamente en cuenta las particularidades del marco normativo en el que*

4. La imposibilidad que se tiene en el ámbito nacional para prohibir conductas que afectando el mercado común: (i) no estén prohibidas en la normativa comunitaria, (ii) entren dentro de los parámetros del numeral tercero del artículo 101 del Tratado, o (iii) estén amparadas por un Reglamento de exención por categorías[803]. Salvo las que tengan que ver con conductas unilaterales de las empresas inmersas en el artículo 102 del Tratado de Funcionamiento de la Unión Europea[804];

5. La posibilidad que tienen las Autoridades Nacionales de Competencia de un país miembro para retirar la cobertura de un Reglamento de exención por categorías en el territorio de su país, cuando los efectos que genera dicho reglamento en ese Estado sean contrarios a los defendidos por el numeral tercero del artículo 101 del Tratado[805]; y

6. La imposibilidad que se tiene en el ámbito nacional para erigir el Derecho interno del país miembro, como base para objetar o desconocer una declaración de inaplicabilidad adoptada por la Comisión.

Por ahora, los conflictos y las disputas que se están generando fruto de la aplicación simultánea entre los dos Derechos, comunitario y nacional, no constituyen, en mi opinión, un bagaje casuístico de importancia que requiera la estructuración de un

---

actuaron las empresas." El texto de la sentencia está disponible para consulta en: http://eur-lex.europa.eu/LexUriServ/LexUriServ.do?uri=CELEX:62001CJ0198:ES:PDF.

[803] Tal y como ya había sido desarrollado por el abogado general Tesauro en sus conclusiones al asunto *Bundeskartellamt Vs. Volkswagen AG y VAG Leasing GmbH,* del Tribunal de Justicia de las Comunidades Europeas, de 24 de Octubre de 1995, asunto C-266/93, el cual se encuentra disponible para consulta en: http://eur-lex.europa.eu/LexUriServ/LexUriServ.do?uri=CELEX:61993J0266:ES:PDF; en específico, el apartado 51 de dichas conclusiones, en las cuales se refiere a este aspecto aduciendo que: *"(...)considero que la exención que se concede a su favor debe impedir a las autoridades nacionales hacer caso omiso de la apreciación positiva efectuada por las autoridades comunitarias.(...)".* El texto de las mencionadas conclusiones se encuentra disponible para consulta en: http://eur-lex.europa.eu/LexUriServ/LexUriServ.do?uri=CELEX:61993C0266:ES:HTML.

[804] Este aspecto es de gran importancia para la doctrina pues cree que es la base del conflicto entre normas de no delimitarse claramente, ya que hay un grado de permisividad extraordinario que otorga a la normativa nacional la posibilidad de endurecer los parámetros comunitarios. Siendo una situación aparentemente mejor manejada en la actualidad y ampliamente criticada con antelación, toda vez que se interpretaba por un sector plural de la doctrina, que la sentencia base que resuelve las dudas al respecto, *Walt Wilhelm y otros Vs. Bundeskartellamt,* no llegaba a conclusiones certeras al respecto. JONES, Alison y SUFRIN, Brenda, *EC Competition Law. Text, Cases and Materials,* Oxford University Press, Nueva York, 2008, Pág. 1282; MARTÍNEZ LAGE, Santiago, "Cambio de cultura: aprobada, al fin, la reforma de las normas de aplicación de los artículos 81 y 82 CE", en *Gaceta Jurídica de la Unión Europea y de la Competencia,* N° 223, 2003, Pág. 4; así como también las conclusiones del abogado general Jacobs al asunto *Oscar Bronner GmbH & Co. KG Vs. Mediaprint Zeitungs y otros,* en específico en su apartado 22.

[805] Numeral segundo del artículo 29 del Reglamento 1/2003. Desarrollado a su vez por LUENGO HERNANDEZ DE MADRID, Gustavo, "Coexistencia de dos Derechos de la Competencia: la facultad de retirada de exención comunitaria por los Estados miembros", en *Derecho de la Competencia Europeo y Español,* Coordinadores ORTIZ BLANCO, Luis y PASCUAL SEQUEROS, Adriana, Editorial Dykinson, Madrid, Volumen. III, 2002, Págs. 237 y siguientes.

compendio de parámetros extras que "facilitarían" la labor llevada a cabo por los distintos *Enforcers* cuando se enfrentan a esta delicada situación.

Por sí solo, el presunto conflicto entre normas, parece estar suficientemente en control. Aunque, no es la única manifestación de la "especialidad" y singularidad del nuevo modelo "descentralizado y plural" de Defensa de la Competencia en Europa, ya que además del conflicto meramente normativo referente a la base jurídica en la cual se soporta la aplicación llevada a cabo por los distintos *Enforcement Bodies,* debe ser resuelto el debate acerca de cómo la implementación práctica de las distintas facultades de aquellos, es susceptible también de generar inconvenientes, disputas, y lo que es más delicado, la asignación de recursos dobles y por consiguiente innecesarios que se podrían evitar de compenetrar suficientemente las tareas de aplicación.

En la labor de estructuración e implementación del Reglamento 1/2003, con seguridad se tomaron en cuenta aspectos referentes a cómo acoplar y armonizar las tareas de tantos *Enforcement Bodies* que ahora más que nunca, deben interactuar horizontal, vertical, e incluso de forma "inter-jurisdiccional". Máxime cuando entre las mencionadas Autoridades, hay competencias compartidas, equivalentes y en propicias condiciones potenciales para fomentar la incongruencia en la aplicación de las normas de competencia comunitarias[806].

En razón de dicha circunstancia, es menester exponer, tal y como se hará a continuación, cuál es el principio básico que garantiza que dicha iniciativa pueda ser llevada a la realidad, el cual, si bien ha podido ser inferido de forma escueta hasta este punto del trabajo, no ha sido desarrollado a profundidad y de manera especial. Siendo necesario hacerlo, toda vez que ya planteadas las reglas básicas extraídas del ámbito comunitario, que permiten evitar y gestionar que las normas sean sustento de conflicto como resultado de su coexistencia, debe pasarse a desarrollar los caracteres que hacen posible dicha armonía ante la concurrencia de *Enforcement Bodies* empoderados para aplicar la normativa; ya que sin dicho elemento, el entramado de actuaciones sería un caos, que enfrentaría continuamente las competencias de aplicación de la Comisión, las Autoridades Nacionales de Competencia de carácter administrativo y los Jueces, viciaría los sistemas de compenetración dispuestos para el trabajo coordinado[807] y haría

---

[806] El Reglamento 1/2003, según lo entiende un sector de la doctrina, tiene inmerso en su texto un compendio de principios que buscan que la aplicación de los artículos 101 y 102 del Tratado sea cada vez más fluida, pertinente y eficaz. Entre dichos principios, en este punto, resulta pertinente nombrar el referente a la búsqueda de la aplicación coherente de dichas normas, que debe ser realizada por los distintos *Enforcement Bodies;* pues dicha actuación está justificada en el objetivo de consolidación del mercado único que es primordial en el terreno Europeo. Siendo los demás principios, los de pluralidad de Autoridades administrativas (de carácter nacional) en la aplicación de los artículos en estudio, así como también de judicialización, en razón del cual los Jueces nacionales ahora tienen poder para aplicar la normativa de libre competencia comunitaria. Teniendo esta teoría, origen en el trabajo de ADRIÁN ARNÁIZ, Antonio Javier y QUIJANO GONZÁLEZ, Jesús, "Procedimiento de aplicación de las reglas sobre competencia de los artículos 81 y 82 del Tratado de la Comunidad Europea", en *Derecho Europeo de la Competencia: (antitrust e intervenciones públicas),* coordinador VELASCO SAN PEDRO, Luis Antonio, Lex Nova, Valladolid, 2005, Pág. 376.

[807] En alusión a la Red Europea de Competencia, como sistema de competencias concurrentes de la Comisión y las Autoridades administrativas Nacionales de Competencia de los países miembros de la Comunidad, para en sus relaciones horizontales y verticales, modular la protección conjunta de la

inoperantes las condiciones y las cargas que de la mano del Reglamento 1/2003 se han venido a imponer para la realización de la labor que tienen a su cargo.

IV. La garantía del equilibrio entre las vías de aplicación de la normativa *antitrust.*

Los principios procesales en parte, están siempre encaminados a imponer un orden natural por el cual los particulares, las autoridades, y los diversos actores del procedimiento, tengan noticia de los mecanismos idóneos a poner en marcha cuando así lo requieran, en aras de cumplir un objetivo litigioso de su interés[808].

Dichos mecanismos evitan caóticos escenarios con la clara exposición de niveles y de caracteres que envuelven el funcionamiento de las autoridades, organismos y poderes amparados por el aparato estatal[809], los cuales permiten articular una dirección que será seguida por los potenciales interesados para hacer cumplir sus pretensiones, favoreciendo a su vez, la clara delimitación del marco de acción de los poderes decisorios.

En las disputas y procesos de competencia, ese orden y esa dirección clara de acción y de actuación de los sujetos de un proceso de naturaleza administrativa o judicial, es esencial, máxime cuando son tantos y distintos escenarios, territorios, costumbres jurídicas, y demás los que están inmersos en su marco, y que pueden influenciar la correcta implementación de un sistema de compleja ejecución[810].

La naturaleza de cada *Enforcement Body,* así como su papel en la labor de aplicación de la normativa *antitrust,* deben ser ampliamente conocidos y delimitados por unos parámetros específicos y especiales, que favorezcan la coherencia del sistema y la armonía del mismo, creando un catálogo claro acerca de los niveles que deben ser respetados por todos los *Enforcers,* e implementados, en aras de prevenir, tramitar o

---

competencia en Europa y por consiguiente del interés público. Tal y como puede observarse en la página web institucional: http://europa.eu/legislation_summaries/competition/firms/l26109_es.htm.

[808] BAILÓN VALDOVINOS, Rosalío, *Teoría general del proceso y Derecho procesal civil: preguntas y respuestas,* Editorial Limusa, México, D.F, 2004, Pág. 48; GUARIN ARIZA, Alfonso, "Observaciones sobre el derecho procesal", en *Actualidad y Futuro del Derecho Procesal: Principios, reglas y pruebas,* Editor HERNÁNDEZ VILLARREAL, Gabriel, Editorial Universidad del Rosario, Bogotá, 2010, Pág. 85; y TAPIA FERNÁNDEZ, Isabel, *Lecciones de Derecho Procesal,* Universitat de les Illes Balears, Palma de Mallorca, 2010, Págs. 23 y siguientes.

[809] Los cuales tienen una estrecha relación, en el tema en estudio que atañe, a unas bases principales que sustentan cada rama del Derecho sustantivo, sobre las cuales se puede ahondar en JURGEN SACKER, Franz, "Legal foundations of competition law", en *Competition Law: European Community practice and Procedure,* Editores HIRSCH, Gunter; MONTAG, Frank y JURGEN SACKER, Franz, Sweet & Maxwell, Londres, 2008, Págs. 1 a 14.

[810] Siendo en lo que respecta a este tema un aspecto reciente que en otras áreas del Derecho, ya ha forzado la aparición de soluciones ante los choques más que comunes que se suscitan entre aquellas, tales como la que se ha planteado entre el Derecho disciplinario y el penal.

solucionar conflictos generados por la pluralidad de autoridades ahora empoderadas para llevar a cabo la tarea de aplicación.

En el caso que compete, dicho razonamiento, permite posicionar a la Comisión en un nivel privilegiado y preferente, que condiciona la tarea administrativa de autoridades del nivel nacional, tal y como se ha podido razonar a lo largo del presente trabajo, en exposición de una relación que se antoja más natural que otras que puedan suscitarse entre organismos adscritos a distintos "poderes", en razón de la afinidad que se presume de dichas autoridades por tener una naturaleza similar, una afinidad funcional y estar adscritas a un mismo engranaje; máxime cuando es resaltada, tal y como en capítulos posteriores se hará, la estructuración de figuras que se ha hecho en Europa, para favorecer la compenetración entre ellas.

Influenciando igualmente, en razón de esa posición de privilegio, la tarea judicial propiamente dicha, toda vez que los órganos jurisdiccionales nacionales[811], ahora deben centrar su atención, de forma imperativa, cuando estén llevando a cabo la función de efectiva aplicación de la normativa de libre competencia, en los parámetros que la Comisión, como figura predominante en Europa, plantee y desarrolle[812].

Este principio, nace de la elección que hizo el legislador Europeo, de conceder en su cuerpo normativo una prevalencia a favor de la Comisión, que también se ha recomendado por esta última, como marco de actuación a nivel interno en los países miembros, sugiriendo que los pronunciamientos de las Autoridades administrativas nacionales de competencia, deban tener una influencia en términos similares a los planteados en favor de la autoridad comunitaria[813]; y en razón de los cuales se busca

---

[811] Sobre este aspecto y de manera general por direccionar las páginas posteriores, se resaltan, PACE, Lorenzo Federico, *Derecho Europeo de la Competencia. Prohibiciones antitrust, control de concentraciones y procedimientos de aplicación,* Marcial Pons, Madrid, Barcelona, 2007, Págs. 313 y siguientes; PAULIS, Emil, "Coherent Application of EC competition rules in a system of parallel competences", en *European Competition Law Annual 2000: the modernisation of EC antitrust policy,* Editores EHLERMANN, Claus-Dieter y ATANASIU, Isabela, Oxford, Hart Publishing, 2001, Págs. 421 y siguientes; KOMNINOS, Assimakis, *EC Private Antitrust Enforcement: Decentralised Application of EC Competition Law by National Courts,* Hart Publishing, Oxford, 2008, Págs. 112 y siguientes y KOMNINOS, Assimakis, "Effect of Commission Decisions on private *antitrust* litigation: Setting the story straight", en *Common Market Law Review,* Volumen. 44, N° 5, 2007, Págs. 1388 y siguientes.

[812] ARRIBAS HERNANDEZ, Alberto, "La aplicación paralela por los Jueces y las Autoridades administrativas: posibles contradicciones y formas de evitarlas", en *El Derecho de la Competencia y los Jueces,* Directores MARTINEZ LAGE, Santiago y PETITBO, Juan, Marcial Pons, Madrid, 2007, Pág. 26. Las disposiciones de la Comisión, de no cambiar las circunstancias que dieron lugar al pronunciamiento de la Comisión, condicionan al Juez y le disuaden de tomar decisiones contrarias. KOMNINOS, Assimakis, *EC Private Antitrust Enforcement: Decentralised Application of EC Competition Law by National Courts,* Hart Publishing, Oxford, 2008, Págs. 116 y siguientes.Por lo que no es aventurado expresar, que de cambiar las circunstancias o acaecer nuevos hechos, el Juez podrá decidir con total libertad, sin verse condicionado por las disposiciones de la Comisión.

[813] La cual significa que los pronunciamientos y fallos de las Autoridades administrativas de competencia de los países miembros, deberían gozar de un nivel superior que condicionara igualmente los planteamientos de los Jueces nacionales, claro está, no en los mismos términos que la Comisión, pues la posición de ésta debe ser siempre prevalente. Como así se ve en el numeral 2.3, *Efecto vinculante de las resoluciones de las Autoridades Nacionales de Competencia (ANC),* del Libro Blanco sobre *"acciones de daños y perjuicios por incumplimiento de las normas comunitarias de Defensa de la Competencia",*

eliminar cualquier posibilidad de vulneración al principio de seguridad jurídica, generando un debate que no se ha hecho esperar, por ser entendido por algunos como un desconocimiento a los diferentes poderes a los cuales pertenecen las Autoridades administrativas y los Jueces nacionales[814], así como un riesgo que puede conllevar la pérdida de la independencia de los Jueces, quienes ahora deben adecuar sus actuaciones a las de la Comisión.

De cualquier forma, poner en riesgo ciertos principios como el de independencia judicial, parece ser entendido en Europa como un necesario sacrificio, toda vez que no hacerlo podría significar que sobre unos mismos hechos coexistieran fallos contradictorios de diferentes *Enforcement Bodies,* vulnerando por completo el principio de seguridad jurídica[815].

La situación de privilegio y superioridad en la cual se encuentra la Comisión, parece tener suficiente sustento, e incluso, parece haberse posicionado en razón de la apariencia de necesidad con la cual la exponen sus defensores, quienes la añaden como parámetro adicional en el "catálogo" de elementos ineludibles que deben seguir los órganos jurisdiccionales nacionales cuando aplican la normativa de libre competencia comunitaria, como lo son, a saber, que: (i) La normativa comunitaria *antitrust* por ser de orden público debe ser aplicada de oficio en todos los casos que el ordenamiento nacional disponga algo equivalente respecto a su Derecho interno[816]; que (ii) la normativa nacional de los países miembros establecerá los marcos procedimentales que regirán los asuntos que tienen sustento en el Derecho comunitario[817]; que (iii) es

---

sobre el cual puede ahondarse, sobre el aspecto mencionado y los restantes que le han dado relevancia como instrumento, en WIßMANN, Tim, "Decentralised enforcement of EC competition law and the new policy on cartels: The commission White paper of 28th of april 1999", en *Journal of World Competition,* N° 23, Volumen. 2, 2000, Págs. 123 a 154

[814] En el que se basa la ausencia de relación jerárquica entre los *Enforcement Bodies* enunciados, que por consiguiente, soporta que la generación de efectos de esta índole no debería presentarse, pues por si sola resquebrajaría la actuación autónoma de los órganos jurisdiccionales nacionales.

[815] Otros creen que no es necesario vulnerar o poner en riesgo principio alguno, si los fallos de cada *Enforcement Body* producen efectos en independencia, hasta tanto las sentencias de otro *enforcer* no sean definitivas en razón de haber alcanzado el efecto de cosa juzgada. Opción que no ha sido acogida ni apoyada de forma plural, y sobre la cual se cree, debe solucionar el vacio que aun tiene al respecto de los efectos de los actos administrativos, pues al no poder alcanzar el efecto de cosa juzgada enunciado, sino una presunción de validez (Artículo 57.1 de la Ley 30/1992 de 26 de Noviembre, de régimen jurídico de las Administraciones Públicas y del procedimiento administrativo común), genera dudas que solo por medio del desarrollo de la figura podrán ser solventadas. Se entiende el apoyo doctrinal en MASSAGUER FUENTES, José, *"comentario a la ley de competencia desleal",* Civitas, Madrid, 1999, Pág. 74.

[816] Siendo así cuando del asunto sobreviene obligatoria y requerida la aplicación de la normativa comunitaria, o cuando las partes dentro de las oportunidades que tienen para hacerlo, invocan las mismas. Al respecto el asunto *Eco Swiss* en suapartado 36 y el asunto *Van Schijndel y Van Veen* en sus apartados 13, 14 y 15.

[817] En estricto cumplimiento de los principios generales del Derecho Comunitario. Sobre lo cual se resalta lo expresado en el numeral 10 de la *Comunicación relativa a la cooperación entre la Comisión y los órganos jurisdiccionales* en los siguientes términos: *"(...) La primacía del Derecho comunitario*

necesario impregnar coherencia y armonía a los parámetros normativos comunitarios y nacionales[818]; que (iv) son de obligada atención todas las fuentes normativas y complementarias que tengan como origen a las autoridades comunitarias[819]; y por último, que (v) los Jueces y partes pueden complementar y/o direccionar su conocimiento sobre un asunto en uso de facultades tales como el planteamiento de cuestiones prejudiciales o la solicitud de cartas de orientación.

Resaltando la posición privilegiada de la Comisión en cumplimiento de todos los parámetros descritos, llama la atención el escenario en vigor en cuanto al nivel de relación que tienen los pronunciamientos de la Comisión y los pronunciamientos de los Jueces y/o Tribunales nacionales, en razón del cual, los Jueces deben cumplir ciertos parámetros de actuación y siempre verificar el grado de participación de la Comisión en un asunto para no contradecir sus disposiciones[820], contrastando con la posición de la Comisión[821], que no debe llevar a cabo esa función, y por el contrario, está investida con un poder que le permite, sea cual sea el nivel del proceso o de la resolución del Juez, a motivar, resolver o darle un alcance distinto a un asunto, que aquel que le ha otorgado un órgano jurisdiccional en cualquier instancia[822].

---

determina que los órganos jurisdiccionales nacionales no pueden aplicar normas nacionales que sean incompatibles con estos principios."

[818] Las prohibiciones y permisiones en ambos niveles deben ser equivalentes, debiendo perdurar siempre el planteamiento comunitario sobre el nacional. De igual forma, y por devenir aplicable la norma comunitaria *antitrust* por resultar encuadrada una conducta en los parámetros establecidos en ella, la aplicación de la normativa nacional deberá ceder dando lugar a la aplicación de oficio por parte del Juez de los artículos 101 y 102 del Tratado, configurando una aplicación conjunta sobre la que la *Comunicación relativa a la cooperación entre la Comisión y los órganos jurisdiccionales* en su numeral 6 reza: "(...) La aplicación concurrente del Derecho Nacional de Competencia a acuerdos, decisiones de asociaciones de empresas y prácticas concertadas que afecten el comercio entre Estados miembros no puede dar lugar a un resultado diferente del que se obtendría si se aplicara el Derecho comunitario de competencia." Para profundizar, GERBER, Davis y CASSINIS, Paolo, "The Modernisation of European community competition law.Achieving consistency in enforcement.Part 1", en *European Competition Law Review*, Volumen.27, Nº 2, 2006, Págs. 12 y siguientes; y PACE, Lorenzo Federico, *Derecho Europeo de la Competencia. Prohibiciones antitrust, control de concentraciones y procedimientos de aplicación,* Marcial Pons, Madrid, Barcelona, 2007, Pág. 271.

[819] A saber: Fallos del Tribunal de Justicia de las Comunidades Europeas, del Tribunal de Primera Instancia, resoluciones de la Comisión, así como sus Reglamentos, Comunicaciones, y cualquier disposición que tenga como objetivo encauzar la política comunitaria de competencia.

[820] Los parámetros para delimitar qué puede ser considerado como contradicción KOMNINOS, Assimakis, "Effect of Commission Decisions on private *antitrust* litigation: Setting the story straight", en *Common Market Law Review*, Volumen. 44, Nº 5, 2007, Págs. 1392 y siguientes.

[821] Numeral 12 de la *Comunicación relativa a la cooperación entre la Comisión y los órganos jurisdiccionales* y Numeral 2 del Reglamento 773/2004 de la Comisión de 7 de Abril de 2004, relativo al desarrollo de los procedimientos de la Comisión con arreglo a los artículos 81 y 82 del Tratado CE.

[822] Como se verá en el análisis jurisprudencial al respecto que se hace en las páginas siguientes sobre la posición de privilegio de la Comisión, en el cual, se adelanta, se plantea el recorrido que ha permitido que esa posición prevalente se consolide y sus decisiones vinculen a los Jueces, en parte, gracias al análisis de la exclusividad de ciertas competencias en cabeza de la Autoridad Comunitaria. NAZZINI, Renato, *Concurrent proceedings in Competition Law procedure, evidence and remedies,* Oxford

La posición privilegiada de la Comisión, avala, que las hojas de ruta que ha instaurado e implementado esta autoridad en lo referente a la aplicación de los artículos 101 y 102 del Tratado, a las cuales se les da publicidad con el objetivo de guiar la tarea de aplicación de la normativa de libre competencia, sean seguidas por los órganos jurisdiccionales nacionales. Sus recomendaciones, consideraciones, dictámenes, y en fin, cualquier planteamiento que tenga como fuente a la Autoridad Comunitaria en mención, son de obligada pesquisa, análisis y deferencia[823].

Como también lo son, aunque con más debate al respecto, los procesos y resoluciones de la Comisión[824], pues en razón de ellos los órganos jurisdiccionales nacionales deben adecuar las conductas procesales de sus asuntos, siempre a las de la Autoridad Comunitaria[825]. Detener la adopción de una sentencia en espera de que la Comisión se pronuncie sobre un asunto susceptible de chocar con los planteamientos de esta[826], o bien formular una cuestión prejudicial en razón de la pugna con ciertos

---

University Press, Oxford; Nueva York, 2004, Apartados.7,14 y siguientes; y el asunto *Van den Bergh Foods Ltd Vs. La Comisión de las Comunidades Europeas,* apartado 197.

[823] No solo los pronunciamientos de la Comisión referentes a los mismos hechos que están siendo conocidos por un Juez nacional en un proceso ante él, son vinculantes para los órganos jurisdiccionales nacionales (tanto los hechos probados como la valoración de los mismos). Toda vez que todo planteamiento que esté en capacidad de orientar la labor de los Jueces, la creación de precedentes, etc., deben ser de obligada atención hasta tanto no sean anulados (en razón de un recurso de anulación, de un trámite de casación, o similar). Apartado 8 de la *Comunicación relativa a la cooperación entre la Comisión y los órganos jurisdiccionales.*

[824] Sobre este aspecto la reticencia doctrinal viene del argumento que esgrimen al entender que los precedentes establecidos por la Comisión no configuran una regla clara que deba condicionar las posturas de los Jueces, toda vez que es en el *common law* donde los precedentes marcan una pauta a seguir en asuntos similares, contrastando con una realidad comunitaria que muestra que pocos países de Europa forman parte de la cultura descrita. Un análisis del caso español y de la realidad expuesta en COLOMER HERNANDEZ, Ignacio, "La tutela judicial de la Defensa de la Competencia", en *Derecho de la Competencia. Estudios sobre la ley 15 de 2007, de 3 de Julio, de Defensa de la Competencia,*Directores PAREJO ALFONSO, Luciano y PALOMAR OLMEDA, Alberto, La Ley, Madrid, 2008, Pág. 465.

[825] Sobre las decisiones que toma en razón de un asunto la Comisión, y sobre la relevancia que puede darle en el proceso judicial un órgano jurisdiccional nacional, por ejemplo en materia probatoria, se resalta la aportación de HILJEMARK, Linda, "Enforcement of EC Competition Law in National Corts— The perspective of Judicial Protection", en *Yearbook of European Law,* Volumen. 17, N° 1, 1997, Pág. 118 y el análisis realizado en dicho texto acerca de la sentencia relevante en el tema en mención *Iberian UK Limited Vs. BPB Industries.*

[826] En el cumplimiento de sus funciones el Juez puede tomar las medidas que estime pertinentes para que su fallo no devenga ineficaz. Pudiendo previa la toma de decisión acerca de la suspensión (de ser necesaria), solicitar a la Comisión que lo ponga al tanto de los términos procesales que está manejando la Autoridad Comunitaria sobre un caso en específico, el estado del mismo, los aspectos relevantes del caso que la Comisión esté en capacidad de suministrar, etc. Estando capacitado igualmente para dictar medidas cautelares en busca de salvaguardar los intereses de las partes, en espera de una decisión final cuando ha sido suspendido el proceso a su cargo. Tal y como puede extraerse de la lectura del asunto *Masterfoods Ltda Vs. HB Ice Cream Ltda,* en específico de su apartado 58, así como también de la *Comunicación relativa a la cooperación entre la Comisión y los órganos jurisdiccionales* en sus apartados entre el 12 y el 14.

aspectos de la resolución de la Comisión[827], son posibilidades con las que cuenta el Juez para cumplir con esa obligación que le plantea la normativa comunitaria[828].

De tal manera, se observa cómo el papel destacado de la Comisión, le otorga a esta autoridad una autonomía única que vincula a los Jueces nacionales con sus planteamientos[829] y que le desmarca de los pronunciamientos de los órganos jurisdiccionales nacionales, permitiéndole inclusive tomar decisiones parcial o íntegramente distintas a las que un Juez ha motivado acerca de unos mismos hechos en aplicación de la normativa de libre competencia[830], sin importar si las mismas son parte de una sentencia en firme o no[831].

El Reglamento 1/2003, en su artículo 16, numeral primero, sienta bases de los parámetros hasta ahora expuestos, aunque cabe decirlo, posibilitando las interpretaciones divergentes en razón de su amplitud[832]. La *comunicación relativa a la*

---

[827] En razón de lo establecido en el artículo 267 del Tratado de Funcionamiento de la Unión Europea, el cual fue a su vez desarrollado por las sentencias más a profundidad expuestas en páginas siguientes, *Stergios Delimitis Vs. Henninger Bräu AG* y*Masterfoods Ltda Vs. HB Ice Cream Ltda* en sus apartados 54.

[828] Todas aquellas, posibilidades que se plantean con el ánimo de evitar la doble asignación de recursos y la protección del principio de seguridad jurídica, erigiendo claramente el vínculo de los pronunciamientos de la Comisión, como una realidad que más vale que los órganos jurisdiccionales nacionales tengan interiorizada en los países de la Comunidad. Aunque con claras desavenencias en fallos puntuales, como la de la sentencia de la Audiencia Provincial de Madrid, de 5 de Julio de 2005, que incluso en vigencia del Reglamento 1/2003 y la *Comunicación relativa a la cooperación entre la Comisión y los órganos jurisdiccionales,* expuso: *"(...) mal puede la sentencia dictada en la primera instancia vulnerar el criterio de la Dirección General de Competencia de las Comunidades Europeas, cuando ese criterio no es vinculante para los Tribunales españoles en la resolución de pleitos del orden jurisdiccional civil"*

[829] Solo en ciertos casos los Jueces están en capacidad de desmarcarse de los planteamientos de la Comisión, pudiendo hacerlo cuando la decisión del Tribunal a la cuestión prejudicial es considerarse en desacuerdo con la Comisión, cuando el pronunciamiento de la Comisión ha sido anulado o cuando ya no es operante en razón de haber sido sobre hechos pasados que ya no producen efectos. KOMNINOS, Assimakis, *EC Private Antitrust Enforcement: Decentralised Application of EC Competition Law by National Courts,* Hart Publishing, Oxford, 2008, Pág. 126.

[830] GRONING, Jochem, "National Judges in a modernized Community law system. A special view to procedural aspects", en *European Competition Law Annual 2000: the modernisation of EC antitrust policy,* Editores EHLERMANN, Claus-Dieter y ATANASIU, Isabela, Oxford, Hart Publishing, 2001, Pág. 585. El documento esta disponible para consulta en: http://www.eui.eu/RSCAS/Research/Competition/2000/Groening_3.pdf.

[831] Esta realidad es discutida por algunos que interpretan que si bien la Comisión puede abstraerse y tomar direcciones divergentes a las de las sentencias y actuaciones de los Jueces nacionales, debería ser siempre exigido a la Comisión, el planteamiento y argumentación de las razones que le llevaron a tomar una dirección inversa, pues de tal manera se justificaría de mejor forma la relación de cooperación y el claro planteamiento de precedentes a favor de los particulares, el cual le otorga más seguridad a la aplicación de la normativa. CASTILLO DE LA TORRE, Fernando, "Decisiones de la Comisión Europea en materia de política de competencia ante los Tribunales nacionales: la sentencia Masterfoods", en *Gaceta Jurídica de la Unión Europea y de la Competencia,* N° 213, 2001, Pág. 36.

[832] Apartado que se transcribe por su enorme importancia en relación al tema en estudio: *"Cuando los órganos jurisdiccionales nacionales se pronuncien sobre acuerdos, decisiones o prácticas en virtud*

cooperación entre la Comisión y los órganos jurisdiccionales, entre sus numerales 12 y 14, desarrolla igualmente dichos parámetros otorgando una explicación más puntual a la relación de superioridad de la Comisión, que si bien no finiquita el debate, sí aporta luces acerca de sus vías de desarrollo.

Dichas bases, cuentan con parámetros de importancia que han generado y soportado su positivización en el cuerpo normativo comunitario, los cuales evidencian teóricamente las razones por las cuales la Comisión se encuentra en una situación de privilegio, así como también los motivos que justifican que el funcionamiento de la labor de aplicación de la normativa *antitrust*, esté mejor salvaguardado con el establecimiento de la posición encumbrada mencionada, dichos parámetros son, a saber:

- El Derecho comunitario prevalece sobre el Derecho estatal de los países miembros, y por lo tanto, la Comisión como autoridad comunitaria, debe tener una posición privilegiada directamente proporcional con el Derecho prevalente que aplica.

- La Comisión es el eje principal de formulación de la política comunitaria de competencia, y por lo tanto, sus pronunciamientos y/o decisiones afectan a una pluralidad de Estados, que en aras de imprimir total coherencia a la aplicación de la normativa en Europa, están obligados a seguir los lineamientos trazados por la autoridad comunitaria.

- Escenarios caóticos podrían generarse en Europa, de ser permitido a los órganos jurisdiccionales nacionales, por medio de una interpretación divergente, apear y desconocer los pronunciamientos de la Comisión, pues de tal manera se arriesgaría la coherente aplicación de la normativa *antitrust*. La cual, solo puede ser salvaguardada mediante la adecuación que los Jueces deben hacer de sus actuaciones, a las consideraciones que sobre cuestiones análogas haya realizado la Comisión.

- Existen mecanismos idóneos y correctamente constatados en la normativa europea para controvertir ante un Tribunal comunitario los pronunciamientos y decisiones de la Comisión. Por lo que las resoluciones en vigencia y validez de esa autoridad comunitaria, serán completamente vinculantes para los Jueces

---

de los artículos 81 u 82 del Tratado ya haya sido objeto de una decisión de la Comisión, no podrán adoptar resoluciones incompatibles con la decisión adoptada por la Comisión. Deberán evitar asimismo adoptar decisiones susceptibles de entrar en conflicto con una decisión prevista por la Comisión en procedimientos que ya haya incoado. A tal fin, corresponde a los órganos jurisdiccionales nacionales apreciar si procede suspender su procedimiento. Esta obligación se entenderá sin perjuicio de los derechos y obligaciones que establece el artículo 234 del Tratado.". Hace relieve en su amplitud, NAZZINI, Renato, "Parallel and Sequential Proceedings in Competition Law. An Essay on the Modes of Interaction between Community and National Law", en *European Business Law Review*, Volumen.16, N° 2, 2005, Pág. 268.

nacionales, toda vez que no sea declarada su invalidez en uso de los instrumentos proporcionados por el cuerpo normativo[833].

La Jurisprudencia Comunitaria y de algunos países miembros, como era de esperarse, también ha aportado su grano de arena a la cuestión, pues incluso, con antelación a la entrada en vigor del Reglamento 1/2003, y claro está, con posterioridad, delimitó muchos de los fundamentos expuestos, y los desarrolló en aras de darle un alcance definido e inequívoco en su momento, a la posición de privilegio y prevalencia de las decisiones de la Comisión[834].

En orden cronológico dichas sentencias, de las cuales en algunos casos ya se ha puesto de manifiesto su alto nivel de incidencia en la evolución de la aplicación de la normativa de libre competencia en Europa, son a saber: el asunto *Stergios Delimitis Vs. Henninger Bräu AG*[835], la sentencia *H.J Banks & Co. Ltda Vs. British Coal Corporation*[836], el caso *Van Marwijk y otros Vs. FNK-SCK II*[837], el asunto *Iberian UK*

---

[833] Sobre los fundamentos reseñados: PAULIS, Emil, "Coherent Application of EC competition rules in a system of parallel competences", en *European Competition Law Annual 2000: the modernization of EC antitrust policy*, Editores EHLERMANN, Claus-Dieter y ATANASIU, Isabela, Oxford, Hart Publishing, 2001, Pág. 421; KOMNINOS, Assimakis, *EC Private Antitrust Enforcement: Decentralized Application of EC Competition Law by National Court"*, Hart Publishing, Oxford, 2008, Págs. 114 a 116 y NAZZINI, Renato, *Concurrent proceedings in Competition Law procedure, evidence and remedies*, Oxford University Press, Oxford; Nueva York, 2004, Apartado 7,73.

[834] Una exposición y análisis de los pronunciamientos nombrados en este apartado pueden verse en dos textos del mismo autor KOMNINOS, Assimakis, "Effect of Commission Decisions on private antitrust litigation: Setting the story straight", en *Common Market Law Review*. 44, Nº 5, 2007, Págs.1388 y siguientes.KOMNINOS, Assimakis, *EC Private Antitrust Enforcement: Decentralised Application of EC Competition Law by National Courts*, Hart Publishing, Oxford, 2008, Págs. 112 y siguientes.

[835] Siendo precedente inicial, en la cual se sientan las bases de la posición superior de la Comisión, la necesidad de que los Jueces tomen las medidas que sean pertinentes para que su fallo no contraríe los parámetros esbozados por la Comisión, incluso suspendiendo el proceso, encumbrando la posición de la Comisión al entender que apartados como el numeral 3 del artículo 101 del Tratado solo podían ser aplicados por ésta, y que esa exclusividad debía ser fundamento de su carácter vinculante y prevalente. En específico se da relevancia a los apartados 44, 48, 50 y 52 del fallo en mención, donde se puede ver que el nivel de privilegio y superioridad de la Comisión era reconocido pero no era una obligación como lo terminó siendo luego.

[836] En la cual el Tribunal interpretó que solo la Comisión podía aplicar los artículos 65 y 66 del Tratado constitutivo de la Comunidad europea del Carbón y del Acero, pues los mismos no tenían efecto directo, aspecto soportado en el texto del artículo 14 del Tratado mencionado. Generando un panorama en el cual los Jueces debían supeditar sus actuaciones a las de la Comisión y verse vinculados por las decisiones de esta última. En específico los apartados 22 y 23.

[837] Como así lo cree un sector de la doctrina, en razón de que en la mencionada sentencia la Comisión señaló que a pesar de que *"su política sobre certificación admite sistemas de derecho privado destinados a instaurar un control suplementario de la observancia de disposiciones estatutarias, dichos sistemas deben ajustarse a las normas de competencia"*. Generando en opinión de WHISH, Richard, "The enforcement of EC competition law in the domestic court of members states", en *Current and future perspectives on EC competition law: a tribute to Professor M.R. Mok*, Editor GORMLEY, Lawrence, Kluwer Law International, Londres; Boston, 1997, Pág. 84, un antecedente más que no debe ser obviado y por el cual la superioridad de la Comisión, contaba con desarrollo jurisprudencial suficiente.

Limited Vs. BPB Industries[838],así como también *Masterfoods Ltda Vs. HB Ice Cream Ltda*[839]e *IMS Health GmbH & Co. OHG Vs. NDC Health GmbH & Co. KG* (en lo sucesivo *IMS Health Vs. NDC Health)*[840].

---

[838] Contribuyendo con la posición privilegiada de la Comisión, al interpretar que su experiencia en temas de competencia debe ser reconocida, en parte, por su posibilidad de influenciar tanto a nivel comunitario como inglés, de donde es originario el fallo. En su apartado 69 en lengua original se lee: *"In my view these cases reinforce and support the following propositions: 1. The courts here should take all reasonable steps to avoid or reduce the risk of arriving at a conclusion which is at variance with the decision of, or on appeal from, the Commission in relation to competition law. 2. Except in the clearest cases of breach or non-breach, it will be a proper exercise of discretion to stay proceedings here to await the outcome of the European proceedings".* La sentencia del órgano jurisdiccional inglés expuso igualmente, que incluso cuando la decisión de la Comisión hubiese sido el rechazar una denuncia, dicha decisión vincularía al Juez nacional, ya que el orden público se veía en riesgo al volver a valorar una situación sobre la cual la Autoridad Comunitaria ya se hubiese pronunciado, fuese cual fuese su pronunciamiento. Lo que fue refutado por el Tribunal de Justicia de las Comunidades Europeas, por entender que el rechazo no implicaba decisión, ya que no eran valorados los argumentos de las partes, y que por lo tanto en esa situación, los Jueces no se verían vinculados por ese rechazo, ni obligados a realizarlo en las mismas condiciones, y por el contrario, podían aceptar a trámite una denuncia. Como lo expone NAZZINI, Renato, C*oncurrent proceedings in Competition Law procedure, evidence and remedies,* Oxford University Press, Oxford; Nueva York, 2004, Apartados.7,15 a 7,18.

[839] Donde el Tribunal acota y resalta el compromiso ineludible que los Jueces nacionales tienen con la seguridad jurídica y con la contribución en la aplicación coherente de la normativa *antitrust*, pues destaca que los Jueces en todas las situaciones deben proteger dichos principios, ya que con ellos se evita la asignación de recursos innecesarios y pugnas eludibles, como también con el reconocimiento de la vinculatoriedad que tienen para los órganos jurisdiccionales nacionales las decisiones de la Comisión en razón de su naturaleza y funciones de dirección de la política comunitaria de competencia, y la independencia frente a los fallos de los Jueces que tiene esta última. Instaurando en toda regla una obligación para los Jueces quienes incluso cuando exista un precedente judicial contrario al de la Comisión deberá fallar atendiendo lo dicho por esta última. Siendo, como ya se dijo, relevante el resaltar la latente variación en el nivel en el cual se expone la necesaria situación privilegiada de la Comisión en el transito jurisprudencial, pasando de términos netamente propositivos en el primer precedente, *Stergios Delimitis Vs. Henninger Bräu AG* a términos de obligación en el fallo *Masterfoods Ltda Vs. HB Ice Cream Ltda.* Al respecto los apartados entre el 46 y el 58 de dicho fallo.

[840] Sentencia del Tribunal de Justicia de las Comunidades Europeas, de 29 de Abril de 2004, asunto C-418/2001, texto disponible para consulta en: http://eur-lex.europa.eu /LexUriServ/LexUriServ.do?uri=CELEX:62001J0418:ES:PDF. En su apartado 19 resalta: *"(...) es preciso asimismo recordar que cuando los órganos jurisdiccionales nacionales se pronuncian sobre acuerdos o prácticas que también pueden ser objeto de una decisión de la Comisión, deben evitar adoptar decisiones que sean incompatibles con las adoptadas o proyectadas por esta última para la aplicación de los artículos 81 CE y 82 CE (...)".* Sobre el fallo RAMSAUER, Thomas, "Just Another Brick?, El Tribunal Europeo de Justicia, entre el Derecho de la Competencia Europeo y la propiedad intelectual (IMS Health contra NDC Health, 29 de Abril de 2004)", en *Boletín de Derecho de Autor de la UNESCO,* Abril a Junio de 2004, 2004, el documento está disponible para consulta en: http://portal.unesco.org/culture/es/files/21970/11515088851t_ramsauer_s.pdf/t_ramsauer_s.pdf.

CAPÍTULO IV

LA CONSOLIDACIÓN DE PODERES Y FACULTADES EN CABEZA DE *ENFORCEMENT BODIES* DEL NIVEL NACIONAL

Adecuarse a la descentralizacion en la aplicación de las normas de libre competencia y darle cumplimiento a los poderes conferidos por la reforma, son tareas que ahora deben priorizar las Autoridades administrativas del nivel nacional y los Jueces, pues el éxito de la pluralidad y de la efectividad que en teoria han sido planteados en los instrumentos comunitarios, solo arrojará reditos cuando en la practica haya total y rotunda claridad acerca de cómo lograr implementar en terminos de armonia los multiples cambios.

A pesar de ser parte de un mismo grupo que puede delimitarse, tal y como se ha hecho hasta este punto, como *Enforcement Bodies,* la realidad es que las potestades y atribuciones que las Autoridades administrativas y los Jueces tienen ahora en merced de la reforma, no son las mismas y difieren diametralmente, en parte, claro esta, en razon de ser tan diversas las naturalezas de unas y otros.

Asi por ejemplo, no puede obviarse y desconocerse que muchos han pretendido que las Autoridades administrativas del nivel nacional sean una extension de la Comision en cada uno de los paises miembros, y que por lo tanto el nexo de responsabilidad en cuanto a orientacion de la politica de competencia y en cuanto a defensa del interes publico se ha prolongado hasta engrosar el catalogo de facultades de dichas autoridades.

Las autoridades nacionales cuentan con un soporte que hace similares los poderes de estas y los de la Comisión, pues dentro de las mismas, existen divisiones claras, en cumplimiento de la autonomia nacional que tienen los paises miembros al respecto, que permiten distribuir la carga de trabajo en tareas de diversas indoles tendientes a cumplir los objetivos de Defensa de la Competencia; mientras que los Jueces nacionales no cuentan con esa particularidad y tienen como objetivo unico al respecto, aplicar los articulos 101 y 102 del Tratado de funcionamiento de la Union Europea en el contexto de litigio sucitado entre sujetos de naturaleza privada[841].

De tal manera, no puede decirse que la reforma haya implementado una equivalencia funcional entre los *Enforcement Bodies* del nivel nacional, y por lo tanto, delimitar dos aspectos de importancia en este apartado, se antoja imperativo; como lo son, definir las facultades puntuales de unos y otros en el cumplimiento de las expectativas de la reforma, asi como señalar cual es la relacion e influencia que se genera en sede de uno de aquellos *Enforcers* en razon de los pronunciamientos del otro organismo del nivel nacional, pues se entiende que en virtud de aquel analisis, el alcance de las facultades de aplicación que seran descritas, tendra un limite mas claro.

---

[841] VAN BAEL, Ivo & BELLIS, Jean-François, *Competition Law of the European Community.* Kluwer Law International, Alphen aan den Rijn, Holanda, 2010, Pág. 1214.

I. Las facultades de las Autoridades administrativas nacionales de competencia.

El rol de las Autoridades administrativas del nivel nacional en el ejercicio de las reglas inmersas en el Reglamento 1/2003, es de enorme importancia; por lo que una enunciación taxativa de los lineamientos generales que aquellas deben cumplir para llevar a cabo la defensa a su cargo, es esencial, pues mas allá de que comúnmente dichas pautas sean desarrolladas y adaptadas con detalle en la normativa doméstica del país al cual pertenecen; en la del nivel comunitario deben quedar claros no solo los poderes que les son conferidos a las mencionadas autoridades, sino también ciertas reglas para su ejercicio[842].

Es posible que la nueva facultad de las Autoridades administrativas nacionales de competencia de aplicar los artículos 101 y 102 del Tratado[843], tienda a difuminarse, darse por hecha, e incluso presuponerse, tanto en un compendio de obras que le desarrollan, como en el presente trabajo. Lo cual, bajo ningún concepto debe ser interpretado como falta de importancia, pues la realidad es que dicha facultad es invaluable al ser por lo menos el 50% de la innovación que ha traído el Reglamento 1/2003, toda vez que el excedente viene de la mano de la implementación del *Private enforcement* en territorio europeo.

Antes de entrar a detallar las atribuciones, restricciones y condiciones de la labor de los mencionados *Enforcers*, es esencial poner de manifiesto que dichas autoridades deben ser designadas de forma inequívoca por cada uno de los Estados miembros, quienes deben ponerlas formalmente a cargo de la labor de aplicación de la normativa comunitaria de competencia; estando empoderados a su vez, para determinar con total autonomía la estructura de dicha autoridad, sus características, adscripción a otro organismo dentro del país miembro, etc.[844]

---

[842] Si bien actualmente es una realidad, no puede olvidarse que durante muchos años la Comisión misma fue reticente a aceptar que las Autoridades Nacionales aplicasen las normas *antitrust* comunitarias, por verlo de una complejidad extrema que incluso superaba la participación de los Jueces nacionales, toda vez que interpretaban que coordinar competencias con un cuerpo en el cual los oficiales llevan a cabo sus labores con presiones de diversas índoles, en no pocas ocasiones puede conllevar disputas; además que podía resultar sumamente costoso y no se habían dado muestras de interés por parte de las Autoridades Nacionales para hacerlo. DABBAH, Maher M., *International and comparative competition law*, Cambridge University Press, Nueva York, 2010, Págs.183 y 184.

[843] Que a la par no es tan novedosa según algún sector de la doctrina que entiende que si bien hay innovación, aquella es mínima, toda vez que la posibilidad actual es una confirmación que ha hecho el Reglamento 1/2003 en su artículo 5, de lo que ya venía siendo aplicado en el Reglamento 17/1962; en el cual se leía, en específico en el numeral tercero del artículo 9: *"Mientras la Comisión no inicie procedimiento alguno en aplicación de los artículos 2 , 3 o 6 , las autoridades de los Estados miembros seguirán siendo competentes para aplicar las disposiciones del apartado 1 del artículo 85 y del artículo 86 conforme al artículo 88 del Tratado , aun cuando los plazos previstos en el apartado 1 del artículo 5 y el apartado 2 del artículo 7 para proceder a la notificación no hubieren expirado .*

[844] Así puede verse en los numerales primero y segundo del Artículo 35 del Reglamento 1/2003. Siendo una previsión sobre la cual se expresa PACE, Lorenzo Federico, *European Antitrust Law. Prohibitions, Merger Control and Procedures*, Edward Elgar Publishing, Cheltenham, 2007, Pág. 260, por entender que la libertad que se le otorga a los Estados miembros para delimitar estructura, características y demás particularidades de la Autoridad de Competencia en dicho país miembro, es relativa, ya que hay una obligación "íntima" en el numeral primero del artículo mencionado al principio de la presente nota, en

Estar formalmente en cabeza de la aplicación de los artículos 101 y 102 del Tratado en cada país miembro, habilita a dichas autoridades a formar parte de un "cuerpo conjunto" llamado comité asesor, o consultivo; el cual tiene a su cargo importantes funciones de compenetración y discusión de asuntos relevantes dentro de la Comunidad relacionados con la aplicación de la normativa *antitrust* comunitaria[845], que en parte, se enriquecen gracias a las observaciones que sus miembros están facultados para presentar cuando así lo estimen pertinente[846].

Las Autoridades administrativas nacionales de competencia tienen un compendio de atribuciones consecuenciales que se desprenden de la "nueva" realidad que se configura al tener la posibilidad de aplicar la normativa de libre competencia comunitaria; la cual genera, a su vez, una obligación intrínseca a cargo de las mencionadas autoridades, quienes deben modular sus actuaciones a dicho escenario de la mano del Derecho interno, en el cual igualmente se encuentran desarrollados aspectos puntuales, que eso sí, afectan meramente en el nivel doméstico.

Dichas atribuciones tienen una equivalencia parcial con las facultades de la Comisión, y por lo tanto ameritan el cuidado de ciertas circunstancias puntuales que son merecedoras de una protección superior, en razón de su capacidad para generar colisiones indeseadas como las descritas en el apartado referente a la concurrencia de normas de carácter comunitario y nacional.

Aquellas circunstancias, responden a postulados esenciales de carácter teórico en los cuales las autoridades de competencia deben basar la labor que ahora les es conferida por el Reglamento 1/2003, como lo son la requerida uniformidad en la aplicación de las normas de libre competencia comunitarias[847], la coherencia en aquella labor[848], así como

---

razón de la cual los Estados deben garantizar un resultado específico, cual es el de aportar un compendio expedito de recursos, sea cual sea su naturaleza, para que la Autoridad lleve a buen puerto su labor de aplicación de los artículo 101 y 102 del Tratado de Funcionamiento de la Unión Europea. Al respecto igualmente WILS, Wouter, "the reform of competition law enforcement-will it work?", en *The Modernisation of EU Competition Law enforcement in the EU-FIDE 2004 National Reports*, Editor CAHILL, Dermont, Cambridge University Press, 2004, Págs. 19 y siguientes; y KOMNINOS, Assimakis, "Article 234 EC and National Competition Authorities in the era of decentralisation", en *European Law Review*, N° 1, 2004, Pág. 109.

[845]La más importante de las atribuciones, hace referencia a la regla procesal esencial, en virtud de la cual la Comisión debe consultar al Comité Asesor, antes de tomar decisiones respecto de prácticas restrictivas y abuso de posición dominante, so pena de que la legalidad de la resolución de la máxima Autoridad Comunitaria se vea comprometida. Tal y como así puede verse en el asunto *Cimenteries CBR y otros Vs. La Comisión de las Comunidades Europeas*, apartado 742; la Sentencia del Tribunal de Primera Instancia, de 10 de Julio de 1991, *Radio Telefis Eireann Vs. La Comisión de las Comunidades Europeas*, asunto T-69/89, apartado 23, texto disponible para consulta en: http://eur-lex.europa.eu/LexUriServ/LexUriServ.do?uri=CELEX:61989A0069:ES:PDF; el asunto *SA Musique Diffusion française y otros Vs. La Comisión de las Comunidades Europeas*, apartados 35 y 36; *Atlantic Container Line AB y otros Vs. La Comisión de las Comunidades europeas*, apartado 472; entre otros, que pueden verse claramente reseñados en el trabajo de BARENTS, Rene, *Directory of EC case Law on Competition*, Kluwer Law International, Alphen aan den Rijn, Holanda, 2007, Págs. 601 a 603.

[846] Las particularidades de este Comité, son descritas en el artículo 14 del Reglamento 1/2003.

[847] Apartado 22 del Reglamento 1/2003.

la necesidad de intentar librarse de una asignación doble de recursos que multiplique innecesariamente el esfuerzo de protección.

Aprovechando dicho orden de enunciación, sobre la uniformidad cabe decir, que el Reglamento se refiere a ella en el artículo 16, numeral segundo, en lo que respecta exclusivamente a las Autoridades Nacionales de Competencia[849]; dejando claro que en los casos en los cuales estas autoridades estén prestas a tomar una decisión sobre un asunto que ya haya sido objeto de una decisión por parte de la Comisión, deberán abstenerse de adoptar decisiones incompatibles con la resolución de la Autoridad Comunitaria de Competencia[850].

La razón de ser de esta condición, es sin lugar a dudas, y en parte, el afianzamiento de la Comisión como eje de la Defensa de la Competencia en Europa y como autoridad encargada de formular la política de competencia comunitaria, en razón del cual cuenta con una posición de privilegio que condiciona la tarea realizada por los otros *Enforcement Bodies,* quienes deben evitar a toda costa, llegar a conclusiones contradictorias cuando la Autoridad Comunitaria de Competencia ya se ha pronunciado al respecto[851].

El proceder de las Autoridades Nacionales de Competencia en esta dirección, funciona como una adhesión de importantes dosis de coherencia y consistencia a la aplicación, que a la par, para consolidarse, necesita de los parámetros taxativos que están incluidos en el artículo 11 del Reglamento en desarrollo, y en virtud de los cuales los *Enforcement Bodies* de carácter administrativo-nacional están obligados a:

---

[848] Apartado 21 del Reglamento 1/2003.

[849] Pues lo referente a la aplicación llevada a cabo por los Jueces nacionales en este evento en específico, se refiere el numeral primero del artículo 16. Sobre el cual, puede encontrarse un desarrollo en el capítulo siguiente.

[850] Este fundamento permite alcanzar la uniformidad en el proceso de aplicación cuando efectivamente hay una resolución de la Comisión que precede la decisión de la Autoridad Nacional de Competencia. Lo que ha llevado a preguntarse a la doctrina cual es el medio para garantizarla en los casos en los cuales nada ha dicho la Autoridad Comunitaria de Competencia al respecto; siendo la respuesta, la inmersa en el numeral tercero del artículo 11 del Reglamento 1/2003. PACE, Lorenzo Federico, *European Antitrust Law.Prohibitions, Merger Control and Procedures,* Edward Elgar Publishing, Cheltenham, 2007, Pág. 268.

[851] Este escenario descrito no puede ser confundido con otros, en los cuales la decisión de la Comisión acerca de un asunto no se ha configurado, sino que tanto aquella Autoridad, como una de carácter nacional se encuentran conociendo de forma paralela de unos mismos hechos, pues ahí la situación es distinta. Toda vez que como pudo ser reseñado en el apartado anterior referente a la concurrencia de normas de carácter nacional y comunitario, en dicho escenario la competencia de la Comisión para conocer del asunto, desplaza la de cualquiera de los *Enforcers* administrativos de carácter nacional, relevándole de su tarea de continuar conociendo de un caso particular. Tal y como puede comprobarse en el numeral sexto del artículo 11 del Reglamento 1/2003. Sobre el uso de aquella posibilidad por parte de la Comisión, que a la fecha de expedición mostraba no haber sido utilizada en ninguna ocasión por parte de la Autoridad Comunitaria de Competencia, *El Informe sobre el funcionamiento del Reglamento 1/2003,* de 29 de Abril de 2009, apartado 28.

- Comunicar a la Comisión el inicio de un procedimiento en el seno de la autoridad nacional de competencia, que verse sobre el artículo 101 o 102 del Tratado.

- Proporcionar a la Comisión a mas tardar 30 días antes de la adopción de una decisión, un sumario del asunto y de la decisión prevista[852]; o en su defecto cualquier documento que indique la línea de acción propuesta en relación a:

- Prohibición y cesación de una infracción.

- Aceptación de Compromisos; y

- Retirada de la cobertura de un reglamento de exención por categorías[853].

Todos los cuidados que se tomen para evitar incongruencias, están más que fundamentados, máxime cuando en la actualidad se ha reducido el nivel de "flexibilidad" del *enforcement* de las normas de libre competencia comunitarias llevado a cabo por las autoridades nacionales, quienes ahora tienen una obligación inherente de actuación ante las infracciones, que nace de un derecho que le es conferido a los particulares, de requerir a aquellas el ejercicio de una acción efectiva al respecto, o en su defecto, la apertura de una investigación formal.

Era común antes de la aparición del Reglamento 1/2003, que en aquellas situaciones en las cuales la Comisión decidiese no hacer frente a un asunto particular, ni tomar acción alguna al respecto en razón de interpretar que carecía de interés comunitario, las Autoridades administrativas nacionales de competencia eligiesen igualmente no encargarse de dicho asunto muy a pesar de recibir denuncia formal en condiciones[854]. Por lo que se hizo necesaria la aparición de una regla, que permitiese concertar adecuadamente el marco de actuación obligatorio de las mencionadas autoridades cuando mediase una denuncia.

Puesto que abstenerse de actuar no es una de las decisiones que las Autoridades Nacionales de Competencia están empoderadas para tomar, carecen de importancia los

---

[852]Además del mencionado artículo 11, dichas condiciones también se encuentran estipuladas y un poco más desarrolladas, en la *Comunicación sobre cooperación en la red de autoridades de competencia,* entre sus apartados del 43 al 49.

[853] Claramente aquellas decisiones que tengan que ver con no ejercer ninguna acción como resultado de una conducta, o con rechazar o desestimar una denuncia, no entran dentro del marco de la obligación descrita a cargo de las Autoridades Nacionales de Competencia. Aunque la *Comunicación sobre cooperación en la red de autoridades de competencia,* en sus apartados 48 y 49 plantea dudas al respecto, ya que expresa que en oportunidades puede resultar relevante notificar de aquellas también. Aunque eso sí, desarrollándolo en términos de discrecionalidad, ya que no específica las eventualidades en las que "pueden" ser importantes y deja al arbitrio de las mismas autoridades decidirlo.

[854] Situación común en aquellos casos en los cuales la Autoridad Nacional de Competencia entendiese que efectivamente se había presentado una infracción a la normativa de libre competencia comunitaria, pero que el menoscabo generado con la misma era económicamente insuficiente para ser fruto de un procedimiento. PACE, Lorenzo Federico, *European Antitrust Law.Prohibitions, Merger Control and Procedures,* Edward Elgar Publishing, Cheltenham, 2007, Pág. 265.

choques y colisiones que aquellos *Enforcers* puedan prever alrededor de un asunto particular, pues al no estar contemplada como una opción en la normativa comunitaria y en el Reglamento 1/2003, dichas Autoridades administrativas, deberán, de cumplirse ciertos requisitos, iniciar el correspondiente procedimiento. Pues así se encuentra establecido en el artículo quinto del Reglamento, en el cual queda suficientemente claro, que en aquellos casos en los que una infracción a las normas de libre competencia quede comprobada gracias a la información de la cual dispone la Autoridad Nacional, esta última deberá iniciar el correspondiente procedimiento[855].

Si bien para algún sector de la doctrina siempre ha existido aquella obligación, intrínseca en cabeza de las Autoridades administrativas nacionales, de actuar y adelantar un procedimiento cuando tiene un asunto entre manos; la verdad es que solo hasta ahora ha quedado claro el alcance de dicha obligación, la cual no es una reproducción de la obligación de actuar de la Comisión[856], ya que las obligaciones del *Enforcer* comunitario y de los *Enforcers* nacionales, difieren en las bases que deben sustentar la actuación de cada uno.

Así las cosas, en el caso de la Comisión, el deber se configura incluso cuando no hay claridad acerca de las conclusiones y resultados que puede arrojar un asunto particular, por no ser manifiesta la transgresión, o por cualquier otra situación similar. Contrastando con la obligación a cargo de las Autoridades Nacionales de Competencia, a quienes solo se les exige la apertura de procedimientos o el ejercicio de acciones, cuando la información proporcionada por el denunciante, o la que ya estuviese en posesión de la autoridad, fuese suficiente para probar que se ha suscitado una transgresión a la normativa de libre competencia comunitaria y que por lo tanto el resultado final del proceso, será la comprobación efectiva de la infracción.

Es claro, según la opinión de quien escribe, que plantear la obligación descrita incrementa la posibilidad de choques entre los distintos *Enforcement Bodies,* sea cual sea su nivel; pues las autoridades nacionales no solo actúan en virtud de aquella obligación cuando la Comisión u otra autoridad ha elegido no actuar, sino que también puede

---

[855] Esta conclusión se extrae de la lectura del inciso final del artículo quinto, en el cual se transcribe de forma textual: *"Cuando la información de que dispongan no acredite que se reúnen las condiciones para una prohibición, podrán decidir asimismo que no procede su intervención."*

[856] De manera lógica, la obligación debe tener límites que permitan a la Autoridad Nacional de Competencia, motivar el ejercicio efectivo de acciones respecto de una infracción, o elegir no tomar medida alguna. Pues con lo contrario, estableciendo una obligación ilimitada e ineludible, en razón de la cual se debiese dar vía procesal a todos los asuntos fruto de una infracción, se impondría una carga de trabajo insostenible a este tipo de *Enforcers.* Por lo que, debe ser otorgada siempre a este tipo de Autoridades, la facultad de analizar el material probatorio que poseen en conjunto con el contexto legal y económico que le rodea, para así decidir si efectivamente la transgresión ejerce una influencia o causa un efecto indeseado en la competencia en el mercado común. Tal y como puede comprobarse en fallos previos a la aparición del Reglamento 1/2003 que sentaban bases de dicha posibilidad, tales como la Sentencia del Tribunal de Justicia de las Comunidades europeas, de 30 de Junio de 1966, *Société Technique Minière Vs. Maschinenbau Ulm GmbH,* asunto 56/65, texto disponible para consulta en: http://eur-lex.europa.eu/LexUriServ/LexUriServ.do?uri=CELEX:61965CJ0056:ES:PDF; así como también del mismo Tribunal, de 30 de Abril de 1998, *Cabour SA y Nord Distribution Automobile SA Vs. Arnor «SOCO» SARL.* asunto C-230/96, texto disponible para consulta en: http://eur-lex.europa.eu/LexUriServ/LexUriServ.do?uri=CELEX:61996J0230:ES:PDF.

configurarse en escenarios en los cuales, como resultado del deber descrito, sean duplicados los esfuerzos de forma redundante por parte de dos o más *Enforcement Bodies*.

Soy un convencido de que esa inquietud no llegó a tiempo para ser incluida en el Reglamento 1/2003, siendo una de las razones por las cuales en su desarrollo, dicho instrumento adoleció de parámetros que delimitaran con claridad, el manejo a darle a una eventualidad más que probable, en la cual un número plural de procedimientos sobre un mismo asunto, o sobre cuestiones conexas, estuviesen siendo abordadas por varios *Enforcement Bodies*.

Con total seguridad, de haber sido incluidas en el Reglamento enunciado mas referencias acerca de los criterios a utilizar para delimitar la competencia de una u otra Autoridad, o simplemente si se hubiese adherido un apartado acerca del "reparto de asuntos" entre los múltiples *Enforcement Bodies* involucrados, se habría elevado el nivel técnico de la reforma y se hubiese logrado unificar en un solo cuerpo el marco de actuación de las autoridades en eventualidades como las descritas[857].

La *comunicación sobre cooperación en la red de autoridades de competencia* fue el instrumento elegido para de forma detallada, desarrollar los lineamientos en los cuales se debían basar las distintas autoridades para coordinar sus labores una vez ya consolidada la posible actuación paralela[858].

En la Comunicación enunciada, así como en la *declaración sobre el funcionamiento de la red de autoridades de Competencia,* uno de los parámetros remarcados como esenciales para delimitar las facultades de las autoridades nacionales frente a un asunto particular y para atribuir a una de ellas el caso específico, es el de la "buena posición" en

---

[857] Este escenario de disputa descrito, necesitado de parámetros acerca del reparto de asuntos, es un debate que hace referencia en el presente apartado netamente a las Autoridades Nacionales de Competencia, toda vez que la otra Autoridad administrativa involucrada, la Comisión, se encuentra en una posición de privilegio y superioridad que le abstrae de la problemática, ya que es claro que su competencia desplaza del conocimiento de un asunto a otros *Enforcement Bodies*: en aquellos casos en los cuales más de tres países se vean afectados con una conducta específica (Tal y como así lo estipula el apartado catorce de la *Comunicación sobre cooperación en la red de autoridades de competencia*); un asunto este íntimamente relacionado con disposiciones comunitarias que solo pueden ser aplicadas por la Comisión (o con especial efectividad); o cuando el interés comunitario requiera un pronunciamiento de la máxima Autoridad Comunitaria de Competencia, bien para garantizar el *Enforcement* del Derecho de la Competencia, o bien para saber su posición frente a un aspecto inédito que hasta ese momento se suscita. Como así puede verse en el apartado 15 de la *Comunicación sobre cooperación en la red de autoridades de competencia* y a su vez puede ahondarseen el *Informe sobre la Política de Competencia 2006,* donde puede encontrarse un desarrollo del comportamiento de la reasignación de asuntos desde la Comisión hacia las Autoridades Nacionales de Competencia en el seno de la Comunidad, en específico en su apartado 67, texto disponible para consulta en: http://ec.europa.eu/competition/publications/annual_report/2006/es.pdf.

[858] Aunque es importante mencionar que ciertos principios generales y la alusión al conflicto, así como también a ciertos mecanismos para contenerlo, fueron incluidos en la *Declaración común del Consejo y de la Comisión sobre el Funcionamiento de la Red de Autoridades de Competencia* (en lo sucesivo *Declaración sobre el funcionamiento de la Red de Autoridades de Competencia*), de 10 de Diciembre de 2002, texto disponible para consulta en: http://ec.europa.eu/competition/ecn/joint_statement_es.pdf.

que debe encontrarse para hacerse cargo del mismo[859]. La definición de dicha situación, se facilita, gracias a las condiciones que incluye la comunicación, y en virtud de las cuales una autoridad se encontrará bien posicionada si: (i) la conducta tiene efectos sobre la competencia en su territorio, es implementada desde, u originada en su territorio; (ii) la autoridad misma puede poner fin a la infracción[860], sancionándola de forma efectiva; o (iii) puede reunir (La autoridad administrativa nacional) con la ayuda de otras autoridades, la evidencia necesaria para comprobar la transgresión[861].

Estos parámetros son muy útiles y enfocan el debate acerca del reparto de asuntos, hacia la buena posición que debe tener la autoridad[862]; pues solo en aquellos casos en los cuales carezca de dicho lugar, se procederá a efectuar un segundo reparto del asunto, asignándolo, por lo tanto, a otro *Enforcement Body*[863].

Estar bien posicionado, implica igualmente para las autoridades, tener las herramientas necesarias a su disposición para llevar la infracción a su fin; por lo que de no contar con los medios necesarios para hacerlo, sea cual sea la razón de ello, es posible que se configure un escenario en el cual otras autoridades nacionales también en buena posición, puedan complementar la labor de la primera, realizando una actuación paralela[864].

---

[859] Acotado inicialmente en el texto de la *Comunicación sobre cooperación en la red de autoridades de competencia*, en su apartado sexto; aunque cabe decir que entre los apartados del cinco al quince, este instrumento desarrolla los principios que sirven de referencia para identificar la Autoridad que se encuentre en aquella posición.

[860] Pudiendo *"ordenar el cese de la misma de modo que se ponga fin a la infracción"*.

[861] Condiciones incluidas en el apartado octavo de la *Comunicación sobre cooperación en la red de autoridades de competencia*.

[862] Aunque no son parámetros que eliminen por completo la posibilidad de que en oportunidades, más de una Autoridad se encuentre implicada en términos de "buena posición" respecto de un caso particular, bien por la implicación estrecha de varios territorios, o bien porque las acciones de una sola Autoridad pueden ser insuficientes para hacerle frente al asunto. Por lo que la aplicación paralela, tal y como se expuso previamente, puede ser en ciertas circunstancias inevitable, y requiere, de darse las eventualidades planteadas, una coordinación por parte de los *Enforcement Bodies* y una designación por parte de ellos, de una "Autoridad Líder". Apartado 13 de la *Comunicación sobre cooperación en la red de autoridades de competencia*, así como también DABBAH, Maher M., *International and comparative competition law*, Cambridge University Press, Nueva York, 2010, Págs. 195 y 196.

[863] Bien porque una autoridad distinta a la que está conociendo del asunto considera con fundamentos encontrarse en mejor posición para conocer del caso; o bien porque la Autoridad que se encontraba al frente de la resolución del asunto, dentro del curso del mismo, entiende que verdaderamente su situación no es la apropiada. Tal y como se encuentra descrito en el apartado sexto de la *Comunicación sobre cooperación en la red de autoridades de competencia*.

[864] Por ejemplo cuando la Autoridad sea incapaz de contener los efectos que en otros territorios comunitarios está teniendo la conducta, o de ordenar el cese de la transgresión en otros países. Apartado 12 del la *Comunicación sobre cooperación en la red de autoridades de competencia*.

Las autoridades, están obligadas a informarse recíprocamente en prontitud cuando sea necesario un cambio en el reparto de un asunto, así como a resolver rápidamente cualquier inconveniente que sea susceptible de generar dilaciones[865].

La comunicación, además de los mecanismos de cooperación con los cuales busca impregnar fluidez al proceso, deja claro que el reparto de asuntos no es más que una división de trabajo entre las autoridades, y que por lo tanto no puede ser interpretado por las empresas, como la instauración de un Derecho en su favor en virtud del cual el asunto que les vincula debe ser resuelto por dicha autoridad.

Todos los puntos descritos con seguridad resultan ser una carga extra a las funciones que llevan a cabo las autoridades nacionales, ya que deben asignar recursos extraordinarios y considerables que en principio podrían direccionar al cumplimiento de las labores más básicas que desde la vigencia del Reglamento 17 ya venían siendo parte de sus catálogos. El Reglamento 1/2003 en su afán por plantear y consolidar un funcionamiento fluido, natural y eficaz del sistema de aplicación, decidió centrarse en la compenetración de labores entre los múltiples *Enforcers* involucrados, y guardó silencio acerca de las facultades "primigenias" que permiten a las Autoridades Nacionales cumplir efectivamente con la labor de protección de la competencia.

Dichas facultades, en teoría deben tener una equivalencia con los poderes de la Comisión, máxime si se interpreta el silencio del Reglamento como una simple prolongación tenue de las atribuciones otorgadas a la máxima autoridad comunitaria, que se extiende hasta llegar a las Autoridades administrativas de competencia de los países miembros, quienes deben modularla a la posición vertical y de superioridad que tiene la Comisión. Las facultades entonces: (i) de Investigación; (ii) Decisorias; y (iii) Sancionatorias, se desarrollarán en dicho orden a continuación.

(A) Facultades de investigación.

Como ya se adelantó previamente, el Reglamento 1/2003 guarda un silencio "virtual" respecto de las facultades de investigación con las cuales cuentan las Autoridades administrativas nacionales de competencia, al parecer, y según la opinión de algún sector de la doctrina, en razón de su deseo por darle cumplimiento a un compendio de propósitos esenciales de la reforma, como lo son no frustrar los objetivos mismos del Reglamento, así como darle cumplimiento a los principios generales del Derecho comunitario, en virtud de los cuales el desarrollo de este poder en lo que a Autoridades Nacionales de Competencia se refiere, debe quedar en manos de los países miembros[866].

---

[865] No pudiendo extenderse dicho debate más allá de los dos meses desde el momento en el cual se envía a la RED la primera información al respecto. Apartado 18 del la *Comunicación sobre cooperación en la red de autoridades de competencia*. Pudiendo suscitarse, la reasignación de un asunto particular, exclusivamente en una sola oportunidad, toda vez que solo en los casos en los que los hechos materiales conocidos cambien materialmente durante el proceso, se podrá configurar el cambio de atribución. Como así puede verse en el apartado 19 de la Comunicación ya enunciada.

[866] PACE, Lorenzo Federico, *European Antitrust Law. Prohibitions, Merger Control and Procedures,* Edward Elgar Publishing, Cheltenham, 2007, Págs. 269 y 270; así como también la sentencia *Asociación Española de Banca Privada,* la cual en su apartado 32 deja clara dicha premisa.

Al respecto, solo es posible encontrar una pequeña alusión en el Reglamento, en específico en su artículo 22, donde se plantea la cooperación para llevar a cabo inspecciones en el territorio del país de la autoridad nacional de competencia, tanto en los casos en los cuales la solicitud tenga como origen a la Comisión, como cuando sea resultado de una petición de una autoridad de otro país miembro.

Claramente, a pesar de que en la elaboración y estructuración del Reglamento 1/2003 hubo una conciencia generalizada de que el instrumento mencionado no debía intervenir con la normativa doméstica de los países miembros en lo referente a la aplicación de los artículos 101 y 102 por parte de las autoridades nacionales; se hizo necesario plantear una excepción, toda vez que se entendió que el tema en mención, influenciaba altamente la cooperación horizontal que pueden prestarse las autoridades de competencia de los países miembros, así como también, que era de inmensa relevancia en lo que a concentración de poderes *antitrust* comunitarios se refiere.

Así las cosas, los comentarios que el Reglamento 1/2003 realiza acerca de los poderes de investigación y en específico acerca de las inspecciones, nace de un deseo por reforzar la compenetración de los distintos *Enforcers,* y por lo tanto, de plantear ciertos requisitos básicos de cooperación en la investigación, que bajo la óptica del legislador, favorecerían la puesta en marcha de una exploración efectiva que permita incrementar el porcentaje de infracciones llevadas al cese.

El Reglamento, por lo tanto, plantea al respecto, única y exclusivamente, aspectos de cooperación, y deja este tipo de facultades, como debe ser, al desarrollo más explícito y profundo que está empoderado para llevar a cabo cada país miembro en su normativa. Lo que a la par de los principios perseguidos por la reforma, permite interpretar, que con ciertas concesiones específicas que sean requeridas por la cultura jurídica y mercantil de cada territorio, las facultades de investigación deben ser implementadas en armonía con las reglas inmersas en el Reglamento 1/2003, previniendo que se presenten choques continuos de carácter horizontal entre las distintas Autoridades Nacionales de Competencia, y generando un sistema eficiente de cooperación entre aquellas.

Si bien la inspección es solo una de las atribuciones en materia de investigación con las que cuenta la Comisión[867], los comentarios que hace sobre ella el Reglamento 1/2003, permiten plantear de forma extensiva, que el interés de la reforma es reforzar la cooperación entre *Enforcers* en cualquiera de las etapas y sea cual sea el instrumento elegido para descubrir transgresiones a la normativa *antitrust*[868]. Por lo que la alusión a la

---

[867] Toda vez que a su vez está capacitada para solicitar información a las empresas, llevar a cabo investigaciones globales enfocadas a un sector económico específico, etc. Ya previamente desarrolladas en el presente trabajo.

[868] Toda vez que las Autoridades Nacionales no solo cuentan con la posibilidad de llevar a cabo inspecciones, ya que en el Derecho interno del país al cual pertenecen, pueden otorgárseles ciertas facultades similares a las que el Derecho Comunitario otorga a la Comisión. Aunque la realidad es que hay una concentración en el tema de inspecciones que puede palparse en el caso español en el desarrollo que solo sobre esta facultad se lleva a cabo en la sección segunda de la Ley 15/2007 (artículo 40), donde brilla por su ausencia alusión alguna a otro instrumento, que en opinión de quien escribe, no parece ser, potencialmente, un gran generador de conflictos, como lo es el requerimiento de información. Desarrollo de

inspección es simplemente el planteamiento de una idea general que debe relacionar a todos los implicados, tanto si el mecanismo para recabar evidencia es la inspección misma, como si lo es un requerimiento de información o una pesquisa específica en un sector económico llevada a cabo por la Comisión, y en la cual un *Enforcer* de carácter nacional puede contribuir.

Al ser un aspecto relacionado claramente con la necesaria cooperación entre autoridades, su desarrollo más profundo, en el presente trabajo, se realizará en apartados posteriores referentes a los instrumentos específicos que el Reglamento 1/2003 ha otorgado a las autoridades para consolidar la cooperación y armonización vertical y horizontal.

(B) Facultades decisorias.

El Reglamento 1/2003 enuncia de forma específica en su artículo quinto, cuales son las decisiones que están empoderadas para tomar las Autoridades administrativas nacionales de competencia en razón de su facultad para aplicar los artículos 101 y 102 del Tratado de funcionamiento de la Unión Europea. Por lo que es deber de los Estados miembros en virtud de dicha atribución, implementar reglas claras y apropiadas que permitan darle cumplimiento a dicha facultad resolutiva.

La inclusión en el texto del Reglamento de un catálogo claro acerca de las decisiones que estas autoridades pueden tomar, añade un elemento de armonización, que a la par del grosso de la reforma, robustece el sistema y le añade dosis de seguridad; toda vez que en situaciones en las cuales la Comisión decide no actuar en razón de que el alcance de una infracción no le hace competente[869], no se dará pie a la desestabilización del sistema, puesto que las autoridades nacionales tienen las suficientes facultades para aplicar la normativa de libre competencia comunitaria de forma eficaz y para hacerle frente a un asunto particular cuando las condiciones para su ejercicio se vean configuradas.

De tal manera, las autoridades nacionales podrán, tanto si lo hacen por iniciativa propia, como si es en respuesta a una denuncia, tomar cualquiera de las siguientes decisiones:

- Requerir el cese de la infracción una vez constatada.

- Adoptar medidas cautelares.

- Aceptar compromisos adquiridos por los transgresores.

---

estas facultades en PALOMAR OLMEDA, Alberto, "Los Procedimientos administrativos en la Ley de Defensa de la Competencia", en *Derecho de la Competencia. Estudios sobre la ley 15 de 2007, de 3 de Julio, de Defensa de la Competencia,* Directores PAREJO ALFONSO, Luciano y PALOMAR OLMEDA, Alberto, La Ley, Madrid, 2008, Págs. 334 a 346.

[869] O en aquellos casos en los cuales una Autoridad Nacional de un país miembro específico decide suspender o rechazar una denuncia.

- Imponer las sanciones que se encuentren dispuestas en el Derecho interno; o

- No adoptar acción alguna cuando las condiciones de prohibición no se encuentran en el caso particular[870].

A propósito de las facultades enunciadas, el Reglamento permite interpretar que las mismas no se amplían a la adopción de las llamadas decisiones positivas, y que por lo tanto los poderes no les dan la posibilidad a este tipo de autoridades de "constituir exenciones". Lo que aunado con el desarrollo hasta este punto realizado, permite concluir que se han conferido los poderes suficientes a estos *Enforcers* para dirigir sus actuaciones hacia la "condena" y no hacia la "absolución"[871].

Ejemplo de ello, es que el numeral segundo del artículo 29 del Reglamento 1/2003 confiere el poder a estas autoridades, eso sí, para retirar el beneficio de exención del cual goza una empresa, en aquellos casos en los cuales dentro del territorio del país de aquella autoridad, se estén generando efectos incompatibles con el apartado 3 del artículo 101[872].

La mencionada "retirada", tal y como el *grosso* de las decisiones de las Autoridades Nacionales de Competencia de los Estados miembros, tiene efectos en el territorio específico donde se han percibido las incongruencias, y por lo tanto por fuera de sus fronteras no resultan obligatorias ni para la Comisión ni para las autoridades análogas.

(C) Facultades sancionatorias.

Así como en lo referente a las atribuciones de investigación de las Autoridades Nacionales de Competencia, el Reglamento 1/2003 no desarrolla el poder de las mencionadas autoridades para imponer multas y simplemente lo nombra como una decisión más de aquellas que están empoderadas para tomar, guardando silencio absoluto acerca de las consecuencias que pueden estar consignadas en los distintos Derechos

---

[870] Sobre esta posibilidad resultan pertinentes los comentarios de KORAH, Valentine, *An introductory guide to EC Law and practice,* Hart Publishing, Oxford y Portland, 2007, Pág. 247, quien insinúa que en dichas situaciones, para añadir más trasparencia al sistema, tal vez lo mejor sea que las Autoridades Nacionales de Competencia, no de forma excepcional, sino de manera continuada y común, certifiquen que analizados los documentos y el material en su poder, no hay base solida que amerite una acción puntual de su parte respecto del asunto particular fruto del análisis.

[871] Enunciada la critica realizada al respecto por EHLERMANN, Claus-Dieter, "The Modernization of EC *Antitrust* Policy: a legal and cultural revolution", en *Common Market Law Review,* Volumen. 37, N° 3, 2000; en VAN BAEL, Ivo & BELLIS, Jean-François, *Competition Law of the European Community,* Kluwer Law International, Alphen aan den Rijn, Holanda, 2010, Pág. 963.

[872] En la "*Comunicación de la Comisión sobre la tramitación de denuncias por parte de la Comisión al amparo de los artículos 81 y 82 del Tratado CE*", de 27 de Abril de 2004, como parte del paquete de modernización, se incluyó por primera vez, en específico en su apartado 51, un poder general para retirar el beneficio otorgado por un Reglamento de exención. Pues a pesar de que en el Reglamento 17/1962 estaba plasmada una facultad similar conferida a la Comisión, dicha facultad se restringía a aquellas situaciones en las que la decisión objeto de la "retirada" se había tomado en base a información incorrecta que a su vez había inducido al error.

nacionales para sancionar transgresiones a la normativa de libre competencia comunitaria.

El silencio del Reglamento sobre este tema, es interpretado por la gran mayoría como una concesión que se hace a los Estados miembros para decidir por sí solos el catálogo de sanciones que pueden ser impuestas a las empresas involucradas con una infracción. Siendo los principios del Derecho Comunitario[873]el único límite planteado, a seguir por los países, para la estructuración de las penas.

Hay claramente, un escenario de autonomía de los Estados para determinar los parámetros específicos acerca de aquel tema, así como también para delimitar otros aspectos puntuales sobre los cuales el Reglamento prefirió igualmente guardar silencio, casi con total seguridad, en razón de su interés por dejar en manos de los países miembros el desarrollo de este poder en lo que a Autoridades administrativas nacionales de competencia se refiere, conforme al Derecho comunitario[874].

Ejemplo de ello es que si bien en los artículos 25 y 26 del Reglamento se encuentran los periodos de prescripción tanto para la imposición de sanciones, como para la ejecución de las mismas; las directrices de dichos artículos se restringen a los poderes de la Comisión y nada dicen acerca de la posición de las Autoridades Nacionales de Competencia al respecto. Lo que con mayor ahínco logra conceptuar que se ha dado impulso para que los Estados definan estos temas, así como otros que sean de relevancia para ejercer la facultad sancionatoria.

II. La influencia de las Autoridades administrativas nacionales de competencia en la tarea judicial.

A la par de los fundamentos expuestos en el apartado inmediatamente anterior, e incluso pecando en la repetición de algunas premisas básicas referentes a los niveles de "poder" que en la realidad están instaurados para organizar la tarea de aplicación llevada a cabo por *Enforcement Bodies* de naturaleza administrativa y judicial, cabe enunciar, que uno de los argumentos predilectos por aquellos más afines con la posición de privilegio de la Comisión como pilar sobre el cual sustentar la dirección de un entramado tan plural como el actual, se basa en el soporte institucional de dicha autoridad, pues interpretan que el poderío, engranaje y estructura de la Comisión, es la mejor forma de disciplinar la

---

[873] Tales como los principios de equivalencia y efectividad, que en una definición afortunada en relación con el tema en desarrollo, fueron desarrollados en la Sentencia del Tribunal de Justicia de las Comunidades Europeas, de 19 de Junio de 2006, *Sante Pasquini Vs. Istituto nazionale della previdenza sociale (INPS)*, asunto C-34/02, apartados 57 y 58, texto disponible para consulta en: http://eur-lex.europa.eu/LexUriServ/LexUriServ.do?uri=CELEX:62002CJ0034:ES:PDF.

[874] Prueba de esa percepción es la autonomía que se ha proporcionado a las Autoridades Nacionales de Competencia para implementar o no programas de clemencia, que en cualquier caso, tienen la capacidad de influir en el resultado sancionatorio. Lo que es posible confrontar con el listado de las mencionadas Autoridades que efectivamente han implementado aquellos programas en Europa, el cual puede encontrarse disponible para consulta en lengua inglesa en la página web institucional: http://ec.europa.eu/comm/competition/*antitrust*/legislation/authorities_with_leniency_programme.pdf.

aplicación de la normativa de libre competencia por parte de los demás *Enforcement Bodies* y especialmente por parte de los Jueces, ya que siempre las cabezas visibles con un alto índice de influencia y con una difusión de actividades estructurada, garantizan de mejor forma la armónica puesta en práctica de los parámetros normativos.

Son ya varios los territorios europeos que han interiorizado los beneficios que trae el papel preponderante de la Comisión, y lo han soportado igualmente al entender que dicho rol, genera una seguridad jurídica y un orden procesal que reduce el grado de incertidumbre, y que otorga certeza a la aplicación de la normativa de libre competencia. Máxime cuando el aparato estatal de los países miembros lo respalda a nivel comunitario[875].

Por lo que, y de la mano de todos los razonamientos hasta ahora expuestos, entre otros, algunos países miembros se han propuesto otorgarle un papel preponderante también a las decisiones de sus Autoridades administrativas nacionales de competencia frente a las de los Jueces nacionales, pues entienden que dicho privilegio puede generar los mismos efectos positivos que ha traído a nivel comunitario, ahora al marco nacional[876].

---

[875] Propuesta que nace del interés doctrinal por consolidar dicho escenario, donde empoderados por lo recomendado por la Comisión en el libro blanco, llevó a la estructuración de textos como el siguiente: *"(...) la cuestión (...) es la de resolver si las resoluciones firmes de los órganos administrativos de competencia tienen efecto vinculante en las demandas civiles de daños y perjuicios. Existiendo identidad de objeto y exclusivamente cuando se trate de resoluciones firmes, la respuesta solo puede ser afirmativa y, desde luego, lo es con toda claridad cuando se trate de una decisión de la Comisión Europea".* PEREZ BUSTAMANTE KOSTER, Jaime y PASSÁS OGALLAR, Juan, "Reclamaciones de daños y perjuicios derivados de la infracción de la normativa sobre competencia", en *La Ley 15/2007 de Defensa de la Competencia*. Jornada de estudio de la AEDC, Monografía 1/2008, Coordinador CREUS CARRERAS, Antonio, Madrid, 2008, Pág. 276.

[876] En el Commission Staff Working paper anexo al Libro Verde de Reparación de daños y perjuicios por incumplimiento de las normas comunitarias de Defensa de la Competencia, COM (2005) 672 final, documento disponible para consulta en inglés en: http://ec.europa.eu/competition/*antitrust*/actionsdamages/sp_en.pdf. Se pueden observar, gracias a lo expuesto en el texto de sus apartados 86 y 87, los casos de Alemania y el Reino Unido, los cuales coinciden con el proceder expuesto, pues en dichos países y de forma respectiva, la Oficina Federal de Cárteles (la *Bundeskartellamt*), y el *Office of fair trading* y el *Competition Appeal Tribunal,* generan, con sus decisiones y fallos, una vinculatoriedad para los Jueces, quienes no se pueden desmarcar de ellas. En cada uno de los ordenamientos se limita este efecto vinculante a las ocasiones en las cuales se dé una infracción a las normas *antitrust* que esté acompañada del propósito de emprender una acción de responsabilidad civil ulteriormente; Así por ejemplo en el caso alemán, es mayor la superioridad otorgada a la autoridad administrativa, pues la normativa se arriesga incluso a hacerla extensiva, en lo que a constatación de la infracción se refiere, a las autoridades de los otros Estados miembros, siendo un aspecto duramente criticado ya que no se ha establecido claramente el alcance de dicha superioridad de las demás autoridades, los límites, las condiciones jurídicas, procesales y factuales que debe cumplir la decisión, etc. De tal manera, son vinculantes en dicho país las decisiones de autoridad administrativa en lo relacionado con la declaración de la transgresión a la normativa *antitrust* y la demanda *follow-on.* Contrastando parcialmente con Inglaterra, donde solo tiene lugar respecto a los requerimientos "dinerarios".

Véase la normativa de cada país nombrado en forma respectiva (§ 33 Unterlassungsanspruch, Schadensersatzpflicht de la Gesetz gegen Wettbewerbsbeschränkungen (GWB), texto disponible para consulta en lengua original en: http://www.gesetze-im-internet.de/bundesrecht/gwb/gesamt.pdf); y (Section 58ª de la Competition Act del año 1998 adicionada por la Enterprise Act del año 2002 en su sección 20,

El Libro Blanco sobre "acciones de daños y perjuicios por incumplimiento de las normas comunitarias de Defensa de la Competencia"[877], ha expuesto dicha posibilidad, y lo ha hecho sugiriendo que los órganos jurisdiccionales nacionales deben abstenerse de adoptar decisiones que contradigan una resolución o sentencia de una autoridad nacional de competencia[878], o de quien sea competente para conocer la revisión de ellas. Soportándolo, en parte, en los "*costes considerables en la duración e imponderabilidad a la acción de reparación de daños y perjuicios emprendida por la victima*" que trae la duplicación del análisis jurídico y factual de estos casos[879].

---

texto   disponible   para   consulta   en   lengua   original   en: http://www.legislation.gov.uk/ukpga/2002/40/section/20).

Sobre la crítica a la amplitud reseñada en el caso alemán, O'DONOGHUE, Robert y PADILLA, Jorge, *The Law and economics of article 82 EC*, Hart Publishing, Oxford, 2006, Pág. 744 y WURMNEST, Wolfang, "A new Era for private *antitrust* litigation in Germany? A Critical Appraisal of the Modernized law against restraints of Competition", en *German Law Journal*, Volumen.6, N° 8, 2005, Págs. 1173 a 1189.   Documento   disponible   para   consulta   en   inglés   en: http://www.germanlawjournal.com/pdfs/Vol06No08/PDF_Vol_06_No_08_1173-1190_Developments_Wurm nest.pdf.

Acerca del caso británico en relación al aspecto descrito, GERBER, David, "Private enforcement of Competition Law: A Comparative Perspective", en *The Enforcement of Competition Law in Europe*, Editores MOLLER, Thomas, M.J y HEINEMANN, Andreas, Cambridge University Press, Cambridge, 2007, Págs. 162 y siguientes; WHISH, Richard, *Competition Law*, Oxford University Press, Londres, 2008, Págs. 303 y siguientes; NAZZINI, Renato, *Concurrent proceedings in Competition Law procedure, evidence and remedies*, Oxford University Press, Oxford; Nueva York, 2004, Apartados 7,77 y siguientes.

[877] COM (2008) 165 Final, el documento está disponible para consulta en: http://www.consumo-inc.es/Publicac/EC/2008/EC85/Ec85_07.pdf., y los comentarios y desarrollo que, en base a los precedentes que han hecho posible la aparición de dicho instrumento, pueden encontrarse en WIßMANN, Tim, "Decentralised enforcement of EC competition law and the new policy on cartels: The commission White paper of 28th of April 1999", en *Journal of World Competition*, N° 23, Volumen. 2, 2000, Págs. 123 a 154.

[878] Un sector de la doctrina resalta la labor técnica de los textos comunitarios sobre el tema, pues sin expresar que los Jueces se encuentran vinculados por las disposiciones de la Comisión, expone que no deben contradecirlas y que en caso de no estar de acuerdo, tienen mecanismos idóneos para mostrar su desacuerdo, por medio de una cuestión prejudicial. KOMNINOS, Assimakis, "Effect of Commission Decisions on private *antitrust* litigation: Setting the story straight", en *Common Market Law Review*, Volumen. 44, N° 5, 2007, Pág. 1393.

[879] El libro blanco, parece pecar de amplio, e incluso se atreve a exponer que las decisiones de otras autoridades de competencia, diferentes a las del país del órgano jurisdiccional que conoce del caso, también son vinculantes para este último. Este aspecto ha suscitado un informe del Parlamento Europeo acerca del Libro Blanco en mención, de fecha 9 de Marzo de 2009, en el cual se ha puesto en manifiesto el desacuerdo a vincular a los Jueces nacionales por medio de decisiones de Autoridades Nacionales de Competencia de otros Estados de la Comunidad en los siguientes términos, y en el numeral 14: "*Considera que los Tribunales de un Estado miembro no deben estar condicionados en su autonomía judicial por la decisión de una autoridad de control de la competencia de otro Estado miembro, sin perjuicio de las normas que prevén el carácter obligatorio de las decisiones adoptadas por un miembro de la Red Europea de Competencia (REC) en aplicación de los artículos 81 y 82 del Tratado y en relación con la misma infracción; observa que los programas de formación e intercambio deben conducir a una convergencia de las decisiones, de tal modo que se convierta en norma la aceptación de las decisiones de las autoridades nacionales de control de la competencia*". El documento está disponible para consulta en:http://www.europarl.europa.eu/sides/getDoc.do?language=ES&reference=A6-0123/200 9.

A pesar de la influencia del libro blanco, y de las reformas realizadas por algunos países comunitarios, en los cuales se le ha otorgado a las decisiones de las Autoridades Nacionales de Competencia también una categoría superior y vinculante frente a las actuaciones de los Jueces nacionales[880], una gran parte de países miembros se ha mostrado reticente a consolidar dicho escenario.

Los móviles de dicha reticencia aunque diversos[881], se basan en parte en el temor a la perdida de la autonomía judicial, la independencia de sus actuaciones y sus resoluciones, así como al posible debate acerca de la subordinación de los Jueces a las Autoridades Nacionales de Competencia[882] que se puede generar en razón de dicha superioridad administrativa, entre otros[883].

---

[880] Lo cual no es compartido por un sector de la doctrina en razón de que los fundamentos que justifican que la Comisión tenga una posición de privilegio, no son los mismos que envuelven a las Autoridades Nacionales de Competencia de los países miembros, ni respecto a su naturaleza, ni respecto a sus actuaciones y poder de decisión, ya que el objetivo es consolidar un escenario de trabajo conjunto que otorgue un marco real de contribución entre *Enforcement Bodies*. Donde el autor resalta que no hay verticalidad ni siquiera en lo que respecta a Jueces nacionales y al Tribunal de Justicia de las Comunidades Europeas, ya que estos gozan de iguales condiciones de autonomía e independencia. KOMNINOS, Assimakis, "Effect of Commission Decisions on private *antitrust* litigation: Setting the story straight", en *Common Market Law Review*, Volumen. 44, Nº 5, 2007, Págs. 1399 y 1417 y siguientes. También PACE, Lorenzo Federico, *"Derecho Europeo de la Competencia. Prohibiciones antitrust, control de concentraciones y procedimientos de aplicación",* Marcial Pons, Madrid, Barcelona, 2007, Pág. 313.

[881] En parte soportados en la doctrina que entiende que no se puede simplemente hacer extensivo el poder de vinculación de la Comisión a las Autoridades Nacionales de Competencia, toda vez que las premisas que han sustentado dicha facultad no son las mismas en el caso interno, pues las Autoridades administrativas de los países miembros no son quienes plantean la política comunitaria de competencia, ni tampoco se encuentran en un nivel superior a los Jueces, pues ambos son del nivel nacional y no están sujetos, como sí lo está la Comisión, a la revisión de sus decisiones por parte de los Tribunales comunitarios. KOMNINOS, Assimakis, *EC Private Antitrust Enforcement: Decentralised Application of EC Competition Law by National Courts,* Hart Publishing, Oxford, 2008, Págs.117 y 118.

[882] Para quienes defienden que los Jueces nacionales deben contar con total autonomía e independencia, va en detrimento de dichos principios privilegiar la posición de la Comisión o de cualquier autoridad administrativa, ya que estas últimas protegen intereses públicos y forman parte de un poder que les otorga unas características a sus planteamientos que los hacen carecer de efectos de cosa juzgada (LANDOLT, Philip Louis, *Modernised EC competition law in international arbitration,* Kluwer Law International, La Haya, 2006, Pág. 254), y el cual es distinto al judicial, pues este último es quien soporta la labor de los órganos jurisdiccionales nacionales que están instituidos para proteger intereses privados, y en razón del cual, solo el TJCE puede subordinar sus actuaciones por ser la instancia final. Este argumento que hace referencia a la separación de poderes también lo hacen extensivo a la separación del Derecho nacional y el Derecho Comunitario. Expone la situación KOMNINOS, Assimakis, *EC Private Antitrust Enforcement: Decentralised Application of EC Competition Law by National Courts,* Hart Publishing, Oxford, 2008, Págs. 90 y siguientes. Critica esta posición PAULIS, Emil, "Coherent Application of EC competition rules in a system of parallel enforcement", en *European Competition Law Annual 2000: the modernization of EC antitrust policy,* Editores EHLERMANN, Claus-Dieter y ATANASIU, Isabela, Oxford, Hart Publishing, 2001, Pág. 421.

[883] Algunos defienden que la pérdida de autonomía sufrida por los Jueces en razón de verse vinculados por las decisiones administrativas, no solo se configura cuando el condicionamiento viene de niveles nacionales, sino también cuando viene de autoridades supranacionales, ya que si bien el Juez puede darle cabida probatoria en su proceso a lo expresado por la Comisión, o bien suspender el procedimiento a su cargo en espera de que la Comisión se pronuncie, dichas posibilidades deben venir del Juez, y no de una obligación que conlleva la pérdida total de su independencia, la cual, no está de más decirlo, entienden, es pilar fundamental de la función judicial, que le permite ser autónomo en sus actuaciones y le impide

Estos países no creen que los objetivos de la reforma en ningún caso, se hayan basado en la idea de que la actuación de los Jueces estuviera condicionada totalmente y se encontrara supeditada a las actuaciones y decisiones de una autoridad administrativa[884], para lo cual resaltan la ausencia de apartado normativo alguno que encumbre las decisiones de las Autoridades Nacionales de Competencia[885].

A lo que han añadido que si a nivel comunitario es clara esa delimitación, la misma debe estar en consonancia con el derecho interno, donde el Juez tiene autonomía, poder decisorio y capacidad suficiente para resolver asuntos en aplicación de la normativa *antitrust*, incluso cuando una autoridad de competencia no se ha pronunciado previamente[886].

---

condicionar las actividades de organismos administrativos tanto nacionales como comunitarios. Estos comentarios en LADDIE, Hugh, "Procedural issues related to private enforcement of EC *antitrust* rules: the case of England", en *European Competition Law Annual 2001: Effective private enforcement of EC Antitrust Law*, Editores EHLERMANN, Claus-Dieter y ATANASIU, Isabela, Oxford, Hart Publishing, 2003, Pág. 229.

[884] Sea cual fuere, Comunitaria o Nacional, puesto que la autonomía e independencia judicial no puede verse menguada en razón de la posición de privilegio de éstas. Por lo cual es indispensable lograr una armónica implementación de los principios que son susceptibles de pugnar, entendiendo tal y como lo ha hecho un sector de la doctrina, que dichos conflictos solo se suscitarán cuando concurran competencias entre los Jueces y la Autoridad Comunitaria, pues no hay posibilidades de contradicción cuando la competencia sea exclusiva de la Comisión (por ejemplo la revocación de la protección que confiere un Reglamento de Exención por categorías), caso en el cual bajo ningún concepto se pondrían en riesgo los principios a favor de la función judicial enunciados al inicio de esta nota. Como así lo expuso el Abogado General Cosmas en las conclusiones por él presentadas en el asunto *Masterfoods Ltda Vs. HB Ice Cream Ltda*, y lo soportó una parte de la doctrina donde se resalta a HILJEMARK, Linda, "Enforcement of EC Competition Law in National Corts—The perspective of Judicial Protection", en *Yearbook of European Law*, Volumen. 17, N° 1, 1997, Pág. 117 y a WHISH, Richard, "The enforcement of EC competition law in the domestic court of members states",en *Current and future perspectives on EC competition law: a tribute to Professor M.R. Mok*, Editor GORMLEY, Lawrence, Kluwer Law International, Londres; Boston, 1997, Pág. 84, donde el último interpretó que en referencia al artículo 101.3, las consideraciones del abogado general eran más que correctas, pues en ellas se estimaba que el Juez no está imposibilitado para decidir, como sí para resolver en términos que resulten antagónicos con los pronunciamientos de la Comisión.

[885] Al respecto se debe resaltar el caso italiano, donde con antelación a la reforma que significó el Reglamento 1/2003, los Jueces, se entendía, participaban en la resolución de un asunto de libre competencia, siempre y cuando la autoridad italiana, que para los efectos es la Autorità Garante della Concorrenza e del Mercato, se hubiese manifestado por medio de una decisión. Ahora bien, la doctrina de dicho país en el panorama actual en el cual hay reticencia a que los pronunciamientos de la autoridad de competencia condicionen a los Jueces (defendiendo que solo deben hacerlo cuando el Juez así lo estime pertinente), cree que en lo referente a la declaración de la transgresión, se le podrían otorgar a las decisiones de las Autoridades administrativas en este sentido (como en el caso alemán), efectos vinculantes ante el Juez, quien ahora bajo toda regla puede conocer de un asunto concurrencial sin serle necesaria la espera de una disposición administrativa.

[886] Las posibles configuraciones al respecto no varían dicha capacidad de los Jueces frente a las Autoridades Nacionales de Competencia, toda vez que no deben verse injeridos, vinculados o condicionados por las decisiones de la autoridad nacional de competencia, ni en aquellos casos donde la decisión por parte de esta última ya haya sido proferida, ni en los cuales esté en proceso decisorio. Pudiendo motivar su resolución en total independencia de los fundamentos de otros *Enfocement Bodies*, con excepción, claro está, de los de la Comisión. Sobre el tema, y haciendo una exposición de la "bifurcación" comunitaria previa la exposición de la española, los comentarios de RODRIGUEZ SASTRE, Iñigo, "Ley 15/2007, de 3 de Julio, de Defensa de la Competencia. Disposición Adicional primera. De los juzgados de lo mercantil", en *Derecho Español de la Competencia: Comentarios a la ley 15/2007, Real*

Dichos argumentos erigidos por aquellos países que se encuentran en desacuerdo con que los pronunciamientos de todos los *Enforcement Bodies* de carácter administrativo se impongan a los Jueces nacionales, por entenderlo como una vulneración de la autonomía de estos últimos, han generado que sean reproducidos, creados y expuestos por parte de la doctrina, argumentos que solventan parcialmente dicha inquietud, dirigidos a enunciar características que permiten fortalecer la posición de los órganos jurisdiccionales nacionales, siempre en búsqueda de que no haya absolutos ni coacción de ninguna clase en aquellos casos en los cuales las circunstancias mismas del asunto, hagan recomendable que los Jueces adecúen su accionar a lo dispuesto o decidido por una autoridad administrativa del orden nacional; toda vez que de verse subordinados o condicionados, en todos los casos, debe ser de forma contenida y suficientemente motivada.

Soy un convencido de que la estructuración de dichos fundamentos, es necesaria y se configura en beneficio de la aplicación de la normativa *antitrust*[887], por darle un merecido relieve a los órganos jurisdiccionales nacionales, los cuales, si bien en todos los casos deben buscar que sus disposiciones se encuentren en consonancia con las de la Comisión, y tienen a la par, un deber imperativo de llevar a cabo su función con armonía siguiendo una dirección similar y coherente con la trazada por los demás *Enforcement Bodies*, sea cual sea su nivel; no deben aceptar la imposición absoluta de la doctrina de los órganos administrativos, ya que en casos puntuales, más que todo en lo referente a las Autoridades administrativas del nivel nacional, les resulta posible "reformar" las resoluciones de estas últimas, e inclusive, matizar las disposiciones de la máxima Autoridad Comunitaria de Competencia.

Así por ejemplo, existen eventualidades puntuales en virtud de las cuales los órganos jurisdiccionales nacionales estarán en capacidad de participar de un caso sobre el cual se ha pronunciado la Comisión; cuando lo dicho por esta última le imponga un claro límite a su accionar; cuando los hechos o los aspectos esenciales del mismo hayan cambiado permitiéndole pronunciarse sin injerencia alguna[888]; cuando decida formular una cuestión

---

decreto 261/2008 y ley 1/2002, Director ODRIOZOLA ALEN, Miguel, Coordinadora IRISSARRY, Belén, Editorial Bosch, Barcelona, 2008, Volumen 2, Pág. 1194 y COLOMER HERNANDEZ, Ignacio, "La tutela judicial de la Defensa de la Competencia", en *Derecho de la Competencia. Estudios sobre la ley 15 de 2007, de 3 de Julio, de Defensa de la Competencia*, Directores PAREJO ALFONSO, Luciano y PALOMAR OLMEDA, Alberto, La Ley, Madrid, 2008, Pág. 464.

[887] A lo que es posible añadir la necesidad de dejar claro este punto y otros tantos, en aras de estructurar un sistema más completo, en el que por ejemplo haya claridad acerca del marco de actuación que debe unir a las Autoridades administrativas del orden nacional de los países miembros, y a los Jueces, y a la par, en el que se regule la colaboración entre ellos. KOMNINOS, Assimakis, *EC Private Antitrust Enforcement: Decentralised Application of EC Competition Law by National Courts*, Hart Publishing, Oxford, 2008, Pág. 93.

[888] Sobre este aspecto se hace necesario acotar, que cuando los hechos que marcaron la decisión de la Comisión, guardan similitud, pero no son idénticos a aquellos puestos en conocimiento del Juez, este último solo se verá vinculado por las disposiciones de la Comisión en lo referente a los fundamentos de Derecho planteados por la Autoridad Comunitaria ya que pueden ser aportados como pruebas, pudiendo desmarcarse de los otros aspectos, y estando obligado igualmente a darle la oportunidad a las partes, de entrar a debatir dichos fundamentos en garantía del debido proceso. PHEASAND, John, "Private *antitrust* damages in Europe: the policy debate and and judicial developments", en *Antitrust*, Volumen. 21, Nº 59, Pág. 56 y siguientes. El autor cree que darle uso a dichos fundamentos de Derecho puede aliviar la carga probatoria a cargo de quien demanda, máxime cuando tienen un nivel técnico que puede otorgar luces

prejudicial ante el Tribunal de Justicia de las Comunidades Europeas en razón de su desacuerdo; o incluso cuando busque la subsistencia de su fallo en los casos en los cuales no haya choque alguno de carácter "inconciliable" entre las decisiones tomadas en el proceso judicial y las del proceso administrativo. Siendo todas ellas, circunstancias que permiten comprobar, la flexibilidad que asiste a la labor judicial en cuanto al tema en desarrollo.

La Comisión tiene una posición totalmente distinta a la de las Autoridades administrativas de competencia nacionales y por tanto los niveles de adecuación que los Jueces nacionales deben poner en marcha cuando sus disposiciones sean susceptibles de colisionar con fallos de la primera o de las segundas, son igualmente diferentes. En parte, en razón de que emanan de principios diversos, ya que la prevalencia de la Comisión nace de la superioridad que tiene frente a otras autoridades; mientras que la facultad de los Jueces de aportar soluciones que no vayan en contravía de disposiciones de alguna autoridad administrativa, no puede ser considerada una obligación, sino una manifestación de la armonía, coherencia y cooperación que debe regir cada aplicación que de las normas *antitrust* se haga a un asunto particular.

Lo verdaderamente esencial a la par de lo expuesto, y ya sabiendo de la existencia de una posición de privilegio que condiciona a los Jueces[889] en lo que a la Comisión respecta, aunque con claridad, y de ninguna manera, de forma absoluta[890], mucho menos en lo referente a las Autoridades administrativas de competencia nacionales; es entrar a delimitar como dicha teoría, es efectivamente transpuesta a la realidad, utilizando el caso de España como ejemplo de dicha circunstancia, ya que a nivel interno, cada país miembro puede delimitar cuál es la interpretación que le da a un tema como el actual, pues no hay una conclusión única al respecto, que concilie y defina la verdadera incidencia que tienen las Autoridades administrativas diferentes a la Comisión en la tarea de los Jueces[891]; debiendo a su vez resaltarse cuales han sido los debates que ha propuesto

---

acerca de la estructura de un mercado, la posición de una empresa en él, el análisis económico de conductas, etc.

[889] A pesar de que algunos crean que ese efecto es una clara vulneración del artículo 6 del Reglamento 1/2003.

[890] Mereciendo el establecimiento de unos mínimos parámetros normativos, que delimiten claramente los postulados al respecto del Reglamento 1/2003, y que clarifiquen el nivel de vinculación que tendrá que soportar el Juez en razón de cada una de las diferentes disposiciones de la Comisión, en pro de evitar decisiones conflictivas en un aspecto que no se encuentra claramente delimitado en lo que respecta al efecto vinculante de las decisiones administrativas. Como así lo cree NAZZINI, Renato, "Parallel and Sequential Proceedings in Competition Law. An Essay on the Modes of Interaction between Community and National Law", en *European Business Law Review*, Volumen.16, N° 2, 2005, Pág. 271.

[891] Son muchos los que interpretan que la posición de privilegio de la Comisión no impide que los Jueces decidan sobre ciertos asuntos, ya que dicha posibilidad a favor de los Jueces, existe. Lo esencial según este sector, es que las decisiones tomadas por los órganos jurisdiccionales nacionales no contradigan la totalidad de un fallo de la Comisión o sus aspectos esenciales y devenga en una pugna sin solución con la Autoridad Comunitaria. NAZZINI, Renato, *Concurrent proceedings in Competition Law procedure, evidence and remedies*, Oxford University Press, Oxford; Nueva York, 2004, Apartado.7, 07; igualmente CASTILLO DE LA TORRE, Fernando, "Decisiones de la Comisión Europea en materia de política de competencia ante los Tribunales nacionales: la sentencia Masterfoods", en *Gaceta Jurídica de la Unión Europea y de la Competencia*, N° 213, 2001, Pág. 35.

la doctrina, en razón de ciertos choques de principios susceptibles de presentarse ante la pluralidad de *Enforcers*; a continuación, una exposición detallada de dichos aspectos.

(A) A propósito de la persistente afinidad europea por el modelo de aplicación pública de la normativa *antitrust* y su influencia en España.

En razón de la cultura que por tanto tiempo fue predominante en España la cual posicionó en un lugar único[892] de privilegio a las Autoridades administrativas de competencia, es indispensable estudiar los efectos que conllevan los fallos de aquellas autoridades para los órganos jurisdiccionales nacionales, así como delimitar que preceptúan los fundamentos jurídicos pertinentes y en vigencia en relación a los parámetros que deberán poner en marcha los diferentes *Enforcers* para darle cumplimiento a los mismos.

Previa la aparición de la actual Ley de Defensa de la Competencia en España, el panorama acerca de la "vinculatoriedad" de los fallos de las Autoridades administrativas de competencia no había sido homogéneo, pues bajo la vigencia de la Ley 110/1963 se entendía que los fallos de aquellas autoridades no generaban efectos en los procesos jurisdiccionales posteriores, aunque podían tener un papel probatorio[893]; contrastando con lo acaecido en vigencia de la Ley 16/1989, pues en razón del obligado pronunciamiento que debía hacer la autoridad administrativa acerca de la transgresión, el Juez se encontraba condicionado a lo expuesto por aquella y solo podía participar y conocer del asunto delimitando los daños y perjuicios causados con la infracción, una vez se hubiese dado la declaración de la misma por parte de la autoridad de competencia[894].

Habiendo aparecido la reforma a ambas normativas enunciadas en el párrafo anterior, la Ley de Defensa de la Competencia, 15/2007, como ya se dijo en apartados anteriores, otorgó poderes de aplicación a los Jueces nacionales en consonancia con los parámetros que Europa propendía por consolidar en los países comunitarios, pero en mi opinión, dejó vacíos de importancia que no dejaron claro cuál sería, de existir, el grado de influencia práctico que tendrían los fallos de las Autoridades administrativas en los procesos de los Jueces de lo mercantil[895].

---

[892] Que hace referencia a la atribución que de forma restrictiva tuvieron las autoridades de naturaleza administrativa durante muchos años para aplicar la normativa de libre competencia comunitaria y española.

[893] Como así lo expresa SAINZ MORENO, Fernando, "Orden Público Económico y restricciones de la competencia", en *Revista de Administración Pública*, N° 84, 1977, Pág. 633.

[894] Se recuerda el tenor de la norma relevante incluida en la Ley 16/1989, artículo 13, numeral 2: "*La acción de resarcimiento de daños y perjuicios, fundada en la ilicitud de los actos prohibidos por esta Ley, podrá ejercitarse por los que se consideren perjudicados, una vez firme la declaración en vía administrativa y, en su caso, jurisdiccional. El régimen sustantivo y procesal de la acción de resarcimiento de daños y perjuicios es el previsto en las leyes civiles.*"

[895] De generar vínculos las decisiones de las autoridades de competencia, la normativa deberá por lo menos exponer los momentos procesales en los cuales dicha influencia y vínculo pueden generarse, las variaciones procedimentales que puede traer dicho vínculo al proceso judicial, las condiciones en que dicho vínculo deberá producirse, la influencia que podrá tener el que el fallo se encuentre en firme, así como

La Ley de competencia por ejemplo, no dejó claro si se haría extensivo el poder de la Comisión Europea también a las Autoridades administrativas de competencia en España, tanto del nivel nacional como autonómico, y nada dijo acerca de si se seguirían los lineamientos que trazó el libro blanco en los cuales la Comisión propuso que los pronunciamientos de dichas autoridades tuviesen un grado de influencia real y estuvieran por encima de los planteamientos judiciales[896].

No existiendo precepto legal que diga taxativa o relativamente si verdaderamente existe una posición encumbrada de las autoridades de competencia frente a los Jueces de lo mercantil, y adelantando las conclusiones que se plantearán en este apartado, no parece muy arriesgado decir que no hay tal perspectiva en España, y que por lo tanto las posiciones de Jueces y aquellas autoridades se encuentran en un nivel muy equilibrado, que plantearían una negativa referente a la influencia planteada en este apartado.

Para evitar algunas dudas, aunque no todas pues el instrumento comunitario también atiza la creación de debates, hubiese sido conveniente reproducir a nivel nacional los términos del artículo 16 del Reglamento 1/2003, y así intentar dejar claro si hay o no un grado de influencia condicionante ejercido por los fallos administrativos, y de haberlo, establecer un deber de obligada atención en cabeza de los Jueces nacionales.

No existiendo precepto legal en ese sentido, a priori, se perciben entonces pugnas entre principios tal y como se expuso en el apartado anterior, y se resalta el posible acaecimiento de circunstancias que ante el silencio normativo pueden conllevar inseguridad jurídica.

Así se observa, que dejar un tema de tanta importancia en merced de un debate que puede terminar con conclusiones apartadas de los objetivos de la reforma a nivel comunitario y nacional, tal y como lo hizo la Ley 15/2007, es peligroso, y que fuere cual fuere el objetivo del legislador, este debió plantear con claridad cuales serian los efectos generados por los fallos de unos y otros *Enforcement Bodies,* para de tal manera evitar la pugna de principios que dividirían a la doctrina en apoyo a cada uno de los bandos.

El silencio del legislador tal vez se basó, tal y como lo creemos algunos, en su deseo de instaurar un proceso que otorgara potestades y no obligaciones a los Jueces de lo mercantil, quienes en búsqueda de que sus fallos tuviesen mayor legitimidad y no fueran materia de debate, estuviesen empoderados para cuando así lo estimasen pertinente, detener sus procesos en los casos en los cuales fuere conveniente conocer previamente un pronunciamiento relevante de las autoridades nacionales y autonómicas de competencia.

---

establecer qué tipo de pronunciamientos administrativos lo generarán. Al respecto el apartado siguiente del presente trabajo acerca de la Suspensión del plazo para dictar sentencia.

[896] Ya en épocas en las cuales la Ley de Defensa de la Competencia era solo un proyecto, hubo iniciativas dirigidas a que los pronunciamientos de las Autoridades administrativas vincularan la labor judicial, pero las mismas en razón, en parte, de las criticas del Consejo General del poder Judicial, no se vieron consolidadas. Al respecto ARRIBAS HERNANDEZ, Alberto, *Comentario de la ley de Defensa de la Competencia,* Directores MASSAGUER, José, FOLGUERA, Jaime, SALA ARQUER, José Manuel y GUTIERREZ, Alfonso, Civitas, Madrid, 2008, Págs. 743 y siguientes; y SANCHO GARGALLO, Ignacio, "Ejercicio privado de las acciones basadas en el Derecho comunitario y Nacional de Competencia", en *Indret: Revista para el análisis del Derecho,* N°1, 2009, Pág. 26.

Con este argumento, se pasa fácilmente de la crítica por haber guardado silencio sobre tan importantes aspectos, a la felicitación del legislador por imprimir coherencia a la estructuración del poder de aplicación en favor de los Jueces, pues parece ser más un acierto que una desventura el haber otorgado dicha facultad a los Jueces en términos potestativos y no obligatorios, toda vez que habría sido infortunado en toda regla poner por encima de las decisiones de los Jueces, a las decisiones de las Autoridades administrativas[897].

Y habría sido un error, pues el nuevo poder de aplicación de las normas *antitrust* en manos de los Jueces carecería de sentido, ya que no se habría instaurado para imprimirle celeridad, efectividad y eficiencia a la protección de la libre competencia, sino para trasladar al presente, escenarios del pasado en los cuales los Jueces estaban supeditados a la actuación administrativa. La incoherencia sería mayúscula, pues la validez jurídica de los pronunciamientos de los Jueces seguiría estando condicionada por la actuación de las autoridades de competencia[898], a pesar de los poderes que tras tantos esfuerzos y debates han consolidado la aplicación directa de las normas *antiturst* en favor de los Jueces[899].

Los objetivos de la reforma y la incongruencia expuesta en el párrafo anterior, son dos importantes fundamentos, pero no los únicos, que soportan que al parecer no se deben ver vinculados los Jueces españoles por las decisiones de las Autoridades administrativas[900], toda suerte que otros argumentos pueden ser igualmente esgrimidos a

---

[897] Pues significaría la vulneración del principio de independencia en favor de los Jueces, el cual mas allá de no pugnar directamente con la posición de privilegio de las autoridades de carácter administrativo, debe formar parte de los principios que deben ceder bajo ciertos parámetros (probatorios y similares) a la importancia de las Autoridades administrativas de competencia. HERRERO SUÁREZ, Carmen, "La aplicación privada del Derecho de la Competencia Europeo", en *Revista del Derecho de la Competencia y la distribución*, N° 2, 2008, Pág. 111.

[898] Como muchos aun siguen deseando, y así se comprueba, al analizar sus opiniones en lo que a acciones *Follow–On* se refiere, toda vez que centran su crítica en aquellas, al entenderlas como nocivas parcial o totalmente, pues aducen que de ser necesaria su existencia, dichas acciones no pueden estar acompañadas de unos beneficios que más que arraigar la competencia, la mutilan; lo que les lleva a sugerir que su puesta en marcha, debe estar siempre condicionada a que no se hubiese iniciado un proceso administrativo; aconsejando a renglón seguido, incluso, su extinción, aduciendo que en el sistema europeo, este tipo de acciones no deberían estar a disposición de los particulares. SNYDER, Edward y KAUPER, Thomas, "Private Antitrust Cases That Follow Government Cases", en *Private Antitrust Litigation: New Evidence, New Learning,* Editor WHITE, Lawrence, Cambridge MIT Press, Cambridge, 1988, Pág. 358; DAM, Kenneth, "Class Actions: Efficiency, Compensation, Deterrence, and Conlict of Interest", en *The Journal of Legal Studies,* N° 4, 1975, Págs. 68 y siguientes.

[899] Como así lo cree algún sector y lo expone en los siguientes términos: *"(...) the Commission would be well advised not to propose secondary Community legislation conferring a positive binding effect on such public enforcement decisions, because in the long run this would create a philosophy of dependence of private on public enforcement, and would lead to the mistaken belief that private antitrust enforcement is just about follow-on actions. Conferring a positive binding effect on infringement decisions of all Member states competition authorities would also be problematic since there are different traditions of administrative authorities and procedures and indeed of degree of judicial review of such decision. An unqualified duty to consider all such decisions binding on all civil courts within the EU would not make sense."* KOMNINOS, Assimakis, *EC Private Antitrust Enforcement: Decentralised Application of EC Competition Law by National Courts,* Hart Publishing, Oxford, 2008, Pág. 230.

[900] Defienden y han defendido la óptica del no vínculo generado por las disposiciones de las Autoridades administrativas de competencia, RODRIGUEZ SASTRE, Iñigo, "Ley 15/2007, de 3 de Julio,

favor de esta posición. Así por ejemplo, el hecho de que Jueces y autoridades de competencia pertenezcan a órdenes jurídicos/jurisdicciones divergentes o a que lleven a cabo la protección de intereses distintos que conllevan el análisis factual y legal en términos opuestos[901], son también razones empleadas por los defensores de esta postura.

De haber deseado modificar y dar un giro a esta realidad, por creer que efectivamente los fallos de las Autoridades administrativas deberían vincular y condicionar a los Jueces de lo mercantil, el legislador español debería haber dado los pasos que en otros territorios ya se dieron, como es el caso alemán y británico, donde se reguló el tema en lo referente a sus respectivas autoridades, incluso adelantándose a los planteamientos de la Comisión en el libro blanco, los cuales estuvieron dirigidos en ese sentido.

El legislador español, interpreto, entendió que en una misma iniciativa legislativa sería chocante encontrar poderes de aplicación en favor de los Jueces, y a la vez regulación acerca de cómo el valor de los pronunciamientos de estos últimos estaría un escalón por debajo de los de las autoridades de competencia.

Tal vez prefiriendo sacrificar un poco la seguridad jurídica, poniéndola en riesgo y bajo la potestad de la decisión del Juez competente, el legislador creyó que en búsqueda de la congruencia en la aplicación de la normativa *antitrust*, aquel Juez tomaría por iniciativa propia la medida de suspensión del proceso, y que la misma sería vista por él como una forma de enriquecer el procedimiento a su cargo, sacando provecho de la idoneidad, poder, y experiencia de las Autoridades administrativas[902].

---

de Defensa de la Competencia. Disposición Adicional primera. De los juzgados de lo mercantil", en *Derecho Español de la Competencia: Comentarios a la ley 15/2007, Real decreto 261/2008 y ley 1/2002*, Director ODRIOZOLA ALEN, Miguel, Coordinadora IRISSARRY, Belén, Editorial Bosch, Barcelona, 2008, Volumen 2, Pág. 1195; CASTRO-VILLACAÑAS PEREZ, Diego, "La aplicación privada del Derecho de la Competencia y los nuevos juzgados de lo Mercantil", en *Boletín Económico de Información Comercial Española (ICE)*, N° 2818, 4 al 10 de Octubre de 2004, Pág. 10; y COLOMER HERNANDEZ, Ignacio, "La tutela judicial de la Defensa de la Competencia", en *Derecho de la Competencia. Estudios sobre la ley 15 de 2007, de 3 de Julio, de Defensa de la Competencia*, Directores PAREJO ALFONSO, Luciano y PALOMAR OLMEDA, Alberto, La Ley, Madrid, 2008, Pág. 462.

[901] Sobre esta realidad que aleja las posturas de las Autoridades administrativas y los Jueces de lo mercantil, se ha manifestado la doctrina para acotar que en razón de los elementos que usan en sus respectivos procesos, los cuales son divergentes, así como por los distintos fines perseguidos, la aplicación puede encontrar diferencias que a priori no deben ser interpretadas como chocantes con el principio de seguridad jurídica, a menos que se configure una vulneración al principio de igualdad en la aplicación de la ley. COLOMER HERNANDEZ, Ignacio, "La tutela judicial de la Defensa de la Competencia", en *Derecho de la Competencia. Estudios sobre la ley 15 de 2007, de 3 de Julio, de Defensa de la Competencia*, Directores PAREJO ALFONSO, Luciano y PALOMAR OLMEDA, Alberto, La Ley, Madrid, 2008, Pág. 503.

[902] Como así lo recomienda RODRIGUEZ SASTRE, Iñigo, "Ley 15/2007, de 3 de Julio, de Defensa de la Competencia. Disposición Adicional primera. De los juzgados de lo mercantil", en *Derecho Español de la Competencia: Comentarios a la ley 15/2007, Real decreto 261/2008 y ley 1/2002*, Director ODRIOZOLA ALEN, Miguel, Coordinadora IRISSARRY, Belén, Editorial Bosch, Barcelona, 2008, Volumen 2, Pág. 1195, pues entiende que la utilidad que puede tener ese material en el proceso judicial es muy alta.

Siendo varios los argumentos, puede concluirse que la no generación del vínculo en España, escenifica que en este país, el Juez podrá, sin tomar vías alternas, fallar acerca de un mismo asunto o de uno análogo, sin esperar pronunciamiento alguno por parte de la autoridad administrativa[903], y a la par sacar provecho de los pronunciamientos de estas últimas, en razón del grado de especialización de dichos *Enforcers* administrativos así como por su naturaleza y poder, cuando así lo crea conveniente y quiera adherir lo dicho por aquellas como material probatorio[904] en el proceso a su cargo[905].

---

[903] Como así puede verse en la sentencia de 19 de Noviembre de 2005, de la Audiencia Provincial de Madrid, sección 11, que tiene como abanderado la autonomía de los jueces. Aunque sea claramente, un aspecto debatible, toda vez que la autonomía jurisdiccional, al parecer, lograda, se ve difuminada, con algo de desatino, con la categoría de normas imperativas que las normas *antitrust*, ya que siendo consideradas de orden público, le otorgan un papel protagónico a cada una de las Autoridades de Competencia de los países miembros y cierta superioridad, deducible aunque no escrita, sobre los Jueces nacionales. Por lo que, incluso en casos en los cuales haya un pronunciamiento judicial en firme, una Autoridad nacional de competencia está en capacidad de adelantar un proceso administrativo, que lleve a cabo actuaciones no afines con las adelantas en el proceso judicial.

[904] En ese sentido las apreciaciones de la sentencia de 9 de Octubre de 2009, de la Audiencia Provincial de Valladolid y lo expuesto por PALAU, Felipe, *"Comentario de la ley de Defensa de la Competencia"*, Directores MASSAGUER, José, FOLGUERA, Jaime, SALA ARQUER, José Manuel y GUTIERREZ, Alfonso, Civitas, Madrid, 2008, Pág. 278: *"(...) el principal efecto (...) ha de ser su valor interpretativo, en cuanto facilitan el criterio de la máxima autoridad administrativa en la aplicación de la Ley a una conducta o práctica novedosa o sobre la que no existe un claro precedente en la práctica administrativa o jurisprudencial".* Así mismo BROKELMANN, Helmunt, "Conflictos y soluciones en la administración paralela administrativa y judicial", en *La Modernización del Derecho de la Competencia en España y la Unión Europea*, Directores MARTINEZ LAGE, Santiago y PETITBO, Juan, Marcial Pons, Madrid-Barcelona, 2005, Pág. 101.

[905] Circunstancia en la cual, es esencial que no se confunda la envergadura probatoria que puede tener dentro del proceso ante el Juez un pronunciamiento de una autoridad de competencia de carácter administrativo, toda vez que interpreto, que como prueba dentro del proceso judicial, la misma deberá ser valorada en las mismas condiciones que las demás pruebas, debiendo sujetarse a un proceso de contradicción efectuada por las partes y a la valoración del Juez (Sentencia de 16 de Julio de 2002, de la Audiencia Provincial de Burgos: *"Por último, también puede valorarse todo el expediente instruido ante el Tribunal de Defensa de la Competencia y la resolución dictada, pues aunque, obviamente, no vincula a los Tribunales de Justicia, estos pueden valorar tanto las pruebas e investigaciones practicadas en dicho expediente, como la resolución dictada, si han sido incorporadas al proceso civil con la debida contradicción, como así ha ocurrido, por lo que al haberlo hecho la Juzgadora de instancia, no ha infringido norma procesal ni sustantiva alguna."),* no pudiendo ser por tanto considerada de antemano la prueba clave del proceso.

En caso contrario y de serle otorgado, tal y como propone la Comisión en el libro blanco, un carácter especial por ser considerada como plena prueba del acaecimiento de cierta circunstancia relevante, verbigracia la ilicitud de la conducta, no sería necesaria siquiera una respuesta del Juez en relación a las pruebas, sino que éste de manera directa debería pasar a delimitar los efectos jurídicos fruto de la transgresión. Significando que la decisión administrativa tendría efectos vinculantes "indirectos" y que la participación del Juez no se encontraría suficientemente fortificada. Defiende que la decisión administrativa no debe interpretarse como un derecho objetivo a aplicar de forma imperativa por los Jueces, COLOMER HERNANDEZ, Ignacio, "La tutela judicial de la Defensa de la Competencia", en *Derecho de la Competencia. Estudios sobre la ley 15 de 2007, de 3 de Julio, de Defensa de la Competencia*, Directores PAREJO ALFONSO, Luciano y PALOMAR OLMEDA, Alberto, La Ley, Madrid, 2008, Pág. 463.

Muchos creen que de hacer uso de dicha opción, el Juez de lo mercantil solo podrá considerar como prueba la declaración administrativa sobre la transgresión[906]. Otros, entre los que me incluyo, creemos que el Juez puede darle un papel importante dentro de su material probatorio a otros aspectos del fallo administrativo, como lo pueden ser las consideraciones técnicas realizadas en él[907], la constatación de los hechos, así como los segmentos de la parte declarativa, que aun teniendo el enfoque público propio de la valoración de este tipo de autoridades, no tiendan por si solos a la colisión con el enfoque jurídico privado que envuelve la actuación del Juez[908].

Además de analizar los apartes específicos de la resolución administrativa, el Juez también podrá, y creo que en todo caso deberá, añadir a su intención de incluir como material probatorio al proceso a su cargo, un análisis acerca de la naturaleza de cada decisión de la autoridad de competencia, pues siendo potestativa la facultad otorgada en la ley 15/2007, y habiendo dejado el legislador en manos del Juez esa posibilidad de detener el procedimiento en espera de conocer el pronunciamiento del órgano administrativo, es efectivamente el Juez quien en pro del coherente proceso de aplicación deberá hacer uso de esa potestad, sin importar que a priori, no esté vinculado por lo expresado en sede administrativa y de quererlo pueda evaluar la actuación, hacer la valoración de la misma y delimitar los efectos jurídico privados de la misma.

Muy a pesar de que muchas decisiones de las Autoridades administrativas nacionales, e incluso, de la Comisión, como se verá en apartados posteriores, no tengan efectos vinculantes inequívocos y completos que condicionen la actuación de los Jueces nacionales, sí que queda claro tras analizar la intención de la reforma, que es recomendable que estos últimos acomoden sus actuaciones a algunas de aquellas en aras de evitar choques innecesarios.

El esfuerzo administrativo debe ser tomado en cuenta, y aprovechado por el Juez en todas las circunstancias, por lo que le resulta siempre más recomendable enterarse (si ya se ha dado), o detener el proceso (si está en espera de darse) para conocer los planteamientos de aquellas autoridades, tanto si es la declaración de una transgresión a

---

[906] Jornadas de la AGENCIA ESPAÑOLA DE DEFENSA DE LA COMPETENCIA: El libro blanco de la Comisión europea sobre acciones de daños y perjuicios por incumplimiento de las normas comunitarias de Defensa de la Competencia, *"Comentarios de la Asociación Española de Defensa de la Competencia al Libro blanco de Daños de la Comisión europea"*, en Gaceta Jurídica de la Unión Europea y de la Competencia, N° 5, 2008, Pág. 35. Donde se defiende esa óptica y se expone que los hechos y la valoración de los mismos no pueden configurar prueba vinculante.

[907] Como en un caso hipotético, lo puede ser el estudio realizado por la autoridad de competencia acerca de un mercado, las particularidades del mismo o la posición que han tenido y tienen los involucrados en él. Como ya se ha dado y puede verse en la Sentencia de 25 de Enero de 2006, del Juzgado de lo Mercantil N° 5 de Madrid, en la cual se utilizó el informe del Tribunal de Defensa de la Competencia de fecha 13 de Noviembre de 2002, emitido con motivo de la integración de la plataforma digital DTS en Sogecable y que hace referencia al documento N° 38 de la contestación a la demanda.

[908] Así lo cree DIEZ PICAZO, Ignacio, "Sobre algunas dificultades para la llamada "aplicación privada" de las normas de competencia en España", en *1987 – 2007. Una reflexión sobre la política de Defensa de la Competencia*, Libro Marrón, Círculo de Empresarios, Madrid 2008, Pág. 65, quien añade que en ningún caso puede interpretarse que ese valor genera la vinculación "sin más" al Juez.

las normas *antitrust*, como si es la revocación de un Reglamento de exención por categorías[909], un compromiso[910], o la declaración de inaplicabilidad de las normas de libre competencia[911].

Adelanto por lo tanto, algunas conclusiones que se aportarán sobre los pronunciamientos comunitarios de la Comisión y el grado de incidencia que tienen en la tarea judicial, y las hago extensivas al tema español, por entender que en aquellos casos en los cuales la autoridad de competencia haya decidido tomar alguna de las direcciones enunciadas en el párrafo anterior, tales como la declaración de inaplicabilidad o la decisión de compromiso, y de no cambiar las circunstancias que le llevaron a tomar dicha decisión, el Juez debería abstenerse de entrar a valorar las mismas en vistas de declarar la ilicitud de una actuación, siendo más recomendable que confíe en el grado de especialización de las autoridades de competencia, así como también en la valoración realizada por esta para llegar a adoptar dicha disposición.

En ningún caso, dicha opinión, puede ser interpretada como que todas las decisiones de las Autoridades administrativas de competencia generarán una "vinculación encubierta" que condicionará la labor de los Jueces, toda vez que no es así, ya que en el catálogo de decisiones que pueden tomar aquellas autoridades, hay algunas que, muy a pesar de que tengan como fuente a la Comisión, tal y como se verá al analizar el efecto que en los procesos judiciales tendrán las apreciaciones de dicha autoridad sobre un asunto particular, no vinculan a los Jueces nacionales, y que por lo tanto hacen extensivos dichos efectos a las decisiones del mismo tipo que tengan como fuente a la Comisión Nacional de Competencia o a las autoridades autonómicas de competencia en el caso Español[912].

---

[909] Que al ser competencia exclusiva en cabeza de la Autoridad de Competencia Nacional, a saber la Comisión Nacional de Competencia, no genera debate alguno, toda vez que al ser tomada decisión en este sentido por parte del órgano competente, no hay posibilidad de choque con los Jueces nacionales, quienes en todo caso se deben ver vinculados por aquellas disposiciones al no poder influir en las mismas.

[910] Que igualmente, y en similares términos que los comunitarios le es asignado como atribución a la Comisión Nacional de Competencia en el artículo 52 de la Ley 15/2007. Sobre ellos, a nivel interno los mismos debates comunitarios que en la opinión de quien escribe, no sustento suficiente para que el Juez desconozca en toda regla una decisión que en este sentido haya tomado la autoridad administrativa, toda vez que a pesar de no ser una decisión sobre la infracción propiamente dicha, la misma lleva aparejado un cese de la misma y el bienestar general fruto de dicho pacto.

[911] La cual por requerimiento del interés público, podrá declarar la Comisión Nacional de Competencia, y que tiene sustento legal en el artículo 6 de la Ley 15/2007 y en el artículo 43 del Reglamento de Defensa de la Competencia. En las mismas condiciones que los compromisos, este tipo de decisiones se antojan como parámetros a seguir por parte de los Jueces, ya que acogerlos o permitir la cabida de los mismos en el proceso llevado por el Juez, no significa la pérdida de la independencia, y no acogerlos puede ir en contra de la coherencia del proceso de aplicación, más allá que el elemento "declaración de la transgresión" sea echado en falta por algún sector de la doctrina que interpreta que este tipo de disposiciones de la autoridad administrativa no deben generar vínculo alguno, de esta opinión es COLOMER HERNANDEZ, Ignacio, "La tutela judicial de la Defensa de la Competencia", en *Derecho de la Competencia. Estudios sobre la ley 15 de 2007, de 3 de Julio, de Defensa de la Competencia*, Directores PAREJO ALFONSO, Luciano y PALOMAR OLMEDA, Alberto, La Ley, Madrid, 2008, Pág. 477.

[912] En clara referencia de las decisiones de desestimación, sobreseimiento, archivo o rechazo de una denuncia, o a las disposiciones en razón de las cuales un particular o empresa se acoge a un programa de clemencia (a nivel interno regulado en los artículos 65 y 66 de la Ley 15/2007 y en los artículos 46 a 53 del

III.   Las facultades de los órganos jurisdiccionales nacionales.

Habiendo sido interiorizadas las diferencias que tiene la aplicación de las normas de libre competencia llevada a cabo por las Autoridades administrativas del nivel nacional y los Jueces de los países miembros, queda claro que la reforma no otorgó poderes equivalentes a los Jueces nacionales, sino que les dio la posibilidad de centrar su relación con los artículos 101 y 102 del Tratado de funcionamiento de la Unión Europea, en aplicar dichos preceptos en el ámbito de un litigio, con todo lo que ello conlleva, estando posibilitados, merced de la doctrina del efecto directo, a no depender, para poder conocer de un asunto, sea cual sea su momento procesal, de ninguna acción adicional por parte de autoridades públicas[913].

La doctrina entiende, que en virtud de la posibilidad nombrada en el párrafo anterior, los Tribunales nacionales están llamados a aplicar la normativa en desarrollo, en merced a dos figuras de gran importancia que son fuente de su poder[914], a saber:

- "Euro-offence": Que hace referencia a la normativa *antitrust* comunitaria como un medio de ataque que se utiliza para poner en marcha acciones de daños, medidas cautelares o remedios, por parte de sujetos afectados por prácticas o conductas contrarias a los artículos 101 o 102 del Tratado[915].

- "Euro-defence": Que hace referencia al uso, como protección, que se hace de las normas *antitrust* comunitarias, ante una acción iniciada por un demandante, en búsqueda de que una conducta o acuerdo sea ejecutado. Por lo que a manera de remedio, el acusado busca que el contrato fruto de la conducta contraria, sea declarado nulo y sin efecto en virtud del artículo 101, o ilegal en virtud del artículo 102[916].

En razón de los avances de la reforma[917], los Jueces nacionales[918] pueden, decidir si un acuerdo es una infracción al artículo 101, declararlo nulo según lo dispuesto por el

---

Reglamento de Defensa de la Competencia). Siendo aquellas decisiones aquellas que ni a nivel comunitario, ni a nivel español, generan un efecto condicionante o vinculante en los Jueces de lo mercantil.

[913] Al respecto el asunto *BRT Vs. SABAM,* apartado 16; el fallo *Delimitis Vs. Henninger Bräu AG,* apartado 9; así como también *Anne Marty SA Vs. Estée Lauder SA,* apartado 5.

[914] VAN BAEL, Ivo & BELLIS, Jean-François, *Competition Law of the European Community,* Kluwer Law International, Alphen aan den Rijn, Holanda, 2010, Pág. 1214.

[915] Clara manifestación de esta situación, puede encontrarse en la sentencia del Tribunal de Justicia de las Comunidades Europeas, *Courage/Crehan.*

[916] Casos en los cuales se ha suscitado, el asunto *Delimitis Vs. Henninger Bräu AG,* en su apartado 5; y el fallo *Eco Swiss,* en su apartado 14.

[917] Siendo el de mayor relevancia de los instrumentos que la integraron, el ya varias veces nombrado Reglamento 1/2003, artículo sexto. Aplaudido, en lo que a la participación de los jueces se refiere, por un importante sector de la doctrina, que lo interpreta como un inmenso beneficio para el sistema de aplicación, y una posibilidad para acercar la competencia en Europa con la estadounidense que ya recorrió dichos senderos de evolución. En específico LANDE, Robert H. y DAVIS, Joshua P., "Benefits from Private

numeral segundo del artículo 102; decidir si una empresa está abusando de su posición de dominio en contravía del artículo 102; determinar la responsabilidad que se genera como consecuencia de un posible daño causado con la transgresión; delimitar si una conducta es acorde a la exención incluida en el numeral tercero del artículo 101; imponer remedios de acuerdo a los parámetros que al respecto estén incluidos en las normas nacionales en consonancia con la jurisprudencia y principios comunitarios; y en fin, aplicar las normas de libre competencia comunitarias sin restricción.

La reforma en general y los instrumentos de mayor relevancia al respecto[919], en conjunto, han venido a puntualizar la amplitud expuesta en el párrafo anterior, dejando claro un aspecto clave que no debe ser obviado en este punto, toda vez que si bien los Jueces nacionales se encuentran en posición de aplicar la normativa de competencia, dicha aplicación no siempre se pone en marcha en las mismas condiciones, ya que en cada caso particular, el momento procesal en el cual el asunto es puesto a disposición de los órganos jurisdiccionales, influencia las particularidades de dicho poder.

Por lo tanto, los Jueces nacionales están en capacidad de aplicar las normas en desarrollo, no solo cuando un particular lo requiera, sino igualmente cuando de oficio lo estimen pertinente[920], siempre y cuando la normativa interna del país miembro al cual pertenecen, les consienta la aplicación de normas imperativas de su país[921] y no les

---

antitrust enforcement: an analysis of forty cases", Research paper N° 2010-07, en University of San Francisco Law Review, N° 82, 2008, Págs. 881 a 883.

[918] En este punto es necesario acotar que al hablar de jueces nacionales, a pesar de existir la posibilidad de que la aplicación de las normas *antitrust* se suscite en procesos de carácter administrativo, penal y civil; se está haciendo referencia especial y sin restricciones, a los últimos, pues es en dicha sede donde verdaderamente se fijan los efectos jurídicos que a los particulares les genera una transgresión a la normativa en desarrollo, y por tanto los Jueces inmersos en este ámbito son aquellos que más importancia ostentan en referencia a la aplicación privada de las normas de libre competencia de forma directa, ya que los jueces de otros órdenes, deben restringir el campo de estudio a aquello que les concierne, siendo en el ámbito penal la búsqueda de la comisión de un delito, y en el ámbito administrativo la revisión de la legalidad de un acto administrativo.

[919] Como lo son el Reglamento 1/2003 y la *Comunicación* de 27 de abril de 2004 *relativa a la cooperación entre la Comisión y los órganos jurisdiccionales de los Estados miembros de la UE para la aplicación de los artículos 101 y 102 del Tratado de Funcionamiento de la Unión Europea.*

[920] No debiendo en ningún caso, y en razón de la posibilidad de aplicar de oficio dichas normas, limitarse el campo de acción de los Jueces respecto a la normativa *antitrust*, a la simple delimitación de los efectos que una infracción o exención puede traer a las partes implicadas, puesto que en las situaciones en las cuales, el Juez deba resolver una pretensión meramente declarativa, está en capacidad de generar efectos *erga omnes*. COLOMER HERNANDEZ, Ignacio, "La tutela judicial de la Defensa de la Competencia", en *Derecho de la Competencia. Estudios sobre la ley 15 de 2007, de 3 de Julio, de Defensa de la Competencia*, Directores PAREJO ALFONSO, Luciano y PALOMAR OLMEDA, Alberto, La Ley, Madrid, 2008, Págs. 456 y 457.

[921] En razón de la "categoría" de normas de orden público que tienen los dos artículos del Tratado de funcionamiento de la Unión Europea, 101 y 102, tal y como puede comprobarse en la lectura de la *Comunicación relativa a la cooperación entre la Comisión y los órganos jurisdiccionales*, Numeral 3: "(...) Por otra parte, hay que recordar que los artículos 81 y 82 CE presentan un carácter de orden público y son esenciales para el desempeño de las tareas encomendadas a la Comunidad y, en particular, para el funcionamiento del mercado común (...)". Igualmente importante la perspectiva de KOMNINOS, Assimakis, *EC Private Antitrust Enforcement: Decentralised Application of EC Competition Law by*

atribuya una obligación de no hacer[922]. Pudiendo llevar a cabo dicha aplicación cuando el proceso verse principalmente sobre una infracción, en razón de una petición de aplicación de las normas de libre competencia[923], o cuando versando sobre aspectos ajenos a su ámbito, sea requerido su estudio[924].

De ser el momento procesal en el cual llega a manos del juez el asunto, diferente al principal o inicial, y siendo por lo tanto, derivado; los jueces también se encuentran empoderados para aplicar la normativa en desarrollo[925], por ejemplo en virtud de la

---

National Courts, Oxford, Hart Publishing, 2008, Págs. 224 y 225, así como los asuntos *Manfredi Vs. Lloyd Adriatico* (apartado 31) y *Eco Swiss* (apartado 39).

[922] WURMNEST, Wolfang, "A new Era for private *antitrust* litigation in Germany? A Critical Appraisal of the Modernized law against restraints of Competition", en *German Law Journal*, Volumen.6, N° 8, 2005, Pág. 1178.

[923] En casos en los cuales se solicite la excepción legal del apartado 3 del artículo 101 del Tratado de Funcionamiento de la Unión Europea.

[924] Respecto a este tipo de situaciones, la obligación del Juez de interpretar la normativa *antitrust* en circunstancias en las cuales, una de las partes invoque la vulneración a una norma de competencia para argumentar su incumplimiento en una relación contractual. KOMNINOS, Assimakis, *EC Private Antitrust Enforcement: Decentralised Application of EC Competition Law by National Courts*, Oxford, Hart Publishing, 2008, Pág. 5.

[925] Es posible interpretar que dentro de esta eventualidad, puedan adherirse las situaciones en las cuales la disputa concurrencial llega a manos del Juez por medio de una reconvención o en razón de una excepción; siendo una circunstancia especial a la cual deben dar respuesta las normas nacionales, pues además de definir qué tipo de jueces son los competentes para delimitar los efectos generados por una infracción a las normas *antitrust*, debe arrojar luces acerca de qué camino seguir si el momento procesal en el cual llega el asunto a manos del juez es derivado y se manifiesta vía reconvención o vía excepción. Así por ejemplo, en España no hay claridad al respecto y la doctrina se ha dividido en varios grupos, siendo el primero, aquel de los que pensamos, que tanto la reconvención como la excepción deberían tener el mismo tratamiento, generando que el juez competente para conocer sobre la transgresión a las normas *antitrust* sea el que a su vez resuelva dichas vías, muy a pesar de que un juez distinto, hubiese estado conociendo del asunto cuando el mismo no tenía relación directa con la aplicación de las normas de libre competencia ya que no había pretensión al respecto; siendo una situación en la cual la reconvención y la excepción deben suscitar un traslado del asunto al juez competente en España, que en este caso es un juez de lo mercantil. COLOMER HERNANDEZ, Ignacio, "La tutela judicial de la Defensa de la Competencia", en *Derecho de la Competencia. Estudios sobre la ley 15 de 2007, de 3 de Julio, de Defensa de la Competencia*, Directores PAREJO ALFONSO, Luciano y PALOMAR OLMEDA, Alberto, La Ley, Madrid, 2008, Págs. 509 y siguientes. Formando otro sector, aquellos que entienden que el traslado sólo se suscita con la reconvención y no con la excepción, en base a que existe manifestación de la primera en las normas y no en relación a la excepción, que difiere por su naturaleza, tal y como se ve en Ley 1/2000, de 7 de Enero, de Enjuiciamiento Civil, Artículo 406, numeral 2, en la cual se puede leer: *"No se admitirá la reconvención cuando el Juzgado carezca de competencia objetiva por razón de la materia o de la cuantía o cuando la acción que se ejercite deba ventilarse en juicio de diferente tipo o naturaleza"*. Como lo ponen de manifiesto FERNANDEZ LOPEZ, Juan Manuel, "Aplicación judicial de la LDC: Visión crítica", en *La Ley 15/2007 de Defensa de la Competencia. Reflexiones sobre las principales novedades*, Director FERNANDEZ LOPEZ, Juan Manuel, Instituto de Derecho y Ética Industrial, Madrid, 2008, Págs. 290 y 291; y SANCHO GARGALLO, Ignacio, "Ejercicio privado de las acciones basadas en el Derecho comunitario y Nacional de Competencia", en *Indret: Revista para el análisis del Derecho*, N°1, 2009, Págs. 19 y 20, quien cree que el traslado no se debe generar vía excepción pues: *"(...) La ampliación del objeto del proceso llevada a cabo por el demandado al excepcionar la nulidad del contrato, no altera pues la competencia del juzgado de primera instancia porque esta viene determinada por la admisión de la demanda (...)"*.

facultad para revisar la legalidad de decisiones tomadas en sede administrativa, en búsqueda de establecer si procesal y sustancialmente se ciñen a ciertos principios básicos.

El Derecho interno de los países miembros es el encargado de delimitar los niveles y condiciones de las instancias posteriores a la primera[926], y no existe ninguna restricción impuesta por los instrumentos de relevancia comunitarios, como el Reglamento 1/2003 o la *Comunicación relativa a la cooperación entre la Comisión y los órganos jurisdiccionales*, que centre en una categoría especial de jueces esta facultad[927].

Algún sector de la doctrina, entiende y ha defendido, que los jueces hacen uso de su facultad de aplicación de las normas *antitrust*, en un compendio de circunstancias puntuales anexas, diferentes a las anteriores, que son igualmente importantes, las cuales nacen de una relación imperativa, en virtud de la cual los jueces pasan a ser un instrumento de idoneidad que favorece a las Autoridades de carácter administrativo, para garantizar que las decisiones de estas últimas serán cumplidas y ejecutadas en términos de eficacia.

Los jueces aplican la normativa *antitrust* cuando se posicionan como tales, y en virtud de aquello, posibilitan que disposiciones administrativas pasen a ser realidad; pudiendo igualmente cerciorarse de que compromisos adquiridos por una empresa están siendo puestos en marcha[928], o incluso, cuando el caso particular así lo amerite, aplicar a

---

[926] Tal y como sucede en otras áreas del Derecho, donde un sustento normativo interno, debe establecer los parámetros por los cuales un Juez nacional, Tribunal o similar, será competente para resolver de un recurso ordinario y/o extraordinario; como lo es en este caso, la revisión de una decisión ya tomada por alguna autoridad de competencia, condicionando a su vez, la competencia de un Juez nacional, en razón del órgano que ha tomado la decisión a revisar, la naturaleza de dicha decisión, así como la del recurso que da acceso a la revisión.

[927] Aunque en la realidad, parece ser, que en razón de la naturaleza que les une con las Autoridades de corte administrativo, los Jueces de lo contencioso administrativo son los mejor posicionados para enfrentarse con regularidad al control sustancial y procesal.

[928] Pues en caso contrario, pueden llevar a cabo las actuaciones fruto de la normativa legal vigente y de su cargo, que les permitan hacer cumplir el Derecho Comunitario. Emprendiendo una acción por daños y perjuicios, o incluso dedicando medidas cautelares a la tarea de llevar al cumplimiento un compromiso; toda vez que se encuentran mejor posicionados que una Autoridad de carácter administrativo para hacerlo, invirtiendo menos tiempo en ello (VAN BAEL, Ivo & BELLIS, Jean-François, *Competition Law of the European Community*, Kluwer Law International, Alphen aan den Rijn, Holanda, 2010, Pág. 1213), o llevando a cabo la actuación legal que estime pertinente en los casos en los cuales el cuerpo normativo interno de su país nada dijese. ENTRENA ROVERS, Jonathan, "Decisiones de compromisos del Reglamento 1/2003", en *Derecho de la Competencia Europeo y Español. Curso de iniciación*, Coordinadores ORTIZ BLANCO, Luis, y ENTRENA ROVERS, Jonathan, Editorial Dykinson, Madrid, Volumen. VII, 2007, Pág. 223. Un poco más allá va otro sector de la doctrina, que interpreta que el efecto directo de las normas *antitrust* debe hacerse extensivo a los compromisos, cuando éstos tengan total claridad y no estén atados o condicionados a un evento o circunstancia particular. Dándole a los Jueces nacionales una mejor herramienta de protección de los Derechos de los particulares inmersos en dichas normas y fundamentos reales para hacer cumplir las obligaciones fruto de una infracción. KOMNINOS, Assimakis, *EC Private Antitrust Enforcement: Decentralised Application of EC Competition Law by National Courts*, Oxford, Hart Publishing, 2008, Pág. 90.

un hecho puntual una exención previamente dispuesta en sede de una Autoridad administrativa[929].

La delimitación de circunstancias en las cuales los jueces hacen uso de sus facultades[930], permite determinar el catálogo de posibilidades con que cuentan estos *Enforcement Bodies* para llevar a cabo la tarea de aplicación, y para resaltar, que a pesar de tantas facultades "satelitales" originadas del poder de aplicación en el marco de un litigio, las cuales por sí solas son una contribución inmensa a los principios de efectividad y celeridad pretendidos por la reforma[931], no debe olvidarse, que las mismas, al igual que las responsabilidades, no son ni mucho menos absolutas, pues en razón de ellas, los Jueces aún siguen estando en incapacidad de llevar a cabo ciertas actuaciones relacionadas con las normas de libre competencia, como lo son, a saber:

- Revocar una exención fruto del Reglamento de exención[932] por categorías.

- Interponerse en la protección del orden público que lleve a cabo una Autoridad Administrativa por medio de sus actuaciones.

- Atribuirse la potestad de imposición de sanciones de carácter administrativo.

---

[929] Para determinar si cierta actuación se encuentra prohibida o no en razón de tener conformidad con un Reglamento; debiendo, dicho estudio, restringirse a lo estipulado en aquel, ya que a los Jueces nacionales no se les permite hacer una interpretación extensiva o restrictiva de lo establecido en un reglamento de exención por categoría, y mucho menos desconocer una exención ya otorgada por parte de uno de estos Reglamentos. HERRERA CUEVAS, Edorta Josu, "Aspectos Procedimentales de la aplicación de los artículos 81 y 82 TCE por los Jueces españoles, Estado de la cuestión", en *Gaceta Jurídica de la Unión Europea y de la Competencia*, N° 242, 2006, Págs. 31 a 34. Lo que no implica que haya un impedimento por el cual los órganos jurisdiccionales nacionales no estén en capacidad de examinar si un reglamento de exención por categorías cobija la actuación de un particular o empresa que entiende estar amparado por él. Es común en razón de esta posibilidad que se detecte fraude de ley en la valoración que el Juez hace en este sentido, ya que las empresas buscando extender el tiempo en el cual se ven cobijados por uno de estos reglamentos, incurren en conductas que configuran dicho fraude. Al respecto la Sentencia de 3 de Marzo de 2009, del Juzgado de lo Mercantil N° 2 de Palma de Mallorca, la cual en razón de una situación que en este sentido se presentó, puso de relieve este tipo de actuaciones.

[930] Planteadas y referenciadas como aplicación directa, indirecta, o en virtud de la actuación de un juez como órgano de ejecución, por ORTIZ BAQUERO, Ingrid, *La aplicación privada del Derecho de la competencia. Los efectos civiles derivados de la infracción de las normas de libre competencia*, La Ley, Wolters Kluwer España, 2011, Págs. 130 a 137.

[931] En razón, eso sí, de ciertas reclamaciones que conforman el groso porcentual de ocasiones en las cuales los Jueces dirimen controversias relacionadas con la Defensa de la Competencia; las cuales, cabe decir, coinciden en gran medida con la experiencia norteamericana, tal y como puede observarse tras la lectura de CALKINS, Stephen, "An Enforcement Official's Reflections on Antitrust Class Actions", en *Arizona Law Review*, N° 39, 1997, Pág. 450, quien ha estructurado en su obra un catálogo de las peticiones que comúnmente ponen en marcha el aparato jurisdiccional en el tipo de asuntos en desarrollo.

[932] Sobre los mismos y como exposición de los fundamentos que soportan la importancia de esta figura en cabeza de una autoridad administrativa y no de un órgano jurisdiccional, REICH, Norbert, "The Courage Doctrine: Encouraging or discouraging compensation for *antitrust* injuries", en *Common Market Law Review*, N° 42, 2005, Págs. 50 y siguientes.

Las atribuciones que sí han sido otorgadas a los jueces nacionales en merced de la reforma, de haber posibilidad de que sean emuladas a una o varias facultades de las Autoridades administrativas de competencia, fuere cual fuere su nivel, estarían estrechamente relacionadas con facultades de carácter decisorio; por lo que, cabe, en los mismos términos de influencia generados por resoluciones o actuaciones de carácter administrativo, entrar a delimitar, de la mano de los debates, cuál es la influencia que tiene la tarea de aplicación judicial en sede administrativa, toda vez que se entiende que con dicho análisis se balancea la "ecuación" que vincula a los *Enforcement Bodies* del nivel nacional. A continuación una reseña de aquella circunstancia.

IV.   La influencia de los órganos jurisdiccionales nacionales en la tarea administrativa.

Bajo la óptica de quien escribe este trabajo, es claro que a pesar de que formalmente se busque lograr una equivalencia entre la labor realizada por los Jueces y las autoridades del orden nacional e incluso autonómico de naturaleza administrativa (de ser aplicable), en la práctica, el funcionamiento de las facultades otorgadas a los Jueces, en algunos países como España, de donde se extrae la muestra particular de Jueces nacionales, difiere suficientemente de la labor efectuada por las Autoridades administrativas, toda vez que estas últimas, como se verá en la exposición de este apartado, se ven mejor posicionadas gracias al hecho de que cuentan con el soporte del aparato estatal, así como con una estructura funcional y en cumplimiento de labores que buscan la protección del interés público, que no está de más decir, es interpretado desde una óptica de altruismo que no se percibe en la labor judicial, la cual es de un corte más particular.

Ya que el poder en favor de los Jueces ha sido incluido en la normativa española, el objetivo siguiente, debe ser el que su posición en la aplicación de la normativa *antitrust*, se equipare cada vez más al de las Autoridades administrativas, generando un impacto real con sus pronunciamientos, dejando huella, creando jurisprudencia y condicionando con sus planteamientos, en alguna medida, a los otros *Enforcement Bodies,* sea cual sea el nivel al cual pertenezcan o a la naturaleza que tengan[933].

La pregunta que se presenta una vez analizados los objetivos enunciados, en conjunto con aquellos que han sido mencionados en otros apartados del presente trabajo, es si los fallos de un Juez de lo mercantil, que es el Juez competente para conocer de las disputas en torno a la normativa *antitrust,* generan efectos, vinculan o influencian a las Autoridades administrativas del nivel nacional y/o autonómico, a Autoridades de competencia foráneas o a otros *Enforcement Bodies* sea cual sea su naturaleza; y siendo la respuesta a aquellos cuestionamientos negativa, en qué basan dichas autoridades su poder para tomar decisiones contrarias.

---

[933] La actual regulación de los parámetros de organización de la función de aplicación en pro de la colaboración entre *Enforcement Bodies,* se encuentra regulada en varias normas del nivel interno, como lo son la Ley de Enjuiciamiento Civil, 1/2000, de 7 de Enero; la Ley de Defensa de la Competencia, 15/2007, de 3 de Julio; y la Ley de coordinación de las competencias del Estado y las Comunidades Autónomas en materia de Defensa de la Competencia, 1/2002, de 21 de Febrero.

Si todos los distintos *Enforcers* nombrados no tuviesen que adecuar en alguna medida sus actuaciones sobre un asunto a lo previamente resuelto por un Juez de lo mercantil español, ¿Cuál sería el sentido de la reforma?, se pagaría entonces un precio muy alto en razón de una asignación de recursos que la jurisdicción podría direccionar de mejor forma y que sería evitable en toda regla.

La seguridad jurídica sirve de fundamento y principio esencial para solventar que los fallos de los Jueces de lo mercantil deban vincular a los otros *Enforcement Bodies*, o para sustentar que por lo menos, estos últimos deban adecuar su actuación, u otorgar un papel importante dentro de sus procesos a lo previamente decidido por un Juez.

Abandonar ese principio desconociendo lo expuesto por un órgano jurisdiccional nacional, además de incoherente, creo que sería peligroso, ya que se abrirían vías de hecho, se pondrían en riesgo fundamentos tan esenciales como el de cosa juzgada[934] y se haría notoria la inoperancia de una reforma que da un poder a los Jueces que sirve de poco si hay intereses administrativos de por medio.

Algún sector de la doctrina no interpreta lo mismo[935], y cree que los fallos de los Jueces de lo mercantil no vinculan a las autoridades nacionales y autonómicas de competencia de carácter administrativo. Para ello han erigido unos fundamentos que guardan una amplia similitud con aquellos que han generado el debate en el nivel comunitario, pues han elegido la divergencia que existe entre las jurisdicciones[936] y el

---

[934] Que en el caso que compete, permite el análisis de las razones por las cuales hay una peligrosidad alta de que se vea vulnerado dicho principio, toda vez que se permitiría entrar a analizar un asunto en firme previamente decidido que debe obligar al fallador a acogerse a lo en él dispuesto. TAPIA FERNANDEZ, Isabel, *La Cosa Juzgada. (Estudio de Jurisprudencia civil)*, Editorial Dykinson, Madrid, 2010, Pág. 24.

[935] Defendiendo que si el motivo de la petición y/o las partes no son las mismas en el proceso resuelto por el Juez de lo mercantil, y el que con posterioridad será llevado por la autoridad administrativa, no hay razón para esgrimir la vinculatoriedad de los fallos judiciales que deben soportar las autoridades de competencia. Al respecto añaden que si alguno de los aspectos enunciados no guardan identidad entre ambos procesos, se configura razón suficiente para que las Autoridades administrativas puedan desmarcarse de lo expresado por el Juez; y que esa eventualidad con total seguridad se va a dar en razón de que en el proceso administrativo se busca delimitar si la actuación es una transgresión y cuál es la sanción pecuniaria en pro del interés público que defienden aquel tipo de autoridades. Lo que se hace extensivo a las circunstancias en las cuales quien conoce del asunto es la jurisdicción de lo contencioso administrativo, ya que en dicho caso no habrá identidad de parte en razón de que la autoridad de donde proviene el acto administrativo en disputa será parte, siendo igual con respecto al motivo de la petición pues siempre diferirán, uno por buscar que se declare la infracción de una norma administrativa y otro por buscar el cumplimiento de ciertos objetivos privados.

[936] La cual interpreto como una argumentación de un tiempo previo que se desarrolló suficientemente por parte de las Autoridades administrativas, así, en la resolución del Tribunal de Defensa de la Competencia, de 28 de Junio de 1995, en los siguientes términos: *"La cuestión de la posible discrepancia entre la jurisdicción civil y el Tribunal -y la jurisdicción contenciosa que revisa sus decisiones- en la calificación de un acuerdo como colusorio, fue ya abordada en la Resolución de 18 de Diciembre de 1991 (Exp. 296/91) en la que el Tribunal entendió que la apreciación de si se han respetado o no los límites que el Art. 1 LDC impone a la autonomía de la voluntad corresponde al órgano específico que la LDC prevé, que es el Tribunal; que la LDC solo condiciona la actuación del Tribunal cuando los hechos son objeto de un procedimiento comunitario -Art. 25- o de un proceso penal -Art. 55-; y que "una sentencia dictada en un proceso civil, inspirado esencialmente en el principio dispositivo en cuanto dirigido a la satisfacción de pretensiones privadas y en el que no ha tenido ninguna intervención el Tribunal de Defensa de la*

altruismo que trae la protección del interés general defendido por las Autoridades administrativas, como bazas del razonamiento por el cual las Autoridades administrativas pueden desmarcarse de los fallos que tienen como fuente a un Juez de lo mercantil.

No es necesario explicar a profundidad dichos argumentos, aunque sí es importante hacer ciertas apreciaciones sobre uno de ellos, el cual interpreto es el fundamento predilecto elegido por aquel sector que busca que las Autoridades administrativas tengan autonomía total y no deban verse condicionados por las sentencias de los Jueces de lo mercantil.

Ese argumento, es el del interés público protegido por las Autoridades administrativas de competencia, en razón del cual interpretan que solo este tipo de autoridades pueden contar con la configuración idónea, gracias al amplio catálogo de soluciones que poseen y del cual carecen los Jueces, para prevenir que se afecte el mercado por medio de las conductas de los agentes económicos.

En pro de la defensa en el párrafo anterior enunciada, creen que restringir el uso de los mecanismos que tienen las Autoridades administrativas para cumplir sus funciones, solo por la aparición previa de un fallo de un Juez de lo mercantil, es más que inconveniente, ya que los órganos jurisdiccionales se ven limitados por las actuaciones de las partes dentro del proceso[937], pero las Autoridades administrativas no, y que por lo tanto su posición es de mayor privilegio y de mayor "altruismo" para darle cumplimiento a esa función, que por tener naturaleza privada en búsqueda de proteger intereses particulares, los Jueces no tienen.

Sean cuales sean las defensas elegidas, parece ser que aún no se han dado todos los pasos correctos hacia la completa evolución del sistema de aplicación por parte de los Jueces de lo mercantil, otorgándoles la posibilidad de generar una seguridad jurídica real con sus fallos. En el camino, solo ha sido posible recoger conceptos doctrinales y de alguna Jurisprudencia, en razón de los cuales las Autoridades administrativas de competencia se ven obligadas a sustentar suficientemente, las razones en que basan su decisión de desmarcarse de lo expresado por un Juez de lo mercantil en un fallo anterior sobre el mismo asunto.

A la obligación de sustentar las razones por las cuales la autoridad de competencia ha valorado de forma distinta un asunto, se ha unido otro requisito, que igualmente se cree insuficiente, que se basa en que los *Enforcers* administrativos deberán ceñirse a la constatación factual que se haya hecho dentro del proceso llevado por el Juez, no pudiendo desconocer los hechos que han sido probados en este último, ni evidenciar en

---

Competencia, no debe impedirle el ejercicio de la competencia que tiene atribuida por la Ley 16/1989 y que es irrenunciable -Art. 6 LPA-". Sobre la misma, es esencial acotar que se suscitó en un momento distinto en el cual las competencias de los Jueces de lo mercantil no estaban consolidadas, y que por lo tanto deben generar una variación real en el enfoque, en razón de la cual, el distanciamiento de los fallos de los Jueces se diera en términos motivados, siempre suficientemente motivados por parte de la autoridad que se desmarca de ellos, y no en términos de hegemonía absoluta.

[937] Quienes pueden entre otras renunciar, transigir, desistir, allanarse, someterse, etc., y por lo tanto condicionar con sus actuaciones la labor judicial.

sentido contrario el acaecimiento de un hecho[938], o de varios, que ya hayan sido constatados previamente[939]. Pudiendo, eso sí, valorar o estimar de forma distinta el hecho probado en el proceso judicial desde la óptica administrativa propia de la autoridad.

Más allá de estar obligados a acogerse a la constatación de los hechos realizada en el proceso judicial, y a tener que sustentar las razones por las cuales ha llegado a una valoración distinta basado en el mismo análisis factual, las Autoridades administrativas no deben acoger en términos de deferencia la sentencia de un Juez de lo mercantil. Pero entonces ¿quién debe hacerlo?, siendo la respuesta a ese interrogante, al parecer, que existen en todos los casos mecanismos idóneos que desmarcan a los diferentes ordenes y les excusan de seguir la letra y el espíritu de lo expuesto por un Juez de lo mercantil.

Así por ejemplo, y por ser consecuencia de la facultad en favor de las Autoridades administrativas, un Juez de lo contencioso administrativo por contar con las mismas

---

[938] El fundamento jurídico número 3, de la sentencia del Tribunal Constitucional, 109/2008, de 22 de Septiembre, texto disponible para consulta en: http://www.Tribunal constitucional.es/fr/jurisprudencia/Pages/Sentencia.aspx?cod=9535: *"(...) Ahora bien, no todos los supuestos de eventuales contradicciones entre resoluciones judiciales emanadas de órdenes jurisdiccionales distintos carecen de relevancia constitucional* (pues según su doctrina si carece de relevancia cuando se abordan desde distintas ópticas los mismos hechos), *pues ya desde la STC 77/1983, de 3 de Octubre, declaramos que "unos mismos hechos no pueden existir y dejar de existir para los órganos del Estado", lo que sucede cuando la contradicción no deriva de haberse abordado unos mismos hechos desde perspectivas jurídicas diversas (SSTC 30/1996, de 26 de Febrero, FJ 5, 50/1996, de 26 de Marzo, FJ 3), sino que reside precisamente en que "unos mismos hechos ocurrieron o no ocurrieron, o que una misma persona fue su autor y no lo fue", pues ello repugna a los más elementales criterios de la razón jurídica y vulneraría el derecho a la tutela judicial efectiva (SSTC 62/1984, de 21 de Mayo, FJ 5; 158/1985, de 26 de Noviembre, FJ 4; 30/1996, de 27 de Febrero, FJ 5; 50/1996, de 26 de Marzo, FJ 3; 59/1996, de 15 de Abril, FJ 2, y 179/2004, de 18 de Octubre, FJ 10)."*

[939] Al respecto: fundamento jurídico número 4 de la Sentencia del Tribunal Constitucional Español 34/2003, de 25 de Febrero; fundamento jurídico número 2 de la sentencia del Tribunal Constitucional, 96/2006, de 27 de Marzo; fundamento jurídico número 9, de la sentencia del Tribunal Constitucional, 60/2008, de 26 de Mayo; y el fundamento jurídico número 2 de la sentencia del mismo Tribunal, 192/2009, de 28 de Septiembre de 2009, texto disponible para consulta en: http://www.Tribunal constitucional.es/es/jurisprudencia/Páginas/Sentencia.aspx?cod=9809. Esta última en el apartado enunciado reza: *"Este Tribunal ha reiterado que la existencia de pronunciamientos contradictorios en las resoluciones judiciales de los que resulte que unos mismos hechos ocurrieron y no ocurrieron no solo es incompatible con el principio de seguridad jurídica (art. 9.3 CE), sino también con el derecho a la tutela judicial efectiva (art. 24.1 CE), pues no resultan compatibles la efectividad de dicha tutela y la firmeza de los pronunciamientos judiciales contradictorios. Igualmente se ha destacado que en la realidad histórica relevante para el Derecho no puede admitirse que unos hechos existen y dejan de existir para los órganos del Estado, pues a ello se oponen principios elementales de lógica jurídica y extrajurídica, salvo que la contradicción derive de haberse abordado unos mismos hechos desde perspectivas jurídicas diversas.*

Asimismo, este Tribunal ha tenido la oportunidad de precisar que esto no implica que en todo caso los órganos judiciales deban aceptar siempre de forma mecánica los hechos declarados por otra jurisdicción, sino que una distinta apreciación de los hechos debe ser motivada. Por ello, cuando un órgano judicial vaya a dictar una resolución que pueda ser contradictoria con lo declarado por otra resolución judicial debe exponer las razones por las cuales, a pesar de las apariencias, tal contradicción no existe a su juicio, puntualizándose que si bien unas mismas pruebas pueden conducir a considerar como probados o no probados los mismos hechos por los Tribunales de Justicia, también lo es que, afirmada la existencia de los hechos por los propios Tribunales de Justicia, no es posible separarse de ellos sin acreditar razones ni fundamentos que justifiquen tal apartamiento."

excusas que aquellas autoridades, tales como que las jurisdicciones son distintas, la falta de identidad más que común entre los asuntos y los divergentes intereses protegidos, puede motivar sus pronunciamientos a la inversa de lo expuesto por un Juez de lo mercantil, y llegar a un desenlace distinto, viéndose vagamente limitado por los aspectos que también limitan a las Autoridades administrativas, los cuales se enunciaron previamente.

Que un fallo haya surtido efectos de cosa juzgada, en ningún caso parece ser un obstáculo para que tanto *Enforcers* administrativos o Jueces de lo contencioso administrativo lleguen a conclusiones diversas[940], por lo que si la sentencia de un Juez de lo mercantil no tiene esos efectos, no cabe duda alguna de que distanciarse del fallo original está más que justificado, y es a la par sencillo, toda vez que simplemente pasa a ser parte del alegato de un interesado en un proceso posterior ante alguna de estas autoridades[941], o sustento de un recurso impuesto en búsqueda de refutar el mismo.

Por equivalencia, no dudo que siendo inversa la situación, tanto el poder (distanciarse), como los limites (sustentar y acogerse a los hechos probados en el proceso anterior[942]), también le son de aplicación a la situación en la cual sea el Juez de lo mercantil quien pretenda desmarcarse de los pronunciamientos de un Juez de lo contencioso administrativo[943].

El debate al respecto es casi nulo[944] y consolida que en los mismos términos, los Jueces de las jurisdicciones mencionadas no se verán condicionados por las actuaciones

---

[940] Aunque un sector de la doctrina ha puesto en manifiesto su opinión contraria y la peligrosidad que perciben en dicha facultad en los siguientes términos: *"(...) el Tribunal de Defensa de la Competencia o, en su caso , los Tribunales de lo contencioso están obligados a pasar por la calificación hecha por la jurisdicción civil* (también referido a los Jueces de lo mercantil) *si la sentencia gana fuerza o cosa juzgada antes o durante la tramitación del expediente o de los pertinentes recursos, o incluso a revisar las resoluciones firmes (...)"*. MASSAGUER FUENTES, José, *comentario a la ley de competencia desleal*, Civitas, Madrid, 1999, Pág. 74. Comentarios que si bien nacen bajo la aplicación de una norma ya derogada, van en consonancia con los objetivos de la reforma, pues acogen el respeto al principio de cosa juzgada.

[941] O bien Jueces de lo contencioso administrativo.

[942] Estando obligado, como lo interpreta una parte de la doctrina, a darle cabida probatoria a los materiales e información que se le direccione desde el proceso administrativo en el cual se tomó la decisión previa. SASTRE, Iñigo, "Ley 15/2007, de 3 de Julio, de Defensa de la Competencia. Disposición Adicional primera. De los juzgados de lo mercantil", en *Derecho Español de la Competencia: Comentarios a la ley 15/2007, Real decreto 261/2008 y ley 1/2002*, Director ODRIOZOLA ALEN, Miguel, Coordinadora IRISSARRY, Belén, Editorial Bosch, Barcelona, 2008, Volumen 2, Pág. 1196.

[943] Razonamiento que se basa en el marco legal vigente y que bajo la vigencia de la normativa previa a la LDC actual suscitaba comentarios de la doctrina en diverso sentido: *"(...) si existe una sentencia de la jurisdicción de lo contencioso administrativo (...) estará vedado el Juez de lo civil para volver a pronunciarse sobre este extremo y, deberá respetar lo fallado (...) para estimar o desestimar la pretensión sometida a su decisión."* PEÑA LOPEZ, Fernando, *La responsabilidad civil y la nulidad derivadas de la realización de un ilícito antitrust (aspectos procesales y sustantivos de las acciones civiles en el Derecho a la Defensa de la Competencia)*, Comares, Granada, 2002, Pág. 115.

[944] Aunque algunos interpretan que los Jueces de lo mercantil se deberían ver condicionados por los fallos surgidos en la jurisdicción de lo contencioso administrativo. SANCHO GARGALLO, Ignacio,

del otro, como tampoco se verán condicionados los Jueces competentes de otros países miembros, quienes más allá de cumplimentar los requisitos de reconocimiento de sus fallos[945], están empoderados para desmarcarse en iguales términos que los descritos, de los fallos de un Juez español, o para que este último lo haga[946]. En cualquier caso, un sin sentido al que se le debe dar solución implementando unos principios básicos, surgidos de los niveles establecidos en el caso administrativo, que ordenen y disciplinen con mayor fortaleza la coherencia en la aplicación de las normas en estudio[947]; los cuales al ser aunados a la implementación real de una red "pluri-jurisdiccional"[948] dedicada exclusivamente a ponderar y concatenar fluida y eficazmente las labores de aplicación, sea quien sea el encargado de llevarlas a cabo, seguramente condicionará a las autoridades en sede administrativa y a los jueces de otras jurisdicciones, permitiéndoles, de forma escalonada, crear una cultura afin con la utilización, aceptación, análisis e inclusión en su procesos, de las decisiones tomadas por los Organos jurisdiccionales nacionales.

"Ejercicio privado de las acciones basadas en el Derecho comunitario y Nacional de Competencia", en *Indret: Revista para el análisis del Derecho*, N°1, 2009, Pág. 27.

[945] Artículos 33 a 37 de la sección 1 del capítulo III, Reconocimiento y Ejecución, del Reglamento CE N° 44/2001, del Consejo de 22 de Diciembre de 2000, relativo a la competencia judicial, el reconocimiento y la ejecución de resoluciones judiciales en materia civil y mercantil (en lo sucesivo Reglamento 44/2001), Diario Oficial de la Unión Europea, serie L, número 12, de 16 de Enero.

[946] KOMNINOS, Assimakis, *"EC Private Antitrust Enforcement: Decentralised Application of EC Competition Law by National Courts"*, Hart Publishing, Oxford, 2008, Págs. 254 y siguientes.

[947] Implementando la idea de sistema jurídico escalonado, no basado en las instancias, sino en la posición dentro del grupo de *Enforcement Bodies* y en el grado de influencia que con sus fallos, pueden llegar a tener estos últimos en otras sedes.

[948] Que se nutra de las experiencias y estructura de la Red Europea de Autoridades de Competencia, pero se diferencie de ella, al ampliar la membrecía, hasta llegar a incluir a los *Enforcement Bodies* de naturaleza administrativa y de naturaleza jurisdiccional.

CAPÍTULO V

PROLONGACIÓN Y LÍMITES DE LA DEFENSA DEL PRINCIPIO DE UNIFORMIDAD EN LA APLICACIÓN DEL DERECHO COMUNITARIO DE LA COMPETENCIA.

Al exponerse en este mismo texto la obligada labor de verificación que deben llevar a cabo todos los *Enforcement Bodies* en búsqueda de que sus fallos no devengan ineficaces al pugnar con los de la máxima autoridad comunitaria, fue resaltada una obviedad que determina que las Autoridades administrativas nacionales de competencia, incluso las autonómicas en España o sus equivalentes en los demás países miembros, tienen dicha tarea de verificación mucho más sencilla en razón de ser organismos con una naturaleza similar a la de la Comisión, así como en virtud de su incorporación a organismos colegiados que permiten relacionar sus competencias de forma más fluida.

A la par, se intentó dejar claro que la tarea de contrastar las actuaciones, pronunciamientos, y decisiones de la Comisión, es la clave que permite darle cumplimiento al principio de "conflicto" básico, en razón del cual, dicha autoridad se erige, como eje central de la política comunitaria de competencia[949].

El entendimiento enunciado, es piedra angular de lo que a continuación se expondrá, toda vez que se estima necesario dejar claros los límites y el alcance del poder de influencia de la Comisión en los procesos de *Enforcement Bodies* no administrativos, pues se estima, que no es necesario ahondar en este punto al respecto del nivel de influencia que ejerce la autoridad comunitaria en los asuntos llevados por las Autoridades administrativas del nivel nacional, ya que al tener el engranaje de una figura como la de la Red Europea de Autoridades de Competencia que disciplina sus relaciones otorgándoles claros niveles de conjunción, al tener una afinidad en cuanto a naturaleza y procedimientos, así como en razón de la relación de verticalidad más acentuada que les une, pocas dudas pueden llegar a suscitarse acerca del poder "indirecto" de altos vuelos que la Comisión tiene en la sede administrativa nacional.

Por el contrario, el caso de los Jueces nacionales es más peculiar y genera mayores debates, por lo que en este apartado, se cree enriquecedor analizar, valiéndose de un catálogo de disposiciones o decisiones que sobre un asunto particular puede tomar la máxima Autoridad Comunitaria de Competencia, cuál es el peso real y el vínculo que pueden generar en la tarea judicial.

---

[949] Algún sector de la doctrina cree que el conflicto entre *Enforcement Bodies* se evitará si se cumplen dichos parámetros, máxime cuando el conflicto solo puede suscitarse, según su entendimiento, en dos escenarios claros, como lo son que sean incompatibles las actuaciones de Jueces y Comisión en los procesos que lleven en razón de unos mismos hechos, o que las decisiones sean contradictorias acerca de hechos similares. KOMNINOS, Assimakis, "Effect of Commission Decisions on private *antitrust* litigation: Setting the story straight", en *Common Market Law Review*, Volumen. 44, N° 5, 2007, Págs. 1393 y siguientes.

Este tema resulta ser de gran importancia, pues aun presenta grandes debates a su alrededor fruto de un entendimiento de muchos, para quienes resulta acertado plantear como absoluto y casi hegemónico el rol de la Comisión y de sus pronunciamientos sobre aspectos concurrenciales[950].

No estimando como acertado dicho planteamiento, creo que el error normalmente radica en ubicar en un mismo cesto todas las decisiones de la nombrada autoridad administrativa y entender que ya consolidada la situación privilegiada de la Comisión, la cual le permite vincular a los Jueces con sus pronunciamientos, cada uno de dichos planteamientos, por más superficial que sea, debe ser seguido por los Jueces so pena de que su labor pugne con la de la autoridad administrativa[951].

Resulta poco recomendable, bajo cualquier óptica, desconocer que si bien los Jueces le brindan su colaboración a la Comisión en la labor de aplicación, dicho apoyo no lleva aparejada la pérdida de autonomía e independencia de los órganos jurisdiccionales nacionales, ya que eso por sí solo sería un sin sentido al contrastarse con el "espíritu" de la reforma.

Por lo que decir que todas las decisiones de la Comisión vinculan a los Jueces, resulta como poco, aventurado, pues el objetivo es el lograr que los fallos de todos los *Enforcement Bodies* tengan un nivel de eficacia, utilidad y coherencia, que aporten seguridad jurídica y equilibrio a la labor de aplicación, y no que cada pronunciamiento de la Comisión, por insignificante, inoperante o similar[952], deba condicionar a los Jueces nacionales.

---

[950] Pues parece generarles temor la pérdida de competencias que tendrá que soportar la Comisión en razón de la aplicación privada, por lo que intentan generar una extensión de la situación de verticalidad que ha envuelto a la autoridad administrativa para que de tal manera no mengüe su importancia y sea el eje central de la política comunitaria de competencia. Así lo cree PAULIS, Emil, "Coherent Application of EC competition rules in a system of parallel competences", en *European Competition Law Annual 2000: the modernisation of EC antitrust policy*, Editores EHLERMANN, Claus-Dieter y ATANASIU, Isabela, Oxford, Hart Publishing, 2001, Pág. 422.

[951] Ya que puede llegar a extraerse dicha idea de la lectura de algunos pronunciamientos de importancia de las Altas Cortes Europeas, al ser interpretados restrictivamente, sin analizar cada situación particular a la cual los distintos *Enforcement Bodies* pueden verse enfrentados; siendo fallos en los cuales se ha venido a dejar claro que la adición de los Jueces nacionales a la función de aplicación de las normas de libre competencia, no significa que la Comisión sea desprovista de la potestad de adoptar decisiones en aplicación de los artículos 101 y 102 del Tratado de Funcionamiento de la Unión Europea, incluso cuando un acuerdo o práctica ya haya sido objeto de una decisión de un Tribunal Nacional. *Stergios Delimitis Vs. Henninger Bräu AG*, apartado 44; *Van den Bergh Foods Ltd Vs. La Comisión de las Comunidades Europeas*, apartado 199; así como también el asunto *Masterfood Ltda Vs. HB Ice Cream Ltda*, en su apartado 48.

[952] Ha sido la palabra "similar" muy importante en el acaecimiento del debate jurisprudencial acerca de la vinculatoriedad de los pronunciamientos de la Comisión respecto a hechos aparente análogos con los conocidos por un Juez nacional. El más importante fallo a resaltar sobre este aspecto es el que envuelve la disputa entre *Crehan* e *Inntrepreneur Pub company y otros*, en razón de la cual el señor *Crehan* denunció la onerosidad extraordinaria que le afectaba al tener que soportar un pacto abusivo de exclusividad que tenía con *Inntrepreneur Pub* y *Courage Brewery*, el cual le impedía prosperar. La Comisión ya con antelación se había pronunciado sobre hechos similares (*Whitbread, Bass y Scottish & Newcastle*) que además de analizar el mercado relevante, resaltaba los efectos nocivos que traían los pactos de exclusividad en el mercado de la cerveza a nivel comunitario. En el Reino Unido la *England and Wales High Court* (en lo

Como era de esperarse, la doctrina ha generado un sector que rechaza la rigidez de
los postulados de aquellos que defienden la preeminencia absoluta de las decisiones de la
Comisión, y que al contrario de estos últimos, entiende que dicha rigidez no actúa en
beneficio de la aplicación de la normativa *antitrust* por parte de los órganos
jurisdiccionales nacionales.

---

sucesivo Alta Corte) entendió que lo similar no vinculaba al Juez, y que por lo tanto éste no debía ceñirse a
la valoración de la conducta que había hecho la Comisión en los casos previos, máxime cuando esta
autoridad no había querido pronunciarse sobre el asunto, los casos previos tenían circunstancias que podían
haber variado desde el pronunciamiento de la Comisión, no había sustento probatorio en el proceso judicial
que soportara lo dicho por la Comisión, además que el demandado no había sido parte de ningún proceso
de los enunciados.

La Corte de apelación no estuvo de acuerdo con la Alta Corte e interpretó que tanto si los hechos de
los procedimientos son idénticos y guardan identidad completa subjetiva (las mismas partes) y objetiva (el
mismo acuerdo entre las partes), como si no, y simplemente son similares, los Jueces deben verse
vinculados por las disposiciones comunitarias, y en el caso concreto a lo que había sido dispuesto en
Whitbread, Bass y Scottish & Newcastle en lo referente a las cláusulas de exclusividad, la incidencia en el
mercado cervecero y en el comercio comunitario, pues realizar lo contrario sería no entender que las
posibilidades técnicas de la Autoridad Comunitaria son mayores y que querer realizarlas en vía judicial
significaría una doble asignación de recursos evitable. Tras la declaración en este sentido realizada por la
Corte de apelación en la cual expresó que debía haber resarcimiento por parte de *Inntrepreneur Pub* a
Crehan ("*rompiendo una norma consolidada de common law por la que una parte de un acuerdo ilícito no
puede reclamar daños*". LAZARI, Antonio, "Aplicación Judicial del Derecho Comunitario en España y en
otros países de la Unión Europea", en *Revista Electrónica de estudios internacionales*, N° 12, 2006, Pág. 8,
el documento está disponible para consulta en: http://www.reei.org/reei%2012/Cronica
AplicacJudicialDerechoCE(reei12).pdf.). Sobre el fallo, NAZZINI, Renato, *Concurrent proceedings in
Competition Law procedure, evidence and remedies*, Oxford University Press, Oxford; Nueva York, 2004,
Apartados. 7,46 y siguientes. Igualmente NAZZINI, Renato y ANDENAS, Mads, "Awarding damages for
breach of competition law in English courts-Crehan in the court of appeal", en *European Business Law
Review*, Volumen.17, N° 4, 2006, Págs. 1191 y siguientes.

La Cámara de los Lores [2006] UKHL 38 entendió que la Corte de apelación se equivocaba y
apoyando lo dicho por la Alta Corte, expresó a pesar de la importancia de las decisiones previas de la
Comisión sobre hechos análogos, estas solo debían tener un carácter orientativo (o probatorio si así lo
estima pertinente el Juez en razón de su autonomía), pues solo cuando hubiese identidad completa subjetiva
y objetiva entre los procedimientos debían verse vinculados los Jueces, por lo que no se apreciaban choques
en la situación expuesta (interpretación que apoyó en los fallos del Tribunal de Justicia *Masterfoods Ltda
Vs. HB Ice Cream Ltda* y *Stergios Delimitis Vs. Henninger Bräu AG*), ni se estimaba correcto sancionar al
presunto transgresor desconociéndole su derecho al debido proceso, especialmente se resaltaba que la
Comisión claramente había remitido a los Jueces nacionales la resolución del asunto específico. Siendo
todos dichos aspectos en conjunto los que llevaron a decidir retrotraer los efectos y anular la condena a
indemnizar los daños. Sobre los parámetros de este fallo, ODUDU, Okeoghene, "Res Judicata or
supremacy? The binding force of article 249 EC", en *Cambridge Law Journal*, N° 66, 2007, Págs.40 y
siguientes.

Estoy seguro de que los fundamentos elegidos por la Cámara de los Lores son acertados, pues resaltan
la peligrosidad de que las disposiciones de la Comisión sobre asuntos similares directamente vinculen a los
Jueces. Estos últimos con su autonomía y en su calidad de letrados podrán decidir la conveniencia del papel
que desean darle en sus procesos, por lo que generar rigidez en el proceso solo actuaria en detrimento de la
labor judicial. De esta opinión REICH, Norbert, "Horizontal liability in EC law: Hybridization of remedies
for compensation in case of breaches of EC rights", en *Common Market Law Review*, Volumen 44, N° 3,
2007, Págs. 737 y siguientes.

Para este grupo de autores, si bien existen ciertos pronunciamientos de la Comisión que obligatoriamente deben servir de fuente y guía a los Jueces para cumplir su labor de aplicación, hay otros que por tener ciertas características o incluso por carecer de ellas, no resultan vinculantes para los Jueces, toda vez que cuentan con un origen, unos razonamientos o unos efectos determinados, que obligatoriamente deben ser analizados, en búsqueda de establecer de forma clara, la naturaleza de dicha disposición, con la cual resultará más sencillo definir si efectivamente genera un vínculo en la actuación del Juez o no.

Así las cosas, es posible estructurar dos grupos claros de pronunciamientos y decisiones de la Comisión en lo que a la relación de "vinculatoriedad" con los Jueces nacionales respecta. El primero, en el cual serían adheridas todas aquellas decisiones que inequívocamente, aunque no sin algún debate intermedio, son entendidas por la doctrina y reafirmadas por la Jurisprudencia como decisiones que vinculan a los Jueces nacionales (La extensión de la orientación y dirección administrativa); y otro más, en el cual estarían inmersos aquellos pronunciamientos que se interpreta no generan un vínculo irrompible para el órgano jurisdiccional nacional (A propósito de la verdadera autonomía jurisdiccional.), y que al contrario, le permiten a este último fallar tomando vías diversas a las planteadas por la Comisión, actuando con auténtica independencia.

Previa la iniciación de la exposición de dichos grupos, es menester dejar claro, que son varios los debates que se suscitan, aun en la actualidad, acerca de cada una de las decisiones que serán "catalogadas" a continuación, y que por más que en el presente texto se interprete que cada una de ellas debe vincular o no a un Juez nacional, reduciendo su autonomía, para de tal manera adherirla a uno de los apartados siguientes, muchos sectores doctrinales podrán estar en desacuerdo, como efectivamente lo están, y podrán esgrimir fundamentos para tales desacuerdos. Dichos parámetros, por supuesto, se expondrán a continuación, otorgándoles una alta relevancia, pues son parte del contraste de la opinión del autor de este trabajo.

I. La extensión de la orientación y dirección administrativa.

En la labor de impregnar de coherencia la aplicación de la normativa *antitrust* realizada por los diferentes *Enforcement Bodies,* se le da a la Comisión una posición encumbrada de privilegio, preferente frente a los demás *Enforcers*, en razón de la cual, por estar erigida como eje central de la formulación de la política comunitaria, se le permite vincular con sus disposiciones a los órganos jurisdiccionales nacionales.

No está de más reafirmar dicha postura, ya que a su vez es la razón de ser del apartado en desarrollo, y sirve de abrebocas a la puntualización que se realizará acerca de cada una de las disposiciones de la Comisión que efectivamente generan un obligado efecto vinculante sobre los pronunciamientos de los Jueces[953].

---

[953] Las cuales son unificadas por un sector de la doctrina, que entiende que al ser valorados los hechos de una situación por parte de la Comisión, y al haberse dado una decisión motivada al respecto, fuese cual fuese, declarando la transgresión o la no transgresión a la normativa de libre competencia, los Jueces estarían vinculados. PAULIS, Emil, "Coherent Application of EC competition rules in a system of parallel competences", en *European Competition Law Annual 2000: the modernisation of EC antitrust policy,*

De tal manera, es posible iniciar el mencionado catálogo de decisiones, resaltando la primera y más importante de las disposiciones que la Comisión puede tomar en relación a una disputa concurrencial; la cual a su vez, puede definirse como la decisión por antonomasia de la autoridad comunitaria, que inequívoca e imperativamente, debe ser atendida y seguida por los Jueces nacionales en razón de su carácter vinculante y prevalente, tal y como es aquella decisión que versa sobre la transgresión de las normas de libre competencia comprendidas en los artículos 101 y 102 del Tratado de Funcionamiento de la Unión Europea.

Dicha decisión, puede corresponder tanto a circunstancias análogas, como a circunstancias idénticas de aquellas que forman parte de un proceso judicial, surtiendo un efecto vinculante en todos los casos, toda vez que responden a pronunciamientos que hace la Comisión sobre unos mismos hechos, una misma disputa o una misma situación litigiosa, o en su defecto, sobre una situación claramente correlacionada entre los procesos llevados por el órgano jurisdiccional nacional y la Comisión. Generando una obligada deferencia del Juez, quien siempre debe buscar que su fallo sea acorde a los planteamientos que ha hecho la autoridad administrativa comunitaria sobre la infracción.

No hay mucho debate al respecto, y la doctrina entiende que este tipo de decisiones deben inequívocamente vincular al Juez, pues le otorgan una armonía a la aplicación de los artículos 101 y 102.

Así mismo creen, que no todas las decisiones generan un consenso como el anterior, por lo que, de existir algún debate acerca del vínculo que generan a los Jueces ciertas decisiones de la Comisión, diferentes a las que tengan que ver con la transgresión de una norma de libre competencia, el mismo puede solucionarse fácilmente, realizando un análisis de cada una de las decisiones, en virtud del cual, se determine y delimite con claridad, si una decisión nace de una competencia exclusiva de la Comisión como máxima autoridad administrativa de competencia comunitaria, o de una competencia compartida[954].

En merced de aquel análisis, lo que le compete exclusivamente a la Comisión, genera un efecto en los Jueces. Tal y como debe suscitarse en lo referido a las decisiones de retirar la cobertura de un reglamento de exención[955], cuando considerando las

---

Editores EHLERMANN, Claus-Dieter y ATANASIU, Isabela, Oxford, Hart Publishing, 2001, Págs. 422 y siguientes.

[954] Un sector de la doctrina entiende, que los Jueces estarán vinculados por una decisión de la Comisión tanto en la constatación de hechos realizada en el proceso administrativo, como en la decisión que declara la transgresión, en dos eventualidades, siendo ellas cuando la decisión de la Comisión nace de una competencia exclusiva suya, o cuando los hechos de ambos procesos son los mismos. Dejando claro siempre, que el Juez puede no ceñirse netamente a las disposiciones de la Comisión, y fallar en uso de nuevas herramientas, siempre y cuando su decisión no resulte incompatible con la de la autoridad administrativa. Sobre el tema y resaltando que el fallo *Masterfoods Ltda Vs. HB Ice Cream Ltda* no otorga la claridad necesaria para llegar a dichas conclusiones. NAZZINI, Renato, *Concurrent proceedings in Competition Law procedure, evidence and remedies,* Oxford University Press, Oxford; Nueva York, 2004, Apartado.7, 04.

[955] Artículo 29 del Reglamento 1/2003.

circunstancias que arropan una situación, acuerdo, pacto, o similar que están siendo realizados en aplicación del reglamento de exención, entienda que se están generando efectos en razón de ellos, contrarios a los parámetros descritos en el apartado 3 del artículo 101 del Tratado de Funcionamiento de la Unión Europea[956].

De tal manera, no hay duda sobre dicha "retirada", ya que solo la Comisión está facultada para realizarla, generando que los Jueces en razón de la misma, se vean vinculados siempre y en todos los casos por dicha disposición de la autoridad comunitaria, debiendo acogerse a la vigencia de un Reglamento de exención para motivar de tal forma su marco de actuación, no pudiendo siquiera pronunciarse sobre si la conducta resulta ser o no una transgresión, ya que la misma será completamente lícita de estar amparada por un reglamento de exención[957].

Solo la revocación realizada por la Comisión de la mencionada exención, le permitirá al Juez "liberarse" de la vinculatoriedad de estas decisiones, para de tal forma entrar a valorar la licitud de una conducta, pues en caso contrario, por sí solo, no puede levantar la protección que otorga el REC, siendo entonces siempre necesario adelantar dos procesos, uno ante la autoridad administrativa en búsqueda de que se revoque la protección, y otro ante el Juez nacional para que sean delimitados por este los efectos jurídicos de la transgresión.

Sobre la revocación, es también importante acotar la legitimación activa, la cual se configura a solicitud del interesado, o por iniciativa de la Comisión, y en ningún caso debe sustituir la motivación y decisión del Juez nacional, pues no es ni mucho menos una determinación de la transgresión.

Los Jueces nacionales, no estarán obligados a fallar en contra de aquel que estuvo amparado por la exención una vez le es retirada la misma, ni tampoco en sentido contrario, ya que la autonomía judicial que le cobija y la vinculatoriedad que tiene la retirada de la exención realizada por la Comisión, le permiten decidir si hubo una infracción a la normativa de libre competencia por parte del que estuvo amparado por la exención, y si la misma es fuente del establecimiento de ciertas consecuencias.

Ya siendo claro que la retirada de una exención realizada por la Comisión siempre vincula a los órganos jurisdiccionales nacionales, es importante entrar a exponer aquellas disposiciones de la nombrada autoridad administrativa que interpreto, también vinculan a los Jueces nacionales, pero que están rodeadas de un intenso debate por ser entendidas

---

[956] También ha sido elegido este aspecto por algunos doctrinantes para debatir la situación de superioridad de la Comisión, pues creen que si para algunos este aspecto es razón suficiente para delimitar si las disposiciones de la Autoridad Comunitaria vinculan a los Jueces, así mismo, debería llegarse a un punto en el cual la vinculatoriedad venga marcada solo de aquellas competencias exclusivas de la Comisión, ya que aquéllas competencias coincidentes entre los Jueces nacionales y la Comisión, no deberían generar condicionamiento alguno. NAZZINI, Renato, *Concurrent proceedings in Competition Law procedure, evidence and remedies,* Oxford University Press, Oxford; Nueva York, 2004, Apartado.7, 11.

[957]NAZZINI, Renato, *Concurrent proceedings in Competition Law procedure, evidence and remedies,* Oxford University Press, Oxford; Nueva York, 2004, Apartado.7, 11.

por algunos, como decisiones que carecen de carácter prevalente y condicionante para la labor judicial.

Una de aquellas disposiciones es la de declarar que los artículos 101 y 102 del Tratado no son aplicables a una situación particular, acuerdo, decisión o similar por razones de protección del interés público Comunitario[958].

Ya previamente se expuso, que cuando la Comisión tomaba la decisión de no entrar a valorar un asunto, dicha decisión, en principio, no debía vincular la labor del Juez, toda vez que no podía considerarse como una disposición formal, sino como un rechazo, que no implicaba que el derecho que tienen los particulares de resolver las disputas por medio del litigio tuviese que verse menoscabado[959].

Que la Comisión decida que a un asunto particular no le son aplicables los artículos 101 y 102, es interpretado por algunos como un simple rechazo[960], y por otros, entre los cuales me incluyo, como una decisión en toda regla por la cual los Jueces deberían adecuar su marco de actuación a dicho pronunciamiento de la Comisión.

Es exactamente la Comisión la que más refuerza dicha posición, ya que se ha manifestado al respecto en su *Report on the functioning of Regulation 1/2003*[961], y en el *Commission Staff Working Paper*[962] que lo acompaña, en los cuales ha expresado que ya que la facultad de declarar la inaplicabilidad de los artículos 101 y 102 del Tratado es restrictiva de la Comisión, si esta autoridad toma dicha decisión, los Jueces y las Autoridades administrativas de competencia de los países miembros deberán verse vinculados por dicho pronunciamiento[963].

---

[958] Artículo 10 del Reglamento 1/2003.

[959] Siguen esta línea CASTILLO DE LA TORRE, Fernando, "Decisiones de la Comisión Europea en materia de política de competencia ante los Tribunales nacionales: la sentencia Masterfoods", en *Gaceta Jurídica de la Unión Europea y de la Competencia*, N° 213, 2001, Pág.39 y WAELBROECK, Michel, FRIGNANI, Aldo y MÉGRET, Jacques, *"Derecho Europeo de la Competencia"*, Tomo 1, Editorial Bosch, Barcelona, 1998, Pág. 696.

[960] Por lo que creen y entienden que una declaración de este estilo no puede vincular a los Jueces, ya que es una extensión de las declaraciones negativas que estaban plasmadas en el artículo 2 del Reglamento 17/1962, en razón de las cuales la Comisión podía certificar que no era a lugar la intervención en razón de un caso específico.

[961] Comunicación de la Comisión dirigida al Parlamento Europeo y al Consejo, COM (2009) 206 final, texto disponible para consulta en inglés en: http://eur-lex.europa.eu/LexUriServ/LexUriServ.do?uri=COM:2009:0206:FIN:EN:PDF.

[962] Que acompaña al *Report on the functioning of Regulation 1/2003*, SEC (2009) 574 final, texto disponible para consulta en: http://eur-lex.europa.eu/LexUriServ/LexUriServ.do?uri=SEC:2009:0574:FIN:EN:PDF.

[963] Como así se aprecia en el numeral 112 del apartado 3.3.5 del *Commission Staff Working Paper* anexo al *Report on the functioning of Regulation 1/2003* en los siguientes términos: *"The Commission has the exclusive power to adopt such decisions which are binding on national competition authorities and national courts"*

La Comisión es eje principal de la formulación de la política comunitaria de competencia, y como tal su interpretación al respecto debe tener un papel importante, ya que es exactamente del desconocimiento de dicha interpretación, de donde pueden surgir choques que irían en contravía con la coherencia propendida por la reforma[964].

A lo que se debe añadir, que la decisión de la Comisión de declarar la inaplicabilidad de los artículos 101 y 102, es tomada cuando la autoridad interpreta que la conducta no es perjudicial para el interés general que protege ni susceptible de considerarse ilícita[965], por lo que de perdurar las circunstancias que generaron esa toma de decisión por parte de la Comisión, no hay razón para que los Jueces entraran a valorarla de nuevo[966], declararan su ilicitud, peligrosidad, cese, o similar, generando un choque de trenes que imposibilitaría la armonización del derecho en aplicación.

Siendo indispensable entender igualmente, que no puede concebirse la posibilidad de acceder a que una idéntica actuación, sea a la vez lícita (en razón de la posición de la Comisión), e ilícita (en razón del pronunciamiento contrario de un Juez nacional), tal y como no lo hace la Comisión, y como lo expone en los textos enunciados.

La simple oposición que realiza el particular amparado por la decisión de inaplicabilidad de los artículos 101 y 102, en la cual ponga de manifiesto y en conocimiento del Juez la existencia de dicha decisión de la Comisión, debería ser suficiente para que el Juez motivara sus actuaciones en la misma dirección, no declarando la licitud de la conducta ya que ello fue previamente hecho por la Comisión, sino eximiendo en razón de dicha licitud al interesado.

---

[964] Tal y como lo han defendido las autoridades comunitarias, incluso con antelación a la aparición del Reglamento 1/2003, en la *Propuesta de Reglamento del Consejo relativo a la aplicación de las normas sobre competencia previstas en los artículos 81 y 82 del Tratado, y por el que se modifican los Reglamentos (CEE) n° 1017/68, (CEE) n° 2988/74, (CEE) n° 4056/86 y (CEE) n° 3975/87 ("Reglamento de aplicación de los artículos 81 y 82 del Tratado"),* el documento está disponible para consulta en castellano en: http://eur-lex.europa.eu/Notice.do?mode=dbl&lang=de&ihmlang=de&lng1=de,es& lng2=da,de,el,en,es,fi,fr,it,nl,pt,sv,&val=241751:cs&page=. Pues en su texto, en el desarrollo que respecto a las declaraciones de inaplicabilidad se hace (Artículo 10), se deja claro que la Comisión pretende que la vinculatoriedad de esas decisiones afecte a todos los *Enforcement Bodies.*

[965] No puede considerarse un rechazo de plano una disposición que nace del análisis exhaustivo que efectúa la Autoridad Comunitaria, no solo de la conducta misma, sino también de la afectación que puede inferirse al interés general con una decisión contraria. Por lo que no siendo un rechazo, todos los *Enforcement Bodies* deben ceñir su actuación a la disposición de inaplicación de la Comisión. de GÓMEZ TRINIDAD, Silvia, *El Reglamento 1/2003 y la finalización del procedimiento de Defensa de la Competencia seguido ante la Comisión europea,* Marcial Pons, Barcelona, 2007, Pág. 193 y KOMNINOS, Assimakis, "Effect of Commission Decisions on private *antitrust* litigation: Setting the story straight", en Common Market Law Review, Volumen. 44, N° 5, 2007, Pág. 1406.

[966] Siendo una circunstancia distinta la que se suscita de cambiar los hechos fruto de la declaración de inaplicabilidad, pues en tal caso los órganos jurisdiccionales nacionales podrían desvincularse de la disposición que en este sentido haya tomado la Comisión. Como así lo expresa SCHAUB, Alexander, "The reform of Regulation 17/1962: The issues of compatibility, effective enforcement and legal certainty", en *European Competition Law Annual 2000: the modernisation of EC antitrust policy,* Editores EHLERMANN, Claus-Dieter y ATANASIU, Isabela, Oxford, Hart Publishing, 2001, Pág. 251.

Todo lo anterior, claro está, es aplicable si la conducta es la misma que fue objeto de valoración de la Comisión y que generó la declaración de inaplicabilidad. Circunstancia distinta es la que se presenta si se ha suscitado una transformación de las circunstancias y de los supuestos que dieron lugar a la decisión de la Comisión, pues en tal caso, interpreto, no hay razón para que el Juez se vea vinculado por los planteamientos de la Comisión, que han perdido congruencia y que simplemente no son los mismos que han suscitado la participación del Juez[967].

Por lo que a este último, se le debe otorgar la posibilidad de motivar en dichos casos, su decisión de entrar a analizar si una conducta resulta ser una transgresión o no, ya que no hay decisión de la Comisión sobre el asunto que el Juez está conociendo, y no habría pugna alguna entre su labor y la de la Comisión.

La realidad expuesta en cifras quita peso al debate, puesto que desde la entrada en vigencia del Reglamento, ninguna razón se ha suscitado que haga necesario proceder alguno de la Comisión en relación al artículo 10 del Reglamento 1/2003.

Toda suerte que el claro propósito de darle una aplicación coherente y armónica a la normativa de libre competencia, así como el afán por aprender y compenetrar sus funciones, han generado que los *Enforcement Bodies* estén llevando a cabo todos los esfuerzos necesarios para implementar un marco de actuación eficaz en el cual el transito informativo, la discusión de asuntos, y en general la realización de labores, se ejecute de forma fluida, impidiendo el acaecimiento de choques, disputas o contradicciones sobre comportamientos contrarios a la normativa *antitrust*. Incluso sin la existencia de una estructura clara, similar a la Red Europea de Autoridades de Competencia, a la cual puedan adherirse los Jueces nacionales.

Otra competencia exclusiva de la Comisión, que interpreto igualmente debe vincular a los Jueces, pues está motivada también en pro del interés público y general, es aquella plasmada en el artículo 9 del Reglamento 1/2003 referente a los compromisos que puede pactar la Autoridad Comunitaria con los particulares o empresas inmersas en una conducta investigada, dirigidos a solventar las inquietudes de la Comisión sobre un asunto particular[968].

---

[967] PALAU, Felipe, *Comentario de la ley de Defensa de la Competencia*, Directores MASSAGUER, José, FOLGUERA, Jaime, SALA ARQUER, José Manuel y GUTIERREZ, Alfonso, Civitas, Madrid, 2008, Pág. 278. Quien expresa que: *"(...) un posterior cambio de las circunstancias fácticas o del marco normativo, permitiría abrir un procedimiento por infracción y prohibir el acuerdo o conducta que había sido objeto de una decisión administrativa de inaplicabilidad",* siendo posible hacerlo extensivo al tema de los compromisos que a continuación se expondrán.

[968] Ya en vigencia del Reglamento 17/1962, se presentaron pronunciamientos jurisprudenciales que expusieron la importante posición de los compromisos en la Defensa de la Competencia. Se resalta el precedente que ha constituido, con los fundamentos que le proporcionó el Reglamento 1/2003, la Sentencia del Tribunal de Primera Instancia, *Alrosa Company Ltda Vs. La Comisión de las Comunidades Europeas,* Asunto T-170/06, de 11 de Julio de 2007 (en lo sucesivo *Alrosa),* la cual realiza un importante desarrollo acerca del tema por versar sobre dos aspectos de importancia como lo son los acuerdos de compromiso en desarrollo y la aplicación del principio de proporcionalidad; la fuente de la controversia es el acuerdo de suministro de Alrosa a De Beers de diamantes en bruto, y la relevancia de la actuación del Tribunal de Primera Instancia, en la anulación que este hizo de una decisión de la Comisión en la cual se habían aceptado los compromisos de De Beers referentes a interrumpir las compras a Alrosa. Compromiso

En razón de una disposición que en este sentido realice la Comisión, el comprometido o comprometidos, deben llevar a cabo ciertas actuaciones, que incluso pueden decretarse como de obligado cumplimiento, y que de verse desconocidas están en capacidad de generar una penalización.

Los compromisos no están dirigidos a delimitar si una conducta transgrede o no la normativa de libre competencia, pues su objetivo es el de solucionar y propender por la extinción y cese de los efectos que está generando un pacto, acuerdo, o similar por considerarlo peligroso o desestabilizador[969].

Si bien con un compromiso la Comisión no dice explícitamente que una conducta infringe la normativa de libre competencia o no[970], si que deja claro que el compromiso soluciona los efectos nocivos que puede tener en la competencia dicha actuación, y que por lo tanto como eje central de formulación de la política de competencia, cree que dicha medida es la más acertada y beneficiosa para darle cumplimiento a su labor.

De tal manera, ya existiendo un pronunciamiento de la Comisión sobre una conducta, así sea por medio de la estipulación de ciertos compromisos, no creo necesario que los Jueces entrasen a decidir sobre los hechos que son fuente de dicho pacto en un sentido contrario al de la Comisión, pues ese solo hecho es suficiente para generar desazón e incongruencia en la labor de aplicación de la normativa *antitrust*, por medio de una actividad desgastante que intenta declarar la ilicitud o licitud de una conducta, a la cual la Comisión ya le ha otorgado un grado mínimo de lesividad en un pronunciamiento especial, en aras de favorecer el interés general[971].

---

propuesto por De Beers en razón del proceso de investigación que había abierto la Comisión contra Ella basándose en el artículo 82 (actual 102 del TFUE), el cual no era único, pues la Comisión igualmente abrió proceso contra De Beers y Alrosa con base en el artículo 81 (actual 101).

El Tribunal entendió que el compromiso en mención, era desproporcionado pues con mucho menos se hubiese podido lograr el cese efectivo de la infracción, y que por lo tanto era nulo por carecer de un estudio objetivo del caso concreto, que sin lugar a dudas le hubiera permitido no desconocer la proporcionalidad de los remedios que está inmersa en el artículo 7 del Reglamento 1/2003.

[969] Sobre los compromisos y de forma detallada acerca de los mismos, lo establecido en el *Commission Staff Working Paper* que acompaña al *Report on the functioning of Regulation 1/2003*, entre sus numerales 94 y 109.

[970] Como lo expresa alguna Jurisprudencia española, a saber y en orden cronológico: (JUR\2007\104678) de 22 de Febrero de 2007, Juzgado de lo Mercantil No. 2 de Bilbao y JUR\2009\236792) de 3 de Marzo de 2009, Juzgado de lo Mercantil No. 2 de Palma de Mallorca.

[971] En esta línea de interpretación, un sector de la doctrina para el cual con anterioridad a que el compromiso se pacte, los Jueces y Autoridades Nacionales de Competencia podrán decidir si la conducta es contraria a la normativa de libre competencia o no. Difiriendo de cuando el compromiso esté en vigencia, pues en dicho caso deberán ceñirse a lo pactado y verse vinculados por la disposición comunitaria. PACE, Lorenzo Federico, *Derecho Europeo de la Competencia. Prohibiciones antitrust, control de concentraciones y procedimientos de aplicación*, Marcial Pons, Madrid, Barcelona, 2007, Pág. 285.

Así mismo como la Comisión debe respetar su parte del acuerdo, ciñéndose a los compromisos y a la vigencia de los mismos[972], toda vez que la empresa o particular los cumpla, los Jueces deberían ser exigidos de un marco de actuación similar, en el cual en búsqueda de llevar a la práctica los principios de armonización de la aplicación de las normas de competencia, se vean vinculados igualmente.

No soy de los que creen, que la independencia y autonomía del Juez se ponga en riesgo en razón de la vinculación con las decisiones de compromiso de la Comisión, pues el condicionamiento de su actuación viene no de una prohibición a conocer o decidir sobre la licitud de una conducta, sino de la puesta en marcha de un principio por el cual se busca generar avenencia en el proceso de aplicación[973].

Por lo que creo que el Juez sí que puede formalmente entrar a valorar la licitud de una conducta a pesar de que haya un compromiso de por medio[974], pero siempre con la sapiencia explícita de que dichos compromisos le vinculan y le direccionan a motivar sus decisiones en consonancia con las actuaciones de la Autoridad Comunitaria[975], tal y como se ha visto acaecido en el tránsito jurisprudencial[976].

---

[972] Artículo 9.1 del Reglamento 1/2003.

[973] Los fundamentos que alejan los compromisos en desarrollo de las disposiciones de la Comisión acerca de la infracción de la actuación, se encuentran en el mencionado fallo *Alrosa* a partir de su numeral 99.

[974] Como así puede verse en algunas disposiciones comunitarias tales como el *Commission Staff Working Paper* que acompaña al *Report on the functioning of Regulation 1/2003*, sobre el cual ya se había resaltado su importante participación en el tema de los compromisos, pues entre sus numerales 106 y 108 resalta que los compromisos no impiden que tanto las Autoridades Nacionales de Competencia, así como los órganos jurisdiccionales nacionales se pronuncien sobre una infracción y decidan sobre ella, numeral 107: *"(...) commitment decisions are without prejudice to the powers of national competition authorities and courts to find an infringement and decide upon the case (...)"*.

[975] Solución de carácter mixto que ya ha sido enunciada por algún sector de la doctrina, ya que entiende que a pesar de que formalmente no haya impedimento alguno a que los Jueces nacionales se abstraigan de los compromisos aceptados por la Comisión, sí que debe ser entendido por estos, que dicho compromiso es en bienestar del sistema de aplicación, y que debería respetarlo y motivar su marco de actuación al mismo. DAVIES, John y DAS, Manish, "Private enforcement of Commission Commitment Decisions: A Steep Climb not a Gentle Stroll", en *Fordham International Law Journal*, Volumen. 29, N° 5, 2005, Págs. 950 y siguientes. El documento está disponible para consulta en: http://ir.lawnet.fordham.edu/cgi/viewcontent.cgi?article=2023&context=ilj&sei-redir=1#search="memorando+/04/217+17+Septiembre+2004". Igualmente importante lo acaecido en los países miembros, donde los Jueces competentes del nivel nacional se abstuvieron de entrar a valorar aspectos que ya habían sido objeto de compromisos que la Comisión aceptó deberían ser cumplidos en razón del caso COMP/39.116/B-2, asunto Coca Cola. El documento está disponible para consulta en: http://www.rendelsur.es/Undertaking.htm.

[976] Situación de importancia sobre la cual es necesario reforzar la posición de la doctrina, es la que se presenta cuando el compromiso es incumplido, y debe ser valorado por un Juez. Pues de acaecer dicho panorama, debe dejarse claro que el mencionado incumplimiento no es la configuración de un ilícito y que por lo tanto el Juez en ningún caso podrá decidir que el mismo por si solo es prueba irrefutable de que se ha dado una trasgresión, ya que siempre deberá verificar, incluso en la situación descrita, si en incumplimiento de los compromisos, la actuación constituye una transgresión o no. ARMENGOL I GASULL, Oriol, "Las Decisiones sobre Compromisos del artículo 9 del Reglamento 1/2003", en *Remedios y Sanciones en el*

Los detractores de esta óptica[977] creen que los compromisos no vinculan a los Jueces, y han escogido dos argumentos de fortaleza, como lo son que la independencia y autonomía del Juez se ven menguadas en razón del vínculo de los Jueces a este tipo de decisiones; así como que no debería haber vinculatoriedad en razón de un compromiso[978], ya que la decisión que toma un Juez acerca de una conducta versa sobre la conducta misma y no sobre el compromiso que no decide sobre la antijuridicidad de la actuación[979].

Argumentos que no creo sean suficientes para liberar a los Jueces, y sobre los cuales interpreto incluso, desconocen la estructura de la Comisión y algunos propósitos de la modernización y compenetración de las vías pública y privada de aplicación[980].

Derecho de la Competencia, Directores MARTINEZ LAGE, Santiago y PETITBO JUAN, Amadeo, Marcial Pons, Madrid, 2008, Págs. 156 y 157.

[977] LANDOLT, Philip Louis, *"Modernised EC competition law in international arbitration"*, Kluwer Law International, La Haya, 2006, Pág. 273; GERBER, Davis y CASSINIS, Paolo, "The Modernisation of European community competition law. Achieving consistency in enforcement. Part 2", en *European Competition Law Review*, Volumen.27, N° 2, 2006, Pág. 51, el documento está disponible para consulta en: http://papers.ssrn.com/sol3/papers.cfm?abstract_id=1647100. También GARRIDO ESPÁ, Luis, "Los Tribunales del orden civil y el Reglamento CE 1/2003 del Consejo, de 16 de Diciembre de 2002, relativo a la aplicación de las normas sobre competencia previstas en los arts. 81 y 82 del tratado constitutivo de la CE", en *La Defensa de la Competencia por los órganos judiciales: El Reglamento CE 1/2003*, Cuadernos de Derecho Judicial, Tomo XVII, CENDOJ, Madrid, 2005, Pág. 93 y ENTRENA ROVERS, Jonathan, "Decisiones de compromisos del Reglamento 1/2003", en *Derecho de la Competencia Europeo y Español*. Curso de iniciación, Coordinadores ORTIZ BLANCO, Luis, y ENTRENA ROVERS, Jonathan, Editorial Dykinson, Madrid, Volumen. VII, 2007, Pág. 230.

[978] Para este sector, si bien el Juez no se ve vinculado por el compromiso, no se le otorga tampoco la facultad de valorar el compromiso como tal ya que hay mecanismos en el ámbito comunitario para hacerlo. KOMNINOS, Assimakis, *EC Private Antitrust Enforcement: Decentralised Application of EC Competition Law by National Courts*, Hart Publishing, Oxford, 2008, Pág. 139.

[979] Es importante para algún sector de la doctrina la diferenciación entre que el Juez contraríe con su valoración un compromiso aceptado por la Comisión, y que el Juez tome decisiones sobre hechos que se suscitaron con antelación al compromiso mismo, ya que interpretan, que todos los *Enforcement Bodies* distintos a la Autoridad Comunitaria tienen competencia para tomar decisiones sobre ellos muy a pesar de que exista un compromiso de por medio. Al respecto PAULIS, Emil, "Coherent Application of EC competition rules in a system of parallel competences", en *European Competition Law Annual 2000: the modernisation of EC antitrust policy*, Editores EHLERMANN, Claus-Dieter y ATANASIU, Isabela, Oxford, Hart Publishing, 2001, Pág. 425. Igualmente NAZZINI, Renato, *Concurrent proceedings in Competition Law procedure, evidence and remedies"*, Oxford University Press, Oxford; Nueva York, 2004, Apartado.7, 31. Importante resaltar también lo expresado en el Memorando 04/217 de 17 de Septiembre de 2004, texto disponible para consulta en inglés en: http://europa.eu/rapid/pressReleasesAction.do?reference=MEMO/04/217&format=HTML&aged=1&langu age=EN&guiLanguage=en, donde se acota que en razón de que nada se ha dicho sobre la infracción de una conducta en un compromiso, un particular o empresa podría dirigirse a los órganos jurisdiccionales nacionales a probar la misma y solicitar daños y perjuicios.

[980] Sobre los compromisos y las declaraciones de inaplicabilidad cabe resaltar que el debate, tal y como se ha expuesto, ha sido pujante, toda vez que muchos sienten que estas disposiciones de la Comisión no deberían vincular a los órganos jurisdiccionales nacionales ya que de cambiar los hechos y/o circunstancias que los generaron o de variar la posición de la autoridad que la llevó en un momento indicado a tomar cierta decisión, las disposiciones pueden devenir parciales y por lo tanto no deberían condicionar a los Jueces.

Ya expuestos entonces los cuatro tipos de disposiciones que se entienden son
manifestación de la extensión de la orientación y dirección administrativa que ejerce la
Comisión, es menester estructurar otras decisiones que por el contrario no generan dicho
efecto por diferentes razones, permitiéndole a los Jueces nacionales actuar con un mayor
nivel de autonomía, o bien por tener una relación conflictiva con la participación de los
Jueces por impedir en tantas oportunidades el cumplimiento de sus objetivos (política de
clemencia), por tener un carácter orientativo expresamente señalado por las disposiciones
comunitarias (cartas de orientación), o en razón de no entrar si quiera en los parámetros
que delimitan la conceptualización de decisión (rechazo o desestimación). A continuación
se exponen sus particularidades.

II.   A propósito de la verdadera autonomía jurisdiccional.

Como ya se adelantó, son tres las decisiones que se enunciarán en el presente
apartado, sobre las cuales se interpreta,   no se genera un marco de actuación
condicionado, en el cual los órganos jurisdiccionales deban motivar o estructurar sus
pronunciamientos conforme a lo establecido por la Comisión, generando por lo tanto un
escenario de independencia y libertad en cabeza de los Jueces mucho más consolidado.

De tal manera, la primera de aquellas decisiones, con la cual se iniciará la exposición
por ser inequívocamente más conflictiva, es aquella que toma la Comisión en razón del
acogimiento de un particular o empresa a un programa de clemencia, por el cual se le
exonera del pago de multas o se le reducen las mismas.

Es conflictivo el tema en mención, toda vez que son muchos e importantes los
intereses que entran en pugna, en razón de una decisión de la Comisión (o de las
Autoridades Nacionales de Competencia a las que con sus particularidades les es
igualmente aplicable), dirigida a poner en marcha un programa de clemencia estructurado
para descubrir conductas anticompetitivas, ayudándose del papel de delatores a quienes
se les perdonarán o condonarán las consecuencias fruto de su participación en el ilícito.

Las disposiciones de este tipo que adopte la Comisión, son estructuradas en favor del
cese y sanción a aquellos que con sus actuaciones han transgredido la normativa de libre
competencia, las cuales son puestas en conocimiento de las Autoridades administrativas
por un informador que conoce de ellas, aporta pruebas sobre las mismas y desea verse
beneficiado en razón de su contribución.

El inconveniente que rodea las decisiones de exoneración de un delator tomadas por
la Comisión, es que si bien la actuación del confidente genera un inmenso beneficio
general, también comporta un profundo riesgo individual, ya que de no ser vinculante a
los Jueces la decisión de la Comisión de eximir de consecuencias jurídicas al informador,
el mismo podría ser epicentro de un proceso judicial posterior gracias a la información
que él mismo ha proporcionado, y en el cual inclusive puede verse más perjudicado que
en el proceso administrativo[981].

---

[981] En parte gracias a que el delator asume su culpa, siendo dicha manifestación una prueba que puede
ser utilizada en un proceso judicial por daños y perjuicios en su contra.

El éxito de un programa de clemencia, está en que el mismo sea eficaz en el cumplimiento de sus fines, otorgándole al delator mayores beneficios que inconvenientes por acogerse a él, haciendo más sencilla su ponderación particular, de la cual, en todos los casos, es necesario que resulten superiores utilidades que perjuicios[982].

Por lo que es menester preguntarse, si los beneficios que trae el programa de clemencia deberían ser suficientes para que los Jueces condicionaran sus fallos y se vieran vinculados en sus motivaciones por las decisiones que de este tipo haya tomado la Comisión, o si por el contrario con dichas actuaciones se verían menoscabados los intereses de los particulares, quienes no pueden verse impedidos a ejercer sus derechos y a solicitar a un Juez nacional que sean declarados daños y perjuicios en su favor[983].

Si el provecho obtenido por el informante en razón de su delación, llámese inmunidad o reducción de la multa administrativa, es menor que la sanción que puede serle interpuesta en un proceso judicial, ya que las pruebas por el mismo aportadas son fuente de reclamaciones de indemnización por daños y perjuicios, claramente los incentivos de un programa de clemencia no funcionarán[984], y conductas anticompetitivas quedarán en la clandestinidad, puesto que el potencial informante se abstendrá de colaborar tomando el riesgo de que la autoridad descubra su participación[985], y los efectos positivos generales del programa no se producirán[986].

---

[982] *"Un principio esencial del éxito de cualquier programa de clemencia es que la situación de cualquier denunciante que actúe de buena fe nunca sea peor tras su colaboración de lo que sería si no se hubiera acogido al mismo".* VARELA GONZÁLEZ, José Antonio, "Características y situación actual de la política de clemencia", en *Cuadernos Europeos de Deusto*, N° 38, 2008, pág. 16, el documento está disponible para consulta en: http://www.tgdcompetencia.org/publicaciones/revistas/caracteristicas_situacion_politica_clemencia.pdf.

[983] El análisis profundo de dicha situación puede encontrarse en SOTO PINEDA, Jesús Alfonso, "Aproximación a la implementación de los programas de clemencia como instrumentos del Derecho de la competencia", en *Con (Textos)*, N° 3, 2010, Págs. 153 a 175.

[984] Como así lo expresa un sector de la doctrina en los siguientes términos: *"la exoneración del pago de la sanción administrativa puede no ser suficiente como para que compense acudir a la autoridad de competencia con las pruebas y la autoinculpación... (...) deberá valorar también la incidencia que la delación del cártel puede tener en la jurisdicción civil".* JIMENEZ LA TORRE, Fernando, "La Persecución de los carteles: Política de clemencia", documento para el primer seminario de Derecho y Economía de la Competencia, 30 de Noviembre de 2004, Madrid, 2004, Pág. 14. El documento está disponible para consulta en: http://www.nera.com/extImage/La_persecucion_Jimenez_Nov_2004.pdf.

[985] En dicho sentido GARCÍA CACHAFEIRO, Fernando, "Los retos de la política de clemencia europea ante el incremento de las reclamaciones de daños y perjuicios por la infracción del derecho de la competencia", en *Actas de derecho industrial y derecho de autor*, Tomo 26, 2005-2006, Pág. 173. Donde el autor resalta que solo esa posibilidad de verse altamente sancionado en un proceso ante un Juez nacional con posterioridad, puede generar que los programas de clemencia no cumplan los objetivos para los cuales son instaurados.

[986] MAILLO GONZÁLEZ ORÚS, Jerónimo, "Clemencia en el sistema español de Defensa de la Competencia: una novedad esperada e importante", en *Revista Comunicaciones en Propiedad Intelectual y Derecho de la Competencia*, N° 48, Octubre-Diciembre de 2007, Extraordinario monográfico sobre *La Ley 15/2007 de Defensa de la Competencia. Reflexiones sobre las principales novedades*, 2008, Pág. 276; así como también los comentarios de TISSOT-FAVRE, Anna y SAKKERS, Edwoud, "What Kind of Sanctions? A Perspective from the European Commission", en *Current Developments in European and International Competition Law, 16ᵀʰ St. Gallen International Competition Law Forum ICF 2009*, Editor

A nivel europeo, este escenario es común, puesto que la liberación de las multas de carácter administrativo realizada en razón del programa de clemencia, no se hace extensiva a las consecuencias civiles de la conducta restrictiva de la competencia[987], razón por la cual las empresas que solicitan clemencia están expuestas a las reclamaciones de daños.

Así por ejemplo, hay latencia de la disputa entre los programas de clemencia y las acciones por daños y perjuicios, pues coexisten dos disposiciones comunitarias que la generan y la permiten, siendo la primera aquella que anima al programa de clemencia[988], y la segunda, aquella que propende por el refuerzo que trae al Derecho de la competencia la aplicación judicial del mismo[989].

Se observa claramente, que en Europa y en España, igualmente, hay una desconexión profunda entre la indemnización por daños y perjuicios, y la clemencia misma, la cual en parte se da, gracias a que la aplicación de la última favorece, dándole publicidad al programa, el ejercicio de acciones civiles por parte de los perjudicados[990].

Es por todo lo descrito que el tema es delicado y amerita una solución, pues las incongruencias enunciadas pueden desestabilizar el sistema de aplicación, generar un alto nivel de litigiosidad y perjudicar un programa delatorio, que está instaurado para proteger el interés general, darle armonía a la labor de los diferentes *enfocement bodies,* y en el trayecto, otorgarle soluciones a los conflictos concurrenciales en términos de eficiencia.

BAUDENBACHER, Carl, Helbing Lichtenhahn, Basilea, 2010, Pág. 317, quienes ponen de manifiesto la gravedad de este tipo de situaciones contradictorias en la Defensa de la Competencia ejercida en Europa, sugiriendo como solución difusos mecanismos, que defienden, están en mora de ser puestos en marcha, los cuales deben estar dirigidos a favorecer el asentamiento de un escenario de mayor coherencia en lo que a la relación entre los programas de clemencia y las acciones de daños se refiere, expresando que: *"A system of private damages must ensure that in private damage suits those undertakings that have cooperated in a public investigation by reporting and acknowledging a cartel will not be worse than non-cooperating cartelists. If not whilst the "sanction" may increase in theory, "detection" may sufer, leading to an overall net negative outcome for deterrence."*

[987] Como así lo señala expresamente el apartado 39 de la *"Comunicación de la Comisión relativa a la dispensa del pago de las multas y la reducción de su importe en casos de cártel"*, (2006/C 298/11) (en lo sucesivo *Comunicación de Clemencia)* en los siguientes términos: *"el hecho de que se conceda una dispensa de pago o una reducción del importe de la multa no exime a las empresas de las consecuencias civiles de su participación en infracciones del artículo 81 del Tratado CE".* Texto disponible para consulta en: http://www.juntadeandalucia.es/_defensacompetencia/documentos/26.pdf.

[988] Como lo es la *Comunicación de Clemencia*, previamente enunciada y citada.

[989] Como lo es el Libro Blanco sobre *"acciones de daños y perjuicios por incumplimiento de las normas comunitarias de Defensa de la Competencia".* La cual, debe acotarse también, genera el matiz inmerso en el numeral 39 de la *Comunicación de Clemencia,* donde queda claro que los efectos sobre la multa en beneficio del delator de una conducta anticompetitiva, en ningún caso lo eximen de las consecuencias civiles de su participación.

[990] GARCÍA CACHAFEIRO, Fernando, "Los retos de la política de clemencia europea ante el incremento de las reclamaciones de daños y perjuicios por la infracción del derecho de la competencia", en *Actas de derecho industrial y derecho de autor,* Tomo 26, 2005-2006, Pág. 172.

Si bien en el recorrido de esta disputa el camino ha sido más sencillo de abordar en Europa que en otros territorios de relevancia[991], es necesario que se despejen ciertos interrogantes acerca del conflicto, para así saber cuál es el bien jurídico protegido que deberá ceder en caso de choque, y conocer con certeza si los Jueces deben verse vinculados por esta decisión de la Comisión o no.

En aras de evitar los choques, el Libro Verde de Reparación de daños y perjuicios por incumplimiento de las normas comunitarias de Defensa de la Competencia, planteó iniciativas dirigidas a robustecer la protección de los solicitantes de clemencia, para de tal forma permitir la delimitación más clara de la participación de los Jueces nacionales, a saber:

- Fortificar los mecanismos de protección de la información otorgada por el delator y su confesión, condicionando el suministro de la misma a los Jueces nacionales.

- Instaurar una responsabilidad individual por la cual cada parte en la conducta, respondiese por su actuación y no por la de los otros participantes de forma solidaria[992].

- Reducir la indemnización a pagar por parte del delator[993], o su exoneración al pago de daños dobles[994].

Aprovechando esas propuestas, en la *Comunicación de Clemencia* se fortificaron los medios de protección al delator, propendiendo porque su posición no fuera más comprometida que la de los demás infractores de presentarse una acción ante los Jueces

---

[991] Haciendo un especial énfasis en el caso de los Estados Unidos, JIMENEZ LA TORRE, Fernando, "La Persecución de los carteles: Política de clemencia", documento para el primer seminario de Derecho y Economía de la Competencia, 30 de Noviembre de 2004, Madrid, 2004, Pág. 138.

[992] Caso en el cual, un sector de la doctrina, cree que el perjudicado por la conducta se verá afectado, pues no podrá solicitar al delator el resarcimiento total por el daño causado. GARCÍA CACHAFEIRO, Fernando, "Los retos de la política de clemencia europea ante el incremento de las reclamaciones de daños y perjuicios por la infracción del derecho de la competencia", en *Actas de derecho industrial y derecho de autor*, Tomo 26, 2005-2006, Pág. 178.

[993] Siendo una propuesta nutrida de la experiencia norteamericana, por la sanción de la *Antitrust Criminal Penalty Enhancement and Reform Act* del año 2004, en la cual se estableció que las empresas que se acogiesen al programa de clemencia solo podrían ser objeto de reclamaciones por un valor equivalente al daño individual causado por la participación del delator en el cártel y no en razón de la actuación conjunta. Así en Europa la iniciativa del Libro Verde fue más estructurada y benéfica para el delator pues a este no se le exigiría pagar indemnización alguna para que se le concediese la clemencia. Al respecto los siguientes aportes: PATE, R. Hewitt, Conferencia: "International anti-cartel enforcement", 2004 ICN Cartels Workshop, Sydney, 2004, el documento está disponible para consulta en http://www.usdoj.gov/atr/public/speeches/206428.pdf. PATE, R. Hewitt, Conferencia: "Securing the benefits of global competition", Tokyo American Center, Tokyo, 2004, el documento está disponible para consulta en: http://www.usdoj.gov/atr/public/speeches/205389.pdf.

[994] Caso en el cual los demás miembros del cártel deben adjudicarse lo descontado al delator.

nacionales[995]. Para ello instauró que solo se podría acceder a la información en poder de la Comisión en casos específicos que respondieran a la aplicación de las normas *antitrust*, así como que se diera posibilidad de acogerse a la clemencia también de forma oral[996].

De los mecanismos inmersos en la Comunicación enunciada, se ha generado una "dualidad posicional" de la Comisión[997], en razón de su interpretación acerca de la mejor protección del interés general que puede lograrse gracias a la existencia de un programa de clemencia, por lo que divide su accionar al respecto entre fomentar la participación de los Jueces nacionales en estas circunstancias, y dificultar en la medida de lo posible el acceso a los documentos de que dispone, intentando que la información proporcionada por el delator no tenga efectos civiles como sí administrativos, con el objeto de salvaguardar la eficacia del programa de clemencia.

Dichas disposiciones y forma de actuar, se han hecho extensivas a España donde igualmente el Real Decreto 261/2008, de 22 de Febrero, por el cual se aprueba el Reglamento de Defensa de la Competencia (en lo sucesivo Reglamento de Defensa de la Competencia), protege al delator y a la información proporcionada por él, pues con dicha actuación pretende continuar cosechando los beneficios que trae el programa de clemencia.

Para ello instaura que la Comisión Nacional de Competencia constituirá pieza separada especial con todos los datos o documentos de la solicitud que considere de carácter confidencial, otorgando acceso únicamente a aquellos datos necesarios para contestar el pliego de concreción de hechos y no facilitando copia alguna de las declaraciones del solicitante preparadas específicamente para la solicitud de clemencia[998].

---

[995] En este sentido, la introducción a la Comunicación señala que *"Habiéndose demostrado que estas iniciativas son útiles para hacer efectivas la investigación y desactivación de los cárteles, no deberían verse desalentadas por efecto de las órdenes de exhibición documental dictadas en litigios civiles. Los posibles solicitantes de clemencia podrían verse disuadidos de cooperar con la Comisión al amparo de la presente Comunicación si tales iniciativas pudieran redundar en perjuicio de su posición en pleitos civiles frente a la de las empresas que no cooperan. Este efecto indeseado iría manifiestamente en contra del interés público en garantizar la eficacia de la aplicación por las autoridades públicas del artículo 81 del Tratado CE a los cárteles y, por ende, de las consiguientes acciones civiles subsiguientes o paralelas".*

[996] Numeral 32 de la *Comunicación de Clemencia*. También de reafirmar, que un sector de la doctrina, no duda en defender que herramientas como las descritas, están en capacidad de menoscabar los derechos de defensa de las partes frente a las acusaciones planteadas por la Comisión. GIVAJA SANZ, Ángel y CABRERA MAQUEDA, Eduardo, "Desarrollos recientes en torno al programa comunitario de clemencia y su implantación en la nueva Ley de Defensa de la Competencia", en *Gaceta Jurídica de la Unión Europea y de la Competencia*, N° 246, 2006, pág. 47.

[997] La cual fue igualmente reafirmada en el Reglamento (CE) N° 622/2008, de 30 de Junio de 2008, por el que se modifica el Reglamento (CE) no 773/2004 en lo que respecta al desarrollo de los procedimientos de transacción en casos de cártel, donde se establecieron beneficios para los delatores, como lo es la reducción del 10% de la multa que le será impuesta en razón de su participación, la cual bajo todo concepto se antoja insuficiente puesto que el informante deberá aceptar su participación, pagar una buena parte de la multa casi en las mismas condiciones que los otros infractores y sin ninguna garantía de que los Jueces nacionales no le impondrán consecuencias similares o mayores.

[998] Artículo 51 del Reglamento de Defensa de la Competencia

Todos los amparos enunciados, parecen ser prueba clara e indiscutible de la red de protección con la cual cuenta el delator en razón del programa de clemencia[999], la cual cabe decirlo, creo conveniente toda vez que genera un beneficio mayor que la prórroga de los efectos nocivos de la conducta anticompetitiva.

Aun así, los mecanismos dispuestos para compenetrar y armonizar la clemencia y las acciones de daños, son insuficientes y no están logrando que tanto los beneficios de uno, como de otro sean del provecho general, por lo que es necesaria la implementación de instrumentos regulatorios que permitan el engranaje correcto de ambas figuras, generando un panorama en el cual los presuntos delatores no duden que los beneficios que sacarán de su contribución son mayores que su silencio, así como también en donde los derechos individuales de los particulares no estén en riesgo, pues les son otorgados mecanismos idóneos para buscar el resarcimiento de un daño que les ha sido causado.

Sea cual sea el fundamento del debate, el mismo sirve para entender las razones por las cuales los Jueces pueden definir los efectos jurídicos fruto de una infracción a los artículos 101 y 102, sin estar vinculados por las decisiones que la Comisión tome en razón de un programa de clemencia, pues de estarlo podrían ser desconocidos derechos fundamentales. Lo que no quiere decir que pueda actuar en libertad, tal y como lo haría en circunstancias en las cuales no haya de por medio información proporcionada por un delator, pues como ya se ha visto, el manejo de dichos aportes es celoso, e indirectamente le condiciona, aunque no le impide establecer los efectos nombrados en razón de la contravención cometida.

No solo las decisiones de la Comisión en razón de un programa de clemencia permiten desmarcarse a los Jueces, ya que otras disposiciones también les otorgan la posibilidad de motivar sus actuaciones sin verse vinculados por las de la Autoridad Comunitaria.

Una de dichas disposiciones, son los pronunciamientos con fines orientativos que hace la Comisión, y que llevan por nombre cartas de orientación[1000], en razón de los

---

[999] Aunque las mismas deben ser reafirmadas a más profundidad, en búsqueda de generar una confianza real por parte del posible delator, quien debe realizar un análisis de beneficios que le debe presentar como más seductora la opción de acogerse al programa de clemencia. Circunstancia que a pesar de los múltiples esfuerzos que se han hecho por consolidarla no se da, y que amerita el incremento de las exenciones y/o reducciones.

[1000] Las bases para que este tipo de disposiciones de carácter orientativo no sean imperativas y de obligatorio cumplimiento para los demás *Enforcement Bodies,* pueden deducirse, a pesar de no estar contempladas de forma explícita, en la sentencia del Tribunal de Justicia de las Comunidades Europeas, de 10 de Julio de 1980, *SA Lancome y Cosparfrance Nederland BV Vs. Etos BV y Albert Heyn Supermart BV,* asunto 99, 79, en la cual, en su apartado 18, a pesar de no referirse expresamente a las cartas de orientación, sí que se respondieron preguntas acerca del carácter y valor que debían tener ciertos documentos administrativos en el proceso judicial; pues en el caso en mención, la pregunta estaba dirigida a delimitar si los Jueces debían seguir la opinión de la Comisión, en virtud de la cual se ponía en conocimiento del interesado, el concepto de la Autoridad Comunitaria acerca de un grupo de contratos notificados, aduciendo que por parte de dicha Autoridad, no había lugar a la intervención. Así las cosas, en el fallo el Tribunal, entendió que: *"Las apreciaciones expresadas en tal escrito no obligan al órgano jurisdiccional nacional, pero constituyen un elemento de hecho que éste puede tener en cuenta a la hora de examinar la conformidad de los contratos discutidos con las disposiciones del artículo 85."*. Dejando claro, por su similitud con las cartas en estudio, que si bien no restringen el marco de actuación de los Jueces, sí que

cuales, cuando una circunstancia albergue una relevancia importante, tenga carácter inédito[1001], y no amerite a priori averiguación o indagación extraordinaria alguna, la Comisión podrá exponer su posición al respecto[1002].

Las cartas mencionadas, están suficientemente desarrolladas en *"La Comunicación de la Comisión relativa a las orientaciones informales sobre cuestiones nuevas relacionadas con los artículos 81 y 82 del Tratado CE que surjan en asuntos concretos (cartas de orientación)"* (en lo sucesivo *Comunicación relativa a las cartas de orientación*)[1003], en la cual queda claro el fin netamente orientativo que tienen las mismas, zanjando desde el inicio cualquier debate que pueda plantearse sobre las mismas al respecto, de si resultan vinculantes para los Jueces nacionales o no[1004].

---

deben ser tomadas en cuenta para motivar con más soltura la decisión a tomar. El texto de la sentencia enunciada está disponible para consulta en: http://eur-lex.europa.eu/LexUriServ/LexUriServ.do?uri=CELEX:61979CJ0099:ES:PDF; siendo igualmente relevantes los comentarios que sobre ella pueden encontrarse en BARENTS, René, *Directory of EC case Law on Competition,* Kluwer Law International, Alphen aan den Rijn, Holanda, 2007, Pág. 433.

[1001] Por no haberse dado aun orientación alguna por parte de la Comisión acerca del tema, por carecer de evolución jurisprudencial en el marco comunitario, y por no serle de aplicación lo planteado en la normativa.

[1002] Las circunstancias que deben concurrir para que la Comisión emita cartas de orientación, así como las eventualidades que le obligan a no hacerlo, en los apartados 8 y 9 de la *Comunicación relativa a las cartas de orientación.*

[1003] *Comunicación relativa a la cooperación entre la Comisión y los órganos jurisdiccionales,* (2004/C 101/06). Igualmente lo expuesto por GÓMEZ TRINIDAD, Silvia, *El Reglamento 1/2003 y la finalización del procedimiento de Defensa de la Competencia seguido ante la Comisión europea,* Marcial Pons, Barcelona, 2007, Págs. 250 a 254, quien entiende que las cartas de orientación son una evolución de las *Comfort Letters* que estaban comprendidas en el Reglamento 17/1962. Llevándole a concluir que es indispensable que las mismas sean manejadas con prudencia en razón del condicionamiento "no formal" que pueden ejercer en la figura del Juez, cuando una de las partes aporta una carta de orientación que le ha sido previamente otorgada por la Comisión. Situación que le genera desconfianza pues entiende que el tratamiento de las cartas y la información en ellas inmersa debería estar delimitado.

[1004] Apartado 25 de la *Comunicación relativa a las cartas de orientación: "Las cartas de orientación no constituyen decisiones de la Comisión y no son vinculantes para las autoridades de competencia o los órganos jurisdiccionales de los Estados miembros facultados para aplicar los artículos 81 y 82. Con todo, se deja a discreción de las autoridades de competencia y órganos jurisdiccionales de los Estados miembros tener en cuenta las cartas de orientación de la Comisión, según lo estimen conveniente en el contexto de un asunto determinado".* Estos parámetros no obstan, pese a creerlo conveniente, los Jueces nacionales puedan seguir los parámetros que ha incluido la Comisión en una carta de orientación. Como así lo expresa PACE, Lorenzo Federico, *Derecho Europeo de la Competencia. Prohibiciones antitrust, control de concentraciones y procedimientos de aplicación,* Marcial Pons, Madrid, Barcelona, 2007, Pág. 291. Siendo también de importancia los parámetros que el Tribunal de Justicia de las Comunidades Europeas, dejó claros en su sentencia de 10 de Julio de 1980, *Bruno Giry y Guerlain SA,* asunto 253/78, acumulado con los asuntos 1/79 a 3/79, apartado 13, texto disponible para consulta en: http://eur-lex.europa.eu/LexUriServ/LexUriServ.do?uri=CELEX:61978CJ0253:ES:PDF; los cuales deben ser tomados igualmente en cuenta para demarcar la vinculatoriedad, así sea en términos teóricos, que generan este tipo de cartas, pues a pesar de ser no obligatorias, sí que son un elemento idóneo para llevar cada caso particular a un buen puerto, en razón de la facilidad y el acceso a cierta información, que proporcionan este tipo de instrumentos. Por lo que incentivar el análisis y atención de aquellas por parte de los Jueces nacionales, puede resultar muy enriquecedor; tal y como así lo interpreta algún sector de la doctrina, al entenderlos como la base para estructurar escritos de mayor formalidad que efectivamente resulten vinculantes para los Jueces, cuando la Comisión entienda que considerar o no como infracción, una

Así como no vinculan a los órganos jurisdiccionales nacionales, las cartas de orientación no condicionan la actuación futura de la Comisión, la cual de cambiar las circunstancias que generaron su exposición, podrá motivar en vías distintas su posición, ya porque se ha avanzado jurídicamente sobre los aspectos inmersos en el estudio, porque las sentencias comunitarias hayan aportado evolución al respecto, o simplemente porque la situación ha mutado[1005].

Su objeto, es generar en términos de flexibilidad, claridad y sencillez, una guía que favorezca el papel y la actuación de los agentes económicos, quienes gracias a éstas tendrán un panorama de entendimiento sobre un asunto original y nuevo[1006], sin prejuzgar la evaluación de la misma cuestión por los Tribunales comunitarios[1007].

Lo que lleva a la exposición de la última decisión de la Comisión a nombrar en este apartado, la cual no ha generado debates de mucho ahínco, y que hace referencia a la disposición con la cual se desestima o rechaza una denuncia, e incluso con la cual se da un sobreseimiento o archivo[1008], en casos en los cuales la Autoridad Comunitaria ya estuviese conociendo del asunto, y estimase que han desaparecido los presupuestos necesarios para que se dé un pronunciamiento suyo al respecto.

Como ya se ha visto en apartados anteriores, este tipo de disposiciones o actuaciones de la Comisión, no deben ser interpretadas como decisiones en toda regla, ya que la Autoridad Comunitaria adopta la postura de no entrar a valorar el fondo del asunto,

---

actuación puntual, sea en beneficio del interés general y de la defensa ejercida por todos los *Enforcement Bodies*, sea cual sea su naturaleza, privada o pública. KORAH, Valentine, *An introductory guide to EC Law and practice*, Hart Publishing, Oxford y Portland, 2007, Págs. 256 y 257.

[1005] Igualmente podrá iniciar una investigación sobre la actuación de acuerdo a lo establecido en el Reglamento 1/2003, pudiendo ceñirse a los planteamientos expuestos en la orientación de su autoría, desmarcarse de los mismos o añadir aspectos diversos a los de la carta si de la pesquisa a profundidad se concluye que el marco de actuación debe ser distinto. Al respecto resultan indispensables los aportes de GÓMEZ TRINIDAD, Silvia, *El Reglamento 1/2003 y la finalización del procedimiento de Defensa de la Competencia seguido ante la Comisión europea*, Marcial Pons, Barcelona, 2007, Pág. 254.

[1006] Apartado 22 de la *Comunicación relativa a las cartas de orientación*: *"El principal objetivo de las cartas de orientación es ayudar a las empresas a realizar una evaluación con conocimiento de causa de sus acuerdos y prácticas."* Su objetivo bajo ningún concepto es referirse a escenarios fruto de la imaginación que no estén teniendo una cabida en el panorama real, o sobre asuntos que ya están siendo conocidos en un proceso.

[1007] Apartado 23 de la *Comunicación relativa a las cartas de orientación*. Acerca de los parámetros que envuelven esta disposición de la Comisión, KOMNINOS, Assimakis, *EC Private Antitrust Enforcement: Decentralised Application of EC Competition Law by National Courts*, Hart Publishing, Oxford, 2008, Págs. 108 y siguientes.

[1008] La cual obtuvo relevancia en razón de la pregunta que se hizo una parte de la doctrina acerca de si podía interpretarse una decisión de este tipo como vinculante por venir de la Comisión, así por ejemplo HILJEMARK, Linda, "Enforcement of EC Competition Law in National Corts—The perspective of Judicial Protection", en *Yearbook of European Law*, Volumen. 17, Nº 1, 1997, Págs. 113 y siguientes.

abstrayéndose de delimitar si la actuación responde a una infracción a la normativa de
libre competencia o no[1009].

Si bien la Comisión dentro de sus posibilidades está en capacidad de tomar
decisiones de este tipo, las mismas no deben significar que los órganos jurisdiccionales
nacionales deban acogerse a dicha disposición[1010], ya que de ser requerida su intervención
en razón de unos mismos hechos que han sido sobreseídos, archivados o rechazados por
la Comisión, el Juez nacional podrá entrar a delimitar los efectos jurídico privados de la
infracción, de haberla, llevando el proceso en las condiciones corrientes y valorando
todos los elementos que le son aportados, incluso la negativa de la autoridad
administrativa comunitaria[1011].

No afrontar el estudio de la presunta actuación transgresora de la normativa de libre
competencia, no puede entonces ser interpretado como una decisión vinculante[1012], ya
que los mecanismos de litigio puestos a disposición de los particulares se verían
menguados. Por lo que sin temor al equívoco, el marco de actuación común, debe ser que
pueda ser declarada la ilicitud de una conducta por parte de un órgano jurisdiccional, muy
a pesar de que la Comisión lo haya rechazado o desestimado[1013].

**III.   La debilidad del principio de "cosa juzgada" y su capacidad para
deteriorar la uniformidad en la aplicación de las normas _antitrust_.**

Otros aspectos han surgido conforme la posición de privilegio de la Comisión se
consolida, debilitando en cierta medida la participación y libertad de los Tribunales
nacionales en las labores de aplicación de las normas _antitrust_. Siendo eje principal de

---

[1009] Defiende esta óptica, por no haber en el pronunciamiento de la Comisión delimitación alguna
acerca de la infracción o de la inaplicabilidad de las normas de libre competencia. KOMNINOS,
Assimakis, "Effect of Commission Decisions on private _antitrust_ litigation: Setting the story straight", en
Common Market Law Review, Volumen. 44, N° 5, 2007, Pág. 1406.

[1010] De forma obligatoria o imperativa, ya que, es importante resaltarlo, los Tribunales Nacionales sí
que están capacitados para, en aquellos casos en los cuales se generen dudas en razón de una evaluación
de la Comisión, que haya arrojado un resultado de aplicabilidad o inaplicabilidad de las normas de libre
competencia a un asunto particular, remitir un cuestionamiento formal al respecto al Tribunal de Justicia de
las Comunidades Europeas, de decisión prejudicial, de acuerdo al artículo 267 del Tratado Constitutivo de
la Unión Europea. Tal y como puede extraerse de la lectura de la sentencia _BEMIM Vs. La Comisión_, en
especial en su apartado 5.

[1011] Como así lo defiende un sector de la doctrina, donde resaltan las apreciaciones de KOMNINOS,
Assimakis, "Effect of Commission Decisions on private _antitrust_ litigation: Setting the story straight", en
Common Market Law Review, Volumen. 44, N° 5, 2007, Pág. 1406; Michel, FRIGNANI, Aldo y
MÉGRET, Jacques, _Derecho Europeo de la Competencia_, Tomo 1, Editorial Bosch, Barcelona, 1998, Pág.
697 y HILJEMARK, Linda, "Enforcement of EC Competition Law in National Corts—The perspective of
Judicial Protection", en _Yearbook of European Law_, Volumen. 17, N° 1, 1997, Pág. 116.

[1012] LANDOLT, Philip Louis, _Modernised EC competition law in international arbitration"_ Kluwer
Law International, La Haya, 2006, Pág.271 y siguientes.

[1013] Importante precedente jurisprudencial es el fallo _Automec_ en apartados anteriores nombrado.

dicha debilidad los Jueces, pues las Autoridades administrativas de competencia del orden nacional por ser parte de un engranaje colegiado, público, administrativo, logran mayor avenencia con la máxima autoridad comunitaria y no se ven tan profundamente afectados, como los órganos jurisdiccionales nacionales.

Uno de los aspectos que comprueban dicha óptica, es el esgrimido por un sector de la doctrina que ha resaltado la necesidad de centrar una parte del debate en postulados tales, y ya previamente expuestos, como lo son la seguridad jurídica y el orden procesal, los cuales si bien entienden, se ven complementados positivamente por el lugar de privilegio de la autoridad comunitaria, igualmente, pierden talante, al analizarse el diverso rasero con el cual se le da alcance al principio, pues los Jueces sí que están condicionados y vinculados por las decisiones de una Comisión, que tiene plena capacidad para desmarcarse de los pronunciamientos de los Jueces sin inconveniente alguno, no teniendo que atender a ciertos aspectos que también son susceptibles de generar inestabilidad jurídica.

Este sector de la doctrina, resalta como uno de los inconvenientes de dicho enfoque, lo peligroso que puede resultar que un principio tan esencial como el de cosa juzgada, se vea en riesgo por la posibilidad que se le otorga a la Comisión de coaccionar con sus pronunciamientos la labor de los Jueces nacionales.

¿Qué sucede cuando la Comisión se pronuncia sobre unos mismos hechos en contravía de un fallo de un órgano jurisdiccional nacional que ya ha recorrido todas las vías posibles de impugnación y que se encuentra en firme[1014]?, ¿deben ser retrotraídos todos los efectos de la sentencia?, ¿deben vulnerarse los derechos adquiridos de las partes en razón de la misma?, ¿Deben crearse otras vías jurídicas para darle solución a este conflicto?

Las respuestas a dichos cuestionamientos son de diversas índoles, y como era de esperarse han sido planteadas o en pro del principio de cosa juzgada, o en clara consonancia con la prevalencia y posición de privilegio de la Comisión como autoridad encargada de formular, orientar y regir la política comunitaria de competencia.

Los que abogan por el cumplimiento inequívoco de la cosa juzgada, interpretan que una decisión de la Comisión en ningún caso debe variar los parámetros de un pronunciamiento judicial que ha surtido todas las etapas procesales, y que por lo tanto en dichas circunstancias las partes deben acogerse a lo planteado en la sentencia. De ser

---

[1014] Se resalta dicho cuestionamiento, ya que en ese evento habrían sido agotados todos los medios de impugnación de la sentencia proferida por un Juez nacional, generando el debate que se expone a partir de este punto. Situación diversa y de menos incertidumbre, es la que se presenta cuando la Comisión se pronuncia en contradicción de un fallo de primera instancia, sobre aspectos que pueden ser acogidos por un Juez que conozca de una instancia posterior a petición de las partes. Caso en el cual deberá motivar sus actuaciones y su decisión a lo expuesto por la Comisión, o bien tramitar la adhesión que al proceso haga la Comisión actuando como *Amicus Curiae* en búsqueda de que sea revocado el fallo de primera instancia. Sobre lo aquí expuesto KOMNINOS, Assimakis, "Effect of Commission Decisions on private *antitrust* litigation: Setting the story straight", en *Common Market Law Review*, Volumen. 44, N° 5, 2007, Pág. 1408, y SCHAUB, Alexander, "Modernization of EC competition law: Reform of regulation N° 17", en *Fordham International Law Journal*, N° 23, 1999, Pág. 772.

necesaria una variación en dichos casos, este sector cree que la misma debe tener origen en el funcionamiento interno de la autoridad administrativa, quien cuenta con mecanismos para prevenir dicha situación, tales como adherirse al proceso como *Amicus Curiae* en su debido momento, armonizar los instrumentos de cooperación entre ella y otros *Enforcement Bodies*, etc. Posición esta de rigidez que llama la atención por no tomar en cuenta las realidades jurídicas comunitarias, que demuestran que es posible el acaecimiento de múltiples eventualidades, que generan una tensión entre principios y que impiden que simplemente la Comisión deba aceptar su llegada a destiempo frente a una decisión judicial.

La rigidez no solo se presenta en los conceptos del sector descrito, pues también se escenifica en algunos que defienden la encumbrada posición de la Comisión, ya que creen que si dicha autoridad se pronuncia sobre los mismos hechos que ya fueron resueltos por un Juez nacional mediante una decisión que se encuentra en firme, dicha sentencia debe ser retrotraída en todos sus efectos, sin importar el nivel de dificultad y el nivel de trastornos que pueda significar[1015], pues creen que es más importante preservar la superioridad de la Comisión en pro del interés general, y no la cosa juzgada.

Otros adeptos a la misma posición preferente, han matizado esa postura y plantean que si bien el principio de cosa juzgada debe ser flexibilizado en pro de una coherente aplicación de la normativa *antitrust*[1016], dicha cesión debe darse gracias a la implementación de ciertas soluciones jurídico formales con suficiente idoneidad que no pongan en duda su importante posición, tales como el no darle reconocimiento a las decisiones de los Jueces nacionales en estos casos en razón de ser contrarias al orden público[1017]; o mediante la instauración de un recurso extraordinario de revisión o similar que permitiera controvertir las decisiones de los órganos jurisdiccionales nacionales en estas ocasiones[1018].

Que la aparición de un pronunciamiento de la Comisión contrario a una decisión judicial en firme deba conllevar la "partición" de los efectos de la sentencia, es otra de las opciones que se plantean para darle solución a este "choque" entre autoridades, la cual se plantea como descabellada para algunos, pero coherente para otros. En razón de esta

---

[1015] Máxime cuando se hace latente la capacidad que tiene el pronunciamiento de la Comisión de imposibilitar el cumplimiento de la sentencia judicial en razón de las complejas actuaciones que puede llevar a cabo.

[1016] Ya que la protección del interés general y la exclusividad de las labores que realiza la Comisión en búsqueda de cumplir ese objetivo, lo justifican. NAZZINI, Renato, "Parallel and Sequential Proceedings in Competition Law. An Essay on the Modes of Interaction between Community and National Law", en *European Business Law Review*, Volumen.16, N° 2, 2005, Pág. 269.

[1017] Reglamento (CE) N° 44/2001 del Consejo, de 22 de Diciembre de 2000, relativo a la competencia judicial, el reconocimiento y la ejecución de resoluciones judiciales en materia civil y mercantil (D.O.U.E. serie L, núm. 12, de 16 de Enero), Artículo 34, numeral primero.

[1018] KOMNINOS, Assimakis, *EC Private Antitrust Enforcement: Decentralised Application of EC Competition Law by National Courts*, Hart Publishing, Oxford, 2008, Págs. 132 y siguientes; KOMNINOS, Assimakis, "Effect of Commission Decisions on private *antitrust* litigation: Setting the story straight", en *Common Market Law Review*, Volumen. 44, N° 5, 2007, Pág. 1416.

opción, la sentencia judicial tendría efectos solo para las partes a pesar de los planteamientos de la Comisión, y el pronunciamiento de la Autoridad Comunitaria tendría efectos *Erga Omnes*, garantizando su influencia en el marco concurrencial posterior[1019].

Una solución mixta y flexible que acoja lo mejor de cada opción, sería en mi opinión lo más acertado. Para ello, en cada caso particular será necesario que se analicen los efectos que ha causado y que causará la sentencia judicial, ya que si los mismos solo afectan a las partes involucradas, no hay razón para que se vean retrotraídos todos los eventos al estado en el cual la Comisión con su planteamiento ha creído conveniente, por lo que la sentencia podría continuar teniendo efectos inter partes y la decisión de la Comisión efectos *erga omnes*[1020].

La situación ameritaría una retracción de todos los aspectos que rodean la disputa, solo cuando la sentencia judicial genere la aparición de acuerdos, contratos, actuaciones, y similares, que estén en posibilidad de afectar más allá del marco de las partes. Caso en el cual, será necesario, con los mecanismos disponibles en la actualidad, invocar que el fallo del Juez es contrario al orden público, para que de tal manera la decisión de la Comisión perdure.

La instauración de un recurso extraordinario en estos casos es, como ya se adelantó, otra posibilidad que puede resultar operativa y que hasta bien no sea formal su puesta en marcha, es solo una opción más. A algunos, entre los cuales me incluyo, se les antoja inconveniente pues implicaría un esfuerzo jurídico muy alto, a la par que se vería limitada por el derecho interno de los países miembros al tener que verse regulada en él[1021].

La problemática del asunto, la cual permite la amplia proposición de soluciones por parte de la doctrina, se basa en parte en el silencio que guardan tanto el Reglamento 1/2003, como la *Comunicación relativa a la cooperación entre la Comisión y los órganos jurisdiccionales* al respecto. En ellos se encuentra una clara exposición de la situación inversa en la cual la Comisión se pronuncia sobre un asunto, y los Jueces están obligados a motivar sus actuaciones en clara consonancia con las de la Autoridad Comunitaria, pero nada dice de lo que debe suceder cuando el pronunciamiento judicial llega primero que el de la Comisión, o si dicho pronunciamiento también vincula a los Jueces nacionales[1022].

[1019] SCHAUB, Alexander, "Modernization of EC competition law: Reform of regulation N° 17", en *Fordham International Law Journal*, N° 23, 1999, Pág. 772.

[1020] Aunque se es consciente de los múltiples inconvenientes que algún sector de la doctrina percibe en esta posibilidad de "dividir" y diferenciar los efectos de la sentencia y del pronunciamiento de la Comisión, en específico los textos de Assimakis Komninos al respecto: *"Effect of..."* (Pág. 1412) y *"EC Private..."* (Págs. 128 y siguientes).

[1021] Se les antoja difícil pues dicha posibilidad debe estar inmersa en el derecho nacional de cada país miembro y a la par desarrollada como una posibilidad excepcional para controvertir una decisión en firme. KOMNINOS, Assimakis, "Effect of Commission Decisions on private antitrust litigation: Setting the story straight", en *Common Market Law Review*, Volumen. 44, N° 5, 2007, Págs. 1419 y siguientes.

[1022] Así como tampoco se expresan acerca de la multiplicidad de *Enforcement Bodies* que pueden participar en una disputa de esta categoría, ni acerca de la posible diversidad y contradicción en sus decisiones. Situación que se puede presentar cuando varios Jueces de diversas naciones, la Comisión o

IV. **La suspensión del proceso como facultad para garantizar la uniformidad en la aplicación de las normas de libre competencia.**

Habiendo sido descritos los parámetros teóricos que "influencian" el poder de aplicación de la normativa de libre competencia en cabeza de los Jueces nacionales, ahora resulta necesario trasponer dichos resultados al terreno práctico, utilizando la muestra española, de la mano de la ley 15/2007, con el ánimo de hacer un análisis acerca de las bondades y grietas que se pueden percibir en la norma, acerca de la suspensión del proceso en ciertas circunstancias en las que puedan presentarse conflictos con las disposiciones de otro *Enforcement Body,* en aplicación de principios de cooperación, coherencia y armonía del sistema; o cuando pueda presentarse una pugna con la Comisión, haciendo necesario adecuar actuaciones a las de aquella autoridad, en razón de la posición privilegiada en la que se encuentra en lo que a Defensa de la Competencia se refiere[1023].

La suspensión del proceso es un mecanismo para evitar desavenencias entre *Enforcers,* así como una garantía con la que cuentan los Tribunales nacionales para asegurar que sus decisiones van a ser ejecutables; por lo que delimitar los formalismos y las características de esta posibilidad, es esencial, pues permite determinar los parámetros que deberán seguir los órganos jurisdiccionales para gestionar las potestades decisorias con las que ahora cuentan, delimitando en cada caso en concreto, el nivel de autonomía real con el que cuentan y cuáles son las posibilidades de que sus disposiciones sean "perseguidas".

Es el artículo 16 del Reglamento 1/2003, la base que creo sirve de soporte a la actual existencia en España de apartados que disponen la facultad que tienen los Jueces, de bajo ciertas circunstancias, suspender el proceso. El texto de los mencionados apartados, que en alusión son el cinco y siete de la disposición adicional segunda de la Ley de Defensa de la Competencia en vigencia, llama la atención por ser calcado en ambos casos, y por ser la modificación respectiva de los artículos 434 (adición numeral 3) y 465 (adición numeral 5) de la Ley de Enjuiciamiento civil[1024].

Autoridades administrativas de los países miembros conozcan y decidan sobre unos mismos hechos en razón de la supranacionalidad del asunto.

[1023] La figura de la suspensión ha generado muchísimos comentarios a su alrededor, y uno de gran relevancia, es aquel que puede extraerse de la sentencia *BRT Vs. SABAM,* pues se expresa acerca de la suspensión, cuando el Juez está en espera de una respuesta de la Comisión. Acotando que al ser directamente eficaces, las normas de libre competencia comunitarias, no pueden verse entorpecidas ni contradichas por normas internas de un país miembro, ni por una norma comunitaria derivada, lo que se traduce en el escenario, en el cual los Jueces, en aquellos casos en los que estuvieran aplicando dichas normas a título incidental, no tendrían que detener el proceso como lo establecía el Reglamento 17/1962 en el numeral tercero de su artículo nueve. ALONSO GARCIA, Ricardo, "La aplicación de los artículos 85 y 86 del Tratado CEE por órganos administrativos y judiciales Españoles", en *Revista de Instituciones Europeas,* Volumen. 17, N° 2, 1990. Pág. 448.

[1024] El texto en mención: "*Se podrá suspender el plazo para dictar sentencia en los procedimientos sobre la aplicación de los artículos 81 y 82 del Tratado de la Comunidad Europea o de los artículos 1 y 2 de la Ley de Defensa de la Competencia cuando el Tribunal tenga conocimiento de la existencia de un expediente administrativo ante la Comisión Europea, la Comisión Nacional de la Competencia o los órganos competentes de las Comunidades Autónomas y resulte necesario conocer el pronunciamiento del*

Como ya se adelantó en el apartado anterior de este trabajo, las disposiciones enunciadas parecen ser resultado de un análisis legislativo que defendiendo la independencia judicial, otorgó un poder extraordinario a los Jueces, quienes son los encargados de realizar la valoración acerca de la operancia de la suspensión del proceso[1025]. Siendo así, pues la norma incluye, en mi opinión, dos aspectos de gran importancia que alimentan el debate y la crítica, tal y como lo son la palabra *"podrá"* al inicio de la disposición, y la porción *"resulte necesario conocer el pronunciamiento del órgano administrativo"*.

Ambos aspectos de la disposición, dejan en resumidas cuentas en manos del Juez, la posibilidad de suspender el proceso a su cargo, cuando se estime conveniente esperar la adopción de una decisión por parte de una autoridad administrativa, siendo por lo tanto un asunto potestativo y no obligatorio[1026], que puede generar que mas allá de la realidad, y muy a pesar de que en un caso concreto se entrevea que de no suspenderse el proceso colisionarán los fallos de la autoridad administrativa y del Juez, este último al no estimarlo necesario, no detenga el proceso y genere un problema de inseguridad jurídica fruto en parte de los vacíos de los apartados en estudio.

El inconveniente, tal vez está en no delimitar la "necesidad" y la "posibilidad" que enuncia la disposición adicional segunda, y por lo tanto generar cierto grado de confusión al no ser tan clara la vinculatoriedad que generan los fallos de las Autoridades administrativas del nivel interno, que en el caso comunitario por la posición encumbrada de las decisiones de la Comisión está más que consolidada.

A pesar de haber razonado en este mismo trabajo cuáles pueden haber sido las intenciones del legislador al no delimitar esos aspectos, se cree que pudo haber sido más claro al deslindarlos, ya que habría añadido con esa actuación más certidumbre al proceso.

Así por ejemplo, no habiendo aclarado que debe entenderse como "necesario", se me permite interpretar de la mano de los objetivos perseguidos por la reforma, que siempre

---

órgano administrativo. Dicha suspensión se adoptará motivadamente, previa audiencia de las partes, y se notificará al órgano administrativo. Este, a su vez, habrá de dar traslado de su resolución al Tribunal."

[1025] En base a los principios defendidos por la jurisprudencia del Tribunal de Justicia de las Comunidades Europeas, en virtud de los cuales, en defensa de la certeza y seguridad jurídica, los Jueces nacionales tienen la obligación de evitar, en aquellos casos en los cuales acuerdos o prácticas puestas en su conocimiento sean susceptibles también de ser objeto de una decisión de la Comisión; proferir pronunciamientos que puedan entrar en conflicto con una resolución de la máxima Autoridad Comunitaria en aplicación de los artículos 101 y 102 del Tratado de Funcionamiento de la Unión Europea. Tal y como se extrae de la lectura del asunto *Stergios Delimitis Vs. Henninger Bräu AG*, en su apartado 47; el fallo *Masterfoods Ltda Vs. HB Ice Cream Ltda*, apartado 51; así como también *IMS Health, Inc Vs. La Comisión de las Comunidades Europeas*, en su apartado 19.

[1026] *Masterfoods Ltda Vs. HB Ice Cream Ltda*, apartados 55 y 57, donde queda claro que en pro de la cooperación, los Jueces deben siempre que así lo crean conveniente, para evitar choque de trenes, suspender el proceso a su cargo, incluso hasta que los órganos jurisdiccionales comunitarios den respuesta sobre un recurso de anulación que vincule la decisión administrativa; a menos que, al contrario, se crea conveniente plantear una cuestión prejudicial al Tribunal de Justicia de las Comunidades Europeas sobre la validez de la decisión tomada por la máxima Autoridad Comunitaria de Competencia.

que el Juez estime que es posible la generación de choques entre los pronunciamientos proferidos por él y los de las autoridades de competencia, deberá suspender el procedimiento para que no se impregne de incoherencia el proceso de aplicación[1027].

Ya que la norma por su amplitud permite el acaecimiento del debate, otros no están de acuerdo con dicha óptica, e interpretan que la "necesidad" de suspender el proceso no se basa en la posible colisión entre las disposiciones judiciales y administrativas, sino que se restringe al marco de las competencias exclusivas de las autoridades de competencia. Esta parte de la doctrina cree, que el Juez deberá suspender el proceso exclusivamente cuando sea procedente conocer el pronunciamiento de las autoridades acerca de una competencia que solo tienen aquellas y que por lo tanto no comparten con los Jueces nacionales, tal y como puede ser la revocación de la cobertura de un Reglamento de exención.

En todo caso parece que restringir a ciertos asuntos como los enunciados en el párrafo anterior, la facultad del Juez de evitar la inseguridad jurídica por medio de la suspensión del proceso, no es lo más conveniente, y que dadas este tipo de interpretaciones se hace más que necesario que se logre un consenso al respecto.

Como también es necesario que se logre acerca de la naturaleza de la suspensión en estudio, toda vez que no queda claro de su tenor si hace referencia a la figura de la prejudicialidad[1028] o no, ya que se aleja de las posturas de la misma en razón de ciertos

---

[1027] Al respecto la doctrina entiende que la necesidad se configura cuando entre los procesos administrativo y judicial exista una conexión clara en razón de la conducta o en general de los hechos, RODRIGUEZ SASTRE, Iñigo, "Ley 15/2007, de 3 de Julio, de Defensa de la Competencia. Disposición Adicional segunda. Modificación de la ley 1/2000, de 7 de Enero, de enjuiciamiento civil", en *Derecho Español de la Competencia: Comentarios a la ley 15/2007, Real decreto 261/2008 y ley 1/2002*, Director ODRIOZOLA ALEN, Miguel, Coordinadora IRISSARRY, Belén, Editorial Bosch, Barcelona, 2008, Volumen 2, Pág. 1216; así como también COLOMER HERNANDEZ, Ignacio, "La tutela judicial de la Defensa de la Competencia", en *Derecho de la Competencia. Estudios sobre la ley 15 de 2007, de 3 de Julio, de Defensa de la Competencia*, Directores PAREJO ALFONSO, Luciano y PALOMAR OLMEDA, Alberto, La Ley, Madrid, 2008, Pág. 577, quien además de exponer dicha necesidad añade de forma taxativa otros eventos en los cuales la suspensión debería configurarse. Siendo a su vez de importancia, como complemento, los aportes que había hecho al respecto, y antes de la reforma, la jurisprudencia, en los cuales dejó claro, aunque parcialmente, el marco de actuación de los Jueces nacionales cuando se enfrentasen a este tipo de situaciones; el cual fue delimitado, con el objeto de que del análisis de cada caso particular, los Tribunales nacionales pudiesen extraer si efectivamente existía la necesidad de poner en marcha los mecanismos de ley que creyese convenientes para evitar choques entre decisiones (tales como detener el proceso a su cargo), pues dichas colisiones tienen como efecto principal el detrimento de la seguridad jurídica. Como así puede verse en la sentencia del Tribunal de Justicia de las Comunidades Europeas, asuntos acumulados de la sentencia *Hendrik Evert Dijkstra Vs. Friesland (Frico Domo) Coöperatie BA, y otros*, previamente enunciada, apartados 28, 29 y 30.

[1028] Ley de Enjuiciamiento Civil, "*Artículo 42. Cuestiones prejudiciales no penales. 1. A los solos efectos prejudiciales, los Tribunales civiles podrán conocer de asuntos que estén atribuidos a los Tribunales de los órdenes contencioso-administrativo y social. 2. La decisión de los Tribunales civiles sobre las cuestiones a las que se refiere el apartado anterior no surtirá efecto fuera del proceso en que se produzca. 3. No obstante lo dispuesto en los apartados precedentes, cuando lo establezca la Ley o lo pidan las partes de común acuerdo o una de ellas con el consentimiento de la otra, el Secretario judicial suspenderá el curso de las actuaciones, antes de que hubiera sido dictada sentencia, hasta que la cuestión prejudicial sea resuelta, en sus respectivos casos, por la Administración pública competente, por el Tribunal de Cuentas o por los Tribunales del orden jurisdiccional que corresponda. En este caso, el Tribunal civil quedará vinculado a la decisión de los órganos indicados acerca de la cuestión prejudicial.*"

aspectos como lo son, (i) la adopción de la suspensión, que según la disposición adicional segunda de la Ley de Defensa de la Competencia es una potestad del Juez y según la Ley de Enjuiciamiento Civil (para ser considerada prejudicial) debe nacer del mandamiento legal o del consentimiento y solicitud de las partes[1029]; y (ii) la vinculatoriedad de la decisión administrativa una vez se configura la suspensión, pues lo resuelto por la autoridad administrativa vincula a los Jueces según la Ley de Enjuiciamiento Civil y nada se dice al respecto en la Ley de Defensa de la Competencia sobre este aspecto[1030].

Despejar dichas incógnitas creo que debe ser menester, pues actualmente no queda claro si ya habiéndose detenido el proceso, y una vez tomada la decisión administrativa, el Juez debe acomodar su pronunciamiento a aquel, o si por el contrario puede desmarcarse del mismo; o si habiendo seguido los lineamientos del fallo de la autoridad de competencia tras la suspensión, la decisión del Juez deviene contraria en razón de un pronunciamiento posterior en sede de un hipotético recurso contra la resolución administrativa.

A lo que se debe añadir el cuestionamiento de ¿qué acaecerá cuando haya contradicción tras la suspensión?, pues no habiendo recurso que de forma unificada impida una continuada existencia de fallos discordantes, será normal que tanto unos como otros, Tribunales competentes para conocer de los recursos contra los fallos de las autoridades de competencia y Jueces de lo mercantil, puedan decidir en el mismo sentido que aquel que tomó la decisión original, permitiendo que continúe el conflicto.

La respuesta a este más que plausible conflicto no se encuentra comprendida en el cuerpo normativo y no está en vistas de aparecer, toda vez que la división entre lo administrativo y lo judicial[1031] hace compleja la implementación de soluciones que en otros países como Alemania y Francia ya se han puesto en marcha, por medio de la

---

[1029] LDC: *"(...) cuando el Tribunal tenga conocimiento de la existencia de un expediente administrativo (...) y resulte necesario conocer el pronunciamiento del órgano administrativo."*, contrastando con LEC:*"(...) cuando lo establezca la Ley o lo pidan las partes de común acuerdo o una de ellas con el consentimiento de la otra, (...)"*

[1030] Algún sector de la doctrina a pesar de los fundamentos descritos que podrían llevar a interpretar que la suspensión de la disposición segunda de la LDC no hace referencia a la prejudicialidad del artículo 42 de la LEC, creen que la misma es una suspensión prejudicial ad hoc que solo se diferencia en lo referente a la discrecionalidad que se le otorga al Juez, pero sin ello imposibilitar que se configure la solicitud de las partes comprendida en la LEC. DIEZ PICAZO, Ignacio, *"Sobre algunas dificultades para la llamada "aplicación privada" de las normas de competencia en España"*, en *1987 – 2007. Una reflexión sobre la política de Defensa de la Competencia*, Libro Marrón, Círculo de Empresarios, Madrid 2008, Pág. 59.

[1031] Que se escenifica en las diferentes vías que tiene un recurso administrativo y judicial, pues para conocer de un recurso sobre las decisiones de las Autoridades Autonómicas de Competencia son competentes según la disposición adicional cuarta de La Ley 29/1998, de 13 de Julio, reguladora de la Jurisdicción Contencioso Administrativa, en su apartado 3, las salas de lo contencioso administrativo de los Tribunales Superiores de Justicia; sobre las de la Comisión Nacional de Competencia según la misma Ley enunciada, en su artículo 10, la sala de lo contencioso administrativo de la Audiencia Nacional; sobre la decisión de primera instancia de los Jueces mercantil según la LEC, en su artículo 455, la Audiencia Provincial; y sobre las de segunda instancia según la última Ley enunciada, en su artículo 478, la sala primera del Tribunal Supremo.

implementación de un recurso único de revisión, que implica que en todos los casos la jurisdicción ordinaria será competente para resolver este tipo de intenciones, y para consolidar unos parámetros de aplicación y decisión que en cada caso concreto y en creación de precedentes fundamenten la labor futura realizada por los *Enforcement Bodies*[1032].

En conclusión, y a pesar de encontrar bondades en la intención de la disposición adicional segunda de la Ley de Defensa de la Competencia, no me es posible interpretar que haya total certitud acerca de muchos aspectos, algunos de ellos ya enunciados hasta ahora, y otros que no menos importantes, están igualmente en posibilidad de generar dudas. Así por ejemplo se echa en falta que se desarrolle a más profundidad el establecimiento de límites a la extensión temporal de la suspensión[1033]; la estructuración de otro instrumento que además de la suspensión esté en capacidad de evitar los choques entre decisiones judiciales y administrativas; las condiciones y particularidades en las cuales las partes podrán controvertir y evitar la suspensión del proceso en la audiencia previa[1034]; la posibilidad de suspender el proceso en instancias posteriores a la segunda, etc.

[1032] Sobre esta posibilidad BROKELMANN, Helmunt, "Conflictos y soluciones en la administración paralela administrativa y judicial", en *La Modernización del Derecho de la Competencia en España y la Unión Europea*, Directores MARTINEZ LAGE, Santiago y PETITBO, Juan, Marcial Pons, Madrid-Barcelona, 2005, Págs. 107 y siguientes.

[1033] Tema que ha dividido a la doctrina, por entender algunos que no contribuye con la eficaz aplicación de las normas *antitrust* establecer una suspensión muy prolongada, deseada por otro sector que entiende que hasta que no esté en firme la decisión administrativa que suscita la espera, la suspensión no debe ser levantada. Así por ejemplo defiende la prolongación de la suspensión en espera de la firmeza de la decisión administrativa, por entender, tal y como lo hace quien escribe este trabajo, que es un sin sentido detener el proceso en espera de una resolución que en el devenir puede ser revocada. RODRIGUEZ SASTRE, Iñigo, "Ley 15/2007, de 3 de Julio, de Defensa de la Competencia. Disposición Adicional segunda. Modificación de la ley 1/2000, de 7 de Enero, de enjuiciamiento civil", en *Derecho Español de la Competencia: Comentarios a la ley 15/2007, Real decreto 261/2008 y ley 1/2002*, Director ODRIOZOLA ALEN, Miguel, Coordinadora IRISSARRY, Belén, Editorial Bosch, Barcelona, 2008, Volumen 2, Pág. 1219. Posición que interpreto debe ser mantenida hasta tanto no se unifique el recurso (como en Alemania y Francia a favor de la jurisdicción ordinaria) y mientras con el panorama actual no se solvente la posible contradicción, pues replicar esa suspensión significará que si la suspensión del proceso se dio en sede del Juez de segunda instancia, pocas posibilidades habrá de rebatir el fallo que este tome tras la suspensión, máxime cuando la disposición segunda nada dice acerca de la suspensión del proceso en casación en lo referente a la Comisión Nacional de Competencia y las Autoridades Autonómicas de Competencia.

Así también pone de manifiesto este escenario catalogándolo como un posible "absurdo" con grandes posibilidades de suscitarse, ARRIBAS HERNANDEZ, Alberto, *Comentario de la ley de Defensa de la Competencia*, Directores MASSAGUER, José, FOLGUERA, Jaime, SALA ARQUER, José Manuel y GUTIERREZ, Alfonso, Civitas, Madrid, 2008, Pág. 749.

[1034] Sobre este aspecto COLOMER HERNANDEZ, Ignacio, "La tutela judicial de la Defensa de la Competencia", en *Derecho de la Competencia. Estudios sobre la ley 15 de 2007, de 3 de Julio, de Defensa de la Competencia*, Directores PAREJO ALFONSO, Luciano y PALOMAR OLMEDA, Alberto, La Ley, Madrid, 2008, Pág. 582, para quien además de la contradicción que pueden llevar a cabo las partes una vez se toma la decisión de suspender el proceso, se debería otorgar a los mismos también la posibilidad de controvertir el fallo administrativo que va a condicionar de alguna manera la decisión del Juez.

CAPÍTULO VI

EL EJERCICIO CONSENSUADO DE FACULTADES Y LA COMPOSICIÓN DE UN SISTEMA DUAL DE APLICACIÓN DE LAS NORMAS *ANTITRUST*

Los parámetros de evaluación de los prototipos de aplicación, que han servido de guía tanto a los adeptos a un sistema más tradicional, como a aquellos que buscan posicionar un modelo progresista de aplicación; al ser analizados de consuno, con los varios argumentos esgrimidos a lo largo del presente trabajo, generados de una forma "interdisciplinaria", permiten extraer un compendio de bondades que se obtienen cuando los dos modelos de aplicación incrementan su valor mutuamente, contribuyendo con la mejor marcha de la aplicación de la normativa *antitrust*[1035].

Como ya se adelantó previamente, una de las mayores bondades observadas tras el estudio realizado, en coincidencia con las preferencias doctrinales de algún sector importante, hace referencia a la posibilidad, que se suscita en razón de la descentralización en la aplicación de las normas de competencia, de que aquellas conductas con más capacidad para afectar el interés general, sean siempre investigadas y perseguidas, en merced de la liberación que ejercen los Jueces nacionales sobre la función de las Autoridades administrativas nacionales de competencia[1036] y de la Comisión; así como también en virtud de la nivelación y asignación natural de competencias que se genera tras la coexistencia de varios *Enforcers* en un entorno en el cual previamente existían restricciones "institucionales" que favorecían en ocasiones, la continuidad de una infracción a las normas de libre competencia.

No soy de la opinión, de que la liberación mencionada, responda a una asignación de asuntos a los dos modelos en razón de la envergadura de cada proceso[1037], ya que creo

---

[1035] Sobre ellos, se consideran de suma importancia los comentarios realizados por SULLIVAN, Charles. A, "Breaking Up the Treble Play: Attacks on the Private Treble Damage Antitrust Action", en *Seton Hall Law Review*, N° 14, 1983, Págs. 44 a 46, quien delimita un compendio de ventajas adicionales e igualmente importantes que trae la dualidad en la aplicación de las normas de libre competencia, sea cual sea el ámbito de dicha actividad. Así como también el fortalecimiento y las condiciones del mismo que son recomendadas por ORTIZ BAQUERO, Ingrid, *La aplicación privada del Derecho de la competencia. Los efectos civiles derivados de la infracción de las normas de libre competencia*, La Ley, Wolters Kluwer España, 2011, Págs. 58 a 64.

[1036] De esta opinión es SCHAUB, Alexander, "The reform of Regulation 17/1962: The issues of compatibility, effective enforcement and legal certainty", en *European Competition Law Annual 2000: the modernisation of EC antitrust policy*, Editores EHLERMANN, Claus-Dieter y ATANASIU, Isabela, Oxford, Hart Publishing, 2001, Pág. 253, quien utiliza el ejemplo de la decisión de la Comisión, de 20 de julio de 1999, asunto IV/36.888 - *1998 Football World Cup*, para apuntalar sus conclusiones al respecto, matizando con cierto nivel de crítica, que un asunto de connotada relevancia mediática, no siempre amerita la activa participación de las Autoridades administrativas de Competencia, o de la Comisión misma, toda vez que en oportunidades la falta de certeza legal proporcionada por el marco normativo, no permite que la sanción a imponer pase del terreno netamente simbólico.

[1037] Máxime cuando se analiza a profundidad el verdadero significado de la descentralización en la aplicación de las normas *antitrust*, que, tal y como algunos autores lo han defendido, debe ser interpretada

que la cultura jurídica en Europa está en capacidad de permitir a los particulares y a las autoridades realizar dicha asignación por si solos, sin restringir su valoración, y permitiendo tanto la participación de una autoridad pública, como la acción judicial de un particular, tal y como sucede en los Estados Unidos, donde ambos modelos coexisten[1038].

La cultura juega un papel indispensable, no solo para evitar que la función de los Jueces sea siempre secundaria, sujeta a procesos de menor importancia; sino también para, analizada a profundidad, resaltar de forma inequívoca los beneficios de los dos prototipos de aplicación, e incluso, para determinar la factibilidad de uno de carácter conjunto que tenga resultados eficientes al compenetrarlos de forma completa. Las instituciones europeas han entendido dicha premisa y han realizado estudios al respecto[1039], aunque es justo decir, que más dirigidos y con un especial énfasis en el modelo privado[1040].

---

no como una disminución de la carga de trabajo estructurada para organizar una pirámide de importancia que tenga como cúspide a la Comisión, sino como un instrumento a utilizar para consolidar la carga conjunta en la aplicación y la necesidad de compartirla de una forma suficientemente armónica. WIßMANN, Tim, "Decentralised enforcement of EC competition law and the new policy on cartels: The commission White paper of 28th of april 1999", en *Journal of World Competition*, N° 23, Volumen. 2, 2000, Pág. 130.

[1038] Sobre las particularidades culturales que han desembocado en las diversidades de los sistemas norteamericano y Europeo, así como los paralelos entre ambos sistemas, se recomienda BAKER, Donald. I, "Revisiting History—What Have We Learned About Private Antitrust Enforcement That We Would Recommend To Others?", en *Loyola Consumer Law Review*, N° 16, 2004, Págs. 379 a 408; WALLER, Spencer, "Towards a More Constructive Public-Private Partnership for Enforcing Competition Law", en *World Competition: Law and Economics Review*, Volumen. 29, N° 6, 2006, Págs.367 y siguientes. Igualmente y acerca de los motivos que impulsaron la iniciativa privada BUXBAUM, Hannah, "Competition in private enforcement of regulatory law", en *Economic Law as an Economic Good, Its Rule Function and its tool function in the competition of systems*, Editores MEESSEN, Karl, M., BUNGENBERG, Marc y PUTTLER, Adelheid, Sellier de Gruyter European Law Publishers, Berlin, New York, 2009, Pág 130. y GERBER, David, "Private enforcement of Competition Law: A Comparative Perspective", en *The Enforcement of Competition Law in Europe*, Editores MOLLER, Thomas, M.J y HEINEMANN, Andreas, Cambridge University Press, Cambridge, 2007, Págs. 31 y siguientes.

[1039] Generando un sistema de aplicación que funciona como una "amalgama", pues los redactores de la normativa de relevancia, han tenido en todas las ocasiones, la obligación de conjuntar un gran número de preferencias de los distintos países miembros en lo que a reglas de competencia se refiere. FORRESTER, Ian, "The Modernisation of EC Antitrust Policy: Compatibility, Efficiency, Legal Security", en *European Competition Law Annual 2000: the modernisation of EC antitrust policy*, Editores EHLERMANN, Claus-Dieter y ATANASIU, Isabela, Oxford, Hart Publishing, 2001, Págs. 93 y siguientes.

[1040] Como parte de un estudio delimitado en pro de la aplicación privada desde la óptica del particular, y desde la óptica del Juez o Tribunal Nacional que conocerá del asunto, sin obviar a ninguno de ellos, como algunas veces ha sucedido, con cierta obstinación, pues de tal manera se desconoce el soporte que le da el poder judicial a los últimos. Razón en la que han basado algunos críticos del modelo privado su teoría, al advertir sobre la peligrosidad de dejar en manos de los particulares la aplicación en mención, Máxime cuando hay un entendimiento casi generalizado al respecto del elemento esencial que es aportado por la aplicación privada, el cual difícilmente podrá ser alcanzado con el mismo éxito por la aplicación administrativa o pública, toda vez que son las acciones privadas las que proveen un remedio directo e inmediato a las víctimas de una infracción a la normativa *antitrust*, y por lo tanto la solución debe nacer de la coexistencia y consenso a alcanzar con dicha vía y no del continuo descredito e inclinación a su desaparición. Tal y como intentan dejarlo claro BELLAMY, Christopher, CHILD, Graham, *European community law of competition*, sexta edición, editores ROTH, Peter, M. y ROSE, Vivien, Sweet & Maxwell, Londres, 2008, apartado 14. 108; así como también MOODALIYAR, Kasturi, REARDON,

El ejercicio consensuado de facultades y la composición de un sistema dual de
aplicación de las normas *antitrust*

El desarrollo conjunto de los modelos, estructurado en torno a los aspectos que les unen, creo, ha sido uno de los elementos clave que ha permitido enriquecer el sistema, pues por medio de la delimitación de caracteres, en el intento por resaltar las bondades que tiene un modelo frente al otro, se ha realizado una observación exhaustiva, en uso de ciertos parámetros de evaluación estándar[1041], que han hecho posible entender el objetivo primigenio de la pesquisa, como lo es el de buscar la compenetración efectiva de sus iniciativas, pues solo de dicha manera, será posible advertir, completamente materializada y transpuesta a la realidad, la descentralización, que fue estructurada, teóricamente, por los instrumentos comunitarios y nacionales.

Un examen como el mencionado, debe ser realizado de forma continuada, pues un panorama tan cambiante y dinámico propenso a enfrentarse a circunstancias particulares de diversas índoles, genera por sí solo la necesidad de fijar ininterrumpidamente, condiciones heterogéneas en las cuales los *Enforcers* "titulares" de cada vía de aplicación, deben cumplir sus tareas; así como también, de plantear unos límites igualmente variables, que deben ser profundamente analizados, especialmente en lo referente a la novedosa relación que se ha generado con los Jueces nacionales, toda vez que es aún muy joven la incursión que está efectuando la cultura jurídica europea en la "privatización" de la aplicación de la normativa *antitrust*.

En dicho proceso, las tradiciones jurídicas que tiene el sistema europeo, deben ser atendidas igualmente con el fin de impedir cualquier transposición en forma de reflejo de los avances que se hayan presentado en cualquier entorno de relevancia, como el de los Estados Unidos, más que todo en lo que a armonización de competencias entre *Enforcers* facultados para aplicar las normas *antitrust* se refiere, toda vez que el engranaje funcional, institucional, procesal y de otras índoles de relevancia difiere diametralmente.

James y THEUERKAUF, Sarah, "The relationship between public and private enforcement in competition law : a comparative analysis of South African, the European Unión, and Swiss law", en *South African Law Journal*, Volumen. 127, N° 1, 2010, Págs. 152 y 153.

[1041] El establecimiento de beneficios del sistema privado, es igualmente importante que la puesta en consideración de los retos y consecuencias que están en capacidad de traer las reformas sobre el *Private enforcement* al entorno nacional y comunitario en razón de su necesaria adaptación. Al respecto los aportes de un sector que ejemplifica en el caso de los Estados Unidos, la peligrosidad de que no sean valorados correctamente los inconvenientes que pueden presentarse cuando el modelo privado se consolide entre las tradiciones jurídicas de los particulares. Entre dichos inconvenientes resaltan la iniciación de procesos fruto de estrategias empresariales, la debilidad probatoria y de las pretensiones, el abuso y la excesiva asignación de recursos innecesarios y en fin, un compendio de factores que han generado en ese territorio la distorsión de la aplicación normativa. SNYDER, Edward y KAUPER, Thomas, "Misuse of the Antitrust Laws: The Competitor Plaintiff", en *Michigan Law Review*, N° 90, 1991, Págs. 551 y siguientes; WAGENER, William, "Modeling the Effect of One Way Fee Shifting on Discovery Abuse in Private Antitrust Litigation", en *New York University Law Review*, N° 78, 2003, Pág. 1887. Acerca de los desafíos que se deben enfrentar en Europa para la correcta implementación del sistema privado WOODS, Donncadh, SINCLAIR, Alisa y ASHTON, David, "Private enforcement of Community competition law: modernisation and the road ahead", en *Competition Policy Newsletter*, N° 2, 2004, Págs. 33 y siguientes. Acerca de la problemática suscitada en Estados Unidos y expuesta en el presente pie, así como la puesta en manifiesto de los múltiples valores económicos en los que tendrán que incurrir los países Comunitarios para poder consolidar el sistema privado, BUXBAUM, Hannah, "Private enforcement of competition law in the United States - Of optimal deterrence and social cost", en *Private enforcement of EC competition law*, Editor BASEDOW, Jurgen, Kluwer Law International, Alphen aan den Rijn, Holanda, 2007, Pág. 57 y 59.

Las costumbres en los territorios, claramente no son las mismas y por lo tanto debe serse supremamente cuidadoso en el manejo que se les dé a ellas[1042]. No es posible, desde ninguna óptica, por ejemplo, obviar la situación particular que se genera en Europa en razón de la confianza que se tiene por la aplicación de las normas de competencia por parte de las autoridades públicas, en razón del poderío y respaldo que percibe el público en ellas, en las cuales sustentan que funciones de control, vigilancia, inspección y sanción se crean mejor resguardadas por estas que por un Juez[1043]. Por lo que, a la hora de generar instrumentos para conjuntar funciones, dicho aspecto debe ser tomado en cuenta hasta tanto haya un claro cambio de tendencias, evitando a toda costa, entender que de haberse cosechado buenos resultados con un proceder en un entorno particular, los mismos fácilmente podrán ser transpuestos al terreno comunitario, pues no en todas las ocasiones sucede así.

La incidencia cultural es tal, que en algunos territorios, como el de los Estados Unidos, la dirección elegida ha sido opuesta a la trazada en Europa, consolidando, tal y como se vio en capítulos previos, la participación de los Jueces en las labores de aplicación de las normas *antitrust*.

Dicha realidad, a pesar de ser una pieza innovadora que ha generado eco en varios entornos de relevancia, ha generado a nivel interno en dicho país, voces de crítica, que están en desacuerdo con que la privatización vaya apoderándose de la aplicación de tan importantes normas, pues entienden que conforme ha ido avanzando, se han incrementado ciertos inconvenientes, generando una duplicación de esfuerzos en virtud de la falta de conjunción entre *Enforcement Bodies,* una peligrosidad latente en razón de entregar la mayor parte de la influencia de la defensa emprendida por medio de las mencionadas normas, a los particulares, y haciendo notorias deficiencias para acoplar competencias, que se originan en la distinta naturaleza que tienen los Jueces y las autoridades públicas [1044].

Por lo que, si bien es necesario aprovechar la experiencia norteamericana, es fundamental, a la par, realizar siempre un estudio concienzudo de la forma en la cual en

---

[1042] Para de tal forma prevenir, que en Europa, por ejemplo, se siga el mismo camino de distorsión jurídica y de excesiva litigiosidad que se ha suscitado en los Estados Unidos, en razón de los niveles de "privatización", y anexos, fruto de dicha realidad, que tiene la aplicación de su normativa *antitrust*. GOLDSCHMID, Harvey, "Comment on the Policy Implications of the Georgetown Study, en *Private Antitrust Litigation: New Evidence, New Learning,* Editor WHITE, Lawrence, Cambridge MIT Press, Cambridge, 1988, Pág. 413; PAULIS, Emil, "Policy Issues in the private enforcement of EC competition law", en *Private enforcement of EC competition law*, Editor BASEDOW, Jurgen, Kluwer Law International, Alphen aan den Rijn, Holanda, 2007, Pág. 16.

[1043] GERBER, David, "Private enforcement of Competition Law: A Comparative Perspective", en *The Enforcement of Competition Law in Europe*, Editores MOLLER, Thomas, M.J y HEINEMANN, Andreas, Cambridge University Press, Cambridge, 2007, Págs. 44 y siguientes.

[1044] Sobre los argumentos esbozados por el mencionado sector, WALLER, Spencer, "Towards a More Constructive Public-Private Partnership for Enforcing Competition Law", en *World Competition: Law and Economics Review*, Volumen. 29, N° 6, 2006, Págs.371 y siguientes. Igualmente GERBER, David, "Private enforcement of Competition Law: A Comparative Perspective", en *The Enforcement of Competition Law in Europe*, Editores MOLLER, Thomas, M.J y HEINEMANN, Andreas, Cambridge University Press, Cambridge, 2007, Pág. 38.

El ejercicio consensuado de facultades y la composición de un sistema dual de
aplicación de las normas *antitrust*

Europa será manejada la pluralidad; también valiéndose de los argumentos de la crítica por fuera de las fronteras de la comunidad, toda vez que de dicha forma, estará mejor contenida la posibilidad de que los inconvenientes suscitados en dichos territorios tengan eco en Europa.[1045]

Parece obstinado en razón de los argumentos de avenencia descritos, que sectores de la doctrina en Europa aun basen su debate en la importancia que tiene la abolición de uno de los modelos en favor del otro, cuando la realidad extraíble de la evolución hasta ahora espuesta en este trabajo, muestra la importancia que tienen tanto los Jueces en la protección de los derechos de los particulares, como las Autoridades administrativas de competencia en la protección de los intereses generales y del mercado[1046].

Un sistema dual que asocie, conjunte y armonice las bondades de ambos sistemas, estará en capacidad, si es correcto fruto de un estudio de las costumbres jurídicas de un territorio, tal y como se ha acotado en este apartado, de darle protección a los intereses públicos y privados por medio del refuerzo y complemento que ejerce cada modelo en el otro[1047].

La consolidación de ese escenario[1048], tal y como ya se ha adelantado en el transcurrir del presente trabajo, está condicionada por el conocimiento, toma en consideración y cuidado extremo que se debe tener de ciertos aspectos primordiales, que favorecen el

---

[1045] Así también lo cree, ORTIZ BAQUERO, Ingrid, *La aplicación privada del Derecho de la competencia. Los efectos civiles derivados de la infracción de las normas de libre competencia,* La Ley, Wolters Kluwer España, 2011, Págs. 61 y 62.

[1046] A la par de debates que pueden ser interpretados como fútiles, otros aspectos han llamado la atención de un importante sector de la doctrina, dirigiéndose hacia la delimitación y razonamientos en torno a la armonización positiva del Derecho de la competencia en la Unión Europea, sobre la cual ya son muchas las voces críticas que se han pronunciado, cuestionándola y argumentando su preferencia por la armonización negativa. ALFARO ÁGUILA-REAL, Jesús, "Contra la armonización positiva: La propuesta de la comisión para reforzar el private enforcement del Derecho de la Competencia", en *Indret: Revista para el análisis del Derecho,* N° 3, 2009, Págs. 6 a 9. El documento está disponible para consulta en: http://www.indret.com/pdf/667_es.pdf.

[1047] Como así lo extractan de un estudio de los tres escenarios posibles, privado sin público, público sin privado y dual, McAFEE, R. Preston, MIALON, Hugo. M y MIALON, Sue. H, "Private v Public *Antitrust* Enforcement: A strategic analysis", en *Journal of Public Economics and Emory Public Law,* Enero de 2008, Pág. 18. El documento está disponible para consulta en: http://userwww.service.emory.edu/~hmialon/StrategicPrivatePublic_AntitrustEnforcement.pdf. Los autores razonan que un sistema dual no puede dañar y en cambio sí que puede beneficiar a la sociedad, entretanto dicha compenetración entienda las diversidades y beneficios individuales que puede traer un sistema al otro, entre los cuales resaltan el referente a la información en el caso del modelo privado.

[1048] Que es cada vez más real, al verse permitida su coexistencia de prototipos de aplicación en la mayoría de ordenamientos, tal y como lo reconocen y aplauden, VAN BOOM, Willem y LOOS, Marcos, "Effective Enforcement of Consumer Law in Europe: Synchronizing Private, Public, and Collective Mechanisms", Research Paper, en *Social Science Research Network,* 2008, Págs. 5 y 6, el documento está disponible para consulta en lengua original en: http://ssrn.com/abstract=1082913; CAFAGGI, Fabrizio, "The Great Transformation - Administrative and Judicial Enforcement in Consumer Protection: a Remedial Perspective", en *Loyola Consumer Law Review,* Volumen. 21, N° 4, 2009, Págs. 502 y siguientes, el documento está disponible para consulta en lengua original: http://www.luc.edu/law/activities/publications/clr_vol21_issue4/vol21_issue4/Cafaggi_Web.pdf.

engranaje del sistema dual a operar de forma fluida y que no pueden ser de ninguna forma desconocidos en la articulación de un modelo real de compenetración, tales como[1049]:

- Cuáles son los objetivos que debe buscar cumplir cada autoridad.

- Cuáles son los bienes jurídicos que se desean proteger por parte de cada modelo.

- Cuáles son los mecanismos que están en capacidad de poner en marcha los *Enforcement Bodies* del modelo público y privado para darle cumplimiento a sus tareas.

- Cuál es el alcance de las facultades otorgadas a cada *Enforcement Body*.

- Cómo será llevado a cabo el desarrollo de tareas compartidas.

- Cuáles serán los instrumentos a utilizar en búsqueda de evitar la doble asignación de recursos, entre otros.

En un contexto en el cual coexisten ambos sistemas, público y privado, el debate, como ya se ha dicho, debe basarse no en el demérito, extracción o desaparición de uno de los modelos, como sí en el desarrollo de los aspectos enunciados previamente y abordados de forma individual desde la óptica de cada uno de los sistemas, traducidos y agrupados en los instrumentos que han sido estructurados para que las autoridades empoderadas, las normas y las funciones que en favor de las primeras han sido dispuestas por las segundas, coexistan con armonía generando eficiencias[1050]; ya que todos esos elementos, son la idónea y real expresión de la descentralización en la aplicación de la normativa *antitrust* contenida en la reforma.

De tal forma, será posible extraer de dicho estudio, una consolidación de cómo todos los elementos que han sido expuestos de forma fraccionada, concurren en un solo punto, como es el de la colaboración y avenencia funcional entre *Enforcement Bodies,* sea cual sea su nivel, para de dicha forma entender por qué era esencial delimitar la magnitud que cada autoridad tendrá en el proceso, qué incidencia tienen en la realidad las situaciones puntuales que generan preponderancia de una autoridad frente a otra, cómo debe

---

[1049] Como lo defiende MONTI, Mario, ponencia 04/403, "Private Litigation as a key complement to public enforcement of competition rules and the first conclusions on the implementation of the new merger regulation", discurso pronunciado en el 8th Annual Competition Conference, Fiesole, Italia, 17 de Septiembre de 2004. El documento está disponible para consulta en: http://europa.eu/rapid/pressReleasesAction.do?reference=SPEECH/04/403&format=HTML&aged=0&language=EN&guiLanguage=en.

[1050] MOODALIYAR, Kasturi, REARDON, James y THEUERKAUF, Sarah, "The relationship between public and private enforcement in competition law : a comparative analysis of South African, the European Unión, and Swiss law", en *South African Law Journal,* Volumen. 127, N° 1, 2010, Pág. 153.

funcionar el tránsito informativo entre ellas, cuáles son los instrumentos de cooperación
que han sido dispuestos para tan compleja tarea, etc[1051].

Así las cosas y de aquí en adelante, se intentará hacer una exposición de aquellos
elementos que se interpretan como manifestación fidedigna de la realidad
descentralizada, pues hacen referencia de manera clara a la forma en la cual las iniciativas
jurisprudenciales y comunitarias en general, son puestas en marcha, además, que son
prueba de que algo ha cambiado en la aplicación de la normativa *antitrust*, pues ahora
requiere de la composición de relaciones y enlaces que antaño eran impensables, los
cuales sin lugar a duda hacen que las infracciones a las normas de libre competencia
puedan ser perseguidas con mayor soltura gracias a la estructuración de un modelo de
coexistencia que está sirviendo de prototipo para la implementación de un modelo
internacional de Defensa de la Competencia.

I. La cooperación y consolidación de la Red Europea de Autoridades de Competencia.

Descentralizar el sistema de Defensa de la Competencia en Europa, no solo significa
otorgarle a las Autoridades Nacionales de Competencia y a los Jueces nacionales
facultades de aplicación de la normativa *antitrust* comunitaria, sino también,
como demostración fidedigna y real de aquella intención, crear un correcto escenario en el cual
el desenvolvimiento de tantos *Enforcement Bodies* involucrados, sea fluido y esté
provisto de una premisa básica de continua e incluso "íntima" colaboración.

En el campo netamente público, el apartado inicial 15 del Reglamento 1/2003,
introduce el tema, y deja claro que toda vez que han sido otorgados poderes similares a la
Autoridad Comunitaria de Competencia y a las Autoridades administrativas nacionales de
los países miembros en razón de la tan nombrada descentralización, todos aquellos
Enforcers, deben crear y formar parte de una "Red de Autoridades Públicas", que ya
consolidada es conocida en el ámbito europeo como la "Red Europea de Autoridades de
Competencia"[1052].

[1051] Aspectos enunciados por un sector afín a la correcta implementación del sistema dual.
BUXBAUM, Hannah, "Private enforcement of competition law in the United States - Of optimal
deterrence and social cost", en *Private enforcement of EC competition law*, Editor BASEDOW, Jurgen,
Kluwer Law International, Alphen aan den Rijn, Holanda, 2007, Págs. 50 y siguientes. SEGAL, Ilya. R y
WHINSTON Michael, "Public vs private enforcement of antitrust law: A Survey", Working paper N° 335,
Págs. 1 y siguientes. El documento está disponible para consulta en:
http://papers.ssrn.com/sol3/papers.cfm? abstract id=952067. PROSPERETTI, Luigi, "antitrust Damages in
Europe: An Economic perspective", Paper presentado en la conferencia *Antitrust* between EC Law and
national law, Treviso, 18 y 19 de Mayo de 2006, el documento está disponible para consulta en:
http://www.lppartners.com/servizi/uploaded/Prosperetti%20Treviso%20final%20paper.pdf.

[1052] Esta figura, como algunas otras de la Defensa de la Competencia en Europa, tiene un claro
parangón en la Red que en los Estados Unidos conforman la *Federal Trade Commission* y las distintas
Autoridades Estatales. De la cual, si bien pueden extraerse similitudes con la Red Europea de Autoridades
de Competencia, se deducen distintivos que le hacen excepcional y más efectiva, toda vez que su estructura
centralizada le permite evitar incongruencias que actualmente en Europa aun son susceptibles de
presentarse con regularidad; y a su vez, incorpora en la discusión y el debate de asuntos de relevancia, a
personas y organismos de diversa naturaleza jurídica, tales como Tribunales, Fiscales, abogados en

El artículo 11 del Reglamento refrenda la premisa incluida en el apartado enunciado[1053], y desarrolla los parámetros esenciales del marco general de cooperación entre las distintas autoridades públicas, en virtud del cual la Red Europea de Autoridades de Competencia tiene un papel central en la implementación de la descentralización[1054], toda vez que sirve como plataforma para la gestión, intercambio y consulta de información; y a su vez, no siendo menos importante, crea un escenario propicio para la discusión de asuntos, de carácter puntual y concreto, o de carácter genérico y referentes a aspectos varios de la Defensa de la Competencia[1055].

Es importante recalcar acerca de la Red Europea de Autoridades de Competencia, que la misma solo admite la participación única y exclusiva de los oficiales de las autoridades públicas de competencia de los países miembros, quedando por lo tanto excluidos de la red, aquellos sujetos o entidades de carácter privado que tienen una relación regular y continuada con los aspectos de competencia, como lo son abogados, académicos, empresarios y similares[1056]. Situación que le diferencia, de la asociación de

---

ejercicio, etc., que con la guía inequívoca de la principal Autoridad de Competencia en Estados Unidos, ayudan a enriquecer el conocimiento acerca de una situación particular. Tema sobre el cual comenta PARADA VÁZQUEZ, Ramón, "El sistema garantizador del Derecho de Defensa de la Competencia", en *La Defensa de la Competencia por los Órganos Judiciales. El Reglamento CE 1/2003*, Director GARRIDO ESPÁ, Luis, Consejo General del Poder Judicial, Madrid, 2005, Págs. 154 y siguientes.

[1053] Así como también en los apartados 16, 17, 18 y 32; que a los ojos de algunos, no brindan un desarrollo suficiente y formal a tan importante e influyente figura en el marco de la Defensa de la Competencia, pues son solo parte de un débil y restringido desarrollo que hace carecer a la Red Europea de Autoridades de Competencia, de una base legal formal que le soporte en el Reglamento 1/2003. Como así lo defiende, VAN DER WOUDE, Michael, "The modernization paradox: Controlled descentralization", paper presentado en el seminario Europeanisation of National Systems en el International Bar Association 10 Annual advanced Competition Law Conference, Bruselas, 6 y 7 de Noviembre de 2003, Pág. 9; y le apoya, aunque centrado en la ausencia de lineamientos claros en el Reglamento 1/2003 acerca de cuáles son las autoridades de carácter público y nacional de los países miembros que conforman la Red, y los detalles que deben ser atendidos para que autoridades de magna diferencia, resultado de distintos sistemas de aplicación, no choquen continuamente entre sí, IDOT, Lawrence, "A necessary step towards common procedural standarts of implementation for articles 81 & 82 EC without the Network", en *European Competition Law Annual 2002: Constructing the EU Network of Competition Authorities*, Editores EHLERMANN, Claus-Dieter y ATANASIU, Isabela, Hart Publishing, Oxford, 2004, Pág. 211.

[1054] Acerca de la Red y la evolución que trajo en el sistema de Defensa de la Competencia Europeo a pesar de su "formalización tibia" en el mismo Reglamento 1/2003, resultan esenciales por su estructura y desarrollo los comentarios de DEKEYSER, Kris y DALHEIMER, Dorothe, "Cooperation within the European Competition Network – Taking stock after 10 months of case practice", en *Antitrust Reform in Europe: a year in practice*, Editores LOWE, Philip y REYNOLDS, Michael, International Bar Association, Londres, 2005, Págs. 105 a 123; así como también los de WILS, Wouter, "The EU Network of Competition Authorities, The European Convention on Human Rights and the Charter of Fundamental Rights of the EU", en *European Competition Law Annual 2002: Constructing the EU Network of Competition Authorities*, Editores EHLERMANN, Claus-Dieter y ATANASIU, Isabela, Hart Publishing, Oxford, 2004, Págs. 433 a 464.

[1055] Tal y como se extrae de la lectura del artículo 14 del Reglamento 1/2003, en el cual se desarrolla la figura del Comité Consultivo, como importante inclusión de la nueva realidad descentralizada.

[1056] Como así se concluye tras leer los pocos apartados que en el Reglamento 1/2003 están referidos a la Red Europea de Autoridades de Competencia, así como también de la *Comunicación de la Comisión sobre la cooperación en la red de autoridades de competencia*.

El ejercicio consensuado de facultades y la composición de un sistema dual de
aplicación de las normas *antitrust*

autoridades de competencia europeas (ECA)[1057], en la cual los escenarios de discusión
son informales, aunque con intereses similares a los de la red, tales como incrementar la
cooperación entre autoridades por medio de acercamientos en forma de reuniones,
creación de grupos de trabajo e impulso al intercambio de información no confidencial,
experiencia, o incluso personal[1058].

A pesar de no existir una identidad "institucional" formalmente constituida en el
Reglamento 1/2003, ha resultado sencillo para la Comisión como eje central de la política
de competencia comunitaria, así como para todos los demás integrantes de naturaleza
nacional, comprender la enorme relevancia que tiene la Red en la Defensa de la
Competencia en Europa[1059], y por lo tanto planear y disponer los instrumentos idóneos
para que efectivamente se cumpla el objetivo para el cual fue "instituida"[1060].

Prueba de ello, es el soporte informático o *intranet* que ha sido prioridad inclusive
desde antes de la entrada en vigor del Reglamento 1/2003, e incluso, desde antes de la
aparición de la red como instrumento de compenetración entre las diversas autoridades
involucradas[1061], y que ahora se encuentra a disposición de las distintas autoridades
integrantes para complementar de una forma más efectiva sus atribuciones[1062].

[1057] Conformada, además de las Autoridades Públicas nacionales y la Comisión, por la Autoridad de
Vigilancia EFTA (European Free Trade Association Surveillance Authority). Siendo un precedente de la
Red Europea de Autoridades de Competencia, que en todo caso debe ser valorado, no solo por lo que
realizó con antelación a la aparición del Reglamento 1/2003, sino también por el escenario propicio para el
debate que ha propiciado muy a pesar de no tener un marco legal formal que la soporte. Sin olvidar su
relevante papel, obtenido, como fruto de la independencia con la que cuenta al no estar controlada por la
Comisión. BRAMMER, Silke, *"Co-operation between National Competition agencies in the enforcement
of EC Competition Law*, Hart Publishing, Oxford y Portland, Oregon, 2009, Pág. 112.

[1058] Queda claro tras la elaboración de un paralelo entre los dos "conjuntos", que la existencia de
ambos es pertinente y enriquecedora, toda vez que la Red Europea de Autoridades de Competencia centra
sus recursos más que todo en las preguntas que se suscitan respecto del *enforcement* de los artículos 101 y
102 del Tratado, mientras que la Asociación de Autoridades de Competencia Europeas ha tenido una
posición muy activa en la necesaria cooperación que se requiere en las concentraciones "pluri-
jurisdiccionales", estructurando un manual de procedimientos para afrontar dichas situaciones. El
desarrollo detallado de las particularidades de este "colectivo", puede encontrarse en DABBAH, Maher M.,
International and comparative competition law, Cambridge University Press, Nueva York, 2010, Págs. 204
a 208.

[1059] DEKEYSER, Kris y JASPERS, Maria, "A New Era of ECN Cooperation", en *World Competition:
Law and Economics Review*, Volumen. 30, N° 3, Págs. 16 a 22.

[1060]WHISH, Richard, *Competition Law*, Oxford University Press, Londres, 2008, Pág. 283, explica que
hay una fluidez real al interior de la Red que no solo se observa en la "evolución telemática" de las
comunicaciones, sino que también se escenifica en una variedad de encuentros programados, como el de:
(i) los Directores de las Autoridades Nacionales, que se encuentran una vez al año para discutir las
circunstancias puntuales de mayor relevancia respecto de la política de competencia al interior de la Red;
(ii) los de los oficiales de las distintas autoridades, quienes se encuentran cuatro veces al año en reuniones
plenarias de la Red; (iii) los de los grupos de trabajo donde se discuten cuestiones horizontales o
transversales; y (iv) los de los subgrupos sectoriales donde se tratan aspectos concretos (energía, servicios
financieros, etc.).

[1061] Como así puede verse en el discurso de SCHAUB, Alexander, "Continued focus on reform -
Recent developments in EC competition policy", pronunciado en Nueva York, el 25 de Octubre de 2001,
en el Fordham Corporate Law Institute - Twenty-eighth Annual Conference On International *Antitrust* Law

Los instrumentos tecnológicos son epicentro del interés de la Defensa de la Competencia en Europa, pues son entendidos como un medio idóneo para lograr los cometidos que en el presente trabajo ya han sido nombrados, de uniformidad, coherencia, asignación efectiva de recursos y similares[1063].

Esta particularidad y todas las demás expuestas hasta este punto en el presente apartado, permiten dejar claro que la existencia de la red bajo ningún concepto puede ser puesta en duda, y que como "colectivo", comporta distintos niveles de cooperación que obedecen a cuáles son en específico las autoridades de competencia implicadas.

De tal manera, de estar involucrada la Comisión, la cooperación es de carácter vertical; mientras que en aquellos casos en los cuales las Autoridades administrativas nacionales de competencia buscan asistencia en los *Enforcers* análogos de los demás países miembros, se estaría frente a una cooperación de carácter horizontal.

Acerca de la cooperación vertical, si bien ya han sido expuestos a lo largo de este trabajo, y especialmente en los apartados donde fueron analizadas las facultades de la máxima autoridad comunitaria, estrechamente relacionadas con la labor de las autoridades públicas de los países miembros; un gran número de instrumentos en virtud de los cuales la Comisión requiere de la colaboración de los *Enforcement Bodies* nacionales y viceversa; es pertinente acotar ciertos parámetros desde la perspectiva meramente enunciativa, que permitan esclarecer cuales son los instrumentos exactos que en cada caso puntual, conforme la "trayectoria cooperativa"[1064], permiten a la Autoridad a

---

and Policy, texto disponible para consulta en lengua original en: http://ec.europa.eu/competition/speeches/text/sp2001_031_en.pdf; y en PAULIS, Emil, "Coherent Application of EC competition rules in a system of parallel competences", en *European Competition Law Annual 2000: the modernisation of EC antitrust policy*, Editores EHLERMANN, Claus-Dieter y ATANASIU, Isabela, Oxford, Hart Publishing, 2001, Pág. 407.

[1062] Si bien en el Reglamento y en la *Comunicación sobre cooperación en la red de autoridades de competencia* nada se dijo acerca de los métodos explícitos de comunicación entre los integrantes de la Red, en la práctica los oficiales de la Autoridad Comunitaria de Competencia, han dejado claro que desde el mismo momento de la entrada en vigor del Reglamento 1/2003, ha sido dispuesto un soporte informático en condiciones para gestionar la comunicación entre Autoridades, y que el mismo funciona de una forma óptima y efectiva. BURNSIDE, Alec y CROSSLEY, Helen, "Cooperative mechanisms within the EU: a blueprint for the future cooperation at the international level", en *International Trade Law & Regulation*,N° 10, 2004, Págs. 25 y siguientes; así como también los comentarios al respecto que hace WHISH, Richard, *Competition Law*, Oxford University Press, Londres, 2008, Pág. 262, al dar por sentado que es la *Intranet* la que permite que el flujo de información, sea cual sea el precepto legal que lo origine, se suscite, ya que soluciona los problemas temporales y espaciales de antaño y permite centralizar y trasladar eficazmente todo el material de relevancia.

[1063]Además de la *Intranet*, es prioridad en el seno de la Red y en el seno de la Comisión como principal autoridad de la misma, otorgar con la mayor transparencia, publicidad acerca de los asuntos que han sido objeto de la compenetración y colaboración entre Autoridades; por lo que en el sitio web de la Comisión, es posible encontrar referencia del número de procesos que se han suscitado en aplicación de las normas de libre competencia comunitarias, así como cuántos de ellos han sido iniciados por las Autoridades Nacionales de Competencia.

[1064] Referida al sentido en el cual se encamina la cooperación, toda vez que la colaboración puede ser requerida y/o delegada por la máxima Autoridad Comunitaria, produciendo una actuación por parte de una Autoridad Nacional; o solicitada por esta última y respondida por parte de la Comisión.

cargo de un asunto, aumentar las posibilidades de llevar la infracción a su fin. A continuación, un detalle, tanto de los mecanismos que consolidan la mencionada cooperación vertical, como la horizontal.

(A) La cooperación vertical.

La Dimensión vertical de la Cooperación entre autoridades de competencia, es aquella que se configura cuando la colaboración involucra dos diversos niveles, como lo son el europeo y el nacional de cualquiera de los países miembros de la Comunidad.

Este tipo de cooperación, es necesaria, toda vez que brinda la suficiente idoneidad para que los intereses comunes que tienen las autoridades de distintos niveles, sean protegidos y efectivamente trasladados a la práctica; pues si bien hay identidad en los propósitos y en las inquietudes referentes a la Defensa de la Competencia, es frecuente que los distintos *Enforcers*, por pertenecer a niveles diferentes, disientan acerca de los mecanismos idóneos para alcanzar sus metas.

No siendo fácil la tarea de establecer una base intelectual y de comunicación entre las autoridades de distintos niveles, que permita garantizar en mayor proporción la obtención de los objetivos comunes, era de esperar que el Reglamento 1/2003 no desarrollase suficientemente las eventualidades en las que se enmarca la cooperación vertical.

Solo en pocos apartados, como por ejemplo en los numerales segundo y quinto del artículo 11 del Reglamento, es posible encontrar enunciación acerca de formas de cooperación entre la Comisión y las Autoridades Nacionales de Competencia. Siendo así, en razón de que los numerales restantes del mencionado artículo, desarrollan los instrumentos de control con los que cuenta la Comisión para monitorear la aplicación que realizan las autoridades nacionales, y por lo tanto no pueden ser considerados instrumentos cooperativos[1065].

De tal manera, y englobando en modalidades las diferentes formas de cooperación vertical que se pueden extraer de la lectura del Reglamento[1066], así como también de la *Comunicación sobre cooperación en la red de autoridades de competencia;* e intentando no confundir dichos mecanismos con los instrumentos de control entre autoridades, es posible dividir la cooperación vertical en tres caracteres específicos que serán desarrollados a continuación.

[1065] No comparte esta óptica PACE, Lorenzo Federico, *European Antitrust Law. Prohibitions, Merger Control and Procedures,* Edward Elgar Publishing, Cheltenham, 2007, Pág. 274, toda vez que interpreta que solo el numeral quinto del artículo 11 del Reglamento 1/2003 puede ser entendido como un instrumento de cooperación vertical, ya el numeral segundo, según su óptica, no debe ser catalogado como un mecanismo idóneo de colaboración y compenetración entre *Enforcement Bodies*, sino como la primera etapa del control que pueden ejercer las Autoridades Nacionales de Competencia sobre la labor de aplicación realizada por la Comisión.

[1066] No de forma exclusiva en el artículo 11 previamente enunciado, sino igualmente en algunos otros artículos que plantean instrumentos idóneos de cooperación vertical.

1. La consulta.

Como ya se dijo, este instrumento de cooperación se encuentra estipulado en el numeral quinto del artículo 11 del Reglamento, y hace referencia a la posibilidad que tienen las Autoridades Nacionales de Competencia de los Estados miembros, de solicitar a la máxima Autoridad Comunitaria guía acerca de cualquier asunto que involucre la aplicación de la normativa de libre competencia comunitaria[1067].

Como queda claro tras su lectura, a las Autoridades Nacionales de Competencia se les otorga la posibilidad de siempre que lo crean necesario, dirigirse a la Comisión para que amplíe la percepción sobre un asunto particular con sus comentarios al respecto, tanto en los casos en los cuales la aplicación de la normativa *antitrust* comunitaria sea el epicentro del asunto, como cuando su grado de implicación sea menor.

Muchos lectores pueden entender que realizar este último comentario es innecesario, pues lo verdaderamente importante es el hecho de que las autoridades nacionales tengan efectivamente la posibilidad, de buscar la colaboración de la Comisión para facilitar la resolución de los asuntos a su cargo. Aunque la realidad, es que sí es necesaria tal diferenciación, toda vez que es común que tras la lectura del numeral 2 del artículo 11, se manifieste una inquietud acerca de si el funcionamiento del mecanismo de consulta se configura en los mismos términos, cuando quien hace la petición no es una autoridad administrativa de carácter nacional, sino un Tribunal de uno del los países miembros.

Si bien en la segunda parte del presente capítulo será analizada a profundidad la cooperación entre Jueces y autoridades de competencia del nivel comunitario y nacional, es pertinente adelantar que en el numeral primero del artículo 15 del Reglamento, donde se encuentra desarrollada la relación cooperativa entre la Comisión y los Tribunales nacionales, la consulta que pueden realizar los Jueces se ve restringida a los procedimientos de aplicación de la normativa de libre competencia comunitaria, y no se extiende, como sucede en el caso de las autoridades nacionales, a cualquier asunto que involucre, así sea de forma somera la aplicación de dichas normas.

La explicación del tratamiento dispar expuesto, la ha encontrado la doctrina en los distintos roles que tienen las Autoridades administrativas nacionales de competencia y los Jueces nacionales en el sistema *antitrust* comunitario, toda vez que interpretan, hay un esfuerzo especial por otorgar a las primeras, poderes que les concedan la posibilidad de reemplazar a la Comisión cuando lleven a cabo la aplicación de los artículos 101 y 102 del Tratado.

A la par que no se plantea duda alguna acerca de la idoneidad de aquel argumento, se entiende que no pueden olvidarse igualmente, como argumentos que explican la

---

[1067] De relevancia al respecto, por ser fallos que desarrollaron el instrumento de consulta, *Automec Srl Vs. La Comisión de las Comunidades Europeas,* así como también el asunto *BEMIM Vs. La Comisión.* Siendo a su vez uno de los precedentes principales de este mecanismo, en razón de haberle otorgado desde su aparición un asidero formal, la *Comunicación de la Comisión relativa a la cooperación entre la Comisión y las autoridades de competencia de los Estados miembros para el tratamiento de determinados asuntos incluidos en los artículos 81 y 82 del Tratado CE* (actuales artículos 101 y 102 del Tratado), de 15 de Octubre de 1997, 97/C 313/03, publicada en el Diario Oficial C313 de la fecha enunciada.

diferencia entre las consultas de "origen administrativo y judicial", que la integración en Europa ha generado una cultura de la competencia que ha incrementado exponencialmente el número de asuntos a resolver por los distintos *Enforcement Bodies;* así como tampoco desconocer que otorgar un poder general a los Jueces nacionales puede repercutir en una carga inmensa para la Comisión, quien en oportunidades tendría que responder a consultas sobre asuntos que van más allá del área cubierta por la Defensa de la Competencia en Europa.

Así las cosas, a dichos argumentos podrían unirse algunos extras capacitados para justificar, así sea en parte, el tratamiento dispar entre ambos instrumentos de consulta, como lo son: (i) el número de Autoridades Nacionales de Competencia empoderadas para solicitarla, el cual difiere proporcionalmente del número de Jueces nacionales ahora capacitados para aplicar los artículos 101 y 102 del Tratado; (ii) la identidad que existe entre la Comisión y las autoridades nacionales en razón de su similar naturaleza; (iii) la presumible asignación de recursos innecesarios que la Comisión debería poner en funcionamiento para hacerle frente a consultas que tengan como origen a un Tribunal Nacional, entre otros.

Es claro, que con el ánimo de impulsar e incrementar la coherencia en el sistema de Defensa de la Competencia, se ha estructurado la consulta como instrumento idóneo, que además, fortifica la posición de la Comisión como eje central de dicha política comunitaria y permite a los *Enforcement Bodies* de carácter administrativo y nacional, modular sus actuaciones a los conceptos que nazcan de sus peticiones.

2. La materialización de diligencias.

Este instrumento de cooperación, se configura cuando la Comisión en uso de los poderes de investigación que le han sido conferidos, "delega", o simplemente solicita a una autoridad administrativa nacional de competencia, en virtud de las facultades de investigación que le han sido conferidas, que realice y conduzca una diligencia en su nombre en el territorio del país miembro al cual pertenece dicha autoridad[1068].

El numeral segundo del artículo 22 del Reglamento 1/2003 desarrolla esta posibilidad descrita[1069], la cual, es de gran importancia en aquellas investigaciones de envergadura que comportan el desmantelamiento de conductas de gran talante, tales como los carteles; toda vez que la compleja y vanguardista estructura que normalmente adoptan para mantener en secreto los acuerdos *contra legem,* requieren de acciones certeras por parte

---

[1068] El grado de compromiso de las Autoridades Nacionales de Competencia, se comprueba gracias a instrumentos de cooperación como el presente, tal y como se encuentra estipulado en el numeral quinto del artículo 20 del Reglamento 1/2003. Siendo un poder en virtud del cual, en búsqueda por llevar las infracciones a la normativa *antitrust* a su fin, los agentes y oficiales de dichas Autoridades, serán empoderados para poner en marcha su colaboración, con las atribuciones que están estipuladas en el numeral segundo del mencionado artículo.

[1069] Sobre la cual, para ahondar acerca de las bondades que la doctrina percibe en ella, puede verse KORAH, Valentine, *An introductory guide to EC Law and practice,* Hart Publishing, Oxford y Portland, 2007, Pág. 262.

de los *Enforcement Bodies,* tales como realizar inspecciones sorpresa de manera simultánea en varios territorios.

La Comisión, tanto si tiene como objetivo aprovechar los recursos de las autoridades nacionales en circunstancias como la descrita en el párrafo anterior, como si solicita la realización de una inspección o la asistencia en una atribución investigadora motivada en razones anexas[1070], cuenta con la posibilidad, cada vez más empleada, de solicitar esta colaboración, que es manifestación de la cooperación de carácter "vertical – ascendente" que algún sector de la doctrina entiende, se configura en este tipo de circunstancias[1071].

A propósito de este mecanismo, es necesario acotar, por ser un aspecto de relevancia contrastada que influye en la puesta en práctica del mismo; que una vez realizada la petición o delegación de la atribución investigadora por parte de la Comisión, el ejercicio de las facultades de aquellos oficiales de la autoridad administrativa nacional de competencia encargados de realizar la diligencia pertinente, deberá llevarse a cabo en atención a las normas del país miembro y de acuerdo a los aspectos que el Derecho interno haya estructurado como lineamientos para la actuación investigadora de la autoridad de aquel país[1072].

En razón de aquello, queda claro que si bien es la Comisión quien solicita la actuación de la autoridad nacional de competencia, los parámetros que servirán de guía a esta última, deberán ser extraídos del Derecho nacional. Donde deben estar consignadas las condiciones de los poderes de investigación con los que cuenta la autoridad nacional, los principios en los cuales se basan[1073], los procedimientos a seguir para adherir

---

[1070] Como requerir asistencia extraordinaria al entender que no cuenta con los recursos humanos suficientes para afrontar con garantías una inspección realizada en una empresa o asociación de empresas de gran tamaño; por requerir la realización de una diligencia en específico en los idiomas apropiados y en razón de la cultura jurídica correcta; por querer aprovechar el conocimiento del territorio que puede proporcionar la Autoridad de aquel país, entre otras.

[1071] Especial, la opinión de PACE, Lorenzo Federico, *European Antitrust Law. Prohibitions, Merger Control and Procedures,* Edward Elgar Publishing, Cheltenham, 2007, Pág. 275.

[1072] Lo que no debe significar una pugna con los intereses comunitarios, o la producción de instrumentos legales o similares que imposibiliten este y otros mecanismos de cooperación, ya que los Estados miembros, en la labor de estructuración de las condiciones en las cuales su Autoridad de Competencia deberá poner en marcha sus poderes de investigación, no puede desconocer la obligación intrínseca que le impone el Derecho Comunitario, de respetar los principios de la Unión y garantizar, en la medida de lo posible, que las acciones emprendidas por la Comisión sean efectivas. Tal y como así puede verse en el asunto *Hoechst A. G. Vs. La Comisión,* apartados 33 y 34 y en el fallo *Roquette Frères,* en sus apartados 34 y 35; toda vez que son asuntos de inmensa relevancia que delimitaron las bases esenciales de este tipo de atribuciones cooperativas "delegadas" en el campo investigador.

[1073] El reconocimiento del principio de Derecho Comunitario en virtud del cual se protege a los particulares de la intervención desproporcionada, excesiva y arbitraria efectuada por las autoridades públicas, es uno de los pilares del ejercicio de atribuciones de investigación por parte de las Autoridades Naciones de Competencia; sin importar si son resultado de una delegación realizada por la Comisión, o fruto de sus propias atribuciones. Toda vez que debe garantizarse el respeto de dicho principio en todas las circunstancias, desde el principio de la diligencia, hasta su finalización. *Hoechst A. G. Vs. La Comisión,* apartados 19, 33, 34 y 35 y *Roquette Frères,* apartados 27, 28, 36 y 37.

transparencia al ejercicio de ellos, las garantías que son puestas a disposición de las empresas involucradas, entre otros.

3. El tránsito vertical de información.

La circulación de información entre las múltiples autoridades ahora vinculadas con la labor de aplicación de las normas de libre competencia, es una de las razones principales en las cuales se basó el "legislador" europeo para otorgar a *Enforcers* culturalmente desligados con dicha labor en Europa, la posibilidad de contribuir con las tareas de modernización, descentralización y pluralización de la Defensa de la Competencia en la Comunidad[1074].

Siendo aquella una de las razones principales de las variaciones que ha traído aparejado el Reglamento 1/2003, se ha potenciado el flujo de material documental en el seno de la Red Europea de Autoridades de Competencia, y se ha fomentado el uso de dicho material para iniciar investigaciones en contra de empresas o asociaciones de empresas, e incluso para comprobar la transgresión cometida por aquellas[1075].

Sorprende entonces, que deseándose que la información y su tránsito tuviesen un papel protagónico en la red[1076], en el mismo Reglamento 1/2003 se hubiesen hecho concesiones a favor de la Comisión referentes a aquel tema, ya que se abolió una parte importante de los compromisos informativos que a la Comisión le eran impuestos por el Reglamento 17/1962, en virtud de los cuales, debía comunicar a las Autoridades Nacionales de Competencia la iniciación de procedimientos dirigidos a la prohibición, adopción de medidas cautelares, aceptación de compromisos, adopción de decisiones de inaplicabilidad, o de retirada de un beneficio de exención por categorías[1077].

[1074] Como puede observarse en el apartado 16 del Reglamento 1/2003, así como también en el numeral primero del artículo 12 del mismo instrumento. Fundamentado a su vez por la doctrina en DEKEYSER, Kris y DE SMIJTER, Eddy, "The Exchange of evidence within the ECN and how it contributes to the European co-operation and co-ordination in cartel cases", en *Legal Issues of Economic Integration*, N° 32, 2005, Pág. 161; así como también en REICHELTDaniel, "To what extent does the co-operation within the European Competition network protect the Rights of undertakings?",en *Common Market Law Review*, N° 42, 2005, Pág. 745.

[1075]PACE, Lorenzo Federico, *European Antitrust Law. Prohibitions, Merger Control and Procedures,* Edward Elgar Publishing, Cheltenham, 2007, Pág. 285.

[1076] Como efectivamente lo tiene en el Reglamento 1/2003, donde en su artículo 12 se encuentran los parámetros esenciales del intercambio de información entre la Comisión y las Autoridades Nacionales de Competencia, así como también el efectuado por estas últimas entre ellas. Siendo un tema desarrollado a mas profundidad en los numerales del 26 al 28 de la *Comunicación sobre cooperación en la red de autoridades de competencia.*

[1077] Numeral primero del artículo 10 del Reglamento 17/1962, donde puede observarse que el compromiso de transmitir la información, configuraba una obligación automática que debía cumplir la Comisión, toda vez que al expresar: *"transmitirá sin demora",* no se planteaba en el Reglamento 17 eventualidad alguna en virtud de la cual la máxima Autoridad Comunitaria pudiese abstraerse de remitir la información pertinente, o de guardarse algún material específico, ya que con el texto enunciado, quedaba claro que se debía enviar toda la documentación del asunto.

Con el Reglamento 1/2003, los compromisos de información a cargo de la Comisión se vieron reducidos, pues la obligación automática de remitir todo el material sobre un asunto particular a los organismos nacionales de naturaleza administrativa, desapareció, dándole lugar a un envío de información más coherente, en virtud del cual, actualmente, la Comisión solo está obligada a transmitir a las autoridades nacionales, copias de los documentos de mayor relevancia sobre un asunto particular[1078]. Existiendo a su vez, adicionalmente, la posibilidad de que sea proporcionado más material, en los casos en los cuales dichas autoridades así lo soliciten y la Comisión esté de acuerdo con hacerlo, ya que la autoridad comunitaria no está obligada a responder afirmativamente dicha petición en todos los casos[1079].

La remisión de documentación en masa sobre un asunto, al parecer no concedió las mejores sensaciones[1080], pues su idoneidad para garantizar que las Autoridades administrativas nacionales de Competencia estuviesen siempre bien informadas, fue puesta en duda. Lo cual conllevó, que se pusiera en marcha una iniciativa que se transpuso en el Reglamento 1/2003, dirigida a involucrar de forma efectiva, certera y puntual a las mencionadas autoridades en la resolución de asuntos relevantes, otorgándoles la posibilidad de, siempre que así lo estimen pertinente, solicitar información adicional a aquella remitida por la Comisión.

Con dicha posibilidad, la doctrina ha entendido, que las autoridades nacionales pasaran de una posición pasiva más que todo dirigida al archivo de documentación rígida sin interacción, a un enfoque activo en el cual por iniciativa propia busquen adentrarse en las situaciones particulares del caso, generando aportes que con la realidad que imponía el Reglamento 17 no se presentaban.

A lo que añaden, que de esta forma se robustece la posición de la Comisión como figura central de la Defensa de la Competencia en Europa, pues con esa capacidad de decisión respecto de la información, otorgando o no el material solicitado, se le confiere a la autoridad comunitaria una especial discrecionalidad también en su relación de cooperación con los otros *Enforcement Bodies*, priorizando a su vez la protección de material susceptible, que en oportunidades resulta pertinente resguardar en el seno de la Comisión.

[1078] De relevancia sobre el tema, el asunto *SEP Vs. La Comisión*, especialmente su apartado 35.

[1079] VAN DER WOUDE, Michael, "Exchange of Information within the European Competition Network: Scope and Limits", en *European Competition Law Annual 2002: Constructing the EU Network of Competition Authorities*, Editores EHLERMANN, Claus-Dieter y ATANASIU, Isabela, Hart Publishing, Oxford, 2004, Págs. 377 y 378.

[1080] En parte porque se pretendía fortificar el respeto por el principio esencial en favor de las empresas, de protección de los secretos negociales o comerciales. Siendo un principio que se entiende ahora mejor protegido y entendido por los *Enforcement Bodies*; toda vez que en razón de la susceptibilidad que comporta, debe ser gestionado con inmenso cuidado, ya que por sí solo puede llevar a restringir la circulación de información en la Red Europea de Autoridades de Competencia, tanto en los casos en los que esté vinculada la Comisión, como en aquellos en los que no lo esté, pues si potencialmente el tránsito informativo se muestra en capacidad de vulnerar dicho derecho, será necesario restringirlo. Como así puede verse en *AKZO Chemie BV Vs La Comisión de las Comunidades Europeas*, apartado 28, y en *SEP Vs. La Comisión*, apartado 36.

El ejercicio consensuado de facultades y la composición de un sistema dual de aplicación de las normas *antitrust*

Así como se fortificó en lo referente a este tema el papel de la autoridad comunitaria, a la inversa, los deberes de las Autoridades Nacionales de Competencia se vieron incrementados, pues ahora, con mayor fuerza que antaño, aquellas deben enlazar sus actividades con las de la Comisión, remitiendo información en dos momentos puntuales que garantizan que: (i) el reparto de asuntos al interior de la Red Europea de Autoridades de Competencia funciona fluidamente[1081], así como que (ii) la Comisión tiene en cada caso particular, la oportunidad de expresar su óptica al respecto, cuando el desenlace del asunto se acerca[1082].

Ahondando sobre ello, es pertinente decir que el primer momento en el cual las autoridades nacionales deben remitir obligatoriamente información a la Comisión acerca del asunto particular, es al inicio del procedimiento, incluso antes de que se ponga en marcha medida de investigación alguna, o en su defecto, inmediatamente después de iniciadas las diligencias pertinentes, siempre y cuando el caso particular así lo haga necesario.

Siendo el segundo momento, en la etapa final del procedimiento, donde tal y como se había enunciado en apartados previos, las autoridades nacionales deberán informar a la máxima autoridad comunitaria cuál es la línea de acción que seguirán sobre un caso particular, por lo menos con 30 días de antelación a la adopción formal de la decisión; y sea cual sea el marco de la misma, toda vez que el requisito tiene el mismo funcionamiento tanto si el fallo está dirigido a ordenar la prohibición y cese de la conducta, como si se refiere a aceptación de compromisos, o retirada de la cobertura otorgada por un reglamento de exención por categorías[1083].

De ahí que cada autoridad al tener motivado su fallo, deba remitir a la Comisión un sumario de la decisión prevista y esté obligada a proporcionarle asistencia en todo momento, especialmente si la autoridad comunitaria solicita copias de documentos centrales del caso que en su opinión, puedan ser determinantes para confeccionar sus comentarios.

Sobre este instrumento de cooperación, cabe acotar, para finalizar con el apartado referente a la cooperación vertical, que está influido por unos lineamientos esenciales que operan como salvaguarda a favor de las empresas y los particulares, en razón de los cuales ciertas condiciones deben ser respetadas para que el tránsito de documentos y material, se consume sin afectar los intereses que aquellos puedan tener sobre la información objeto de la cooperación entre autoridades.

Por lo que, y puesto que dichos límites se configuran también de forma horizontal, operando de la misma forma en los casos en los que la Comisión está vinculada, como en

---

[1081] En razón de la remisión de Información inicial, incluida en el numeral tercero del artículo 11 del Reglamento 1/2003.

[1082] Como resultado de la remisión de Información final del numeral cuarto del artículo 11 del Reglamento 1/2003.

[1083] No estando incluidas las decisiones de desestimación, rechazo o sobreseimiento de un asunto particular.

aquellos en los que no lo está; se hará referencia a dichas salvaguardas una vez sean expuestas las demás particularidades del intercambio de información entre Autoridades administrativas nacionales, toda vez que se ejecutan en las mismas condiciones[1084].

(B) La cooperación horizontal.

En varias oportunidades en el presente trabajo, se ha recalcado la importancia de la cooperación entre Autoridades Nacionales de Competencia, y se ha intentado dejar claro que sin ella, transponer los nuevos objetivos que ha adherido la reforma, sería casi imposible.

Esta clase de cooperación de carácter horizontal, es incluso más delicada que aquella que involucra a la Comisión como máxima autoridad de competencia comunitaria, toda vez que implica la compenetración de Autoridades del mismo nivel que no están unidas más que por su "membrecía" en la Red Europea de Autoridades de Competencia. Existiendo a su vez, otras comodidades que apareja la colaboración vertical, en razón de las cuales su puesta en marcha puede resultar más fluida, como lo son la claridad que al proceso cooperativo trae la posición de privilegio de la Comisión, así como la simplicidad que aporta tener relacion siempre con la misma autoridad y no con otras tantas, como efectivamente se da en la colaboración de carácter horizontal.

El objetivo principal de este tipo de cooperación, así como también de la vertical, es esquivar a como dé lugar la doble asignación de recursos a un solo caso específico, potenciando que cada asunto particular en el cual la normativa de libre competencia comunitaria deba ser aplicada, sea conducido en términos de eficiencia por una sola autoridad.

Para la obtención de aquel derrotero, el Reglamento 1/2003 ha dispuesto tres mecanismos distintos que garantizan que aquel *Enforcement Body* mejor posicionado para llevar a cabo la aplicación de los artículos 101 y 102 en una circunstancia particular, sea quien efectivamente lo haga; así como también para potenciar la colaboración en los casos en los cuales circunstancias específicas hagan necesaria la participación de otras autoridades también de carácter nacional; o para solventar pugnas destinadas a suscitarse cuando dos a mas autoridades están haciéndose cargo de un mismo asunto particular en razón de las características propias del caso.

1. El tránsito horizontal de información.

Este instrumento de cooperación es una innovación bien valorada que ha traído el Reglamento 1/2003, en razón de la cual la aplicación descentralizada de las normas de libre competencia puede ser llevada a cabo con suficientes garantías, toda vez que las autoridades nacionales de los países miembros, sin mediación de la Comisión[1085], pueden

---

[1084] Véase en en específico el apartado siguiente, referente al tránsito horizontal de información.

[1085] Que ha sido por defecto el catalizador de la información en razón de la relación de gran verticalidad y centralización que se ha fomentado en el sistema de Defensa de la Competencia en Europa

El ejercicio consensuado de facultades y la composición de un sistema dual de aplicación de las normas *antitrust*

ahora intercambiar información de relevancia que esté en capacidad de facilitar la evaluación que sobre un asunto particular deban llevar a cabo[1086].

Tanto la parte final del numeral cuarto del artículo 11 del Reglamento 1/2003[1087], como el numeral primero del artículo 12 del mismo instrumento[1088], son bazas de este mecanismo de cooperación, pues otorgan ahora el poder a las Autoridades Nacionales de Competencia de intercambiar información, inclusive de carácter confidencial (con ciertos límites que posteriormente serán desarrollados).

En el Reglamento, este instrumento de cooperación de carácter horizontal permite delimitar tres "tipos" distintos de situaciones en las cuales se impulsa su ocurrencia[1089], las cuales se delimitan en razón del momento en el cual se consuma el tránsito informativo; siendo la primera, aquella adherida en el numeral cuarto del artículo 11, en virtud de la cual se anima a las autoridades nacionales para que, no habiéndose realizado un reparto del asunto, contacten entre sí y con la ayuda de todo el material informativo que puedan integrar, decidan en conjunto cuál de ellas se encuentra en mejor posición para ocuparse del caso[1090].

Existiendo a su vez una segunda situación, que se sustenta en la promoción que el previamente mencionado artículo 11, de consuno con el 12, realizan del tránsito de información, incluso cuando ya ha sido iniciado un proceso sobre el asunto por parte de una o varias Autoridades administrativas nacionales, promoviendo que la información cambie de manos de forma fluida en dicho momento crucial, en el cual comúnmente se reúnen las herramientas que permiten llevar la infracción al cese[1091].

---

hasta la aparición del Reglamento 1/2003. PACE, Lorenzo Federico, *European Antitrust Law. Prohibitions, Merger Control and Procedures,* Edward Elgar Publishing, Cheltenham, 2007, Pág. 276.

[1086] Lo cual en ningún caso significa que las Autoridades Nacionales de Competencia puedan escapar del control de la Comisión.

[1087] *"(...) Las Autoridades Nacionales de Competencia podrán asimismo intercambiarse la información necesaria para evaluar el asunto que estén instruyendo al amparo de los artículos 81 u 82 del Tratado."*

[1088] *"(...) la Comisión y las autoridades de competencia de los Estados miembros deberán estar facultadas para procurarse entre sí y utilizar como medio de prueba todo elemento de hecho o de derecho, incluida la información confidencial."*

[1089] Lo cual no excluye la aparición de nuevas eventualidades y circunstancias que de acuerdo a la evolución de la cultura jurídica en Europa, hagan necesario un marco de actuación conjunto entre los *Enforcement Bodies* de carácter nacional y comunitario.

[1090] Como así puede verse en el apartado 26 de la *Comunicación sobre cooperación en la red de autoridades de competencia,* donde queda claro que la importancia de los parámetros descritos en el artículo 12 del Reglamento 1/2003 es inmensa ya que el reparto coherente de asuntos, se basa en que las Autoridades involucradas hagan uso efectivo de las herramientas que ahora proporciona la Red Europea de Autoridades de Competencia.

[1091] Un desarrollo, en opinión de quien escribe, parcial, acerca de las condiciones y lineamientos a seguir por los distintos *Enforcement Bodies* para llevar a cabo el intercambio informativo, puede encontrarse en la *Comunicación sobre cooperación en la red de autoridades de competencia,* entre sus apartados 26 y

Este mecanismo de cooperación no se restringe solo a aquellos eventos y se suscita igualmente en razón de una tercera situación que también debe ser tomada en cuenta para ordenar el transito horizontal de información, como lo es la consignada en el numeral primero del artículo 22 del Reglamento en estudio, en virtud del a cual una autoridad nacional puede llevar a cabo una inspección o diligencia en su territorio en nombre de otra autoridad nacional. Siendo la información recolectada, igualmente objeto de la transmisión entre *Enforcers* nacionales, ya que a pesar de que el material sea obtenido como resultado de una colaboración prestada a una autoridad ubicada en una jurisdicción distinta, dicha información debe cambiar de manos de acuerdo a las condiciones del artículo 12 del Reglamento en desarrollo, para poder ser utilizada como prueba por el *enforcer* nacional solicitante[1092].

Si bien los parámetros descritos confieren una alta evolución a las relaciones entre las autoridades nacionales y las fomentan, asombra que en el Reglamento y en la *Comunicación sobre cooperación en la red de autoridades de competencia* hayan quedado algunos puntos acerca del tránsito informativo entre las mencionadas autoridades, sin desarrollar, y lo que es más delicado, nada se haya expuesto acerca de los marcos de comportamiento que debía tener una autoridad en momentos puntuales en los cuales tuviese una relación cooperativa en potencia con otro *enforcer*.

Así por ejemplo, de la ausencia de dichos parámetros en los instrumentos enunciados, se extrae que las Autoridades Nacionales de Competencia no están obligadas a responder afirmativamente en todas las ocasiones las solicitudes de intercambio de información, de evidencia o material que les hagan sus pares de otros países miembros.

Por añadidura, no deja de sorprender que inclusive, una autoridad nacional de competencia al iniciar un procedimiento, no deba notificar a las Autoridades Nacionales de Competencia, presumiblemente interesadas en el asunto particular, acerca del proceso a su cargo; y llama la atención, incluso con más ahínco que aquello, el hecho de que una vez redactado un proyecto de decisión por parte de una autoridad administrativa nacional de competencia, aquel no deba, por obligación, ser facilitado o remitido en un marco temporal específico, a otra u otras autoridades interesadas.

Si bien se desearía que las incongruencias sobre el transito informativo entre *Enforcers* de carácter nacional se restringiesen a los escenarios descritos, resulta que en adición a dichas falencias, se presenta una de gran talante que involucra a la par otros principios de colaboración, que no solo implican la posible asignación de recursos dobles

---

27, toda vez que el apartado 28 desarrolla salvaguardas referentes a la utilización de la información que no rigen las formas mediante las cuales el material cambia de manos al interior de la Red.

[1092] Acerca de las particularidades del tránsito informativo que se da como resultado de la solicitud efectuada por una Autoridad Nacional de Competencia, de materialización de una diligencia, a otra autoridad Nacional, así como haciendo énfasis en la importancia que tiene dicho transito cuando solo ha sido asignado a una Autoridad el asunto. Se recomienda la lectura de WIDEGREN, Monica, "Consultation among Members within the Network", en *European Competition Law Annual 2002: Constructing the EU Network of Competition Authorities*, Editores EHLERMANN, Claus-Dieter y ATANASIU, Isabela, Hart Publishing, Oxford, 2004, Págs. 419 a 424.

por parte de varias Autoridades Nacionales de Competencia a un mismo asunto[1093], sino también la posibilidad de que las infracciones a los artículos 101 y 102 del Tratado queden sin ser resueltas.

Ejemplo de ello, es la incoherencia que se percibe al observar que en el Reglamento 1/2003 y en la Comunicación, se intenta dejar claro que una autoridad nacional puede solicitar asistencia a otra para que lleve a cabo una diligencia en su territorio dirigida a descubrir la transgresión; y a la par, guardando silencio acerca de la obligación de asistencia por parte de la autoridad requerida, permita concluir que no se puede coaccionar a esta última para que lleve a cabo las inspecciones o las diligencias que le han sido solicitadas.

En cualquier caso, un absurdo, que es difícil de explicar, toda vez que no se encuentra razón clara para sustentar que tanto el Reglamento como la Comunicación, hubiesen guardado silencio al respecto. Tal y como lo cree una parte importante de la doctrina, que a su análisis, ha aparejado criticas acerca de dicha incongruencia, con la cual se promueve la cooperación, pero sin fortificarla, generando un escenario en el cual alcanzar la mutua y regular colaboración horizontal es muy difícil, pues se involucran grados de discrecionalidad con capacidad para generar la tan indeseada doble asignación de recursos.

A pesar del desacuerdo, y entendiendo que la obligatoriedad para remitir información debería no solo configurarse cuando la Comisión esté involucrada, sino también cuando esta forma de cooperación es solicitada por una autoridad administrativa nacional; se deduce que tal vez el objetivo de la reforma al guardar silencio sobre ello, es el de dejar al arbitrio de las Autoridades Nacionales de Competencia, cuál será su nivel de compromiso con la red[1094].

Si bien algo de coherencia se puede percibir en esa "concesión" que se le hace a las autoridades Nacionales de naturaleza administrativa, la realidad es que la experiencia en otras ramas del Derecho han demostrado que de no existir normas de obligatorio cumplimiento que regulen la forma y condiciones en las cuales la cooperación va a verse transpuesta a la realidad, dicha colaboración difícilmente se configurará[1095]; pues al ser

---

[1093] Que tal y como ya se expuso se configura como resultado de la ausencia de una obligación explicita a cargo de las Autoridades Nacionales de Competencia, de proporcionar información a otras Autoridades del mismo nivel de otros países miembros; de notificar a sus pares el inicio de un proceso; así como de remitir un proyecto de decisión.

[1094] Siendo prueba de ello que deja en manos de la normativa nacional, temas tales como las condiciones en las cuales será llevada a cabo la transmisión de información a la Comisión, cuando dicho material sea obtenido en aplicación de la legislación de carácter penal en el país miembro, tal y como puede verse en la Sentencia del Tribunal de Justicia de las Comunidades europeas, de 25 de Enero de 2007, *Dalmine SpA Vs. La Comisión de las Comunidades Europeas*, asunto C-407/04 P, apartado 62, texto disponible para consulta en ingles en: http://eur-lex.europa.eu/LexUriServ/LexUriServ.do?uri=CELEX:62004J0407:EN:HTML.

[1095] Ejemplo de ello es la normativa tributaria en Europa e incluso en el mundo, que tiene como figura principal los acuerdos entre países, dirigidos a evitar la evasión de impuestos, doble imposición y similares. En razón de los cuales las Administraciones Tributarias involucradas, tienen un compromiso tácito de colaboración y tránsito informativo, que en la realidad no se configura fácilmente y si de forma

un tema facultativo, meramente voluntario, a las autoridades nacionales se les otorga un poder del que solo debería disponer la Comisión como eje de la Defensa de la Competencia en Europa, que puede incluso, atascar la evolución de la figura cooperativa en la comunidad.

Sea cual sea la teoría, y entendiendo que debería potenciarse la claridad de aspectos como los enunciados; la realidad es que las autoridades nacionales de los países miembros han actuado consecuentemente con los objetivos de la reforma y han hecho muchos esfuerzos por demostrar que su grado de implicación con la Red Europea de Autoridades de Competencia es alto, implicando una información que cada vez con más soltura se mueve entre las diversas autoridades gracias a los instrumentos informáticos que han sido puestos a disposición de toda la Red[1096], e impregnando de fluidez un trabajo conjunto que ahora en mejores términos que antaño, está llevando las infracciones a los artículos 101 y 102 a su fin.

(a) Límites al ejercicio del intercambio de información (horizontal y vertical) entre *Enforcement Bodies*.

El uso que las autoridades de competencia pueden dar a la información que les es remitida por otro *Enforcement Body,* tiene ciertos límites y salvaguardas que se encuentran dispuestos en los numerales segundo y tercero del artículo 12 del Reglamento, en el artículo 28 del mismo, así como en el apartado 28 de la *Comunicación sobre cooperación en la red de autoridades de competencia.*

Tras la lectura de algunos de los apartados mencionados, en específico de los artículos 12 y 28 del Reglamento, es posible percibir cierta contradicción[1097], toda vez que se aprecia un nivel de rigidez diverso en ambas disposiciones respecto del intercambio de información entre autoridades, ya que en el numeral primero del artículo 12 se plantea que dicho intercambio puede suscitarse incluso cuando el material a proporcionar es confidencial[1098], y el numeral primero del artículo 28 maneja con mayor

---

excepcional, pues aspectos e intereses que van más allá del objetivo recaudatorio influyen e imposibilitan en múltiples ocasiones la cooperación. FITZGERALD, Valpy, "Cooperación Tributaria Internacional y Movilidad de Capital", en *Revista de la Cepal,* N° 77, Agosto de 2002, Págs. 67 a 81; así como ARIAS ESTEBAN, Isaác Gonzalo, "Aspectos a considerar para un efectivo intercambio de información tributaria", en *Manual CIAT para la Implementación y Práctica del Intercambio de Información para Fines Tributarios,* año XXVI, N° 159, Págs. 1 a 9. El documento está disponible para consulta en: http://www.iefpa.org.ar/2011/criterios159/aspectosaconsiderar.pdf.

[1096] SCHAUB, Alexander, "Continued focus on reform - Recent developments in EC competition policy", discurso pronunciado en Nueva York, el 25 de Octubre de 2001, en el Fordham Corporate Law Institute - Twenty-eighth Annual Conference On International *Antitrust* Law and Policy.

[1097] Aunque meramente de carácter teórico, toda vez que el numeral primero del artículo 28, deja claro que las disposiciones en él incluidas, deben leerse y aplicarse *"Sin perjuicio de los artículos 12 y 15(...)"*.

[1098] Lo cual se interpreta como el mecanismo elegido por el legislador europeo para apartar la rigidez que se había asentado en Europa al respecto tras el fallo *Asociación Española de Banca Privada* en apartados anteriores nombrado, en razón del cual los bancos españoles vinculados con el caso, adujeron que a pesar de que el proceso era en aplicación de la normativa de competencia española, el Tribunal de Defensa de la Competencia español había utilizado la información que le había sido remitida por la

severidad el tema[1099], aduciendo que no hay excepción respecto del uso de la
información, pues siempre debe tener como límite el fin para el cual fue recabada.

Al realizar un análisis más completo de todos los elementos e intentando desglosar la
contradicción nombrada, se entiende que actualmente la doctrina que había sido impuesta
por el fallo *Asociación Española de Banca Privada*[1100],ha sido retirada, y que el
obstáculo que de forma oportunista ponían las empresas involucradas aprovechando las
conclusiones del Tribunal de Justicia en dicho caso[1101], ha desaparecido[1102], potenciando
ahora el intercambio y movimiento de la información, no de forma absoluta, sino de
forma controlada y en estricto cumplimiento de parámetros claros que ahora se
encuentran mejor descritos en los instrumentos de relevancia[1103].

El mensaje principal que tras la lectura de los instrumentos enunciados se extrae en la
actualidad, es que las autoridades de competencia deben ser extremadamente cautelosas
con el manejo del material que les es remitido, siempre en atención a los parámetros de

---

Comisión, contenida en la notificación que los bancos habían presentado a esta última en búsqueda de que
se les otorgara una exención. El Tribunal de Justicia Europeo dejó claro en su fallo, entre los apartados 29
al 43 y en el 48, que no estaba permitido de acuerdo al Reglamento 17 (numeral segundo del artículo 20)
utilizar como prueba directa ese tipo de información, toda vez que en el asunto específico y en otros
similares, se ponía en riesgo el secreto profesional, máxime cuando según su concepto los procedimientos
comunitarios y los nacionales eran distintos, incluso aquellos referidos a la aplicación de los artículos 101 y
102 del Tratado.

[1099] El numeral primero de este artículo resulta ser una reproducción casi idéntica del numeral primero
del artículo 20 del Reglamento 17/1962, ya que el cambio meramente se ha restringido a la configuración
de palabras, que ha pasado de decir respecto del uso de la información que: *"(...) no podrán ser utilizadas
más que para el fin para el que hayan sido pedidas"*, a *"(...) sólo podrá utilizarse para el fin para el que
haya sido recabada."*

[1100] Referido a los hechos relevantes y condiciones expuestas en la nota de pie de página previa a la
anterior en la cual se exponen las circunstancias más relevantes del mencionado fallo.

[1101] Pues en la mencionada sentencia en ningún apartado se permitió a las Autoridades de Competencia
darle un uso probatorio al material objeto de la transmisión, o incluso remitir información de carácter
confidencial a otro *Enforcement Body*. Tal y como así lo pone de manifiesto TEMPLE LANG, John,
"Decentralised Application of Community Competition Law", en *Modernisation and Decentralisation of
EC Competition Law (European Business law and practice series)*, editores RIVAS, Jose y HORSPOOL,
Margot, Kluwer Law International, La Haya, 2000, Págs. 15 a 18.

[1102] VAN DER WOUDE, Michael, "Exchange of Information within the European Competition
Network: Scope and Limits", en *European Competition Law Annual 2002: Constructing the EU Network of
Competition Authorities*, Editores EHLERMANN, Claus-Dieter y ATANASIU, Isabela, Hart Publishing,
Oxford, 2004, Pág. 378. Así como también los exponentes de aquellos que interpretan que en cualquier
caso la doctrina de la sentencia *Asociación Española de Banca Privada* no eran operantes y eficientes para
la consecución de los objetivos de la Defensa de la Competencia, toda vez que los estándares utilizados
para fundamentar la decisión del Tribunal eran de muy alto rango, ya que ponían por encima principios del
Derecho tales como la protección de los derechos de defensa. REICHELT, Daniel, "To what extent does
the co-operation within the European Competition network protect the Rights of undertakings?",en
Common Market Law Review, N° 42, 2005, Págs. 777 y siguientes.

[1103] Y que en cualquier caso deben prevalecer, y estar por encima de normas nacionales que quieran
prohibir, impedir, o trabar el intercambio de información entre Autoridades participantes en la Red Europea
de Autoridades de Competencia.

los numerales segundo y tercero del artículo 12 del Reglamento. Debiendo usar dicha información exclusivamente para cumplir el propósito para el cual fue recolectada[1104]; restringiendo su utilización como prueba, solo a efectos de la aplicación de los artículos 101 y 102 del Tratado y siempre en estricto respeto de la finalidad con la cual fue reunida por la autoridad remitente[1105].

Pudiendo eso sí, utilizar la información para aplicar el Derecho nacional de la competencia, en los casos en los cuales sean aplicados de forma paralela al asunto tanto aquel, como el Derecho de la competencia comunitario; y siempre y cuando de los resultados de ambas "aplicaciones" se obtuviese el mismo resultado[1106].

Al compendio de limitaciones al tránsito informativo hasta ahora enunciadas, se unen las del numeral tercero del artículo 12, donde el Reglamento deja claro también, que la información solo podrá utilizarse como prueba para imponer sanciones a personas físicas cuando se cumplan dos requisitos primordiales, como lo son, que en las normas nacionales estén previstas dichas sanciones en relación con las infracciones a los artículos 101 y 102[1107]; así como también que la información haya sido recolectada respetando el nivel de protección del Derecho de defensa de las personas físicas que en las normas nacionales se establezca[1108]. Siendo aquellos, requisitos que han sido estructurados para garantizar la protección efectiva y adecuada del individuo involucrado en un asunto de competencia[1109].

[1104] Que comúnmente guarda coherencia con el centro de la investigación, el cual se determina por la decisión u orden que ha dado la Autoridad de Competencia que obtuvo la información, al intentar comprobar hechos de los cuales presumía, su acaecimiento. Aunque igualmente puede venir aparejado (el propósito) al expediente, sea cual sea la Autoridad de Competencia que recolectó la información, ya que de la mano de la jurisprudencia, puede entenderse que los *Enforcement Bodies* tienen la obligación de dejar por escrito cual es el propósito de la investigación y el eje central de la misma. *Hoechst A. G. Vs. La Comisión,* apartados 41 y 42; así como también *Limburgse Vinyl Maatschappij NV y Otros Vs. La Comisión de las Comunidades Europeas,* en sus apartados 298 a 307 en clara referencia al fallo *Dow Benelux NV Vs. La Comisión de las Comunidades Europeas.*

[1105] Garantizando así que el uso de dicha información no estará dirigido a sustentar la aplicación de normas de protección al consumidor o normas afines de carácter nacional, que en razón de la cercanía teórica con las normas de competencia, en oportunidades son parte de las atribuciones de una misma autoridad nacional. Tal y como puede verse en BRAMMER, Silke, *Co-operation Between National Competition agencies in the enforcement of EC Competition Law,* Hart Publishing, Oxford y Portland, Oregon, 2009, Pág. 145, quien en la nota al pie de página número 174, ejemplifica dicha situación en los casos de Italia y Francia.

[1106] Numeral segundo del artículo 12 del Reglamento en desarrollo; y los comentarios de WHISH, Richard, *Competition La",* Oxford University Press, Londres, 2008, Pág. 263.

[1107] Como así se da en el Reino Unido, donde incluso se prevé una pena de prisión para las personas implicadas en un cartel, en infracción directa a los parámetros del *Enterprise Act 2002.*

[1108] No pudiendo ser utilizada dicha información por la autoridad receptora de la información, para imponer penas privativas de la libertad. De acuerdo al numeral tercero del artículo 12 del Reglamento en desarrollo.

[1109] Por medio de la búsqueda de la consolidación de la analogía entre las distintas normativas nacionales al respecto, garantizando la equivalencia entre los derechos de defensa de los individuos, otorgados por los países entre los cuales está transitando la información; así como también velando por la necesaria semejanza que debe existir entre las sanciones a imponer. WHISH, Richard, *Competition Law,*

El ejercicio consensuado de facultades y la composición de un sistema dual de aplicación de las normas *antitrust*

Así mismo como el Reglamento 17/1962 daba una importancia destacada al secreto profesional en su relación con el tránsito informativo entre autoridades[1110], el Reglamento 1/2003 en el numeral segundo del artículo 28[1111], estableció un complemento al numeral segundo del artículo 12 del mismo instrumento[1112], en razón del cual fue erigido un límite más al mencionado tránsito, pues las salvaguardas se vieron ampliadas, de forma explícita, protegiendo en la misma medida los secretos profesionales adheridos a la información transmitida por la Comisión o por las Autoridades Nacionales de Competencia[1113].

De acuerdo con dichas reglas, el Reglamento no desconoce en ningún momento que hay una obligación "tácita" de cooperación, pero a su vez entiende que la misma debe interpretarse a la luz de la protección de los secretos negociales o profesionales de las empresas[1114]. Generando que las autoridades estén obligadas a no divulgar la información que esté amparada por el secreto profesional y que solo deban revelar dicho material,

---

Oxford University Press, Londres, 2008, Pág. 263. De forma genérica y acerca de los Derechos involucrados de los individuos y empresas inmersas en el asunto, puede verse igualmente ANDREANGELI, Arianna, "The Impact of the Modernisation Regulation on the guarantees of due process in competition proceedings", en *European Law Review*, N° 3, 2006, Págs. 342 y siguientes.

[1110] En el numeral segundo del artículo 20, en el cual se leía: *"Sin perjuicio de lo establecido en las disposiciones de los artículos 19 y 21, la Comisión y las autoridades competentes de los Estados miembros, así como sus funcionarios y otros agentes, estarán obligados a no divulgar las informaciones que hayan recogido en aplicación del presente Reglamento, las cuales, por su propia naturaleza, se hallan amparadas por el secreto profesional."* No siendo el único instrumento que lo desarrollaba, toda vez que el artículo 287 del Tratado igualmente lo planteaba imponiendo restricciones a la transmisión de cierta información, tal y como puede verse en el artículo 339 del Tratado de Funcionamiento de la Unión Europea actual.

[1111] El cual se desarrolla en su aplicación práctica en el literal (a) del apartado 28 de la *Comunicación sobre cooperación en la red de autoridades de competencia*.

[1112] El cual es criticado por VAN DER WOUDE, Michael, "Exchange of Information within the European Competition Network: Scope and Limits", en *European Competition Law Annual 2002: Constructing the EU Network of Competition Authorities*, Editores EHLERMANN, Claus-Dieter y ATANASIU, Isabela, Hart Publishing, Oxford, 2004, Pág. 381, quien entiende que la mencionada regla es verdaderamente un obstáculo.

[1113] El objetivo del Reglamento 1/2003 en lo referente al secreto profesional, no es tanto regular las relaciones entre los distintos *Enforcement Bodies*, sino otorgar las herramientas legales suficientes para "administrar" correctamente las solicitudes que las mismas empresas involucradas, así como también los interesados (competidores, clientes y demás), pueden realizar para acceder a la información transmitida por otra Autoridad; así como también para garantizar que la información amparada por el secreto profesional no será revelada una vez entre a formar parte de la base de datos de la Red Europea de Autoridades de Competencia. BRAMMER, Silke, *Co-operation Between National Competition agencies in the enforcement of EC Competition Law*, Hart Publishing, Oxford y Portland, Oregon, 2009, Pág. 147.

[1114] Sentencia del Tribunal de Justicia de las Comunidades Europeas, de 13 de Febrero de 1979, *Hoffmann-La Roche & Co. AG Vs. La Comisión de las Comunidades europeas*, asunto 85/76, apartado 13. Texto disponible para consulta en: http://eur-lex.europa.eu/LexUriServ/LexUriServ.do?uri=CELEX:61976CJ0085:ES:PDF; el asunto *AKZO Chemie BV Vs La Comisión de las Comunidades Europeas*, apartado 28; así como también *SEP Vs. La Comisión*, apartado 36.

facilitándoselo a otras autoridades, en circunstancias excepcionales[1115] que no posibiliten su utilización por parte de la autoridad receptora, más allá del objetivo por el cual fue recolectada[1116].

Del mismo modo, dentro de los límites al uso de la información, es importante manifestar que buscando una protección más certera del material transmitido, la *Comunicación sobre cooperación en la red de autoridades de competencia* además de desarrollar aspectos genéricos incluidos en el Reglamento, planteó parámetros a seguir para solucionar una circunstancia tan susceptible como la del uso de la información obtenida como resultado de un programa de clemencia. Siendo lo más esencial, consolidar el amparo de aquellos que se acogen a este tipo de programas, garantizando que serán seguidos ciertos lineamientos para el manejo del material proporcionado por aquellos y que se evitará comprometer su posición, a saber:

- Impidiendo a las Autoridades, iniciar procedimientos en virtud de la información facilitada a la red por una autoridad que acogió en un programa de clemencia a una empresa, individuo, etc[1117]; y/o

- Requiriendo el consentimiento del solicitante de clemencia, quien proporciona la información, para transmitir la misma a otro *Enforcement Body,* salvo en los supuestos previstos en el apartado 41 de la *Comunicación sobre cooperación en la red de autoridades de competencia[1118].*

A manera de conclusión acerca del tránsito informativo y los límites expuestos, cabe decir que a pesar de existir referencias y "restricciones" en el ejercicio de las atribuciones de los *Enforcement Bodies* al interior de la Red Europea de Autoridades de Competencia, las cuales pueden a su vez condicionar la labor de Defensa de la Competencia llevada a cabo por aquellas. La realidad es que la remisión de información y la unificación del material relevante permitiendo a todos los implicados conocer del asunto particular, es

---

[1115] Como aquella en virtud de la cual, la Comisión debe facilitar a las Autoridades Nacionales de Competencia, la información de mayor relevancia.

[1116] *Asociación Española de Banca Privada,* apartados 21, 37 y 42; así como también el asunto *SEP Vs. La Comisión,* apartados 27 y 28. Siendo a su vez relevante, el aporte realizado por el asunto *Mannesmannröhren-Werke AG Vs. La Comisión de las Comunidades Europeas,* en sus apartados85, 86 y 87, donde el Tribunal deja claro que igualmente es muy complejo que las Autoridades se induzcan amnesia, para olvidar aquello que han visto gracias a la información proporcionada. Por lo que si bien tienen una obligación de darle un uso equivalente al de origen, a su vez nadie puede impedir que dicho material sea analizado como relevante al interior de la Autoridad para iniciar algún procedimiento, o para iniciar una investigación en búsqueda de algunos hechos que efectivamente, conocen, han acaecido.

[1117] Teniendo eso sí, de acuerdo al apartado 39 de la *Comunicación sobre cooperación en la red de autoridades de competencia,* la posibilidad de iniciar un procedimiento respecto de unos mismos hechos, en los casos en los cuales la investigación se base en información proporcionada por otras fuentes, o cuando se cumpla alguno de los parámetros del apartado 41 de la misma Comunicación.

[1118] Acerca de los límites planteados por la *Comunicación sobre cooperación en la red de autoridades de competencia* con respecto a los programas de clemencia, los apartados 37 al 42 de dicho instrumento, la *Comunicación de clemencia 2006,* así como los comentarios que en el presente trabajo se realizan sobre la relación entre la información proporcionada por aquel que se acoge a un programa de clemencia y el uso de aquella en un proceso llevado por otro *Enforcement Body,* de carácter administrativo o judicial.

uno de los puntos esenciales de la reforma, ya que se le otorga un papel protagónico tanto
en el Reglamento 1/2003 como en la *Comunicación sobre cooperación en la red de
autoridades de competencia,* que a la larga logra implicar en mayor medida a las
autoridades; quienes a pesar de no tener una obligación de cooperación de carácter
taxativo plasmada en el texto de la reforma, si se encuentran ahora mejor empoderadas
para, superada la doctrina *Asociación Española de Banca Privada,* transmitir la
información y esperar un tratamiento similar por parte de los demás *Enforcement Bodies.*

2. Asistencia administrativa en las labores de investigación.

Como resultado de las importantes variaciones que ha traído aparejadas la reforma y
en específico el Reglamento 1/2003, ahora las Autoridades Nacionales de Competencia,
en razón de la obligación de aplicación de los artículos 101 y 102 del Tratado, deben
enfrentarse a casos particulares susceptibles de tener efectos en más de uno de los países
miembros, pues el comercio entre dichos Estados puede verse perturbado.

En virtud de aquello, es menester que las autoridades nacionales hagan todo lo
posible por contar con la información necesaria para delimitar los efectos de la conducta
en otros países miembros. Debiendo por lo tanto intentar recolectar todo el material
posible; incluso aquel que por su naturaleza y particularidades, no pueda ser hallado en su
propio país, sino en el de otro territorio de la comunidad, bien en razón de que el
emplazamiento empresarial donde se presume consignada dicha información está en un
país foráneo, o simplemente motivado en las circunstancias particulares del caso.

Con antelación a la aparición del Reglamento 1/2003, la situación de las Autoridades
Nacionales de Competencia al respecto no era ni mucho menos ilusionante, ya que el
acceso a la información y su evaluación no contaban con las suficientes facilidades;
además que no se tomaba adecuadamente en cuenta la disposición de la información para
delimitar la autoridad mejor situada para encargarse de un asunto particular.

El numeral primero del artículo 22 del Reglamento 1/2003 vino a solucionar dichos
inconvenientes[1119], dejando claro que las autoridades nacionales ahora tienen la
posibilidad de llevar a cabo investigaciones en el territorio de otro Estado miembro,
actuando a través de la autoridad de competencia de este último. Teniendo entonces así la
posibilidad, de dirigir las labores que son realizadas por su análoga[1120].

[1119] El cual se transcribe por ser guía del desarrollo que en el presente apartado se hará sobre la
asistencia administrativa en él plasmada: "*Una autoridad de competencia de un Estado miembro podrá
proceder en su territorio a realizar cualquier inspección u otra medida de investigación de los hechos al
amparo de su Derecho nacional en nombre y por cuenta de la autoridad de competencia de otro Estado
miembro, con el fin de demostrar la existencia de una infracción del artículo 81 o del artículo 82 del
Tratado. Cualquier intercambio y utilización de la información recopilada se llevará a cabo en aplicación
del artículo 12.*"

[1120] PACE, Lorenzo Federico, *European Antitrust Law. Prohibitions, Merger Control and Procedures,*
Edward Elgar Publishing, Cheltenham, 2007, Pág. 284 y su pie de página número 4, donde el autor resalta
el comunicado de prensa de 15 de Julio de 2004 en el cual la Autoridad de Competencia Italiana en el
asunto referente a los fabricantes de leche infantil, dejó claro que su labor de protección también se
favorecía gracias a la cooperación que otras Autoridades Nacionales de Competencia otorgaban, por lo que

El artículo mencionado, además de incluir esta nueva posibilidad en su texto, ha tenido inmenso cuidado en la labor de reconciliación de dos aspectos que a simple vista pueden chocar como resultado de dicho poder ahora conferido a las autoridades nacionales. Pues el ejercicio "coercitivo" de los poderes en cabeza de cada autoridad en un territorio específico asignado, es susceptible de colisionar con el objetivo de proporcionar los medios que sean necesarios para hacer frente de forma efectiva y diligente a la infracción que está teniendo efectos en más de un Estado miembro.

El objetivo claro ha sido el de potenciar la actuación en conjunto y consolidar la cooperación entre Autoridades también en la materialización de diligencias, ya que en Europa se es cada vez más consciente de la imposibilidad que tiene un solo Estado para hacer frente a las múltiples maniobras de las empresas, los mercados, etc.

A pesar de ser un avance significativo que facilita llevar las infracciones a las normas de libre competencia a su fin, sorprende que las condiciones en las cuales dicha posibilidad debe ser ejercida no estén detalladas ni en el Reglamento, ni en la *Comunicación sobre cooperación en la red de autoridades de competencia;* ya que ambos instrumentos se limitan a exponer que dicha posibilidad cooperativa existe, pero sin extenderse en ciertas reglas básicas que serían de gran utilidad para impregnar fluidez al mecanismo de cooperación y para evitar inconvenientes que en todos los casos son susceptibles de presentarse.

Eso sí, de la lectura del artículo 22 del Reglamento y de los apartados 29 y 30 de la *Comunicación sobre cooperación en la red de autoridades de competencia,* se extrae que el aspecto esencial para el legislador europeo, ha sido el de dejar claro cuál es el manejo que debe darse a la información recolectada por la Autoridad que efectivamente lleva a cabo la diligencia a solicitud de otra.

La conclusión al respecto tras la lectura de la oración final del numeral primero del artículo 22 del Reglamento, es que la información recolectada en virtud de este mecanismo de cooperación, debe ser trasladada y utilizada de acuerdo a las condiciones del artículo 12 del mismo Reglamento[1121]; por lo que resulta indistinto si la Autoridad que la posee la tenía ya en su poder o la obtuvo en una diligencia solicitada por otro *Enforcement Body.*

Si bien los instrumentos comunitarios solo hablan de la transmisión de la información fruto de la solicitud en lo que respecta a las particularidades para el ejercicio de este mecanismo de cooperación; la doctrina ha coincidido al exponer cuáles son los cuidados esenciales que deben tener las autoridades vinculadas (requirente y requerida) para poder

---

investigaciones simultáneas en las cuales se llevaran a cabo diligencias en emplazamientos empresariales fuera de Italia, ahora estaban más que sustentadas.

[1121] El cual fue objeto del desarrollo en el presente trabajo en los apartados referentes al intercambio de información, tanto vertical como horizontal, así como en lo expuesto acerca de los límites a dicho instrumento cooperativo.

llevar a buen puerto las atribuciones investigadoras "conjuntas"[1122]; dejando claro, así mismo, que las condiciones en las cuales dicha colaboración efectivamente se pondrá en marcha, se infieren, toda vez que en el Derecho interno del país al cual pertenece la autoridad receptora de la solicitud, están plasmados los parámetros que aquella debe seguir para realizar las diligencias y para ejercer sus poderes de investigación[1123].

Por consiguiente, la doctrina ha resaltado que es fundamental que la autoridad requirente proporcione a la autoridad requerida, toda la información necesaria en la cual basa sus sospechas, pues para realizar la diligencia como tal, la autoridad del país que efectivamente la llevará a cabo, necesita un nivel mínimo de certeza acerca de la probabilidad de la infracción, basado en indicios, denuncias o similares, que puedan encuadrarse en los patrones estándar aplicables en el Estado miembro donde se llevará a cabo la diligencia. Ya que con dicho material estará más sustentada la causa de la investigación, y podrá establecerse con mayor facilidad la conveniencia de realizar una inspección en un local empresarial o comercial, realizarla en un emplazamiento privado, etc.

Así mismo, la doctrina ha resaltado que la autoridad requerida, deberá hacer frente a la solicitud de asistencia, siempre de acuerdo a los parámetros que en las normas de su país estén previstos para ejercitar su atribución investigadora, dependiendo entonces de la normativa nacional, la delimitación de las condiciones en las cuales la información será recolectada[1124], así como de si efectivamente la autoridad requerida tiene el poder, en términos de proporcionalidad de las medidas, para llevar a cabo ciertas diligencias[1125]encomendadas[1126].

Que se deje en manos de las normativas nacionales la estructuración de ciertas condiciones específicas en las cuales efectivamente se suscitará la asistencia administrativa en la investigación entre autoridades nacionales, puede ser interpretado por muchos como un acierto ya que en los instrumentos internos se otorgan las suficientes herramientas para llevar a buen puerto las pesquisas; pero para algunos otros, como quien escribe el presente trabajo, es un desacierto que debería ser remediado, ya que con el

---

[1122] El más especial de los desarrollos al respecto, bajo el epígrafe *"Five Umwritten Basic Safeguards"* puede encontrarse en BRAMMER, Silke, *Co-operation Between National Competition agencies in the enforcement of EC Competition Law,* Hart Publishing, Oxford y Portland, Oregon, 2009, Págs. 286 a 290.

[1123] Como así puede verse en el asunto *Roquette Frères,* apartados 34 y 35; así como también en el asunto *Hoechst A. G. Vs. La Comisión,* apartados 33 y 34.

[1124] Por ejemplo requiriendo o no la colaboración de un Juez, en la obtención de una orden judicial que permita al *Enforcement Body* de carácter administrativo llevar a cabo la diligencia.

[1125] Como por ejemplo aquella que mas debate ha generado una vez adherida en la reforma, en virtud de la cual se inspecciona un emplazamiento privado, donde se presume, será encontrada la información relevante que permitirá descubrir la transgresión.

[1126] Además, claro está, de las particularidades específicas que en cada Derecho interno sean desarrolladas para ejercer el poder de investigación. Pues si bien en la normativa nacional de los países miembros no se pueden incluir trabas que impidan cumplir los objetivos de los Tratados de la Unión y de los instrumentos legales puestos a disposición en Europa, sí que se otorga una Autonomía suficiente para estructurar condiciones específicas que se amolden a la cultura jurídica de aquel territorio.

procedimiento actual pueden producirse inconvenientes para los cuales no existen soluciones, como por ejemplo para solventar que en el curso de la investigación se hayan cometido irregularidades en la recolección de información y dicho material ya se hubiese remitido a la Autoridad requirente. Siendo en cualquier caso, una circunstancia desafortunada que aunque hipotética, no se interpreta lejana y puede llegar a presentarse[1127].

En las mismas condiciones que la transmisión de información horizontal, este instrumento de cooperación no se configura en términos imperativos para las Autoridades Nacionales de Competencia, ya que ningún precepto comunitario, obliga a aquellas a responder afirmativamente una solicitud de asistencia realizada por una autoridad par[1128]; por lo que es un tema netamente discrecional en virtud del cual ningún *Enforcement Body* de carácter nacional debe entender garantizada la asistencia requerida, ya que así como existe la posibilidad de que se responda afirmativamente la solicitud de colaboración en las labores de investigación, puede darse la eventualidad de que sea declinada la misma[1129].

[1127]Entienden que esta circunstancia puede llegar a presentarse, VAN GERVEN, Yves, "Regulation 1/2003: Inspections ("Dawn Raids") and the rights of defence", en *Neueste Entwicklungen im europäischen und internationalen Kartellrecht*, 13. St. Galler Internationales Kartellrechtsforum, editor BAUDENBACHER, Carl, Helbing Lichtenhahn Verlag, Basilea, 2007, Pág. 352. El documento está disponible para consulta en lengua original en: http://www.vvgb-law.com/vangerven/publications/VanGerven_Regulation1_2003InspectionsDawnRaids.pdf.; y GAUER, Celine, "Due Process in the face of divergent National Procedures and sanctions", paper presentado en la conferencia *Antitrust* Reform in Europe: A year in practice papers, organizada por la International Bar Association, Bruselas, 9 al 11 de Marzo de 2005, Pág. 13. El documento está disponible para consulta en lengua original en: http://www.ibanet.org/Conferences/05_confs_antitrust_reform_in__Eu_A_year_in_Practice_papers.aspx. Quienes coinciden al expresar que de haberse recolectado la información en claro incumplimiento de las normas procesales que le regulan en el país de origen donde se efectuó la diligencia, la Autoridad receptora, debe en todos los casos abstenerse de usarla, pues la ilegalidad de los aspectos de investigación siempre desemboca en la inutilidad del material probatorio, ya que no podrá ser utilizado por otros *Enforcement Bodies*. Siendo un argumento a su vez complementado por DEKEYSER, Kris y DALHEIMER, Dorothe, "Cooperation within the European Competition Network – Taking stock after 10 months of case practice", en *Antitrust Reform in Europe: a year in practice*, Editores LOWE, Philip y REYNOLDS, Michael, International Bar Association, Londres, 2005, Pág. 12, quienes entienden que la información recolectada ilegalmente debe ser apartada del análisis del asunto, destruida por el receptor o retornada a quien la remitió, y notificada su extracción del caso, a los interesados.

[1128]Aunque para algún sector, que se decline dicha asistencia, en todo caso debe estar sujeto al deber de cooperación entre Estados y Autoridades de dichos Estados en los Tratados. VAN GERVEN, Yves, "Regulation 1/2003: Inspections ("Dawn Raids") and the rights of defence", en *Neueste Entwicklungen im europäischen und internationalen Kartellrecht*, 13. St. Galler Internationales Kartellrechtsforum, editor BAUDENBACHER, Carl, Helbing Lichtenhahn Verlag, Basilea, 2007, Pág. 339.

[1129]Aunque eso sí, debe hacerse una salvedad de importancia, ya que de accederse a prestar asistencia administrativa en la investigación, la Autoridad Nacional de Competencia del territorio donde se llevase a cabo la diligencia que permitiese la recolección del material probatorio, estará obligada a remitirlo a la Autoridad solicitante, no pudiendo a su vez, prestar la asistencia en la materialización de diligencias y negarse a proporcionarla cuando le es requerida. REICHELT, Daniel, "To what extent does the co-operation within the European Competition network protect the Rights of undertakings?", en *Common Market Law Review*, N° 42, 2005, Pág. 765.

El ejercicio consensuado de facultades y la composición de un sistema dual de aplicación de las normas *antitrust*

3. Armonización de competencias entre *Enforcement Bodies:* rechazo, suspensión y terminación de procedimientos.

Como ha sido manifestado en repetidas ocasiones en el presente trabajo, con la reforma se ha intentado potenciar la coherencia de la Defensa de la Competencia en Europa, por medio de la disposición de ciertas herramientas que garantizan un ejercicio más eficaz de las atribuciones de los *Enforcement Bodies;* en el cual los choques entre las diversas autoridades involucradas, sean cada vez más limitados.

De tal manera, el artículo 13 del Reglamento 1/2003, proporciona herramientas de cooperación anexas, que se unen a aquellas descritas en apartados anteriores, gracias a las cuales, la Comisión, como principal Autoridad Comunitaria de Competencia, se encuentra en mejor posición para garantizarse que el asunto que involucra la aplicación de la normativa de libre competencia, será conducido de forma exclusiva por solo uno de los *Enforcement Bodies* capacitados para ello.

Concretamente, el artículo 13, deja claro que es motivo suficiente para desestimar una denuncia, para suspender un procedimiento propio, o para cerrar un expediente sobre un asunto específico, el hecho de que otra autoridad esté involucrada con la resolución de un caso. A saber, en dos diversas circunstancias, como lo son que efectivamente otro *Enforcement Body* haya hecho frente al asunto en el pasado, o que esté conociendo del mismo en el preciso momento en el cual se encuentra también en manos de una segunda autoridad[1130].

Si bien la cultura dinámica de la comunidad puede suscitar cambios en las situaciones puntuales que hacen necesaria la puesta en marcha de aquellas soluciones adheridas al artículo 13, cabe resaltar que de momento, las circunstancias más recurrentes que las originan son:

- Aquellas en las cuales más de un *Enforcement Body* ha recibido la misma denuncia.

- Aquellas en las que más de una autoridad ha tomado la decisión de actuar de oficio en razón de un mismo asunto; y

- Aquellas en las cuales se presenta una denuncia ante la Comisión cuando una autoridad administrativa nacional de competencia ya está conociendo del asunto particular[1131].

[1130] Debiéndose entender "conocer del tema", de acuerdo a las condiciones que la doctrina ha extraído del texto del artículo 13, extendido tanto a la etapa previa a la investigación, como a la etapa formal del procedimiento.

[1131] Este compendio de circunstancias son enunciadas por PACE, Lorenzo Federico, *European Antitrust Law. Prohibitions, Merger Control and Procedures,* Edward Elgar Publishing, Cheltenham, 2007, Pág. 280, quien interpreta este instrumento de cooperación como la segunda respuesta a los conflictos que son susceptibles de generarse cuando más de una Autoridad se rodea de las circunstancias propias de un asunto particular, ya que según su óptica en un marco temporal coherente y común, siempre debe venir tras la información circundante entre los miembros de la Red Europea de Autoridades de Competencia, Págs. 277 a 283.

Los paralelismos entre procesos son fuente primaria de la puesta en marcha de los mecanismos proporcionados por el artículo 13, y a pesar de que puedan a simple vista interpretarse como inusuales, en la realidad no son una eventualidad extraña, ya que en razón de las condiciones mismas del sistema pueden incluso llegar a ser comunes entre las diversas autoridades, y solo entre aquellas; toda vez que la Comisión como autoridad privilegiada y superior se excluye de dicha posibilidad, ya que cuenta con el poder para desplazar a otros *Enforcement Bodies* del conocimiento de un asunto particular cuando así lo estime pertinente[1132].

No obstante dicha superioridad, la Comisión cuenta también con la posibilidad de poner en marcha los instrumentos de coordinación del artículo 13, por ejemplo desestimando una denuncia, en aquellos casos en los cuales tenga conocimiento de que el asunto objeto de aquella, está siendo tramitado por una autoridad nacional[1133].

En cualquier caso, la variación entre el rechazo a una denuncia realizado por la máxima autoridad comunitaria y aquel efectuado por una autoridad nacional, está en los motivos que impulsan a cada uno de aquellos *Enforcers* a hacerlo, toda vez que la Comisión normalmente se basa en el poco interés comunitario en un asunto, en su deseo por reducir la carga de trabajo al interior de sí misma o en las condiciones mismas del caso[1134], para poner en marcha los instrumentos del artículo 13, mientras que las autoridades nacionales buscan concentrar en una sola autoridad de carácter nacional el conocimiento sobre un asunto particular.

Es claro que sea cual sea la autoridad que en potencia esté capacitada para suspender, rechazar o terminar un proceso a su cargo; lo esencial es que la información fluya oportunamente entre los diversos miembros de la Red Europea de Autoridades de Competencia, donde se encuentran estructuradas las bases principales del tránsito que permite a los diversos *Enforcers* sustentar las decisiones que tomen de acuerdo al artículo 13.

Y es que de conformidad con el numeral tercero del artículo 11 del Reglamento, es menester que sea remitida por parte de las Autoridades administrativas nacionales a la Comisión, información sobre un asunto particular antes de realizar las primeras diligencias formales de investigación, o inmediatamente después de iniciadas.

Por lo que no cabe duda, que es la Comisión quien tiene la obligación de garantizar una comunicación persistente e ininterrumpida al interior de la red, dándole rotación entre los diversos *enforcers* a la información recibida, para que así aquellos, con conocimiento

---

[1132] En razón del texto consignado en el numeral sexto del artículo 11 del Reglamento en desarrollo, donde queda claro que no es posible que se den procesos paralelos entre la Comisión y una Autoridad Nacional de Competencia en aplicación de los artículos 101 y 102 del Tratado de Funcionamiento de la Unión Europea.

[1133] Oración final del numeral primero del artículo 13 del Reglamento en desarrollo.

[1134] De acuerdo, esta última, al apartado 41 de la *Comunicación de la Comisión sobre la tramitación de denuncias por parte de la Comisión al amparo de los artículos 81 y 82 del Tratado CE*, de 27 de Abril de 2004, así como también al numeral tercero del artículo 7 del Reglamento 773/2004, *relativo al desarrollo de los procedimientos de la Comisión con arreglo a los artículos 81 y 82 del Tratado CE*.

suficiente sobre el asunto, puedan reaccionar a tiempo, bien suspendiendo un proceso al
que venían haciéndole frente, rechazando una denuncia acerca de un asunto específico, o
incluso, remitiendo la toma de decisión a otra autoridad, etc.

A la par de la obligación informativa descrita, es importante resaltar que este tipo de
mecanismos no solo se suscitan en aquellas situaciones en las cuales una autoridad
nacional recibe una denuncia y sin haber realizado actuación alguna la rechaza; pues
pueden darse incluso situaciones especiales en virtud de las cuales, una autoridad
nacional decida cerrar el expediente de un asunto, muy a pesar de haber logrado avances
respecto del mismo, llevando a cabo diligencias y notificaciones.

Si bien en principio aquello puede interpretarse como un contrasentido, pues
habiéndose hecho avances en la resolución de la cuestión se presume aquella autoridad
como la mejor situada para concluir la misma, la realidad es que puede existir la
eventualidad de que otro *Enforcement Body* de carácter nacional sea designado para
concluir con la causa sin que aquello tenga un impacto negativo en las investigaciones
efectuadas. Por lo que ante dicha contingencia, es necesario que, como efectivamente se
está suscitando en el terreno práctico, se vean reforzados los canales de información y se
garantice un uso y una relevancia al material recolectado por otra u otras autoridades, que
favorezca la incursión en el procedimiento definitivo añadiendo valor[1135] y prevenga que
dicha información sea descuidada u olvidada.

Además de las particularidades de los instrumentos dispuestos para evitar
contradicciones fruto del posible paralelismo de procesos, el numeral segundo del
artículo 13 del Reglamento en desarrollo, tal y como ya se había enunciado, también
proporciona respuesta a las situaciones en las cuales el asunto objeto de un proceso, ya
haya sido tratado por otra Autoridad de Competencia; otorgando así la posibilidad a los
distintos *Enforcement Bodies,* de evitar contradicciones innecesarias con los
pronunciamientos de otras autoridades, dándoles el poder de rechazar las denuncias que
se encuadren en dicha eventualidad[1136].

Así mismo como la parte final del artículo 5 del Reglamento le da la posibilidad a las
Autoridades Nacionales de Competencia de decidir que no procede la intervención
respecto de un asunto particular, el artículo 13 les otorga la posibilidad de esquivar
posibles contradicciones de la mano de aquella, permitiéndoles cerrar un caso en base al
presunto choque que puede presentarse con otra autoridad, incluso sin considerar los
méritos del asunto particular, no teniendo la obligación de explicar las razones puntuales

---

[1135] El artículo 12 del Reglamento favorece dicha situación, toda vez que ahora las Autoridades
Nacionales tienen la posibilidad de centralizar con más facilidad los esfuerzos, pudiendo incluso dar
apertura a procedimientos en torno a asuntos a los que en un escenario distinto, nunca se haría frente.

[1136] Sin importar cuales fueron las particularidades explicitas de la decisión tomada por una Autoridad
Nacional de Competencia; pues según la opinión de BRAMMER, Silke, *Co-operation Between National
Competition agencies in the enforcement of EC Competition Law,* Hart Publishing, Oxford y Portland,
Oregon, 2009, Pág. 69, *"(...) It is irrelevant, in this respect, wheter the other NCA has adopted a negative
decision or equally rejected the complaint".*

en las cuales ha basado su decisión, tal y como puede verse en el apartado 22 de la *Comunicación sobre cooperación en la red de autoridades de competencia*[1137].

Que dicha realidad esté planteada en los mencionados términos[1138], en ningún caso puede ser interpretado como una incursión de la impunidad, o como una atribución desfavorecedora de los intereses de los perjudicados; toda vez que a pesar de que efectivamente las autoridades de competencia puedan decidir no intervenir, en todos aquellos casos en los cuales exista evidencia que compruebe la infracción de las normas de libre competencia comunitarias, por lo menos una de las Autoridades administrativas nacionales, o la Comisión si hay interés comunitario, deberá hacerse cargo de la investigación.

A manera de conclusión una vez expuestas todas las particularidades acerca de este instrumento de cooperación, solo puede resaltarse la idoneidad para evitar confrontaciones, y la necesaria compenetración informativa en tiempo real entre autoridades de la cual requiere, pues de carecer de dichas atribuciones, su efectividad sería nula, ya que si bien multiplicidad de procesos paralelos sobre un mismo asunto pueden enriquecer la resolución del mismo una vez la información se centraliza en la autoridad final, la realidad es que cada procedimiento puede suscitar contradicciones. Por lo que resulta ser un instrumento dependiente del tránsito informativo, ya que no puede gestionarse por sí solo, sino gracias al cumplimiento que los distintos *Enforcement Bodies* le den al artículo 12 del Reglamento y a sus instrumentos complementarios[1139].

II. El enlace imperativo entre *Enforcement Bodies* de naturaleza administrativa y jurisdiccional.

El camino recorrido en Europa en búsqueda de consolidar la que en algún momento fue una simple posibilidad de que los Jueces nacionales aplicaran la normativa de libre

---

[1137] En el cual queda claro que está dentro de las atribuciones de estas, el poder de tomar la decisión acerca de la suspensión o cierre de un proceso; toda vez que gracias a dicha posibilidad se ve mejor garantizada la coherencia en la aplicación de la normativa de libre competencia de acuerdo a las condiciones específicas del asunto, así como también al interés que se le haya atribuido al interior del *Enforcement Body* al caso particular.

[1138] Por ambos numerales del artículo 13, en razón de los cuales, no puede olvidarse, quedan de lado las normas nacionales que impongan una obligación a sus Autoridades Nacionales, de evaluar el asunto a pesar de que esté siendo objeto de un procedimiento llevado por otra Autoridad de Competencia, o ya haya sido resuelto por otro *Enforcement Body* de carácter nacional. Existiendo una contradicción con dicho principio en los derechos belga y francés, donde se imponen trabas a dicha posibilidad de las Autoridades de Competencia de aquellos países, pues en el primero se exigen en todos los casos resoluciones razonadas y formales, así como también en el segundo, donde además dichas resoluciones deben someterse a una revisión de carácter judicial. IDOT, Lawrence, " A necessary step towards common procedural standarts of implementation for articles 81 & 82 EC without the Network", en *European Competition Law Annual 2002: Constructing the EU Network of Competition Authorities*, Editores EHLERMANN, Claus-Dieter y ATANASIU, Isabela, Hart Publishing, Oxford, 2004, Pág. 216.

[1139] De esta idea es igualmente PACE, Lorenzo Federico, *European Antitrust Law. Prohibitions, Merger Control and Procedures,* Edward Elgar Publishing, Cheltenham, 2007, Pág.279, quien incluso crea una línea temporal en la que siempre y solo, de configurarse el tránsito informativo, se podrá acceder a los instrumentos de cooperación descritos en este apartado.

competencia, permite ya en el terreno práctico, generar un debate necesario acerca de los mecanismos que serán utilizados por este tipo de *Enforcement Bodies*, para contribuir en la estructuración de un escenario propicio de colaboración, en el cual no se produzca un hervor continuo en el proceso de aplicación de la normativa *antitrust*, y en el que se evite transitar en sentido inverso de los objetivos y finalidades que se han buscado con tan ambiciosa reforma.

La aplicación coherente de las reglas establecidas en la normativa *antitrust*, es indispensable y un requisito *sine qua non* de la labor que realizan tanto los Jueces nacionales en merced de la reforma, como las Autoridades administrativas nacionales de competencia y la Comisión. La coherencia, uniformidad y homogeneidad, tanto de la normativa en aplicación como de las formas desarrolladas por los *Enforcers,* suministran un sentido y una posibilidad real de que la aplicación paralela de las normas de libre competencia se vea verdaderamente vigorizada[1140].

En el caso *Walt Wilhelm y otros Vs. Bundeskartellamt* (en lo sucesivo *Walt Wilhelm)*[1141], el Tribunal de Justicia de las Comunidades Europeas aceptó que los Tribunales nacionales aplicaran la legislación nacional de competencia y las normas europeas de competencia en paralelo, abriendo una puerta que años más tarde fue respetada y complementada por el Reglamento 1/2003.

La anterior mención tiene importancia en este punto, pues no solo reafirma lo que hasta ahora se ha visto en este trabajo acerca de la evolución de la forma en la cual se aplica la normativa *antitrust*, sino que igualmente permite entender que el debate no goza de juventud como muchos han pretendido exponer, y ya en la actualidad está justificado por ciertos parámetros de colaboración entre los *Enforcement Bodies* que disciplinan la labor de estos en un catálogo de ocasiones pertinentes.

La colaboración entre autoridades de corte administrativo y Jueces nacionales, como ya se ha dicho anteriormente, necesita de un análisis uniforme que permita otorgar garantía a los particulares y al público en general, acerca de la conveniencia y real utilidad que genera un sistema dual a la protección de los mercados y la competencia.

Esa uniformidad ya ha venido siendo exigida en las actuaciones de las Autoridades Nacionales de Competencia y la Comisión misma[1142], y goza de buena salud, en parte,

---

[1140] NORBERG, Sven, "The co-operation between the national courts and the Commission in the application of EC competition rules", Ponencia realizada en la segunda conferencia organizada por la Association of European Competition Law Judges, Luxemburgo, 13 de Junio de 2003, Pág. 4. El documento está disponible para consulta en: http://ec.europa.eu/competition/speeches/text/sp2003_060_en.pdf.

[1141] Sentencia del Tribunal de Justicia de las Comunidades Europeas, de 13 de Febrero de 1969, asunto 14/68. Texto disponible para consulta en lengua inglesa en: http://eur-lex.europa.eu/LexUriServ/LexUriServ.do?uri=CELEX:61968J0014:EN:HTML.

[1142] Con la importante divergencia en los niveles y papel de cada uno de estos *Enforcement Bodies,* la cual ya ha sido expuesta en apartados anteriores, la cual se resume en la capacidad de la Comisión de vincular con sus pronunciamientos a los Jueces y no verse vinculado por las decisiones de éstos. BURRICHTER, Jochem, "Modernization of EC Competition law: The application of article 81 (3) by national courts. Remarks from the point of view of a practitioner", en *European Competition Law Annual*

gracias a la naturaleza análoga de las autoridades y al idioma jurídico, organizacional y procesal que las une, el cual ha generado unos mecanismos idóneos que les permiten colaborar entre ellas, armonizar sus acciones y acercar en cumplimiento de sus objetivos las posturas que en oportunidades por aspectos de tradición jurídica nacional son divergentes[1143].

La instauración de una Red Europea de Autoridades de Competencia creada en favor de la consolidación de estos principios, ha permitido, tal y como se vio en el apartado previo del presente capítulo, que el intercambio de información, el envío y discusión de casos, y otros instrumentos de compenetración y trabajo conjunto entre organismos de carácter administrativo, sean una realidad, cada día más fortalecida.

Los mecanismos reseñados, hacen referencia a la cooperación que le es exigible en el cumplimiento de sus funciones a todas las Autoridades administrativas de competencia[1144], y que de forma coherente, también deben ser exigidos a todos los *Enforcers*, sea cual sea su naturaleza, que tengan dentro de sus atribuciones la aplicación de la normativa *antitrust*.

De tal manera, en la labor de revisión y determinación de una transgresión a la normativa de libre competencia, los *Enforcement Bodies*, sin importar su naturaleza, pública o privada, deben buscar evitar incoherencias en el análisis y resolución de asuntos, sistematizando e integrando actuaciones, evitando la asignación múltiple de recursos y propendiendo por la armonización funcional de la vía pública y la vía privada de aplicación de la normativa *antitrust*. Dándole cumplimiento escrupuloso a los principios que rigen la actuación conjunta y poniendo en funcionamiento la cooperación, como principio regulador en virtud del cual, se busca colaborar, asistir y complementar a otro *Enforcer* en el cumplimiento de sus funciones[1145].

Los Tribunales y Jueces nacionales cuentan entonces, con un catálogo de instrumentos puntuales de cooperación[1146], que si bien no son los mismos que tienen las Autoridades administrativas de competencia para compenetrar sus actuaciones[1147], sí

2000: *the modernization of EC antitrust policy*, Editores EHLERMANN, Claus-Dieter y ATANASIU, Isabela, Hart Publishing, Oxford, 2001, Pág. 542.

[1143] BRAMMER, Silke, *Co-operation Between National Competition agencies in the enforcement of EC Competition Law*, Hart Publishing, Oxford y Portland, Oregon, 2009, Pág. 6.

[1144] Se ha visto su incidencia en el marco comunitario y se puede retomar observando lo dispuesto tanto en el Reglamento 1/2003, el cual en su artículo 11 desarrolla el tema de "cooperación entre la Comisión y las autoridades de competencia de los Estados miembros"; igualmente la *Comunicación relativa a la cooperación entre la Comisión y los órganos jurisdiccionales*. Así como el artículo 18 de la ley de Defensa de la Competencia en España.

[1145] Reglamento 1/2003 en su artículo 15 y en su numeral inicial 21.

[1146] Puede verse lo expresado en el numeral 22 de la *Comunicación* de 27 de Abril de 2004, *relativa a la cooperación entre la Comisión y los órganos jurisdiccionales de los Estados miembros de la UE para la aplicación de los artículos 81 y 82 CE*.

[1147] Al respecto el apartado 21 del Reglamento 1/2003, así como su artículo 15. Igualmente la *Comunicación* de la Comisión de 27 de Abril de 2004, *relativa a la cooperación entre la Comisión y los*

guardan estrecha similitud con ellos y son resultado, en algunos aspectos esenciales, de
sus particularidades y experiencias, las cuales favorecen el punto de partida en el cual los
Jueces deben basar los instrumentos cooperativos, haciéndolo superior a aquel en el cual
debieron iniciar su aventura los integrantes de la red de autoridades de competencia[1148].

Las problemáticas como era de esperarse, no se han hecho esperar en este proceso de
afianzamiento de los instrumentos de cooperación entre Jueces y autoridades nacionales,
y a pesar de haberse nutrido de los avances de estos mismos mecanismos en el caso de
autoridades de competencia, se han generado, tal y como se expuso previamente,
discusiones en torno al carácter vinculante de las decisiones de unos y otros y la
posibilidad que tiene dicho carácter de influenciar o condicionar el cumplimiento de la
labor de aplicación.

Los Jueces han partido al parecer con cierta desventaja, ya que la tradición jurídica
europea, en razón de la desconfianza de algunos, en parte sigue creyendo que la igualdad
en el cumplimiento de la labor de aplicación es simplemente un tecnicismo y parte de una
redacción "idealista", que no está valorando de forma coherente la peligrosidad de que
los Jueces den alcance a las Autoridades administrativas de competencia. Este sector
"tradicional" ha abierto debates múltiples acerca de la preponderancia que deben tener los
lineamientos trazados por las autoridades de competencia, y sigue creyendo que las
decisiones de éstas deben condicionar a los Jueces.

A lo que hay que añadir el principio fundamental, por el cual la Comisión es el eje
principal en lo referente a formulación de la política comunitaria, en razón de que, los
mecanismos de armonización de la función de aplicación entre *Enforcers,* deben ser
adecuados a los lineamientos expresados por ésta.

Añadiendo un fundamento más al difícil pero posible engranaje que tienen los Jueces
entre manos para llevar a cabo su labor de aplicación de una forma coherente y con
suficiente sustento jurídico. El cual, no está de más resaltar, no está siendo contrastado en
algunos países miembros, como España, donde la implementación de los instrumentos en
mención, en razón del poco bagaje normativo al respecto, amerita siempre un desgaste

---

órganos jurisdiccionales de los Estados miembros de la UE para la aplicación de los artículos 81 y 82 CE
(actuales 101 y 102). Así como el desarrollo que hace la Ley de Defensa de la Competencia en España al
respecto en su artículo 16.

[1148] Acerca de las variaciones necesarias para lograr una consistencia en la aplicación de la normativa
de libre competencia, y el estudio acerca de cómo influyen en dicho logro la calidad de los Jueces y la
certeza legal, se recomienda acerca de dicho material el estudio de JACOBS, Francis, G y DEISENHOFER,
Thomas, "Procedural aspects of the effective private enforcement of EC competition rules: A Community
perspective", en *European Competition Law Annual 2001: Effective private enforcement of EC Antitrust
Law,* Editores EHLERMANN, Claus-Dieter y ATANASIU, Isabela, Oxford, Hart Publishing, 2003, Págs.
198 y siguientes. También puede verse GORECKI, Paul, "The importance of cooperation between national
competition agencies under Regulation 1/2003", ponencia realizada en la conferencia de la autoridad de
competencia de Luxemburgo, Luxemburgo, 7 de Mayo de 2004, Pág. 7. Donde el autor resalta la
importancia de entrenar a los Jueces para el cumplimiento de la labor de aplicación y de cooperación con
otros *Enforcers,* resaltando la incidencia que tendrá en el buen funcionamiento de la Defensa de la
Competencia en la comunidad.

que podría ser evitado y que actualmente está dando pie a interpretaciones e implementaciones divergentes.

Por lo que, a continuación, se hace necesario, en este apartado, desarrollar a profundidad los instrumentos de cooperación entre los Jueces nacionales y las Autoridades administrativas de competencia nacionales y comunitarias, haciendo un especial hincapié en la autoridad nacional de competencia española, La Comisión Nacional de Competencia, y en los Jueces y/o Tribunales nacionales españoles de especialidad mercantil.

La cooperación en sí, se basa en los mismos parámetros teóricos sin importar la naturaleza del "organismo" que la pone en marcha, y se basa, a la par con lo expuesto previamente, en la asistencia a un *Enforcement Body*, realizada por otro, en búsqueda de contribuir con el adecuado cumplimiento de las funciones que le son legalmente atribuidas.

Esta escueta definición, lo es, en razón del entramado de actividades de compleja composición y en continua evolución que suelen ser comunes en las relaciones entre los *Enforcers*, máxime cuando son de distinta naturaleza, el cual le otorga una movilidad y una cambiante realidad a las formas efectivas que son utilizadas por los distintos organismos para contribuir, auxiliar y propender por el correcto cumplimiento de las labores del otro *Enforcement Body*.

Es posible elevar a la categoría de principio a la cooperación, pues tiene fundamentos tanto en el Tratado de funcionamiento de la Unión Europea, como en un compendio de jurisprudencia que ya ha sido analizada previamente, que sirven de soporte a la lealtad y transparencia con la cual todos los *Enforcers* deben impregnar el cumplimiento de sus funciones, y en específico, con las cuales debe llevar a cabo la labor de colaboración y soporte objeto del presente apartado[1149].

Las relaciones entre Jueces y/o Tribunales nacionales con las Autoridades administrativas de competencia comunitarias o nacionales, son de ida y vuelta y tienen un grado de mayor o menor interrelación y frecuencia según los requerimientos y realidades que plantee cada caso particular.

Si bien funcionan de forma distinta en lo referente a la Comisión, a raíz de ser un eje superior y con cierta "hegemonía" que vincula y condiciona con sus decisiones las disposiciones de los otros *Enforcement Bodies*, las relaciones de cooperación están

---

[1149] Entre los cuales deben resaltarse, los aportes que realizó el Tribunal de Primera Instancia en el asunto *Postbank NV Vs. La Comisión de las Comunidades Europeas*, toda vez que dejó claro que en razón del artículo 5 del Tratado Constitutivo de la Unión Europea, tanto la Comisión como los Jueces nacionales, tenían una obligación a su cargo, de prestarse asistencia activa, leal, responsable y sincera cuando el otro *Enforcer* así lo requiriese, o la situación particular lo aconsejase. Cobrando importancia específica, los apartados del 62 al 64 del fallo enunciado. Siendo a su vez complementado por el asunto *Masterfoods Ltda Vs. HB Ice Cream Ltda*, apartado 56, el cual se hace eco de la idea planteada previamente por la jurisprudencia, generando equivalencias entre la cooperación que debe ser exigida a las Autoridades Públicas de Competencia de todos los niveles entre sí, y la cooperación reciproca de los *Enforcement Bodies* de caracter público y los Jueces y Tribunales nacionales.

planteadas para que su funcionamiento sea equitativo y genere una actuación efectiva en
el seno de cada *Enforcer*, que posibilite que la doble asignación de recursos no se suscite.

Los grados de complejidad de ambas vías de colaboración (bien se trate de la
cooperación judicial-administrativa) o, de la (cooperación administrativo- judicial.) tal y
como a continuación se expondrá, en mi opinión, divergen y ven incrementado su nivel,
así como también su incidencia y repercusión en la aplicación llevada a cabo por otro,
cuando el origen de la actuación de colaboración es una autoridad administrativa de
competencia.

Este efecto, creo que se genera en parte y entre otros, en razón de los aspectos
organizacionales y jerárquicos que normalmente cobijan a estas autoridades, así como
también, a raíz de los múltiples recursos que les son otorgados y que les permiten, en
principio, y en merced de la teoría, contar con más posibilidades de facilitar y encauzar
de forma eficaz la labor conjunta de los Jueces y la autoridad de competencia misma. Sin
olvidar dentro de dicho catálogo de aspectos, que hacen más compleja y completa a su
vez, la cooperación, cuando el origen es una autoridad administrativa y el destino un
Juez, el hecho de la puesta en marcha de ciertas facultades que le son otorgadas a las
autoridades de competencia y no a los Jueces, tal y como se verá a continuación,
diferencian el marco cooperativo de dichas autoridades y de los Tribunales nacionales[1150],
otorgándole matices que no deben ser obviados bajo ningún concepto.

Es por ello, que se cree pertinente empezar la exposición de los instrumentos
dispuestos a favor de los *Enforcement Bodies* para colaborar entre sí, exponiendo aquel
que se interpreta, presenta mayor complejidad, en parte por haber generado muchos más
debates a su alrededor. Como lo es aquel que complementa las tareas de aplicación
llevadas a cabo por los órganos jurisdiccionales nacionales gracias a la contribución de
las Autoridades administrativas del nivel comunitario o nacional.

(A) La cooperación administrativo-judicial.

Como ya se ha adelantando previamente, la Comisión tiene en el engranaje de la
aplicación de las normas de libre competencia, una posición privilegiada que nace en
razón de ser el eje principal de formulación de la política comunitaria, la cual, en el tema
que compete, le permite como máxima autoridad, contar con potestades especiales que le
consienten participar en los procesos judiciales, claro está, en términos específicos y no
absolutos que desvirtuarían totalmente la participación de los Jueces[1151].

[1150] Acerca del Desarrollo de los instrumentos de cooperación, resalta la labor realizada en Europa y
que puede ser consultada en el Commission Staff Working Paper, de 29 de Abril de 2009, acerca del
funcionamiento del Reglamento 1/2003 en los años en los cuales ha estado en vigor, hasta el año 2009.
Resaltando en los análisis realizados, la labor que este está haciendo posible en razón de los instrumentos y
de la interacción entre *Enforcement Bodies* que está establecida en su texto. El documento en mención está
disponible para consulta en inglés en: http://eur-lex.europa.eu/LexUriServ
/LexUriServ.do?uri=SEC:2009:0574:FIN:EN:PDF.

[1151] Como lo establece el numeral 19 de la *Comunicación* de 27 de Abril de 2004, *relativa a la
cooperación entre la Comisión y los órganos jurisdiccionales de los Estados miembros de la UE para la
aplicación de los artículos 81 y 82 CE*. La Comunicación resalta en este punto la objetividad, neutralidad y

Su situación de privilegio, nace entre otras circunstancias, de su jerarquía, la cual le encumbra a ser la cabeza visible, de donde continuamente vienen variaciones, modificaciones, avances y similares que guían y condicionan tanto las funciones de las Autoridades Nacionales de Competencia, como las de los Jueces y Tribunales nacionales.

Al respecto, cabe decir a pesar de incurrir en la repetición, que ese poderío y esa posibilidad real de influenciar las labores de aplicación de los demás *Enforcement Bodies*, no es en ningún caso absoluta y mucho menos paralela, pues encuentra límites efectivos de diversas índoles en razón del *body* con el que se cumpla la labor de cooperación[1152].

Así las cosas, tal y como fue visto en la parte referente al *public enforcement* por excelencia en cabeza de la Comisión, así como en el apartado acerca de las facultades de los *Enforcers* públicos nacionales, a la máxima autoridad comunitaria se le otorgan poderes que le permiten intervenir de una forma contundente en los procedimientos de las Autoridades administrativas nacionales de competencia, pudiendo incluso cambiar la dirección de la labor de aplicación realizada por estas.

En el caso de los procesos que son llevados por los Tribunales nacionales la situación es distinta, ya que si bien los Jueces están obligados a suministrar a la Comisión información sobre procesos que ameriten la aplicación del articulado comunitario de libre competencia, a la Comisión le está prohibido interferir o variar el desarrollo regular del proceso, ya que cualquier actuación en contrario pondría en duda la independencia judicial.

De tal manera, la Comisión en aras de propugnar en favor del interés general y en búsqueda de que no se cree jurisprudencia en contravía de los fundamentos comunitarios concurrenciales trazados, sí que tiene una posibilidad en los procesos judiciales, la cual es la de presentar una exposición en cualquier etapa del proceso judicial, inclusive cuando ya se ha dictado sentencia, en el sentido que estime pertinente, e incluso en contravía de lo desarrollado o resuelto por el Juez nacional. Cumpliendo con ello su labor de formulación y de puesta en manifiesto de su línea argumentativa, la cual no resulta ser, y no debe ser un llamamiento a que las manifestaciones y trazados del proceso judicial se vean modificados[1153].

---

respeto por la independencia de los órganos jurisdiccionales que debe envolver las actuaciones de la Comisión.

[1152] Siendo distinto su tratamiento en lo referente a los instrumentos de coordinación, que como se verá, buscan conferir por medio de los órdenes institucionales de los *Enforcement Bodies*, una certeza acerca de la prioridad de la Comisión y de sus actuaciones en búsqueda de no generar choques de trenes continuamente.

[1153] Como así se resalta en el asunto *Inspecteur van de Belastingdienst/P/kantoor P Vs. X BV*. Donde el abogado general en los apartados 63 a 66 de sus conclusiones, afirma que la participación de la autoridad de competencia como *Amicus Curiae*, y en razón de no ser vinculantes sus razonamientos, en ningún caso debe afectar las potestades de los Jueces, ni los procedimientos establecidos en la normativa de cada país de la Comunidad para hacer efectiva la formulación de observaciones, ni a las partes. El documento está disponible para consulta en inglés en: http://eurlex.europa.eu /LexUriServ/LexUriServ.do?uri=CELEX:62007C0429:EN:HTML. También lo expresado por KOMNINOS, Assimakis, *"EC Private Antitrust Enforcement: Decentralised Application of EC Competition Law by National Courts"*, Hart Publishing, Oxford, 2008, Pág. 106. Quien manifiesta que el

El ejercicio consensuado de facultades y la composición de un sistema dual de aplicación de las normas *antitrust*

Además de la Formulación de observaciones previamente descrita, las Autoridades administrativas también pueden recibir requerimientos por parte de los Tribunales nacionales en aras de que sean emitidos y/o transmitidos dictámenes sobre aspectos relativos a la aplicación de las normas de competencia comunitarias, así como que les sea suministrada información relevante acerca de un asunto específico.

Estos instrumentos de cooperación, se dan en razón de la instauración del régimen de competencias paralelas y resultan ser de una importancia extrema, ya que gracias a ellos se acortan las distancias que tienen las Autoridades administrativas de competencia con los Jueces a raíz de la divergencia de recursos, que siendo mayores para las primeras, les permite estar en mejor posición para delimitar mercados relevantes, las razones económicas de las conductas, etc.[1154]

De tal forma, a continuación se expondrán las vertientes de cooperación que se extraen de la normativa comunitaria en la vía en desarrollo, empezando por la que se estima más punzante y conflictiva en lo referente a la cooperación que nace de la Comisión o las Autoridades Nacionales de Competencia dirigida a los Jueces y Tribunales nacionales, cual es la formulación de observaciones que pueden llevar a cabo la Comisión y las Autoridades administrativas de competencia en los procesos judiciales. Dicho esquema se plantea, al valorar que su exposición inicial puede colaborar al entendimiento de los otros instrumentos de cooperación, pues está en capacidad de condicionar su alcance.

1. La formulación de observaciones.

Es este instrumento cooperativo, aquel que más dudas doctrinales ha generado en su recorrido en torno a diversos aspectos, tales como, la incidencia real que tiene la formulación de exposiciones por parte de las Autoridades administrativas de competencia en los procesos judiciales llevados por los Tribunales nacionales, los mecanismos a desplegar para que dicha labor tenga un sentido práctico, así como que la misma se vea efectivamente cumpliendo una labor de utilidad. Todas ellas, dudas que se han presentado a pesar de la obligatoriedad en el respeto y no injerencia en los procesos judiciales por los que debe propender toda autoridad administrativa.

La formulación de observaciones en desarrollo, es una manifestación de la institución del *amicus curiae*[1155], la cual está establecida desde sus orígenes como una posibilidad a

---

Juez debe prevenirse a sí mismo de "autoimponerse" y apresurarse a direccionar su respuesta en un sentido afín a las observaciones formuladas, ya que siempre debe motivar sus razonamientos, otorgándole la posibilidad a las partes de expresarse incluso, sobre los aportes de la autoridad de competencia.

[1154] Sobre los instrumentos en estudio, FERNANDEZ LOPEZ, Juan Manuel, "La Aplicación judicial en litigios privados", en *La Nueva Ley de Defensa de la Competencia. Análisis y comentarios*, Directores BENEYTO PÉREZ-CERDÁ, José María; MAILLO GONZÁLEZ ORÚS, Jerónimo, Coordinador ESPER, Mariano, Editorial Bosch, Madrid, 2009, Págs. 126 y siguientes.

[1155] Como así puede verse en la Sentencia del Tribunal de las Comunidades Europeas, *Reino de los Países Bajos y Gerard van der Wal Vs. La Comisión de las Comunidades Europeas*, Asuntos acumulados C-174/98 P y C-189/98 P, de 11 de Enero de 2000, texto disponible para consulta en: http://eur-

favor de aquellos no inmersos en el proceso, quienes en aras de defender un interés propio o general y no en coadyuvancia de las pretensiones de las partes, pueden adherirse al mismo en búsqueda de exponer, anexar y enriquecer el procedimiento con sus aportes[1156].

La amplitud original de la figura del *amicus curiae*, capacitaba a múltiples sujetos para adherirse a un proceso como tal, y permitía interpretar que tanto las personas naturales, como jurídicas, de derecho público o privado que tuviesen algo que aportar al proceso, estaban capacitadas para adherirse al mismo en dichas condiciones.

Dicha amplitud se ha encontrado con una delimitación realizada en Europa por la normativa comunitaria, y en específico por el Reglamento 1/2003, en la que se ha facultado solo a las Autoridades administrativas de competencia comunitarias y nacionales, para participar como *amicus curiae* en los procesos judiciales que tengan relación con la aplicación de la normativa *antitrust*, olvidándose de otros grupos o autoridades que pueden tener mucho que decir[1157].

Parece no ser del todo ideal este estrecho margen de maniobra que plantea la normativa comunitaria en cuanto a los sujetos facultados para adherirse a un proceso como *amicus curiae*. En razón de ello, ha sido ampliamente discutido, toda vez que no permite que agrupaciones de particulares o estos mismos, en ciertas circunstancias que lo ameriten, participen y se adhieran al proceso.

No es arriesgado interpretar que la coherencia de la normativa de libre competencia puede ser mejor salvaguardada si se crea un catálogo de situaciones en las cuales, también otros grupos de interés privado puedan intervenir, claro está, con unos límites establecidos.

---

lex.europa.eu/LexUriServ/ LexUriServ.do?uri=CELEX:61998J0174:ES:HTML. En su apartado número 12. En la mencionada sentencia queda clara la posición de *Amicus Curiae* de la Comisión en estos casos. Sobre el tema se recomienda el análisis hecho por RUIZ PERIS, Juan Ignacio, "Los órganos de Defensa de la Competencia como amicus curiae", en *Revista Derecho de los Negocios*, Año 18, N° 206, 2007, Págs. 5 y siguientes.

[1156] La mencionada institución está comprendida en el Reglamento 1/2003, en su artículo 15, numeral 3 e igualmente en la *Comunicación relativa a la cooperación entre la Comisión y los órganos jurisdiccionales*, en su numeral 31; estando suficientemente interiorizada por todos los textos jurídicos que hablan de cooperación entre Autoridades administrativas y Jueces, existiendo un leve debate alrededor de la técnica que fue utilizada para implementarla en el ámbito europeo, evolucionando su problemática al alcance de la misma. COVER, Michael, "Arbitrating Competition Law Cases", en *Arbitration, The International Journal of Arbitration, Mediation and Dispute Management*, 2008, Pág. 8.

[1157] En razón, entre otros aspectos de gran importancia, de ser interpretadas como aquellas que en mejor posición se encuentran para adherirse como *Amicus Curiae* a un proceso judicial, toda suerte que les son asignadas funciones especiales. Siendo ejemplo de ello la Comisión, la cual tiene una función de consulta por la cual debe solventar dudas acerca de la aplicación de la normativa de libre competencia comunitaria, o bien formulando observaciones cuando así lo estime pertinente, o emitiendo dictámenes cuando así le sea solicitado por un Juez nacional, tal y como se verá en el apartado siguiente. GÓMEZ TRINIDAD, Silvia, *El Reglamento 1/2003 y la finalización del procedimiento de Defensa de la Competencia seguido ante la Comisión europea*, Marcial Pons, Barcelona, 2007, Pág. 248.

El ejercicio consensuado de facultades y la composición de un sistema dual de aplicación de las normas *antitrust*

Aun así y a pesar de las criticas y matices que se han aportado por parte de la doctrina, las restricciones planteadas por la normativa comunitaria no finalizan con la limitación "orgánica" expuesta, pues igualmente ha estrechado el marco de posibilidades por las cuales estará justificada la formulación de observaciones de las Autoridades administrativas en su actuación como *amicus curiae*, estableciendo que la vinculación solo podrá darse en aquellos eventos en los cuales la aplicación coherente de la normativa de libre competencia esté en riesgo[1158].

Sorprende por lo tanto, que siendo expresa en Europa la posibilidad de intervención, la normativa española haya dado una amplitud diversa al tema[1159], posibilitando que incluso cuando la coherencia de la normativa de libre competencia no esté en riesgo, la Comisión y las Autoridades administrativas nacionales de competencia formulen las observaciones que estimen pertinentes[1160].

Al expresar que las observaciones pueden darse "*sobre cuestiones relativas a la aplicación de los artículos 81 y 82 del Tratado de la Comunidad Europea o los artículos 1 y 2 de la Ley de Defensa de la Competencia*", la normativa Española genera una interpretación diversa que en teoría debería posibilitar que las Autoridades Nacionales de Competencia interviniesen más en los procesos judiciales, pero que verdaderamente solo le genera una equivalencia con las interpretaciones extensivas que ha hecho la jurisprudencia acerca del artículo 15 del Reglamento 1/2003.

[1158] COLOMER HERNANDEZ, Ignacio, "La tutela judicial de la Defensa de la Competencia", en *Derecho de la Competencia. Estudios sobre la ley 15 de 2007, de 3 de Julio, de Defensa de la Competencia*, Directores PAREJO ALFONSO, Luciano y PALOMAR OLMEDA, Alberto, La Ley, Madrid, 2008, Pág. 535. Dicha restricción a la "coherencia" la establece el Reglamento 1/2003 en el numeral 3 del artículo 15 al expresar: "*(...) Cuando la aplicación coherente de los artículos 81 u 82 del Tratado lo requiera (...)*". Y lo ratifica el numeral 32 de la *Comunicación relativa a la cooperación entre la Comisión y los órganos jurisdiccionales*.

[1159] Que le otorga un alcance mayor en la Ley 1/2000, de 7 de de Enero, de Enjuiciamiento Civil Española, la cual en su artículo 15 bis reza: "*(...) sobre cuestiones relativas a la aplicación de los artículos 81 y 82 del Tratado de la Comunidad Europea o los artículos 1 y 2 de la Ley de Defensa de la Competencia (...)*", norma ratificada en el artículo 16 de la Ley de Defensa de la Competencia en España, y en la disposición adicional segunda, numeral uno de la misma norma. En los cuales se permite que no solo en los casos en los cuales la coherencia de la normativa de libre competencia esté en riesgo, las Autoridades administrativas intervengan.

[1160] La calidad técnica de la normativa española sobre el tema también es criticada por algunos, que además de lo expresado, refutan que al agrupar la formulación de observaciones con las otras formas de intervención de las autoridades de competencia como *Amicus Curiae*, tal y como lo hace el artículo 16 de la Ley de Defensa de la Competencia, es totalmente inconveniente, toda vez que genera un desconcierto en su aplicación práctica. FERNANDEZ LOPEZ, Juan Manuel, "La Aplicación judicial en litigios privados", en *La Nueva Ley de Defensa de la Competencia, Análisis y comentarios*, Directores BENEYTO PÉREZ-CERDÁ, José María; MAILLO GONZÁLEZ ORÚS, Jerónimo, Coordinador ESPER, Mariano, Editorial Bosch, Madrid, 2009, Pág. 289. Otros creen que la amplitud que se expone en el texto, encuentra razón en la doble vía que tiene la presentación de observaciones en España, cuales son aportar información esencial y matizar u orientar sobre los aspectos que pueden poner trabas a la aplicación coherente de la normativa de libre competencia. COLOMER HERNANDEZ, Ignacio, "La tutela judicial de la Defensa de la Competencia", en *Derecho de la Competencia. Estudios sobre la ley 15 de 2007, de 3 de Julio, de Defensa de la Competencia*, Directores PAREJO ALFONSO, Luciano y PALOMAR OLMEDA, Alberto, La Ley, Madrid, 2008, Pág.537.

Dichas interpretaciones extensivas a las que me refiero, pueden ser observadas en ciertos pronunciamientos que han suscitado que la enunciación de la "aplicación coherente" de la normativa *antitrust*, no sea una restricción para la Comisión y las Autoridades administrativas de competencia, que les impida cuando las circunstancias del caso particular así lo requieran, vincularse por medio de la formulación de observaciones a un proceso llevado por un órgano jurisdiccional de un país miembro[1161].

Ejemplo de ello es el asunto *Inspecteur van de Belastingdienst/P/kantoor P Vs. X BV*[1162], que suscitó apreciaciones de la Comisión y la redacción de las conclusiones del caso, por parte del abogado general Mengozzi[1163]. Dicho asunto, desembocó en la aceptación por parte del Tribunal de justicia, de la formulación de observaciones tanto de las Autoridades Nacionales de Competencia y de la Comisión, siempre que la aplicación de la normativa *antitrust* requiriese, para ser coherentemente puesta en marcha, dichas apreciaciones, sin importar si el asunto central sobre el cual versase el proceso giraba en torno a la aplicación de dicha normativa o no[1164].

[1161] Que son los que han ameritado la puesta en marcha de la formulación de observaciones por parte de la Comisión, y que solo ha tenido dos exponentes jurisprudenciales, tal y como lo expuso la Commision Staff Working Paper, acerca del funcionamiento del Reglamento 1/2003 entre sus numerales 284 a 290. Los mencionados asuntos son: *Garage Gremeau SA Vs. Daimler Chrysler France SA*, de la Corte de Casación de París, de 28/06/2005, texto disponible para consulta en francés en: http://ec.europa.eu/competition/elojade/*antitrust*/nationalcourts/?ms_code=fra. Y el asunto *Inspecteur van de Belastingdienst/P/kantoor P Vs. X BV*, C-427/07, texto disponible para consulta en inglés en: http://eur-lex.europa.eu/LexUriServ/LexUriServ.do?uri=CELEX:62007J0429:EN:HTML.

[1162] Que en resumen hace referencia a la cuestión prejudicial que ante el Tribunal de Justicia de las Comunidades Europeas fue presentada por el Tribunal Neerlandés acerca de la posibilidad de que la Comisión, tal y como esta última lo estaba solicitando, pudiese previa remisión de información, formular observaciones acerca de un tema que generaba dudas por no ser interpretado por el Tribunal Holandés (que conocía de la apelación), como un tema que envolviera la aplicación de la normativa *antitrust* en Europa.

[1163] Que sirvieron de sustento principal a los fundamentos resolutivos expuestos por el Tribunal. El documento está disponible para consulta en inglés en: http://eurlex.europa.eu/LexUriServ/LexUriServ.do?uri=CELEX:62007C0429:EN:HTML. De sus consideraciones se resalta la apreciación realizada por éste entre los apartados 34 y 42, así como en el 54, donde expone la continua labor de verificación que debe llevar a cabo la Comisión, y de cómo, en razón de ella, debe ser interpretada desde la amplitud su posibilidad de formular observaciones, siempre que haya riesgos de que la normativa de libre competencia se vea menoscabada con cierta aplicación, tal y como en el caso específico, donde el debate se suscitó en torno a la efectividad de las multas impuestas como consecuencia a la transgresión de la normativa *antitrust*.

[1164] Como es el caso del mencionado asunto *Inspecteur van de Belastingdienst/P/kantoor P Vs. X BV*, que versando sobre aspectos fiscales, por los cuales *X BV* buscaba deducir una multa que le había sido impuesta por transgredir la normativa *antitrust*, conllevó la interrelación del aspecto tributario y el de la efectividad de las multas fruto de una transgresión a la normativa de libre competencia. El que a su vez fue objeto de la interpretación extensiva, toda vez que dicha consecuencia jurídica a la transgresión está relacionada con la actuación prohibida, permitiendo así la formulación de observaciones de un interesado natural como lo es la Comisión, sin con ello incurrir en pugna alguna con lo establecido en el Reglamento 1/2003 o la *Comunicación relativa a la cooperación entre la Comisión y los órganos jurisdiccionales*, ya que no hay restricción en ellas y el marco planteado por el asunto en desarrollo se encuadra en la ampliación de su alcance. Al respecto en dicho asunto el apartado 36: *"(...) there is an intrinsic link between the fines and the application of Articles 81 and 82 EC"*. Igualmente el apartado 37: *"The effectiveness of the penalties imposed by the national or Community competition authorities on the basis of Article 83(2) (a) EC is therefore a condition for the coherent application of Articles 81 EC and 82 EC"*. Igualmente y acerca de la concordancia con el Reglamento, el apartado 30. Acerca de las particularidades

El ejercicio consensuado de facultades y la composición de un sistema dual de aplicación de las normas *antitrust*

Algún sector de la doctrina cree que el campo de aplicación y el alcance que se ha impreso a la formulación de observaciones de las autoridades de competencia, en especial de la Comisión, es muy amplio y permitirá en el futuro que cuando la Comisión quiera adherirse como *amicus curiae* a un proceso llevado por un Juez nacional, pueda hacerlo sin límite alguno, puesto que la forma de generar una relación entre los parámetros de "coherencia en la aplicación" plasmados en la norma y una situación de hecho específica, es factible y podría ser una consolidación más de la "hegemonía" de la Comisión[1165].

A pesar de hallar razones en dicho postulado, no lo comparto, toda vez que no creo que cada caso en específico pueda hallar una línea de conexión clara con la "coherencia", como sucedió en el asunto *Inspecteur van de Belastingdienst/P/kantoor P Vs. X BV* donde la multa impuesta generaba una incidencia en la aplicación de la normativa *antitrust*.

A lo que hay que añadir la condición, envergadura, e importancia que tiene la Comisión tanto organizacional como funcionalmente, y que le imprimen un carácter de confianza y responsabilidad (de ser cierta esa línea infinita de conexión que dicen algunos autores ahora existe gracias a la jurisprudencia citada), que encuentra un soporte adicional en el uso que le ha dado a la posibilidad de formulación de observaciones, solo en casos muy puntuales en los que lo ha creído indispensable. Permitiendo interpretar, en mi caso, que no se han perdido o diluido los principios básicos plasmados en el Reglamento 1/2003 y en la *Comunicación relativa a la cooperación entre la Comisión y los órganos jurisdiccionales*, ni hay peligrosidad alguna en la implementación de la figura.

En razón de todos los argumentos trazados, la participación como *amicus curiae* y su manifestación más importante, como lo es la formulación de observaciones[1166], capacitan a las Autoridades administrativas a defender el interés general del que son garantes, en respeto a los parámetros que le ha delimitado el Reglamento 1/2003. Asegurándose e intentando con su actuación, lograr el mayor nivel de coherencia posible en la aplicación de la normativa *antitrust*, ya que a pesar de no tener el poder de coaccionar, condicionar o

---

del asunto y de las influyentes conclusiones del abogado general puede verse el más completo análisis realizado por WRIGHT, Kathryn, "European Commission intervensions as Amicus Curiae in national competition cases: The Preliminary reference in X BV", en *European Competition Law Review*, N° 7, 2009, Págs. 309 a 313.

[1165] Ejemplo de ellos es el rechazo que algunos autores creen que debe nacer de las partes procesales y de los Jueces o Tribunales nacionales, cuando el objetivo buscados por las autoridades de competencia nacionales o comunitarias no sea el de propender por la aplicación coherente de la normativa de libre competencia, de forma única y restrictiva. COLOMER HERNANDEZ, Ignacio, "La tutela judicial de la Defensa de la Competencia", en *Derecho de la Competencia. Estudios sobre la ley 15 de 2007, de 3 de Julio, de Defensa de la Competencia*, Directores PAREJO ALFONSO, Luciano y PALOMAR OLMEDA, Alberto, La Ley, Madrid, 2008, Págs. 554 y siguientes.

[1166] A pesar de lo dicho por muchos que interpretan que la institución del *Amicus Curiae* también tiene el mismo grado de importancia que la formulación de observaciones en lo referente al traslado de información y emisión de dictámenes. La doctrina contraria soporta que dichas actuaciones son de gran importancia, pero no manifestación de la institución mencionada. PÉREZ BUSTAMANTE KOSTER, Jaime y PASSAS OGALLAR, Juan, "Reclamaciones de daños y perjuicios derivados de la infracción de la normativa sobre competencia", en *La Ley 15/2007 de Defensa de la Competencia. Jornada de estudio de la AEDC*, Monografía 1/2008, Coordinador CREUS CARRERAS, Antonio, Madrid, 2008, Pág. 274.

dirigir al Tribunal Nacional en sus motivaciones[1167], actuaciones y resoluciones, sí tiene la capacidad de orientar y generar senderos que pueden ser seguidos por el Juez cuando así lo estime pertinente[1168].

La puesta en marcha de la adhesión de una autoridad como *amicus curiae* a un proceso, ha sido puesta en manos de cada Derecho nacional de los países miembros, quienes en aquello no desarrollado por la normativa comunitaria, deben ampliar y establecer los parámetros procesales en los cuales se efectuará[1169]. En razón de ello, es obligada la referencia a la normativa española, con la cual se intentará ahondar en los fundamentos reales que influencian dicha adhesión desde el seno de un Tribunal Nacional[1170].

En el mencionado país, tanto los autos de apertura de un proceso que vincule la aplicación de la normativa *antitrust*, como las sentencias de dichos procesos y los recursos de apelación contra ellos[1171], deben ser notificados por parte de los Jueces de lo

---

[1167] Aunque así lo cree un sector de la doctrina para el cual, la posibilidad de formular observaciones a los Tribunales y Jueces nacionales, es una manifestación reiterativa del control que ejercen la Comisión y las Autoridades Nacionales de Competencia sobre los fallos proferidos por los primeros. PACE, Lorenzo Federico, *Derecho Europeo de la Competencia. Prohibiciones antitrust, control de concentraciones y procedimientos de aplicación,* Marcial Pons, Madrid, Barcelona, 2007, Pág. 390.

[1168] ECHARANDIO, Edorta, "La articulación en el proceso judicial español de los mecanismos de cooperación entre los Jueces y las Autoridades administrativas", en *El Derecho de la Competencia y los Jueces,* Directores MARTINEZ LAGE, Santiago y PETITBO, Juan, Marcial Pons, Madrid, 2007, Pág. 44.

[1169] Como así lo establece la *Comunicación relativa a la cooperación entre la Comisión y los órganos jurisdiccionales,* en su numeral 34: *"Dado que el Reglamento no establece un procedimiento para la presentación de las observaciones, el procedimiento aplicable se determinará con arreglo a las normas y prácticas procesales de los Estados miembros (...)".*

[1170] En España, se prevé la formulación de observaciones de forma escrita y oral en las diversas instancias así: En primera instancia, si las observaciones van a ser presentadas de forma oral, se debe fijar una vista por parte del Juez para que se realice la exposición de argumentos, la cual con la venia del Tribunal, debe preceder como mínimo en 10 días al juicio. En la misma instancia y en caso de que se vayan a presentar por escrito, las mismas deben ser formuladas con 10 días de antelación a la celebración del juicio. En segunda instancia, sin importar si las observaciones serán presentadas de forma escrita u oral, el plazo para presentarlas, será de 10 días, pues es este el periodo de oposición o impugnación que prevé el artículo 461, numeral 1 de la Ley de enjuiciamiento civil. En el caso de la casación el plazo varía y sería de 20 días. Importantes sectores de la doctrina interpretan que la formulación de observaciones y en general la figura del *Amicus Curiae* debe contar con un desarrollo expreso en la Ley de Defensa de la Competencia que sea consecuente con la razón de ser y objetivos de la misma. COLOMER HERNANDEZ, Ignacio, "La tutela judicial de la Defensa de la Competencia", en *Derecho de la Competencia. Estudios sobre la ley 15 de 2007, de 3 de Julio, de Defensa de la Competencia,* Directores PAREJO ALFONSO, Luciano y PALOMAR OLMEDA, Alberto, La Ley, Madrid, 2008, Págs. 529 y siguientes.

[1171] Artículo 16, numeral tercero y la disposición adicional segunda en de la Ley de Defensa de la Competencia en España. La respuesta a las observaciones que se presentan en razón de un recurso de apelación, sobre el cual ya se vio, se plantea un término de 10 días para impugnar u oponerse, resulta ameritar una dificultad extrema para las partes, que sirve de sustento a algún sector doctrinal, que cree que debe ser celebrada una vista para que tenga lugar la respuesta de los implicados, o que simplemente debe ser restringido el marco de dichas formulaciones en razón de la apelación. RODRIGUEZ SASTRE, Iñigo, "Ley 15/2007, de 3 de Julio, de Defensa de la Competencia. Disposición Adicional segunda. Modificación de la ley 1/2000, de 7 de Enero, de enjuiciamiento civil", en *Derecho Español de la Competencia: Comentarios a la ley 15/2007, Real decreto 261/2008 y ley 1/2002,* Director ODRIOZOLA ALEN, Miguel,

El ejercicio consensuado de facultades y la composición de un sistema dual de
aplicación de las normas *antitrust*

mercantil a la autoridad nacional de competencia, que para el caso es la Comisión
Nacional de Competencia. Estando obligados igualmente a otorgar toda la información
extra que la autoridad administrativa requiera y a facilitar el correcto cumplimiento de la
labor administrativa[1172].

Dichas obligaciones las interpreto, tal y como lo expresa una parte importante de la
doctrina, como la consolidación de la formulación de observaciones, la cual creo, no tiene
ningún impedimento para realizarse en cualquier etapa del proceso, desde el momento
mismo de su apertura hasta su resolución total, incluso en instancias diversas a la segunda
instancia propiamente dicha como lo puede ser la casación[1173], pues si bien no hay
literalmente ninguna referencia a ella, nada impide que también pueda suscitar las
observaciones de una autoridad[1174].

Coordinadora IRISSARRY, Belén, Editorial Bosch, Barcelona, 2008, Volumen 2, Pág. 1210. Igualmente,
otros creen que el proceso se ve distorsionado por la falta de claridad acerca de la forma en la cual los
particulares inmersos en el proceso pueden dar respuesta a las observaciones formuladas por la autoridad, a
lo que añaden que es indispensable que haya parámetros claros acerca de las circunstancias, requisitos,
modo, y demás que deberán respetar las partes para responder unas observaciones en las cuales
normalmente la autoridad se decanta por los argumentos de una de ellas. KOMNINOS, Assimakis, *EC
Private Antitrust Enforcement: Decentralised Application of EC Competition Law by National Courts*, Hart
Publishing, Oxford, 2008, Pág. 106.

[1172] Se resaltan las lagunas acerca del deber de información a la autoridad de competencia en España:
"*cuando la aplicación del Derecho de la competencia se solicite: i) en una acción acumulada por el
demandante con posterioridad a la interposición de la demanda, ii) en la contestación del demandado al
introducir la nulidad del negocio o contrato en que se apoya la pretensión actora; iii) en la reconvención
del demandado*". COLOMER HERNANDEZ, Ignacio, "La tutela judicial de la Defensa de la
Competencia", en *Derecho de la Competencia. Estudios sobre la ley 15 de 2007, de 3 de Julio, de Defensa
de la Competencia*, Directores PAREJO ALFONSO, Luciano y PALOMAR OLMEDA, Alberto, La Ley,
Madrid, 2008, Pág. 521.

[1173] Sobre la posibilidad de adherirse al proceso formulando observaciones en razón de un recurso de
casación, son muchas las voces que han planteado que no hay ninguna razón por la cual esta posibilidad no
pudiese fortalecerse. Así las cosas, que en esta etapa no se pudiese consolidar la formulación de
observaciones, lo observan como un detrimento de los *Enforcement Bodies*, tanto judiciales como
administrativos que en aras de generar una aplicación más coherente, necesitan la posibilidad de exponer o
de recibir dicha argumentación, pues la misma está en capacidad de cumplir una tarea esencial en la
resolución de una disputa concurrencial. COLOMER HERNANDEZ, Ignacio, "La tutela judicial de la
Defensa de la Competencia", en *Derecho de la Competencia. Estudios sobre la ley 15 de 2007, de 3 de
Julio, de Defensa de la Competencia*, Directores PAREJO ALFONSO, Luciano y PALOMAR OLMEDA,
Alberto, La Ley, Madrid, 2008, Pág. 553. También en apoyo a la doctrina previamente expuesta,
RODRIGUEZ SASTRE, Iñigo, "Ley 15/2007, de 3 de Julio, de Defensa de la Competencia. Disposición
Adicional segunda. Modificación de la ley 1/2000, de 7 de Enero, de enjuiciamiento civil", en *Derecho
Español de la Competencia: Comentarios a la ley 15/2007, Real decreto 261/2008 y ley 1/2002*, Director
ODRIOZOLA ALEN, Miguel, Coordinadora IRISSARRY, Belén, Editorial Bosch, Barcelona, 2008,
Volumen 2, Pág. 1211, para quien el hecho de que no sean vinculantes las observaciones de la autoridad,
así como el interés loable de cooperación que se persigue deben sustentar que en la casación también sea
posible que las autoridades hagan uso de dicha facultad.

[1174] Es importante resaltar las diferencias entre la apelación y la casación respecto a la obligación
informativa que tienen los Jueces nacionales. La normativa nada dice acerca del deber de los Jueces de
informar a las autoridades de competencia sobre el plazo de oposición o impugnación que se abre en razón
del recurso de casación, o acerca de la remisión del escrito por el cual se interpone tal recurso, por lo que
grandes dificultades temporales por lo restringido del plazo, como de conocimiento tendrán las Autoridades
administrativas para llevar a cabo la formulación en estudio. ARRIBAS HERNANDEZ, Alberto,

Dicha amplitud respecto a los momentos procesales en los cuales se pueden suscitar las observaciones, no significa que los deberes informativos, de remisión y demás que tienen los Jueces nacionales, deban ser interpretados como un poder extraordinario en manos de las Autoridades administrativas, puesto que éstas igualmente tienen restricciones importantes respecto a múltiples aspectos.

Limitaciones tales como ceñirse a los hechos, argumentos y aspectos concretos del caso a la hora de formular las observaciones que estime pertinentes, teniendo prohibida la adhesión de hechos distintos a los puestos en consideración por las partes en manos del Juez, así como también la aportación de pruebas sobre ciertas actuaciones o situaciones diversas que no entran dentro del marco de la cuestión en proceso[1175].

Igualmente, en el mismo sentido, las autoridades tienen prohibido utilizar la información para cumplir objetivos distintos a aquellos buscados con la remisión de la misma por parte de los Jueces. Lo que quiere decir que no podrán dar uso probatorio al material despachado por un Tribunal, aunque con un matiz de gran importancia, cual es que dicha información sí puede ser utilizada como razón y fuente de la iniciación de una investigación y proceso en el seno de la autoridad administrativa.

Las preguntas que se generan comúnmente en torno a la formulación de observaciones, han ido mutando y se han desplazado por los temas hasta ahora descritos, hasta posarse actualmente en otros aspectos. El primero que hace referencia al cuestionamiento que un sector de la doctrina se hace acerca de la múltiple concurrencia de Autoridades administrativas de competencia como *amicus curiae*, en el cual se debate sí es posible que tanto la Comisión como autoridad comunitaria, como las autoridades de competencia de los países miembros puedan adherirse a un mismo proceso judicial formulando observaciones[1176].

Sobre este debate, la doctrina ha seguido un mismo camino en cuanto a la pregunta de si es posible o no que varias autoridades concurran y ha interpretado que no hay impedimento alguno para que así suceda. La disputa y las diferencias argumentales se han centrado en establecer cuál sería el tratamiento de dichas observaciones por estas remitidas.

Comentario de la ley de Defensa de la Competencia, Directores MASSAGUER, José, FOLGUERA, Jaime, SALA ARQUER, José Manuel y GUTIERREZ, Alfonso, Civitas, Madrid, 2008, Pág. 739.

[1175] RODRIGUEZ SASTRE, Iñigo, "Ley 15/2007, de 3 de Julio, de Defensa de la Competencia. Artículo 16. Cooperación con los órganos jurisdiccionales", en *Derecho Español de la Competencia: Comentarios a la ley 15/2007, Real decreto 261/2008 y ley 1/2002*, Director ODRIOZOLA ALEN, Miguel, Coordinadora IRISSARRY, Belén, Editorial Bosch, Barcelona, 2008, Volumen 2, Págs. 466 y siguientes.

[1176] La posibilidad del Juez, de darle estudio, trámite, o no a una observación u observaciones de varias autoridades de competencia, se une a la posibilidad de, en los casos que tras hacer un estudio observe que no se cumplen los requisitos básicos para la adhesión, no darle trámite a la misma en razón de sus falencias. Por lo que, no hay mayor incidencia o razón para negar la posibilidad de que varias autoridades presenten observaciones. COLOMER HERNANDEZ, Ignacio, "La tutela judicial de la Defensa de la Competencia", en *Derecho de la Competencia. Estudios sobre la ley 15 de 2007, de 3 de Julio, de Defensa de la Competencia*, Directores PAREJO ALFONSO, Luciano y PALOMAR OLMEDA, Alberto, La Ley, Madrid, 2008, Pág. 546.

Algunos dicen que las observaciones de la Comisión deberían prevalecer en caso de
divergencias entre las formulaciones con otra u otras autoridades, y otros que dicho
debate es inoperante ya que el Juez no se ve vinculado por las observaciones de ninguna
de ellas[1177].

Así las cosas, entiendo que a pesar de que los Jueces nacionales no deban condicionar
en ningún caso sus razonamientos o resoluciones en razón de las observaciones de una
autoridad de competencia, dichos aportes y la posibilidad de presentarlos en un proceso
en cualquier etapa del mismo, se basan en la colaboración y enriquecimiento que se debe
impregnar en las actuaciones coordinadas de todos los *Enforcement Bodies*.

Por lo que, elegir como argumento simplemente que las observaciones no vinculan al
Juez, me parece un poco drástico, máxime cuando el Juez tiene la capacidad de evaluar y
valorar las mismas en uso de ciertos parámetros que deben influir en su análisis, tales
como cuál es la autoridad de la que provienen las observaciones, la calidad técnica de las
mismas, la real incidencia en el caso concreto, la(s) razón(es) de la contradicción de las
observaciones presentadas por diversas autoridades (de haberlas), entre otras. Dicha
evaluación sin lugar a dudas, de ser realizada en términos de eficiencia, estará en
capacidad de incrementar el nivel de las formulaciones realizadas por las autoridades,
impregnándola de un sentido benéfico para el sistema de aplicación.

El otro debate suscitado en torno a las observaciones y no menos importante que el
anterior, es el referente a la posibilidad de que una misma autoridad de competencia
formule observaciones en diversos momentos procesales de un asunto llevado por un
Juez nacional. La normativa no delimita dicha eventualidad y eso ha llevado a que la
doctrina se decante en mayor proporción por la aceptación de esa posibilidad, por la cual
una autoridad podría tanto en primera, como en segunda instancia, e incluso en casación,
formular observaciones.

De ser coherentes, mantener una línea común en las observaciones y respetar los
parámetros procesales que el derecho nacional y comunitario le delimita, no hay ninguna
razón por la cual dicha posibilidad no se pueda ver materializada, ya que justificará aun
más la posibilidad de formulación. Razón por la cual no dudo, más allá del desgaste que
puede significar para el Juez, que sea en beneficio y en pro de la coherencia del principio
de cooperación entre autoridades.

2. La estructuración de opiniones y su emisión por medio de dictámenes.

La amplia asignación de recursos de la cual es objeto la Comisión, así como su
posición predominante y en ocasiones condicionante a la labor de los Jueces nacionales,
plantea una facultad a favor de estos últimos, quienes en búsqueda de que sus decisiones
estén en consonancia con los parámetros planteados y seguidos por la máxima Autoridad

---

[1177] RODRIGUEZ SASTRE, Iñigo, "Ley 15/2007, de 3 de Julio, de Defensa de la Competencia.
Artículo 16. Cooperación con los órganos jurisdiccionales", en *Derecho Español de la Competencia:
Comentarios a la ley 15/2007, Real decreto 261/2008 y ley 1/2002*, Director ODRIOZOLA ALEN, Miguel,
Coordinadora IRISSARRY, Belén, Editorial Bosch, Barcelona, 2008, Volumen 2, Pág. 461.

Comunitaria de Competencia[1178], tienen la capacidad de solicitar a la Comisión el envío de un documento guía o dictamen con el cual soportar con garantías el mejor cumplimiento de su labor[1179].

El Juez, al igual que las partes del proceso judicial[1180], están en capacidad de solicitar a la Comisión la transmisión del dictamen en mención[1181]. Movidos por razones divergentes, pueden verse impulsados a solicitar a la Comisión dicho documento orientativo en ciertos casos, tales como:

- Cuando la normativa vigente, la Jurisprudencia o los pronunciamientos de la Comisión o las Autoridades Nacionales de Competencia arrojen pocas luces acerca de su naturaleza y posible resolución.

- Cuando no haya precedentes acerca de la situación problemática fuente del litigio.

- Cuando se generen dudas en el seno del Tribunal acerca de la posible problemática posterior que estaría en capacidad de presentarse con la Comisión, en razón de aspectos exógenos, políticos, económicos y de otras índoles que influyen y rodean al caso particular.

La importancia de este instrumento cooperativo, tal y como se observa, puede resumirse en el conocimiento que desea tener el Juez acerca de la posición de la autoridad frente a los parámetros generales que rodean el caso fruto de la controversia; o simplemente en el interés de éste de conocer si ya se han dado pronunciamientos de la Comisión sobre aspectos similares[1182]. Para lo cual solicita un documento guía en el que

---

[1178] Quien actuará en razón de dicha solicitud una vez emitido el dictamen, como un experto, LANDOLT, Philip Louis, *Modernised EC competition law in international arbitration"* Kluwer Law International, La Haya, 2006, Pág. 280.

[1179] KOMNINOS, Assimakis, *EC Private Antitrust Enforcement: Decentralised Application of EC Competition Law by National Courts,* Hart Publishing, Oxford, 2008, Pág. 97 y siguientes.

[1180] Quienes deben, si estiman pertinente la solicitud de un dictamen a la autoridad de competencia, hacer previamente la petición al Juez, para que éste a su vez, utilizando el conducto regular, requiera su emisión y transmisión a la Comisión. Numeral 30 de la *Comunicación relativa a la cooperación entre la Comisión y los órganos jurisdiccionales.*

[1181] Algún sector de la doctrina interpreta que es restrictivo este instrumento de cooperación al marco de acción de la Comisión, y que por lo tanto no es posible dirigirse a las autoridades de competencia nacionales para que lo realicen con respecto a la normativa interna equivalente a los preceptos comunitarios. Otros opinan de forma divergente y creen que los órganos jurisdiccionales nacionales pueden solicitar la emisión y transmisión de dictámenes tanto a la Comisión como a las Autoridades Nacionales de Competencia, pudiendo a estos últimos incluso solicitarles la emisión de dictámenes que aborden la normativa de libre competencia del país. RODRIGUEZ SASTRE, Iñigo, "Ley 15/2007, de 3 de Julio, de Defensa de la Competencia. Artículo 16. Cooperación con los órganos jurisdiccionales", en *Derecho Español de la Competencia: Comentarios a la ley 15/2007, Real decreto 261/2008 y ley 1/2002,* Director ODRIOZOLA ALEN, Miguel, Coordinadora IRISSARRY, Belén, Editorial Bosch, Barcelona, 2008, Volumen 2, Pág. 467.

[1182] HERRERA CUEVAS, Edorta Josu, "Aspectos Procedimentales de la aplicación de los artículos 81 y 82 TCE por los Jueces españoles, Estado de la cuestión", en *Gaceta Jurídica de la Unión Europea y de la Competencia,* N° 242, 2006, Pág. 44. La posición de la autoridad administrativa dentro del proceso judicial

la autoridad de competencia debe abstenerse de entrar a considerar el fondo del asunto
llevado por el órgano jurisdiccional nacional, el cual, cabe igualmente resaltarlo, no se
verá jurídicamente vinculado por el dictamen en desarrollo[1183].

Para encontrar los fundamentos básicos de este instrumento de cooperación, es
necesario dirigirse al artículo 15, numeral 1 del Reglamento 1/2003, y al desarrollo que
sobre la figura hay en el numeral 27 de la *Comunicación* de la Comisión de 27 de Abril
de 2004, *relativa a la cooperación entre la Comisión y los órganos jurisdiccionales de
los Estados miembros de la Unión Europea para la aplicación de los artículos 81 y 82
del Tratado CE.* Es en esta misma Comunicación, donde se establecen ciertos parámetros
generales acerca de las condiciones en que dicha transmisión de dictámenes debe ser
realizada, así como también, donde se hace una remisión a las normas procesales
nacionales en cuanto a las formas y procedimientos que deben seguir los Jueces para
solicitar y tratar la opinión de la Comisión.

Sorprende por lo tanto, al estudiarse los parámetros legales de esta figura, observar
los muchos vacíos que aún hay en el Derecho interno de una pluralidad de países
miembros en cuanto al desarrollo de lo establecido por la normativa comunitaria
nombrada en el párrafo anterior[1184].

España es ejemplo de ello, ya que la Ley de Defensa de la Competencia no solo no ha
desarrollado las formas procesales por las cuales los Jueces nacionales podrán solicitar y
recepcionar los dictámenes de la Comisión, sino que tampoco ha incluido precepto
alguno que plantee la emisión y transmisión de dictámenes como instrumento de
cooperación entre los Jueces y las autoridades de competencia.

Sobra decir que es inmensamente negativo que la normativa nacional no cumpla los
parámetros comunitarios, ya que sin dicho desarrollo exigido por el legislador europeo,
los Jueces están a ciegas respecto a varios aspectos de gran importancia, tales como: i)
Cuáles son las formas que deben seguir para solicitar un dictamen; ii) Cuál es la debida
actuación del Juez ante la plausible remisión de información que puede solicitar la
Comisión al Juez para realizar el dictamen; iii) Cuál es el uso que puede darle la
Comisión a la información remitida por el Juez en búsqueda de obtener un dictamen; iv)
Cuál es el valor probatorio que se le puede dar dentro del proceso judicial al dictamen de
la Comisión una vez recibido; entre otros.

---

puede corroborarse en el asunto *Reino de los Países Bajos y Gerard van der Wal Vs. La Comisión de las
Comunidades Europeas,* la cual en su motivación de la sentencia y en los numerales 22 y 25, expone ciertas
características esenciales de este instrumento de cooperación.

[1183] Numeral 29 de la *Comunicación relativa a la cooperación entre la Comisión y los órganos
jurisdiccionales;* y KORAH, Valentine, *An introductory guide to EC Law and practice,* Hart Publishing,
Oxford y Portland, 2007, Pág. 257, quien deja claro que esta modalidad de asistencia, tiene una forma
escrita, que solo cuando el Tribunal solicitante así lo pida, puede llegar a ser oral.

[1184] Acerca de la puesta en marcha de este instrumento de cooperación en el ordenamiento Español.
FERNANDEZ LOPEZ, Juan Manuel, "La Aplicación judicial en litigios privados", en *La Nueva Ley de
Defensa de la Competencia, Análisis y comentarios,* Directores BENEYTO PÉREZ-CERDÁ, José María;
MAILLO GONZÁLEZ ORÚS, Jerónimo, Coordinador ESPER, Mariano, Editorial Bosch, Madrid, 2009,
Págs. 295 y siguientes.

Es necesario entonces, un desarrollo normativo en España acerca de dichos temas, ya que sin ellos la transmisión de dictámenes flota en el aire como una posibilidad de colaboración en favor del proceso judicial, que no tiene una forma real de verse acaecida, y que es susceptible de encontrarse con grandes inconvenientes[1185].

De tal manera, el panorama demuestra cómo actualmente, tanto Tribunales como particulares, deben soportar una posible solicitud de emisión de dictamen, en lo expresado en los numerales 28[1186] y 29 de la *Comunicación relativa a la cooperación entre la Comisión y los órganos jurisdiccionales*, y en general en lo estipulado en dicha comunicación y en el Reglamento 1/2003, ya que éstas normas en mención, supeditan y obligan a la normativa interna y sirven de base a los Jueces, ante el silencio de los preceptos nacionales, para realizar la solicitud y crear precedentes procesales que deberían, tal y como ya se dijo sobradamente, estar suficientemente desarrollados en el derecho interno[1187].

3. Disposición y tránsito de información.

Es preciso enfrentarse a cierto grado de confusión al estudiar algunos instrumentos de cooperación que tienen las autoridades de competencia comunitarias y nacionales, para colaborar con las funciones de aplicación de la normativa *antitrust* realizadas por los órganos jurisdiccionales nacionales.

La razón de dicha confusión, en parte, nace de los parámetros del numeral primero del artículo 15 del Reglamento 1/2003, pues en él se abordan de manera unificada el suministro de información objeto del presente apartado, y la emisión y transmisión de dictámenes expuesta en el apartado inmediatamente anterior[1188].

[1185] Algunos creen que esta dificultad en su engranaje, así como la falta de desarrollo misma en la normativa comunitaria, se basa en el aviso que hace el cuerpo normativo, en búsqueda de que solo en situaciones donde resulte necesario hacer uso de este instrumento de cooperación, se haga. KOMNINOS, Assimakis, *EC Private Antitrust Enforcement: Decentralised Application of EC Competition Law by National Courts*, Hart Publishing, Oxford, 2008, Pág. 97.

[1186] Se resalta este artículo por contener el único término que se encuentra en la *Comunicación relativa a la cooperación entre la Comisión y los órganos jurisdiccionales* y en el Reglamento 1/2003 acerca de la emisión y transmisión de dictámenes, parece ser, en confianza de un desarrollo en el derecho nacional de cada país miembro que en España no se ha planteado aún. El término nombrado: "(...) *Para asegurar la eficacia de la cooperación con los órganos jurisdiccionales nacionales, la Comisión se esforzará por facilitar el dictamen al órgano jurisdiccional nacional en el plazo de cuatro meses a partir de la fecha de recepción de la solicitud (...)*"

[1187] A pesar de la falta de desarrollo procesal en la normativa española acerca del presente instrumento de cooperación, sorprende que sea en específico España el país que más flujo de solicitudes de emisión y transmisión de dictámenes haya hecho a la Comisión desde la entrada en vigor del Reglamento 1/2003, hasta el año 2009. El total de solicitudes en toda la Unión Europea a ese momento era de 18, de las cuales 9 fueron desde España (6 en petición de emisión de dictamen, 1 en solicitud de información y 3 mixtos), tal y como puede observarse en el Commission Staff Working Paper, el cual hace un resumen de dichas peticiones entre los numerales 277 y 282 de su texto bajo el título "opinions".

[1188] Crea la diferenciación que permite entender el cómo la autoridad de competencia, en un caso (dictámenes), actúa como perito, y en el otro (suministro de información), como testigo. LANDOLT, Philip

El ejercicio consensuado de facultades y la composición de un sistema dual de aplicación de las normas *antitrust*

El desconcierto que ha ocasionado dicho artículo, ha generado que no pocos sectores de la doctrina, interpretasen en su momento que ambos mecanismos de cooperación eran uno solo y que por lo tanto debían ser desarrollados procesalmente de forma unificada en la normativa de cada país miembro[1189].

Ha sido necesaria la interpretación conjunta del Reglamento y de la *Comunicación relativa a la cooperación entre la Comisión y los órganos jurisdiccionales*, para lograr una total certeza acerca de los dos instrumentos que están inmersos en el numeral 1 del artículo 15, ya que la comunicación desarrolla de forma individual cada uno de ellos. La emisión de un dictamen entre sus numerales 27 y 30, y el suministro de información entre el numeral 21 y el 26.

Una confusión similar se ha presentado en España, donde no se ha reproducido en las mismas condiciones la falta de claridad inicial del Reglamento, pero se ha elegido, creo yo de una forma no tan acertada, desarrollar en un mismo apartado, otorgándoles el mismo alcance y por considerarlos manifestaciones de la institución del *amicus curiae*, dos instrumentos, que si bien pueden ser interpretados como similares, en la realidad son divergentes, ya que el suministro de información y la formulación de observaciones[1190] tienen características esenciales que les alejan entre sí.

La diferencia entre las confusiones comunitaria y española, se basa en que la primera se ve solventada de forma eficaz por parte de la *Comunicación relativa a la cooperación entre la Comisión y los órganos jurisdiccionales*, y la segunda aún es latente, ya que la normativa en mención no ha sido hasta el momento modificada, complementada, desarrollada, etc.

Louis, *Modernised EC competition law in international arbitration*, Kluwer Law International, La Haya, 2006, Pág. 280.

[1189] CASTRO-VILLACAÑAS PEREZ, Diego, "las autoridades de Defensa de la Competencia como amicus curiae, una perspectiva internacional", en *Anuario de la Competencia*, 2007, Pág. 241 y siguientes. De su texto se infiere, ante la unificación de los instrumentos de cooperación en razón de ser manifestaciones del *Amicus Curiae*, que algunos de ellos, en especial el referente a los dictámenes y al suministro de información, presentan similitudes que permitirían su tratamiento conjunto. Generando que, como ya se expuso anteriormente, desde España se haya buscado la cooperación de la Comisión, conjuntando los dos instrumentos, hasta en tres ocasiones, como lo expone el Commission Staff Working Papera partir de su numeral 277.

[1190] Artículo 15 bis, numeral 1 de la ley 1/2000, de 7 de Enero, modificado por la disposición adicional segunda de la Ley de Defensa de la Competencia: "*La Comisión Europea, la Comisión Nacional de la Competencia y los órganos competentes de las Comunidades Autónomas en el ámbito de sus competencias podrán intervenir, sin tener la condición de parte, por propia iniciativa o a instancia del órgano judicial, mediante la aportación de información o presentación de observaciones escritas sobre cuestiones relativas a la aplicación de los artículos 81 y 82 del Tratado de la Comunidad Europea o los artículos 1 y 2 de la Ley de Defensa de la Competencia. Con la venia del correspondiente órgano judicial, podrán presentar también observaciones verbales. A estos efectos, podrán solicitar al órgano jurisdiccional competente que les remita o haga remitir todos los documentos necesarios para realizar una valoración del asunto de que se trate*". En razón de esta confusión expuesta y sustentada en el artículo transcrito, en España la participación aportando información o formulando observaciones, puede nacer tanto de una solicitud del Juez (de oficio o por petición de las partes), como de la iniciativa de la autoridad administrativa de competencia. Artículo 16 de la Ley de Defensa de la Competencia.

En razón de esto, en España actualmente, una autoridad de competencia puede adherirse a un proceso como *amicus curiae* también aportando información[1191], siendo un caso especial en el panorama comunitario, donde entiendo, dicho suministro informativo no forma parte del ámbito de alcance de la expresión latina y merece, tal y como lo demuestra la normativa europea, ser transpuesto en el ordenamiento de cada país de forma individual, por resultar menos confuso para el proceso de aplicación[1192].

Las divergencias entre España y Europa en lo referente a esta forma de cooperación, se extienden al atender más a profundidad el artículo 15 del Reglamento 1/2003, donde se expone que son los órganos jurisdiccionales de los países miembros quienes deben solicitar la información a las autoridades de competencia. Contrastando así con la iniciativa que también se plasma a favor de estas últimas en el ordenamiento español, por la cual pueden materializar una adhesión al proceso judicial remitiendo información.

El hecho de que una autoridad administrativa pueda suministrar por decisión propia información, que puede coincidir con material probatorio a favor de una de las partes, puede distorsionar el proceso judicial, y afectar el equilibrio del mismo[1193], ya que la cuestión debatida deja de interesar a las partes, quienes en búsqueda de defender sus pretensiones presentan motivaciones que ayuden a soportar las mismas, y pasa a interesar igualmente a una autoridad que está en capacidad de desbalancear los parámetros que las

---

[1191] Artículo 16 de la ley de Defensa de la Competencia, el cual en razón del suministro de información fue desarrollado por el Artículo 15 bis de la ley de enjuiciamiento civil, que se incluye en la disposición adicional segunda de la primera norma en mención. Se resalta el numeral 2: "*La Comisión Europea, la Comisión Nacional de la Competencia y los órganos competentes de las Comunidades Autónomas aportarán la información o presentarán las observaciones previstas en el número anterior diez días antes de la celebración del acto del juicio (...) o dentro del plazo de oposición o impugnación del recurso interpuesto.*" Algunos creen que es benéfica dicha unión y que ambas son claras manifestaciones de la adhesión como *Amicus Curiae* a un proceso. RUIZ PERIS, Juan Ignacio, "Los Órganos de Defensa de la Competencia como amicus curiae", en *Revista Derecho de los Negocios*, Año 18, N° 206, 2007, Pág. 218.

[1192] Lo que critica un sector de la doctrina, ya que entiende que el *amicus curiae* y el suministro de información no son coincidentes en muchos aspectos esenciales que deberían significar la exclusión del mecanismo de cooperación nombrado del alcance de la expresión latina. COLOMER HERNANDEZ, Ignacio, "La tutela judicial de la Defensa de la Competencia", en *Derecho de la Competencia. Estudios sobre la ley 15 de 2007, de 3 de Julio, de Defensa de la Competencia*, Directores PAREJO ALFONSO, Luciano y PALOMAR OLMEDA, Alberto, La Ley, Madrid, 2008, Pág. 558. A pesar de ello, algunos creen que la expresión latina se refiere a todos los instrumentos de cooperación sin excepción, emisión de dictámenes, el suministro de información en desarrollo y la formulación de observaciones. Matizando que lo verdaderamente importante no es la exclusión de uno u otro, sino el alcance que se le otorga a cada uno de ellos, donde la formulación de observaciones por su influencia es interpretada como la de mayor relevancia. SANZ PEREZ, Gonzalo, "Perspectivas en la aplicación del derecho comunitario de la competencia por los órganos jurisdiccionales nacionales", en *Derecho de la Competencia Europeo y Español: curso de iniciación*, coordinadores ORTIZ BLANCO, Luis y ENTRENA ROVERS, Jonathan, Editorial Dykinson, Madrid, Volumen. VII, Pág. 150 y siguientes.

[1193] Como así lo cree COLOMER HERNANDEZ, Ignacio, "La tutela judicial de la Defensa de la Competencia", en *Derecho de la Competencia. Estudios sobre la ley 15 de 2007, de 3 de Julio, de Defensa de la Competencia*, Directores PAREJO ALFONSO, Luciano y PALOMAR OLMEDA, Alberto, La Ley, Madrid, 2008, Pág. 567. Expresando que se puede "*(...) desnaturalizar todo el juicio de hecho de los litigios al introducir a un tercero que a su libérrima discreción aporte pruebas sobre algunos hechos favoreciendo a uno de los litigantes en perjuicio del otro*".

El ejercicio consensuado de facultades y la composición de un sistema dual de aplicación de las normas *antitrust*

partes y el Juez trazaron al inicio de la disputa[1194]. Creando un escenario innecesario y evitable, que solo el Juez estará en capacidad de evitar al plantear las condiciones en que la participación de la autoridad podrá darse dentro de su proceso y restringiendo el alcance de la misma[1195].

Creo que en la labor de conferir un alto grado de coherencia a las funciones de aplicación de la normativa *antitrust* por medio de la correcta implementación de los instrumentos de cooperación, se ha terminado yendo en contravía de dicho postulado impregnando de incertidumbre un mecanismo que está en capacidad de hacer más fluidas las labores de los órganos jurisdiccionales nacionales y de las autoridades de competencia[1196]. Aspecto que sin lugar a dudas, estoy seguro, debe ser solventado en prontitud, ya que puede resultar en una distorsión del principio de autonomía judicial o simplemente dificultar la labor conjunta de aplicación.

Apartando dicho tema conflictivo ya expuesto, el cual se reafirma, debe ser solucionado. Es primordial exponer las eventualidades por las cuales los Jueces y las partes pueden requerir de una autoridad de competencia el suministro de información[1197].

[1194] Como así lo manifiesta ECHARANDIO, Edorta, "La articulación en el proceso judicial español de los mecanismos de cooperación entre los Jueces y las Autoridades administrativas", en *El Derecho de la Competencia y los Jueces*, Directores MARTINEZ LAGE, Santiago y PETITBO, Juan, Marcial Pons, Madrid, 2007, Pág. 46. Quien cree que la defensa del interés general podría actuar como matiz en un precepto legal que regule el suministro de información, donde igualmente debe incluirse un límite al marco de la información que puede ser suministrada por la autoridad y que debe ceñirse a lo expuesto por las partes.

[1195] RODRIGUEZ SASTRE, Iñigo, "Ley 15/2007, de 3 de Julio, de Defensa de la Competencia. Artículo 16. Cooperación con los órganos jurisdiccionales", en *Derecho Español de la Competencia: Comentarios a la ley 15/2007, Real decreto 261/2008 y ley 1/2002*, Director ODRIOZOLA ALEN, Miguel, Coordinadora IRISSARRY, Belén, Editorial Bosch, Barcelona, 2008, Volumen 2, Págs. 464 y siguientes. Donde el autor expresa que es el Juez quien debe determinar la pertinencia de una información remitida, valorando sus excesos y posibilidades de distorsionar el proceso a favor de una parte. Añadiendo, que si de dicha valoración resulta igual un menoscabo, debería plantearse claramente la posibilidad de imponer una acción de nulidad conforme a la normativa.

[1196] Como así efectivamente lo ha entendido el Tribunal de Primera Instancia, en el ya mencionado asunto *Postbank NV Vs. La Comisión de las Comunidades Europeas*, apartado 64, en el cual, netamente en lo que a tránsito informativo entre *Enforcement Bodies* se refiere, queda claro, que el suministro de información, forma parte de la obligación de cooperación intrínseca que existe entre las Autoridades Públicas y los Jueces nacionales; por lo que más allá de existir unas obligaciones de los Tribunales receptores de dicho material, dirigidas a garantizar la confidencialidad de lo aportado, las mismas no eximen a la Comisión y a las Autoridades Nacionales de Competencia, de su deber de colaboración efectiva y sincera.

[1197] Para lo cual se resalta lo expuesto en la Sentencia de 29 de Junio de 1995, del Tribunal de Primera Instancia, asunto T-30/91, *Solvay S.A. Vs. La Comisión de las Comunidades Europeas*, el cual se cree indispensable por la relevancia de su precedente sobre el tema. Así su apartado 59: *"El acceso al expediente en los asuntos de competencia tiene por objeto permitir que los destinatarios de un pliego de cargos tengan conocimiento de los elementos de prueba que figuran en el expediente de la Comisión, para que puedan pronunciarse de forma eficaz basándose en dichos elementos, sobre las conclusiones a las que la Comisión llegó en su pliego de cargos por lo que forma parte de las garantías de procedimiento que tienen por objeto proteger el derecho de defensa"*. De igual forma los precedentes jurisprudenciales acotados en el apartado nombrado. Texto disponible para consulta en: http://eur-lex.europa.eu/LexUriServ/LexUriServ.do?uri=CELEX:61991A0030:ES:HTML, así como también la

El Juez, en conocimiento de la posición especial de la Comisión como eje de formulación de la política comunitaria de competencia, debe siempre buscar que sus actuaciones se acomoden a los principales planteamientos de la autoridad Europea. Darle cumplimiento a esta premisa, debe ser siempre uno de los objetivos primordiales de los órganos jurisdiccionales nacionales, a quienes en su búsqueda, se les otorga la posibilidad de solicitar a la Comisión en cualquier instancia del proceso, información tendiente a conocer si está siendo adelantado por la autoridad de competencia algún asunto que envuelva los aspectos principales del litigio[1198], si ya tuvo lugar, o si ya se han sentado precedentes que permitan motivar la resolución en un sentido claro[1199].

Sea cual sea el caso, es indispensable que el Juez haga uso de esta facultad, pues ella le permite no pugnar con la Comisión o con la autoridad nacional de competencia, beneficiando la aplicación que él está llevando a cabo, y colaborando así, con la consolidación y salvaguarda del sistema dual, en el cual está incluido.

Este entendimiento se ha apuntalado en el ámbito español, y no ha generado mayores problemáticas. Los verdaderos debates tanto a nivel comunitario como nacional sobre el tema en desarrollo, se han centrado en el escenario en el cual la información solicitada a la autoridad de competencia no solo tenga objetivos orientativos, sino que tenga un potencial probatorio dentro del proceso judicial.

Dicha eventualidad, ha generado la imposición de pautas que se les deben exigir tanto a los Jueces como a las autoridades (Comisión, autoridades nacionales), para que el

---

apertura en favor de las partes que ha podido percibirse en el libro blanco sobre las acciones de daños y perjuicios por incumplimiento de las normas comunitarias de Defensa de la Competencia, pues en su apartado 2.2, ha propuesto como mecanismo para terminar con la asimetría que comúnmente deben padecer los particulares, la posibilidad de solicitar la divulgación de material probatorio; sobre la cual se expresa POLSTER, Stephan, "Access to cartel evidence as a key to enhanced private enforcement: The Austrian example", en *Chambers client report*, N° 25, 2008, Pág. Unica, acotando que dicha iniciativa por sí sola no soluciona la controversia probatoria, ya que otros aspectos, como las garantías que debe prestar el Tribunal que recepciona dicha información, también está en capacidad de menguar la capacidad de las acciones emprendidas en sede judicial.

Igualmente importante, la *Comunicación de la Comisión relativa a las normas de acceso al expediente de la Comisión en los supuestos de aplicación de los artículos 81 y 82 del Tratado CE, los artículos 53, 54 y 57 del Acuerdo EEE, y el Reglamento (CE) N° 139/2004 del Consejo* (DOUE N° C 325 de 22 de Diciembre de 2005), donde en el apartado 1 se resalta la importancia de la garantía que se le debe otorgar a los particulares al respecto: *"El acceso al expediente de la Comisión es una de las garantías procedimentales destinadas a aplicar el principio de igualdad de armas y a proteger los derechos de la defensa".*

[1198] Situación en la cual, y por resultar necesario conocer el pronunciamiento del órgano administrativo, el Juez, en el tiempo que tarde la autoridad administrativa en resolver la cuestión y pronunciarse, deberá detener el procedimiento a su cargo, COLOMER HERNANDEZ, Ignacio, "La tutela judicial de la Defensa de la Competencia", en *Derecho de la Competencia. Estudios sobre la ley 15 de 2007, de 3 de Julio, de Defensa de la Competencia*, Directores PAREJO ALFONSO, Luciano y PALOMAR OLMEDA, Alberto, La Ley, Madrid, 2008, Pág. 460.

[1199] Asunto C-2/88, *Zwartveld y otros* en sus numerales 10 y 11, texto disponible para consulta en: http://eur-lex.europa.eu/LexUriServ/LexUriServ.do?uri=CELEX: 61988O0002(02):ES:PDF, *Stergios Delimitis Vs. Henninger Bräu AG* en su numeral 53 y *Postbank NV Vs. La Comisión de las Comunidades Europeas* en su numeral 65.

suministro de información se consolide sin transgredir algunos fundamentos básicos de la
protección misma de la competencia.

Esos fundamentos básicos en el caso que compete, resaltan en lo referente a las
autoridades de competencia y a los principios que rigen sus actuaciones en el recaudo y
tratamiento probatorio. Darle un uso distinto a las pruebas y en general, a la información
en poder de la autoridad de competencia, es inconveniente y pugna con los principios
esenciales de la labor administrativa llevada a cabo por la Comisión o por una autoridad
nacional de competencia, toda vez que las pruebas son recolectadas en pro del interés
general y no en búsqueda de solventar un proceso llevado por un órgano jurisdiccional de
un país miembro.

A lo que es necesario añadir que tanto la autoridad administrativa, como las personas
que cumplen su labor diaria dentro de la misma, están cubiertas por un deber de secreto
que busca impedir que se vulneren los derechos de los particulares, quienes en no pocas
ocasiones y apoyados por la confianza que les otorga el respaldo institucional, son los que
de manera voluntaria, facilitan la información y el material probatorio, colaboran en la
consecución del mismo y favorecen el cumplimiento de las labores de la autoridad.

Por tanto, la Comisión y las autoridades de competencia, deben darle un tratamiento
receloso a la información y material probatorio que posean, resguardándolo en total
entendimiento de las condiciones que rodearon el acceso a dicho material, y remitiéndolo
a la autoridad jurisdiccional que lo solicite en correcta vía y conforme a los requisitos
procesales correspondientes, solo cuando haya total seguridad acerca de la no vulneración
del secreto profesional y de los derechos de los particulares que tengan relación directa o
indirecta con la información[1200].

De no ser otorgado ese grado de seguridad, el Juez o Tribunal Nacional no podrá
recepcionar dicha información hasta cuando no otorgue la protección necesaria al secreto
transmitido por la autoridad[1201]. Lo que, sin lugar a dudas parece no ser posible en
algunos países miembros como España, donde dicho postulado pugna con el principio de
publicidad que envuelve al material probatorio de los procesos judiciales, el cual genera
que el mismo pueda ser origen de disputas[1202].

[1200] Acerca del desarrollo del tránsito informativo, cabe resaltar los aportes realizados, en otro marco
temporal y con amplia divergencia normativa, por el asunto *Postbank NV Vs. La Comisión de las
Comunidades Europeas*, en el cual se desarrollaron ampliamente las razones por las cuales el tránsito
informativo que tiene como origen a una autoridad administrativa y como destino a un órgano
jurisdiccional nacional, debía ser consolidado, a la par que limitado por la imposición de instrumentos que
salvaguardaran en ambas sedes (administrativa y judicial) de forma eficaz, la información remitida sobre la
cual recayese un secreto digno de protección. Debiendo a su vez, ser remarcados los comentarios que
realiza BÜLBÜL, Asli, *Civil Law claims on the enforcement of competition rules: a comparative of US, EU
and Turkish Laws*, Middle East Technical University, Ankara, 2006, Págs. 90 y siguientes.

[1201] Numeral 25 de la *Comunicación relativa a la cooperación entre la Comisión y los órganos
jurisdiccionales*, así como también el Artículo 339 del Tratado del Funcionamiento de la Unión Europea
(antiguo artículo 287 TCE).

[1202] Así lo cree un sector de la doctrina, donde resalta la opinión en este sentido expuesta por
ARRIBAS HERNÁNDEZ, Alberto, "La experiencia judicial en la Defensa de la Competencia: Aplicación
por los Tribunales Españoles del Reglamento CE 1/2003", en *Cuadernos de Derecho Judicial*, N° 21, 2006,

En el mismo sentido, existen otras eventualidades por las cuales la Comisión y las Autoridades Nacionales de Competencia pueden negarse a suministrar la información requerida por un órgano jurisdiccional nacional. Las mismas, a pesar de estar contenidas en la *Comunicación relativa a la cooperación entre la Comisión y los órganos jurisdiccionales*, creo yo, deben ser extensivas al campo nacional, ya que los principios que rigen a las Autoridades administrativas son símiles[1203].

Dichas eventualidades a pesar de ser taxativas, implican un grado de discrecionalidad en poder de la autoridad, ya que pueden antojarse de gran amplitud interpretativa. Dichas circunstancias son:

- Cuando la salvaguarda de los intereses de la Comunidad así lo requiera;

- Cuando el suministro de información dificulte, interfiera u obstaculice el correcto funcionamiento de la Comisión o comprometa su independencia.

- Cuando en razón de un programa de clemencia la información haya sido proporcionada voluntariamente por un solicitante, y este no consienta la remisión de dicha información[1204].

Sea cual sea la decisión de una autoridad administrativa acerca del suministro nombrado, o acerca del tratamiento y procedimiento que pondrá en marcha para llevar a buen puerto este y los demás mecanismos expuestos, se observa una intención inequívoca de conjunción y complemento en las labores realizadas por los *Enforcement Bodies* en Europa, la cual a pesar de tener aun lagunas en el caso español, y puntos anexos que pueden ser mejorados, ya se encuentra en un punto de importancia que le permite estar en activo.

Pág. 218; siendo de importancia a su vez las similitudes, en cuanto se refiere a pugnas con los deseos de la reforma, por posicionar la interacción de los Jueces con las Autoridades administrativas en pro de que no se genere impunidad alrededor de infracciones a las normas de libre competencia; que pueden ser extraídas de la lectura de POLSTER, Stephan, "Access to cartel evidence as a key to enhanced private enforcement: The Austrian example", en *Chambers client report,* Nº 25, 2008, Pág. Única.

[1203] Siendo importante acotar sobre este tema, antes de seguir avanzando, que ningún nivel de "proteccionismo" extremista va a permitir que las vías de aplicación y las autoridades y Jueces se compenetren correctamente, por lo que de haber reticencia continua por parte de una autoridad administrativa o de la Comisión misma a otorgar un nivel de confianza aportando la documentación requerida por el Juez nacional, el resultado va a ser opuesto al deseado con la reforma, pues paulatinamente, la Comisión recuperará sus cargas en razón de que las acciones emprendidas en sede judicial irán decreciendo hasta desaparecer, toda vez que los particulares y las empresas las interpretarán como un sin sentido, que generará otras problemáticas diversas al carecer de una protección efectiva al derecho compensatorio, o simplemente, de un balance real de los intereses que unos y otros defienden por intermedio de la aplicación de las normas en desarrollo. POLSTER, Stephan, "Access to cartel evidence as a key to enhanced private enforcement: The Austrian example", en *Chambers client report,* Nº 25, 2008, Pág. Única.

[1204] Todas estas incluidas en el numeral 26 de la *Comunicación relativa a la cooperación entre la Comisión y los órganos jurisdiccionales* y ya desarrolladas, en una época anterior, en el numeral 93 del asunto *Postbank NV Vs. La Comisión de las Comunidades Europeas.*

No debe ser entonces perdido en el desarrollo de los instrumentos nombrados, el norte que se planteó desde el inicio que estaba dirigido a que hubiera una mejor división de funciones, con una asignación de recursos más coherente. Hacerlo, es indispensable pues las normas de la razón deben servir de sustento a que los mecanismos expuestos no generen el efecto contrario, cual es el que las Autoridades administrativas deban dejar de lado investigaciones o procesos con alta capacidad de transgresión a los consumidores y al mercado en general, por participar en procesos judiciales en cooperación.

El desarrollo de los instrumentos se basa entre otros aspectos, en la calidad de la colaboración prestada, la cual debe estar impresa por los *Enforcers* de origen en cada una de sus actuaciones, en aras de que se beneficie, y no que se entorpezca o dificulte el proceso llevado por otra autoridad; Así como también, en la capacidad para evolucionar, implementando un sistema dinámico de normas sustanciales y procesales, que se adecúe continuamente a la demanda jurídico-concurrencial, a las variaciones de la costumbre y a los cambios de cualquier índole que se presenten en la comunidad y en los países miembros.

(B) La cooperación judicial-administrativa.

En razón de ciertas facultades que les son otorgadas a las autoridades de competencia y no a los Jueces nacionales, estos últimos deben llevar a cabo actuaciones que desarrollen y posibiliten las mencionadas potestades so pena de incurrir en el incumplimiento de ciertos principios básicos en los cuales se soporta su función[1205].

Las Autoridades administrativas de competencia tienen una capacidad de intervención en las actuaciones de los Jueces y en sus procesos, que no tiene parangón alguno en el caso de estos últimos, quienes en virtud de aquello, ahora están obligados a encuadrar su proceder a la mencionada intervención.

Son entonces, dos las vertientes que les son atribuidas a los Jueces para que cumplan su labor de cooperación con las autoridades de competencia. Una que hace referencia a prestar obligada información acerca de sus actuaciones, en razón de esa posibilidad de intervención o en merced de la cooperación misma que puede ser prestada por la autoridad; y otra, que se sustenta en la cercanía y mejor posición del Juez en ciertas circunstancias para llevar a cabo inspecciones[1206].

[1205] ARRIBAS HERNANDEZ, Alberto, "La aplicación paralela por los Jueces y las Autoridades administrativas: posibles contradicciones y formas de evitarlas", en El Derecho *de la Competencia y los Jueces*, Directores MARTINEZ LAGE, Santiago y PETITBO, Juan, Marcial Pons, Madrid, 2007, Págs. 27 y siguientes.

[1206] La cual se encuentra sustentada y desarrollada en el Reglamento 1/2003 entre sus numerales 23 y 27 e igualmente en su articulado, en específico en los que val del 18 al 21

1. La obligación de suministrar información.

La primera de ellas, referente a la obligada información que debe suministrar el Juez a la Autoridad comunitaria o nacional de competencia, guarda relación con el principio básico en virtud del cual la Comisión tiene un papel privilegiado como eje principal de formulación de la política comunitaria de competencia, sobre el cual se soporta que los Jueces deban remitir a ésta por intermedio de las Autoridades Nacionales de Competencia, y a estas últimas, a nombre propio, los pronunciamientos y sentencias que se hayan producido en aplicación de los artículos 101 y 102[1207].

A ese deber de información exigido a los Jueces cuando la normativa de libre competencia comunitaria está implicada, se ha unido, en el caso español, la extensión de dicha obligación que ha hecho la Ley de Defensa de la Competencia, la cual ha planteado que también cuando la aplicación de los artículos 1 y 2 de dicha norma soporten un pronunciamiento de un Juez, el mismo deberá ser informado a la autoridad española de competencia[1208].

En razón de este tránsito informativo, la Comisión esta empoderada para evaluar la interpretación y desarrollo que se le está dando en un país miembro a la normativa *antitrust*, pudiendo incluso, adherirse por medio de la formulación de anotaciones si así lo estima pertinente[1209].

Esta adhesión, se une a la posibilidad que tienen tanto la Comisión como las Autoridades Nacionales de Competencia de adherirse al proceso judicial como *amicus curiae*[1210], y crean el catálogo de razones por las cuales el Juez debe llevar a cabo la labor de información en favor de las autoridades de competencia.

[1207] Artículo 15 del Reglamento 1 2003, numeral segundo: *"Los Estados miembros remitirán a la Comisión una copia del texto de las sentencias de los Tribunales nacionales en las que se pronuncie sobre la aplicación de los artículos 81 u 82 del Tratado. Dicha copia se remitirá sin dilación tras la notificación a las partes del texto íntegro de la sentencia"*. Texto desarrollado por el numeral 37 de la *Comunicación* de 27 de Abril de 2004, *relativa a la cooperación entre la Comisión y los órganos jurisdiccionales de los Estados miembros de la UE para la aplicación de los artículos 81 y 82 CE* en los siguientes términos: *(...) Dicha copia se remitirá sin dilación tras la notificación a las partes del texto íntegro de la sentencia. La transmisión de dicho tipo de sentencias nacionales y la correspondiente información sobre los procedimientos ante los órganos jurisdiccionales nacionales fundamentalmente permite que la Comisión tenga el oportuno conocimiento de los litigios en los cuales podría ser conveniente presentar observaciones si una de las partes recurriese la sentencia"*.

[1208] A lo que ha añadido en el numeral 3 del artículo 16, un deber de información y/o comunicación a la Comisión Nacional de Competencia, también de los autos de admisión a trámite de las demandas.

[1209] Como lo expresa KOMNINOS, Assimakis, *EC Private Antitrust Enforcement: Decentralised Application of EC Competition Law by National Courts,* Hart Publishing, Oxford, 2008, Págs. 103 y siguientes.

[1210] Que ya de por sí es visto por algunos con ciertas reservas, como lo establece VEDDER, Hans, "Spontaneous Harmonisation of National (Competition) Laws in the Wake of the Modernisation of EC Competition Law", en *Competition Law Review*, Volumen 1, 2003, con las siguientes reflexiones: *"(...) Parties may very well be less than enthusiastic about a judge bringing in the Commission or a national competition authority to whom a copy of the documents that they have submitted, must be forwarded.".* Y que es igualmente interpretado por algunos como un golpe maestro de categoría política por parte de la Comisión. RILEY, Alan, "EC *Antitrust* Modernization: The Commission Does Very Nicely – Thank You!

2. La materialización de diligencias.

La segunda labor atribuida a los Jueces para cooperar con las autoridades de competencia, como ya se dijo, se sustenta en la cercanía y mejor posición del Juez en ciertas circunstancias para llevar a cabo inspecciones[1211].

Esta intervención por parte de los Jueces, debe ser solicitada por la Comisión, quien igualmente debe sustentar y encuadrar su solicitud en los fundamentos descritos en el artículo 20 del Reglamento 1/2003 en su numeral 4[1212]. Pudiendo realizarlo por medio de un mandamiento escrito debidamente notificado a la autoridad nacional de competencia del país de realización de la inspección, quien en razón de la consulta realizada por la Comisión, ayuda a formular las particularidades de la inspección.

Una vez recepcionada esa solicitud de realización de la diligencia, el Juez, cuando interprete que la ausencia de ciertos aspectos le generan lagunas que le impiden realizar la labor que le compete, está en capacidad de solicitar a la Comisión[1213], en aras de establecer que el alcance de la inspección es el adecuado y que cuenta con suficientes sustentos jurídicos, la delimitación de ciertos aspectos esenciales, tales como cuales son los indicios que llevaron a concluir que en el lugar de inspección se encontrarán sustentos probatorios, la implicación de la empresa involucrada en la diligencia, la transgresión a la normativa *antitrust* cometida, entre otros[1214].

Part One: Regulation 1 and the Notification Burden", en *European Competition Law Review*, N° 24, 2003, Pág. 604.

[1211] Y que cuenta con un desarrollo en la *Comunicación* de 27 de Abril de 2004, *relativa a la cooperación entre la Comisión y los órganos jurisdiccionales de los Estados miembros de la UE para la aplicación de los artículos 81 y 82 CE* entre sus numerales 38 y 41. La participación de los Jueces se encuadra en las eventualidades en las cuales, una inspección deba ser realizada en un domicilio de algún particular relacionado con la empresa o en lugares sin vinculación aparente con la misma; o cuando la normativa así lo establezca y haya una negativa por parte de la investigada a que se realice la inspección. Igualmente y en desarrollo de dichas eventualidades que ameritan la participación del Juez, el Reglamento 1/2003 en su artículo 20, numerales 6 y 7.

[1212] *"(...) La decisión indicará el objeto y la finalidad de la inspección, fijará la fecha en que dará comienzo y hará referencia a las sanciones previstas en el artículo 23 y en el artículo 24, así como al derecho a recurrir contra la decisión ante el Tribunal de Justicia. La Comisión tomará estas decisiones después de consultar a la autoridad de competencia del Estado miembro en cuyo territorio deba efectuarse la inspección.*

[1213] Apartados 92 y 93 de la sentencia *Roquette Frère*.

[1214] Numeral 8 del artículo 20 del Reglamento 1/2003: *"Cuando se solicite el mandamiento contemplado en el apartado 7, el Juez nacional verificará la autenticidad de la decisión de la Comisión y de que las medidas coercitivas contempladas no son arbitrarias ni desproporcionadas en relación con el objeto de la inspección. Cuando verifique la proporcionalidad de las medidas coercitivas contempladas, el Juez nacional podrá pedir a la Comisión, directamente o a través de la autoridad de la competencia del Estado miembro, explicaciones detalladas referentes en particular a los motivos que tenga la Comisión para sospechar que se han infringido los artículos 81 y 82 del Tratado, así como sobre la gravedad de la presunta infracción y la naturaleza de la participación de la empresa de que se trate".* También lo establecido en el artículo 20 del mismo Reglamento en su numeral 3 y en la sentencia *Roquette Frère* en sus numerales 36, 37, 47, 48, 49, así como el desarrollo que hace del tema en todos los numerales inmersos en los apartados: *"El control de la inexistencia de carácter arbitrario de las medidas coercitivas y los elementos que pueden requerirse a la Comisión a efectos de dicho control"* y *"El control de la*

Aun así, dicha solicitud restringe al Juez, quien solo debe requerir esa información para delimitar si le es posible ejercer el control que le otorga el numeral 8 del artículo 20 del Reglamento 1/2003, y no para cuestionar la procedencia de la inspección, ni para exigir la información sita en los expedientes de la Comisión, ya que ese control debe ser realizado por el Tribunal de Justicia[1215].

---

proporcionalidad de las medidas coercitivas con respecto al objeto de la verificación y a los elementos de información que pueden exigirse a la Comisión a efectos de dicho control".

[1215] Apartados 39, 40 y 51 de la sentencia *Roquette Frère*.

TERCERA PARTE

UNA EXPRESIÓN MÁS AMPLIA EN LA DESCENTRALIZACIÓN DEL DERECHO *ANTITRUST* EUROPEO

CAPITULO VII

LA ALTERNATIVA ARBITRAL COMO MANIFESTACIÓN DEL DINAMISMO EN LA DESCENTRALIZACIÓN DE LA DEFENSA DE LA COMPETENCIA

El Arbitraje como sistema alternativo de solución de controversias y como instrumento de aplicación del Derecho de la competencia, plantea disputas conceptuales desde el instante mismo en el cual se unen dos vertientes como lo son la pública y la privada en la resolución de disputas concurrenciales.

Alguna parte de la doctrina ha tomado la decisión de crear nuevos parámetros de disputa más profundos acerca de la relación entre arbitramento y asuntos de libre competencia, cuando aun en la actualidad en algunas facultades son descritos como temas sin posibilidad de ser dirimidos vía arbitramento los temas de Derecho Penal, de Familia, Fiscales y el que atañe al presente texto, la competencia[1216].

Por su carácter "supraindividual", los temas descritos en el anterior párrafo se antojan insalvables por la vía arbitral para algún sector de la doctrina, la cual interpreta que los principios y naturaleza del arbitramento colisionan con los muchos sujetos implicados en este tipo de disputas[1217].

Así las cosas, pretendiendo que la situación descrita sea aislada y que la misma no haga referencia a una vertiente generalizada, los interrogantes iniciales que se presentan al enfrentarse a la compenetración del arbitraje y la libre competencia, hacen referencia

---

[1216] Pues la trascendencia especial que tienen al estar estrechamente relacionados con el interés y "orden público", sobre los cuales se ahondará en páginas posteriores, hace más recomendable que su conocimiento esté reservado a los Tribunales de Justicia Estatales; tal y como así se comprueba en el caso español e incluso en el francés. MULLERAT BALMAÑA, Ramón, "El Arbitraje y el Derecho de la Competencia", en *Revista Derecho de los Negocios*, N° 248, 2011, Pág. 19.

[1217] HERNANDEZ RODRIGUEZ, María del Mar, "El arbitraje", en *Competencias de los juzgados de los mercantiles en material concursal y competencias añadidas mercantiles (sociedades, competencia, publicidad, trasportes, propiedad industrial, propiedad intelectual, etc.)* Coordinador SAN JUAN Y MUÑOZ, Enrique, Tirant Lo Blanch, Valencia, 2008, Pág. 737. Donde se define el arbitraje como: *"un sistema de resolución de conflictos jurídicos no jurisdiccional basado en la autonomía de la voluntad. Se trata en consecuencia, de una alternativa a los procedimientos judiciales que obedece a la autonomía de la voluntad de las partes puesto que son ellas las que voluntariamente deciden someterse al arbitraje para resolver los conflictos jurídicos dimanantes de una determinada relación jurídica que los vincula, excluyendo con ello la vía jurisdiccional."*

a la aplicación que en toda regla puede hacerse de las normas de libre competencia en un procedimiento arbitral, y a situaciones eventuales en las cuales un árbitro decidiendo sobre asuntos no concurrenciales se encuentra con ellos en el devenir de sus funciones[1218].

Dichos interrogantes iniciales se aúnan a las razones por las cuales podría desearse que el arbitramento dirimiera controversias de este tipo, cuando es sabido que ciertos sectores lo interpretan como un procedimiento ineficaz frente a terceros, con inconvenientes de ejecución y una inclinación a dar soluciones de compromiso.

A pesar de dichas ópticas, es claro que el arbitraje nutriría las disputas en el campo de la libre competencia al aprovechar su calidad técnica, en aras de sustentar las decisiones con herramientas propias de cada área del conocimiento, amén de la especialización del árbitro, el cual comúnmente pasa a formar parte del proceso gracias a sus conocimientos y experiencias en las áreas vinculadas con la disputa.

Suficiente es entonces dicho beneficio; sin permitirse olvidar la flexibilidad en el procedimiento, la duración del mismo, así como la neutralidad y la confidencialidad en el proceso, las cuales acogen al mismo y pueden igualmente influenciar positivamente la aplicabilidad de las normas de competencia vía arbitraje[1219].

Parece ser entonces que a pesar de los matices plasmados en párrafos anteriores, el arbitraje se erige como una posibilidad plausible y aparentemente consolidada como vía de aplicación de las normas de libre competencia, permitiendo que las disertaciones doctrinales apunten a aspectos que serán desarrollados en páginas posteriores.

I. Antecedentes y estado actual del tema.

En Estados Unidos, en principio y durante muchos años se abogó por oponerse al reconocimiento del arbitraje como vía de aplicación de las normas de libre competencia. Para soportar dicho rechazo se argüía que sin contar con los mismos recursos y mecanismos de los Jueces nacionales, los árbitros podrían afectar derechos de terceros,

---

[1218] Sobre dicha duda, resulta clarificante el concepto de la doctrina al expresar: *"The legal position is say to be that where issues of competition law arise in the course of a dispute referred to arbitration pursuant to the parties agreement, the arbitrators have the power to apply article 81 or 82 EC in reaching their determination. Generally, arbitrability of competition law matters is not in doubt. Practical difficulties arise as regards the implications of arbitrability for current proceedings".* NAZZINI, Renato, *Concurrent proceedings in Competition Law procedure, evidence and remedies,* Oxford University Press, Oxford; Nueva York, 2004, Apartado.10,08.

[1219] La prueba de ello puede encontrarse en los datos puntuales que ha aportado la doctrina sobre las preferencias que tienen los abogados y ciudadanos de los Estados Unidos, donde la cultura arbitral está más arraigada e interiorizada, de dirimir sus controversias por esta vía, toda vez que entienden que dándole uso a la vía arbitral se ahorra tiempo y dinero, así como también se aporta especialización y confidencialidad al proceso. Anexando en dicho sentido la percepción de estudios recientes realizados por *The Wall Street Journal* y el *American Bar Association.* MULLERAT BALMAÑA, Ramón, "El Arbitraje y el Derecho de la Competencia", en *Revista Derecho de los Negocios,* N° 248, 2011, Pág. 19.

a lo que era necesario añadir que las normas *antitrust* estaban direccionadas a la
protección del bien general, pugnando con la naturaleza propia del arbitraje[1220].

No fue hasta el año 1985 cuando el caso de la Suprema Corte de Justicia de los
Estados Unidos *Mitsubishi Motors Corp. vs. Soler Chrysler-Plymouth, Inc*[1221],

---

[1220] Tribunal de apelación de Segundo circuito, acerca del asunto *American safety Equipment Corp.
Vs J.P. Maguire & Co.*, USA, (391 F.2d 821 (2d Cir.(1968)), resaltó los fundamentos del paradigma en
los siguientes términos: *"A claim under the antitrust laws is not merely a private matter. The Sherman Act
is designed to promote the national interest in a competitive economy; thus the plaintiff asserting his
rights under the Act has been likened to a private attorney-general who protects the public's interest.
Antitrust violations can affect hundreds of thousands – perhaps millions – of people and inflict staggering
economic damage. We do not believe that Congress intended such claims to be resolved elsewhere than in
the courts. (...) in fashioning a rule to govern the arbitrability of antitrust claims, we must consider the
rule's potential effect. For the same reason, it is also proper to ask whether contracts of adhesion
between alleged monopolists and their customers should determine the forum for trying antitrust
violations. Here again, we think that Congress would hardly have intended that."* Resaltado por
GONZÁLEZ DE COSSÍO, Francisco, "Arbitrabilidad de la Competencia Económica", en *Revista del
Club Español de Arbitraje*, N° 5, 2009, Pág. 130, texto disponible para consulta en:
http://www.clubarbitraje.com/files/docs/sar_05.pdf; e igualmente por CREUS CARRERAS , Antonio y
JULIÁ INSENSER, Josep María, "Arbitraje y Defensa de la Competencia", Documento de trabajo N° 27,
Universidad San Pablo CEU. 2008, Pág. 6; así como también inferido de la lectura de MULLERAT
BALMAÑA, Ramón, "El Arbitraje y el Derecho de la Competencia", en *Revista Derecho de los
Negocios*, N° 248, 2011, Pág. 20. Siendo parámetros reafirmados en fallos posteriores, como *A. & E.
Plastik Pak Co. Vs. Monsanto Co.*, USA, (396 F.2d 710 (9th Cir.(1968)); *Power Replacements Inc Vs. Air
Preheater Co.* USA, (426 F.2d 980 (9th Cir.(1970)); *Cobb Vs. Lewis.*, USA, (488 F.2d 41 (5th
Cir.(1974)); *Applied Digital Technology Inc Vs. Continental Casualty Co.* USA, (576 F.2d 116 (7th
Cir.(1978)); y *Lake Communications Inc Vs. ICC Corp.* USA, (73 F.2d 1473 (9th Cir.(1984)). A los
cuales se les dio un giro con el asunto *Mitsubishi Motors Corp. vs. Soler Chrysler-Plymouth, Inc.* (473
U.S.614, S.Ct. 3346 (1985), no sin antes tener una contraposición jurisprudencial, como lo afirma
HALVERSON, James, "Arbitration and antitrust remedies", en *Arbitration Journal*, Volumen 30, 1975,
Págs. 25 a 33, quien acota que dicho quiebre se da con el asunto *Coenen Vs. Pressprich & Co.*, USA,
(453 F.2d 1209 (1972)) al otorgar la posibilidad de arbitrar cuando el acuerdo arbitral fuera posterior al
inicio de la disputa. Asunto al que debía unirse al de *Scherk Vs. Alberto-Culver Company.*, (417 U.S.506,
S.Ct. (1974), donde se estableció que si bien las controversias que surgieran de operaciones bursátiles no
son arbitrables si el contrato es doméstico, sí lo son cuando el contrato es internacional. SIQUEIROS,
José Luis, "El Orden Público como motivo para denegar el reconocimiento y la ejecución de laudos
arbitrales internacionales", Documento de trabajo Universidad Iberoamericana, Puebla, Pág. 9. El
documento está disponible para consulta en: http://www.juridicas.unam.mx/pública/librev/rev/jurid/cont
/32/pr/pr4.pdf. BROWN, William y HOUCK, Stephen, "Arbitrating International Antitrust Disputes", en
Journal of International Arbitration, 1998, Págs.78 y siguientes. MOURRE, Alexis, "Arbitrabilidad del
Derecho Antimonopolio desde la perspectiva europea y estadounidense", en *Arbitraje*, Volumen 2, 2009,
Pág. 103. PITOFSKY, Robert, "Arbitration and *antitrust* enforcement", en *Arbitration Journal*, N° 40,
1970, Págs. 40-49, donde el Autor considera que son muchas las situaciones que justifican que los
litigios de competencia no deben estar sometidos a arbitraje bajo el mismo prisma de la clausula de
arbitraje tipo.

[1221]*Mitsubishi Motors Corp. vs. Soler Chrysler-Plymouth, Inc.* (473 U.S.614, S.Ct. 3346 (1985),
texto disponible para consulta en: http://caselaw.lp.findlaw.com/cgi-bin/getcase.pl?court=us&vol=473
&invol=614; Donde se resalta el siguiente aparte: *"we conclude that concerns of international comity,
respect for the capacities of foreign and trasnational Tribunals, and sensitivity to the need of the
international commercial system for predictability in the resolution of disputes require that we enforce
the parties agreement, even assuming that a contrary result would be forthcoming in a domestic context;
(...) Having permitted the arbitration to go forward, the national courts of the United States will have the
opportunity at the award-enforcement stage to ensure that the legitimate interest in the enforcement of the
antitrust laws has been addressed. The Convention* (Refiriendose a la de Nueva York) *reserves to each
signatory country the right to refuse enforcement of an award where the 'recognition or enforcement of*

estableció la admisión de arbitrabilidad de controversias con sellos claros de competencia económica cuando tuviesen elementos internacionales.

En el mencionado asunto, El Tribunal Supremo expresó que dentro del orden público internacional debían incluirse las normas de libre competencia[1222], apuntando que estas debían ser aplicadas tanto en los casos en los cuales los árbitros actuasen por iniciativa propia, como cuando las partes suscribiesen entre ellas un pacto arbitral o así lo decidieran dentro del proceso[1223].

Ante dicha evolución, es posible percibir un avance de la doctrina de arbitrabilidad en Estados Unidos[1224], pues una parte de la misma afirma que inclusive los árbitros pueden encontrarse en mejor posición que los Jueces a la hora de *"determinar si un comportamiento es inaceptable por el foro de un determinado contexto (...) cuando tal poder ha sido delegado a los árbitros por las partes"*[1225]. Significando una aceptación

---

the award would be contrary to the public policy of that country". Para profundizar sobre el asunto, FOX, William, "Mitsubishi v. Soler and its impact on international commercial arbitration", en *Journal of World Trade Law*, N° 19, 1985, Págs. 579 y siguientes; LANDOLT, Philip Louis, *Modernised EC competition law in international arbitration*, Kluwer Law International, La Haya, 2006, Págs. 97 y 98. GONZÁLEZ DE COSSÍO, Francisco, "Arbitrabilidad de la Competencia Económica", en *Revista del Club Español de Arbitraje*, N° 5, 2009, Págs. 130 y 131; así como también CALVO CARAVACA, Alfonso-Luis, *"Derecho Antitrust Europeo"*, Editorial Colex, Madrid, 2008, Pág. 644

[1222] Muy a pesar de que otro fallo de relevancia, como lo es la sentencia del Tribunal de Justicia de los Estados Unidos, Distrito de Nueva York, de 15 de noviembre de 1983, *La Société Nationale Pour la Recherche, la Production, le Transport, la Transformation et la Commercialisation des Hydrocarbures (Sonatrach) Vs. Shaheen Natural Resources*, texto disponible para consulta en lengua original en: http://ny.findacase.com/research/wfrmDocViewer.aspx/xq/fac.19831115_0000521.SNY.htm/qx, previamente hubiese dejado claro que las violaciones a la competencia económica, no significaban una contravención a las nociones más básicas de moralidad y de justicia de un sistema jurídico, tal y como lo había expuesto como requisito la sentencia de la corte de apelación del segundo circuito de Estados Unidos, de 23 de diciembre de 1974, *Parsons & Whittemore Overseas Company, Inc. v. Societe Generale de l'Industrie du Papier*, texto disponible para consulta en lengua original en: http://openjurist.org/508/f2d/969/parsons-whittemore-overseas-co-inc-v-societe-generale-de-lindustrie-du-papier.

[1223] Erigiéndose como una vía alterna a tomar por parte de los particulares, para resolver disputas de competencia sometidas al Derecho Norteamericano, sin necesitar poner en marcha la "rígida" maquinaria judicial en los Estados Unidos. ATWOOD, James, "The Arbitration Of International *Antitrust* Disputes A Status Report And Suggestions", en *Fordham Corporate Law Institute, International Antitrust Law & Policy*, 1994, Pág. 385.

[1224] ROGERS, Catherine. A y LANDI, Niccolò, "Arbitration of Antitrust Claims in the United States and Europe", documento de trabajo del Bocconi University Institute of Comparative Law "Angelo Sraffa" (I.D.C.C) Legal Studies Research Paper Series, N° 07-01, Concorrenza e Mercato, 2007, Pág. 1, quienes determinan cuál fue el poder escalonado que poco a poco se le ha venido dando al arbitraje en los Estados Unidos, hasta llegar no solo a resolver cuestiones relacionadas con la política pública, sino también, igualmente: *"(...) securities fraud and antitrust claims, but later extending to RICO claims, claims involving patent validity and employment discrimination."*

[1225]; MOURRE, Alexis, "Arbitrabilidad del Derecho Antimonopolio desde la perspectiva europea y estadounidense", en *Arbitraje*, Volumen. 2, 2009, Pág. 84.

del aporte que hacen los árbitros a la tarea de salvaguardar la actividad del mercado en condiciones competitivas[1226].

En Europa solo hasta la aparición del Reglamento 1/2003, se partió en un antes y un después el recorrido de la aplicabilidad de las normas de Competencia por parte de los Tribunales arbitrales. Previo a la aparición del nombrado reglamento, el escenario era el de la defensa de las normas de libre competencia por medio de la aplicación "pública" exclusiva de las Autoridades administrativas, amén de la imposibilidad que se interpretaba había para realizar pactos arbitrales[1227], pues no había poder de transacción o disposición sobre las normas de libre competencia[1228].

[1226] Desmontando así la doctrina de *American safety Equipment Corp. Vs J.P. Maguire & Co.*, esgrimiendo, según el concepto de CREUS CARRERAS , Antonio y JULIÁ INSENSER, Josep María, "Arbitraje y Defensa de la Competencia", Documento de trabajo N° 27, Universidad San Pablo CEU. 2008, Pág. 6, un compendio de argumentos que justificaban dicho cambio de perspectiva, que en resumen pueden ser simplificados en: (i) la ausencia de bases doctrinales extraídas de la *Sherman Act* o la *Federal Arbitration Act* que apoyasen los fundamentos esgrimidos por los detractores del cambio de rumbo; (ii) *"La cortesía internacional, el respeto de las jurisdicciones extranjeras y la sensibilidad del comercio internacional (...)";* (iii) la incapacidad de asumir que la cláusula de arbitraje es nula por ser fruto de imposición abusiva o fraude en razón de la simple apariencia de la disputa de competencia; (iv) que la posibilidad de adaptación y acceso a expertos por parte de los árbitros dirime el conflicto que genera la "complejidad" del asunto, máxime cuando las partes pueden tomar en cuenta dicha dificultad a la hora de seleccionar los árbitros; (v) la imposibilidad de presumir la hostilidad de los árbitros pues son elegidos igualmente por la comunidad legal y las instituciones; y (vi) que las normas imperativas deben ser tomadas en cuenta en el arbitraje, máxime cuando la Convención de Nueva York permite tener en cuenta el interés público de la normativa de competencia en el reconocimiento de laudos.

[1227] A pesar de que la atmósfera al respecto era muy difusa y había muchísima confusión al respecto, hasta un nivel, que hoy día hace debatible cuáles eran efectivamente los poderes de los árbitros, tal y como puede verse en el siguiente texto, que versa sobre la realidad en aquella época en el asunto que atañe: *"La aplicación de los artículos 81.1 y 82 del Tratado no parecía plantear cuestiones de arbitrabilidad en cuanto que el efecto directo de los mismos era reconocido por el Tribunal de Justicia de las Comunidades Europeas ("TJCE"). Tampoco se planteaban problemas de arbitrabilidad si el acuerdo no había sido notificado ya que entonces no era susceptible de exención y el artículo 9.3 del Reglamento 17 reconocía la aplicabilidad de los artículos 81.1 y 82 mientras la Comisión no iniciase un procedimiento de exención. El TJCE también confirmó que la emisión de cartas de conformidad no afectaba a la aplicabilidad de las normas de competencia prevista en dicho artículo 9.3 del Reglamento 17. Asimismo, el TJCE confirmó el efecto directo de los reglamentos de exención por categoría y la posibilidad de aplicar los mismos a la hora de considerar la aplicabilidad del artículo 81.1. Por tanto, el problema de arbitrabilidad únicamente se podía producir cuando la Comisión había iniciado un procedimiento, en cuyo caso la competencia exclusiva de exención reconocida en el Reglamento 17 impedía arbitrar un pronunciamiento sobre la validez de la conducta objeto de dicho procedimiento."* CREUS CARRERAS , Antonio y JULIÁ INSENSER, Josep María, "Arbitraje y Defensa de la Competencia", Documento de trabajo N° 27, Universidad San Pablo CEU. 2008, Pág. 8. Lo que permite concluir que efectivamente ciertas circunstancias particulares que vinculasen la aplicación de las normas de competencia, podían ser arbitrables, aunque claramente, ciertos niveles de la doctrina especializada, como se verá a continuación, estuvieron en desacuerdo con dicha óptica.

[1228] A pesar de lo expresado por un amplio sector de la doctrina, que interpretaba que, en razón de que las normas de competencia forman parte de la base principal del orden legal comunitario, la participación de los árbitros podía encontrar una justificación en los casos en los cuales la violación fuese un menoscabo de las políticas públicas implementadas para salvaguardar la armonía general. Tal y como así puede comprobarse tras la lectura de LEW, Julian, *"Applicable law in international comercial arbitration"*, Oceana, Sijthoff, 1978, Pág. 534; ATWOOD, James, "The Arbitration Of International *Antitrust* Disputes A Status Report And Suggestions", en *Fordham Corporate Law Institute, International Antitrust Law & Policy*, 1994, Págs. 383 y siguientes; así como también TEMPLE LANG, John,

El razonamiento anterior, estaba nutrido del carácter imperativo de las normas de competencia, las cuales aún en casos de silencio de las partes o de pactos celebrados por estas en contrario, se imponen, permitiendo concluir, como lo hizo un sector de la doctrina que, dichas normas no dan cabida a un pacto arbitral[1229].

Igualmente, no se consideraba posible arbitrar sobre aspectos reglados en normas de orden público[1230], entre las cuales se incluían las normas de libre competencia, pues se argüía que solo podían dirimir controversias de este tipo aquellos órganos formalmente instituidos con ese objetivo[1231], adscritos comúnmente al aparato administrativo del Estado[1232].

"Comment during panel discussions on international arbitration", en *Fordham Corporate Law Institute, International Antitrust Law & Policy,* 1994, Pág. 424.

[1229] Sentencia de 21 de Marzo de 1985 (RJ 1985/1193) la cual reza: *"Argumentación que no puede ser aceptada, porque confunde el carácter de las normas jurídicas con el ejercicio de los derechos privados, no públicos de los que se puede disponer, incluso en el máximo grado de disposición que implica la renuncia",* donde es posible resaltar el cómo debe diferenciarse la naturaleza imperativa de las normas jurídicas y el ejercicio de los Derechos privados que de ellas se desprenden. Igualmente importante, se cree el resaltar que aquellos casos que versen sobre consecuencias patrimoniales derivadas de infracciones a las normas de libre competencia tales como la creación de perjuicios resultado del no cumplimiento de la normativa enunciada, estarán incluso bajo la óptica más conservadora de la doctrina, con posibilidad de ser dirimidas en un proceso arbitral.

[1230] El Asunto *Tensaccia S.P.A. v. Freyssinet Terra Armata R.L.,* del Tribunal Federal Suizo, de 8 de Marzo de 2006. Es claro al definir en términos de endemia el concepto de Orden Público, y da su noción de dicho postulado bajo el artículo V de la Convención de Nueva York, e igualmente bajo el artículo 190 (2) de la Ley Suiza de Derecho Internacional Privado: *"The fleeting character of public policy may be inherent to the concept due to its excessive generality; the wide scope of the almost countless opinions proffered in this regard would tend to prove it (...) As a commentator has pointed out, all attempts to answer the numerous recurring questions raised by the interpretation of this concept merely resulted in raising further thorny or polemical questions...".* Se encuentra eco de dicho postulado al definir al Orden Público como un "caballo rebelde", o "niño terrible", ejemplo de ello, es BURROUGHS, J. en *Richardson Vs. Mellish* (2 Bing. 229 (1824) Pág. 303). Donde sus palabras fueron: *"Public policy – it is an unruly horse and when once you get astride it, you never know where it will carry you. It may lead you form the sound law. It is never argued at all but when other points fail.".* ORCE CASADO, Marta; "El Arbitraje y la Modernización del Derecho de la Competencia", Documento de Trabajo B. Cremades y Asociados, Madrid, 2005, Pág. 2. El Documento está disponible para consulta en: http://www.docstoc.com/docs/3169796/El-Arbitraje-y-lamodernizaci%C3%B3n-del-Derecho-de-la-Competencia, en el texto se expresa que *"El carácter de norma de orden público del art. 81 TCE emana de su condición como disposición esencial para la consecución de uno de los objetivos fundamentales de la Comunidad: la integración del mercado interior. Dicha condición justifica que un laudo arbitral pueda ser anulado cuando es contrario a lo dispuesto en el referido precepto.".* CALVO CARAVACA, Alfonso-Luis y RODRIGUEZ RODRIGO, Juliana, "Arbitraje y Derecho Europeo de la Competencia: Viejos problemas y nuevos dilemas", en *La Ley,* N° 4, 2005, Pág. 1358, donde se expresó que por ser normas imperativas y de orden público, estaban vedadas las mismas para ser dirimidas vía arbitraje. Teniendo a la par relevancia los comentarios que hace sobre el tema en mención, GONZALO QUIROGA, Marta, "Arbitraje y Derecho de la Competencia", en *El Arbitraje en las Distintas Áreas del Derecho,* Director COLLANTES GONZÁLEZ, Jorge Luis, Publicación del Estudio Mario Castillo Freyre, Primera Parte, Volumen 3, Palestra Editores e Universitat Abat Oliba CEU, Lima, 2007, Págs. 345 y siguientes.

[1231] Siendo igualmente de una naturaleza afín con los objetivos que pretende cumplir, toda vez que el hecho de que los Tribunales Nacionales pertenezcan al terreno público y los árbitros al terreno privado, estrechamente vinculado con la industria y las empresas, genera un nivel de incomodidad que no debe ser obviado. Tal y como así puede percibirse en *Bremer vulkan schiffbau und maschinenfabrik Vs. south*

La aplicación judicial y el arbitraje estaban inmersos en gran cantidad de dificultades en razón del fundamento reinante en aquel momento, y enunciado en el párrafo anterior. Los obstáculos trasladaban la posición de árbitros y Jueces a un peldaño inferior, pues se veían obligados a esperar a que la Comisión[1233] se pronunciara acerca de una concesión o exención de carácter singular como lo establecía el artículo 101.3 del Tratado de funcionamiento de la Unión europea en concordancia con el Reglamento 17/1962.

De esta manera, es posible observar cómo la evolución de la posibilidad de arbitrar en temas de competencia, iba de la mano de la aplicación judicial de los artículos 101 y 102 del Tratado de Funcionamiento de la Unión Europea, la cual a pesar de la evolución jurisprudencial favorable a su aplicabilidad, solo se vio verdaderamente fortalecida hasta la entrada en vigor del Reglamento 1/2003.

Así las cosas, y en el recorrido de consolidación de la aplicación judicial de las normas de competencia, era reconocida la aplicación que los árbitros hacían en algunos países de la Unión europea de las normas internas[1234] y comunitarias. En numerosas oportunidades al dictar sus laudos los árbitros aplicaron los dos primeros apartados de los artículos 101 y 102 del Tratado de funcionamiento de la Unión Europea, a pesar de no contar con una autorización expresa por parte de las normas de competencia[1235].

---

india shipping corp ltda, a su vez nombrado por BAUDENBACHER, Carl, "Enforcement of EC and EEA Competition rules by arbitration Tribunals inside and outsider the EU", en *European Competition Law Annual 2001: Effective private enforcement of EC Antitrust Law,* Editores EHLERMANN, Claus-Dieter y ATANASIU, Isabela, Oxford, Hart Publishing, 2003, Pág. 357.

[1232] Los dos elementos esenciales que argüían los defensores de la imposibilidad de arbitrar respecto a temas de competencia, y en el cual soportaban la imperante participación del "aparato Estatal" eran el de la disposición sobre los Derechos vinculados con las normas de competencia, y la exclusividad de dicha autoridad para conocer de dichos asuntos. RINCON GARCIA LOYGORRI, "La Arbitrabilidad del Derecho de la Competencia: Especial Referencia a la normativa de la Unión Europea", en *Unión Europea Aranzadi*, N° 7, 2004, Pág. 6; así como también CREUS CARRERAS , Antonio y JULIÁ INSENSER, Josep María, "Arbitraje y Defensa de la Competencia", Documento de trabajo N° 27, Universidad San Pablo CEU. 2008. Siendo a la par relevantes los cometarios de McCONNAUGHAY, Philip, "The Risks and Virtues of Lawlessness: a second look at international commercial arbitration", en *Northwestern University Law Review*, N° 93, 1999, Pág. 462, donde puede encontrarse un catálogo de las circunstancias negativas y los riesgos que algún sector de la doctrina ha entendido, trae aunar esfuerzos con el arbitraje en el tipo de controversias en estudio.

[1233] "*The application of article 81 EC by arbitrators did not differ from that by national courts. It was subject to the same typical dichotomy. The cartel prohibition, the sanction of article 81(2) EC and group exemptions were all applied by national courts and arbitrators. The power to grant individual exemptions on the basis of article 81(3) EC, However belonged exclusively to the Commission. National courts and arbitrators had to refrain from his particular application of article 81(3) EC".* DE GROOT, Diederik, "Arbitration and the modernization of EC Competition Law", en *European Business Law Review*, N° 19, 2008, Pág. 177.

[1234] SLOT, Piet Jan, "The Enforcement of EC Competition Law in arbitral proceedings", en *Legal issues of European integration*, N° 1, 1996, Págs. 102-104. Donde el autor enfatiza en la aplicación de las normas nacionales de competencia de los países miembros de la Unión europea vía arbitral.

[1235] Al respecto, y acerca de la posición de los Estados miembros ante la posibilidad de dirimir mediante el arbitraje asuntos de Derecho de la competencia, y los precedentes en los cuales se aplicó en procesos de dicha índole. ZEKOS, Georgios, "*Antitrust/Competition arbitration in EU vs U.S Law*", en

En el año 1966 ya se daban los primeros precedentes a este respecto en los Tribunales alemanes[1236], los cuales habían tocado temas de competencia sin haberse visto recurridos por dicha realidad. Así mismo en Francia se reconoció por medio de fallos dicha situación, como también en Italia, Suiza y Suecia, donde inclusive la propia Ley es la que reconoce expresamente el arbitraje en cuestiones de competencia.

Los Tribunales Comunitarios y la Comisión decidieron ante dicha evidencia guardar silencio y no decantarse por el rechazo absoluto al arbitraje en temas de competencia[1237].

Uno de los fundamentos esenciales que liberó de su silencio a los Estados miembros, fue la certidumbre[1238] de lo que venía sucediendo en la Unión Europea y en sus países miembros, la cual se sustentó y promocionó gracias al ya nombrado asunto *Mitsubishi Motors Corp. vs. Soler Chrysler-Plymouth, Inc.*

A la par de dicha promoción, era manifiesto que resultaba perjudicial para el pacto arbitral[1239] y para las ventajas resultantes de su celebración, la imposibilidad de aplicar

---

Journal of International Arbitration, N° 25, 2008, Págs. 20-21, igualmente otro sector de la doctrina fortalece la posición del arbitraje adhiriendo que no son pocas las situaciones en las cuales el órgano arbitral debe pronunciarse sobre, o simplemente tomar en cuenta los postulados del Derecho de la Competencia, y en específico el Derecho Europeo de la competencia. CALVO CARAVACA, Alfonso-Luis, *"Derecho Antitrust Europeo"*, Editorial Colex, Madrid, 2008, Pág. 639.

[1236] Sentencia del Tribunal Supremo Federal Alemán de 20 de Mayo de 1966, GRUR 1966, Heft 10, págs. 576-582. Y otras citadas por BLANKE, Gordon y NAZZINI, Renato, *"Arbitration and ADR of Global Competition Disputes: Taking Stock (Part I)"*, Documento de trabajo, 2008, Pág. 5. El documento está disponible para consulta en: http://www.sjberwin.com/Contents/Publications/pdf/140/Arbitration%20and%20ADR%20f%20Global% 20Competition%20Disputes%20-%20Taking%20Stock%20-%20Pa rt%20l. pdf, Sentencia del Tribunal de Düsseldorf (OLG) del 21 de Julio de 2004, WuW 3/2006,Págs. 281-285; Sentencia del Tribunal Supremo Federal de Mayo 31 de 1972, GRUR 1973, Heft 2, Págs. 97-100, y Sentencia del Tribunal Supremo Federal de Justicia del 27 de febrero de 1969, GRUR 1969, Heft 9, Pág. 501-505. Estos casos son prueba de cómo en Alemania los Tribunales daban por sentado que las leyes de la competencia podrían estar sometidas a arbitraje.

[1237] Al respecto: *"It is fair to say that the European Commission, as a matter of principle, does not oppose the submission to arbitration questions of competition law, and at the same time it encourages recourse to arbitration, in some cases, even as means to remedy an anticompetitive or restrictive arrangement"*. KOMNINOS, Assimakis, "Arbitration and the modernisation of European Competition Law Enforcement", en *World Competition*, Volumen 24, N°2, 2001, Pág. 218.

[1238] Acerca de los avances en Europa en materia de arbitraje y competencia que llevaron al cierre de la cuestión. DERAINS, Yves, "specific Issues arising in the enforcement of EC *antitrust* rule by arbitration courts", en *European Competition Law Annual 2001: Effective private enforcement of EC Antitrust Law,* Editores EHLERMANN, Claus-Dieter y ATANASIU, Isabela, Hart Publishing, Oxford, 2003, Pág. 323.

[1239] Cabe enunciar que con antelación a la consolidación del arbitraje como vía de aplicación, y aun en sentencias que descalificaban la posibilidad de dirimir controversias de Derecho de la Competencia por dicha vía, se percibían matices positivos como el siguiente: *"no por ello el convenio de sumisión a arbitraje inserto en un contrato que pudiera verse afectado por el artículo 81 del TCE será siempre nulo por recaer sobre materia no disponible, ya que en el marco de esos contratos, generalmente de complejo contenido obligacional, pueden surgir conflictos o controversias relativas a su interpretación o*

las normas de competencia, pues se veía limitado el campo de estudio y decisión por parte del Tribunal arbitral. Debiéndose añadir que había una evidencia clara de que los árbitros actuaban como Jueces llevando a cabo las mismas funciones, las cuales debían comportar igualmente las mismas competencias[1240].

Como ya se ha enunciado, en países de referencia en Europa como lo son el Reino Unido[1241] e Italia, la doctrina evolucionaba y escalonadamente se decantaba por la arbitrabilidad de asuntos de libre competencia. En Italia por ejemplo se entendió que era posible poner en consideración de los árbitros las clausulas de un contrato, así como su eficacia y/o validez, cuando éstas pudiesen limitar el Derecho a la libertad económica plasmado en el artículo 41 de la constitución de aquel país[1242].

En otros países el fundamento elegido fue nuevamente el del orden público[1243] para razonar la aceptación de la aplicación arbitral de dichas normas[1244], dándole al árbitro plena competencia para ordenar el resarcimiento del daño generado con una transgresión, e inclusive para declarar la nulidad de un contrato.

Se había instaurado entonces una aceptación por países que en España es posible comprobar en el artículo 24 literal F de la ley de Defensa de la Competencia, donde se

---

cumplimiento que no afecten al sistema (...) la medida será arbitrable". Fundamento de Derecho N° 5 de la Sentencia de la Audiencia provincial de Barcelona de 26 de Enero de 2006 (JUR/2006/232558).

[1240] LEVIN, Richard y LAIRD, Gregory, "International Arbitration of Antitrust Claims", en *The Metropolitan Corporate Counsel*, Mayo 2003, Pág. 10, quienes al respecto de la situación reinante en Europa en relación al tema de la arbitrabilidad desarrollan: *"(...) comementators believe that it is generally accepted in the case law of many member states, and implicit in their laws on arbitration, that arbitrators have the competence to apply EC competition law if it is relevant to the issue before them"*.

[1241] El Asunto *ET Plus SA & 6 Others vs Jean-Paul Welter & The Channel Tunnel Group Ltd & Others* [2005] EWHC 2115 (Comm.), resuelto el 7 de Noviembre de 2005 resulta de gran importancia para profundizar sobre el estado actual del tema en el Reino Unido.

[1242] El Derecho en mención fue entendido por la corte de casación en Italia, como un Derecho disponible al ser analizado desde su representación individual. Una explicación extensa de los fundamentos de dicha perspectiva se puede encontrar en ROGERS, Catherine. A y LANDI, Niccolò, "Arbitration of Antitrust Claimsin the United States and Europe", documento de trabajo del Bocconi University Institute of Comparative Law "Angelo Sraffa" (I.D.C.C) Legal Studies Research Paper Series, N° 07-01, Concorrenza e Mercato, 2007, Págs. 5 y 6.

[1243] Como es el caso francés y su recorrido jurisprudencial al respecto, donde es importante incluir las sentencias referentes a arbitrabilidad en asuntos de orden público: Corte de Apelación de Paris de 1989, asunto *Almira Films v.s Pierrel*, así como con la de 1991, *Ganz v.s societé nationale des chemin de fersiens* y la de 1993, *Societe Labinal vs. Societes Mors et Westland Aerospace*. A dichos pronunciamientos es obligatorio adherir sentencias donde se admite de forma inequívoca que los asuntos de libre competencia pueden dirimirse vía arbitraje como lo son los asuntos de 1993 *Societé Aplix vs. Societé Lelero y European gas turbines vs. Westman international*.

[1244] En razón de la protección del interés general y no de un interés de carácter particular, como puede entenderse asumido en ALONSO SOTO, Ricardo; "El Interés Público en la Defensa de la Competencia", en *La Modernización del Derecho de la Competencia en España y en la Unión Europea*, Director MARTINEZ LAGE, Santiago, Marcial Pons, Fundación Rafael del Pino, Madrid, 2005, Págs. 44 Y 45.

estipulan funciones arbitrales de la Comisión Nacional de competencia[1245]. Extendiéndose a niveles de la comunidad y logrando su punto álgido con la sentencia *Eco Swiss Vs. Benetton*[1246].

En el mencionado fallo, algunos sectores de la doctrina hallaron en sus motivaciones y conclusiones, suficientes sustentos acerca de la posibilidad de los árbitros de interpretar y aplicar las normas de libre competencia[1247]. Hallazgo muy significativo pues el pronunciamiento no era expreso al respecto, pero traslucía avances en relación al deber de los Jueces nacionales en el control de la actividad de los árbitros y en los deberes de estos últimos cuando aplicasen normas de competencia[1248].

[1245] *"Realizar las funciones de arbitraje, sin perjuicio de las competencias que correspondan a los órganos competentes de las Comunidades Autónomas en sus ámbitos respectivos, tanto de derecho como de equidad, que le sean sometidas por los operadores económicos en aplicación de la Ley 60/2003, de 23 de Diciembre, de Arbitraje, así como aquéllas que le encomienden las leyes."*

[1246] Sentencia del Tribunal de Justicia de las comunidades europeas de fecha 1 de Junio de 1999. - *Eco Swiss China Time Ltd Vs. Benetton International NV.* - Petición de decisión prejudicial: Hoge Raad - Países Bajos. - Competencia - Aplicación de oficio por un Tribunal arbitral del artículo 81 CE (ex artículo 85) - Facultad del Juez nacional de anular los laudos arbitrales. - Asunto C-126/97. El texto está disponible para consulta en castellano en:http://eur-lex.europa.eu/LexUriServ/LexUriServ.do?uri =CELEX:61997J0126:ES:HTML, la cual versaba sobre la ruptura unilateral de un contrato de licencia. Un sector de la doctrina encuentra un importante nexo del mencionado asunto con el de *Mitsubishi Motors Corp. vs. Soler Chrysler-Plymouth, Inc.* En los siguientes términos: *"They are different in the issues they deal with. But They are alike in that both courts show willingness to permit arbitration of competition issues. The United States Supreme Court declaring so expressly and the European Court of Justice affirming this implicity"*. LANDOLT, Philip Louis, *Modernised EC competition law in international arbitration*, Kluwer Law International, La Haya, 2006, Pág. 101. Sobre los aspectos implícitos de la sentencia europea se ahondará en las próximas páginas del presente trabajo.

[1247] Como clara manifestación de un poder, o incluso de un deber, tal y como puede comprobarse en SCHMITTHOFF, Clive Macmillan, "Arbitration and EEC Law", en *Common Market Law Review*, N° 143, 1987, Pág. 144; en, McCLELLAN, Anthony, "EC Situation", en *Competition and arbitration law, ICC/Dossier of the Institute of International Business Law and Practice*, 1993, Pág. 102; así como también en los comentarios de VAN BAEL, Ivo & BELLIS, Jean-François, *Competition Law of the European Community*, Kluwer Law International, Alphen aan den Rijn, Holanda, 2010, Pág. 1254.

[1248] Donde se resaltan los siguientes apartes que comprueban la no acotación expresa al asunto, extraídos de los apartados 36, 37 y 39 del fallo: *"(...) Article 85 of the Treaty constitutes a fundamental provision which is essential for the accomplishment of the tasks entrusted to the Community and, in particular, for the functioning of the internal market. The importance of such a provision led the framers of the Treaty to provide expressly, in Article 85(2) of the Treaty, that any agreements or decisions prohibited pursuant to that article are to be automatically void. It follows that where its domestic rules of procedure require a national court to grant an application for annulment of an arbitration award where such an application is founded on failure to observe national rules of public policy, it must also grant such an application if it is founded on failure to comply with the prohibition laid down in Article 85(1) of the Treaty.(...) the provisions of Article 85 of the Treaty may be regarded as a matter of public policy within the meaning of the New York Convention.* Mención que fue descrita por la doctrina en los siguientes términos: *"El silencio guardado por el Tribunal de Justicia de las Comunidades europeas acerca de la arbitrabilidad del derecho Europeo de la competencia es suficiente evidencia de que los árbitros pueden aplicar dicho Derecho. Sería completamente absurdo, de hecho, el imponer a las cortes nacionales la revisión sobre la conformidad de los laudos al Derecho comunitario de la competencia si este Derecho Comunitario no fuere arbitrable en ningún caso"*. MOURRE, Alexis, "Arbitrabilidad del Derecho Antimonopolio desde la perspectiva europea y estadounidense", en *Arbitraje*, Volumen. 2, 2009, Pág.125; GONZÁLEZ DE COSSÍO, Francisco, "Arbitrabilidad de la Competencia Económica", en *Revista del Club Español de Arbitraje*, N° 5, 2009, Pág. 131; ZEKOS, Georgios "Antitrust/Competition

Así las cosas, y tras la evolución descrita, se observa cómo en el trabajo de
consolidar el arbitraje como vía de aplicación, la influencia de los países miembros
impulsó en el plano comunitario el refuerzo del *Private enforcement* de las normas de
libre competencia, pasando tanto a nivel interno como a nivel de la unión de la no
aprobación de la vía en estudio, a su acogimiento[1249].

El Reglamento 1/2003 es de forma genérica, más allá de otros aportes que en
capítulos previos han sido suficientemente desarrollados, aquel que reforzó la
posibilidad del *private enforcement* del Derecho de la Competencia[1250], y en específico,
aquel que estipuló en su artículo 6 que los órganos jurisdiccionales nacionales son
competentes para aplicar los artículos 101 y 102 del Tratado de Funcionamiento de la
Unión Europea, implementando un sistema de exención legal y eliminando
autorizaciones que entorpecían su participación.

El recorrido enunciado en Europa, finaliza con la consolidación de los árbitros a la
hora de establecer los efectos de una infracción[1251] dándole aplicación no solo a las

---

arbitration in EU vs U.S Law", en *Journal of International Arbitration*, N° 25, 2008, Pág. 20, el autor
matiza el fallo y agrega un importante punto de atención ya que de una forma sutil entiende que dicha
"arbitrabilidad está "condicionada", y la expresa en los siguientes términos: *"The European Court of
Justice did not explicitly announce the arbitrability of competition claims (...). The European Court of
Justice issuing a preliminary ruling on competition law indicates that the national courts can assess the
arbitrators ruling on competition and it is an indirect acceptance of European Unión Competition Law as
arbitrable but only if national courts have declared competition claims is arbitrable".*

[1249] Claramente en razón de cierto elemento internacional que es más afín a la solución de
controversias vía arbitraje, en perjuicio de la vía judicial y la administrativa preponderantemente
posicionada hasta dicho momento, tal y como lo explica GONZÁLEZ DE COSSÍO, Francisco,
"Arbitrabilidad de la Competencia Económica", en *Revista del Club Español de Arbitraje*, N° 5, 2009,
Pág. 132, quien interpreta, de forma asertiva, que la liberación de la Defensa de la Competencia de las
"garras de la inarbitrabilidad", tanto en Estados Unidos en un principio, y en Europa después, nace de
varios factores, como lo son a saber: *"El Respeto a la capacidad de los Tribunales extranjeros y
trasnacionales; las necesidades del comercio internacional, incluyendo predecibilidad en la solución de
controversias; la cortesía internacional; y el correcto funcionamiento del mercado interno* (refiriéndose
al Europeo)"; de la misma forma al respecto, los comentarios de CREUS CARRERAS , Antonio y JULIÁ
INSENSER, Josep María, "Arbitraje y Defensa de la Competencia", Documento de trabajo N° 27,
Universidad San Pablo CEU. 2008, Pág. 6; y de LANDOLT, Philip Louis, *"Modernized EC competition
law in international arbitration"*, Kluwer Law International, La Haya, 2006, Pág. 90; DERAINS, Yves,
"Specific Issues arising in the enforcement of EC *antitrust* rule by arbitration courts", en *European
Competition Law Annual 2001: Effective private enforcement of EC Antitrust Law*, Editores
EHLERMANN, Claus-Dieter y ATANASIU, Isabela, Hart Publishing, Oxford, 2003, Pág. 345;
KOMNINOS, Assimakis, *"Arbitration and the Modernisation"*; TWEEDDALE, Karen y Andres,
"Arbitration of commercial disputes. International and English Law practice", Oxford University Press,
Oxford, 2005, Pág. 108. STYLOPOULOS, Epameinondas, *"Powers and Duties of arbitrators in the
application of competition law"*. en *European Competition Law Review*, N° 3, 2009, Pág. 119.

[1250]*"La aplicación descentralizada de los artículos 81 y 82 del TCE que el citado Reglamento
proclama supone no solo el reconocimiento de la competencia del árbitro para aplicar el artículo 81 sino
también un reconocimiento de su deber de aplicarlo".* GOMEZ JENE, Miguel, *El Arbitraje internacional
en la Ley de Arbitraje de 2003*, Editorial Colex, Madrid, 2007, Pág. 63.

[1251] Lo que ya es un inmenso avance que posiciona a este mecanismo de solución de controversias en
un lugar de privilegio, pues además de ahora estar en la órbita de la Defensa de la Competencia, ha sabido
romper barreras que antaño le impedían conocer de disputas de insolvencia, financieras, societarias, de
compensación civil derivadas de sentencias penales, entre otras; que en la actualidad puede asumir con

normas *antitrust*[1252], sino a las normas de orden público[1253]. Vuelven así a encontrarse tras un arduo recorrido la vía arbitral y la judicial, aunque el avance normativo de la vía arbitral es inexistente, y generador de preguntas de la doctrina, las cuales serán desarrolladas posteriormente en el presente trabajo.

En el caso netamente español, el cual igualmente se ha visto reforzado con el Reglamento, la arbitrabilidad de temas de competencia ya se incluye en apartes normativos del ordenamiento. Un resquicio importante es el del artículo 2.1 de la Ley de Arbitraje, 60 de 1993 al articular que *"son susceptibles de arbitraje las controversias sobre materias de libre disposición conforme a Derecho"*[1254].

Los detractores en España, han argüido que la imperatividad de las normas de competencia imposibilita su arbitrabilidad, cuando en verdad dicho fundamento refuerza que un fallo pueda ser anulado al desconocer la aplicación de dicha normativa[1255].

---

mayores garantías y con efectos positivos, pues aporta elementos a todas las disputas que difícilmente podrán emularse por otros *"Enforcement Bodies"*, en razón de los beneficios genéricos que le diferencian de otras vías. MULLERAT BALMAÑA, Ramón, "El Arbitraje y el Derecho de la Competencia", en *Revista Derecho de los Negocios*, N° 248, 2011, Pág. 20.

[1252] Se cree esencial enunciar que si bien el reconocimiento de la arbitrabilidad de asuntos de libre competencia otorga ciertas prerrogativas a los Tribunales arbitrales, estos no deben interferir con las competencias exclusivas de las Autoridades administrativas. NAZZINI, Renato, *Concurrent proceedings in Competition Law procedure, evidence and remedies,* Oxford University Press, Oxford; Nueva York, 2004, Apartado.10,23. RINCON GARCIA LOYGORRI, Alfonso, "La Arbitrabilidad del Derecho de la Competencia: Especial Referencia a la normativa de la Unión Europea", en *Unión Europea Aranzadi*, N° 7, 2004, Pág. 9. El Autor enuncia las multas como una competencia que solo debe estar en cabeza de la autoridad administrativa.

[1253] *"En el Derecho de la competencia el hecho de que intervengan cuestiones de orden público no parece actuar en detrimento de la jurisdicción de un Tribunal para aplicar directamente el Derecho imperativo o para dilucidar las relaciones mercantiles entre las partes".* CREMADES, Bernardo María, "El arbitraje en la doctrina constitucional Española", en *Revista Internacional de Arbitraje*, Enero-Junio 2007, Pág. 24.

[1254] La amplitud de la referencia normativa, la cual no desarrolla un listado taxativo de las conductas dirimibles vía arbitraje, es interpretada como un afán de no restringir el campo de acción de la norma, que lleve a la extinción las posibilidades de aplicación del arbitraje. Se observa en el texto del artículo una adición general dúctil que enriquece el debate al respecto. CREMADES, Bernardo María, "El arbitraje en la doctrina constitucional Española", en *Revista Internacional de Arbitraje*, Enero-Junio 2007, Pág. 23.

[1255] Explica que la no aplicación de las normas imperativas en un arbitraje, puede generar la anulación de un laudo o la denegación de su reconocimiento y/o ejecución, pues sería contrario al orden público y estaría en pugna con el esquema de valores esenciales del ordenamiento jurídico, el no tomar en consideración normas rigurosamente obligatorias. GOMEZ JENE, Miguel, *"El Arbitraje internacional en la Ley de Arbitraje de 2003",* Editorial Colex, Madrid, 2007, Pág. 185. En extensión al orden público como fundamento en pugna con la arbitrabilidad en España, es importante mencionar la doctrina de José Luis González-Montes Sánchez quien manifiesta que es postulado se usa con el objetivo de consolidar una especie de segunda instancia arbitral que dejara en manos de las audiencias la verdadera decisión de la controversia arbitral tras una resolución desfavorable para una de las partes del proceso arbitral. GONZALEZ-MONTES SANCHEZ, José Luis, "La acción de anulación del laudo en el proceso Español de arbitraje (Ley 60/2003 de 23 de Diciembre)", en *Estudios sobre el Arbitraje: Los temas claves*, La Ley, Madrid, 2008, Pág. 253.

Igualmente ha sido invocada la indisponibilidad de la materia[1256], así como la distancia entre las posiciones del Juez y el árbitro en materia de funciones y facultades[1257], aunque tal y como sucedió en el caso Europeo, dicho razonamiento ha robustecido y no debilitado la posición del arbitraje tras un debate concienzudo[1258].

Como fue nombrado en líneas anteriores, La Ley de Defensa de la Competencia en España[1259] dispone en su artículo 24, literal F, una serie de competencias de la Comisión nacional de Competencia, entre las cuales resalta la función de arbitraje institucional que se une a las de instrucción, resolutorias, de promoción y consultivas.

El Real decreto 261/2008 de 22 febrero por el que se aprueba el Reglamento de Defensa de la Competencia desarrolló dichas competencias entre sus artículos 72 y 78, direccionando a la Ley de arbitraje en aquello no previsto.

[1256] El análisis llevado a cabo desde un punto de vista negativo, en aras de instruir un concepto claro acerca de las materias que son arbitrables o no, se ve representado en la realización de dicho estudio desde la indisponibilidad de ciertos asuntos. Estudio fruto de los múltiples problemas que comporta el concepto de disponibilidad no pocas veces asociado al concepto de orden público, el cual como ya se vio en páginas anteriores es difícil de determinar. GASPAR LERA, Silvia, *El Ámbito de Aplicación del Arbitraje,* Aranzadi, Pamplona, 1988, Pág. 88. Donde se expresa textualmente: *"son inarbitrables las materias indisponibles, las que siendo disponibles aparezcan inseparablemente unidad a una indisponible y las que resulten expresamente excluidas de este método de heterocomposicion"* . La arbitrabilidad según otro sector de la doctrina debe ser llevada a estudio desde las perspectivas material y procesal. HERNANDEZ RODRIGUEZ, María del Mar, "El Arbitraje", en *Competencias de los juzgados de lo mercantil en materia concursal y "competencias añadidas" mercantiles (sociedades, competencia, publicidad, transporte, propiedad industrial, propiedad intelectual),* etc. SANJUAN Y MUÑOZ, Enrique (Coordinador); Tirant Lo Blanch, Valencia, 2008, Págs. 754 - 755. Así mismo los comentarios genéricos, que realiza con respecto a los problemas que percibe en la arbitrabilidad de asuntos de competencia, GONZÁLEZ DE COSSÍO, Francisco, "Arbitrabilidad de la Competencia Económica", en *Revista del Club Español de Arbitraje,* N° 5, 2009, Págs. 134 a 136, quien sintetiza dichos inconvenientes en: 1. Ser un mecanismo muy distinto que no compagina con el derecho de la competencia; que a su vez 2. Es ejercido por autoridades de distinta naturaleza que colisionan con el trasfondo general de la defensa misma; 3. Que es propenso a "externalidades" pues las prácticas anticompetitivas afectan a millones de consumidores; 4. No es idóneo por carecer de herramientas para descubrir y llevar las infracciones a su fin; 5. Va en contravía de la labor realizada por los órganos especializados y generara colisiones continuamente, y; 6. Esta envuelto en un entorno de falta de claridad y serias dudas acerca del derecho de la competencia económica aplicable al fondo del asunto.

[1257] Al respecto de los fundamentos que sustentan esta posición detractora cabe acotar la Sentencia 352/2004 de la Audiencia Provincial de Girona de 17 de Noviembre de 2004, en la cual se lee: *"el árbitro no puede equipararse a un Juez en la medida en que este es titular de la potestad de juzgar y hacer ejecutar lo juzgado que emana del pueblo revestido, por tanto, de imperium, mientras que aquel se encuentra desprovisto de tal cualidad, pues su mandato tiene su origen en la voluntad de los interesados dentro de una correcta contienda o controversia.*

[1258] ROGERS, Catherine. A y LANDI, Niccolò, "Arbitration of Antitrust Claimsin the United States and Europe", documento de trabajo del Bocconi University Institute of Comparative Law "Angelo Sraffa" (I.D.C.C) Legal Studies Research Paper Series, N° 07-01, Concorrenza e Mercato, 2007, Pág. 1. El documento está disponible para consulta en lengua original en: http://papers.ssrn.com/sol3/papers.cfm?abstract_id=962334.

[1259] Si bien esta norma no se refiere al arbitraje como vía de aplicación privada de las normas *antitrust,* un sector de la doctrina interpreta dicho silencio como una aceptación del arbitraje como medio para dirimir controversias que vinculen la competencia. PELLISE, Cristina, "arbitrabilidad en Derecho de la Competencia en España", en *Anuario de Justicia Alternativa,* N° 7, 2007, Pág. 21.

Así las cosas, se observa como concluyente la existencia de estos fundamentos normativos, y se estima que la situación del arbitraje como vía de aplicación en España se ve cada día más consolidada.

La opinión fruto de la pesquisa a este respecto, se dirige a que en situaciones en las cuales el Derecho aplicable por un Tribunal arbitral sea el español, tenga su sede en España y/o el laudo deba ser reconocido y aplicado en dicho país, el Tribunal actuando de oficio o por solicitud de alguna de las partes, no solo debe interpretar y aplicar los artículos 101 y 102 del Tratado sobre el funcionamiento de la Unión Europea, sino también lo dispuesto en los artículos 1 y 2 de la Ley de Defensa de la Competencia Española. Actuaciones opuestas a este postulado se interpretan como incongruentes y contradictorias con los avances de la norma española.

II. La "prolongación" en favor de los árbitros de las facultades fruto de la aplicación privada de la normativa _antitrust_ y sus límites.

Como se ha observado hasta ahora, es clara y manifiesta la existencia de un recorrido de debates en relación al _private enforcement_ del Derecho de la competencia; no siendo exclusivamente la participación de los Jueces en dichos asuntos la que se ha visto como objeto y epicentro de fuertes críticas, sino también la de los árbitros.

Ha sido igualmente debatida la vía judicial y la arbitral, sin por dicho hecho llegar a confundir los aspectos que separan a unos y otros, y por lo tanto, las facultades que en ambos casos pueden poner en marcha en su labor de aplicación de la normativa _antitrust_; pues es claro que un Juez no es un árbitro, y que las diferencias apreciadas entre ellos han permitido reforzar e impulsar en ocasiones a los detractores de la arbitrabilidad de temas de competencia.

Nutren la discusión enunciada en igual medida, la existencia de diferencias[1260], como la de similitudes, toda vez que gracias a estas últimas puede delimitarse el alcance de la prolongación de las facultades que los Jueces nacionales tienen en la actualidad para aplicar de forma efectiva las normas de libre competencia hasta llegar a los árbitros. Siendo la semejanza por excelencia, aquella en virtud de la cual se hace latente la clara unidad de funciones y contingencias que se encuentran tanto Jueces como árbitros en el cumplimiento de sus deberes; que al aunarse con el silencio que guardó el

---

[1260] Al respecto La Comunicación de 4 de Octubre de 2006 "Una Europa global: competir en el mundo" [COM(2006) 567 final – no publicada en el Diario Oficial], en la cual se exponen las diferencias que frenan la aplicación privada de los artículos 101 y 102 del Tratado sobre el funcionamiento de la Unión Europea. Igualmente expresa su ponencia de no ver necesaria iniciativa regulatoria alguna acerca de la aplicación privada de las normas de libre competencia por parte de los árbitros, aduciendo que no encuentra viable interpretar que las funciones de árbitros y Jueces sean las mismas, y sustentándolo en las decisiones del Tribunal de Justicia de las comunidades europeas que versan sobre la imposibilidad de los árbitros de aplicar los artículos 4.3 y 267 del Tratado sobre el Funcionamiento de la Unión Europea. Una parte de la doctrina lo soporta, LANDOLT, Philip Louis, _Modernised EC competition law in international arbitration_, Kluwer Law International, La Haya, 2006, Pág. 190. Y, NAZZINI, Renato, "International arbitration and public enforcement of competition law", en _European Competition Law Review_, N° 3, 2004, Pág. 154.

Reglamento 1/2003 en lo referente a la aplicación de las normas de libre competencia por parte de Tribunales arbitrales, plantea unas vacilaciones dignas de desarrollo.

Así las cosas, se cree esencial y pertinente aclarar cuáles son los matices que deben ser añadidos a la aplicación privada vía Juez, para esclarecer la posición de los árbitros a la hora de llevar a cabo la aplicación de las normas *antitrust*. El ánimo de esta intención es el de saber cuáles son los fundamentos que apartan la vía arbitral de la aplicación judicial, demarcando y poniendo límites a su capacidad de aplicación, así como también valorando en qué condiciones se ven afectados los árbitros en el cumplimiento de sus funciones en virtud de aquellos contrastes.

La primera diferencia entonces, que es posible percibir al contrastar la posición de los Jueces y los árbitros, es la de los pactos realizados por las partes que se someten a resolver la disputa vía arbitraje[1261]. El principio de la autonomía privada sustenta la posibilidad que tienen las partes en un contrato, de pactar cual será la norma aplicable al fondo y al proceso del arbitraje si se presentase un conflicto, o de guardar silencio al respecto para que sea decidido por el Tribunal arbitral[1262].

Lo anterior entonces condiciona enormemente, ya que en el orden de salvaguardar la confidencialidad que rige las actuaciones de un Tribunal arbitral, así como la independencia del mismo, cualquier decisión debe estar autorizada por las partes y/o el Tribunal, inclusive si la misma versa sobre la cooperación con una autoridad de competencia e incluso la intervención de esta. Generando así un matiz de importante magnitud con la aplicación judicial.

La elección de las normas, convenidas por las partes, someten a los árbitros[1263], los cuales se diferencian de los Jueces al no tener Lex Fori[1264], por lo que solo podrán

---

[1261] MULLERAT BALMAÑA, Ramón, "El Arbitraje y el Derecho de la Competencia", en *Revista Derecho de los Negocios*, N° 248, 2011, Pág. 20, dice que *"(...) conviene respetar la voluntad de las partes de someterse al arbitraje y la necesidad de permitir la predictabilidad de las disputas comerciales. (...)"*; sin que ello signifique que las partes puedan abstraerse de la aplicación de normas imperativas o de revisiones que ahora están empoderados para realizar los Tribunales Nacionales, tal y como se verá en páginas posteriores del presente apartado.

[1262] En uso de la intervención activa positiva y la intervención activa negativa, en virtud de las cuales las partes seleccionan la ley que les conviene y eliminan la que no les conviene; a menos que prefieran la intervención pasiva en razón de la cual el árbitro será quien decida la ley aplicable cuando las partes nada digan al respecto. GONZALO QUIROGA, Marta, "Arbitraje y Derecho de la Competencia", en *El Arbitraje en las Distintas Áreas del Derecho*, Director COLLANTES GONZÁLEZ, Jorge Luis, Publicación del Estudio Mario Castillo Freyre, Primera Parte, Volumen 3, Palestra Editores e Universitat Abat Oliba CEU, Lima, 2007, Pág. 343; así como la doctrina por la autora enunciada en la nota al pie de página número 52.

[1263] ZORLU, Ramazan, *"International arbitration and Lex Arbitri"*, Documento de Trabajo, Pág. 1, El documento está disponible para consulta en: http://www.akellawfirm.com/yayinlar/INTERNATIONAL_ARBITRATION_AND_LEX_ARBITRI.pdf; Hace referencia a la Lex Arbitri que se define como *"a set of mandatory rules of law applicable to the arbitration at the seat of the arbitration. It also can be defined that the juridical seat of arbitration."* REISMAN, W. Michael, CRAIG, W. Lawrence, PARK, William, PAULSSON, Jan, *"International Commercial Arbitration Cases, Materials and Notes on the Resolution of the Business Disputes"*, The Foundation Press, New Haven, 1997, Pág. 691, donde enuncian que la Lex Arbitri *"determines the*

aplicar las normas de libre competencia, y en específico los artículos 101 y 102 del Tratado sobre el Funcionamiento de la Unión Europea en ciertas circunstancias. Siendo ésta la segunda diferencia distinguida entre las dos autoridades.

Dichas circunstancias meramente introducidas en el párrafo anterior, son las siguientes:

- Cuando el Tribunal haya sido constituido en la Unión Europea y esté sujeto a la normativa de un Estado miembro,

- Cuando el Tribunal haya sido constituido en un país ajeno a la Unión Europea y las partes hayan pactado la sumisión a la normativa de un país de la Unión[1265],

- Cuando la ley aplicable sea la de un Estado ajeno a la Unión Europea, y se estime pertinente por manifiesta conexidad del asunto con las normas Europeas de competencia,

- Cuando el laudo arbitral deba ser objeto de reconocimiento y/o ejecución en la Unión Europea[1266].

---

relationship between the arbitral Tribunal and national Courts". Así mismo a la *Lex Causae* que hace referencia a la ley aplicable que regula el fondo del asunto una vez designada por las normas de conflicto.

[1264] También careciendo de Lex Causae, sobre las cuales se puede ahondar, en lo que a las condiciones que se suscitan en razón de que los árbitros carezcan de estas, en RIVERA, Julio César, "El Orden Público en el Arbitraje", en *Revista Latinoamericana de Derecho*, N° 9, 2009, Págs. 271 y siguientes; así como también en GONZALO QUIROGA, Marta, "Arbitraje y Derecho de la Competencia", en *El Arbitraje en las Distintas Áreas del Derecho*, Director COLLANTES GONZÁLEZ, Jorge Luis, Publicación del Estudio Mario Castillo Freyre, Primera Parte, Volumen 3, Palestra Editores e Universitat Abat Oliba CEU, Lima, 2007, Págs. 344 y 345;

[1265] Acerca de las dos primeras circunstancias, las palabras de VAN HOUTTE, Hans, "The application by arbitrator of articles 81 & 82 and their relationship with the European Commission", en *European Business Law Review*, Volumen. 19, N° 1, 2008, Pág. 65. Donde el autor expresa *"Arbitrators have to apply EC competition law when the seat of the arbitration is located within the European Unión. It is part of the public policy of the country where their perfume their duties; a breach of public policy of the lex arbitry may lead to the annulment of the award. Even arbitrators deciding according to equity ("amiable composition") have to respect public policy, ie including Art. 81 and 82. Arbitrors sitting within the EU may have additional grounds to apply European Competition Law, for instance, because the law of an EU state governs the contract or because the case is closely linked with an EU country. These additional grounds, which are also relevant for arbitrators sitting outside the EU is covered"*

[1266] Sobre las últimas dos características enunciadas es esencial añadir un matiz de gran importancia, puesto que se extiende una confusión acerca de las razones por las cuales estos eventos son objeto de aplicación. Tal y como lo expresa VAN HOUTTE, Hans, "The application by arbitrator of articles 81 & 82 and their relationship with the European Commission", en *European Business Law Review*, Volumen. 19, N° 1, 2008, Pág. 68, *"Legal rules should be applied because they are part of the proper law of the contract, because they are relevant mandatory rules or because of the public policy of the seat of arbitration; not merely because their application would increase the chances of the enforcement abroad. (...) The Arbitration process would lose it's foresee ability if the law to be applied by the arbitrators depended on their assessment of the possibilities to enforce the award in different places".*

Logrando entonces claridad acerca de las diferencias que trae al árbitro la ausencia de Lex Fori, es pertinente continuar con la tercera diferencia hallada entre Jueces y árbitros, la cual se cimenta en lo dispuesto en el artículo 267 del Tratado sobre el Funcionamiento de la Unión Europea.

La esencial referencia que se hace del nombrado artículo, tiene como fuente la sentencia del Tribunal de Justicia de las Comunidades Europeas, *Nordsee Deutsche Hochseefischerei GmbH vs. Reederei Mond Hochseefischerei Nordstern AG & Co. KG y Reederei Friedrich Busse Hochseefischerei Nordstern AG & Co. KG* (en lo sucesivo *Nordsee*)[1267].

La sentencia enunciada en sus apartados del 10 al 20 acota que no puede ser considerado órgano jurisdiccional nacional acorde al artículo 267 del Tratado sobre el funcionamiento de la Unión Europea, ningún Tribunal arbitral fruto de un convenio de Derecho privado y sin la intervención de autoridades públicas[1268].

Por lo cual, y amén de esa imposibilidad de ser calificado como órgano jurisdiccional[1269], a los árbitros no se les permite formular cuestiones prejudiciales[1270].

[1267] De 23 de Marzo de 1982, asunto 102/1981. El documento está disponible para consulta en ingles en:http://eur-lex.europa.eu/LexUriServ/LexUriServ.do?uri=CELEX:61981J0102:EN:HTML

[1268] Lo que en opinión de otro sector de la doctrina es desafortunado, pues entienden que el artículo 267 del TFUE no debería ser el referente para la consideración de un órgano como jurisdiccional o no. Para ellos, del artículo 4 del nombrado tratado se debería elaborar un concepto de órgano que haría extensivas las disposiciones de la *Comunicación relativa a la cooperación entre la Comisión y los órganos jurisdiccionales* y del Reglamento 1/2003 a los Tribunales arbitrales, pues la nueva construcción generaría que todo órgano considerado como Tribunal, pudiese ser catalogado como órgano jurisdiccional en razón de tener capacidad de cooperar con la Comisión en la aplicación de la normativa *antitrust* comunitaria; permitiendo así a los Tribunales arbitrales achicar la brecha diferencial con otros Tribunales, que actualmente es latente en razón de no permitírsele la vía de interpretación prejudicial. KOMNINOS, Assimakis, *EC Private Antitrust Enforcement: Decentralised Application of EC Competition Law by National Courts*, Hart Publishing, Oxford, 2008, Pág. 94.

[1269] Sobre esto las sentencias del Tribunal de justicia de las Comunidades Europeas, de 27 de Abril de 1994, *Ayuntamiento de Almelo y otros Vs. Energiebedrijf Ijsselmij NV*, asunto C-393/92, acerca de la petición de decisión prejudicial, apartados 21-24, texto disponible para consulta en: http://eur-lex.europa.eu/LexUriServ/LexUriServ.do?uri=CELEX:61992CJ0393:ES:HTML; y de 30 de Mayo de 2002, *Walter Schmid*, asunto C-516/99, concepto del órgano jurisdiccional nacional en el sentido del artículo 234 CE, Apartados 28 y 29, texto disponible para consulta en: http://eur-lex.europa.eu/LexUriServ/LexUriServ.do?uri=CELEX:61999CJ0516:ES:HTML. Donde se establecen elementos esenciales para delimitar si un órgano es jurisdiccional, tales como el origen legal del órgano, la independencia y permanencia del mismo, la aplicación que el órgano hace del ordenamiento jurídico, así como el carácter obligatorio de su jurisdicción y contradictorio de los procedimientos ante dicho órgano.

[1270] A pesar de la defensa del fundamento que indica que una presunta cuestión prejudicial en un arbitraje sería admisible solo si las partes involucradas lo consienten, en razón de su carácter contractual, se cree que los impedimentos inmersos en la sentencia *Nordsee* no serán por mucho tiempo sostenibles. MARTINEZ LAGE, Santiago, "Competencia y Arbitraje", en *Gaceta Jurídica de la Unión Europea y de la Competencia*, N° 214, 2001, Pág. 6. Igualmente importante la contribución por la cual se plantea como positiva evolución el otorgar competencias al Tribunal de primera instancia de las Comunidades europeas, con el ánimo de darle conocer y darle resolución a las cuestiones prejudiciales que tengan origen en un Tribunal Arbitral. Competencias enunciadas que alivianarían al Tribunal de Justicia de las

Razón que sustenta que solo de forma indirecta y por medio de los Tribunales nacionales pueda hacerlo.

Los eventos en los cuales dichas cuestiones prejudiciales pueden ser formuladas indirectamente mediante los Tribunales nacionales son las siguientes[1271]:

- Cuando los Jueces Nacionales tramitan la solicitud de reconocimiento, aplicación y ejecución de un laudo arbitral. Procedimiento mejor conocido como Exequátur.

- Cuando los Jueces Nacionales conocen de un recurso de anulación.

- Cuando las partes vinculadas al proceso arbitral o los árbitros solicitan la intervención de los Jueces Nacionales.

Las posibilidades enunciadas[1272], están igualmente sustentadas en la sentencia *Nordsee* previamente nombrada[1273], pues en sus apartados 14 y 15 se consiente la cooperación de los Jueces Nacionales con los árbitros en dichos eventos, así como la ayuda que estos pueden dar a la hora de interpretar ciertos apartes normativos. Colaboración que avala la observancia a las normas de competencia a nivel comunitario y la sensatez en su aplicación.

Comunidades Europeas. BAUDENBACHER, Carl, "Enforcement of EC and EEA Competition rules by arbitration Tribunals inside and outsider the EU", en *European Competition Law Annual 2001: Effective private enforcement of EC Antitrust Law,* Editores EHLERMANN, Claus-Dieter y ATANASIU, Isabela, Oxford, Hart Publishing, 2003, Pág. 358. Igualmente y en la misma referencia bibliografica KOMNINOS, Assimakis, "Assistance to arbitral Tribunals in the application of EC competition law", donde el autor expresa: *"They (Arbitral Tribunals) should also have Access to preliminary reference procedure. In other words a criterion for the admissibility of such references would not just be the nature of the referring body, but also its obligation to apply EC law."* Permitiendo así crearse un concepto con el cual se está de acuerdo, acerca de la conveniencia que trae la formulación de cuestiones prejudiciales por parte de los Tribunales arbitrales, por lo que se cree conveniente defender dicha postura y hacer relieve en los principios del arbitraje, los cuales lo erigen en el marco transaccional de los negocios internacionales como de más importancia frente a los Tribunales Estatales. Otro sector de la doctrina pugna con dicha referencia aduciendo que la confidencialidad e independencia del proceso arbitral se verían menguadas con la facultad en mención; fundamentos que no son compartidos. MOURRE, Alexis, "Arbitrabilidad del Derecho Antimonopolio desde la perspectiva europea y estadounidense", en *Arbitraje*, Volumen 2, 2009, Pág.131.

[1271] Al respecto BRULARD, Yves y QUINTIN, Yves, "European Community Law and Arbitration: National versus Community Public Policy", en *Journal of International Arbitration*, N° 18, 2001, Pág. 541.

[1272] Las cuales se erigen como la mejor posibilidad para acercar las posturas de árbitros y la formulación de cuestiones prejudiciales.

[1273] Es posible ahondar acerca de los fundamentos de este asunto en NAZZINI, Renato, *Concurrent proceedings in Competition Law procedure, evidence and remedies,* Oxford University Press, Oxford; Nueva York, 2004, Apartados. 10,14 y 10,15; igualmente KOMNINOS, Assimakis, "Assistance to arbitral Tribunals in the application of EC competition law", en *European Competition Law Annual 2001: Effective private enforcement of EC Antitrust Law,* Editores EHLERMANN, Claus-Dieter y ATANASIU, Isabela, Oxford, Hart Publishing, 2003, Págs. 367-370.

La cooperación a pesar de lo anterior, no resulta ser una obligación ni de los árbitros ni de las autoridades comunitarias como lo es la Comisión. Lo que se erige como la última diferencia hallada entre Jueces y árbitros.

La razón de ser de esta realidad, es que los árbitros por administrar justicia en virtud de un pacto de carácter privado y de forma temporal, no forman parte de la estructura del Estado, en la cual los órganos tienen la obligación de cooperar. Igualmente se ven desprovistos de esta obligación pues no entran en los principios establecidos en el Tratado del Funcionamiento de la Unión Europea, acerca del deber de cooperación recíproca entre las autoridades comunitarias y los Estados miembros[1274].

La enunciación de las diferencias desarrolladas anteriormente[1275], arroja luces acerca de la imperfección en la identidad entre la posición de Jueces y árbitros a la hora de aplicar normas de libre competencia en Europa[1276] y aporta matices esenciales que permiten definir en términos generales hasta dónde se pueden hacer extensivas en favor de los árbitros, las facultades de los Jueces para aplicar la normativa *antitrust*, así como también plantear un catálogo de divergencias entre los *Enforcement Bodies* de naturaleza privada, que permitirá continuar con el desarrollo del arbitraje sin que se susciten confusiones en torno a los fundamentos más básicos del *private enforcement* emprendido por los Jueces nacionales; posibilitando así, la concreción de un debate sobre las condiciones particulares en que la labor arbitral debe ser puesta en marcha.

A pesar de ello, dichas diferencias no disipan las dudas acerca de otros aspectos que fueron propuestos por la jurisprudencia del Tribunal de Justicia de las Comunidades Europeas, y por el contrario en oportunidades las han impulsado. Aspectos sobre los cuales se hará una exposición a continuación, pues su entendimiento marca en mi opinión el desarrollo del texto.

[1274] Al respecto los asuntos: Sentencia del Tribunal de Justicia de las Comunidades europeas, de 28 de Febrero de 1991, C-234/89, *Stergios Delimitis Vs. Henninger Bräu AG* en sus apartados 48 y 50; y de 14 de Diciembre de 2000,C-344/98, *Masterfoods Ltda Vs. HB Ice Cream Ltda* en sus apartados 15 y 20.

[1275] Las cuales mas allá de la teoría tienen una importante razón de ser en la práctica, toda vez que si bien los particulares tienen a su disposición el catálogo de divergencias entre los *Enforcers* en desarrollo para modular sus preferencias a la hora de dirimir sus controversias, en la práctica las mismas no han ido en detrimento de la posición de los Tribunales Arbitrales, acaeciendo todo lo contrario, ya que en transacciones negociales de nivel internacional, estos últimos son considerados incluso más importantes que los Tribunales Nacionales. BAUDENBACHER, Carl, "Enforcement of EC and EEA Competition rules by arbitration Tribunals inside and outsider the EU", en *European Competition Law Annual 2001: Effective private enforcement of EC Antitrust Law,* Editores EHLERMANN, Claus-Dieter y ATANASIU, Isabela, Oxford, Hart Publishing, 2003, Pág. 357; así como también BAUDENBACHER, Carl y HIGGINS, Imelda, "Decentralization of Ec Competition Law Enforcement and Arbitration", en *Columbia Journal of European Law,* Volumen 8, N° 1, 2002, Págs. 1 y siguientes.

[1276] DE GROOT, Diederik, "Arbitration and the modernization of EC Competition Law", en *European Business Law Revie*w, Volumen.19, N° 1, 2008, Págs. 183-185. El autor asegura que los árbitros no tienen las mismas herramientas de cooperación de las que gozan los Jueces y que el control *ex-post* en cabeza de los Jueces nacionales es esencial para el desarrollo de las funciones de los árbitros; añade igualmente que para esclarecer la posición de los Jueces y árbitros, resulta indispensable también en adición al control mencionado previamente, el estudiar las reglas que trae aparejadas el reglamento 1/2003, y darle interpretación al mismo.

III. Los debates planteados por la jurisprudencia del Tribunal de justicia de las comunidades europeas.

La Jurisprudencia del Tribunal de Justicia de las Comunidades Europeas, ha abierto importantes cuestiones basada en argumentos que como es común cuentan con detractores y adherentes, y que versan sobre dos asuntos de suma importancia que están en capacidad de condicionar la posición de los Tribunales arbitrales frente a la aplicación de las normas de libre competencia comunitarias.

Superada entonces la discusión acerca de si los árbitros podían o no aplicar las normas de libre competencia, eran necesarios nuevos debates para esclarecer la posición de los Tribunales arbitrales en estos asuntos, los cuales inequívocamente intentan delimitar el campo de acción de la actuación del árbitro, y garantizar que el aparato Estatal realizará una pesquisa en dicho desempeño.

Así las cosas, la jurisprudencia mencionada, abrió dos frentes que versaron sobre la posibilidad de que los árbitros aplicaran de oficio los artículos 101 y 102 del Tratado de Funcionamiento de la Unión Europea, así como sobre la obligación que tienen a su cargo los Jueces de los países miembros, de revisar los laudos proferidos en sede arbitral.

De esta manera, en el presente texto y siguiendo una estructura marcada por el recorrido coherente que marca el acaecimiento de cada uno de los debates en el proceso, se desarrollará en primera instancia el tema de aplicación oficiosa de las normas de libre competencia comunitarias para desembocar en las particularidades del control que ejercen los Jueces sobre la aplicación que hacen los árbitros de las normas en estudio, también conocido como *"Second Look*[1277]*"*.

(A) La aplicación de oficio de la normativa *antitrust* comunitaria por parte de los Tribunales arbitrales.

El más primigenio de los antecedentes que abrió el debate al respecto, es el observable en los asuntos acumulados C-430 y C-431 de 1993, *Van Schijndel y Van Veen*[1278], en el cual El Tribunal de Justicia de las Comunidades Europeas expresó que, a pesar de no ser invocadas por las partes, los Jueces nacionales están obligados a aplicar

---

[1277] Sobre la figura, NAZZINI, Renato, *Concurrent proceedings in Competition Law procedure, evidence and remedies,* Oxford University Press, Oxford; Nueva York, 2004, Apartado. 10,10, y DE GROOT, Diederik, "Arbitration and the modernization of EC Competition Law", en *European Business Law Review,* N° 19, 2008, Pág. 186 quien expresa que: *"the second look is nonetheless an appropriate guarantee the EC competition law is correctly applied by arbitrators",* sirviendo entonces de abrebocas a lo que será desarrollado en páginas posteriores.

[1278] El documento está disponible para consulta en ingles en: http://eur-lex.europa.eu/LexUriServ/LexUriServ.do?uri=CELEX:61993J0430:EN:HTML, y en el mismo se recomiendan con el ánimo de profundizar acerca de la figura en desarrollo y su relación con el orden público, los apartes 13, 14, 15 y 22.

de oficio las normas comunitarias de competencia por ser de carácter imperativo[1279], siempre y cuando el Derecho Nacional aplicable a un litigio establezca a la par la obligación de aplicar de oficio las normas imperativas nacionales[1280].

Aun así, la sentencia *Van Schijndel y Van Veen,* entendió que la aplicación de oficio por parte de los Jueces de las normas de libre competencia está obligada a ceder, y se ve limitada en aquellas situaciones en las cuales sea impuesto un deber de pasividad por parte de las normas procesales nacionales, impidiéndole así pronunciarse sobre hechos y pretensiones que no hayan sido llevadas al proceso por las partes.

Lo previsto en la sentencia *Van Schijndel y Van Veen* respecto a los Jueces, generaba dudas acerca de si igualmente se debía extender la obligación de aplicación oficiosa a los árbitros[1281], y cómo en merced de las diferencias entre Jueces y Tribunales arbitrales se debía limitar esa aplicación.

[1279] Por su carácter de orden público, y sobre lo cual se resaltan en España el fundamento de derecho N° 4 de la Sentencia de la Audiencia provincial de Madrid de 29 de Julio de 2004 (JUR/2004/265336) y N° 5 de la sentencia de la misma audiencia de 29 de Julio de 2005 (JUR/2005/210775), al igual que en muchas más consideraciones y decisiones que se encuentran descritas a pulcritud en MARCOS FRANCISCO, Diana, "La Ejecución del Laudo Arbitral de Consumo: ¿Cabe denegarla por Invalidez del Convenio Arbitral?", en *Revista Internacional de estudios sobre derecho procesal y arbitraje,* N° 2, 2009, Págs. 19 a 21, El documento está disponible para consulta en: http://www.riedpa.com/COMU/documentos/RIEDPA2091.pdf, igualmente en Europa, la sentencia del Tribunal de primera instancia de las Comunidades Europeas *Fiatagri UK y New Holland Ford vs. La Comisión de las Comunidades Europeas,* de 27 de Octubre de 1994, T-34/1992 en su apartado 39, la cual debe ser analizada de consuno con los asuntos *Eco Swiss China Time vs. Benetton International NV y Van Schijndel y Van Veen.*

[1280] Apartado 13 de la Sentencia *Jeroen van Schijndel y Johannes Nicolaas Cornelis Van Veen Vs. Stichting Pensioenfonds voor Fysiotherapeuten,* donde se expresó textualmente que: *"Procede señalar que las normas sobre la competencia mencionadas por el órgano jurisdiccional nacional son normas imperativas, directamente aplicables en el ordenamiento jurídico nacional. Debido a que, con arreglo al Derecho nacional, los órganos jurisdiccionales deben aducir de oficio los fundamentos de Derecho basados en una norma interna de naturaleza imperativa, que no han sido invocados por las partes, esta obligación se impone igualmente cuando se trata de normas comunitarias imperativas (véase, en particular, la sentencia de 16 de Diciembre de 1976, Rewe, 33/76, Rec. p. 1989, apartado 5)"*; apartado 15 de la Sentencia *"Corresponde al Juez nacional aplicar las disposiciones de la letra f) del artículo 3 y de los artículos 85, 86 y 90 del Tratado, incluso cuando la parte interesada en su aplicación no los ha invocado, en el supuesto de que su Derecho Nacional le permita dicha aplicación".* Se relaciona con el apartado 36 de la sentencia *Eco Swiss China Time vs. Benetton International NV* sobre la que habrá importantes remisiones posteriores.

[1281] Algún sector de la doctrina interpreta que las normas procesales de los países miembros mitigan la obligación de los árbitros de aplicar las normas de libre competencia. SLOT, Piet Jan, "The Enforcement of EC Competition Law in arbitral preoceedings", en *Legal issues of European integration,* N° 1, 1996, Pág. 104. Donde expresa: *"Duty to apply the competition rules will necessarily have to be linked with the sanction of non – recognition of, and refusal to enforce the arbitral award".* LANDOLT, Philip Louis, *Modernised EC competition law in international arbitration,* Kluwer Law International, La Haya, 2006, Pág. 229; DERAINS, Yves, "specific Issues arising in the enforcement of EC *antitrust* rule by arbitration courts", en *European Competition Law Annual 2001: Effective private enforcement of EC Antitrust Law,* Editores EHLERMANN, Claus-Dieter y ATANASIU, Isabela, Oxford, Hart Publishing, 2003, Pág. 325 y BRULARD, Yves y QUINTIN, Yves, "European Community Law and Arbitration: National versus Community Public Policy", en *Journal of International Arbitration,* N° 18, 2001, Pág. 536 en los siguientes términos: *"Eco swiss judgment establishes the arbitrators duty to apply community*

Fue entonces cuando el asunto *Eco Swiss China Time vs. Benetton International NV*[1282], aportaría claridad sobre dichos aspectos entre otros a desarrollar en páginas posteriores.

En el mencionado asunto, la parte vencida tras ser proferido el laudo, en la búsqueda de paralizar que el fallo fuera ejecutado, expresó que se había dado una transgresión del actual artículo 101 del Tratado sobre el Funcionamiento de la Unión Europea, 85 del Tratado Constitutivo de la Comunidad Económica Europea[1283].

El litigio objeto de estudio, versaba sobre si era procedente o no el recurso de anulación interpuesto sobre dos laudos arbitrales que se argüía conferían valor a un

---

public policy, which includes article 81, ex officio (...) as guardian of community public policy, he is charged by the ECJ with the enforcement of the relevant laws"

[1282] En relación a un contrato de licencia que fue tras algunos años en vigor, terminado unilateralmente por *Benetton International NV*, por lo que en el año 1993 el Tribunal arbitral encargado del caso profirió un laudo en el cual expuso que el contrato continuaba vigente y acumulando efectos, y que *Benetton International NV* debía indemnizar los daños causados a las empresas *Eco Swiss China Time* y *Bulova Corporation*, por su responsabilidad en el incumplimiento del contrato. Sobre los antecedentes, y desarrollo del proceso ALVAREZ GONZALEZ, Santiago, "Arbitraje comercial internacional, orden público y Derecho comunitario de la competencia", en *La Ley*, N° 4895, 1999, Págs. 1893-1898. DE GROOT, Diederik, "The Impact of the Benetton Decision on International Commercial Arbitration", en *Journal of International Arbitration*, N° 20, 2003, Págs. 365-375. FURSE, Mark y D'ARCY, Leo, "Eco Swiss China Time vs. Benetton: E.C. Competition law and arbitration", en *European Competition Law Review*, N° 7, 1999, Pág. 392-394. LANDOLT, Philip Louis, *Modernised EC competition law in international arbitration*, Kluwer Law International, La Haya, 2006,Págs. 145 a 148. IDOT, Lawrence,"L'arbitre et l'ordre public communautaire: prise de position de la Cour de Justice", en *Revue de l'arbitrage*, N° 3, 1999, Págs. 631-653 y LUGARD, Paul, "E.C. Competition Law and arbitration: Opposing principles?",en *European Competition Law Review*, N° 5, 1998, Pág. 298.

[1283] Norma de orden público que sirvió de fundamento de defensa, como también lo fue la interpretación de que ejecutar el laudo resultaría conferir efectos a un contrato nulo de pleno derecho. Siendo la petición motivada con los fundamentos anteriores, denegada hasta dos veces previa la suspensión de la ejecución del laudo que fue concedida por el Tribunal de apelación al entender que se podía entender transgredido el orden público. Desembocando tras el recorrido mencionado y mediando una segunda instancia, en un recurso de casación en el cual el Hoge Raad Nederlanden de los Países Bajos planteó cuestiones prejudiciales en los siguientes términos: *"1) ¿En qué medida los principios (...) de la sentencia de 14 de Diciembre de 1995, Van Schijndel y Van Veen son aplicables por analogía si, (En un arbitraje...) las partes no han invocado el artículo 85 del Tratado CE y los árbitros no están facultados, con arreglo a las normas procesales nacionales vigentes, para aplicar de oficio dicha disposición? ; 2) Si el Juez considera que un laudo arbitral es efectivamente contrario al artículo 85 del Tratado CE, ¿debe por ello y a pesar de las normas de la Ley de Enjuiciamiento Civil neerlandesa (...) estimar un recurso de anulación del laudo cuando dicho recurso cumple, por lo demás, los requisitos legales?; 3) ¿Está también obligado a ello el Juez neerlandés, a pesar de las normas procesales neerlandesas (...) según las cuales los árbitros tienen la obligación de no excederse de los límites del litigio y de atenerse a su misión, cuando la aplicabilidad del artículo 85 del Tratado CE ha quedado al margen del procedimiento arbitral y, por tanto, los árbitros no se han pronunciado sobre ella?; 4) ¿Obliga el Derecho comunitario a no aplicar la norma procesal neerlandesa (...) cuando sea necesario para poder examinar en el procedimiento de anulación dirigido contra el laudo arbitral posterior si un acuerdo cuya validez jurídica ha sido declarada en un laudo arbitral parcial con valor de cosa juzgada es, no obstante, nulo por infringir el artículo 85 del Tratado CE?; 5) ¿O, (...según No. 4), debe dejarse sin aplicación la norma de que no puede solicitarse, junto con la del laudo arbitral posterior, la anulación de un laudo arbitral parcial en la medida en que éste tenga carácter de laudo final?".*

contrato de licencia nulo, al contradecir lo estipulado en el artículo 101 del Tratado de
funcionamiento de la Unión Europea, lo cual llevaría aparejada la transgresión al orden
público[1284] de ser reconocidos y ejecutados.

La dificultad en el asunto era manifiesta, pues los árbitros no estaban facultados por
las normas procesales del caso para aplicar de forma oficiosa las normas comunitarias
de competencia. A pesar de ello, el fallo ha sido impulso de defensores de gran escala
doctrinal, quienes han extendido sin dudarlo la facultad de aplicar de oficio o por
solicitud de parte los artículos 101 y 102 del Tratado sobre el Funcionamiento de la
Unión Europea a los árbitros, aduciendo los siguientes argumentos[1285].

El que interpreto es el más básico de los fundamentos aducidos por la doctrina, es el
que las normas de libre competencia comunitarias, son de orden público tanto
comunitario[1286], como de los Estados miembros, por lo cual deben ser de obligatoria
aplicación por parte de los árbitros, incluso de forma oficiosa[1287]. Lo que ha sido
interpretado por otro sector detractor como un potencial incumplimiento de la
naturaleza privada del arbitraje, pues se dice puede ir en contra de los límites acordados
por las partes en el pacto arbitral[1288].

[1284] Al respeto en el fallo *Eco Swiss China Time vs. Benetton International NV* se recomiendan los
apartados 36 y 37.

[1285] Un sector defiende que las normas de arbitraje comercial internacional son de mayor importancia
para dilucidar este tema que las normas de carácter comunitario; así como que la actuación oficiosa de los
árbitros se debe enmarcar en una sujeción del árbitro a los poderes otorgados por las partes, y que el caso
sea identificado en base a los hechos y las pruebas aportadas. NAZZINI, Renato, *Concurrent proceedings
in Competition Law procedure, evidence and remedies,* Oxford University Press, Oxford; Nueva York,
2004, Apartado.10,37.

[1286] Llama la atención cómo el concepto de orden público ha pasado de ser una gran traba para la
aplicación arbitral de las normas de libre competencia al soportar sus bases en la incapacidad de los
particulares para disponer en dichos casos, a ser el fundamento principal que impulsa la aplicación de las
normas en estudio por parte de los árbitros inclusive cuando no media solicitud de alguna de las partes.
HOCHSTRASSER, Daniel, "Choise of Law and "Foreign" mandatory rules in international arbitration",
en *Journal of International Arbitration",* Volumen 1, 1994, Pág. 85; así como los comentarios al respecto
que pueden encontrarse en LECCHI, Emanuela y COVER, Michael, "Arbitrating Competition Law
Cases", en *Arbitration, The International Journal of Arbitration, Mediation and Dispute Management,*
2008, Pág. 7, pues los autores aducen que lo común, en los Tribunales jurisdiccionales de los países
miembros de la comunidad, es interpretar las normas de competencia como normas de orden público, y
como tal, imperativas, que de no haber sido aplicadas pueden conllevar el no reconocimiento de la
decisión. Dejando claro a su vez, que dicha situación no es ni mucho menos generalizada, pues en otros
entornos de relevancia como el suizo, las normas de competencia no son consideradas como de
obligatoria aplicación, lo cual comprueban con la enunciación del fallo de la suprema corte suiza –
Bundesgericht, 4P278/2005.

[1287] LECCHI, Emanuela y COVER, Michael, "Arbitrating Competition Law Cases", en *Arbitration,
The International Journal of Arbitration, Mediation and Dispute Management,* 2008, Pág. 6.

[1288] Máxime, según la opinión de este controvertido sector, cuando el marco de actuación coherente
que se debería consolidar y con el cual, claro está, quien escribe este trabajo no puede estar de acuerdo, es
el de que los árbitros decidiesen las controversias que son puestas en su conocimiento, sin tomar en
cuenta las normas de competencia, centrándose netamente en el derecho aplicable y eludiendo a como dé
lugar entrar a valorar la cuestión en aplicación de la normativa *Antitrust*; pues según este sector, son las
Autoridades administrativas las que tienen que entrar a valorar la ilicitud de las conductas, que a la par y

Igualmente, los defensores de la aplicación oficiosa de las normas de competencia por parte de los árbitros[1289], han dicho que puesto que las normas de competencia comunitarias son de orden público, su aplicación es presupuesto esencial para el reconocimiento y ejecución de un laudo, sin importar si ha mediado una solicitud de parte o el árbitro lo ha hecho de oficio, ya que como se vio en *Eco Swiss China Time vs. Benetton International NV* la no aplicación de dichas normas puede generar la anulación del laudo[1290].

Las partes entonces no deben estar facultadas para despojarse de su obligación de cumplimiento de lo establecido en los artículos 101 y 102 negociándolo y estipulándolo en un pacto arbitral[1291], lo que sin duda se erige en mi opinión como una herramienta poderosa de defensa de la aplicación de oficio de las normas en estudio por parte de los Tribunales arbitrales[1292].

---

de seguir al pie de la letra esta forma de "solución de controversias", no serán objeto de conflicto entre "*Enforcers*", ya que cada rama se encarga de una parte distinta de la situación y por lo tanto no le deja lugar a la contradicción. GONZÁLEZ DE COSSÍO, Francisco, "Arbitrabilidad de la Competencia Económica", en *Revista del Club Español de Arbitraje*, N° 5, 2009, Págs. 136 y 137.

[1289] Entre los cuales deben resaltarse aquellos con puntos de vista semejantes, SCHMITTHOFF, Clive Macmillan, "Arbitration and EEC Law", en *Common Market Law Review*, N° 143, 1987, Pág. 146; McCLELLAN, Anthony, "EC Situation", en *Competition and arbitration law, ICC/Dossier of the Institute of International Business Law and Practice*, 1993, Pág.102; IDOT, Lawrence, "Arbitration and EC Law", en *International Business Law Journal*, N° 5, 1996, Pág. 570; así como también DEMPEGIOTIS, Sotiris I, "EC competition law and international commercial arbitration in the light of EC Regulation 1/2003 – Conceptual conflicts, Common ground, and corresponding Legal Issues", en *Journal of International Arbitration*, N° 25, 2008, Pág. 385. Pues sobre todos ellos, manifestación de las bondades que pueden percibirse en la consolidación del deber en mención en cabeza de los árbitros, ya que se resaltan argumentos en su favor, como lo son, garantizar la aplicación y *enforcement* de forma más efectiva en la comunidad, así como legitimar y acercar las pretensiones de las partes, más que todo en aquellos casos en los cuales la norma aplicable es la de un Estado miembro.

[1290] CALVO CARAVACA, Alfonso-Luis, *Derecho Antitrust Europeo*, Editorial Colex, Madrid, 2008, Págs. 656 y 657; así como también ALONSO SOTO, Ricardo; "El Interés Público en la Defensa de la Competencia", en *La Modernización del Derecho de la Competencia en España y en la Unión Europea*, Director MARTINEZ LAGE, Santiago, Marcial Pons, Fundación Rafael del Pino, Madrid, 2005, Pág. 45; MULLERAT BALMAÑA, Ramón, "El Arbitraje y el Derecho de la Competencia", en *Revista Derecho de los Negocios*, N° 248, 2011, Pág. 20; y GONZALO QUIROGA, Marta, "Arbitraje y Derecho de la Competencia", en *El Arbitraje en las Distintas Áreas del Derecho*, Director COLLANTES GONZÁLEZ, Jorge Luis, Publicación del Estudio Mario Castillo Freyre, Primera Parte, Volumen 3, Palestra Editores e Universitat Abat Oliba CEU, Lima, 2007, Pág. 342.

[1291] "*It is particularly wary to ensure that arbitral proceedings do not serve as means to evade the application of the competition rules, for example, where the parties to an agreement would agree to exclude from their dispute issues of E.C. competition law so that arbitrators would not rule on these issues*". LUGARD, Paul, "E.C. Competition Law and arbitration: Opposing principles?",en *European Competition Law Review*, N° 5, 1998, Pág. 297.

[1292] Pues a pesar de que las partes del conflicto estén empoderadas para elegir la Ley aplicable al fondo del asunto en razón de su conveniencia, no debería, bajo ningún concepto, permitírseles, en uso de la intervención activa positiva y negativa, eludir las normas de Defensa de la Competencia; y por el contrario debería fortificarse la labor del árbitro, que incluso en dichas circunstancias debería poder actuar de oficio en extensión de la intervención pasiva tan popular en el contexto internacional, que se suscita cuando las partes nada dicen sobre la ley aplicable dejando esa elección en manos del árbitro. GONZALO QUIROGA, Marta, "Arbitraje y Derecho de la Competencia", en *El Arbitraje en las Distintas Áreas del*

Como también lo es que a los árbitros por extensión del deber de los Jueces, les corresponde garantizar el cumplimiento de las obligaciones de los particulares, y el resguardo de los derechos de éstos que les son otorgados según el Tribunal de Justicia de las Comunidades Europeas[1293] en los artículos 101 y 102 del Tratado sobre el Funcionamiento de la Unión Europea[1294].

Es claro que los fundamentos descritos no lograrían consenso, y desembocarían en algunos argumentos críticos, entre los cuales llaman especial atención los incluidos en las conclusiones del abogado general de las Comunidades europeas Antonio Saggio al asunto *Eco Swiss Vs. Benetton*, presentadas el 25 de Febrero de 1999, donde expuso que en su opinión el resultado de dicha sentencia debía ser el mismo que el de la sentencia *Van Schijndel y Van Veen*[1295], en el cual se motivaba que solo cuando las normas estudiadas fueran invocadas por alguna de las partes en conflicto, las mismas debían ser aplicadas por los árbitros[1296].

Adujo a la par entre sus argumentos, que si asuntos no incluidos en el marco de hechos y controversias pactadas por las partes en uso del principio de la autonomía de la voluntad, son abordados por el Tribunal arbitral en el laudo, se estaría incurriendo en

---

Derecho, Director COLLANTES GONZÁLEZ, Jorge Luis, Publicación del Estudio Mario Castillo Freyre, Primera Parte, Volumen 3, Palestra Editores e Universitat Abat Oliba CEU, Lima, 2007, Pág. 343.

[1293] Al respecto los asuntos: *Masterfoods Ltda vs. HB Ice Cream Ltda* en su apartado 47; y *Stergios Delimitis vs. Henninger Bräu AG* en sus apartados 36 y 37.

[1294] Muchas voces introdujeron el tema analizando cual debía ser el marco de actuación de un árbitro cuando se encontrase con un mandato redactado de forma "estrecha"; aduciendo que de ser así, la aplicación del artículo 101 podía ser inclusive censurada por la vía del *ultra petita*. Lo que en cualquier caso va en contravía de los propósitos de la Defensa de la Competencia en general; por lo que otros con mayor lucidez, consideraron que de ser muy ajustada la redacción del mandato, y de encontrarse enfrentado a un asunto que ameritase la aplicación de la normativa europea de competencia, aun cuando ninguna de las partes lo hubiese planteado, el árbitro debería declinar y retornar el mandato en mención a la partes. Tal y como así puede extraerse de la lectura de DERAINS, Yves, "L'application du droit européen par les arbitres – analyse de la jurisprudence", en *L'arbitrage et le droit européen, Actes du Colloque International du CEPANI, 25 de abril de 1997,* Bruylant, Bruselas, 1997, Págs. 76 y 77.

[1295] *"No estimo que existan motivos, relacionados con las peculiaridades del procedimiento arbitral, que puedan sugerir una solución distinta a la ya alcanzada por el Tribunal de Justicia en la sentencia Van Schijndel y Van Veen."*

[1296] Un sector está de acuerdo con dicha afirmación, e incluye matices direccionados a que el no tener la capacidad de aplicar de oficio las normas comunitarias de competencia, no significa que el árbitro no pueda hacerse cuestionamientos acerca de ellas, o que no pueda dirigir su atención a los razonamientos que involucran a dichas normas o a las partes, cuando sea necesario; toda vez que los debates involucrados son dos de diversa índole, pues si bien Saggio interpreta que las normas de competencia si deben ser consideradas de orden público, no cree que dicha conclusión deba significar la capacidad de los Tribunales arbitrales de aplicar de oficio la normativa involucrada. Tal y como así lo concluye tras la lectura de las conclusiones del abogado general enunciado, y siendo afín a dicho planteamiento, GONZÁLEZ DE COSSÍO, Francisco, "Arbitrabilidad de la Competencia Económica", en *Revista del Club Español de Arbitraje,* N° 5, 2009, Pág. 136; siendo igualmente de relevancia los aportes que hace sobre el tema VAN HOUTTE, Hans, "The application by arbitrator of articles 81 & 82 and their relationship with the European Commission", en *European Business Law Review,* Volumen.19, N° 1, 2008, Pág. 66.

una infracción al deber de pasividad que tienen tanto árbitros como Jueces, por lo que la decisión podría ser objeto de anulación.

Saggio afirma que debates tales como que los árbitros puedan formular cuestiones prejudiciales, deben ser resueltos con antelación al debate de la aplicación de oficio. Señalando igualmente que no puede argüirse que los árbitros estén facultados para aplicar de oficio las normas de competencia comunitarias simplemente, haciendo extensiva la obligación y facultad de los Jueces de poder hacerlo en aplicación de las normas de orden público de carácter nacional, y de las normas de cooperación del artículo 4 del Tratado del Funcionamiento de la Unión Europea, pues estos no forman parte del aparato Estatal de un Estado miembro[1297].

La mejor objeción a los fundamentos expresados por Saggio, parece ser la que encuentra soporte en el mismísimo fallo *Eco Swiss Vs. Benetton,* pues el carácter imperativo de las normas de orden público, no puede ser objeto de transacción y de pactos de particulares ansiosos de verse sustraídos del respeto y sujeción a dichos parámetros normativos[1298].

Por lo que sin lugar a dudas, entendiéndolo como la opción mejor sustentada, y a pesar de las críticas suficientemente motivadas, concluyo que los árbitros están capacitados para aplicar los artículos 101 y 102 del Tratado de Funcionamiento de la Unión Europea de oficio, en virtud del carácter imperativo de las normas de orden público entre las cuales se incluyen. Arriesgándose en los casos en los cuales debe ser aplicada y no se hace, o en los casos en los cuales se aplicase de forma incorrecta, a que un Juez nacional no lo ejecutase[1299], o a que se anulase el laudo, tal y como se desarrollará en la sección siguiente.

[1297] Concepto que ha impulsado a otros doctrinantes a condicionar la aplicación de oficio por parte de los árbitros ya que expresan en sus textos apartes como el siguiente: *"The arbitrator may properly curtail or attenuate the full application of EC competition law in view of some their applicable legal rule of the lex causae or the arbitri, or in view of some other consideration",* resultando ser una invitación a que con el objetivo de motivar y delimitar la procedencia de la aplicación oficiosa, en cada caso concreto se dé una consideración de las normas de aplicación al arbitraje, y de los aspectos particulares que envuelven el mismo. LANDOLT, Philip Louis, *Modernised EC competition law in international arbitration,* Kluwer Law International, La Haya, 2006, Pág. 227.

[1298] Tal y como lo expone GONZALO QUIROGA, Marta, "Arbitraje y Derecho de la Competencia", en *El Arbitraje en las Distintas Áreas del Derecho,* Director COLLANTES GONZÁLEZ, Jorge Luis, Publicación del Estudio Mario Castillo Freyre, Primera Parte, Volumen 3, Palestra Editores e Universitat Abat Oliba CEU, Lima, 2007, Págs. 343 y 344; y lo matiza, en una controvertida opinión, NAZZINI, Renato, *Concurrent proceedings in Competition Law procedure, evidence and remedie",* Oxford University Press, Oxford; Nueva York, 2004, Apartado.10,36. Al afirmar que el árbitro debe abstenerse de aplicar normas de competencia cuando las partes hayan pactado que no pueden ser aplicadas, pues siempre existirá la opción de que el laudo se anule ulteriormente.

[1299] LECCHI, Emanuela y COVER, Michael, "Arbitrating Competition Law Cases", en *Arbitration, The International Journal of Arbitration, Mediation and Dispute Management,* 2008, Pág. 6.

(B) La revisión de laudos arbitrales.

La aplicación de oficio que se ha venido a concluir están capacitados a realizar los árbitros, está ligada suficientemente a la obligación de los Jueces nacionales de revisar y valorar el laudo arbitral, pues ratifica que en las situaciones en las cuales haya suficientes razones de peso y de carácter particular, los Jueces deberán confirmar que los árbitros hayan dado estricto y apropiado cumplimiento[1300] a las labores de interpretación y aplicación de las normas de libre competencia comunitarias[1301]. Erigiéndose así como una revisión que otorga una gran dosis de seguridad respecto de las actuaciones arbitrales y que ayuda a justificar la aplicación oficiosa por parte de los árbitros.

Los Jueces en virtud de esta obligación también denominada *"Second look"*, deben entrar a analizar si las normas de libre competencia comunitarias han sido aplicadas, y de haberlo sido, si se hizo de forma acertada[1302]. Teniendo el examen anterior la capacidad, si el mismo resulta negativo, de desembocar en la negación del

---

[1300] MULLERAT BALMAÑA, Ramón, "El Arbitraje y el Derecho de la Competencia", en *Revista Derecho de los Negocios*, N° 248, 2011, Pág. 20, quien deja claro que la revisión en estudio hace referencia a la correcta aplicación de las normas sobre competencia por parte de los árbitros y no a la valoración de los hechos y al fondo del asunto; pues el rechazo a la ejecución de un laudo, debe estar relacionado con la aplicación de las normas, toda vez que un marco de actuación contrario, no haría referencia a un *second look*, sino a un proceso consecutivo en posibilidad de llegar por medio de razonamientos distintos a una resolución igualmente contradictoria.

[1301] En el Apartado 14 del Asunto *Nordsee* el Tribunal de Justicia de las Comunidades Europeas: *"If questions of community law are raised in an arbitration resorted to by agreement the ordinary courts may be called upon to examine them either in the context of their collaboration with arbitration Tribunals, in particular in order to assist them in certain procedural matters or to interpret the law applicable, or in the course of a review of an arbitration award – which may be more or less extensive depending on the circumstances – and which they required to effect in case of an appeal or objection, in proceedings for leave to issue execution or by any other method of recourse available under the relevant national legislation".*

[1302] Al respecto las palabras de NAZZINI, Renato, *Concurrent proceedings in Competition Law procedure, evidence and remedies*, Oxford University Press, Oxford; Nueva York, 2004, Apartado. 10,21: *"Construction, application or non application of EC competition law by the arbitral Tribunal will be subject to a degree of scrutiny by the courts of the members states exercising jurisdiction in enforcement or annulment proceedings that is of sufficient depth and breadth to make it possible for the court to verify that the court public policy values of articles 81 and 82 have not been violated".* Siendo también relevantes los comentarios de REMÓN PEÑALVER, Jesús, "Sobre la anulación del laudo: el marco general y algunos problemas", en *Indret: Revista para el análisis del Derecho*, N° 3, 2007. El documento está disponible para consulta en: http://www.indret.com/pdf/444_es.pdf, donde el autor expresa que *"(...) el objeto de la acción de anulación no es la controversia suscitada entre las partes sino una revisión, por motivos tasados, de la validez del laudo".* Dejando en el aire el debate acerca de si la labor judicial en este punto, no se ve un tanto restringida al tener que llevar a cabo de forma obligatoria una revisión, centrándose netamente en los presupuestos del arbitraje y el desarrollo del procedimiento; máxime con la capacidad que tienen para influenciar positivamente el proceso, no sólo en aquellos casos en los cuales se conozca del recurso de anulación de un laudo arbitral, sino también cuando dentro de un proceso de exequátur revise una decisión tomada por un Tribunal de Arbitraje.

reconocimiento y ejecución del laudo, o en la anulación del mismo cuando la normativa nacional estipule la anulabilidad al infringir normas de orden público internas[1303].

Puede resultar inconveniente otorgar tal nivel de poder al Juez nacional, sin abrir una discusión que defina, los límites en los cuales éste puede estudiar la procedencia de la aplicación de las normas de libre competencia en un arbitraje, o establecer que la aplicación realizada por el árbitro ha sido acertada o equivocada[1304], máxime cuando existen algunos "condicionantes" de importancia, como que las partes en el proceso no hayan pretendido la aplicación de dicha normativa.

A pesar del matiz anterior, sobre el cual se volverá posteriormente, la realidad muestra que los Jueces nacionales en virtud de la revisión en desarrollo, deben estimar un recurso de anulación de un laudo arbitral tanto si se han visto violadas las normas de orden público nacionales como las comunitarias, pudiendo incluso plantear cuestiones al Tribunal de Justicia para que éste las resuelva con carácter prejudicial[1305].

Algún sector de la doctrina ha entendido la revisión de los Jueces, como una segunda instancia del proceso arbitral, ya que entienden que en razón de dicha facultad, es posible interpretar que el Juez está en capacidad de entrar a revisar el fondo del asunto de un laudo[1306]. Lo que resulta ser de gran inconveniencia pues se menoscaban

---

[1303] A lo que debe añadirse el aporte realizado por BARENTS, René, *Directory of EC case Law on Competition,* Kluwer Law International, Alphen aan den Rijn, Holanda, 2007, Pág. 434, al resaltar la importancia del apartado 37 del fallo *Eco Swiss China Time Ltd Vs. Benetton International NV* al respecto, pues pone de manifiesto un complemento de importancia que no debe ser obviado en la labor judicial puntual en este tipo de casos, al destacar que: *"(...) such an application is founded on failure to observe national rules of public policy, it must also grant such an application where is founded on failure to comply with the prohibition laid down in article 101."*

[1304] Una parte importante de la doctrina, entiende que con respecto a esta revisión, hay un principio "universalmente aceptado" que de una u otra manera, facilita la puesta en marcha de la misma, gracias al literal (b) del numeral segundo del artículo V de la Convención de Nueva York, que permite unificar un aspecto esencial, cual es que: *"(...) court review of arbitral awards at the seat of the arbitration or in the country where recognition and enforcement is sought includes an examination on the ground of that particular jurisdiction's conception of international public policy.",* pues a pesar de haber situaciones que pueden eludir dicho estudio por parte del "Juez revisor", en la mayoría de casos puede resultar recomendable. GAILLARD, Emmanuel, "Extent of Court Review of Public Policy", en la columna International Arbitration Law del *New York Law Journal,* Volumen 237, N° 65, 2007, Pág. 1.

[1305] Como lo establece en su apartado 40 la sentencia *Eco Swiss Vs. Benetton* en los siguientes términos: *"en la situación que es objeto del presente asunto y a diferencia de la sentencia Van Schijndel y Van Veen, antes citada, el Derecho comunitario exige que los órganos jurisdiccionales nacionales que deban pronunciarse sobre la validez de un laudo arbitral puedan examinar cuestiones relativas a la interpretación de la prohibición impuesta en el apartado 1 del articulo 85 del Tratado, y, en su caso, plantearlas al Tribunal de Justicia para que este las resuelva con carácter prejudicial."* Igualmente relevante el asunto *Ayuntamiento de Almelo y otros Vs. Energiebedrijf Ijsselmij NV,* así como la sentencia del Tribunal de Justicia de las Comunidades Europeas, *Van der weerd y otros,* asuntos acumulados C-222/05 a C-225/05, texto disponible para consulta en: http://eur-lex.europa.eu/LexUriServ/LexUriServ.do?uri=CELEX:62005CJ0222:ES:PDF.

[1306] *"El examen por parte de los órganos jurisdiccionales, tanto en la fase de ejecución como en la de anulación del laudo arbitral, respecto de determinadas cuestiones de fondo que traigan a colación la vulneración del orden público se configura como un mecanismo de control tendiente a evitar el recurso de arbitraje como fraude procesal",* planteando así el debate sobre el cual se entiende ha quedado

así los principios del arbitraje[1307]. Siendo esa la razón por la cual se ha creído pertinente establecer algunos parámetros para la actuación del Juez en dichos casos.

El primer parámetro defendido es el de los casos en los cuales sea indiscutible que el árbitro debía aplicar las normas de competencia y no lo hizo[1308], circunstancia en la cual se cree que el Juez debe entrar a valorar única y exclusivamente las razones aducidas por el árbitro para haber actuado de dicha forma, o en su defecto, el silencio que guardó al respecto.

Siendo necesario añadir un matiz de importancia, pues cuando las circunstancias del caso lleven a concluir que no es irrebatible la inaplicación de las normas en estudio, el Juez debe abstenerse de valorar dicha inaplicación ya que superaría los límites de su control al entrar a estudiar el fondo del asunto dirimido vía arbitraje.

Por el contrario, cuando el árbitro haya aplicado las normas de competencia, el Juez nacional está exclusivamente facultado a comprobar la argumentación utilizada, y a valorar si los razonamientos utilizados son suficientes sin entrar a desarrollar otros aspectos ajenos a sus potestades.

Parámetros que llevan a concluir por la coincidencia entre ellos, que el Juez no tiene capacidad para revisar el fondo de un asunto arbitral o el fallo, ya que su función y sus facultades se verían excedidas.

Los debates acerca de los límites[1309] y potestades de los Jueces en el procedimiento de control en desarrollo, no se basan únicamente en la imposibilidad del Juez de entrar a valorar el fondo del asunto. El debate jurisprudencial se ha abierto según mi opinión,

---

suficientemente claro, como será visto en páginas posteriores, la no aceptación del estudio de cuestiones de fondo del asunto por resultar ajenas a la naturaleza del control, y por llevar a que el arbitraje pierda su sentido y principios. CREMADES, Bernardo María, "El arbitraje en la doctrina constitucional Española", en *Revista Internacional de Arbitraje*, Enero - Junio 2007, Pág. 53. Lo que matizan MOURRE, Alexis y RADICATI DI BRONZOLO, Luca, "Towards finality of arbitral awards: two steps forward and one step back", en *Journal of International Arbitration*, Volumen. 23, N° 2, 2006. Págs. 172 a 175.

[1307] Acabando con beneficios tales como el de la celeridad que tanto seduce a los particulares para acudir ante los Tribunales Arbitrales, así como con el de confidencialidad, forzando el proceso y yendo en frontal detrimento de la participación de los árbitros. BAUDENBACHER, Carl, "Enforcement of EC and EEA Competition rules by arbitration Tribunals inside and outsider the EU", en *European Competition Law Annual 2001: Effective private enforcement of EC Antitrust Law*, Editores EHLERMANN, Claus-Dieter y ATANASIU, Isabela, Oxford, Hart Publishing, 2003, Pág. 357

[1308] Por lo que es imprescindible acotar que será difícil delimitar los parámetros de esa indiscutibilidad, toda vez que puede existir la circunstancia de que las partes no hayan puesto de presente la materia, lo que genera el debate, que para alguna parte de la doctrina no libera de dicha obligación de control a pesar de no ser irrefutable. BLANKE, Gordon, "Defining the Limits of Scrutiny of Awards Based on Alleged Violations of European Competition Law: A Réplique to Denis Bensaude's 'Thalès Air Defence BV vs. GIE Euromissile'", en *Journal Of International Arbitration*, N° 23, 2006, Págs. 249 y 250.

[1309] Sobre estos cabe acotar que la estabilidad de los medios alternativos de solución de controversias entre los cuales está el arbitraje, así como el respeto por los laudos, fundamentan las prohibiciones y limitaciones que se encuentra el Juez en el cumplimiento de la obligación a él otorgada.

con el fallo *Eco Swiss Vs. Benetton,* y en consuno con las consideraciones de un grupo de sentencias de los Tribunales nacionales, que han dividido sus apreciaciones entre la tesis maximalista y la minimalista[1310].

Las dos tesis nombradas, conllevan distintos niveles de revisión de los laudos que se basan en ciertos parámetros. Siendo maximalista el que postula una concepción amplia del orden público internacional, que envuelva incluso las leyes de policía, así como un control profundo de los laudos para verificar que el orden público aplicable está siendo respetado, implicando incluso una revisión del fondo de los laudos; y minimalista aquel que razona que el control del laudo por parte del Juez de nulidad o ejecución debe ser mínimo, y que solo en casos únicos puede anular o no ejecutar el mismo[1311].

El Asunto *Thales Air Defence BV Vs. GIE Euromissile* (en lo sucesivo *Thales*)[1312], llama la atención dentro de aquellas que se han inclinado por la tesis minimalista[1313]; toda vez que en dicho asunto la parte vencida fue *Thales,* quien en la búsqueda de impedir la ejecución del laudo arguyó que el mismo iba en contravía del orden público ya que el acuerdo arbitral que formaba parte del contrato incluía una práctica monopolística al dividir el mercado entre competidores, contrariando así el artículo 101 del Tratado del Funcionamiento de la Unión europea.

Thales sustentaba que por dichas razones el laudo no debía ser ejecutado, pero la Corte de Apelación de Paris fundamentó que la violación al orden público debe ser *"flagrante, efectiva y concreta"*, y que la ilicitud, debe *"Quemarle los Ojos"* al Juez

---

[1310] El debate ha sido propiciado por ciertas decisiones entre las cuales resalta por su importancia el caso francés *Thales Air Defence BV Vs. GIE Euromissile* que será mencionado y desarrollado en páginas posteriores y que versó sobre pactos de división de mercados entre competidores; el caso holandés *Marketing Displays International Inc. Vs. VR Van Raalte Reclame BV*, en el cual se desarrollaron aspectos de competencia económica y sobre el que igualmente se harán referencias posteriores; el caso estadounidense *LJM Industries Vs. Stolt-Nielsen*, SA (387 F.3d 163 (2nd Cir. 2004)) el cual aceptó la arbitrabilidad de un acuerdo de división de mercados; El caso italiano *Riv. dell' arbitrato*, 2004.105 de 13 de Septiembre de 2002; y por último el asunto estadounidense *Baxter Int'lvs. Abbott Laboratorios* (315 F3d 829 (7th Cir. 2003)) Casos estos que permiten dilucidar el papel y nivel de revisión de los Jueces en dichos casos.

[1311] Esta tendencia más flexible se ve nutrida igualmente por quienes entienden que, en situaciones interpartes la inobservancia de las normas de competencia o de alguna de ellas en específico no debería generar la anulación del laudo. ALVAREZ GONZALEZ, Santiago, "Arbitraje comercial internacional, orden público y Derecho comunitario de la competencia", en *La Ley*, N° 4895, 1999, Pág. 1895.

[1312] Sentencia de la Corte de Apelación de Paris, de 18 de Noviembre de 2004, que se asocia con la sentencia de 8 de Marzo de 2006, *Tensacciai SpA v. Freyssinet Terra Armata R.L.* del Tribunal federal suizo, en la cual las decisiones sobre competencia que tomó el Tribunal arbitral, no fueron aceptadas para revisión. Sobre los aspectos del fallo vea la traducción y comentarios realizados por PONCET, Charles, *World Arbitration & Mediation Report,* Volumen. 17, N° 7, Julio de 2006, Págs. 221-227.

[1313] Siendo así al tenor de lo expresado por algún sector de la doctrina que solo en circunstancias excepcionales acepta que el control se base en los asuntos de fondo del caso. Manifestando que la sentencia es claramente defensora de la tesis minimalista. MOURRE, Alexis y RADICATI DI BRONZOLO, Luca, "Towards finality of arbitral awards: two steps forward and one step back", en *Journal of International Arbitration*, Volumen. 23, N° 2, 2006.Pág. 178. *"posits that control must be limited to the most evident and manifest violations of principles and values of fundamental importance"*

para ser violatoria[1314] del orden público, excluyendo del mismo las normas imperativas y adoptando, tal y como se adelantó previamente, la tesis minimalista del contenido de orden público[1315].

En el proceso, *Thales* no estuvo en capacidad de probar que el caso estuviera enmarcado por los razonamientos descritos en el párrafo anterior, por lo que la Corte de apelación rechazó el recurso presentado en busca de la declaración de nulidad, sustentando que las normas de competencia no están en capacidad de modificar negativamente ni los beneficios, ni el discurrir común del procedimiento arbitral. Dichas vicisitudes descritas sustentaron que el laudo conservara plena validez.

Como en todos los fallos hasta ahora descritos, el asunto *Thales* suscitó tanto opiniones de apoyo, como adversas; pues por ejemplo, aquellos que aceptan los lineamientos de la sentencia arguyen que el arbitraje se ve reforzado, generando un progreso enorme que se ve reflejado en el respeto de la decisión arbitral, entre otros; mientras que los detractores por el contrario, discrepan acerca de los argumentos empleados en la búsqueda de declarar la nulidad del laudo pues los ven insuficientes, y debaten acerca de la conveniencia de que el fallo se alejara de los lineamientos establecidos en el asunto *Eco Swiss China Time Vs. Benetton International NV*, y en los fallos del Tribunal de Justicia de las Comunidades Europeas[1316].

No ha habido uniformidad en la argumentación elegida por los Jueces para sustentar la debida actuación en estos casos. No ha sido suficiente que algunas sentencias como *Thales* se mostraran de acuerdo al entender que los árbitros estaban dotados de ciertos niveles de independencia y autonomía, y que el fondo de los laudos no debía ser revisado únicamente en virtud de traspiés de derecho en los cuales los árbitros pudieran incurrir[1317].

Y no ha sido suficiente pues en la sentencia *Marketing Displays International Inc. Vs. VR Van Raalte Reclame BV* (en lo sucesivo *Marketing Displays*)[1318], fueron muchos los sorprendidos ya que el Tribunal de Apelación de la Haya soportado en que el

---

[1314] Las palabras utilizadas en lengua original fueron las siguientes: *"illicéité qui "crève les yeux""*.

[1315] Sobre la cual es pertinente hacer referencia que no ha sido avalada por la corte de casación, por lo que el debate continúa. GONZALEZ DE COSSIO, Francisco, *Hacia una definición mexicana de orden público*, Universidad Iberoamericana, Pág. 6. El documento está disponible para consulta en: http://www.camex.com.mx/nl36-cont.pdf

[1316] En los siguientes términos: *"not involving EC competition law, and thereby complicate arbitration proceedings, (...) the effectiveness of article 234 EC references would be severely curtailed"*. LANDOLT, Philip Louis, *Modernized EC competition law in international arbitration*, Kluwer Law International, La Haya, 2006, Pág. 203.

[1317] Es interpretado como un debate de importancia y especialmente particular, aquel que enfrenta al control de conformidad con el orden público y la prohibición de revisión del fondo del laudo arbitral. GOMEZ JENE, Miguel, *El Arbitraje internacional en la Ley de Arbitraje de 2003*, Editorial Colex, Madrid, 2007, Pág. 144.

[1318] Sentencia de la Corte de Apelación de La Haya, Caso N° 04/694 y 04/695 de 24 de Marzo de 2005.

contrato de licencia objeto de la disputa no era susceptible de exención alguna, y que era incompatible con el artículo 101 del Tratado de Funcionamiento de la Unión Europea, confirmó la denegación que hizo un Tribunal inferior para otorgar el exequátur a tres laudos que tenían como origen los Estados Unidos[1319]. El reconocimiento y ejecución de un laudo extranjero, se vio así por primera vez denegado en Europa aludiendo al Derecho de la Competencia Comunitario, lo que en mi opinión ha venido a ser lo mismo que impulsar un retroceso flagrante que a la par puede catalogarse de incoherente.

Dicho fallo no debe impedir concluir que la revisión de laudos arbitrales ejercida por los Jueces, si bien existe y está consolidada, también se ve limitada por la obligación de realizar un examen concienzudo en uso de ciertos parámetros (elaborados y desarrollados previamente), y hará uso de dicha potestad solo en los casos en los cuales las partes hayan hecho uso de las normas, o cuando sea evidente e irrebatible la aplicación de estas.

Estableciendo como conclusión, que hay un recorrido común en la jurisprudencia que indica que normalmente y solo en los casos de derrota, la parte vencida toma la decisión de alegar el incumplimiento de las normas de libre competencia, distorsionando de tal manera esta fase de control y utilizándola como medio para buscar fines distintos a aquellos originales de esta fase. Por lo que se cree pertinente avocar por exigir a las partes el alegato dentro del proceso arbitral de todos los asuntos que puedan ser a futuro nombrados en el trámite de anulación, so pena de que no sea admisible su aparición primigenia en este último.

Añadiendo con el ánimo de finalizar, que no se entiende que la deficiencia nombrada en el párrafo anterior, por sí sola acarree justificantes para que el Juez entre a valorar los temas de fondo del arbitraje, o para que el árbitro vea menoscabada su posición en la aplicación de las normas de libre competencia.

Por lo pronto, y a manera de conclusión de los dos aspectos conflictivos descritos que tienen como origen la Jurisprudencia del Tribunal de Justicia de las Comunidades Europeas, creo pertinente describir los mismos como aliados de la aplicación de las normas de competencia por parte de los Tribunales Arbitrales, y no como trabas, o inconvenientes como algunos sectores de la doctrina han pretendido defender. Razonándolo en que están encaminados a la defensa de la libre competencia, la cual, como fin específico, debe preponderar sobre los que podrían interpretarse escuetamente como "problemas técnicos" ya descritos en páginas anteriores.

Los debates respecto a la arbitrabilidad, se extienden a otros contextos sin los cuales la posición de los Tribunales Arbitrales, resultaría relegada, pues como se ha podido ver, la sombra alargada de la posición de los Jueces condiciona el nacimiento del debate con la continua pregunta de si en el caso de los árbitros será igual el desarrollo. Siendo

---

[1319] Algún sector de la doctrina interpreta que las los aspectos del asunto son desafortunados puesto que van en contra de las razones y filosofía del laudo arbitral, opinando igualmente que no trae ninguna contribución significativa a la protección de la libre competencia. MOURRE, Alexis y RADICATI DI BRONZOLO, Luca, "Towards finality of arbitral awards: two steps forward and one step back", en *Journal of International Arbitration*, Volumen. 23, N° 2, 2006.Págs.180 y 181.

aquella la razón por la cual ahondar acerca de la controversia doctrinal por excelencia en lo que a el tema en mención respecta, resulta prioritario, muy a pesar de que pueda interpretarse como reiterativo, pues muchas de las respuestas que se han suscitado conforme la descentralización consolidaba un tercer sistema de forma escalonada y paulatina, son de aplicación a los árbitros como *Enforcement Bodies* suficientemente posicionados en la Defensa de la Competencia.

IV. A vueltas sobre la competencia de *Enforcement Bodies* distintos a la Comisión, para aplicar "íntegramente" los preceptos de libre competencia comunitarios.

Desde el preciso momento en el cual se empezaron a debatir los aspectos innovadores que iban a ser adheridos en la reforma, se han erigido, tal y como se ha visto a lo largo del presente trabajo, fuertes grupos doctrinales de detracción, que han perseguido y dificultado su proceso de implementación efectiva; y han escogido como argumentos predilectos, aquellos dirigidos a minar su técnica y algunos elementos esenciales de las determinaciones que han sustentado su aparición. Muchos de dichos aspectos ya han sido hasta este punto, suficientemente desarrollados en el presente trabajo, pero aun requieren de una alusión puntual en este apartado.

De tal manera, el argumento a desarrollar por el sector detractor, de forma específica, ha estado dirigido a censurar la inclusión que el instrumento más relevante de la reforma, el Reglamento 1/2003, hace, en su artículo sexto, sin plantear excepciones, del principio de efecto directo de los artículos 101 y 102 del Tratado en vigor; que a la par sustenta la posibilidad de los Jueces de aplicar todos y cada uno de los apartados de los artículos mencionados, incluso el tercero del artículo 101, más allá de ser fuente de arraigadas controversias doctrinales.

El sector descrito se ha empeñado en perseguir al mencionado artículo por considerarlo *contra legem,* al darle competencia a los Jueces y por consiguiente, probablemente, a otros *enforcers* de carácter privado merced de la extensión a favor de aquellos de las facultades de los órganos jurisdiccionales nacionales, para aplicar los artículos 101 y 102 del Tratado de Funcionamiento de la Unión Europea, cuando según su opinión, en verdad no están en capacidad de aplicar el apartado 3 del 101, en virtud de un compendio de razones[1320].

Este sector aduce que la norma ha devenido contraria a parámetros ya suficientemente posicionados, al no contemplar la imposibilidad nombrada en el párrafo anterior, y lo sustenta en una serie de fundamentos que conllevarían la inadmisibilidad de la aplicación privada de ciertos apartados de las normas *antitrust* comunitarias, que a la postre, según su óptica, influenciaría e impactaría en el papel que cumplen los

---

[1320]Además de esta controversia, resultan de relevancia los comentarios críticos, en relación a la descentralización que ha venido a ser implementada de la mano del Reglamento en mención, de RILEY, Alan, "EC *Antitrust* Modernization: The Commission Does Very Nicely – Thank You! Part Two: Between the idea and the reality: descentralization under regulation 1". en *European Competition Law Review,* N° 24, 2003, Págs. 657 y siguientes.

órganos jurisdiccionales nacionales y los árbitros, a quienes han visto incursionar en el ámbito de aplicación de las normas en desarrollo de una forma dinámica. Algunos de dichos fundamentos son, a saber:

1. Que solo un número limitado de órganos de carácter administrativo, como lo son la Comisión y las Autoridades Nacionales de Competencia, y en razón de ser los protectores naturales del interés general plasmado en el numeral 3 del artículo 101[1321], están en capacidad de darle aplicación a dicho apartado, pues solo estos disponen de la discrecionalidad necesaria y el poder para llevar a cabo dicha función[1322].

Así mismo, el control de actuaciones de los Jueces nacionales y los árbitros como consecuencia de dicho poder; así como también la cooperación entre autoridades de distintos niveles, se le antojan a este sector de la doctrina más complejas que aquellas llevadas a cabo solo por autoridades de carácter administrativo[1323], ya que en su opinión, el número de *Enforcers* "privados" es

---

[1321] PACE, Lorenzo Federico, *Derecho Europeo de la Competencia. Prohibiciones antitrust, control de concentraciones y procedimientos de aplicación*, Marcial Pons, Madrid, Barcelona, 2007, Pág. 361. El autor afirma que si son desconocidos todos los fundamentos en los cuales soporta la imposibilidad que deben tener los Jueces para aplicar el apartado 3 del artículo 101 del TFUE, los cuales serán expuestos en páginas posteriores, igualmente la realidad demostrará que los particulares seguirán prefiriendo presentar sus denuncias ante las Autoridades administrativas de competencia comunitarias o nacionales, a menos que se planteen incentivos que los lleven a presentarlas ante los Jueces.

[1322] La cual se une a un catálogo de funciones en cabeza de dichas autoridades, que encuentran razón en el interés plural y general de los particulares, respaldado en la disponibilidad de medios que les permiten tanto a la Comisión, como a las Autoridades Nacionales de Competencia ser las figuras de poder naturales en la aplicación del apartado 3 del 101. KOMNINOS, Assimakis, *EC Private Antitrust Enforcement: Decentralised Application of EC Competition Law by National Courts*, Oxford, Hart Publishing, 2008, Pág. 48. PACE, Lorenzo Federico, *Derecho Europeo de la Competencia. Prohibiciones antitrust, control de concentraciones y procedimientos de aplicación*, Marcial Pons, Madrid, Barcelona, 2007, Pág. 364. Al respecto es igualmente relevante, la opinión de WILS, Wouter, P.J, *"Should private antitrust enforcement be encouraged in Europe?"*, en World Competition: Law and Economics Review, Volumen 26, N° 3, 2003, Págs. 474 a 476. El documento está disponible para consulta en: http://papers.ssrn.com/sol3/papers.cfm?abstract_id=1540006. Donde el autor interpreta que el *Public enforcement* y por consiguiente las Autoridades administrativas que tienen la facultad de aplicación de normas de libre competencia en aquel modelo público, son aquellas que se encuentran en mejor posición, y en superioridad frente al *Private enforcement*, pues los objetivos que se quieren cumplir con la aplicación de las normas de libre competencia, tales como estructurar prohibiciones, dar garantía al mercado de que se perseguirán las conductas prohibidas, actuar ante la transgresión a la norma, evitar infracciones futuras, etc., están en mejor posición de cumplimiento y protección si quien propende por dichos logros es una autoridad administrativa, y no un órgano jurisdiccional. Dicha conclusión viene, según el autor, aparejada a los poderes y recursos con los que cuenta una autoridad administrativa para investigar, los menores costos de intervención y la más loable función de proteger el interés general. Aspectos que interpreta como contras del *Private enforcement* ya que los recursos con los que cuentan los particulares para investigar, controlar y sancionar son menores, por lo tanto sus costos mayores y sus objetivos menos loables que los de las Autoridades administrativas de competencia.

[1323] Máxime en razón de la existencia de la *Comunicación* de la Comisión de 27 de Abril de 2004, *relativa a la cooperación entre la Comisión y los órganos jurisdiccionales de los Estados miembros de la UE para la aplicación de los artículos 101 y 102 del Tratado CE*, en referencia a la Red Europea de Competencia y de Autoridades de Competencia.

más elevado[1324], y hay una tendencia lógica en este grupo, a llevar a cabo sus funciones en atención a las costumbres jurídico procesales de su país[1325] y a las características propias de su función (judicial o arbitral), arriesgando la eficaz protección de la normativa *antitrust*, que según estos solo las Autoridades administrativas están en posición de preservar[1326].

2. Que el numeral tercero del artículo 101 no tiene efecto directo, pues carece del cumplimiento de algunos de los requisitos esenciales necesarios para ser considerado como tal[1327]. Ejemplo de ello es, según este sector de la doctrina, la necesidad que tiene el mencionado apartado de ver desarrollado su contenido por normas complementarias que interpreten o expliquen su tenor, aclaren su alcance o fijen parámetros que añaden discrecionalidad de los *Enforcement Bodies* en su aplicación[1328].

[1324] Conllevando una inmensa afectación del Derecho Comunitario, que estaría direccionado nuevamente a pasar al nivel nacional, al permitir a tantos agentes la posibilidad de concebir y crear precedentes discordantes y en disputa que versen sobre la exención o no de cierto pacto. Generando a la larga detonantes de falta de claridad para los particulares y beneficios para las empresas, quienes pueden aprovechar esas diferencias jurisprudenciales acudiendo a quien más les convenga.

[1325] Lo que resulta ser para este sector preocupante, pues la coordinación entre tan alto número de agentes les parece extensa y poco viable.

[1326] A lo que han creído pertinente añadir, como fundamento en contra de la aplicación por parte de los Jueces del apartado 3 del 101, que la descarga de funciones de la Comisión, que se erige como uno de los objetivos de la reforma, se ve y cumplida en razón de la labor obligatoria que tiene que llevar a cabo este órgano administrativo, de revisar frecuentemente la labor de los Tribunales nacionales que se mantenga la uniformidad en la aplicación de las normas *antitrust*. Pues interpretan que solo esa forma de actuar por parte de la Comisión, evitará la renacionalización de las normas *antitrust*, la cual, por lo tanto, les resulta inconveniente, ya que no hay un sustento real que oxigene funcionalmente a la Comisión ya que debe en razón de la reforma, realizar unas labores que previamente no requerían sus recursos. BENEYTO PEREZ, José María, "Hacia un nuevo Derecho de la Competencia, el Libro Blanco de la Comisión sobre modernización y Descentralización en la aplicación de los artículos 85 y 86", en *Gaceta Jurídica de la Unión Europea y de la Competencia*, N° 202, 1999, Pág. 16; PACE, Lorenzo Federico, *Derecho Europeo de la Competencia. Prohibiciones antitrust, control de concentraciones y procedimientos de aplicación*, Marcial Pons, Madrid, Barcelona, 2007, Pág. 364; así como los comentarios genéricos y muy completos que respecto al libro blanco sobre la modernización y descentralización en la aplicación de los artículos 85 y 86, se hicieron al poco tiempo de su aparición, en HOLMES, Katherine, "The EC White Paper on Modernisation", en *Journal of World Competition*, N° 23, 2000, Págs. 51 a 79.

[1327] Los requisitos del efecto directo, a saber: 1. Que se trate de una norma comunitaria, obligatoria y en vigor; 2. Que sea una norma autosuficiente en merced de la claridad y la precisión de la misma, traducida en la capacidad de aplicación a situaciones particulares sin necesidad de un ulterior desarrollo normativo, o en defecto de este requisito y aún necesitando desarrollo normativo, cuando no haya margen de discrecionalidad en su aplicación; 3. Incondicionalidad de la norma, pues la eficacia de la disposición no debe estar sometida a condición suspensiva, o de estarlo, la misma debe haberse cumplido; 4. La norma no puede estar sujeta a plazo o transcurso del mismo, siendo la única excepción a dicha regla el plazo de transposición en el caso de las directivas.

[1328] GARRIDO RUIZ, Fulgencio, "Novedades aportadas por el nuevo Reglamento n° 1/2003 relativo a la aplicación de las normas sobre competencia previstas en los artículos 81 y 82 CE", en *Gaceta Jurídica de la Unión Europea y de la Competencia*, N° 231, 2004, Pág. 74.

El apartado en mención, les parece por lo tanto poco claro en razón de los parámetros previamente descritos, a los que añaden que la norma en estudio, no cumple tampoco el requisito de incondicionalidad que debe tener para contar con efecto directo, ya que interpretan que el apartado está condicionado, por el alcance de los artículos 101 y 102 que a cada sector económico se le puede otorgar en razón de lo estipulado en el literal b del numeral segundo del artículo 103 del Tratado de funcionamiento de la Unión Europea; por la necesaria ponderación en su aplicación que debe hacerse del interés general, de los particulares y de los empresarios; y por el papel de la Comisión en lo referente a los lineamientos establecidos por ésta para la aplicación de dicho apartado[1329].

3. Que el literal B del numeral segundo del artículo 103 del Tratado en vigor, nada dice respecto a los Jueces y su labor de aplicación del numeral tercero del 101 y mucho menos respecto a los árbitros, pues la enunciación del primero, se restringe a exponer la necesidad de simplificar el control administrativo garantizando una vigilancia eficaz, y no nombrando a *Enforcement Bodies* de naturaleza privada en ningún momento[1330].

En respuesta a dichos fundamentos tan heterogéneos[1331], es importante manifestar que no me es posible estar de acuerdo con este sector, pues interpreto que los

---

[1329] WEBER WALER, Spencer, "Understanding and Appreciating EC Competition Law", en *Antitrust Law Journal,* Nº 61, 1992, Pág. 62; así como también PACE, Lorenzo Federico, *Derecho Europeo de la Competencia. Prohibiciones antitrust, control de concentraciones y procedimientos de aplicación,* Marcial Pons, Madrid, Barcelona, 2007, Pág. 366. Donde el autor interpreta que en el caso en el cual la literalidad de la norma no sea el único fundamento a utilizar para interpretarla, dando paso igualmente a la posible influencia que pueda tener el carácter que se le quiera impregnar a la misma por parte del órgano comunitario, solo la reforma del artículo 103 del TFUE permitiría a los Jueces la aplicación del apartado 3 del 101. Reforma que no se ha dado aun y en la cual no puede considerarse al Reglamento 1/2003 como tal, pues los procesos de reforma del tratado no se llevan a cabo por medio de Reglamentos.

[1330] Fundamento para el cual, el doctrinante hace especial mención a la literalidad de la norma, que carece como ya se ha expuesto, de comentario alguno que incluya a los Jueces. A lo que añade igualmente una puesta en manifiesto acerca de los fines de la norma, que se translucen en merced de la literalidad previamente nombrada, en las necesidades de asegurar la vigilancia eficaz y simplificar el control administrativo, que para él, hace especifica referencia a las autoridades de competencia de carácter administrativo, excluyendo totalmente a la jurisdicción. PACE, Lorenzo Federico, *Derecho Europeo de la Competencia. Prohibiciones antitrust, control de concentraciones y procedimientos de aplicación,* Marcial Pons, Madrid, Barcelona, 2007, Págs. 364 a 367; y HOLMES, Katherine, "The EC White Paper on Modernisation", en *Journal of World Competition,* Nº 23, 2000, Pág. 55.

[1331] Igualmente soportados jurisprudencialmente, según el concepto de este sector de la doctrina, en sentencias del Tribunal de Justicia de las comunidades Europeas, en las cuales, estos autores han interpretado, se niega el efecto directo del apartado 3 del artículo 101 del TFUE. Las sentencias en mención son las siguientes: Asunto 26-76, de 25 de Octubre de 1977, *Metro SB-Großmärkte GmbH & Co. KG Vs. La Comisión de las Comunidades Europeas;* C-234/89, de 28 de Febrero de 1991, *Stergios Delimitis Vs. Henninger Bräu AG* en sus apartados del 50 al 55; C-344/98,de 14 de Diciembre de 2000,*Masterfoods Ltda Vs. HB Ice Cream Ltda* en sus apartados del 46 al 48. Así mismo la sentencia del Tribunal de primera instancia, asunto T-191/99, de 11 de Diciembre de 2001, *Associazione lettori di lingua straniera in Italia Vs. La Comisión de las Comunidades Europeas.* Así lo cree GARRIDO RUIZ, Fulgencio, "Novedades aportadas por el nuevo Reglamento nº 1/2003 relativo a la aplicación de las normas sobre competencia previstas en los artículos 81 y 82 CE", en *Gaceta Jurídica de la Unión Europea y de la Competencia,* Nº 231, 2004, Pág. 75.

razonamientos por él defendidos, se encuadran en una realidad muy diversa a la actual, alejada de los objetivos perseguidos por medio de la reforma.

Prueba de ello, es la mención que este sector ha hecho, con el ánimo de sustentar su postura, de un grupo de sentencias que corresponden a un periodo en el cual se encontraba vigente el Reglamento 17/1962, y que actuaban conforme a la competencia exclusiva de la Comisión para aplicar el numeral tercero del artículo 101.

Sentencias no operativas en lo concerniente a la aplicación del apartado en estudio, con una realidad que ya ha sido jurisprudencialmente modificada con fallos indispensables en la actualidad, que ya han sido suficientemente resaltados en este trabajo, como *Manfredi Vs. Lloyd Adriatico* y *Courage/Crehan,* en los cuales se ha puesto relieve en la posibilidad y valor que trae la participación de *Enforcement Bodies* "privados" en las labores de aplicación del 101.3, eliminando la competencia exclusiva de la Comisión al respecto.

Las mencionadas sentencias, entre otras, son sustento jurisprudencial[1332] de una reforma que, como ya se ha expresado infinitas veces previamente, intenta proteger los Derechos de los particulares de una forma más eficaz, facilitando el acceso de éstos a la administración de justicia, liberando a la Comisión del uso de recursos evitables por medio de la implementación de un mejor ejercicio en cuanto a funcionamiento y resultado, en el que ella como eje central de la política de competencia distribuya cargas entre las Autoridades administrativas de competencia de los países miembros y estructure unas pautas centrales que favorezcan la tarea coherente y armónica de aplicación llevada a cabo por *Enforcers* de distinta naturaleza.

Todos estos objetivos enunciados en el párrafo anterior, se verían menoscabados de seguir la senda trazada por el grupo doctrinal descrito, pues impregnarían de dificultades un proceso que está en evolución y parece ir por buen camino.

Aun así, esa óptica no es compartida por todos los sectores, pues han llevado a nivel de endemia el dilema y debate acerca de la posibilidad de los Jueces y por lo tanto de los *Enforcement Bodies* de naturaleza privada para aplicar todo el artículo 101, ya que, como no podía ser de otra forma, han trasladado el epicentro del debate al ámbito de los árbitros, pues los entienden miembros secundarios del mismo cesto en el cual se encuentran los jueces en lo referente a aplicación privada de las normas de libre competencia, y por lo tanto extensión natural de los logros o traspiés que se susciten en el terreno judicial.

Ya se preveía entonces, cuando se estructuraron argumentos de persecución a los jueces, que dicho conflicto de nunca acabar proferiría nuevas oportunidades a los detractores del arbitraje, quienes tal y como se verá a continuación, y en relación a la

---

[1332] Un estudio jurisprudencial en el cual se desarrollan los fallos relevantes del TJCE en cuanto a la defensa de la aplicación del apartado 3 del artículo 101 del Tratado de Funcionamiento de la Unión Europea por parte de los Jueces, puede encontrarse en KON, Stephen, "Article 85: A case for application by national courts", en *Common Market Law Review*, Volumen. 19, N° 4, 1982, Págs. 541 a 561.

aplicación de la totalidad del artículo 101 del Tratado, y en especifico de su numeral tercero, han calcado las razones de su desacuerdo, y han incurrido en los mismos fundamentos descritos en páginas previas.

Recapitulando, cabe recordar, que el monopolio de aplicación de la exención en desarrollo[1333], fue por mucho tiempo de la Comisión, quien previa solicitud de las empresas involucradas mediante una notificación del acuerdo, conocía del caso. El Reglamento 1/2003 cambió, en beneficio del modelo en general, dicho sistema de exención centralizado y *ex post*, por un sistema descentralizado de exención legal en el cual las empresas no debían solicitarla, y en el cual la Comisión, las Autoridades Nacionales de Competencia y los órganos jurisdiccionales ordinarios de los Estados miembros comparten la competencia de aplicación del numeral en estudio.

La posibilidad de los particulares de requerir la aplicación de los artículos 101 y 102 ante los Tribunales nacionales, y el efecto directo de dichos artículos habían sido reconocidos ya en 1974 por la jurisprudencia comunitaria[1334], pero dicha posibilidad no evitaba que los Jueces nacionales colisionaran continuamente con el monopolio que se le atribuía a la Comisión para aplicar el numeral tercero del artículo 101.

Era común que una de las partes en búsqueda de que el asunto fuese a parar en manos de la autoridad comunitaria, invocara la aplicación de dicho numeral, y solo hasta la aparición del Reglamento 1/2003, se zanjó dicha circunstancia al verse expresado en el artículo sexto que los *"órganos jurisdiccionales nacionales son competentes para aplicar los artículos 101 y 102 del Tratado"*.

No fue establecido ningún límite a dicho precepto, y se entendió que los Jueces como administradores de justicia debían estar capacitados para aplicar todos los preceptos enunciados en beneficio de la competencia comunitaria[1335], aunque como ya se vio en apartados anteriores, aquello no fue suficiente para zanjar el debate.

Dicha enunciación expresa, la cual en varios apartes del Reglamento hace mención a los Órganos Jurisdiccionales Nacionales[1336], es el abanderado principal de algún sector de la doctrina "más contemporáneo" que analiza como impropia la aplicación del numeral tercero por parte de los Tribunales arbitrales. Dicho sector soporta igualmente su óptica en la *Comunicación relativa a la cooperación entre la Comisión y los órganos*

[1333] Suscitada siempre y cuando los acuerdos cumplan determinadas condiciones, como lo son la mejora de la producción o distribución/incremento del progreso técnico o económico, adecuada participación de los consumidores en sus beneficios, inexistencia de restricciones no indispensables, etc.

[1334] Sentencia del Tribunal de Justicia de 27 de Marzo de 1974, Asunto 127/73. *Belgishce Radio en Televisie vs SV SABAM y NV Fonior*.

[1335] Considerando 7 del preámbulo del Reglamento 1/2003: *"complementaria de la de las autoridades de competencia de los Estados miembros. Es conveniente, por tanto, facultarlos para aplicar plenamente los artículos 81 y 82 del Tratado."*

[1336] Reglamento 1/2003 en sus artículos 6, 15 y 18.

jurisdiccionales, pues en el numeral primero de la misma claramente se habla de
"juzgados y Tribunales de un Estado miembro", y nada se dice de Tribunales arbitrales.

Es claro e irrefutable que el Reglamento y la Comunicación no nombran a los
árbitros, como también debe serlo que como administradores de justicia que llevan a
cabo las mismas funciones, tanto árbitros como Jueces deben estar igualmente
facultados para la aplicación del numeral en desarrollo.

Los objetivos trazados y buscados por el Reglamento 1/2003, deben servir
igualmente de soporte a la igualdad entre árbitro y Juez en cuanto a aplicación de este
precepto se refiere. Debiendo ser así, pues lo contrario pugnaría con los esfuerzos por
privatizar y descentralizar la aplicación de las normas de libre competencia, y podría ser
interpretado como un paso atrás después de haber sido emprendidos tantos esfuerzos
por modernizar y generar eficiencia en los procesos de Defensa de la Competencia[1337].

Ya desde el Reglamento 17/1962 se hacen esfuerzos en consonancia a
desmonopolizar el derecho *antitrust*. En su vigencia a pesar del silencio total al respecto
que se dejaba entrever en el texto, los árbitros aplicaron en las mismas condiciones que
los Jueces las normas de libre competencia[1338].

Por lo que si se compenetran los principios y objetivos perseguidos por la reforma,
así como el recorrido que ha seguido la aplicación arbitral de las normas *antitrust*, no
debería dudarse de la potestad de los Tribunales arbitrales para llevar a cabo el estudio
de verificación, en cada caso particular, de los supuestos de exención.

Algunos doctrinantes han pretendido continuar en la creación de "inconvenientes"
en los cuales sustentar que los árbitros no estén en capacidad de aplicar totalmente el
artículo 101, los cuales a pesar de no formar parte de los argumentos predilectos de
quien escribe, se enuncian; resaltando el de la peligrosidad que creen algunos autores
existe al permitir que el estudio de exención sea realizado por aquellos que no forman
parte de la estructura del Estado, y que no están siquiera facultados para formular
cuestiones prejudiciales.

A dicha crítica, es posible responderle, entre otros argumentos, señalando que los
árbitros, tal y como se ha visto previamente, son administradores de justicia con un alto

---

[1337] Como lo expresa IDOT, Lawrence, "Arbitration and the reform of regulation 17/62", en
European Competition Law Annual 2001: Effective private enforcement of EC Antitrust Law, Editores
EHLERMANN, Claus-Dieter y ATANASIU, Isabela, Oxford, Hart Publishing, 2003, Pág. 318; y DE
GROOT, Diederik, "Arbitration and the modernization of EC Competition Law", en *European Business
Law Review*, N° 19, 2008, Pág2.316 y 317.El autor manifiesta que la aplicabilidad del precepto en estudio
debe estar supeditada a un análisis del los objetivos y la dirección trazada por el reglamento.

[1338] Circunstancia que era repetitiva y reconocida, y en la cual se debe soportar que los árbitros
puedan continuar con dicho proceso ya antes iniciado, sin el mismo significar un paso atrás en el
reconocimiento de las mismas circunstancias que los Jueces, y haciendo extensivo a este punto de vista la
aplicación del apartado 3. DE GROOT, Diederik, "Arbitration and the modernization of EC Competition
Law", en *European Business Law Review*, N° 19, 2008, Pág. 182.

nivel de consolidación como tales, destacando por su nivel de especialización[1339], el cual, debe ser un fundamento esencial adicional que provea a los Tribunales arbitrales de una potestad, sin dudas, de aplicación del numeral tercero.

El posicionamiento de este mecanismo alternativo de solución de controversias, el cual en la actualidad inclusive en grandes disputas desplaza a otros administradores de justicia, se vería gravemente menoscabado al no permitir la aplicación del apartado en mención, pues carecería de sentido que un proceso arbitral tuviera que detenerse cuando sea necesario aplicar el numeral tres, o que un laudo pudiese ser anulado por haberse cimentado en dicho precepto.

No permitir la aplicación del numeral en desarrollo, en razón de la no enunciación en el Reglamento 1/2003, sería dar el primer paso hacia la prohibición absoluta del arbitraje como vía de aplicación de las normas de libre competencia[1340].

No tiene entonces sentido alguno, impedir bajo ningún concepto que los árbitros apliquen dicho precepto[1341]. La evolución del sistema debe estar encaminada a posicionar cada vez más a los árbitros en este tema, y a permitirles aplicar no solo este precepto, sino también cualquier guía a la aplicación de este apartado que esté dirigida a los Jueces[1342].

[1339] DE GROOT, Diederik, "Arbitration and the modernization of EC Competition Law", en *European Business Law Review*, N° 19, 2008, Pág. 184.

[1340] Algunos autores interpretan como acertado el silencio del reglamento aduciendo que era la forma idónea de centrarse en la aplicación por parte del Juez. KOMNINOS, Assimakis, "Arbitration and the modernisation of European Competition Law Enforcement", en *World Competition*, Volumen 24, N° 2, 2001, Pág. 218.;TWEEDDALE, Karen y Andres, *Arbitration of commercial disputes. International and English Law practice*, Oxford University Press, Oxford, 2005, Pág. 218. Igualmente LANDOLT, Philip Louis, *Modernised EC competition law in international arbitration*, Kluwer Law International, La Haya, 2006, Pág. 104. DE GROOT, Diederik, "Arbitration and the modernization of EC Competition Law", en *European Business Law Review*, N° 19, 2008, Págs. 182 y 183, donde el autor cree que es posible la aplicación pues no está prohibida expresamente su aplicación, interpretando el sentido a la inversa de los detractores de la aplicación vía árbitro; en lo cual profundiza NAZZINI, Renato, *Concurrent proceedings in Competition Law procedure, evidence and remedies*, Oxford University Press, Oxford; Nueva York, 2004, Apartado. 10,26, expresando que la normativa de cada Estado estará encargada de regular el tema del arbitraje, por lo que encuentra coherente el silencio al respecto por parte del Reglamento, adhiriendo que lo contrario le hubiera resultado extraño.

[1341] Pues en realidad no hay ningún llamamiento legal que así lo plantee, y el compendio normativo y jurisprudencial de relevancia no permite llegar a dicha conclusión, por lo que se hace necesario realizar una diferenciación entre eventos en virtud de los cuales puede un árbitro enfrentarse a la aplicación del numeral tercero del 101, sobre los cuales se expresa ALONSO SOTO, Ricardo; "El Interés Público en la Defensa de la Competencia", en *La Modernización del Derecho de la Competencia en España y en la Unión Europea*, Director MARTINEZ LAGE, Santiago, Marcial Pons, Fundación Rafael del Pino, Madrid, 2005, Pág. 45, quien plantea que: *"En este ámbito no resultará posible sustituir la decisión de la Autoridad Administrativa por el laudo arbitral, pero si, en cambio, realizar el análisis de si una determinada conducta reúne o no los requisitos de la exención legal en el contexto de la aplicación del Derecho comunitario de la competencia (Artículo 1 del Reglamento CE no. 1/2003) o si se ajusta a los supuestos contemplados en un Reglamento de exención por categorías tanto cuando se trate de la aplicación del Derecho comunitario de la Competencia como del Derecho español."*

[1342] LANDOLT, Philip Louis, *Modernised EC competition law in international arbitration*, Kluwer Law International, La Haya, 2006, Pág. 239 y 240.

Por lo que a modo de conclusión sobre este tópico, creo conveniente reafirmar, que no se estima, haya ninguna duda, acerca de la posibilidad que deben tener los árbitros en los procesos a su cargo, de aplicar el artículo 101 en su totalidad, incluso el delicado numeral tercero, pues los fundamentos elegidos por los detractores, no inclinan la balanza hacia su lado, y por el contrario, permiten descubrir las discordancias e inconvenientes que se aportarían al sistema de seguir sus razonamientos[1343].

Igualmente, la reforma misma es interpretada como la más importante baza de defensa de la aplicación íntegra de la normativa *antitrust* comunitaria por parte de los árbitros, toda vez que cimenta sus objetivos y ha trazado sus directrices en la vía de la evolución de la aplicación privada de las normas de libre competencia, y en la adaptación a los nuevos requerimientos que se han percibido en el recorrido; por lo que sin duda alguna poner trabas al estudio de exención, o continuar argumentando en una línea doctrinal apasionada de la "hegemonía pública", alejada de la complementariedad hacia la cual se dirige un modelo que refuerza la coexistencia de *Enforcement Bodies*, se entiende como un contra sentido.

V. La extensión de la salvaguardia del principio de uniformidad en la aplicación de la normativa *antitrust*.

Como se vio previamente, en los casos en los cuales un laudo deba ser reconocido y ejecutado en territorio de la Unión Europea; la normativa aplicable al fondo del asunto del arbitraje sea la de un Estado miembro de la Unión; o las partes inmersas en el procedimiento arbitral así lo hayan acordado, se debe acatar lo establecido en las normas imperativas de orden público, tanto nacionales como comunitarias, entre las cuales están las normas de competencia de los artículos 101 y 102 del Tratado de Funcionamiento de la Unión Europea.

Por lo tanto y en razón de dicha apreciación, el árbitro está obligado en el cumplimiento de sus funciones, a evitar que sus decisiones vayan en contravía de los fallos comunitarios, so pena de ver el laudo en posibilidad de ser anulado o de resultar no ejecutable.

Lo opuesto generaría inseguridad jurídica y una sustracción de responsabilidades incoherente en favor del árbitro, quien de no existir dicha obligación podría versar sus decisiones en cualquier sentido, generando así unos añadidos beneficios que no tienen

---

[1343] En dicho sentido, NAZZINI, Renato, *Concurrent proceedings in Competition Law procedure, evidence and remedies,* Oxford University Press, Oxford; Nueva York, 2004, Apartado. 10,25; CALVO CARAVACA, Alfonso-Luis, *Derecho Antitrust Europeo,* Editorial Colex, Madrid, 2008, Págs. 655 y 656; KOMNINOS, Assimakis, "Arbitration and the modernisation of European Competition Law Enforcement", en *World Competition*, Volumen 24, N° 2, 2001, Pág. 219; DE GROOT, Diederik, "Arbitration and the modernization of EC Competition Law", en *European Business Law Review*, N° 19, 2008, Pág. 187; IDOT, Lawrence, "Arbitration and the reform of regulation 17/62", en *European Competition Law Annual 2001: Effective private enforcement of EC Antitrust Law,* Editores EHLERMANN, Claus-Dieter y ATANASIU, Isabela, Oxford, Hart Publishing, 2003, Pág. 315; y MOURRE, Alexis, "Arbitraje y derecho de la competencia: un panorama desde la perspectiva europea", en *Revista Brasileira de arbitraje*, 2006, Pág. 71.

aquellos que dirimen sus controversias vía Juez, ya que estos si están obligados a sustentar sus conclusiones en dirección a lo ya decidido por la máxima Autoridad Comunitaria, que en el caso en mención es la Comisión.

No quiere decir lo anterior que haya una contradicción en lo expuesto en este aparte y en las páginas anteriores, pues si bien, como se ha intentado dejar claro en apartados previos, se entiende que los árbitros no deben estar supeditados y vinculados siempre por las decisiones de la Comisión; sí que deben de forma obligatoria adoptar laudos que sean aplicables, atendiendo pronunciamientos previos, valorándolos como material jurisprudencial y/o como prueba, o simplemente buscando que su fallo no sea puesto en riesgo ante una flagrante contradicción que comporte inconvenientes en su reconocimiento y posterior ejecución[1344].

Algún sector de la doctrina aún, interpreta que al no estar supeditados al principio de cooperación, los árbitros están en capacidad de apear las decisiones de la autoridad administrativa en los casos en los cuales el árbitro no esté enterado de algún proceso de relación llevado por esta, o en los casos en los cuales las partes nada hayan dicho al respecto.

Dicho sector no se interesa en matizar circunstancias excepcionales que pueden hacer indispensable que las competencias de los árbitros y la Comisión coexistan en absoluta armonía, tales como que los mismos hechos estén siendo conocidos en ambos procedimientos; siendo un caso específico en el cual, interpreto, no debe caber la menor duda acerca de la actuación que debe poner en marcha el Tribunal arbitral, quien ante posibles problemas de inseguridad jurídica y de reconocimiento del laudo, tiene la obligación de tomar las medidas necesarias para subsanar esta falta de acoplamiento y equilibrio[1345].

No se cree coherente igualmente que en base a los principios propios del arbitraje, se entienda que hay una cesión permanente de los Tribunales arbitrales ante la figura de poder administrativa, ya que el objetivo de los primeros como administradores de justicia, es la de obtener los mejores resultados y facilitar la posibilidad de dirimir la controversia entre las partes.

Por lo que sin temor a equívocos, creo que los árbitros no están sustraídos en ningún momento de la obligación de buscar que sus decisiones otorguen seguridad jurídica, y

---

[1344] STYLOPOULOS, Epameinondas, "Powers and Duties of arbitrators in the application of competition law", en *European Competition Law Review*, N° 3, 2009, Pág. 123. Afirma que la posibilidad de que el fallo sea anulado, presiona cada vez más a los árbitros a acceder y a buscar participación en las funciones de cooperación y coordinación. y NAZZINI, Renato, *Concurrent proceedings in Competition Law procedure, evidence and remedies,* Oxford University Press, Oxford; Nueva York, 2004, Apartado. 11,50. No duda bajo ninguna óptica que es interpretable que los árbitros deban atender las decisiones de carácter administrativo y que estas resulten vinculantes en el arbitraje, pues estas llegan a incluirse en el orden jurídico procesal que los árbitros utilizan para dar resolución a su asunto.

[1345] Debiendo igualmente estudiar las posibilidades que tiene la decisión de la Comisión de influir en el proceso arbitral, inclusive si las circunstancias del caso conocido por la autoridad administrativa no están estrechamente ligadas con las del procedimiento arbitral, pero con capacidad de generar peso en algún sentido.

de que el Derecho Comunitario sea aplicado por ellos de forma coherente, máxime cuando media una obligación explicita de velar por el cumplimiento y mejor funcionamiento de la aplicación privada de las normas de competencia.

La Comisión es independiente en sus decisiones y está avalada por el predominio de sus fallos[1346], razón por la cual, debe ser función de los Jueces y los árbitros atender los pronunciamientos de aquella en pro de la uniformidad del sistema, debiendo buscar que las decisiones por ellos proferidas, no contradigan los lineamientos establecidos por la máxima autoridad administrativa[1347]. Muy a pesar que en su posición de administrador de justicia no comprenda las razones en las cuales se basa la facultad de la Comisión de no atender, cuando así lo estime pertinente, razonamientos que otros, llámense Jueces o árbitros hayan realizado sobre temas similares.

Así las cosas, y en ánimo de conclusión acerca de este tópico, no debe haber duda acerca del marco de actuación que debe ser seguido en el arbitraje cuando el árbitro o las partes sepan de decisiones de la Comisión, pues dicho marco debe ser siempre el de analizar, estudiar y establecer la incidencia de dicho fallo en el proceso arbitral.

Dicho estudio es y debe ser realizado, tal y como se manifestó anteriormente, igualmente cuando las decisiones de carácter administrativo puedan ser consideradas como prueba en el proceso arbitral, tales como las declaraciones de inaplicabilidad y las decisiones sobre compromisos, sobre las cuales debe igualmente recaer una labor de estudio por parte del árbitro, ya que dichos aportes pueden tener mucho que decir en el análisis de hechos en el procedimiento arbitral[1348].

En este último caso no se plantea inconveniente alguno ya que el árbitro puede valorar dicha información durante el procedimiento a su cargo sin generar mayores distorsiones en el sistema. La situación problemática que se plantea es referente a la continuidad del proceso arbitral en los casos en los cuales, dicho proceso se encuentre en posibilidad de contradecir las decisiones que la Comisión esté tomando en ese mismo momento.

[1346] Reglamento 1/2003 en su artículo 16: *"Aplicación uniforme de la normativa comunitaria de competencia. 1. Cuando los órganos jurisdiccionales nacionales se pronuncien sobre acuerdos, decisiones o prácticas en virtud de los artículos 81 u 82 del Tratado ya haya sido objeto de una decisión de la Comisión, no podrán adoptar resoluciones incompatibles con la decisión adoptada por la Comisión. Deberán evitar asimismo adoptar decisiones susceptibles de entrar en conflicto con una decisión prevista por la Comisión en procedimientos que ya haya incoado. A tal fin, corresponde a los órganos jurisdiccionales nacionales apreciar si procede suspender su procedimiento. Esta obligación se entenderá sin perjuicio de los derechos y obligaciones que establece el artículo 234 del Tratado. 2. Cuando las autoridades de competencia de los Estados miembros decidan acerca de acuerdos, decisiones o prácticas en virtud de los artículos 81 u 82 del Tratado que ya hayan sido objeto de una decisión de la Comisión, no podrán adoptar decisiones incompatibles con la decisión adoptada por la Comisión."*

[1347] MOURRE, Alexis, "Arbitraje y derecho de la competencia: un panorama desde la perspectiva europea", en *Revista Brasileira de arbitraje*, 2006, Págs. 76 a 79.

[1348] LANDOLT, Philip Louis, *Modernised EC competition law in international arbitration*, Kluwer Law International, La Haya, 2006, Pág. 274.

Está claro que de continuar, podría haber un choque de decisiones del cual el arbitraje saldría perjudicado, pues existe un principio básico ya suficientemente reseñado en el presente trabajo, de privilegio, superioridad y predominio de las decisiones de la Comisión[1349]. Por lo que parece conveniente que se haga un alto en el camino y se detenga temporalmente el proceso arbitral, en aras de evitar dichos inconvenientes.

Los principios del arbitraje consienten esta interrupción siempre que las normas procesales pactadas por las partes o el árbitro lo permitan[1350]. La misma, se verá materializada en la decisión que tome el árbitro sobre la conveniencia de esperar los resultados del proceso administrativo, y sobre las posibles consecuencias negativas que puede traer a su fallo la inobservancia de los pronunciamientos de la Comisión, en cuanto a reconocimiento, ejecución, y posible anulación[1351].

A pesar de ello, algún sector de la doctrina lo cree inconveniente ya que principios como la celeridad del proceso arbitral y la independencia del árbitro, pueden verse menoscabados en razón de esta suspensión[1352]; lo que sin duda cuenta con posibilidades de incidir, pero no creo suficiente sustento para evadir la puesta en marcha de esfuerzos convenientes que otorguen mayor seguridad jurídica, garanticen la uniformidad en la aplicación, y aporten una mejor compenetración entre la aplicación pública y privada,

---

[1349]NAZZINI, Renato, C*oncurrent proceedings in Competition Law procedure, evidence and remedies,* Oxford University Press, Oxford; Nueva York, 2004, Apartados. 11,15 y 11,21, cree conveniente implementar una evaluación que debe ser realizada por el árbitro, en aras de descubrir si el laudo tiene posibilidades de no ser aplicado o ser anulado. Solo al resultar negativa dicha evaluación, el árbitro podrá, sin utilizar ningún mecanismo de coordinación o cooperación, aplicar las normas de competencia. De ser opuesta la resolución a dicha evaluación, así las cosas positiva, el árbitro debe solucionar dicho inconveniente entre otras, vinculando decisiones administrativas, atendiendo los fundamentos políticos que afectan su decisión, colaborando o recibiendo ayuda de la autoridad administrativa, o en su caso, deteniendo el proceso arbitral.

[1350]NAZZINI, Renato, "International arbitration and public enforcement of competition law", en *European Competition Law Review,* N° 3, 2004, Pág. 158, donde se estiman preponderantes dichos fundamentos y la evaluación enunciada en el pie de página anterior.

[1351] CALVO CARAVACA, Alfonso-Luis, *"Derecho Antitrust Europeo",* Editorial Colex, Madrid, 2008, Pág. 667. MOURRE, Alexis, "Arbitraje y derecho de la competencia: un panorama desde la perspectiva europea", en *Revista Brasileira de arbitraje,* 2006, Pág. 76 a 79. Defiende que es indispensable que los árbitros puedan detener el proceso en estos casos, y lo acompaña de algunos instrumentos de cooperación y coordinación a los que no les encuentra inconveniente alguno para ser aplicados por los Tribunales arbitrales. Igualmente, otro sector entiende que de no detener el procedimiento arbitral, las consecuencias para el laudo podrían ser catastróficas ya que generarían consecuencias insalvables, además de poner en relieve en la problemática en la ejecución y reconocimiento del fallo. Por lo que estima razonable que el árbitro haga un estudio de estos aspectos que aunado a la inseguridad jurídica que puede causar la confrontación, le hará comprender que avalar la supremacía de las decisiones de la comisión es en muchos casos la mejor opción." KOMNINOS, Assimakis, "Arbitration and the modernisation of European Competition Law Enforcement", en *World Competition,* Volumen 24, N°2, 2001, Pág. 230.

[1352] LANDOLT, Philip Louis, *Modernised EC competition law in international arbitration,* Kluwer Law International, La Haya, 2006, Págs. 275 y 276.Para el autor es indispensable analizar cómo la suspensión actúa en consonancia con los principios enunciados, así como con la autonomía de las partes y el carácter privado del proceso.

por lo que se estima útil avalar y consolidar la suspensión como medio idóneo en ciertos
casos[1353].

Al margen de lo anterior, puede concluirse al observar las posiciones de la
Comisión y las Autoridades Nacionales de Competencia en lo descrito en este apartado,
que estas no se encuentran en el mismo prisma de análisis. Mientras no sin disputa se
entiende que las decisiones, apreciaciones, observaciones, y demás aportes de la
Comisión vinculan igualmente a árbitros y a Jueces, nada se dice acerca de los
pronunciamientos de las Autoridades Nacionales de Competencia en incidencia con los
procesos arbitrales.

Por lo tanto, y ante dicha ausencia de fundamentos normativos, parece claro que en
los casos en los cuales los árbitros crean necesario atender dichos pronunciamientos,
con el objetivo de que sus decisiones tengan eco en el ámbito comunitario como
nacional, podrán hacerlo.

Estipulando una salvedad indispensable que debe ser administrada correctamente
por los árbitros, quienes en todo caso, deben estudiar las normas nacionales, en busca de
descubrir si las obligaciones de los Jueces son extensivas a los árbitros en relación a las
decisiones de carácter administrativo en dicho país, para delimitar si son vinculantes o
no.

Sea cual sea el panorama, la realidad es que la excepcionalidad de las condiciones
del arbitraje, en razón de las cuales las partes vinculadas tienen tanto que decir acerca
del desarrollo mismo del proceso, si bien deben ser tomadas en cuenta y pueden en
ciertas circunstancias particulares ya descritas, condicionar o incluso dificultar la
impronta de principios básicos en la situación particular puesta en disposición del
árbitro; no pueden ser interpretadas como un mecanismo idóneo para sustraerse de una
obligación de uniformidad que todos los *Enforcement Bodies* deben propender por
adherir a sus procesos. Pues dicho principio puede ser considerado como de
"antonomasia", ya que sin él, darle cumplimiento a la relación plural que se ha
consolidado tras la reforma, resultaría imposible.

V. **La inclusión de los árbitros en la relación de cooperación entre
Enforcement Bodies de naturaleza privada y pública.**

Un sector de la doctrina resalta, que ante la existencia actual de tantos y numerosos
"Enforcement Bodies"[1354] en materia de competencia, la colaboración y conexión que

---

[1353] Acerca de la opinión favorable a la suspensión del proceso arbitral en las circunstancias y casos
descritos VAN HOUTTE, Hans, "The application by arbitrator of articles 81 & 82 and their relationship
with the European Commission", en *European Business Law Review*, Volumen. 19, N° 1, 2008, Pág. 69 y
MOURRE, Alexis, "Arbitraje y derecho de la competencia: un panorama desde la perspectiva europea",
en *Revista Brasileira de arbitraje*, 2006, Pág. 72.

[1354] *"The term Enforcement Bodies as employed here refers to both administrative authorities and
courts that are involved in the (public or private) enforcement of EC Competition Law".* BRAMMER,
Silke, *"Co-operation Between National Competition agencies in the enforcement of EC Competition
Law"*, Hart Publishing, Oxford y Portland, Oregon, 2009, Pág. 1.

estos deben tener para garantizar la solución de conflictos y la eficiente y consistente aplicación de la ley, es esencial.

En el caso Europeo se garantiza la regulación al respecto gracias al tan nombrado Reglamento 1/2003 que establece unos parámetros y principios generales, ya enunciados, que se ven necesitados de complementos que aporten más detalle a las reglas, máxime si de arbitraje se trata.

La cooperación que es planteada en el Reglamento, si bien no nombra a los árbitros[1355], sí plantea la posición de los Jueces en los casos en los cuales coincida su actuación con la de una Autoridad Administrativa de Competencia[1356], por lo que es menester preguntarse, nuevamente, si dichas apreciaciones se hacen extensivas a los Tribunales arbitrales, y en qué condiciones.

Parece ser un debate de nunca acabar aquel que busca delimitar hasta qué punto la posición consolidada de los Jueces nacionales se hace extensiva para los Tribunales arbitrales en lo que a *private enforcement* se refiere; debate que se basa en el descubrir si todo lo que está planteado como una posibilidad del Juez lo está igualmente para el árbitro, o si por el contrario se zanja dicho debate de forma escueta ante la ausencia de preceptos que esclarezcan la relación del árbitro y los instrumentos de cooperación con los cuales cuenta como *Enforcement Body*.

Ya en apartes anteriores se ha visto que los árbitros y los Jueces se ven unidos por similitudes intensas, e igualmente separados por algunas diferencias que interpreto, de ser correctamente acondicionadas, pueden añadir valor al *enforcement* del Derecho de la Competencia.

Soy de la opinión, así mismo, de que las particularidades del arbitraje ya previamente desarrolladas, deben actuar como incentivo en la búsqueda de adecuar los mecanismos comunes de cooperación que están plasmados en el Reglamento 1/2003, a esta forma alternativa de solución de controversias. Lo contrario resultaría tosco pues se engrosaría de tal manera el expediente de contradicciones entre los *"Enforcement Bodies"*, y se generaría un despilfarro de recursos evitable[1357].

[1355] Para MOURRE, Alexis, "Arbitraje y derecho de la competencia: un panorama desde la perspectiva europea", en *Revista Brasileira de arbitraje*, 2006, Pág. 76 a 79. La simple no inclusión en el reglamento, excluye a los árbitros del prisma de dicho texto, y encuentra relieve en la imposibilidad para aplicar instrumentos como los que son descritos en el presente apartado.

[1356] De la colaboración y el comportamiento de la autoridad administrativa en los casos en los cuales un Tribunal arbitral solicita su participación y/o colaboración, depende que se genere un reconocimiento cada vez más profundo (equiparado al judicial) del arbitraje en estos casos, por lo que el mismo debe ser impoluto, máxime cuando es correcto que los árbitros puedan solicitar colaboración sobre el entorno normativo, y de facto del asunto de su conocimiento, tal y como se expresará en páginas posteriores. KOMNINOS, Assimakis, "Assistance to arbitral Tribunals in the application of EC competition law", en *European Competition Law Annual 2001: Effective private enforcement of EC Antitrust Law*, Editores EHLERMANN, Claus-Dieter y ATANASIU, Isabela, Oxford, Hart Publishing, 2003, Pág. 380.

[1357] En algunas ocasiones la Comisión ha dado respuesta a cuestiones que le han sido planteadas por Tribunales Arbitrales, por lo que a pesar de no existir un precepto específico ni en el Reglamento ni en la

Igualmente, y en consecuencia de que son muchos los detractores de aquel punto de vista[1358], respondo a ellos manifestando que no se cree coherente que la única solución sea la de buscar la implementación de nuevos y equivalentes instrumentos de cooperación para el proceso arbitral, pues previo a ese proceso de creación, se puede intentar adaptar los existentes, que ya cumplen una función con un historial de eficiencia, y que implementados de forma correcta y entendiendo las particularidades del arbitraje estoy convencido arrojarían resultados satisfactorios.

Así las cosas, en reiteración, no parece coherente que a la par que se le permite a los árbitros aplicar las normas de libre competencia, se les impida o en su defecto, no se les otorgue la posibilidad de ofrecer su cooperación y/o reclamar la cooperación de una autoridad administrativa de competencia.

Como tampoco resulta del todo coherente, aunque sí entendible dadas las particularidades del proceso arbitral, el silencio guardado por algunas disposiciones acerca de la posición de los árbitros frente a los mecanismos de cooperación con otras autoridades. Y es así, pues nada dicen al respeto los instrumentos de mayor visibilidad y relevancia sobre el tema, tales como el Reglamento 1/2003 y la *Comunicación* de la Comisión de 27 de Abril de 2004, *relativa a la cooperación entre la Comisión y los órganos jurisdiccionales de los Estados miembros de la UE para la aplicación de los artículos 81 y 82 del Tratado CE* (Actuales Artículos 101 y 102 del Tratado de Funcionamiento de la Unión Europea).

En la cuestión que atañe, los Jueces y los árbitros se encuentran en la misma posición de necesidad y/o de responsabilidad, para en dicho orden solicitar u otorgar su cooperación a una autoridad administrativa. Por lo tanto, y en principio, todo el desarrollo normativo incluido en las disposiciones nombradas en el párrafo anterior, y que versan sobre la posición del Juez ante los instrumentos de cooperación dispuestos en favor de ellos para llevar a cabo la función fruto del poder que les ha sido otorgado, deberían hacerse extensivas a los árbitros.

El debate así, se traslada a dos importantes aspectos, siendo el primero el de cómo debe llevarse a cabo dicha cooperación, analizando la posibilidad de adaptar los mecanismos existentes a las particularidades del arbitraje; y el segundo, el de los

---

comunicación, dicha extensión se ve como natural, o dudosa en el peor de los casos, ya que por la simple no inclusión referirse a los instrumentos con un no rotundo, se estima inconveniente. RINCON GARCIA LOYGORRI, Alfonso, "La Arbitrabilidad del Derecho de la Competencia: Especial Referencia a la normativa de la Unión Europea", en *Unión Europea Aranzadi*, N° 7, 2004, Pág. 10.

[1358] Como es el caso de CREUS CARRERAS, Antonio y JULIÁ INSENSER, Josep María, *"Arbitraje y Defensa de la Competencia"*, Documento de trabajo N° 27, Universidad San Pablo CEU. 2008, Pág. 23. Pues se plantea que la agilidad del proceso arbitral se ve distorsionada por los instrumentos de cooperación y coordinación; Otro sector manifiesta que los Tribunales nacionales respecto al reconocimiento y ejecución de un laudo, deben corregir y no cooperar o coordinarse con el Tribunal arbitral. IDOT, Lawrence, "Arbitration and the reform of regulation 17/62", en *European Competition Law Annual 2001: Effective private enforcement of EC Antitrust Law*, Editores EHLERMANN, Claus-Dieter y ATANASIU, Isabela, Oxford, Hart Publishing, 2003, Pág. 318; y DE GROOT, Diederik, "Arbitration and the modernization of EC Competition Law", en *European Business Law Review*, N° 19, 2008, Pág. 184.

beneficios que traería la creación de nuevos instrumentos de cooperación en base igualmente a las peculiaridades del proceso arbitral.

A pesar del rechazo a que los instrumentos de cooperación sean los mismos para Jueces y árbitros[1359], la doctrina se muestra flexible al creer, que debe haber una adaptación concienzuda en algunas circunstancias específicas y únicas que se entienden no transgreden los principios propios del arbitraje, ni la razón de ser de los mecanismos de cooperación[1360].

Por lo tanto, está mi opinión dirigida, al desarrollo de cada uno de los instrumentos de cooperación en las mismas condiciones que las establecidas para los Jueces, adecuando las mismas al procedimiento arbitral solo cuando sea estrictamente necesario, claro está, sin cerrar la posibilidad de que algunos nuevos deban ser puestos en marcha.

Por lo cual, y en razón de la expectativa de exponerlos de forma sistemática, se hará uso del orden observado en la ya nombrada *Comunicación relativa a la cooperación entre la Comisión y los órganos jurisdiccionales*, la cual en su apartado 17 expone la actuación de *"La Comisión como Amicus Curiae"*, haciendo referencia en primera medida al tránsito de información, igualmente desarrollado en los apartados del 21 al 26 del Reglamento 1/2003.

El Instrumento de cooperación en mención, de tránsito de información entre el Tribunal arbitral y la Comisión, debe ser promovido por el árbitro[1361], quien debe analizar si la normativa aplicable a él mismo en su posición de árbitro y al proceso, se lo permiten, así como también si se cumple alguno de los presupuestos vinculados con la actuación de las partes. Dichos presupuestos son:

- Que las partes, por mutuo acuerdo en el momento en el cual suscribieron el pacto arbitral, hayan dejado abierta la posibilidad de que dicho instrumento de cooperación se aplique.

- Que las partes logren un acuerdo al respecto durante el proceso, o

---

[1359] LANDOLT, Philip Louis, *Modernised EC competition law in international arbitration*, Kluwer Law International, La Haya, 2006, Pág. 267. Quien solo en eventos muy precisos cree conveniente que los árbitros requieran la ayuda de la autoridad administrativa comunitaria.

[1360] En razón de que los árbitros tratan asuntos que pueden afectar el comercio entre Estados miembros, deben contar con la posibilidad de acceder o recurrir a la colaboración y/o procesos de la comisión. BAUDENBACHER, Carl, "Enforcement of EC and EEA Competition rules by arbitration Tribunals inside and outsider the EU", en *European Competition Law Annual 2001: Effective private enforcement of EC Antitrust Law*, Editores EHLERMANN, Claus-Dieter y ATANASIU, Isabela, Oxford, Hart Publishing, 2003, Pág. 357. STYLOPOULOS, Epameinondas, "Powers and Duties of arbitrators in the application of competition law", en *European Competition Law Review*, N° 3, 2009, Pág. 122.

[1361] CALVO CARAVACA, Alfonso-Luis, *Derecho Antitrust Europeo*, Editorial Colex, Madrid, 2008, Pág. 665 y NAZZINI, Renato, *Concurrent proceedings in Competition Law procedure, evidence and remedies*, Oxford University Press, Oxford; Nueva York, 2004, Apartado. 11,35.

- Que las partes no hayan realizado ningún pacto en contrario[1362].

El árbitro entonces, cumplidos dichos presupuestos[1363], está en capacidad de pedir a la Comisión su cooperación, solicitándole información relevante acerca del asunto bajo estudio en el proceso arbitral[1364], a lo que la Comisión, en base a la constatada capacidad que tiene de facilitar documentación fruto de procesos de carácter administrativo, le responderá otorgándosela.

No siendo menos importante añadir, que dicha información puede ser de gran interés y utilidad para el árbitro, quien puede valerse de la misma para enriquecer su proceso a pesar de no estar obligado a ello, ya que ni los conceptos emitidos por la Comisión, ni la información suministrada por esta, supeditan la actuación del árbitro[1365].

Los problemas entre el arbitraje y este instrumento de cooperación, si bien son pocos, están en capacidad de afectar el desarrollo del proceso arbitral, y encuentran un sustento importante en aquella tendencia que se niega a ver al arbitraje con confianza, pues interpreta que el suministro de información que tiene como origen a la Comisión y como destino al Tribunal arbitral, es cuando menos inadecuado.

Sobre la información recolectada por las entidades administrativas de competencia, recae una obligación de respeto que restringe el campo de acción de la información, pues debe haber una clara sumisión a los objetivos que fueron perseguidos a la hora de investigar y obtener dicha información, impidiendo que sea utilizada para distintos objetivos.

Igualmente recae una obligación de secreto que se erige para algún sector de la doctrina como un gravísimo problema. Inconveniente que para algunos resulta insalvable, pero que puede ser interpretado como un simple tecnicismo que se soluciona con la facultad que tienen las Autoridades administrativas de competencia, y en específico la Comisión, de no proporcionar la información, incluso a los Jueces nacionales de los países miembros, en los siguientes casos:

- Cuando sea un mecanismo idóneo para garantizar su independencia y el correcto desempeño de sus competencias.

[1362] DE GROOT, Diederik, "Arbitration and the modernization of EC Competition Law", en *European Business Law Review*, N° 19, 2008, Pág. 183.

[1363] MARTINEZ LAGE, Santiago, "Competencia y Arbitraje", en *Gaceta Jurídica de la Unión Europea y de la Competencia*, N° 214, 2001, Pág. 7. Estima que mediando aceptación de las partes, el Tribunal arbitral puede obtener asistencia de la Comisión en forma de información.

[1364] IDOT, Lawrence, "Arbitration and the reform of regulation 17/62", en *European Competition Law Annual 2001: Effective private enforcement of EC Antitrust Law*, Editores EHLERMANN, Claus-Dieter y ATANASIU, Isabela, Oxford, Hart Publishing, 2003, Pág. 318. El autor expresa que abastecer de información acerca de la normativa aplicable y sobre el fondo del asunto, resulta ser el único mecanismo de cooperación aplicable entre los Tribunales arbitrales y la Comisión, siempre y cuando medie una solicitud del árbitro. El autor entiende que los demás mecanismos no son de aplicación.

[1365] KOMNINOS, Assimakis, "Assistance to arbitral Tribunals in the application of EC competition law", en *European Competition Law Annual 2001: Effective private enforcement of EC Antitrust Law*, Editores EHLERMANN, Claus-Dieter y ATANASIU, Isabela, Oxford, Hart Publishing, 2003, Pág. 381.

- Cuando esté dirigido a la protección de los intereses de la Comisión.

- Cuando la autoridad de destino no esté en capacidad de garantizar la protección de la información objeto del secreto profesional[1366].

Lo anterior, es entendido por mí como un problema de insuficiente envergadura con una solución idéntica para Jueces y árbitros, por lo que se justifica la capacidad de este mecanismo para ser llevado a la práctica también en el tránsito Comisión – Tribunal Arbitral. Advirtiendo que los principios propios del Arbitraje, deben sustentar que la facultad que tiene la Comisión de no otorgar la información, se base en parámetros reales y no simplemente en la naturaleza del administrador de justicia que conozca del asunto[1367].

La *Comunicación relativa a la cooperación entre la Comisión y los órganos jurisdiccionales*, a renglón seguido de la "ayuda" referente al tránsito y suministro de información, y en el mismo apartado 17, enuncia como ayuda otros dos instrumentos de cooperación ya desarrollados en el presente trabajo en referencia a los Jueces, los cuales están basados en solicitar opiniones a la máxima Autoridad Comunitaria o en recepcionar observaciones de dicha autoridad sobre el asunto particular, tal y como así se observa cuando expone al respecto: *"Los dictámenes de la Comisión (puntos 27 a 30), ambos a instancias de un órgano jurisdiccional nacional, y la posibilidad de que la Comisión presente observaciones (puntos 31 a 35)."*

Es claro, que la solicitud de opiniones de la Comisión en forma de dictamen, resulta ser un problema de mayor complejidad para el arbitraje que para la aplicación judicial, ya que las partes dentro del proceso arbitral pueden enfrentarse a procesos administrativos de los cuales pueden salir sancionados en razón, del deber de las Autoridades administrativas de iniciar procesos y denunciar conductas, siempre que tengan información acerca de estas, o de cualquier tipo de infracción.

Por lo tanto, y amén del dictamen que puede redactar la Comisión tras recibir del árbitro la información[1368] sobre el asunto particular y la petición de una formulación de opiniones al respecto; se puede acarrear, por tratarse de una autoridad y no de un tercero

---

[1366]Artículo 339 del Tratado del Funcionamiento de la Unión Europea(antiguo artículo 287 TCE), e igualmente esenciales, los apartados 23, 25 y 26 de la *Comunicación relativa a la cooperación entre la Comisión y los órganos jurisdiccionales*. Sobre la posibilidad de negarse a facilitar la información que tiene la autoridad administrativa, así como las restricciones al instrumento en desarrollo LANDOLT, Philip Louis, *Modernised EC competition law in international arbitration*, Kluwer Law International, La Haya, 2006, Págs. 282 a 288.

[1367] Para algún sector, los avances futuros de los instrumentos de cooperación se basan en el carácter dúctil de la normativa de arbitraje, y en que el mismo es privado. NAZZINI, Renato, "International arbitration and public enforcement of competition law", en *European Competition Law Review*, N° 3, 2004, Págs.158 a 164.

[1368] Sobre el desarrollo al respecto NISSER, Carl y BLANKE, Gordon, "Reflections on the role of the European Commission as amicus curiae in international arbitration proceedings", en *European Competition Law Review*, Volumen.27, N° 4, Pág. 181.

experto sin poder alguno, el uso de dicha información en contra de alguna o de todas las partes en el procedimiento arbitral.

Aun así, y ante dicho panorama tan oscuro, cabe decir que el árbitro para realizar una solicitud de opiniones de la Autoridad administrativa, debe estar siempre facultado para ello y debe contar con el consentimiento expreso de las partes[1369]. Por lo que se permite concluir que solo se hará uso de este mecanismo en los casos en los cuales las partes entiendan que un dictamen de la Comisión enriquecerá y facilitará la resolución del asunto particular, sin verse abocados o a merced de un futuro posible proceso administrativo; o en aquellos casos en los que sabiendo de las posibilidades de verse inmersos en uno por haber cometido una infracción a la competencia, lo estimen oportuno.

El inconveniente de que las partes puedan verse inmersas en un proceso administrativo en razón de la información suministrada por el Tribunal arbitral, no se presenta exclusivamente con los dictámenes, pues igualmente es posible su aparición cuando la comisión, o una Autoridad Nacional de Competencia actúen como *Amicus Curiae* en un proceso arbitral[1370].

En dichos eventos la autoridad administrativa, además de pronunciar sus consideraciones sobre el proceso, estará en capacidad, si entiende que las partes han contravenido la normativa comunitaria o nacional de competencia, de utilizar la información a la que ha tenido acceso gracias a su inmersión en el proceso como *Amicus Curiae,* en contra de las partes.

[1369] CALVO CARAVACA, Alfonso-Luis, *Derecho Antitrust Europeo,* Editorial Colex, Madrid, 2008, Pág. 665 y VAN HOUTTE, Hans, "The application by arbitrator of articles 81 & 82 and their relationship with the European Commission", en *European Business Law Review*, Volumen.19, N° 1, 2008, Pág. 73. El Autor no cree necesario dicho consentimiento.

[1370] En este sentido se cree pertinente la posición de KOMNINOS, Assimakis, "Arbitration and the modernisation of European Competition Law Enforcement", en *World Competition*, Volumen 24, N° 2, 2001, Pág. 226, pues el autor no comparte el *amicus curiae* en un proceso arbitral ya que lo interpreta como un mecanismo que entra en disputa con los principios y razón de ser del arbitraje.

En sentido contrario y a favor del *amicus curiae* NISSER, Carl y BLANKE, Gordon, "Reflections on the role of the European Commission as amicus curiae in international arbitration proceedings", en *European Competition Law Review*, Volumen. 27, N° 4, Págs. 176 a 179. Los autores interpretan que al no recaer sobre los árbitros la obligación de cooperación, la participación de la Comisión no debe afectar, máxime cuando dicha aportación está en búsqueda de que el laudo sea reconocido y tenga aplicación, sea uniforme la aplicación de normas de competencia y, se contribuya con el árbitro para el buen desarrollo de sus funciones. Igualmente incluso, proponen otorgar inmunidad a las partes en el proceso arbitral en búsqueda de dar incentivos a la aplicación de la figura en mención. VAN HOUTTE, Hans, "The application by arbitrator of articles 81 & 82 and their relationship with the European Commission", en *European Business Law Review,* Volumen.19, N° 1, 2008, Pág. 73, donde el autor expresa que los procesos administrativos en contra de las partes en un procedimiento arbitral se pueden combatir restringiendo la información que el Tribunal arbitral facilita a la autoridad administrativa, otorgándole únicamente aquella que ya esté en poder de esta última. LANDOLT, Philip Louis, *Modernised EC competition law in international arbitration*, Kluwer Law International, La Haya, 2006, Pág. 282.

La defensa ante este inconveniente, y la solución más factible para que pueda ser aplicado este instrumento de cooperación, es nuevamente el acuerdo entre las partes, quienes deben autorizar al árbitro al respecto[1371].

La doctrina ha entendido que la factibilidad de este instrumento se basa en este requisito, y que sus posibilidades para ser puesto en marcha en caso de arbitraje son altas, contando siempre, claro está, con un análisis concienzudo de las partes y del árbitro[1372].

Igualmente, la literatura sobre el tema, se ha dividido[1373], y de estar de acuerdo ha defendido dicho razonamiento, aunque por sí solo no parece solucionar el debate. Del mismo modo, otro fundamento sólido es el deseo que tiene otro sector, el cual defiende los inmensos beneficios que puede traer al proceso el apoyo técnico de la autoridad administrativa, así como su posición de testigo, planteando por medio de su intervención la correcta conducta de facto y de procedimiento dentro del proceso[1374].

Al respecto de la relación de cooperación entre los árbitros y las Autoridades administrativas de competencia, especialmente la Comisión, es pertinente concluir remarcando un aspecto fácilmente deducible, que le aporta diferenciación al tema arbitral en lo que a compenetración de competencias se refiere, el cual ha influido en todos y cada uno de los aspectos hasta ahora expuestos, y como no podría ser de otra forma, hace más densa y ardua la puesta en marcha de las tareas que estos administradores de justicia tienen para aplicar la normativa *antitrust*.

Dicho aspecto es innegable, pues el acuerdo entre las partes, se erige como el cimiento principal que en cada caso en concreto puede tener la última palabra para permitir o denegar la posibilidad de que una de las herramientas cooperativas expuestas hasta ahora sea puesta en funcionamiento; lo que de la mano de los lineamientos

---

[1371] LANDOLT, Philip Louis, *Modernised EC competition law in international arbitration*, Kluwer Law International, La Haya, 2006, Págs. 293 a 295.El autor desarrolla este requisito y se posiciona al sostener que solo en procedimientos de exequátur, apelación o anulación seria en sentido estricto a lugar el *amicus curiae*.

[1372] MOURRE, Alexis, "Arbitraje y derecho de la competencia: un panorama desde la perspectiva europea", en *Revista Brasiliera de arbitraje*, 2006, Pág. 76.

[1373] Como es el caso de MARTINEZ LAGE, Santiago, "Competencia y Arbitraje", en *Gaceta Jurídica de la Unión Europea y de la Competencia*, N° 214, 2001, Pág. 6. Quien concibe el rechazo de plano, y ante la falta de preceptos que soporten la igualdad entre los Jueces y los árbitros en estos casos, no cree conveniente la figura del *amicus curiae* en sentido comisión-Tribunal y a la inversa.

[1374] Se resalta la posición de GAVRA, Ioanna, "Arbitration In The Context of EU Merger Control and Its Interface with Brussels I Regulation: A New Era For Arbitration In The EU Arena?",en *Global Antitrust Review*, Journal Issue 3, 2010, Pág. 88: *"Against this debate on the actual and potential role of the Commission in the arbitration proceedings, a 'hybrid' nature of arbitration may be said to be born. This refers to a certain type of arbitration, that maintains its independent character when initiating the arbitration proceedings and renders an award final in nature, without being bound, at least directly, by the principles of 'direct effect' and 'supremacy' as implied by the EU legal order."* En la misma, el autor intenta traslucir la importancia en la distorsión que puede traer al arbitraje la participación como *amicus curiae* de la Comisión o de una autoridad de carácter administrativo.

trazados por los árbitros y las normas que rigen el proceso del arbitraje, pueden condicionar su ámbito de aplicación.

La cooperación, debe ser, sin duda, ajustada a los principios básicos que rigen este mecanismo alternativo de solución de controversias[1375]. En las páginas anteriores, se ha intentado exponer cada uno de los instrumentos que han sido estructurados para que la relación armónica se consolide, y tras dicha pesquisa se ha concluido que cada uno de ellos, está en capacidad de aportar evolución a pesar de necesitar matices y variaciones que impidan la perturbación, tanto de los fundamentos esenciales del arbitraje, como de los instrumentos cooperativos en mención.

La aparición de nuevos instrumentos se estima igualmente pertinente, siempre y cuando genere una creación de valor que potencie y contribuya a una mejor relación correlativa entre la autoridad administrativa y el Tribunal de arbitraje, como representantes de la vía pública y la vía privada. Dicha creación de nuevos instrumentos no puede bajo ningún concepto ser descartada pues como se ha visto a lo largo del desarrollo del tópico arbitral, la participación de los árbitros en estos casos no está ni mucho menos consolidada.

[1375] Tesis defendida por aquellos que creen que la naturaleza privada del arbitraje y la ductibilidad de su procedimiento, generarán un marco apropiado para la solución de los problemas que se generen como consecuencia de la interacción entre procesos. LANDOLT, Philip Louis, *Modernized EC competition law in international arbitration*, Kluwer Law International, La Haya, 2006, Pág.190. y NAZZINI, Renato, "International arbitration and public enforcement of competition law", en *European Competition Law* Review, N° 3, 2004, Pág. 154.

BIBLIOGRAFIA

Libros, Artículos y Discursos

ADRIÁN ARNÁIZ, Antonio Javier y QUIJANO GONZÁLEZ, Jesús, "Procedimiento de aplicación de las reglas sobre competencia de los artículos 81 y 82 del Tratado de la Comunidad Europea", en *Derecho Europeo de la Competencia: (antitrust e intervenciones públicas)*, coordinador VELASCO SAN PEDRO, Luis Antonio, Lex Nova, Valladolid, 2005.

AFFERNI, Giorgio, "Case: ECJ-Manfredi v Lloyd Adriatico", en *European Review of Contract Law*, Volumen. 3, N° 2.

AKMAN, Pinar, "Searching for the long-lost soul of article 82 EC", CCP working paper 07-5, ESRC centre for competition policy and school of law, University of East Anglia. El documento está disponible para consulta en lengua original en: https://www.uea.ac.uk/polopoly_fs/1.104585!ccp07-5.pdf.

ALFARO ÁGUILA-REAL, Jesús, "Contra la armonización positiva: La propuesta de la comisión para reforzar el *private enforcement* del Derecho de la Competencia", en *Indret: Revista para el análisis del Derecho*, N° 3, 2009. El documento está disponible para consulta en: http://www.indret.com/pdf/667_es.pdf.

ALLENDE SALAZAR CORCHO, Rafael, "Confidencialidad de las comunicaciones abogado y cliente y eficacia de la labor inspectora: dos principios a la búsqueda de un equilibrio", en *Gaceta Jurídica de la Unión Europea y de la Competencia*, N° 7, Enero-Febrero 2009.

ALONSO GARCIA, Ricardo, "La aplicación de los artículos 85 y 86 del Tratado CEE por órganos administrativos y judiciales Españoles", en *Revista de Instituciones Europeas*, Volumen. 17, N° 2, 1990.

ALONSO SOTO, Ricardo; "Las Recientes Modificaciones de la Ley de Defensa de la Competencia. La Necesidad de la Reforma y las Principales Novedades", en *El Nuevo Derecho Comunitario y Español de la Competencia*, Directores BENEYTO PÉREZ-CERDÁ, José María; MAILLO GONZÁLEZ ORÚS, Jerónimo y OJEDA AGUIRRE, Marcelino, Editorial BOSCH, Barcelona, 2002.

ALONSO SOTO, Ricardo, "El interés público en la defensa de la competencia", en *La Modernización del Derecho de la Competencia en España y en la Unión Europea*, Directores MARTINEZ LAGE, Santiago y PETITBO, Juan, Marcial Pons, Madrid, 2005.

ALONSO SOTO, Ricardo, "Las relaciones entre los derechos comunitario europeo y español de la competencia", en *Tratado de Derecho de la Competencia. Unión Europea y España*, Directores BENEYTO PÉREZ-CERDÁ, José María; MAILLO GONZÁLEZ ORÚS, Jerónimo, Editorial Bosch, Madrid, 2005.

ALONSO SOTO, Ricardo; "Derecho de la Competencia", en *Lecciones de Derecho Mercantil*, Director MENENDEZ, Aurelio, Thomson Civitas, Madrid, 2006.

ALVAREZ GONZALEZ, Santiago, "Arbitraje comercial internacional, orden público y Derecho comunitario de la competencia", en *La Ley*, N° 4895, 1999.

AMATO, Giuliano, *Antitrust and the Bounds of Power. The dilemma of liberal democracy in the history of the market*, Hart Publishing, Oxford, 1997.

ANDREANGELI, Arianna, "The Impact of the Modernisation Regulation on the guarantees of due process in competition proceedings", en *European Law Review*, N° 3, 2006.

ANDREANGELI, Arianna, *EU Competition enforcement and human rights*, Edward Elgar Publishing, Cheltenham, 2008.

APPELDOORN, Jochen, "Are the Proposed Changes Compatible with Article 81 (3) E.C.?", en *European Competition Law Review*, N° 22, 2001.

ARBAUL y PEIRO, "The Commission's notice on inmunity and reduction from fines in cartel cases: building on success", en *Competition Policy Newsletter*, 2002.

ARIAS ESTEBAN, Isaác Gonzalo, "Aspectos a considerar para un efectivo intercambio de información tributaria", en *Manual CIAT para la Implementación y Práctica del Intercambio de Información para Fines Tributarios*, año XXVI, N° 159. El documento está disponible para consulta en: http://www.iefpa.org.ar/2011/criterios159/aspectosaconsiderar.pdf.

ARIÑO ORTIZ, Gaspar. *Principios de Derecho Público Económico*, Comares, Fundación de Estudios de Regulación, Tercera Edición, Granada, 2004.

ARMENGOL I GASULL, Oriol, "Las Decisiones sobre Compromisos del artículo 9 del Reglamento 1/2003", en *Remedios y Sanciones en el Derecho de la Competencia*, Directores MARTINEZ LAGE, Santiago y PETITBO JUAN, Amadeo, Marcial Pons, Madrid, 2008.

ARMENGOL I GASULL, Oriol y PASCUAL, Álvaro, "Some reflections on article 9 commitment decisions in the light of the Coca-Cola case", en *European Competition Law Review*, Volumen. 27, N° 3, 2006.

ARRIBAS HERNÁNDEZ, Alberto, "La experiencia judicial en la defensa de la competencia: Aplicación por los tribunales Españoles del Reglamento CE 1/2003", en *Cuadernos de Derecho Judicial*, N° 21, 2006.

ARRIBAS HERNANDEZ, Alberto, "La aplicación paralela por los jueces y las autoridades administrativas: posibles contradicciones y formas de evitarlas", en *El Derecho de la Competencia y los Jueces*, Directores MARTINEZ LAGE, Santiago y PETITBO, Juan, Marcial Pons, Madrid, 2007.

ARRIBAS HERNÁNDEZ, Alberto, *Comentario de la ley de defensa de la competencia*, Directores MASSAGUER, José, FOLGUERA, Jaime, SALA ARQUER, José Manuel y GUTIERREZ, Alfonso, Civitas, Madrid, 2008.

ARROYO APARICIO, Alicia, "Aplicación de la normativa protectora de la libre competencia: La STS (Sala primera) de 2 de Junio de 2000", en *Aranzadi Civil: Revista Doctrinal*, N° 3, 2001.

ARROYO APARICIO, Alicia, "la aplicación descentralizada de los artículos 81 y 82 del tratado CE según el Reglamento CE Num. 1/2003", en *Estudios de Derecho de la Competencia*, coordinadores FONT GALÁN, Juan Ignacio y PINO ABAD, Manuel, Marcial Pons, Madrid, 2005.

ASOCIACIÓN ESPAÑOLA DE DEFENSA DE LA COMPETENCIA, "Comentarios al Libro blanco de Daños de la Comisión europea", en *Gaceta Jurídica de la Unión Europea y de la Competencia*, N° 5, 2008.

ATWOOD, James, "The Arbitration Of International Antitrust Disputes A Status Report And Suggestions", en *Fordham Corporate Law Institute, International Antitrust Law & Policy*, 1994.

AUSTIN, Arthur, "Negative Effects of Treble Damage Actions: Reflections on the New Antitrust Strategy", en *Duke Law Journal*, 1978.

BAILÓN VALDOVINOS, Rosalío, *Teoría general del proceso y Derecho procesal civil: preguntas y respuestas*, Editorial Limusa, México, D.F, 2004.

BAKER, Donald. I, "Revisiting History—What Have We Learned About Private Antitrust Enforcement That We Would Recommend To Others?", en *Loyola Consumer Law Review*, N° 16, 2004.

BALLESTERO MOFFA, Luis Ángel, "La delimitación de las funciones normativa y administrativa en el orden comunitario, en particular, la decisión", en *Revista de Derecho Comunitario Europeo*, Año 5, N° 9, 2001.

BAÑO LEON, José María, *Potestades Administrativas y Garantías de las Empresas*, McGraw Hill e Interamericana de España S.A, Madrid, 1996.

BARENTS, Rene, *Directory of EC case Law on Competition*, Kluwer Law International, Alphen aan den Rijn, Holanda, 2007.

BASEDOW, Jurgen, "Who will protect competition in Europe? From central enforcement to authority networks and private litigation", en *European Business Organization Law Review*, N° 2, 2001.

BAUDENBACHER, Carl y HIGGINS, Imelda, "Decentralization of Ec Competition Law Enforcement and Arbitration", en *Columbia Journal of European Law*, Volumen 8, N° 1, 2002.

BAUDENBACHER, Carl, "Enforcement of EC and EEA Competition rules by arbitration tribunals inside and outsider the EU", en *European Competition Law Annual 2001: Effective private enforcement of EC Antitrust Law*, Editores EHLERMANN, Claus-Dieter y ATANASIU, Isabela, Oxford, Hart Publishing, 2003.

BECKER, Gary, "Crime and Punishment: An economic approach", en *The Journal of Political Economy*, Columbia University, 1968.

BECKER, Gary y STIGLER, George, "Law Enforcement, Malfeasance, and compensation of enforcers", en *Journal of Legal Studies*, N° 1, 1974.

BELLAMY, Christopher, CHILD, Graham y PICAÑOL, Enric, *Derecho de la competencia en el mercado común*, Civitas, Madrid, 1992.

BELLAMY, Christopher y CHILD, Graham, *Common Market Law of Competition*, Sweet & Maxwell, Londres, 1996.

BELLAMY, Christopher, CHILD, Graham, *European community law of competition*, sexta edición, editores ROTH, Peter, M. y ROSE, Vivien, Sweet & Maxwell, Londres, 2008.

BENAVIDES VELASCO, Patricia, "Aplicación de las normas de defensa de la competencia por la jurisdicción ordinaria. La competencia atribuida a los juzgados de lo mercantil", en *Estudios de Derecho de la Competencia*, coordinadores FONT GALÁN, Juan Ignacio y PINO ABAD, Manuel, Marcial Pons, Madrid, 2005.

Bibliografía

BENEYTO PEREZ, Jose Maria, "Hacia un nuevo Derecho de la Competencia, el Libro Blanco de la Comisión sobre modernización y Descentralización en la aplicación de los artículos 85 y 86", en *Gaceta Jurídica de la Unión Europea y de la Competencia*, N° 202, 1999.

BERENGUER FUSTER, Luis, "La Comisión completa el "paquete de modernización", en *Anuario de la Competencia*, N° 1, 2003.

BISHOP, Simon, "Modernisation of the rules implementing articles 81 y 82", en *European Competition Law Annual 2000: The Modernisation of Ec antitrust policy*, Editores EHLERMANN, Claus-Dieter y ATANASIU, Isabela, Hart Publishing, Oxford, 2001.

BISHOP, Simon y WALKER, Mike, *The Economics of EC Competition Law*, Sweet & Maxwell, Londres, 2002.

BLACK, John, HASHIMZADE, Nigar y MYLES, Gareth, *A Dictionary of Economics*, Oxford University Press, Nueva York, 2009.

BLAKE, Stephen y SCHNICHELS, Dominik, "Leniency following Modernisation: safeguarding Europe's leniency programmes", en *Competition Policy Newsletter*, N° 2, 2004. El documento está disponible para consulta en: http://ec.europa.eu/competition/públications/cpn/2004_2_7.pdf.

BLANKE, Gordon, "Defining the Limits of Scrutiny of Awards Based on Alleged Violations of European Competition Law: A Réplique to Denis Bensaude's 'Thalès Air Defence BV vs. GIE Euromissile'", en *Journal Of International Arbitration*, N° 23, 2006.

BLANKE, Gordon y NAZZINI, Renato, "Arbitration and ADR of Global Competition Disputes: Taking Stock (Part I)", Documento de trabajo, 2008. El documento está disponible para consulta en: http://www.sjberwin.com/Contents/Públications/pdf/140/Arbitration%20and%20ADR%20°f%20Global%20Competition%20Disputes%20-%20Taking%20Stock%20-%20Pa rt%201. Pdf.

BöGE, Ulf, "State imposed Restrictions of Competition and Competition Advocacy"en Challenges of Addressing State Imposed or Facilitated Restraints, ABA Spring Meeting, 29 de Marzo de 2006, Washington D.C. Pág. 2. El documento está disponible para consulta en: http://www.abanet.org/antitrust/at-committees/at-ic/pdf/spring/06/045.pdf.

BORCHARDT, Klaus-Dierter, *El ABC del Derecho Comunitario*, Oficina de públicaciones oficiales de las Comunidades Europeas, Bruselas, 2000. El documento está disponible para consulta en: http://ec.europa.eu/públications/booklets/eu_documentation/02/txt_es.pdf.

BORK, Robert, *The antitrust paradox: a policy at war with itself*, Basic Books, New York, 1978.

BRAMMER, Silke, "Concurrent Jurisdiction under Regulation 1/2003 and the Issue of Case Allocation", en *Common Market Law Review*, N° 42, 2005.

BRAMMER, Silke, *Co-operation Between National Competition agencies in the enforcement of EC Competition Law*, Hart Publishing, Oxford y Portland, Oregon, 2009.

BREIT, William y ELZINGA, Kenneth. G, "Antitrust Enforcement and Economic Efficiency – The Uneasy Case for Treble Damages", en *Journal of Law and Economics*, University of Chicago Press, N° 17, 1974.

BREIT, William y ELZINGA, Kenneth. G, *Antitrust Penalty Reform – An Economic Analysis*, American Enterprise Institute for Public Policy Research, Washington D.C, 1986.

BROKELMANN, Helmunt, "Conflictos y soluciones en la administración paralela administrativa y judicial", en *La Modernización del Derecho de la Competencia en España y la Unión Europea*, Directores MARTINEZ LAGE, Santiago y PETITBO, Juan, Marcial Pons, Madrid-Barcelona, 2005.

BROSETA PONT, Manuel, *Manual de Derecho Mercantil*, Director MARTINEZ SANZ, Fernando, Editorial Tecnos, Madrid, 2005.

BROWN, William y HOUCK, Stephen, "Arbitrating International Antitrust Disputes", en *Journal of International Arbitration*, 1998.

BRULARD, Yves y QUINTIN, Yves, "European Community Law and Arbitration: National versus Community Public Policy", en *Journal of International Arbitration*, N° 18, 2001.

BUCCIROSSI, Paolo, CIARI, Lorenzo, DUSO, Tomaso, SPAGNOLO, Giancarlo y VITALE, Cristiana, "Deterrence in Competition Law", Discussion Paper N° 285, presentado en la Governance and the Efficiency of Economic Systems, 2009. El documento está disponible para consulta en: http://www.sfbtr15.de/dipa/285.pdf.

BUCCIROSSI, Paolo, CIARI, Lorenzo, DUSO, Tomaso, SPAGNOLO, Giancarlo y VITALE, Cristiana, "Measuring the Deterrence Properties of Competition Policy: The Competition Policy Indexes", en *Journal of Competition Law & Economics*, Volumen. 7, N° 1.

BUCH, Michael, "Private antitrust litigation in Germany", en *The European Antitrust Review*, 2005.

BÜLBÜL, Asli, *Civil Law claims on the enforcement of competition rules: a comparative of US, EU and Turkish Laws*, Middle East Technical University, Ankara, 2006.

441

BULZONI, Christian, "Changes in the enforcement of EC Competition law", en *Derecho de la Competencia Europeo y Español*, Coordinadores ORTIZ BLANCO, Luis y MARTIN DE LAS MULAS BAEZA, Reyes, Editorial Dykinson, Madrid, 2008.

BURNSIDE, Alec y CROSSLEY, Helen, "Cooperative mechanisms within the EU: a blueprint for the future cooperation at the international level", en *International Trade Law & Regulation*, N° 10, 2004.

BURRICHTER, Jochem, "Modernization of EC Competition law: The application of article 81 (3) by national courts. Remarks from the point of view of a practitioner", en *European Competition Law Annual 2000: the modernization of EC antitrust policy*, Editores EHLERMANN, Claus-Dieter y ATANASIU, Isabela, Hart Publishing, Oxford, 2001.

BUXBAUM, Hannah, "Private enforcement of competition law in the United States - Of optimal deterrence and social cost", en *Private Enforcement of EC competition law*, Editor BASEDOW, Jurgen, Kluwer Law International, Alphen aan den Rijn, Holanda, 2007.

BUXBAUM, Hannah, "Competition in private enforcement of regulatory law", en *Economic Law as an Economic Good, Its Rule Function and its tool function in the competition of systems*, Editores MEESSEN, Karl, M., BUNGENBERG, Marc y PUTTLER, Adelheid, Sellier de Gruyter European Law Publishers, Berlin, New York, 2009.

CAFAGGI, Fabrizio, "The Great Transformation - Administrative and Judicial Enforcement in Consumer Protection: a Remedial Perspective", en *Loyola Consumer Law Review*, Volumen. 21, N° 4, 2009. El documento está disponible para consulta en: http://www.luc.edu/law/activities/públications/clr_vol21_issue4/vol21_issue4/Cafaggi_Web.pdf.

CALKINS, Stephen, "An Enforcement Official's Reflections on Antitrust Class Actions", en *Arizona Law Review*, N° 39, 1997.

CALVO CARAVACA, Alfonso-Luis, *Derecho Antitrust Europeo, Tomo I Parte General La Competencia*, Editorial Colex, Madrid, 2009.

CALVO CARAVACA, Alfonso-Luis y FERNANDEZ DE LA GANDARA, Luis, "Politica y Derecho de la Competencia en la CEE: Una aproximación", en *Revista General de Derecho*, N° 583, 1993.

CALVO CARAVACA, Alfonso-Luis y CARRASCOSA, Javier, "El Derecho Europeo de la Competencia: Objeto, fuentes y sistematica", en *Derecho Europeo de la Competencia*, Editores CALVO CARAVACA, Alfonso-Luis y BLANCO-MORALES LIMONES, Pilar, Editorial Colex, Madrid, 2000.

CALVO CARAVACA, Alfonso-Luis y CARRASCOSA, Javier, "Intervenciones del Estado y libre Competencia en la Unión Europea", Editorial Colex, Madrid, 2001.

CALVO CARAVACA, Alfonso-Luis y CARRASCOSA, Javier, *Mercado Único y libre competencia en la Unión Europea*, Editorial Colex, Madrid, 2003.

CALVO CARAVACA, Alfonso-Luis y RODRIGUEZ RODRIGO, Juliana, "Arbitraje y Derecho Europeo de la Competencia: Viejos problemas y nuevos dilemas", en *La Ley*, N° 4, 2005.

CALVO CARAVACA, Alfonso-Luis y CANEDO ARRILLAGA, María Pilar, "Casos escogidos de Derecho Antitrust Europeo", en Estudios de Deusto, Volumen. 56, N° 1, Enero-Junio 2008, 2008

CARLTON, Dennis y PERLOFF, Jeffrey, *Modern Industrial Organization*, Editorial Pearson/Addison Wesley, Mass, 2005.

CASTILLO DE LA TORRE, Fernando, "Decisiones de la Comisión Europea en materia de política de competencia ante los tribunales nacionales: la sentencia Masterfoods", en *Gaceta Jurídica de la Unión Europea y de la Competencia*, N° 213, 2001.

CASTRO-VILLACAÑAS PEREZ, Diego, "La aplicación privada del Derecho de la Competencia y los nuevos juzgados de lo Mercantil", en *Boletín Económico de Información Comercial Española (ICE)*, N° 2818, 4 al 10 de Octubre de 2004.

CASTRO-VILLACAÑAS PEREZ, Diego, "las autoridades de defensa. de la competencia como amicus curiae, una perspectiva internacional", en *Anuario de la Competencia*, 2007.

CAVANAGH, Edward, "Detrebling Antitrust Damages: An Idea Whose Time Has Come?", en *Tulane Law Review*, N° 61, 1987.

CAVANAGH, Edward, "Antitrust Remedies Revisited", en *Oregon Law Review*, N° 84, 2005.

CAYCEDO, Ana Margarita, "Política de defensa de la competencia y acuerdos entre empresas para invertir en I+D: análisis de incentivos", en *Revista Economía y Desarrollo de la Universidad Autónoma de Colombia*, Volumen. 3, N° 2, Septiembre de 2004.

CENGIZ, Firat, "Antitrust Damages Actions: Lessons from american indirect purchasers' Litigation", en *The International and Comparative Law Quarterly*, Volumen. 59, N° 1.

CHRISTOFOROU, Theofanis, "Protection of legal privilege in ECC competition law: The imperfections of a case", en *Fordham International Law Journal*, Volumen. 9, N° 1, 1985.

Bibliografía

COFFEE, John, "Rescuing the Private Attorney General: Why the Model of the Lawyer as Bounty Hunter is Not Working", en *Maryland Law Review*, N° 42, 1983.

COLLINS, Philip, "Public and Private Enforcement Challenges and Opportunities", discurso pronunciado en el Law Society's European Group, el 6 de junio de 2006. El documento está disponible para consulta en: www.oft.gov.uk/sharedoft /speeches/0306.pdf.

COLOMER HERNANDEZ, Ignacio, "La tutela judicial de la defensa de la competencia", en *Derecho de la Competencia. Estudios sobre la ley 15 de 2007, de 3 de Julio, de defensa de la competencia*, Directores PAREJO ALFONSO, Luciano y PALOMAR OLMEDA, Alberto, La Ley, Madrid, 2008.

CONCEPCIÓN RODRÍGUEZ, José Luis, GIMENO-BAYON COBOS, Rafael y RODRIGUEZ VEGA, Luis, "Coordinación entre los Tribunales, la Comisión y las Autoridades nacionales en la aplicación de los artículo 81 y 82 del TCE", en *Cuadernos de Derecho Judicial*, N° 17, 2004.

CONNOR, John M. y LANDE, Robert H., "How High do cartels raise prices? Implications for optimal cartel fines", en *Tulane Law Review*, N° 80, 2005.

COSCULLUELA MONTANER, Luis y LOPEZ BENITEZ, Mariano; *Derecho Público Económico*, Editorial Iustel, Madrid, 2007.

COSTAS COMESAÑA, Julio, "En torno al sistema español de aplicación compartida del Derecho de defensa de la competencia (Comentario a la STS de 2 de Junio de 2000), en *Actas de Derecho Industrial y Derechos de Autor*, Tomo 21, 2000.

COVA, Bruno, "The New Italian Antitrust act vis-à- vis EC competition law", en *European Competition Law Review*, N° 20, 1991.

COVER, Michael, "Arbitrating Competition Law Cases", en *Arbitration, The International Journal of Arbitration, Mediation and Dispute Management*, 2008.

CRAIG, Paul y DE BÚRCA, Gráinne, *EU Law. Text, cases and materials*, Cuarta Edición, Oxford University Press, Nueva York, 2008.

CRANE, David, "Private enforcement against international cartels in Latin America: a US Perspective", en *Competition law and policy in Latin America*, Hart Publishing, Oxford, 2009.

CREMADES, Bernardo María, "El arbitraje en la doctrina constitucional Española", en *Revista Internacional de Arbitraje*, Enero - Junio 2007.

CREUS CARRERAS, Antonio, "La privatización del Derecho de la competencia", en *Gaceta Jurídica de la Unión Europea y de la competencia*, N° 200, 1999.

CREUS CARRERAS, Antonio, *Código de Derecho de la Competencia*, La Ley, Madrid, 2006.

CREUS CARRERAS, Antonio y AMADOR PEÑATE, Olivia, "Procedimiento administrativo ante la Comisión Europea y control jurisdiccional del TJCE", en *Tratado de Derecho de la Competencia. Unión Europea y España*, Directores BENEYTO PÉREZ-CERDÁ, José María; MAILLO GONZÁLEZ ORÚS, Jerónimo, Editorial Bosch, Madrid, 2005, Tomo 2.

CREUS CARRERAS, Antonio y JULIÁ INSENSER, Josep María, "Arbitraje y Defensa de la Competencia", Documento de trabajo N° 27, Universidad San Pablo CEU. 2008.

CSERES, Katalin Judit, *Competition Law and Consumer Protection*, Kluwer Law International, La Haya, 2005.

DABBAH, Maher M., *International and comparative competition law*, Cambridge University Press, Nueva York, 2010.

DAM, Kenneth, "Class Actions: Efficiency, Compensation, Deterrence, and Conlict of Interest", en *The Journal of Legal Studies*, N° 4, 1975.

DAVIES, John y DAS, Manish, "Private Enforcement of Commission Commitment Decisions: A Steep Climb not a Gentle Stroll", en *Fordham International Law Journal*, Volumen. 29, N° 5, 2005. El documento está disponible para consulta en: http://ir.lawnet.fordham.edu/cgi/viewcontent.cgi?article=2023&context= ilj&sei-redir=1#search="memorando+/04/217+17+Septiembre+2004".

DE BROCA, Hubert, "The Commission revises its guidelines for setting fines in Antitrust cases", en *Competition Policy Newsletter*, 2006-3, Otoño 2006.

DE GROOT, Diederik, "The Impact of the Benetton Decision on International Commercial Arbitration", en *Journal of International Arbitration*, N° 20, 2003.

DE GROOT, Diederik, "Arbitration and the modernization of EC Competition Law", en *European Business Law Review*, Volumen.19, N° 1, 2008.

DE LA CRUZ FERRER, Juan, *Principios de Regulación Económica en la Unión Europea*, Instituto de Estudios Económicos, Madrid, 2002.

DE LA FUENTE, Marta y ECHARRI, Alberto, *Modelos de contratos internacionales*, Fundación Confemetal, Madrid, 1999.

443

DE LA ORDEN ORDATEGUI, Enrique, *"Análisis jurisprudencial del Tribunal de Justicia de las Comunidades Europeas en relación al concepto de efecto directo en las directivas"*, trabajo dirigido por PRATS JANÉ, Sergi, Universitat Abad Oliba CEU, 2009. El documento se encuentra disponible para consulta en: http://www.recercat.net/bitstream/2072/42438/1/TFC-DELAORDENSP-2009.pdf

DE LA VEGA GARCIA, Fernando, *Responsabilidad civil derivada del ilícito concurrencial, resarcimiento del daño causado al competidor*, Civitas, Madrid, 2001.

DE LA VEGA GARCIA, Fernando, "Responsabilidad civil de administradores y daños derivados de ilícitos concurrenciales", en *Revista de Derecho Mercantil*, N° 246, 2002.

DE LEON, Ignacio, "Manual para la Formación y Aplicación de las Leyes de Competencia", Documento de Trabajo presentado en la Conferencia de las Naciones Unidas para el Comercio y el Desarrollo (UNCTAD), 2002.

DEKEYSER, Kris y DALHEIMER, Dorothe, "Cooperation within the European Competition Network – Taking stock after 10 months of case practice", en *Antitrust Reform in Europe: a year in practice*, Editores LOWE, Philip y REYNOLDS, Michael, International Bar Association, Londres, 2005.

DEKEYSER, Kris y DE SMIJTER, Eddy, "The Exchange of evidence within the ECN and how it contributes to the European co-operation and co-ordination in cartel cases", en *Legal Issues of Economic Integration*, N° 32, 2005

DEKEYSER, Kris y JASPERS, Maria, "A New Era of ECN Cooperation", en *World Competition: Law and Economics Review*, Volumen. 30, N° 3.

DEMPEGIOTIS, Sotiris I, "EC competition law and international commercial arbitration in the light of EC Regulation 1/2003 – Conceptual conflicts, Common ground, and corresponding Legal Issues", en *Journal of International Arbitration*, N° 25, 2008.

DERAINS, Yves, "L'application du droit européen par les arbitres – analyse de la jurisprudence", en *L'arbitrage et le droit européen, Actes du Colloque International du CEPANI*, 25 de abril de 1997, Bruylant, Bruselas, 1997.

DERAINS, Yves, "Specific Issues arising in the enforcement of EC antitrust rule by arbitration courts", en *European Competition Law Annual 2001: Effective private enforcement of EC Antitrust Law*, Editores EHLERMANN, Claus-Dieter y ATANASIU, Isabela, Hart Publishing, Oxford, 2003

DIEZ ESTELLA, Fernando, "El Discussion Paper de la Comisión Europea: ¿reformas en la regulación del Artículo 82 del Tratado CE?", en *Gaceta Jurídica de la Unión Europea y de la Competencia*, N° 242, 2006. El documento está disponible para consulta en: http://www.nebrija.com/fundacionICOnebrija/documentos/ModernizacionArtículo82.pdf). El texto del Discussion paper disponible para consulta en: http://ec.europa.eu/competition/antitrust/art82/discpaper2005.pdf.

DIEZ ESTELLA, Fernando, "50 años de política antitrust comunitaria", en *Revista-Escuela de Administración de Negocios*, N° 59, Enero-Abril, 2007.

DIEZ MORENO, Fernando; *Manual de Derecho de la Unión Europea*, Thomson Civitas, Tercera Edición, Navarra, 2005.

DIEZ PICAZO, Ignacio, "Sobre algunas dificultades para la llamada "aplicación privada" de las normas de competencia en España", en *1987 – 2007. Una reflexión sobre la política de defensa de la competencia*, Libro Marrón, Círculo de Empresarios, Madrid 2008.

DOUGAN, Michael, "What is the point of Francovich?", en *European Unión Law for the Twenty-First Century. Rethinking the New Legal Order*, Volumen. 1, Hart Publishing, Oxford y Portland – Oregon, 2004.

DRAKE, Sara, "Scope of Courage and the principle of "individual liability" for damages: Further development of the principle of effective judicial protection by the Court of Justice", en *European Law Review*, N° 6, 2006.

DUCOR, Philipe, "Settlement of Competition conduct violations at the United States Antitrust Agencies and the Eruopean Commission-Stone Observations", en *2005 Proceedings of the Fordham Corporate Law Institute*, Editor HAWK, Barry E, Juris Publishing, Nueva York, 2006.

ECHARANDIO, Edorta, "La articulación en el proceso judicial español de los mecanismos de cooperación entre los jueces y las autoridades administrativas", en *El Derecho de la Competencia y los Jueces*, Directores MARTINEZ LAGE, Santiago y PETITBO, Juan, Marcial Pons, Madrid, 2007.

EDWARD, D. "Confidentiality and privilege in the ECC context", en *National Law Journal*, N° 128, 1978.

EEKHOFF, Johann y MOCH, Christiane, "Competition - The Core of a market economy", en *Competition Policy in Europe*, editor EEKHOFF, Johann, Springer, Berlin, 2004.

EHLERMANN, Claus-Dieter, "The contribution of EC competition policy to the singles market", en *Common Market Law Review*, Volumen.29, 1992.

EHLERMANN, Claus-Dieter, "The Modernization of EC Antitrust Policy: a legal and cultural revolution", en *Common Market Law Review*, Volumen. 37, N° 3, 2000.

EIZAGUIRRE, José María de, *Derecho Mercantil*, cuarta edición, Thomson Civitas, 2005.

ELZINGA, Kenneth y WOOD, William, "Legal System in Private Antitrust Enforcement", en *Private Antitrust Litigation: New Evidence, New Learning*, Editor WHITE, Lawrence, Cambridge MIT Press, Cambridge, 1988.

ENTRENA ROVERS, Jonathan, "Decisiones de compromisos del Reglamento 1/2003", en *Derecho de la Competencia Europeo y Español. Curso de iniciación*, Coordinadores ORTIZ BLANCO, Luis, y ENTRENA ROVERS, Jonathan, Editorial Dykinson, Madrid, Volumen. VII, 2007.

ESPINOSA CALABUIG, Rosario; "Derecho de la Competencia", en *Derecho del Comercio Internacional*, Editor ESPLUGUES MOTA, Carlos, Tirant Lo Blanch, Valencia, 2006.

ESTOA PEREZ, Abel, *El Control de las ayudas de Estado*, Editorial Iustel, Madrid, 2006.

ESTUPIÑAN CACERES, Rosalia, "El resarcimiento de daños y perjuicios derivados de ilícitos antitrust: problemática que plantea y posibles soluciones", en *Gaceta Jurídica de la Unión Europea y de la Competencia*, N° 230, 2004.

EZRACHI, Ariel, "From Courage v Crehan to the white paper – The changing landscape of European private enforcement and the possible implications for article 82 EC", en *Abuse Of dominant position : New interpretation, new enforcement, new mechanisms?*, Editores MACKENRODT, Mark-Oliver, CONDE GALLEGO, Beatriz y ENCHELMAIER, Stefan, Springer, Munich, 2008.

FERNANDEZ LOPEZ, Juan Manuel, "Aplicación jurisdiccional de los artículos 85.1 y 86 del TCEE y de las normas internas de competencia", en *Anuario de la Competencia*, 1997.

FERNANDEZ LOPEZ, Juan Manuel, "Los juzgados de lo mercantil ante el Derecho Comunitario de la Competencia", en *Anuario de la Competencia*, N° 1, 2003

FERNANDEZ LOPEZ, Juan Manuel, "Aplicación judicial de la LDC: Visión crítica", en *La Ley 15/2007 de Defensa de la Competencia. Reflexiones sobre las principales novedades*, Director FERNANDEZ LOPEZ, Juan Manuel, Instituto de Derecho y Ética Industrial, Madrid, 2008.

FERNANDEZ LOPEZ, Juan Manuel, "La Aplicación judicial en litigios privados", en *La Nueva Ley de Defensa de la Competencia. Análisis y comentarios*, Directores BENEYTO PÉREZ-CERDÁ, José María; MAILLO GONZÁLEZ ORÚS, Jerónimo, Coordinador ESPER, Mariano, Editorial Bosch, Madrid, 2009.

FERNANDEZ NAVARRETE, Donato; *Fundamentos Económicos de la Unión Europea*, Editorial Thomson, Madrid, 2007.

FERNANDEZ VICIEN, Cani, "La judicialización del Derecho comunitario de la competencia", en *Anuario de la Competencia*, N° 1, 2001.

FERNANDEZ VICIEN, Cani, "La Eficiencia Real del Derecho de la Competencia: la indemnización de los daños causados", en *La Modernización del Derecho de la Competencia en España y la Unión Europea*, Directores MARTINEZ LAGE, Santiago y PETITBO, Juan, Marcial Pons, Madrid-Barcelona, 2005.

FERNANDEZ VICIEN, Cani y GONZALEZ ESPEJO, Paloma, "Actions for damages base don EC competition law. New case law on direct applicability of articles 81 and 82 in Spanish civil courts", en *Int'l Business Law*, Volumen 31, N° 175, 2003.

FERRO, Miguel, "Committing to commitment decisions-unanswered questions on article 9 decisions", en *European Competition Law Review*, Volumen.26, N° 8.

FITZGERALD, Valpy, "Cooperación Tributaria Internacional y Movilidad de Capital", en *Revista de la Cepal*, N° 77, Agosto de 2002.

FLYNN, John y BUSH, Darren, "The misuse and abuse of the Tunney act: the adverse consequences of the Microsoft fallacies", en *Loyola University Chicago Law Journal*, N° 34, 2003.

FLYNT BLANCK, Pinkas; *Tratado de Defensa de la Libre competencia*, Fondo Editorial, Lima, 2002.

FORGOUX, Jean-Louis y DJAVADI, Leyla, "France, special report: private litigation", en *Global Competition Review*, Londres, 2005

FORRESTER, Ian, "The Modernisation of EC Antitrust Policy: Compatibility, Efficiency, Legal Security", en *European Competition Law Annual 2000: the modernisation of EC antitrust policy*, Editores EHLERMANN, Claus-Dieter y ATANASIU, Isabela, Oxford, Hart Publishing, 2001.

FORRESTER, Ian, S. y NORALL, Christopher, "The Laicization of Community Law: self help and the rule of reason: how competition law is and could be applied", en *Common Market Law Review*, Volumen. 21, N° 11, 1984.

FOX, Eleanor M, "The kaleidoscope of antitrust and its significance in the world economy: respecting differences", en *International Antitrust Law and Policy, 2001 Fordham Corporate Law Institute* (HAWK, Barry E), Juris Publishing, Nueva York, 2002

FRIEDMAN, David, "Efficient institutions for the private enforcement of law", en *Journal of legal studies*, N° 13, 1984.

FURSE, Mark, "The decision to Commit: some pointers from the US", en *European Competition Law Review*, Volumen. 25, N° 1, 2004.

FURSE, Mark, *Competition law of the EC and UK*, Oxford University Press, Nueva York, 2006.

FURSE, Mark y D'ARCY, Leo, "Eco Swiss China Time vs. Benetton: E.C. Competition law and arbitration", en *European Competition Law Review*, N° 7, 1999.

GAILLARD, Emmanuel, "Extent of Court Review of Public Policy", en la columna International Arbitration Law del *New York Law Journal*, Volumen 237, N° 65, 2007.

GAL, Michal. S, "Reality Bites (or bits): The Political economy of antitrust enforcement", en *International Antitrust Policy, 2001 Fordham Corporate Law Institute* (HAWK, Barry E), Juris Publishing, Nueva York, 2002.

GALAN CORONA, Eduardo, "Notas al Reglamento (CE) No. 1/2003 del Consejo, de 16 de Diciembre de 2002, para la aplicación de los artículos 81 y 82 del tratado de Roma", en *Revista de Derecho Comunitario Europeo*, Año 7, N°15, 2003.

GALAN CORONA, Eduardo, en *Tratado de Derecho de la Competencia. Unión europea y España*, Director BENEYTO PEREZ, José María, coordinador GONZALEZ-ORUS, Jerónimo, Tomo 1, Editorial Bosch, Barcelona, 2005.

GALAN JUAREZ, Mercedes, "Relación entre el Derecho nacional y el Derecho Comunitario de la Competencia", en *Curso de Derecho de la Competencia Europeo y Español*, Editor ORTIZ BLANCO, Luis, Volumen II, Universidad Rey Juan Carlos, 2000.

GARCÍA CACHAFEIRO, Fernando, "Hacia una política de clemencia en el derecho de la competencia español", en *Gaceta Jurídica de la Unión Europea y de la Competencia*, N° 227, 2003.

GARCÍA CACHAFEIRO, Fernando, "El giro norteamericano del Derecho antitrust comunitario: el artículo 81 del Tratado CE y el artículo 1 de la Sherman Act", en *Revista de Derecho Mercantil*, N° 256, 2005.

GARCÍA CACHAFEIRO, Fernando, "Los retos de la política de clemencia europea ante el incremento de las reclamaciones de daños y perjuicios por la infracción del derecho de la competencia", en *Actas de derecho industrial y derecho de autor*, Tomo 26, 2005-2006.

GARRIDO ESPÁ, Luis, "Los tribunales del orden civil y el Reglamento CE 1/2003 del Consejo, de 16 de Diciembre de 2002, relativo a la aplicación de las normas sobre competencia previstas en los arts. 81 y 82 del tratado constitutivo de la CE", en *La defensa de la competencia por los órganos judiciales: El Reglamento CE 1/2003*, Cuadernos de Derecho Judicial, Tomo XVII, CENDOJ, Madrid, 2005.

GARRIDO RUIZ, Fulgencio, "Novedades aportadas por el nuevo Reglamento n° 1/2003 relativo a la aplicación de las normas sobre competencia previstas en los artículos 81 y 82 CE", en *Gaceta Jurídica de la Unión Europea y de la Competencia*, N° 231, 2004.

GASPAR LERA, Silvia, *El Ámbito de Aplicación del Arbitraje*, Aranzadi, Pamplona, 1988.

GAUER, Celine, "Due Process in the face of divergent National Procedures and sanctions", paper presentado en la conferencia Antitrust Reform in Europe: A year in practice papers, organizada por la International Bar Association, Bruselas, 9 al 11 de Marzo de 2005. El documento está disponible para consulta en lengua original en: http://www.ibanet.org/Conferences/05_confs_antitrust_reform_in__Eu_A_year_in_Practice_papers.aspx

GAUER, Celine, DALHEIMER, Dorothe, KJOLBYE, Lars y DE SMIJTER, Eddy, "Regulation 1/2003: a modernized application of EC competition rules", en *Competition Policy Newsletter*, primavera 2003.

GAVRA, Ioanna, "Arbitration In The Context of EU Merger Control and Its Interface with Brussels I Regulation: A New Era For Arbitration In The EU Arena?",en *Global Antitrust Review*, Journal Issue 3, 2010.

GERADIN, Damien y HENRY, David, "The EC fining policy for violations of competition law: An empirical review of the Commission decisional practice and the Community courts' judgments", en *The Global Competition Law Centre Working Papers Series*, documento de trabajo 03/05, 2005.

GERBER, Davis, "Fairness in competition law: European and U.S. experience", Texto preparado para la presentación en la Conference on Fairness and Asian Competition Laws, Marzo 5 de 2004, Kyoto, Japón. El documento está disponible para consulta en: http://www.kyotogakuen.ac.jp/~o_ied/information/fairness_in_competition_law.pdf.

GERBER, David, "Private Enforcement of Competition Law: A Comparative Perspective", en *The Enforcement of Competition Law in Europe*, Editores MOLLER, Thomas, M.J y HEINEMANN, Andreas, Cambridge University Press, Cambridge, 2007.

GERBER, Davis y CASSINIS, Paolo, "The Modernisation of European community competition law.Achieving consistency in enforcement.Part 2", en *European Competition Law Review*, Volumen.27, N° 2, 2006. El documento está disponible para consulta en: http://papers.ssrn.com/sol3/papers.cfm?abstract_id=1647100.

GIFFORD, Daniel, "The Jurisprudence of Antitrust", en *Southern Methodist University Law Review*, N° 48, 1995.

GIL IBAÑEZ, José Luis, "La Comisión y la aplicación del Derecho Comunitario de la Competencia", en *La Defensa de la Competencia por los Órganos Judiciales: El Reglamento CE 1/2003*, Editor GARRIDO ESPÁ, Luis, Consejo General del Poder Judicial, Madrid, 2005.

GILLIAMS, Hans, "Modernisation: From Policy to Practice", en *European Law Review*, N° 4, 2003, N° 4, 2003.

GIPPINI-FOURNIER, Eric, "Legal Professional privilege in Competition Proceedings before the European Commission: Beyond the cursory Glance", en *Fordham International Law Journal*, Volumen. 28, Book 4, 2005.

GIRÓN LARRUCEA, José Antonio, *La Unión Europea, La Comunidad Europea y el Derecho Comunitario*, Universidad de Sevilla, Sevilla, 2002.

GIVAJA SANZ, Ángel y CABRERA MAQUEDA, Eduardo, "Desarrollos recientes en torno al programa comunitario de clemencia y su implantación en la nueva Ley de Defensa de la Competencia", en *Gaceta Jurídica de la Unión Europea y de la Competencia*, N° 246, 2006.

GOFF, Robert y JONES, Gareth, *The Law of Restituion*, Sweet & Maxwell, Londres, 2006.

GOLDSCHMID, Harvey, "Comment on the Policy Implications of the Georgetown Study, en *Private Antitrust Litigation: New Evidence, New Learning*, Editor WHITE, Lawrence, Cambridge MIT Press, Cambridge, 1988.

GÓMEZ JENE, Miguel, *El Arbitraje internacional en la Ley de Arbitraje de 2003*, Editorial Colex, Madrid, 2007.

GÓMEZ TRINIDAD, Silvia, *El Reglamento 1/2003 y la finalización del procedimiento de defensa de la competencia seguido ante la Comisión europea*, Marcial Pons, Barcelona, 2007.

GONZÁLEZ DE COSSÍO, Francisco, "Arbitrabilidad de la Competencia Economica", en *Revista del Club Español de Arbitraje*, N° 5, 2009. El documento está disponible para consulta en: http://www.clubarbitraje.com/files/docs/sar_05.pdf;

GONZALEZ DE COSSIO, Francisco, "Hacia una definición mexicana de orden público", Universidad Iberoamericana, Pág. 6. El documento está disponible para consulta en: http://www.camex.com.mx/nl36-cont.pdf.

GONZALEZ DEL RIO, Jose María, *El deportista profesional ante la extinción del contrato deportivo*, La Ley, Madrid, 2008.

GONZALEZ LOPEZ, María Jesús, "La aplicación privada de las normas de competencia en España y su regulación en la Ley 15/2007", en *Actas de Derecho Industrial*, N° 28, 2007-2008.

GONZALEZ-MONTES SANCHEZ, José Luis, "La acción de anulación del laudo en el proceso Español de arbitraje (Ley 60/2003 de 23 de Diciembre)", en *Estudios sobre el Arbitraje: Los temas claves*, La Ley, Madrid, 2008.

GONZALEZ-VARAS IBAÑEZ, Santiago; *Los Mercados de Interés General: Telecomunicaciones y Postales, Energéticos y de Transportes*, Editorial Comares, Granada, 2001.

GONZALO QUIROGA, Marta, "Arbitraje y Derecho de la Competencia", en *El Arbitraje en las Distintas Areas del Derecho*, Director COLLANTES GONZÁLEZ, Jorge Luis, Públicación del Estudio Mario Castillo Freyre, Primera Parte, Volumen 3, Palestra Editores e Universitat Abat Oliba CEU, Lima, 2007.

GORECKI, Paul, "The importance of cooperation between national competition agencies under Regulation 1/2003", ponencia realizada en la conferencia de la autoridad de competencia de Luxemburgo, Luxemburgo, 7 de Mayo de 2004.

GRAY, Margaret, LESTER, Maya, DARBON, Cerry, FACENNA, Gerry, BROWN, Christopher Y HOLMES, Elisa, *Eu Law Competition law: procedures and remedies*, Oxford University Press, Richmond, 2006.

GRONING, Jochem, "National Judges in a modernized Community law system. A special view to procedural aspects", en *European Competition Law Annual 2000: the modernisation of EC antitrust policy*, Editores EHLERMANN, Claus-Dieter y ATANASIU, Isabela, Oxford, Hart Publishing, 2001. El documento está disponible para consulta en: http://www.eui.eu/RSCAS/Research/Competition/2000/Groening_3.pdf.

GUARIN ARIZA, Alfonso, "Observaciones sobre el derecho procesal", en *Actualidad y Futuro del Derecho Procesal: Principios, reglas y pruebas*, Editor HERNÁNDEZ VILLARREAL, Gabriel, Editorial Universidad del Rosario, Bogotá, 2010.

GUSTAFSSON, Magnus, "Some Legal Implications Facing the Realisation of the Commission White Paper on Modernisation of EC Antitrust Procedure and the Role of National Courts in a Post-White Paper Era", en *Legal Issues of Economic Integration*, 2000.

GUTIERREZ, Inmaculada y PADILLA, Jorge; "Economía de la Competencia", en *Tratado de Derecho de la Competencia Unión Europea y España*, Director BENEYTO PÉREZ-CERDÁ, José María, Tomo 1, Editorial BOSCH, Barcelona, 2005

HALVERSON, James, "Arbitration and antitrust remedies", en *Arbitration Journal*, Volumen. 30, 1975.

HAMMOND, Scott, D, "Cornerstones of an effective leniency program", paper presentado con antelación al ICN Workshop on leniency programs, celebrado en Sídney Australia, los días 22 y 23 de Noviembre de 2004. El documento está disponible para consulta en lengua inglesa en: http://www.justice.gov/atr/public/speeches/206611.htm.

HAWK, Barry E, "Giuliano Amato, Antitrust and the Bounds of Power", en *Fordham International Law Journal*, Volumen.21, N° 4, 1997.

HERNANDEZ RODRIGUEZ, María del Mar, "El Arbitraje", en *Competencias de los juzgados de lo mercantil en materia concursal y "competencias añadidas" mercantiles (sociedades, competencia, publicidad, transporte, propiedad industrial, propiedad intelectual), etc.* SANJUAN Y MUÑOZ, Enrique (Coordinador); Tirant Lo Blanch, Valencia, 2008.

HERRERA CUEVAS, Edorta Josu, "De la competencia objetiva de los juzgados de lo mercantil", en *Diario La Ley*, N° 6192, D-41, 2005.

HERRERA CUEVAS, Edorta Josu, "Aspectos Procedimentales de la aplicación de los artículos 81 y 82 TCE por los jueces españoles, Estado de la cuestión", en *Gaceta Jurídica de la Unión Europea y de la Competencia*, N° 242, 2006.

HERRERO SUÁREZ, Carmen, "La aplicación privada del Derecho de la Competencia Europeo", en *Revista del Derecho de la Competencia y la distribución*, N° 2, 2008.

HILJEMARK, Linda, "Enforcement of EC Competition Law in National Corts—The perspective of Judicial Protection", en *Yearbook of European Law*, Volumen. 17, N° 1, 1997.

HOCHSTRASSER, Daniel, "Choise of Law and "Foreign" mandatory rules in international arbitration", en *Journal of International Arbitration*, Volumen 1, 1994.

HOLMES, Katherine, "The EC White Paper on Modernisation", en *Journal of World Competition*, N° 23, 2000.

HOLMES, Marjorie y LENNON, Paula, "Causation – The Route to Damages", en *European Competition Law Review*, Volumen 25, N° 8, 2004.

HOVENKAMP, H, *Federal Antitrust policy – the law of competition and its practice*, West Publishing, St Paul, Minn, 1999.

IDOT, Lawrence, " A necessary step towards common procedural standarts of implementation for articles 81 & 82 EC without the Network", en European Competition Law Annual 2002: Constructing the EU Network of Competition Authorities, Editores EHLERMANN, Claus-Dieter y ATANASIU, Isabela, Hart Publishing, Oxford, 2004

IDOT, Lawrence, "Arbitration and EC Law", en *International Business Law Journal*, N° 5, 1996.

IDOT, Lawrence, "L'arbitre et l'ordre public communautaire: prise de position de la Cour de Justice", en *Revue de l'arbitrage*, N° 3, 1999.

IDOT, Lawrence, "Arbitration and the reform of regulation 17/62", en *European Competition Law Annual 2001: Effective private enforcement of EC Antitrust Law*, Editores EHLERMANN, Claus-Dieter y ATANASIU, Isabela, Oxford, Hart Publishing, 2003

ILLESCAS ORTIZ, Rafael, "Derecho de la Competencia: La libre competencia", en *Derecho Mercantil II*, Coordinador JIMENEZ SANCHEZ, Guillermo, Ariel Derecho, Barcelona, 2009, III parte.

IMMENGA, Ulrigh; *El Mercado y el Derecho*, Universitat de Valencia, Valencia, 2001.

JACOBS, Francis, G y DEISENHOFER, Thomas, "Procedural aspects of the effective private enforcement of EC competition rules: A Community perspective", en *European Competition Law Annual 2001: Effective private enforcement of EC Antitrust Law*, Editores EHLERMANN, Claus-Dieter y ATANASIU, Isabela, Oxford, Hart Publishing, 2003.

JELEZTCHEVA, María, *Las Autoridades de Defensa de la Competencia. Los Estados Unidos y la Unión Europea. España y Bulgaria*, Tesis Doctoral, Universidad Complutense de Madrid, Madrid, 2007.

JIANG, Lijun, "Descentralization of EC Competition law: Reform of Regulation No. 17", en *International Journal of Humanities and social science*, Volumen. 1, N° 4, Abril de 2011. El documento está disponible para consulta en: http://www.ijhssnet.com/journals/Vol._1_No._4;_April_2011/30.pdf.

JIMENEZ LA TORRE, Fernando, "La Persecución de los carteles: Política de clemencia", documento para el primer seminario de Derecho y Economía de la Competencia, 30 de Noviembre de 2004, Madrid, 2004. El documento está disponible para consulta en: http://www.nera.com/extImage/La_persecucion_Jimenez_Nov_2004.pdf.

JONES, Alison y SUFRIN, Brenda, *EC Competition Law. Text, Cases and Materials*, Oxford University Press, Nueva York, 2008.

JONES, Clifford, "A New Dawn for Private Competition Law Remedies in Europe? Reflections from the U.S", en *European Competition Law Annual 2001: Effective private enforcement of EC Antitrust Law*, Editores EHLERMANN, Claus-Dieter y ATANASIU, Isabela, Oxford, Hart Publishing, 2003

JONES, Clifford, "Private Enforcement in Europe: A policy analysis and reality check", en *World Competition: Law and Economics Review*, Volumen. 27, N° 1, 2004

JOSHUA, Julian, "It's a Privilege: Managing legal privilege in multijurisdictional Antitrust Investigations", en *Competition Law Insight*, 11 de Diciembre de 2007

JOSHUA, Julian, "Leniency and enforcement: the carrot and stick – a view from Europe", discurso pronunciado en el International Bar Association, en Amsterdam, 2000.

JURGEN SACKER, Franz, "Legal foundations of competition law", en *Competition Law: European Community practice and Procedure*, Editores HIRSCH, Gunter; MONTAG, Frank y JURGEN SACKER, Franz, Sweet & Maxwell, Londres, 2008.

JURGEN SACKER, Franz, "The relationship between competition law and unfair competition law", en *Competition Law: European Community practice and Procedure*, Editores HIRSCH, Gunter; MONTAG, Frank y JURGEN SACKER, Franz, Sweet & Maxwell, Londres, 2008.

KERSE, Christopher Stephen, *EC Antitrust procedure*, Sweet & Maxwell, Londres, 1998.

KERSE, Christopher y KAHN, Nicholas, *EC Antitrust procedure*, Sweet & Maxwell, Londres, 2005.

KINGSTON, Suzanne, "New division of responsabilities in the proposed Regulation to modernize the rules implementing articles 81 and 82 EC? A warning call", en *European Competition Law Review*, N° 22, 2001.

KIRCHHOFF, Wolfang, "Centralised and Decentralised application of EC competition law in relation to national law", en *Competition Law: European Community practice and Procedure*, Editores HIRSCH, Gunter; MONTAG, Frank y JURGEN SACKER, Franz, Sweet & Maxwell, Londres, 2008.

KITZINGER, Uwe, W, *The Challenge of the Common Market*, B. Blackwell, Oxford, 1961.

KITZINGER, Uwe, W, *The Politics and Economics of European integration: Britain, Europe, and the United States*, Praeger, Nueva York, 1961.

KOLASKY, William, J; "What is competition? A comparison of U.S. and European perspectives",en *The Antitrust Bulletin*, 2004.

KOMNINOS, Assimakis, "Arbitration and the modernisation of European Competition Law Enforcement", en *World Competition*, Volumen 24, N° 2, 2001.

KOMNINOS, Assimakis, "New Prospects for Private Enforcement of EC Competition Law: Courage Vs. Crehan and the Community Right to Damages", en *Common Market Law Review*, Volumen. 39, N° 3, 2002.

KOMNINOS, Assimakis, "Assistance to arbitral tribunals in the application of EC competition law", en *European Competition Law Annual 2001: Effective private enforcement of EC Antitrust Law*, Editores EHLERMANN, Claus-Dieter y ATANASIU, Isabela, Oxford, Hart Publishing, 2003.

KOMNINOS, Assimakis, "Article 234 EC and National Competition Authorities in the era of decentralisation", en *European Law Review*, N° 1, 2004.

KOMNINOS, Assimakis, "Effect of Commission Decisions on private antitrust litigation: Setting the story straight", en *Common Market Law Review*, Volumen. 44, N° 5, 2007.

KOMNINOS, Assimakis, "Modernisation and Descentralisation: Retrospective and Prospective", en *EC Competition Law. A Critical Assessment*, Editores EHLERMANN, Claus-Dieter y AMATO, Giuliano, Hart Publishing, Oxford, 2007.

KOMNINOS, Assimakis, *EC Private Antitrust Enforcement: Decentralised Application of EC Competition Law by National Courts*, Hart Publishing, Oxford, 2008.

KOMNINOS, Assimakis, "Integrating public and private enforcement of competition law: Implications for courts and agencies", discurso pronunciado en el 16th Annual EU Competition Law and Policy Workshop, el 17 y 18 de junio de 2011.

KON, Stephen, "Article 85: A case for application by national courts", en *Common Market Law Review*, Volumen. 19, N° 4, 1982.

KORAH, Valentine, *Introduccion al Derecho y práctica de la competencia en la CEE*, Ariel Derecho, Barcelona, 1988.

KORAH, Valentine, *An introductory guide to EC Law and practice*, Hart Publishing, Oxford, 2004.

KORAH, Valentine, *An introductory guide to EC Law and practice*, Hart Publishing, Oxford y Portland, 2007.

KOVACIC, William y SHAPIRO, Carl; *Antitrust Policy: A Century of Economic and Legal Thinking*, Competition Policy Center. University of California, Berkeley. 1999. El documento está disponible para consulta en: http://escholarship.org/uc/item /5zb4g387#page-3.

KROES, Neelie, "Competition and Growth", discurso pronunciado en el OECD Global fórum on competition, el día 17 de Febrero de 2005 en Paris, discurso 05/98. Documento disponible para consulta en lengua inglesa en: http://europa.eu/rapid/pressReleasesAction.do?reference=SPEECH/05/98&format=HTML&aged=0&langu age=EN&guiLanguage=en.

KROES, Neelie, "European Competition Policy – Delivering Better Markets and Better Choices" discurso pronunciado en Londres el 15 de Septiembre de 2005 como parte del día europeo del consumidor y de la competencia, documento disponible para consulta en: http://ec.europa.eu/competition/speeches/text /sp2007_11_en.pdf

KROES, Neelie, "Enhancing actions for damages for breach of competition rules in Europe" discurso pronunciado en el Harvard Club, New York, 22 de Septiembre de 2005, discurso 05/533.

KROES, Neelie, "Member of the European Commission in charge of Competition Policy Preliminary Thoughts on Policy Review of Article 82", discurso pronunciado en el Fordham Corporate Law Institute, el día 23 de Septiembre de 2005 en Nueva York, discurso 05/537. Documento disponible para consulta en lengua inglesa en: http://europa.eu/rapid/pressReleasesAction.do?reference=SPEECH/05/537.

KROES, Neelie, "Damages actions for breaches of EU competition rules: realities and potentials" discurso pronunciado en la Cour de Cassation, Paris, 17 de Octubre de 2005, discurso 05/613. Documento disponible para consulta en: http://europa.eu/rapid/pressReleasesAction.do?reference=SPEECH/05/613&format=HTML&aged=0&lang uage=EN&guiLanguage=en respectivamente.

KROES, Neelie, "More Private Antitrust Enforcement Through Better Access to Damages – An Invitation for an Open Debate", discurso pronunciado el día 9 de Marzo de 2006 en Bruselas, Bélgica, discurso 06/158. Documento disponible para consulta en: http://europa.eu/rapid/pressReleasesAction.do?reference=SPEECH/06/158&format=HTML&aged=0&lang uage=EN&guiLanguage=en.

KROES, Neelie, Discurso pronunciado el 28 de Junio de 2006 referente a las Directrices 2006 sobre el cálculo de multas, IP/06/857, sumario disponible para consulta en: http://europa.eu/rapid/pressReleasesAction.do?reference=IP/06/857& format=HTML&aged=0&language=EN&guiLanguage=en.

KROES, Neelie, "Delivering on the crackdown: recent developments in the European Commission's campaign against cartels", discurso pronunciado en el 10th Annual Competition Conference at the European Institute, el día 13 de Octubre de 2006 en Fiesole, Italia, discurso 06/595. Documento disponible para consulta en lengua inglesa en: http://europa.eu/rapid/pressReleasesAction.do?reference=SPEECH/06/595&format=HTML&aged=1&lang uage=EN&guiLanguage=en.

KROES, Neelie, "The Competition Principle as a Guideline for Legislation and State Action – the Responsibility of Politicians and the Role of Competition Authorities", discurso pronunciado en el 12th International Conference on Competition, el día 6 de Junio del 2006 en Bonn, discurso 05/324. Documento disponible para consulta en lengua original en:

Bibliografía

http://europa.eu/rapid/pressReleasesAction.do?reference=SPEECH/05/324&format=HTML&aged=0&lang uage=EN&guiLanguage=en.

KROES, Neelie, "Fact-based competition policy – the contribution of sector inquiries to better regulation, priority setting and detection", discurso pronunciado en el 13th international conference on Competition y 14th European Competition day, del día 26 de Marzo de 2007 en Múnich, discurso 07/186. Documento disponible para consulta en lengua original en: http://europa.eu/rapid/pressReleasesAction.do?reference=SPEECH/07/186& format=HTML&aged=0&language=EN&guiLanguage=en.

KRUGMAN, Paul y WELLS, Robin; *Microeconomía*, Editorial Reverté, Barcelona, 2006.

KRUGMAN, Paul, WELLS, Robin y OLNEY, Martha, *Fundamentos de Economía*, Traductor PERES APILANEZ, Gotzone, Editorial Reverté, Barcelona, 2008.

LADDIE, Hugh, "Procedural issues related to private enforcement of EC antitrust rules: the case of England", en *European Competition Law Annual 2001: Effective private enforcement of EC Antitrust Law*, Editores EHLERMANN, Claus-Dieter y ATANASIU, Isabela, Oxford, Hart Publishing, 2003

LANDE, Robert H., "Five Myths about antitrust damages", en *University of San Francisco Law Review*, Volumen 40, 2004.

LANDE, Robert H. y DAVIS, Joshua P., "Benefits from Private antitrust enforcement: an analysis of forty cases", Research paper N° 2010-07, en *University of San Francisco Law Review*, N° 82, 2008.

LANDE, Robert H. y DAVIS, Joshua P., "Comparative Deterrence from Private Enforcement and Criminal Enforcement of the U.S. Antitrust Laws", Research paper N° 2010-08, 2010, el documento está disponible para consulta en: http://papers.ssrn.com/sol3/papers.cfm?abstract_id=1565693.

LANDOLT, Philip Louis, *Modernised EC competition law in international arbitration*, Kluwer Law International, La Haya, 2006.

LAZARI, Antonio, "Aplicación Judicial del Derecho Comunitario en España y en otros países de la Unión Europea", en *Revista Electrónica de estudios internacionales*, N° 12, 2006, Pág. 8, el documento está disponible para consulta en: http://www.reei.org/reei%2012/Cronica AplicacJudicialDerechoCE(reei12).pdf.).

LECCHI, Emanuela y COVER, Michael, "Arbitrating Competition Law Cases", en *Arbitration, The International Journal of Arbitration, Mediation and Dispute Management*, 2008.

LEÓN JIMÉNEZ, Rosario, "Los Derechos Fundamentales de las Empresas en el Procedimiento de Competencia Comunitario", en *Derecho de la Competencia Europeo y Español*, Coordinadores ORTIZ BLANCO, Luis y PASCUAL SEQUEROS, Adriana, Editorial Dykinson, Madrid, Volumen. III, 2002.

LEVIN, Richard y LAIRD, Gregory, "International Arbitration of Antitrust Claims", en *The Metropolitan Corporate Counsel*, Mayo 2003.

LEW, Julian, *Applicable law in international comercial arbitration*, Oceana, Sijthoff, 1978

LIPSEY, Richard y CHRYSTAL, Alec, *Principles of Economics*, Oxford University Press, Nueva York, 2007.

LOUIS, Jean-Victor, *El Ordenamiento jurídico comunitario*, Quinta Edición, Oficina de publicaciones oficiales de las comunidades europeas, Luxemburgo, 1995.

LOWE, Philip, "What's the future for cartel enforcement", discurso pronunciado en la conferencia Understanding Global Cartel Enforcement, Bruselas, 11 de Febrero de 2003, Pág. 3, el documento está disponible para consulta en lengua original en: http://ec.europa.eu/competition/speeches/text/sp2003_044_en.pdf.

LOWE, Philip, "The design of competition policy institutions for the Twenty-first Century: The experience of the Eruopean Commission and the Directorate-General for Competition", en *Competition Policy in the EU. Fifty years from the treaty of Rome*, editor VIVES, Xavier, Oxford University Press, Nueva York, 2009.

LUENGO HERNANDEZ DE MADRID, Gustavo, "Coexistencia de dos Derechos de la Competencia: la facultad de retirada de exención comunitaria por los Estados miembros", en *Derecho de la Competencia Europeo y Español*, Coordinadores ORTIZ BLANCO, Luis y PASCUAL SEQUEROS, Adriana, Editorial Dykinson, Madrid, Volumen. III, 2002.

LUGARD, Paul, "E.C. Competition Law and arbitration: Opposing principles?",en *European Competition Law Review*, N° 5, 1998

MACCULLOCH, Angus, "The privilege against self-incrimination in competition investigations: theoretical foundations and práctical implications", en *Legal Studies*, Volumen. 26, N° 2, Junio de 2006.

MACKENRODT, Mark-Oliver, "Private Incentive, Optimal Deterrence and Damage Claims under Article 82 EC – The Interaction between the Economic Review of the Prohibition of Abuses of Dominant Positions and Private Enforcement" en *Abuse Of dominant position : New interpretation, new enforcement,*

451

new mechanisms?, Editores MACKENRODT, Mark-Oliver, CONDE GALLEGO, Beatriz y ENCHELMAIER, Stefan, Springer, Munich, 2008.

MAILLO GONZÁLEZ ORÚS, Jerónimo, "Clemencia en el sistema español de defensa de la Competencia: una novedad esperada e importante", en *Revista Comunicaciones en Propiedad Intelectual y Derecho de la Competencia*, N° 48, Octubre-Diciembre de 2007.

MAMBRILLA RIVERA, Vicente, "Derecho europeo de la competencia", en *Derecho Europeo de la Competencia: Antitrust e intervenciones públicas*, Director VELASCO SAN PEDRO, Luis Antonio, Lex Nova, Valladolid, 2005.

MARCOS FRANCISCO, Diana, "La Ejecución del Laudo Arbitral de Consumo: ¿Cabe denegarla por Invalidez del Convenio Arbitral?", en *Revista Internacional de estudios sobre derecho procesal y arbitraje*, N° 2, 2009, Págs. 19 a 21, El documento está disponible para consulta en: http://www.riedpa.com/COMU/documentos/RIEDPA2091.pdf.

MARCOS, Francisco y SANCHEZ GRAELLS, Albert, "Damages for breach of the EC antitrust rules: harmonising Tort Law through the back door?",en *Indret: Revista para el análisis del Derecho*, N° 1, 2008, Págs. 9 y 10.El documento está disponible para consulta en: http://www.raco.cat/index.php/InDret/article/viewFile /77871/101726.

MARKERT, Kurt, "Some Legal Administrative problems of the coexistence of Community and National Competition Law in the ECC", en *Common Market Law Review*, N° 11.

MARQUIS, Mel, "Cartel Settlements and Commitment decisions", en *European Competition Law Annual 2008, Antitrust settlements under EC Competition Law*, Editores EHLERMANN, Claus-Dieter y MARQUIS, Mel, Hart Publishing, Orford y Portland, Oregon, 2010, Págs. XVII y siguientes. El documento se encuentra disponible para consulta en: http://papers.ssrn.com/sol3/papers.cfm?abstract_id=1657996.

MARTIN MATEO, Ramón; *El Marco Público de la Economía de Mercado*, Editorial Thomson-Aranzadi, Segunda Edición, Navarra, 2003.

MARTINEZ LAGE, Santiago, "La aplicación del Derecho de la Competencia por los tribunales ordinarios", en *Gaceta Jurídica de la Comunidad Europea y de la Competencia*, 1994.

MARTINEZ LAGE, Santiago, "Competencia y Arbitraje", en *Gaceta Jurídica de la Unión Europea y de la Competencia*, N° 214, 2001.

MARTÍNEZ LAGE, Santiago, "Cambio de cultura: aprobada, al fin, la reforma de las normas de aplicación de los artículos 81 y 82 CE", en *Gaceta Jurídica de la Unión Europea y de la Competencia*, N° 223, 2003.

MARTINEZ MULLERO, Victor, "Defensa de la Competencia y Daños", en *Revista de Derecho Mercantil*, N° 255, 2005

MARTINEZ-CARRASCO PIGNATELLI, José Miguel, "Los principios generales del Derecho Comunitario. En particular los principios de Efecto Directo y Primacía", en *Noticias de la Unión Europea*, N° 179, 1999

MASSAGUER FUENTES, José, *Comentario a la ley de competencia desleal*, Civitas, Madrid, 1999.

MASSEY, Patrick, "Reform of EC competition law: substance, procedure and institutions", en *Reform of EU competition law*, editor HAWK, Barry E, Juris públications, Nueva York, 2002.

McAFEE, R. Preston, MIALON, Hugo. M y MIALON, Sue. H, "Private v Public Antitrust Enforcement: A strategic analysis", en *Journal of Public Economics and Emory Public Law*, Enero de 2008. El documento está disponible para consulta en: http://userwww.service. emory.edu/~hmialon/StrategicPrivatePublic AntitrustEnforcement.pdf.

McCLELLAN, Anthony, "EC Situation", en *Competition and arbitration law*, ICC/Dossier of the Institute of International Business Law and Practice, 1993.

McCONNAUGHAY, Philip, "The Risks and Virtues of Lawlessness: a second look at international commercial arbitration", en *Northwestern University Law Review*, N° 93, 1999.

MEDINA GONZALES, Sara; "La Política de la Competencia", en *Políticas de la Unión Europea*, Director LINDE PANIAGUA, Enrique, Cuarta edición, Editorial Colex, Madrid, 2007.

MELLADO RUIZ, Lorenzo, "La Cuestión prejudicial comunitaria y su interposición por órganos administrativos nacionales", en *Panorama Jurídico de las Administraciones Públicas en el Siglo XXI*, Coedición del Instituto nacional de administración pública y el Boletín Oficial del Estado, Madrid, 2002.

MESTMäCKER, Ernst-Joachim, "The EC Commission's modernization of competition policy: a Challenge to the community's constitutional order", en *European Business Organization Law Review*, N° 1, 2000.

MIRANDA LONDOÑO, Alfonso. "El Derecho de la Competencia en Colombia", en *Revista de Derecho Económico*, N° 9. 1989.

MIRANDA SERRANO, Luis María, "La regla del minimis en la Ley 15/2007, de Defensa de la Competencia, y su Reglamento de desarrollo", en *Revista Derecho de los Negocios*, Volumen. 19, N° 216, 2008.

MONTAG, Frank, "The case for a reform of Regulation 17/1962: Problems and Possible Solutions from a practitioner's Point of View", en *1998 Proceedings of the Fordham Corporate Law Institute*, Editor HAWK, Barry, E, Juris Publishing, Nueva York, 1999.

MONTAG, Frank, y CAMERON, S, "Effective enforcement: The practitioner's view of recent experiences under Reg. 1/2003", paper presentado para la Conferencia "Antitrust reform in Europe: A year in practice", organizada de forma conjunta por el Colegio de Abogados Internacional y la Comisión Europea, Bruselas, 9 a 11 de Marzo de 2005.

MONTI, Mario, "EU Competition Policy After May 2004", discurso pronunciado en la Fordham Annual Conference on International Antitrust Law and Policy, el 24 de Octubre de 2003, en Nueva York, 2003, discurso 03/489, texto disponible para consulta en: http://europa.eu/rapid/pressReleasesAction.do?reference=SPEECH/03/489&format=HTML&aged=0&language=EN&guiLanguage=en.

MONTI, Mario, ponencia 04/403, "Private Litigation as a key complement to public enforcement of competition rules and the first conclusions on the implementation of the new merger regulation", discurso pronunciado en el 8th Annual Competition Conference, Fiesole, Italia, 17 de Septiembre de 2004. El documento está disponible para consulta en: http://europa.eu/rapid/pressReleasesAction.do?reference=SPEECH/04/403&format=HTML&aged=0&language=EN&guiLanguage=en.

MOODALIYAR, Kasturi, REARDON, James y THEUERKAUF, Sarah, "The relationship between public and private enforcement in competition law : a comparative analysis of South African, the European Unión, and Swiss law", en *South African Law Journal*, Volumen. 127, N° 1, 2010.

MORENO MOLINA, Ángel Manuel, "Aspectos Institucionales del Derecho de la Competencia", en *Derecho Europeo de la Competencia*, Editores CALVO CARAVACA, Alfonso-Luis y BLANCO-MORALES LIMONES, Pilar, Editorial Colex, Madrid, 2000.

MORENO-TAPIA RIVAS, Irene y FERNANDEZ VICIÉN, Cani, "Un paso adelante en la aplicación del Derecho Comunitario de la Competencia por los jueces Nacionales: El Asunto Courage", en *Indret: Revista para el análisis del Derecho*, N° 1, 2002. Pág. 10. Texto disponible para consulta en: http://www.indret.com/pdf/074_es.pdf.

MOTTA, Massimo, *Competition Policy. Theory and Practice*, Cambridge University Press, New York, 2004

MOURRE, Alexis, "Arbitraje y derecho de la competencia: un panorama desde la perspectiva europea", en *Revista Brasileira de arbitraje*, 2006.

MOURRE, Alexis y RADICATI DI BRONZOLO, Luca, "Towards finality of arbitral awards: two steps forward and one step back", en *Journal of International Arbitration*, Volumen. 23, N° 2, 2006.

MÜLLER, Felix, "The New Council Regulation (EC) No. 1/2003 on the Implementation of the Rules on Competition", en *German Law Journal*, Volumen 5, N° 6, 2004

MULLERAT BALMAÑA, Ramón, "El Arbitraje y el Derecho de la Competencia", en *Revista Derecho de los Negocios*, N° 248, 2011.

NAVARRO SUAY, María del Carmen; "La promulgación de la Sherman Act: Factores históricos, económicos y legislativos", en *Revista de derecho mercantil*, N° 253, 2004.

NAZZINI, Renato, *Concurrent proceedings in Competition Law procedure, evidence and remedies*, Oxford University Press, Oxford; Nueva York, 2004.

NAZZINI, Renato, "International arbitration and public enforcement of competition law", en *European Competition Law Review*, N° 3, 2004.

NAZZINI, Renato, "Parallel and Sequential Proceedings in Competition Law. An Essay on the Modes of Interaction between Community and National Law", en *European Business Law Review*, Volumen.16, N° 2, 2005.

NAZZINI, Renato y ANDENAS, Mads, "Awarding damages for breach of competition law in English courts-Crehan in the court of appeal", en *European Business Law Review*, Volumen.17, N° 4, 2006.

NEALE, Alan Derrett y GOYLE, D.G, *The Antitrust Laws of the United States of America. A Study of Competition Enforced by Law*, Cambridge University Press, Nueva York, 1980.

NEUMANN, Manfred; *Competition Policy: History, theory and practice*, Edward Elgar Publishing, Gran Bretaña, 2001.

NISSER, Carl y BLANKE, Gordon, "Reflections on the role of the European Commission as amicus curiae in international arbitration proceedings", en *European Competition Law Review*, Volumen. 27, N° 4.

NORBERG, Sven, "The co-operation between the national courts and the Commission in the application of EC competition rules", Ponencia realizada en la segunda conferencia organizada por la Association of European Competition Law Judges, Luxemburgo, 13 de Junio de 2003. El documento está disponible para consulta en: http://ec.europa.eu/competition/speeches/text/sp2003_060_en.pdf.

NORDSJO, Andreas, "Regulation 1/2003: Power of the Commission to adopt interim measures", en *European Competition Law Review*, Volumen. 27, N° 6, 2006.

O'DONOGHUE, Robert y PADILLA, Jorge, *The Law and economics of article 82 EC*, Hart Publishing, Oxford, 2006.

ODUDU, Okeoghene, "Res Judicata or supremacy? The binding force of article 249 EC", en *Cambridge Law Journal*, N° 66, 2007.

OLSEN, Gregory, "Enhancing Private Antitrust Litigation in the EU, en *Fall Antitrust*, N° 20, 2005.

ORCE CASADO, Marta; "El Arbitraje y la Modernización del Derecho de la Competencia", Documento de Trabajo B. Cremades y Asociados, Madrid, 2005. El documento está disponible para consulta en: http://www.docstoc.com/docs/3169796/El-Arbitraje-y-lamodernizaci%C3%B3n-del-Derecho-de-la-Competencia.

ORTIZ BAQUERO, Ingrid, *La aplicación privada del Derecho de la competencia. Los efectos civiles derivados de la infracción de las normas de libre competencia*, La Ley, Wolters Kluwer España, 2011.

ORTIZ BLANCO, Luis, *El Procedimiento en el Derecho de la Competencia Comunitario*, Volumen. II, Civitas, Madrid, 1994.

ORTIZ BLANCO, Luis; "La Autoridad Española de Defensa de la Competencia: Autoridad Única o Dual?", en *Estudios de Derecho de la Competencia*, Director FONT GALAN, Juan Ignacio, Marcial Pons, Madrid, 2005.

ORTIZ BLANCO, Luis y LEÓN JIMÉNEZ, Rosario, "Reforma Revolucionaria de la aplicación del Derecho de competencia comunitario: análisis y comentario", en *Derecho de la Competencia Europeo y Español*, Coordinadores ORTIZ BLANCO, Luis y LEÓN JIMÉNEZ, Rosario, Editorial Dykinson, Madrid, 2003.

PACE, Lorenzo Federico, *Derecho Europeo de la Competencia. Prohibiciones antitrust, control de concentraciones y procedimientos de aplicación*, Marcial Pons, Madrid, Barcelona, 2007.

PACE, Lorenzo Federico, *European Antitrust Law. Prohibitions, Merger Control and Procedures*, Edward Elgar Publishing, Cheltenham, 2007.

PADROS REIG, Carlos; "La Reforma del Sistema Español de Defensa de la Competencia. Un Nuevo Marco Institucional de la Defensa de la Competencia en España". Documento de Trabajo, Serie Política de la Competencia, Número 19/2006, Instituto Universitario de Estudios Europeos, CEU Ediciones, Pág. 34, 2006. Disponible en http://www.idee.ceu.es/access.php?file=/secure/docs/públicaciones/DocumentosTrabajo/docu%20 19_06%20%28final%29%20%28CPadr%F3s%29.pdf.

PAGONE, G. T, "Legal profesional privilege in the European Communities: The AM & s Case and Australian Law", en *International and comparative law Quarterly*, N° 33, 1984

PALAU, Felipe, *Comentario de la ley de defensa de la competencia*, Directores MASSAGUER, José, FOLGUERA, Jaime, SALA ARQUER, José Manuel y GUTIERREZ, Alfonso, Civitas, Madrid, 2008.

PALOMAR OLMEDA, Alberto, "Los Procedimientos administrativos en la Ley de Defensa de la Competencia", en *Derecho de la competencia. Estudios sobre la ley 15 de 2007, de 3 de Julio, de defensa de la competencia*, Directores PAREJO ALFONSO, Luciano y PALOMAR OLMEDA, Alberto, La Ley, Madrid, 2008.

PARADA VÁZQUEZ, Ramón, "El sistema garantizador del Derecho de Defensa de la Competencia", en *La Defensa de la Competencia por los Órganos Judiciales. El Reglamento CE 1/2003*, Director GARRIDO ESPÁ, Luis, Consejo General del Poder Judicial, Madrid, 2005.

PASCUAL Y VICENTE, Julio, "La nueva política comunitaria europea de control de conductas y su repercusión en España", en *Anuario de la Competencia*, N° 1, 2003.

PASTOR, Jaime Vicente; "La Política Comunitaria de la Competencia", en *Economía de la Unión Europea*, Director JORDAN GALDUF, Josep María, Thomson Civitas, Navarra, 2005.

PATE, R. Hewitt, Conferencia: "International anti-cartel enforcement", 2004 ICN Cartels Workshop, Sydney, 2004, el documento está disponible para consulta en http://www.usdoj.gov/atr/public /speeches/206428.pdf.

PATE, R. Hewitt, Conferencia: "Securing the benefits of global competition", Tokyo American Center, Tokyo, 2004, el documento está disponible para consulta en: http://www.usdoj.gov/atr/public /speeches /205389.pdf.

PAULIS, Emil, "Coherent Application of EC competition rules in a system of parallel competences", en *European Competition Law Annual 2000: the modernisation of EC antitrust policy*, Editores EHLERMANN, Claus-Dieter y ATANASIU, Isabela, Oxford, Hart Publishing, 2001.

PAULIS, Emil, "Policy Issues in the private enforcement of EC competition law", en *Private Enforcement of EC competition law*, Editor BASEDOW, Jurgen, Kluwer Law International, Alphen aan den Rijn, Holanda, 2007.

PAULIS, Emil y DE SMIJTER, Eddy, "Enhanced Enforcement of the EC Competition rules since 1 May 2004 by the Commission and the NCAs", paper presentado para la conferencia "Antitrust reform in Europe: A year in practice", organizada de forma conjunta por el Colegio de Abogados Internacional y la Comisión Europea, Bruselas, 9 a 11 de Marzo de 2005.

PAZ-ARES, Candido y ALFARO ÁGUILA-REAL, Jesús, "Artículo 38", en *Comentarios a la constitución española*. XXX aniversario, Directores CASAS BAAMONDE, María Emilia y RODRIGUEZ PIÑERO Y BRAVO-FERRER, Miguel, Fundación Wolters Kluwer, Madrid, 2008.

PELLISE, Cristina, "arbitrabilidad en Derecho de la Competencia en España", en *Anuario de Justicia Alternativa*, N° 7, 2007.

PELLISE, Cristina, "Las Conductas de menor importancia en la Ley 15/2007 de defensa de la competencia", *en Anuario de la Competencia 2007*, Madrid, 2008.

PEÑA CASTELLOT, Miguel Ángel, "Política sancionadora de la Comisión Europea en el ámbito de competencia desde la segunda mitad de la década de los años noventa", en *Derecho de la Competencia Europeo y Español*, Coordinadores ORTIZ BLANCO, Luis y PASCUAL SEQUEROS, Adriana, Editorial Dykinson, Madrid, Volumen. III, 2002.

PEÑA LOPEZ, Fernando, *La responsabilidad civil y la nulidad derivadas de la realización de un ilícito antitrust (aspectos procesales y sustantivos de las acciones civiles en el Derecho a la defensa de la competencia)*, Comares, Granada, 2002.

PEREZ AMARO, Celso, SAIZ ZORRILLA, Alejandro y JUARES CAVAZOS, Antonio, "La asimetría en la información en la defensa de la competencia", en *Sociedad, Desarrollo y Movilidad*, Editor NIETO MALPICA, Jorge, Universidad Autónoma de Tamaulipas, Ciudad Victoria, México, 2010.

PEREZ BERNABEU, Begoña, *Ayudas de Estado en la Jurisprudencia Comunitaria*, Tirant Lo Blanch, Valencia, 2008.

PEREZ BUSTAMANTE KOSTER, Jaime y PASSÁS OGALLAR, Juan, "Reclamaciones de daños y perjuicios derivados de la infracción de la normativa sobre competencia", en *La Ley 15/2007 de Defensa de la Competencia*. Jornada de estudio de la AEDC, Monografía 1/2008, Coordinador CREUS CARRERAS, Antonio, Madrid, 2008.

PEREZ DE ANTON, Francisco; *La Libre Empresa*, Unión Editorial, Madrid, 2006.

PETITBO JUAN, Amadeo y BERENGUER FUSTER, Luis, "La aplicación del Derecho de la Competencia por órganos jurisdiccionales y administrativos", en *Anuario de la Competencia*, N° 1, 1998.

PETITBO JUAN, Amadeo, "La Defensa de la Competencia en España a partir del artículo 38 de la Constitución Española", en *Economía Industrial*, N° 349-350, 2003.

PHEASAND, John, "Private antitrust damages in Europe: the policy debate and and judicial developments", en *Antitrust*, Volumen. 21.

PIRRUNG, Marc, "EU enlargement towards cartel paradise? An economic analysis of the reform of European competition law", en *Erasmus Law and Economics Review*, N° 1, 2004.

PITOSFSKY, Robert, "Arbitration and antitrust enforcement", en *Arbitration Journal*, N° 40, 1970

POLINSKY, Mitchell y SHAVELL, Steven, "The Economic Theory of Public Enforcement of Law", Documento de Trabajo N° 159, presentado en la Stanford Law School, John M. Olin Program in Law and Economics, 2000.

POLSTER, Stephan, "Access to cartel evidence as a key to enhanced private enforcement: The Austrian example", en *Chambers client report*, N° 25, 2008.

PONCET, Charles, *World Arbitration & Mediation Report*, Volumen. 17, N° 7, Julio de 2006.

POSNER, Richard, *Antitrust Law: An Economic Perspective*, University of Chicago Press, Chicago, 1976.

PROSPERETTI, Luigi, "Antitrust Damages in Europe: An Economic perspective", Paper presentado en la conferencia Antitrust between EC Law and national law, Treviso, 18 y 19 de Mayo de 2006, el documento está disponible para consulta en: http://www.lppartners.com/servizi/uploaded/Prosperetti%20Treviso%20final%20paper.pdf.

QUERUB PERELIS, Daniel, "Las ayudas públicas: el caso de la construcción naval", en *Derecho de la Competencia Europeo y Español*, Coordinadores ORTIZ BLANCO, Luis y PASCUAL SEQUEROS, Adriana, Editorial Dykinson, Madrid, Volumen. III, 2002.

QUINTANA CARLO, Ignacio, "La aplicación de las reglas de la competencia del Tratado de Roma a la fijación de tarifas en los transportes aéreos (comentario a la sentencia del TJCE de 30 de Abril de 1986, Nouvelles Frontieres), en *Revista de Instituciones Europeas*, Volumen. 15, N° 1, 1988.

QUINTIN, Yves, "European Community Law and Arbitration: National versus Community Public Policy", en *Journal of International Arbitration*, N° 18, 2001.

RAMSAUER, Thomas, "Just Another Brick?, El Tribunal Europeo de Justicia, entre el Derecho de la Competencia Europeo y la propiedad intelectual (IMS Health contra NDC Health, 29 de Abril de 2004)", en *Boletín de Derecho de Autor de la UNESCO*, Abril a Junio de 2004, 2004, el documento está disponible para   consulta   en: http://portal.unesco.org/culture/es/files/21970/11515088851t_ramsauer_s.pdf/t_ramsauer_s.pdf.

REICH, Norbert, "The Courage Doctrine: Encouraging or discouraging compensation for antitrust injuries", en *Common Market Law Review*, N° 42, 2005.

REICH, Norbert, "Horizontal liability in EC law: Hybridization of remedies for compensation in case of breaches of EC rights", en *Common Market Law Review*, Volumen 44, N° 3, 2007.

REICHELT, Daniel, "To what extent does the co-operation within the European Competition network protect the Rights of undertakings?",en *Common Market Law Review*, N° 42, 2005.

REISMAN, W. Michael, CRAIG, W. Lawrence, PARK, William, PAULSSON, Jan, *International Commercial Arbitration Cases, Materials and Notes on the Resolution of the Business Disputes*, The Foundation Press, New Haven, 1997.

REMÓN PEÑALVER, Jesús, "Sobre la anulación del laudo: el marco general y algunos problemas", en *Indret: Revista para el análisis del Derecho*, N° 3, 2007. El documento está disponible para consulta en: http://www.indret.com/pdf/444_es.pdf.

REYNOLDS, Michael y MANSFIELD, Philip, "Complaining to the Commission", en *European Counsel*, N° 34, 1997.

RICHARDSON, Rusell, "Guidance without guidance – a European revolution in fining policy? The Commission's new guidelines on fines", en *European Competition Law Review*, Volumen.20, N° 7, 1999.

RILEY, Alan, "EC Antitrust Modernisation: The Commission Does Very Nicely – Thank You! Part One: Regulation 1 and the Notification Burden", en *European Competition Law Review*, 2003.

RILEY, Alan, "EC Antitrust Modernization: The Commission Does Very Nicely – Thank You! Part Two: Between the idea and the reality: descentralization under regulation 1", en *European Competition Law Review*, N° 24, 2003.

RINCON GARCIA LOYGORRI, Alfonso, "La Arbitrabilidad del Derecho de la Competencia: Especial Referencia a la normativa de la Unión Europea", en *Unión Europea Aranzadi*, N° 7, 2004.

RITTER, Lennart y BRAUN, David, *European Competition Law, A Practitioner's Guide*, Tercera Edicion, Kluwer Law International, La Haya, 2004.

RIVAS, José y BRANTON, Jonathan, "Developments in EC competition law in 2002: an overview", en *Common Market Law Review*, volumen. 40, N° 5, 2003.

RODGER, Barry y MAcCULLOCH, Angus, "Community Competition Law, Enforcement Deregulation and Re-regulation: the Commission, National Authorities and Private Enforcement", en *Columbia Journal of European Law*, N° 4, 1998.

RODRIGUEZ DIAZ, Isabel, "El ilícito antitrust como ilícito desleal. El resarcimiento de daños y perjuicios", en *Gaceta Jurídica de la Unión Europea y de la Competencia*, N° 228, Noviembre/Diciembre 2003.

RODRIGUEZ SASTRE, Iñigo, "Ley 15/2007, de 3 de Julio, de Defensa de la Competencia. Artículo 16. Cooperación con los órganos jurisdiccionales", en *Derecho Español de la Competencia: Comentarios a la ley 15/2007, Real decreto 261/2008 y ley 1/2002*, Director ODRIOZOLA ALEN, Miguel, Coordinadora IRISSARRY, Belén, Editorial Bosch, Barcelona, 2008.

RODRIGUEZ-IZQUIERDO SERRANO, Miryam, "Condiciones de interpretación para las disposiciones procedimentales estatales en la aplicación del Derecho europeo: primacía, efectos colaterales, efecto mariposa", Ponencia de 5 de Febrero de 2010 en el VIII congreso de la asociación Constitucionalista de   España,   texto   disponible   para   consulta   en: http://www.acoes.es/congresoVIII/documentos/MRIS_ACE_SanSebastian0110.pdf.

ROGERS, Catherine. A y LANDI, Niccolò, "Arbitration of Antitrust Claims in the United States and Europe", documento de trabajo del Bocconi University Institute of Comparative Law "Angelo Sraffa" (I.D.C.C) Legal Studies Research Paper Series, N° 07-01, Concorrenza e Mercato, 2007.

ROSOCHOWICZ, Patricia Hanh, "The Appropiateness of Criminal Sanctions in the Enforcement of Competition Law", en *European Competition Law Review*, Volumen. 25, N° 12, 2004.

ROSOCHOWICZ, Patricia Hanh, "Deterrence and the Relationship Between Public and Private Enforcement of Competition Law", en *European Competition Law Review*, Volumen. 25, N° 12, 2005.

RUIZ DE VELASCO Y DEL VALLE, Adolfo, *Manual de Derecho Mercantil*, Universidad Pontificia Comillas, Madrid, 2007.

RUIZ PERIS, Juan Ignacio, "Los órganos de defensa de la competencia como amicus curiae", en *Revista Derecho de los Negocios*, Año 18, N° 206, 2007

SAINZ MORENO, Fernando, "Orden Público Económico y restricciones de la competencia", en *Revista de Administración Pública*, N° 84, 1977.

SAMUELSON, Paul A. y NORDHAUS, William; *Microeconomía*, Decimoctava Edición, Editorial McGraw Hill, Madrid, 2006.

SANCHEZ GRAELLS, Albert, "Damages for breach of the EC antitrust rules: harmonising Tort Law through the back door?, en *Indret: Revista para el análisis del Derecho*, N° 1, 2008.

SANCHO GARGALLO, Ignacio, "Ejercicio privado de las acciones basadas en el Derecho comunitario y Nacional de Competencia", en *Indret: Revista para el análisis del Derecho*, N°1, 2009. El documento está disponible para consulta en: http://www.indret.com/pdf/619_es.pdf.

SANZ PEREZ, Gonzalo, "Perspectivas en la aplicación del derecho comunitario de la competencia por los órganos jurisdiccionales nacionales", en *Derecho de la Competencia Europeo y Español: curso de iniciación*, coordinadores ORTIZ BLANCO, Luis y ENTRENA ROVERS, Jonathan, Editorial Dykinson, Madrid, Volumen. VII

SASTRE, Iñigo, "Ley 15/2007, de 3 de Julio, de Defensa de la Competencia. Disposición Adicional primera. De los juzgados de lo mercantil", en *Derecho Español de la Competencia: Comentarios a la ley 15/2007, Real decreto 261/2008 y ley 1/2002*, Director ODRIOZOLA ALEN, Miguel, Coordinadora IRISSARRY, Belén, Editorial Bosch, Barcelona, 2008.

SCHAUB, Alexander, "Continued focus on reform - Recent developments in EC competition policy", pronunciado en Nueva York, el 25 de Octubre de 2001, en el Fordham Corporate Law Institute - Twenty-eighth Annual Conference On International Antitrust Law and Policy, texto disponible para consulta en lengua original en: http://ec.europa.eu/competition/speeches/text/sp2001_031_en.pdf.

SCHAUB, Alexander, "EC competition System – Proposals for reform", en *Fordham International Law Journal*, N° 22, 1999.

SCHAUB, Alexander, "Modernisation of EC Competition Law: Reform of Regulation No. 17", en *1999 Proceedings of the Fordham Corporate Law Institute*, Editor HAWK, Barry E, Juris Publishing, Nueva York, 2000

SCHAUB, Alexander, "The reform of Regulation 17/1962: The issues of compatibility, effective enforcement and legal certainty", en *European Competition Law Annual 2000: the modernisation of EC antitrust policy*, Editores EHLERMANN, Claus-Dieter y ATANASIU, Isabela, Oxford, Hart Publishing, 2001.

SCHEPEL, Harm, "The Enforcement of EC Law in Contractual Relations: Case Studies in How Not to 'Constitutionalize' Private Law", en *European Review of Private Law*, N° 12, 2004.

SCHERER, Frederic, M. y ROSS, David R, *Industrial Market Structure and Economic Performance*, Houghton Mifflin, Boston, 1990.

SCHINKEL, Maarten Pieter, "Effective Cartel Enforcement in Europe", Amsterdam Center for Law & Economics Working Paper No. 2006-14; en *World Competition: Law and Economics Review*, Volumen. 30, 2007.

SCHINKEL, Maarten Pieter y RUGGEBERG, Jakob, "Consolidating Antitrust Damages in Europe: A Proposal for Standing in Line With Efficient Private Enforcement", en *World Competition: Law and Economics Review*, Volumen 29, N° 3, 2006.

SCHMIDT, Hedvig, "Private Enforcement – is Article 82 EC special?", en *Abuse of Dominant Position: New Interpretation, New Enforcement Mechanisms?*, Editores MACKENRODT, Mark-Oliver, CONDE GALLEGO, Beatriz y ENCHELMAIER, Stefan, Editorial Springer, Munich, 2008.

SCHMITTHOFF, Clive Macmillan, "Arbitration and EEC Law", en *Common Market Law Review*, N° 143, 1987.

SCHUMAN, Robert, "Modernization of European Competition Law as a Form of Convergence", en *Jean Monnet/Robert Schuman Paper Series*, Volumen.4, N° 6, 2004.

SCHWEITZER, Heike, "Commitment decisions under Art. 9 of Regulation 1/2003: The developing EC practice and case law", documento de trabajo presentado en el EUI Law, N° 22, 2008.

SEGAL, Ilya. R y WHINSTON Michael, "Public vs private enforcement of antitrust law: A Survey", Working paper N° 335, 2006. El documento está disponible para consulta en: http://papers.ssrn.com/sol3/papers. cfm?abstract id=952067.

SEGURA SÁNCHEZ, Julio, "La Política de Defensa de la Competencia: Objetivos, Fundamentos y Marco Institucional", en *Ekonomiaz: Revista Vasca de Economía*, N° 61, 2006.

SINCLAIR, Alisa y ASHTON, David, "Private Enforcement of Community competition law: modernisation and the road ahead", en *Competition Policy Newsletter*, N° 2, 2004.

SIQUEIROS, José Luis, "El Orden Público como motivo para denegar el reconocimiento y la ejecución de laudos arbitrales internacionales", Documento de trabajo Universidad Iberoamericana, Puebla. El documento está disponible para consulta en: http://www.juridicas.unam.mx/pública/librev/rev/jurid/cont /32/pr/pr4.pdf.

SIRAGUSA, Mario, "A critical review of the white paper on the reform of the EC Competition Law Enforcement rules", en *1999 Proceedings of the Fordham Corporate Law Institute*, Editor HAWK, Barry, E, Juris Publishing, Nueva York, 2000.

SIRAGUSA, Mario y SCASSELLATI-SFORZTINE, Giuseppe, "Italian and EC Competition Law: a new relationship – reciprocal exclusivity and common principles", en *Common Market Law Review*, N° 93, 1993.

SLOT, Piet Jan, "The Enforcement of EC Competition Law in arbitral preoceedings", en *Legal issues of European integration*, N° 1, 1996

SNYDER, Edward y KAUPER, Thomas, "Misuse of the Antitrust Laws: The Competitor Plaintiff", en *Michigan Law Review*, N° 90, 1991.

SNYDER, Edward y KAUPER, Thomas, "Private Antitrust Cases That Follow Government Cases", en *Private Antitrust Litigation: New Evidence, New Learning*, Editor WHITE, Lawrence, Cambridge MIT Press, Cambridge, 1988.

SORIANO GARCÍA, José Eugenio, *Derecho Público de la Competencia*, Delco: Instituto de Estudios del Libre Comercio, Marcial Pons Ediciones Jurídicas y Sociales, Madrid, 1998.

SORIANO GARCÍA, José Eugenio; *La Defensa de la Competencia en España*, Editorial Iustel, Madrid, 2007.

SOROS, George, Globalización, Editorial Planeta, Barcelona, 2002.

SOTO PINEDA, Jesús Alfonso, "Aproximación a la implementación de los programas de clemencia como instrumentos del Derecho de la competencia", en *Con (Textos)*, N° 3, 2010.

STEWARD, Stephen y VAUGHAN, David, "Does legal profesional privilege exist in the ECC?", en *Law Society Gazette*, N° 1207, 1975.

STUYCK, Jules, "Case Note: ECJ-Courage v Crehan", en *European Review of Contract Law*, N° 2, 2005.

STYLOPOULOS, Epameinondas, "Powers and Duties of arbitrators in the application of competition law", en *European Competition Law Review*, N° 3, 2009.

SUDEROW, Julia, "Nota sobre la sentencia del TJCE Akzo Nobel y otros de 14 de Septiembre de 2010: límites al privilegio legal de las comunicaciones entre abogados y sus clientes", en Cuadernos *de Derecho Transnacional*, Volumen. 3, N° 1, Marzo 2011, 2011.

SULLIVAN, Charles. A, "Breaking Up the Treble Play: Attacks on the Private Treble Damage Antitrust Action", en *Seton Hall Law Review*, N° 14, 1983.

SULLIVAN, Thomas y HOVENKAMP, Herbert, *Antitrust Law, Policy and Procedure: Cases, Materials, Problems*, Lexis Nexis, Newark, San Francisco, Charlottesville, 2003.

TANDEAU DE MARSAC, Maitre Xavier, "Professional Privilege (confidentiality)", en *International Bar Journal*, Noviembre de 1976.

TAPIA FERNANDEZ, Isabel, *La Cosa Juzgada. (Estudio de Jurisprudencia civil)*, Editorial Dykinson, Madrid, 2010.

TAPIA FERNÁNDEZ, Isabel, *Lecciones de Derecho Procesal*, Universitat de les Illes Balears, Palma de Mallorca, 2010.

TEMPLE LANG, John, "Comment during panel discussions on international arbitration", en *Fordham Corporate Law Institute*, International Antitrust Law & Policy, 1994.

TEMPLE LANG, John, "Decentralised Application of Community Competition Law", en *Modernisation and Decentralisation of EC Competition Law (European Business law and practice series)*, editores RIVAS, Jose y HORSPOOL, Margot, Kluwer Law International, La Haya, 2000.

THOMPSON, Jake, "Merger gives offutt role on information battlefield", en *Omaha World-Herald*, 7 de Julio 7 de 2002.

TIERNO CENTELLA, María Luisa y PEÑA CASTELLOT, Miguel Ángel; "La Comunicación sobre la dispensa del pago de las multas y la reducción de su importe en caso de cártel", en *Gaceta Jurídica*, N° 220, Alcobendas (Madrid), 2002.

TIROLE, Jean, *Teoría de la Organización Industrial*, Ariel Derecho,Barcelona, 1990.

TISSOT-FAVRE, Anna y SAKKERS, Edwoud, "What Kind of Sanctions? A Perspective from the European Commission", en *Current Developments in European and International Competition Law, 16Th St. Gallen International Competition Law Forum ICF 2009,* Editor BAUDENBACHER, Carl, Helbing Lichtenhahn, Basilea, 2010.

TOWNLEY, Christopher, *Article 81 EC and Public Policy,* Hart Publishing, Oxford y Portland, Oregon, 2009.

TWEEDDALE, Karen y Andres, *Arbitration of commercial disputes. International and English Law practice,* Oxford University Press, Oxford, 2005.

URIA FERNANDEZ, Francisco, "Las consecuencias jurídico privadas de las conductas contrarias a la Ley de Defensa de la Competencia, aportaciones de la ley 52/1999, de 28 de Diciembre, de reforma de la ley de defensa de la competencia", en *Anuario de la Competencia,* N° 1, 1999.

VALENTINE, Debra A, "Prepared Remarks for the Pacific Economic Competition Council", Conferencia on Trade and Competition Policy, Montreal, Mayo 13 y 14 de 2003.

VAN BAEL, Ivo & BELLIS, Jean-François, *Competition Law of the European Community,* Kluwer Law International, Alphen aan den Rijn, Holanda, 2010.

VAN BARLINGEN, Bertus y BARENNES, Marc, "The European Commission's 2002 Leniency Notice in practice", en *Competition Policy Newsletter,* N° 3, 2005.

VAN BARLINGEN, Bertus, "The European Commission's 2002 Leniency Notice after one year of operation", en *Competition Policy Newsletter,* N° 2, 2003.

VAN BOOM, Willem y LOOS, Marcos, "Effective Enforcement of Consumer Law in Europe: Synchronizing Private, Public, and Collective Mechanisms", Research Paper, en *Social Science Research Network,* 2008, Págs. 5 y 6, el documento está disponible para consulta en: http://ssrn.com/abstract=1082913.

VAN DER BERGH, Roger y CAMESASCA, Peter. D, *European Competition Law and Economics: a comparative perspective,* Intersentia-Hart, Antwerpen, 2001.

VAN DER BERGH, Roger y KESKE, Sonja, "Private Enforcement of competition law: Quo Vadis?",en *European Review of Contract Law,* Volumen 3, N° 4, 2007.

VAN DER WOUDE, Michael, "Exchange of Information within the European Competition Network: Scope and Limits", en *European Competition Law Annual 2002: Constructing the EU Network of Competition Authorities,* Editores EHLERMANN, Claus-Dieter y ATANASIU, Isabela, Hart Publishing, Oxford, 2004.

VAN DER WOUDE, Michael, "The modernization paradox: Controlled descentralization", paper presentado en el seminario Europeanisation of National Systems en el International Bar Association 10 Annual advanced Competition Law Conference, Bruselas, 6 y 7 de Noviembre de 2003.

VAN GERVEN, Gerwin, " The application of article 81 in the new Europe", en *2003 Proceedings of the Fordham Corporate Law Institute,* Editor HAWK, Barry, E, Juris Publishing, Nueva York, 2004.

VAN GERVEN, Walter, "Substantive remedies for the private enforcement of EC antitrust rules before national courts", en *European Competition Law Annual 2001: Effective private enforcement of EC Antitrust Law,* Editores EHLERMANN, Claus-Dieter y ATANASIU, Isabela, Oxford, Hart Publishing, 2003.

VAN GERVEN, Walter, "Crehan and the way ahead", en *European Business Law Review,* N° 17, 2006.

VAN GERVEN, Yves, "Regulation 1/2003: Inspections ("Dawn Raids") and the rights of defence", en *Neueste Entwicklungen im europäischen und internationalen Kartellrecht, 13. St. Galler Internationales Kartellrechtsforum,* editor BAUDENBACHER, Carl, Helbing Lichtenhahn Verlag, Basilea, 2007. El documento está disponible para consulta en: http://www.vvgb-law.com/vangerven/públications/VanGerven_Regulation1_2003InspectionsDawnRaids.pdf.

VAN HOUTTE, Hans, "The application by arbitrator of articles 81 & 82 and their relationship with the European Commission", en *European Business Law Review,* Volumen. 19, N° 1, 2008.

VAN OVERBEEK, Walter, "The Reight to remain silent in competition investigations: The Funke decision of the Court of Human Rights Makes Revision of the ECJ's Case Law Necessary", en *European Competition Law Review,* Volumen. 15, N° 3, 1994.

VARELA GONZÁLEZ, José Antonio, "Características y situación actual de la política de clemencia", en *Cuadernos Europeos de Deusto,* N° 38, 2008. El documento está disponible para consulta en: http://www.tgdcompetencia.org/públicaciones/revistas/caracteristicas _situacion_politica_clemencia.pdf.

VARELA GONZÁLEZ, José Antonio, "¿Por qué una política de competencia?". Artículo publicado el 25 de Mayo de 2008 en el suplemento *Mercados de "La Voz de Galicia".* 2008.

VARELA GONZALEZ, José Antonio, "Precios predatorios y Competencia". Artículo publicado el domingo, 13 de Septiembre de 2009 en el suplemento *Mercados de "La Voz de Galicia"*. 2009.

VEDDER, Hans, "Spontaneous Harmonisation of National (Competition) Laws in the Wake of the Modernisation of EC Competition Law", en *Competition Law Review*, Volumen 1, 2003.

VELASCO SAN PEDRO, Luis Antonio, "El Derecho Europeo de la Competencia", en *Derecho Europeo de la Competencia: antitrust e intervenciones públicas*, coordinador VELASCO SAN PEDRO, Luis Antonio, Lex Nova, Valladolid, 2005.

VELJANOVSKI, Cento, "Cartel Fines in Europe – Law, Practice and Deterrence", en *World Competition: Law and Economics Review*, Volumen. 29, Marzo de 2007.

VENIT, James, "Brave new world: The modernization and decentralization of enforcement under Articles 81 and 82 of the EC treaty", en *Common Market Law Review*, Volumen. 40, N° 3, Nueva York, 2003.

VESTERDORF, Bo, "Legal Professional Privilege and the Privilege Against Self-Incrimination in EC Law: Recent Developments and Current Issues", en *Fordham International law journal*, Volumen. 28, N° 4, 2004.

VEZ PAZOS, Alfonso, "¿Aplicación Privada o Pública?", Artículo publicado el domingo, 10 de Mayo de 2009, en el suplemento *Mercados de "La Voz de Galicia"*. 2009.

VEZ PAZOS, Alfonso, "Clemencia contra los cárteles", Artículo publicado el domingo, 14 de Octubre de 2007 en el suplemento *Mercados de "La Voz de Galicia"*. 2007.

VICENTE, Julio, "Prohibición del abuso de posición dominante", en *Tratado de Derecho de la Competencia*, Director BENEYTO PÉREZ-CERDÁ, José María, Tomo 1, Editorial BOSCH, Barcelona, 2005.

VICKERS, John, Chairperson for the UK Office of Fair Trading, en The European competition and consumer day conference. Documento disponible para consulta en lengua inglesa en: http://www.oft.gov.uk/NR/rdonlyres/1FA03036-F07D-42BE-858E-0B1194855CB0/0/sp0705.pdf.

VIDE, Ana, "Ley 15/2007, de 3 de Julio, de Defensa de la Competencia. Artículo 65. Exención del pago de la multa", en *Derecho Español de la Competencia. Comentarios a la Ley 15/2007, Real Decreto 261/2008 y Ley 1/2002*, Director ODRIOZOLA, Miguel, coordinadora IRISARRY, Belén, Tomo II, Editorial Bosch, Barcelona, 2008.

VON KALINOWSKI, Julian, SULLIVAN, Peter y McGUIRL, Maureen, *Antitrust Laws and Trade Regulation*, 2da Edición, Nueva York, Lexis, 2000.

WAELBROECK, Michel, "la aplicación de los artículos 85 y 86 del tratado CEE por las autoridades y por las jurisdicciones de los estados miembros", en *El Derecho Comunitario Europeo y su aplicación judicial*, Directores RODRIGUEZ IGLESIAS, Gil Carlos y LIÑAN NOGUERAS, Diego Javier, Civitas, Madrid, 1993.

WAELBROECK, Michel, FRIGNANI, Aldo y MÉGRET, Jacques, *Derecho Europeo de la Competencia*, Tomo 1, Editorial Bosch, Barcelona, 1998.

WAGENER, William, "Modeling the Effect of One Way Fee Shifting on Discovery Abuse in Private Antitrust Litigation", en *New York University Law Review*, N° 78, 2003.

WAINWRIGHT, Richard, "Application of EC competition rules by national courts", paper presentado para la conferencia "Antitrust reform in Europe: A year in practice", organizada de forma conjunta por el Colegio de Abogados Internacional y la Comisión Europea, Bruselas, 9 a 11 de Marzo de 2005. El documento está disponible para consulta en: http://www.int-bar.org/images/downloads/Richard%20Wainwright%20-%20Paper.pdf

WALLER, Spencer, "Towards a More Constructive Public-Private Partnership for Enforcing Competition Law", en *World Competition: Law and Economics Review*, Volumen. 29, N° 6, 2006.

WEBER WALER, Spencer, "Understanding and Appreciating EC Competition Law", en *Antitrust Law Journal*, N° 61, 1992.

WESSELING, Rein, "The Draft Regulation Modernising the Competition rules: The Commission is married to one idea", en *European Law Review*, N° 26, 2001.

WHISH, Richard, "The enforcement of EC competition law in the domestic court of members states", en *Current and future perspectives on EC competition law: a tribute to Professor M.R. Mok*, Editor GORMLEY, Lawrence, Kluwer Law International, Londres; Boston, 1997.

WHISH, Richard, "Commitment Decisions under Article 9 of the EC Modernisation Regulation: some unanswered questions", en *Liber Amicorum in honour of Sven Norberg – A European for all seasons*, editores JOHANSSON, Martin, WAHL, Nils, y BERNITZ, Ulf, Bruylant, Bruselas, 2006.

WHISH, Richard, *Competition Law*, Oxford University Press, Londres, 2008.

WIDEGREN, Monica, "Consultation among Members within the Network", en *European Competition Law Annual 2002: Constructing the EU Network of Competition Authorities*, Editores EHLERMANN, Claus-Dieter y ATANASIU, Isabela, Hart Publishing, Oxford, 2004.

WILLIS, Peter, "The Privilege against self-incrimination in competition investigations", Paper presentado en el Competition, Regulation and Trade Group Taylor Wessing, 27 de Enero de 2006.

WILS, Wouter, "The Commission's new method for calculating fines in antitrust cases", en *European Law Review*, Volumen. 23, 1998.

WILS, Wouter, *The Optimal Enforcement of EC antitrust Law*, Kluwer Law International, La Haya, 2002.

WILS, Wouter, "The principle of 'Ne Bis in Idem' in EC antitrust enforcement: a legal and economic analysis", en *World Competition: Law and Economics Review*, Volumen. 26, N° 2, 2003.

WILS, Wouter, P.J, "Self-Incrimination in EC Antitrust Enforcement: a legal and Economic Analysis", en *World Competition: Law and Economics Review*, Volumen. 26, N° 4, 2003.

WILS, Wouter, P.J, "Should private antitrust enforcement be encouraged in Europe?", en *World Competition: Law and Economics Review*, Volumen 26, N° 3, 2003. El documento está disponible para consulta en: http://papers.ssrn.com/sol3/papers.cfm?abstract_id=1540006.

WILS, Wouter, "The reform of competition law enforcement-will it work?", en *The Modernisation of EU Competition Law enforcement in the EU-FIDE 2004 National Reports*, Editor CAHILL, Dermont, Cambridge University Press, 2004.

WILS, Wouter, "The EU Network of Competition Authorities, The European Convention on Human Rights and the Charter of Fundamental Rights of the EU", en *European Competition Law Annual 2002: Constructing the EU Network of Competition Authorities*, Editores EHLERMANN, Claus-Dieter y ATANASIU, Isabela, Hart Publishing, Oxford, 2004.

WILS, Wouter, P.J, *Principles of European Antitrust Enforcement*, Hart Publishing, Oxford, 2005.

WILS, Wouter, "Settlements of EU Antitrust Investigations: Commitment decisions under article 9 of the Regulation No. 1/2003", en *World Competition*, N° 29, 2006

WILS, Wouter, "The European Commission's 2006 Guidelines on Antitrust Fines: A Legal and Economic Analysis", en *World Competition: Law and Economics Review*, Volumen. 30, N° 2, 2007.

WILS, Wouter, P.J, *Efficiency and European antitrust enforcement*, Hart Publishing, Portland, 2008.

WILS, Wouter, P.J, "The relationship between public antitrust enforcement and private actions for damages", en *World Competition: Law and Economics Review*. Volumen 32, N° 1, 2009.

WILS, Wouter, "EU Antitrust Enforcement Powers and Procedural Rights and Guarantees: The Interplay between EU Law, National Law, the Charter of Fundamental Rights of the EU and the European Convention on Human Rights", paper presentado en el 2nd Annual International Concurrences Conference 'New Frontiers of Antitrust', Paris, 11 de Febrero de 2011.

WINCKLER, Antoine, "Pannel Discussion – Procedural Issues" en *European Competition Law Annual 2001: Effective private enforcement of EC Antitrust Law*, Editores EHLERMANN, Claus-Dieter y ATANASIU, Isabela, Oxford, Hart Publishing, 2003.

WIßMANN, Tim, "Decentralised enforcement of EC competition law and the new policy on cartels: The commission White paper of 28th of april 1999", en *Journal of World Competition*, N° 23, Volumen. 2, 2000.

WOODS, Donncadh, SINCLAIR, Alisa y ASHTON, David, "Private Enforcement of Community competition law: modernisation and the road ahead", en *Competition Policy Newsletter*, N° 2, 2004.

WOOLF, Harry, "Public Law – Private Law: Why the Divide? A Personal View", en *Public Law*, N° 220, 1986.

WRIGHT, Kathryn, "European Commission intervensions as Amicus Curiae in national competition cases: The Preliminary reference in X BV", en *European Competition Law Review*, N° 7, 2009.

WURMNEST, Wolfang, "A new Era for private antitrust litigation in Germany? A Critical Appraisal of the Modernized law against restraints of Competition", en German Law Journal, Volumen.6, N° 8, 2005. Documento disponible para consulta en inglés en: http://www.germanlawjournal.com/pdfs/Vol06No08/PDF_Vol_06_No_08_1173-1190_Developments_Wurm nest.pdf.

YUZHANOV, Ilya, "Competition Law and policy – The role of political influence". en *International Antitrust Policy, 2001 Fordham Corporate Law Institute* (HAWK, Barry E), Juris Publishing, Nueva York, 2002.

ZEKOS, Georgios "Antitrust/Competition arbitration in EU vs U.S Law", en *Journal of International Arbitration*, N° 25, 2008

ZOIDO, Elena y GUTIERREZ, Inmaculada, "Cárteles, análisis y valoración de sus efectos", en *Anuario de la Competencia,* N° 1, 2003.

ZORLU, Ramazan, "International arbitration and Lex Arbitri", Documento de Trabajo. El documento está disponible para consulta en: http://www.akellawfirm.com/yayinlar/INTERNATIONAL_ARBITRATION_AND_LEX_ARBITRI.pdf.

ZULLITA FELLINI, Gadulfo y PEREZ MIRANDA, Rafael; "El Derecho frente a los monopolios" en *Estudios de Derecho Económico IV,* Universidad Autónoma de México, Primera reimpresión, México D.F, 1983.

ZURIMENDI ISLA, Aitor, "El concurso de normas en el Derecho antitrust y el impacto del Reglamento CE 1/2003 en la materia", en *Gaceta Jurídica de la Unión Europea y de la Competencia,* N° 244, 2006

Sentencias y Decisiones

De la Comisión

Decisión de la Comisión *DBF – Deutsche Bundesliga* (COMP/37.214)

Decisión de la Comisión *Coca-Cola* (COMP/39.116)

Decisión de la Comisión *Grupo Alrosa + De Beers* (COMP/38.381)

Decisión de la Comisión *Football Association Premier League* (COMP/38.173)

Decisión de la Comisión *Repsol* (COMP/38.348)

Decisión de la Comisión *The Cannes Extension Agreement* (COMP/38.681)

Decisión de la Comisión *DaimlerChrisler, Toyota, GM y Fiat* (COMP/39.143 – 39.140)

Decisión de la Comisión *Distrigaz* (COMP/37.966)

Decisión de la Comisión *BUMA / SABAM – Santiago* (COMP/39.152 y 153)

Decisión de la Comisión *Austrian Airlines & SAS* (COMP/37.749)

Decisión de la Comisión *CISAC* (COMP/38.698)

Decisión de la Comisión *SkyTeam* (COMP/37.984)

Decisión de la Comisión *E.ON* (COMP/B-1/39.388 y 389)

Decisión de la Comisión *RWE Gas* (COMP/39.402)

Decisión de la Comisión *Ácido cítrico* (COMP/E-1/36.604)

Decisión de la Comisión *Sacos Industriales* (COMP/38.354)

Decisión de la Comisión *Professional videotapes* (COMP/38.432)

Decisión de la Comisión *Empalmes y Aleaciones de Cobre* (COMP/F-1/38.121)

Decisión de la Comisión *Betún* (COMP/F/38.456)

Decisión de la Comisión *Cartel del cartoncillo (*94/601/CE)

Bibliografía

Decisión de la Comisión *John Deere* (IV/30.809)

Decisión de la Comisión *SAS/Maersk Air* (COMP.D.2 37.444)

Decisión de la Comisión *SUN-Air Vs. SAS y Maersk Air* (COMP.D.2 37.386)

Decisión de la Comisión *Flat-glass sector* (84/388/EEC)

Decisión de la Comisión *RAI/UNITEL* (78/516/EEC, IV/29.559)

Decisión de la Comisión *Fabbrica Pisana,* 80/334/CEE

Decisión de la Comisión *Volkswagen Vs. La Comisión de las Comunidades Europeas* (IV/35.733)

Del Tribunal de Justicia de las Comunidades Europeas
Sentencia del Tribunal de Justicia de las Comunidades Europeas, de 6 de Abril de 1962, *Petición de decisión prejudicial: Gerechtshof's-Gravenhage - Países Bajos,* asunto 13/61, texto disponible para consulta en lengua inglesa en: http://eur-lex.europa.eu/LexUriServ/LexUriServ.do?uri=CELEX:61961J0013:EN:PDF
Sentencia del Tribunal de Justicia de las Comunidades Europeas, de 5 de Febrero de 1963, *NV Algemene Transport - en Expeditie Onderneming Van Gend & Loos Vs. La Administración Tributaria holandesa,* petición de decisión prejudicial: Tariefcommissie – Países Bajos, Asunto 26/62, texto disponible para consulta en: http://eur-lex.europa.eu/LexUriServ/LexUriServ.do?uri=CELEX:61962CJ0026:ES:PDF.
Sentencia del Tribunal de Justicia de las Comunidades Europeas, de 15 de Julio de 1964, *Flaminio Costa Vs. ENE,* asunto 6/64. Texto disponible para consulta en: http://eur-lex.europa.eu/LexUriServ/LexUriServ.do?uri=CELEX:61964CJ0006:ES:PDF.
Sentencia del Tribunal de Justicia de las Comunidades Europeas, de 30 de Junio de 1966, *Société Technique Minière (L.T.M.) Vs. Maschinenbau Ulm GmbH (M.B.U.),* asunto 56/65, texto disponible para consulta en: http://eur-lex.europa.eu/LexUriServ/LexUriServ.do?uri=CELEX:61965CJ0056:ES:PDF.
Sentencia del Tribunal de Justicia de las Comunidades Europeas, de 13 de Julio de 1966, *República Italiana Vs. El Consejo y la Comisión de la Comunidad Económica Europea,* asunto 32/65, texto Disponible para consulta en: http://eur-lex.europa.eu/LexUriServ/LexUriServ.do?uri=CELEX:61965J0032:ES:PDF.
Sentencia del Tribunal de Justicia de las Comunidades Europeas, de 13 de Julio de 1966, *Gobierno de la República Italiana Vs. El Consejo de la Comunidad Economica Europea,* asunto 32/65, texto disponible para consulta en: http://eur-lex.europa.eu/LexUriServ/LexUriServ.do?uri=CELEX:61965J0032:ES:PDF.
Sentencia del Tribunal de Justicia de las Comunidades Europeas, de 13 de Julio de 1966, *Établissements Consten S.à.R.L. and Grundig-Verkaufs-GmbH Vs. La Comisión de la Comunidad Económica Europea,* asunto 56/64 y 58/64, texto disponible para consulta en: http://eur-lex.europa.eu/LexUriServ/LexUriServ.do?uri=CELEX:61964J0056:ES:PDF
Sentencia del Tribunal de Justicia de las Comunidades Europeas, de 12 de Diciembre de 1967, *SA Brasserie de Haecht Vs. Esposos Wilkin-Janssen,* asunto 23/67, texto disponible para consulta en: http://eur-lex.europa.eu/LexUriServ/LexUriServ.do?uri=CELEX:61967CJ0023:ES:PDF
Sentencia del Tribunal de Justicia de las Comunidades Europeas, de 19 de Diciembre de 1968, *Salgoil c/ Ministerio de Comercio Exterior de la República Italiana,* asunto C-13/1968.
Sentencia del Tribunal de Justicia de las Comunidades Europeas, de 13 de Febrero de 1969, *Walt Wilhelm y otros Vs. Bundeskartellamt,* asunto 14/68, texto disponible para consulta en lengua inglesa en: http://eur-lex. europa.eu/LexUriServ/LexUriServ.do?uri=CELEX:61968J0014:EN:HTML
Sentencia del Tribunal de Justicia de las Comunidades Europeas, de 9 de Julio de 1969, Frank Völk Vs. SPRL Éts. J. Vervaecke, asunto 5/69, texto disponible para consulta en: http://eur-lex.europa.eu/LexUriServ/LexUriServ.do?uri=CELEX:61969CJ0005:ES:PDF
Sentencia del Tribunal de Justicia de las Comunidades Europeas, de 13 de Mayo de 1971, *Nv International Fruit Company y Otros Vs. La Comisión de las Comunidades Europeas,* asunto 41 - 44/70, texto Disponible para consulta en: http://eur-lex.europa.eu/LexUriServ/LexUriServ.do?uri=CELEX:61970J0041:ES:PDF.

Sentencia del Tribunal de Justicia de las Comunidades Europeas, de 14 de Julio de 1972, *Imperial Chemical Industries Ltda. Vs. La Comisión de las Comunidades Europeas*, asunto 48/69, texto disponible para consulta en: http://eur-lex.europa.eu/LexUriServ/LexUriServ.do?uri=CELEX:61969CJ0048:ES:PDF.

Sentencia del Tribunal de Justicia de las Comunidades Europeas, de 12 de Julio de 1973, *Riseria Luigi Geddo Vs. Ente Nazionale Risi*, asunto 2-73, texto disponible para consulta en: http://eur-lex.europa.eu/LexUriServ/LexUriServ.do?uri=CELEX:61973CJ0002:EN:PDF.

Sentencia del Tribunal de Justicia de las Comunidades Europeas, de 30 de Enero de 1974, *Belgische Radio en Televisie Vs. SV SABAM and NV Fonior*, asunto 127/73, texto disponible para consulta en lengua inglesa en: http://eur-lex.europa.eu/LexUriServ/LexUriServ.do?uri=CELEX:61973J0127(00):EN:PDF.

Sentencia del Tribunal de Justicia de las Comunidades Europeas, de 6 de Marzo de 1974, *Istituto Chemioterapico Italiano S.p.A. y Commercial Solvents Corporation Vs. La Comisión de las Comunidades Europeas*, asuntos acumulados 6/73 y 7/73, texto disponible para consulta en: http://eur-lex.europa.eu/LexUriServ/LexUriServ.do?uri=CELEX:61973J0006:ES:PDF.

Sentencia del Tribunal de Justicia de las Comunidades Europeas, de 21 de Febrero de 1973, *Europemballage Corporation y Continental Can Company Inc. Vs. La Comisión de las Comunidades Europeas*, asunto 6/1972, texto disponible para consulta en: http://eur-lex.europa.eu/LexUriServ/LexUriServ.do?uri=CELEX:61972J0006 :ES:PDF.

Sentencia del Tribunal de Justicia de las Comunidades Europeas, de 27 de Marzo de 1974, *Belgishce Radio en Televisie vs SV SABAM y NV Fonior*, asunto 127/73.

Sentencia del Tribunal de Justicia de las Comunidades Europeas, de 16 de Diciembre de 1975, *Coöperatieve Vereniging "Suiker Unie" UA y otros Vs. La Comisión de las Comunidades Europeas*, asuntos acumulados 40/73 y otros, texto disponible para consulta en lengua inglesa en: http://eur-lex.europa.eu/LexUriServ/LexUriServ.do?uri=CELEX:61973CJ0040:EN:HTML.

Sentencia del Tribunal de Justicia de las Comunidades Europeas, de 3 de Febrero de 1976, *SA Fonderies Roubaix Wattrelos Vs.Société nouvelle des Fonderies A. Roux y Société des Fonderies JOT*, asunto 63/75, texto disponible para consulta en lengua inglesa en: http://eur-lex.europa.eu/LexUriServ/LexUriServ.do?uri=CELEX:61975J0063:EN:PDF.

Sentencia del Tribunal de Justicia de las Comunidades Europeas, de 5 de Mayo de 1977, *Koninklijke Scholten Honig N.V. Vs. El Consejo y la Comisión de las Comunidades Europeas*, asunto 101/76, texto disponible para consulta en lengua inglesa en: http://eur-lex.europa.eu/LexUriServ/LexUriServ.do?uri=CELEX:61976J0101:EN:PDF.

Sentencia del Tribunal de Justicia de las Comunidades Europeas, de 16 de Noviembre de 1977, *SA GB-Inno-BM Vs. Association des détaillants en tabac (ATAB) Asbl*, asunto 13/77, texto disponible para consulta en: http://eur-lex.europa.eu/LexUriServ/LexUriServ.do?uri=CELEX: 61977CJ0013:ES:PDF.

Sentencia del Tribunal de Justicia de las Comunidades Europeas, de 1 de Febrero de 1978, *Miller International Schallplatten GmbH Vs. La Comisión de las Comunidades Europeas*, asunto 19/77, texto disponible para consulta en: http://eur-lex.europa.eu/LexUriServ/LexUriServ.do?uri=CELEX:61977CJ0019:ES:PDF.

Sentencia del Tribunal de Justicia de las Comunidades Europeas, de 14 de Febrero de 1978, *United Brands Company y United Brands Continentaal BV Vs. La Comisión de las Comunidades Europeas*, asunto 27/76, texto disponible para consulta en: http://eur-lex.europa.eu/LexUriServ/LexUriServ.do?uri=CELEX:61976CJ0027:ES:PDF

Sentencia del Tribunal de Justicia de las Comunidades Europeas, de 9 de Marzo de 1978, *Simmenthal*, asunto 106/77, texto disponible para consulta en: http://www.jurisweb.com/jurisprudencia/STJCE/stjce_simmenthal.htm.

Sentencia del Tribunal de Justicia de las Comunidades Europeas, de 30 de Octubre de 1978, *Heintz van Landewyck SARL y otros Vs. La Comisión de las Comunidades Europeas*, asuntos acumulados 209/78 R a 215/78 R y 218/78 R, texto disponible para consulta en lengua inglesa en: http://eur-lex.europa.eu/LexUriServ/LexUriServ.do?uri=CELEX:61978O0209 :EN:PDF.

Sentencia del Tribunal de Justicia de las Comunidades Europeas, de 13 de Febrero de 1979, *Hoffmann-La Roche & Co. AG Vs. La Comisión de las Comunidades europeas*, asunto 85/76, texto disponible para consulta en: http://eur-lex.europa.eu/LexUriServ/LexUriServ.do?uri=CELEX:61976CJ0085:ES:PDF.

Sentencia del Tribunal de Justicia de las Comunidades Europeas, de 26 de Junio de 1980, *National Panasonic (UK) limited Vs. La Comisión de las Comunidades Europeas*, asunto 136/79, texto disponible para consulta en: http://eur-lex.europa.eu/LexUriServ/LexUriServ.do?uri=CELEX:61979J0136:ES:PDF.

Bibliografía

Sentencia del Tribunal de Justicia de las Comunidades Europeas, de 10 de Julio de 1980, *Anne Marty SA v Estée Lauder SA.*, asunto 37/79, texto disponible para consulta en lengua inglesa en: http://eur-lex.europa.eu/LexUriServ/LexUriServ.do?uri=CELEX:61979J0037:EN:HTML.

Sentencia del Tribunal de Justicia de las Comunidades Europeas, de 10 de Julio de 1980, *Bruno Giry y Guerlain SA*, asunto 253/78 y 1 a 3/79, texto disponible para consulta en: http://eur-lex.europa.eu/LexUriServ/LexUriServ.do?uri=CELEX:61978CJ0253:ES:PDF.

Sentencia del Tribunal de Justicia de las Comunidades Europeas, de 10 de Julio de 1980, *SA Lancome y Cosparfrance Nederland BV Vs. Etos BV y Albert Heyn Supermart BV*, asunto 99 y 79, texto disponible para consulta en: http://eur-lex.europa.eu/LexUriServ/LexUriServ.do?uri=CELEX:61979CJ0099:ES:PDF.

Sentencia del Tribunal de Justicia de las Comunidades Europeas, de 19 de Enero de 1982, *Ursula Becker Vs. Finanzant Munster-Innested*, asunto 8/81, texto disponible para consulta en: http://eur-lex.europa.eu/LexUriServ/LexUriServ.do?uri=CELEX:61981CJ0008:ES:PDF

Sentencia del Tribunal de Justicia de las Comunidades Europeas, de 23 de Marzo de 1982, *Nordsee Deutsche Hochseefischerei GmbH vs. Reederei Mond Hochseefischerei Nordstern AG & Co. KG y Reederei Friedrich Busse Hochseefischerei Nordstern AG & Co. KG*, asunto 102/1981. El documento está disponible para consulta en ingles en: http://eur-lex.europa.eu/LexUriServ/LexUriServ.do?uri=CELEX:61981J0102:EN:HTML.

Sentencia del Tribunal de Justicia de las Comunidades Europeas, de 18 de Mayo de 1982, *Australian Mining & Smelting Europe Limited Vs. La Comisión de las Comunidades Europeas*, asunto 155/79, texto disponible para consulta en: http://eur-lex.europa.eu/LexUriServ/LexUriServ.do?uri=CELEX:61979J0155:ES:PDF.

Sentencia del Tribunal de Justicia de las Comunidades Europeas, de 2 de Marzo de 1983, *Gesellschaft zur Verwertung von Leistungsschutzrechten mbH (GVL) Vs. La Comisión de las Comunidades Europeas*, asunto 7/82, texto disponible para consulta en: http://eur-lex.europa.eu/LexUriServ/LexUriServ.do?uri=CELEX:61982J0007:ES:PDF.

Sentencia del Tribunal de Justicia de las Comunidades Europeas, de 7 de Junio de 1983, *SA Musique Diffusion française y otros Vs. La Comisión de las Comunidades Europeas*, asuntos acumulados 100/80 a 103/80, texto disponible para consulta en: http://eur-lex.europa.eu/LexUriServ/LexUriServ.do?uri=CELEX:61980J0100:ES:PDF.

Sentencia del Tribunal de Justicia de las Comunidades Europeas, de 9 de Noviembre de 1983, *NV Nederlandsche Banden Industrie Michelin Vs. La Comisión de las Comunidades Europeas*, asunto 322/81, texto disponible para consulta en: http://eur-lex.europa.eu/LexUriServ/LexUriServ.do?uri=CELEX:61981J0322:ES:PDF.

Sentencia del Tribunal de Justicia de las Comunidades Europeas, de 10 de Enero de 1985, *Association des Centres distributeurs Édouard Leclerc y otros Vs. SARL "Au blé vert"*, asunto 229/83, texto disponible para consulta en lengua inglesa en: http://eur-lex.europa.eu/LexUriServ/LexUriServ.do?uri=CELEX:61983J0229:EN:HTML.

Sentencia del Tribunal de Justicia de las Comunidades Europeas, de 7 de Noviembre de 1985, *Stanley George Adams Vs. La Comisión de las Comunidades Europeas*, asunto 145/83, texto disponible para consulta en: http://eur-lex.europa.eu/LexUriServ/LexUriServ.do?uri=CELEX:61983J0145:ES:PDF.

Sentencia del Tribunal de Justicia de las Comunidades Europeas, de 25 de Febrero de 1986, *Windsurfing International Inc Vs. La Comisión de las Comunidades Europeas*, asunto 193/83, texto disponible para consulta en: http://eur-lex.europa.eu/LexUriServ/LexUriServ.do?uri=CELEX:61983J0193:ES:PDF.

Sentencia del Tribunal de Justicia de las Comunidades Europeas, de 30 de Abril de 1986, *Lucas Asjes, Andrew Gray, Jacques Maillot, Léo Ludwig y otros*, asuntos acumulados 209 a 213/84, texto disponible para consulta en lengua inglesa en: http://eur-lex.europa.eu/LexUriServ/LexUriServ.do?uri=CELEX:61984J0209:EN:PDF.

Sentencia del Tribunal de Justicia de las Comunidades Europeas, sala quinta, de 24 de Junio de 1986, *AKZO Chemie BV Vs La Comisión de las Comunidades Europeas*, asunto 53/85, texto disponible para consulta en: http://eur-lex.europa.eu/LexUriServ/LexUriServ.do?uri=CELEX:61985J0053:ES:PDF

Sentencia del Tribunal de Justicia de las Comunidades Europeas, de 21 de Septiembre de 1989, *Hoechst A. G. Vs. La Comisión de las Comunidades Europeas*, asuntos acumulados 46/87 y 227/88, apartado 25, texto disponible para consulta en lengua inglesa en: http://eur-lex.europa.eu/LexUriServ/LexUriServ.do?uri=CELEX:61987J0046:EN:HTML.

465

Sentencia del Tribunal de Justicia de las Comunidades Europeas, de 17 de Octubre de 1989, *Dow Benelux NV Vs. La Comisión de las Comunidades Europeas*, asunto 85/87, texto disponible para consulta en: http://eur-lex.europa.eu/LexUriServ/LexUriServ.do?uri=CELEX:61987J0085:ES:PDF.

Sentencia del Tribunal de Justicia de las Comunidades Europeas, de 17 de Octubre de 1989, *Dow Chemical Iberica S.A y Alcudia, Empresa para la industria química S.A y empresa nacional de petróleo S.A Vs. La Comisión de las Comunidades Europeas*, asuntos acumulados 97/87, 98/87 y 99/87, texto disponible para consulta en: http://eur-lex.europa.eu/LexUriServ/LexUriServ.do?uri=CELEX:61987J0097:ES:HTML.

Sentencia del Tribunal de Justicia de las Comunidades Europeas, de 18 de Octubre de 1989, *Orkem S.A. Vs. La Comisión de las Comunidades Europeas*, asunto 374/87, texto disponible para consulta en: http://eur-lex.europa.eu/LexUriServ/LexUriServ.do?uri=CELEX:61987J0374:ES:PDF.

Sentencia del Tribunal de Justicia de las Comunidades Europeas, de 18 de Octubre de 1989, *Solvay Vs. La Comisión de las Comunidades Europeas*, asunto 27/88. Texto disponible para consulta en: http://eur-lex.europa.eu/LexUriServ/LexUriServ.do?uri=CELEX:61988J0027:ES:PDF.

Sentencia del Tribunal de Justicia de las Comunidades Europeas, de 11 de Enero de 1990, *Sandoz prodotti farmaceutici SpA Vs. La Comisión de las Comunidades europeas*, asunto C-277/87, texto disponible para consulta en: http://eur-lex.europa.eu/LexUriServ/LexUriServ.do?uri=CELEX:61987J0277:ES:PDF.

Sentencia del Tribunal de Justicia de las Comunidades Europeas, de 19 de Junio de 1990, *The Queen Vs. Secretary of State for Transport, ex parte: Factortame Ltd and others*, asunto C-213/1989, texto disponible para consulta en: http://eur-lex.europa.eu/LexUriServ/LexUriServ.do?uri=CELEX:61989J0213:ES:PDF.

Auto del Tribunal de Justicia de las Comunidades Europeas, de 13 de Julio de 1990, *Zwartveld y otros*, Asunto C-2/88, texto disponible para consulta en: http://eur-lex.europa.eu/LexUriServ/LexUriServ.do?uri=CELEX: 61988O0002(02):ES:PDF.

Sentencias del Tribunal de Justicia de las Comunidades Europeas, de 28 de Febrero de 1991, *Stergios Delimitis Vs. Henninger Bräu AG*, asunto C-234 de 1989, texto disponible para consulta en lengua inglesa en: http://eur-lex.europa.eu/LexUriServ/LexUriServ.do?uri=CELEX:61989J0234:EN:HTML.

Sentencia Tribunal de Justicia de las Comunidades Europeas, de 19 de Marzo de 1991, *República Francesa Vs. La Comisión de las Comunidades Europeas*, asunto C-202/88, texto disponible para consulta en: http://eur-lex.europa.eu/LexUriServ/LexUriServ.do?uri=CELEX:61988CJ0202:ES:PDF

Sentencia del Tribunal de Justicia de las Comunidades Europeas, de 3 de Julio de 1991, *AKZO Chemie BV y AKZO Chemie UK Ltd Vs. La Comisión de las Comunidades Europeas*, asunto C-62/86, texto disponible para consulta en:http://eur-lex.europa.eu/LexUriServ/LexUriServ.do?uri=CELEX: 61986O0062:ES:PDF.

Sentencia del Tribunal de Justicia de las Comunidades Europeas, de 19 de Noviembre de 1991, *AndreaFrancovich, Danila Bonifaci y otros Vs. La República Italiana*, asuntos C-6 y C-9 de 1991, texto disponible para consulta en: http://eur-lex.europa.eu/LexUriServ/LexUriServ.do?uri=CELEX:61990J0006:ES:HTML.

Sentencia del Tribunal de Justicia de las Comunidades Europeas, de 16 de Julio de 1992, *Asociación Española de Banca Privada*, asunto C-67/91, texto disponible para consulta en: http://eur-lex.europa.eu/LexUriServ/LexUriServ.do?uri=CELEX:61991CJ0067:ES:PDF.

Sentencia del Tribunal de Justicia de las Comunidades europeas, de 31 de Marzo de 1993, *Ahlstrom Osakeyhtio y otros Vs. La Comisión de las Comunidades europeas*, asuntos acumulados C-89/85, C-104/85, C-114/85, C-116/85, C-117/85 y C-125/85 a C-129/85, texto disponible para consulta en: http://eur-lex.europa.eu/LexUriServ/LexUriServ.do?uri=CELEX:61985J0089(01):ES:PDF.

Sentencia del Tribunal de Justicia de las Comunidades Europeas, de 13 de Abril de 1994, *H. J. Banks & co. ltda Vs. British Coal Corporation*, asunto C-128/92, texto disponible para consulta en: http://eur-lex.europa.eu/LexUriServ/LexUriServ.do?uri=CELEX:61992J0128:ES:HTML.

Sentencia del Tribunal de justicia de las Comunidades Europeas, de 27 de Abril de 1994, *Ayuntamiento de Almelo y otros Vs. Energiebedrijf Ijsselmij NV*, asunto C-393/92, texto disponible para consulta en: http://eur-lex.europa.eu/LexUriServ/LexUriServ.do?uri=CELEX:61992CJ0393:ES:HTML.

Sentencia del Tribunal de Justicia de las Comunidades Europeas, sala quinta, de 19 de Mayo de 1994, asunto C-36/92 P, *Samenwerkende Elektriciteits-Produktiebedrijven NV (SEP) Vs. La Comisión de las Comunidades europeas*, texto disponible para consulta en: http://eur-lex.europa.eu/LexUriServ/LexUriServ.do?uri=CELEX:61992J0036:ES:PDF

Sentencia del Tribunal de Justicia de las Comunidades Europeas, de 15 de Diciembre de 1994, *Gøttrup-Klim y otros Grovvareforeninger Vs. Dansk Landbrugs Grovvareselskab AmbA (DLG)*, asunto C-

Bibliografía

250/92, texto disponible para consulta en: http://eur-lex.europa.eu/LexUriServ/LexUriServ.do?uri=CELEX:61992CJ0250:ES:PDF.

Sentencia del Tribunal de Justicia de las Comunidades Europeas, de 6 de Abril de 1995, *Radio Telefis Eireann e Independent Television Públications Ltda Vs. La Comisión de las Comunidades Europeas*, asuntos acumulados C-241/91 P y C-242/91 P, texto disponible para consulta en: http://eur-lex.europa.eu/LexUriServ/LexUriServ.do?uri=CELEX: 61991J0241:ES:PDF.

Sentencia del Tribunal de Justicia de las Comunidades Europeas, de 24 de Octubre de 1995, *Bundeskartellamt Vs. Volkswagen AG y VAG Leasing GmbH*, asunto C-266/93, texto disponible para consulta en: http://eur-lex.europa.eu/LexUriServ/LexUriServ.do?uri=CELEX:61993J0266:ES:PDF.

Sentencia del Tribunal de Justicia de las Comunidades Europeas, de 12 de Diciembre de 1995, *Hendrik Evert Dijkstra Vs. Friesland (Frico Domo) Coöperatie BA; Cornells van Roessel y otros Vs. De coöperatieve vereniging Zuivelcoöperatie Campina Melkunie BA; y Willem de Bie y otros Vs. De Coöperatie Zuivelcoöperatie Campina Melkunie B*, asuntos acumulados C-319/93, C-40/94 y C-224/94, texto disponible para consulta en: http://eur-lex.europa.eu/LexUriServ/LexUriServ.do?uri=CELEX:61993CJ0319:ES:PDF.

Sentencia del Tribunal de Justicia de las Comunidades Europeas, de 14 de Diciembre de 1995, *Van Schijndel y Van Veen*, asuntos C-430/93 y C-431/93, texto disponible para consulta en lengua inglesa en: http://eur-lex.europa.eu/LexUriServ/LexUriServ .do?uri=CELEX:61993J0430:EN:HTML.

Sentencia del Tribunal de Justicia de las Comunidades Europeas, de 18 de Marzo de 1997, *Guérin automobiles Vs. la Comisión de las Comunidades Europeas*, asunto C-282/95 P.

Sentencia del Tribunal de Justicia de las Comunidades Europeas, de 17 de Julio de 1997, *Ferriere Nord SpA Vs. La Comisión de las Comunidades Europeas*, asunto C-219/95 P, texto disponible para consulta en: http://eur-lex.europa.eu/LexUriServ/ LexUriServ.do?uri=CELEX:61995J0219:ES:HTML.

Sentencia del Tribunal de Justicia de las Comunidades europeas, de 30 de Abril de 1998, *Cabour SA y Nord Distribution Automobile SA Vs. Arnor «SOCO» SARL*, asunto C-230/96, texto disponible para consulta en: http://eur-lex.europa.eu/LexUriServ/LexUriServ.do?uri=CELEX:61996J0230:ES:PDF.

Sentencia del Tribunal de Justicia de las Comunidades Europeas, de 26 de Noviembre de 1998, *Oscar Bronner GmbH & Co. KG Vs. Mediaprint Zeitungs- und Zeitschriftenverlag GmbH & Co. KG, Mediaprint Zeitungsvertriebsgesellschaft mbH & Co. KG y Mediaprint Anzeigengesellschaft mbH & Co. KG*, asunto C-7/97, texto disponible para consulta en: http://eur-lex.europa.eu/LexUriServ/LexUriServ.do?uri=CELEX:61997CJ0007:ES:HTML.

Sentencia del Tribunal de Justicia de las Comunidades Europeas, de 4 de Marzo de 1999, *Unión française de l'express (Ufex) Vs. La Comisión de las Comunidades Europeas*, asunto C-119/97, texto disponible para consulta en: http://eur-lex.europa.eu/LexUriServ/LexUriServ .do?uri=CELEX:61997J0119:ES:PDF.

Sentencia del Tribunal de Justicia de las Comunidades Europeas, de 1 de Junio de 1999, *Eco Swiss China Time Ltd Vs. Benetton International NV*, Petición de decisión prejudicial: Hoge Raad - Países Bajos. - Competencia - Aplicación de oficio por un tribunal arbitral del artículo 81 CE (ex artículo 85) - Facultad del Juez nacional de anular los laudos arbitrales, asunto C-126/97, el texto está disponible para consulta en castellano en: http://eur-lex.europa.eu/LexUriServ/LexUriServ.do?uri =CELEX:61997J0126:ES:HTML.

Sentencia del Tribunal de Justicia de las Comunidades Europeas, de 16 de Septiembre de 1999, *solicitud de decisión prejudicial en el proceso penal contra Jean Claude Becu, Annie Verweire, Smeg NV y Adia Interim NV*, asunto C-22/98, texto disponible para consulta en: http://eur-lex.europa.eu/LexUriServ/LexUriServ.do?uri=CELEX:61998J0022:ES:PDF.

Sentencia del Tribunal de Justicia de las Comunidades Europeas, de 11 de Enero de 2000, *Reino de los Países Bajos y Gerard van der Wal Vs. La Comisión de las Comunidades Europeas*, asuntos acumulados C-174/98 P y C-189/98 P, texto disponible para consulta en: http://eur-lex.europa.eu/LexUriServ/ LexUriServ.do?uri=CELEX:61998J0174:ES:HTML.

Sentencia del Tribunal de Justicia de las Comunidades Europeas, de 6 de Julio de 2000, *Volkswagen AG Vs. La Comisión de las Comunidades Europeas*, asunto T-62/98.

Sentencia del Tribunal de Justicia de las Comunidades Europeas, de 16 de Noviembre de 2000, *Metsä-Serla Sales Oy Vs. La Comisión de las Comunidades europeas*, asunto C-298/98 P, texto disponible para consulta en: http://eur-lex.europa.eu/LexUriServ/LexUriServ.do ?uri=CELEX:61998J0298:ES:PDF.

Sentencia del Tribunal de Justicia de las Comunidades Europeas, de 14 de Diciembre de 2000, *Masterfood Ltda Vs. HB Ice Cream Ltda*, Asunto C-344/98, texto disponible para consulta en: http://eur-lex.europa.eu/LexUriServ/LexUriServ.do?uri=CELEX:61998J0344:ES:PDF.

Sentencia del Tribunal de Justicia de las Comunidades Europeas, de 20 de Septiembre de 2001, *Courage Ltd Vs. Bernard Crehan y Bernard Crehan Vs. Courage Ltd y otros*, asunto C-453/99, texto disponible para consulta en:http://eur-lex.europa.eu/LexUriServ/LexUriServ.do?uri=CELEX:61999J0453:ES:HTML.

Sentencia del Tribunal de justicia de las Comunidades Europeas, de 30 de Mayo de 2002, *Walter Schmid*, asunto C-516/99, texto disponible para consulta en: http://eur-lex.europa.eu/LexUriServ/LexUriServ.do?uri=CELEX:61999CJ0516:ES:HTML.

Sentencia del Tribunal de Justicia de las Comunidades Europeas, de 2 de Julio de 2002, *Roquette Frères SA Vs. Directeur général de la concurrence, de la consommation et de la répression des fraudes, y la Comisión* (en lo sucesivo *Roquette Frères*), asunto C-94/2000, texto disponible para consulta en: http://eur-lex.europa.eu/LexUriServ/LexUriServ.do?uri=CELEX:62000J0094 :ES:PDF.

Sentencia del Tribunal de Justicia de las Comunidades Europeas, de 22 de Octubre de 2002, *Roquette Frères SA Vs. Directeur général de la concurrence, de la consommation et de la répression des fraudes, y la Comisión de las Comunidades Europeas*, asunto C-94/2000, texto disponible para consulta en: http://eur-lex.europa.eu/LexUriServ/LexUriServ.do?uri=CELEX:62000J0094:ES:PDF.

Sentencia del Tribunal de Justicia de las Comunidades Europeas, de 26 de Noviembre de 2002, *Fisrt & Franex* , asunto C-275/2000.

Sentencia del Tribunal de Justicia de las Comunidades Europeas, de 9 de Septiembre de 2003, *Consorzio Industrie Fiammiferi (CIF) Vs. Autorità Garante della Concorrenza e del Mercato*, asunto C-198/01, el texto de la sentencia está disponible para consulta en: http://eur-lex.europa.eu/LexUriServ/LexUriServ.do?uri=CELEX:62001CJ0198:ES:PDF.

Sentencia del Tribunal de Justicia de las Comunidades Europeas, de 7 de Enero de 2004, *Aalborg Portland, Irish Cement Ltd., Ciments français SA, Italcementi – Fabbriche Riunite Cemento SpA, Buzzi Unicem SpA y Cementir – Cementerie del Tirreno SpA Vs. La Comisión de las Comunidades Europeas*, asuntos acumulados C-204/00 y otros, texto disponible para consulta en lengua inglesa en: http://eur-lex.europa.eu/LexUriServ/LexUriServ.do?uri=CELEX:62000J0204:EN:HTML.

Sentencia del Tribunal de Justicia de las Comunidades Europeas, de 29 de Abril de 2004, *IMS Health GmbH & Co. OHG Vs. NDC Health GmbH & Co. KG*, asunto C-418/2001, texto disponible para consulta en: http://eur-lex.europa.eu /LexUriServ/LexUriServ.do?uri=CELEX:62001J0418:ES:PDF.

Sentencia del Tribunal de Justicia de las Comunidades Europeas, de 28 de Junio de 2005, *Dansk Rorindustri y otros Vs. La Comisión de las Comunidades Europeas*, asuntos acumulados C-189/02 P, C-202/02 P, C-205/02 P a C-208/02 P y C-213/02 P, texto disponible para consulta en lengua inglesa en: http://eur-lex.europa.eu/LexUriServ/LexUriServ.do?uri=CELEX :62002J0189:EN:HTML.

Sentencia del Tribunal de Justicia de las Comunidades Europeas, de 14 de Julio de 2005, *ThyssenKrupp Stainless GmbH y ThyssenKrupp Acciai speciali Terni SpA Vs. La Comisión de las Comunidades Europeas*, asuntos acumuladosC-65/02 y C-73/02, texto disponible para consulta en: http://eur-lex.europa.eu/LexUriServ/LexUriServ.do?uri=CELEX:62002J0065:ES:PDF.

Sentencia del Tribunal de Justicia de las Comunidades Europeas, de 30 de Mayo de 2006, *Bank Austria Creditanstalt Vs. La Comisión de las Comunidades Europeas*, asunto T-198/03, texto disponible para consulta en lengua inglesa en: http://eur-lex.europa.eu/LexUriServ/LexUriServ.do?uri=CELEX:62003A0198:EN:HTML.

Sentencia del Tribunal de Justicia de las Comunidades Europeas, de 19 de Junio de 2006, *Sante Pasquini Vs. Istituto nazionale della previdenza sociale (INPS)*, asunto C-34/02, texto disponible para consulta en: http://eur-lex.europa.eu/LexUriServ/LexUriServ.do?uri=CELEX:62002CJ0034:ES:PDF.

Sentencia del Tribunal de Justicia de las Comunidades Europeas, de 29 de Junio de 2006, *La Comisión de las Comunidades Europeas Vs. SGL Carbón AG y otros*, asunto C-301/04 P, texto disponible para consulta en: http://eur-lex.europa.eu/LexUriServ/LexUriServ.do?uri=CELEX: 62004J0301:ES:PDF.

Sentencia del Tribunal de Justicia de las Comunidades Europeas, de 13 de Julio de 2006, *Vincenzo Manfredi y otros Vs. Lloyd Adriatico Assicurazioni SpA y otros*, asuntos C-295/04 a C-298/04, texto disponible para consulta en lengua inglesa en: http://eur-lex.europa.eu/LexUriServ/LexUriServ.do?uri=CELEX:62004J0295:EN:HTML.

Sentencia del Tribunal de Justicia de las Comunidades Europeas, de 23 de Noviembre de 2006, *Asnef-Equifax, Servicios de Información sobre Solvencia y Crédito y la Administración del Estado Vs. Asociación de Ususarios de Servicios Bancarios "Ausbanc"*, asunto C-238/05, texto disponible para consulta en inglés en: http://eur-lex.europa.eu/LexUriServ/LexUriServ.do?uri=CELEX:62005CJ0238:EN:HTML.

Sentencia del Tribunal de Justicia de las Comunidades Europeas, de 25 de Enero de 2007, *Dalmine SpA Vs. La Comisión de las Comunidades Europeas*, asunto C-407/04 P, texto disponible para consulta en ingles en: http://eur-lex.europa.eu/LexUriServ/LexUriServ.do?uri=CELEX:62004J0407:EN:HTML.

Bibliografía

Sentencia del Tribunal de Justicia de las Comunidades Europeas, de 7 de Junio de 2007, *Van der weerd y otros*, asuntos acumulados C-222/05 a C-225/05, texto disponible para consulta en: http://eur-lex.europa.eu/LexUriServ/LexUriServ.do?uri=CELEX:62005CJ0222:ES:PDF.

Sentencia del Tribunal de Justicia de las Comunidades Europeas, de 7 de Junio de 2007, *Britannia Alloys & Chemicals Ltda Vs. La Comisión de las Comunidades Europeas*, asunto C-76/06 P, texto disponible para consulta en: http://eur-lex.europa.eu/LexUriServ/LexUriServ.do?uri=CELEX:62006J0076:ES:PDF.

Sentencia del Tribunal de Justicia de las Comunidades Europeas, de 1 de Julio de 2008, *Motosykletistiki Omospondia Ellados NPID (MOTOE)/Elliniko*, asunto C-49/07, texto disponible para consulta en lengua inglesa en: http://eur-lex.europa.eu/LexUriServ/LexUriServ.do?uri=CELEX:62007J0049:EN:HTML.

Sentencia del Tribunal de Justicia de las Comunidades Europeas, de 14 de Septiembre de 2010, apelación *Akzo Nobel Chemicals Ltda & Akcros Chemical Ltda Vs. La Comisión de las Comunidades Europeas*, asunto 550/07 P, texto disponible para consulta en: http://eur-lex.europa.eu/LexUriServ/LexUriServ.do?uri=CELEX:62007J0550:ES:HTML.

Del Tribunal de Primera Instancia

Sentencia del Tribunal de Primera Instancia, de 10 de Julio de 1990, *Tetra Pak Rausing SA Vs. La Comisión de las Comunidades Europeas*, asunto T-51/89, texto disponible para consulta en: http://eur-lex.europa.eu/LexUriServ/LexUriServ.do?uri=CELEX:61989TJ0051:ES:PDF.

Sentencia del Tribunal de Primera Instancia, de 10 de Julio de 1991, *Radio Telefis Eireann Vs. La Comisión de las Comunidades Europeas*, asunto T-69/89, texto disponible para consulta en: http://eur-lex.europa.eu/LexUriServ/LexUriServ.do?uri=CELEX:61989A0069:ES:PDF.

Sentencia del Tribunal de Primera Instancia, de 12 de Julio de 1991, *Automobiles Peugeot SA y Peugeot SA Vs. La Comisión de las Comunidades Europeas*, Asunto T-23/90, texto disponible para consulta en lengua inglesa en: http://eur-lex.europa.eu/LexUriServ/LexUriServ.do?uri=CELEX:61990A0023 :EN:HTML.

Sentencia del Tribunal de Primera Instancia, de 12 de Diciembre de 1991, *Hilti AG Vs. La Comisión de las Comunidades Europeas*, asunto T-30/89, texto disponible para consulta en: http://eur-lex.europa.eu/LexUriServ/LexUriServ.do?uri=CELEX:61989A0030:ES:PDF.

Sentencia del Tribunal de Primera Instancia, de 24 de Enero de 1992, *La Cinq SA Vs. La Comisión de las Comunidades europeas*, Asunto T-44/90, texto disponible para consulta en: http://eur-lex.europa.eu/LexUriServ/LexUriServ.do?uri=CELEX:61990A0044:ES:HTML.

Sentencia del Tribunal de Primera Instancia, de 10 de Marzo de 1992, *Montedipe SpA Vs. La Comisión de las Comunidades Europeas*, asunto T-14/89, texto disponible para consulta en: http://eur-lex.europa.eu/smartapi/cgi/sga_doc?smartapi!celexplus!prod!CELEXnumdoc&lg=en&numdoc=61989A00 14.

Sentencia del Tribunal de Primera Instancia, de 10 de Marzo de 1992, *Societa Italiana Vetro Spa y otros Vs. La Comisión de las Comunidades Europeas*, asuntos acumulados T-68/89, T-77/89 y T-78/89, texto disponible para consulta en: http://eur-lex.europa.eu/LexUriServ/LexUriServ.do?uri=CELEX:61989TJ0068:ES:HTML.

Sentencia del Tribunal de Primera Instancia, de 10 de Marzo de 1992, *Solvay & CIE SA Vs. La Comisión de las Comunidades Europeas*, asunto T-12/89, texto disponible para consulta en: http://eur-lex.europa.eu/LexUriServ/LexUriServ.do?uri=CELEX:61989A0012:ES:HTML.

Sentencia del Tribunal de Primera Instancia, de 18 de Septiembre de 1992, *Automec Srl Vs. La Comisión de las Comunidades Europeas*, asunto T-24/90, texto disponible para consulta en: http://eur-lex.europa.eu/LexUriServ/LexUriServ.do?uri=CELEX:61990A0024:ES:HTML.

Sentencia del Tribunal de Primera Instancia, de 1 de Abril de 1993, *BPB Industries PLC y British Gypsum Ltda Vs. La Comisión de las Comunidades Europeas*, asunto T-65/89, apartado 98, texto disponible para consulta en: http://eur-lex.europa.eu/LexUriServ/LexUriServ.do?uri=CELEX:61989A0065:ES:HTML.

Sentencia del Tribunal de primera instancia, de 10 de Noviembre de 1993, *Otto BV Vs. Postbank NV*, asunto C-60/1992, texto disponible para consulta en: http://eur-lex.europa.eu/LexUriServ/LexUriServ.do?uri=CELEX:61992J0060:ES:HTML.

Sentencia del Tribunal de Primera Instancia, de 6 de Octubre de 1994, *Tetra Pak International SA Vs. La Comisión de las Comunidades europeas*, asunto T-83/91, texto disponible para consulta en: http://eur-lex.europa.eu/LexUriServ/LexUriServ.do? uri=CELEX:61991A0083:ES:PDF.

Sentencia del Tribunal de primera instancia de las Comunidades Europeas, de 27 de Octubre de 1994, *Fiatagri UK y New Holland Ford vs. La Comisión de las Comunidades Europeas*, asunto T-34/1992, texto disponible para consulta en: http://eur-lex.europa.eu/LexUriServ/LexUriServ.do?uri=CELEX:61992A0034:ES:HTML

Sentencia del Tribunal de Primera Instancia, de 24 de Enero de 1995, *Bureau européen des médias de l'industrie musicale (BEMIM) Vs. La Comisión de las Comunidades europeas*, asunto T-114/92, texto disponible para consulta en: http://eur-lex.europa.eu/LexUriServ/LexUriServ.do?uri= CELEX:61992A0114:ES:PDF

Sentencia del Tribunal de Primera Instancia, de 8 de Marzo de 1995, *Société généraleVs. La Comisión de las Comunidades europeas*, asunto T-34/1993, texto disponible para consulta en: http://eur-lex.europa.eu/LexUriServ/LexUriServ.do?uri= CELEX:61993A0034:ES:PDF

Sentencia del Tribunal de Primera Instancia, de 6 de Abril de 1995, *Sotralentz SA Vs. La Comisión de las Comunidades Europeas*, asunto T-149/89, texto disponible para consulta en lengua inglesa en: http://eur-lex.europa.eu/LexUriServ/LexUriServ.do?uri=CELEX:61989A0149: EN:HTML.

Sentencia del Tribunal de Primera Instancia, de 6 de Abril de 1995, *TréfilUnión S.A. Vs. La Comisión de las Comunidades Europeas*, asunto T-148/89, texto disponible para consulta en: http://eur-lex.europa.eu/LexUriServ/LexUriServ.do?uri=CELEX:61989A0148:ES:HTML

Sentencia del Tribunal de Primera Instancia, de 29 de Junio de 1995, *Solvay S.A. Vs. La Comisión de las Comunidades Europeas*, asunto T-30/91, texto disponible para consulta en: http://eur-lex.europa.eu/LexUriServ/LexUriServ.do?uri=CELEX:61991A0030:ES:HTML.

Sentencia del Tribunal de Primera Instancia, de 18 de Septiembre de 1996, *Postbank NV Vs. La Comisión de las Comunidades Europeas*, asunto T-353/94, texto disponible para consulta en: http://eur-lex.europa.eu/LexUriServ/LexUriServ.do?uri=CELEX:61994A0353: ES:HTML

Sentencia del Tribunal de Primera Instancia, de 14 de Mayo de 1998, *Gruber + Weber GmbH & Co. KG Vs. La Comisión de las Comunidades Europeas*, asunto T-310/94, texto disponible para consulta en: http://eur-lex.europa.eu/LexUriServ/LexUriServ.do?uri=CELEX:61994A0310:ES: PDF.

Sentencia del Tribunal de Primera Instancia, de 14 de Mayo de 1998, *Mayr-Melnhof Kartongesellschaft mbH Vs. La Comisión de las Comunidades Europeas*, asunto T-347/94, texto disponible para consulta en: http://eur-lex.europa.eu/LexUriServ/LexUriServ.do?uri= CELEX:61994A0347:ES:HTML

Sentencia del Tribunal de Primera Instancia, de 16 de Septiembre de 1998, *International Express Carriers Conference (IECC) Vs la Comisión de las Comunidades Europeas*, asunto T-110/95, texto disponible para consulta en: http://eur-lex.europa.eu/LexUriServ/LexUriServ.do?uri=CELEX:61995A0110:ES:PDF

Sentencia del Tribunal de Primera instancia, de 20 de Abril de 1999, *Limburgse Vinyl Maatschappij NV y Otros Vs. La Comisión de las Comunidades Europeas*, asuntos acumulados T-305/94, T-306/94, T-307/94, T-313/94, T-314/94, T-315/94, T-316/94, T-318/94, T-325/94, T-328/94, T-329/94 y T-335/94, texto disponible para consulta en: http://eur-lex.europa.eu/LexUriServ/LexUriServ.do?uri=CELEX:61994A0305:ES:PDF.

Sentencia del Tribunal de Primera Instancia, de 20 de Abril de 1999, *Polypropyleen*, asuntos acumulados T-305/94 a T-307/94, T-313/94 a T-316/94, T-318/94, T-325/94, T-328/94, T-329/94 y T-335/94, texto disponible para consulta en lengua inglesa en: http://eur-lex.europa.eu/LexUriServ/LexUriServ.do?uri=CELEX:61994A0305:EN:HTML.

Sentencia del Tribunal de Primera Instancia, de 7 de Octubre de 1999, *Irish Sugar plc Vs. La Comisión de las Comunidades Europeas*, asunto T-228/97, texto disponible para consulta en: http://eur-lex.europa.eu/LexUriServ/LexUriServ.do?uri=CELEX:61997A0228:ES:HTML.

Sentencia del Tribunal de Primera Instancia, de 8 de Diciembre de 1999, *Euro-Lex European Law Expertise GmbH Vs. La Oficina de Armonización del Mercado Interior (marcas, dibujos y modelos)*, asunto C-79/59, texto disponible para consulta en: http://eur-lex.europa.eu/JOHtml.do?uri=OJ:C:2000:079:SOM:EN:HTML.

Sentencia del Tribunal de Primera Instancia, de 13 de Diciembre de 1999, *Service pour le groupement d'acquisitions (SGA) Vs. La Comisión de las Comunidades europeas*, asuntos acumulados T-189/95, T-39/96 y T-123/96, texto disponible para consulta en:http://eur-lex.europa.eu/LexUriServ/LexUriServ.do?uri=CELEX:61995ª0189:ES:PDF

Bibliografía

Sentencia del Tribunal de Primera Instancia, de 15 de Marzo de 2000, *Cimenteries CBR y otros Vs. La Comisión de las Comunidades Europeas*, asuntos acumulados T-25/95 y otros, texto disponible para consulta en: http://eur-lex.europa.eu/smartapi/cgi/sga_doc? smartapi!celexplus!prod!CELEXnumdoc&lg=en&numdoc=61995A0025

Sentencia del Tribunal de Primera Instancia, de 22 de Marzo de 2000, *Coca-Cola Vs. La Comisión de las comunidades europeas*, asuntos T-125 y 127/97.

Sentencia del Tribunal de Primera Instancia, de 12 de Diciembre de 2000, *Aéroports de Paris Vs. La Comisión de las Comunidades europeas*, asunto T-128/98.

Sentencia del Tribunal de Primera Instancia, de 14 de Febrero de 2001, *Société de distribution de mécaniques et d'automobiles (Sodima) Vs. La Comisión de las Comunidades Europeas*, asunto T-62/99, texto disponible para consulta en: http://eur-lex.europa.eu/LexUriServ/LexUriServ.do?uri=CELEX:61999A0062:ES: PDF

Sentencia del Tribunal de Primera Instancia, de 14 de Febrero de 2001, *Trabisco S.A Vs. La Comisión de las Comunidades Europeas*, asunto T-26/99, texto disponible para consulta en: http://eur-lex.europa.eu/LexUriServ/LexUriServ.do?uri=CELEX: 61999A0026:ES:PDF

Sentencia del Tribunal de Primera Instancia, de 20 de Febrero de 2001, *Mannesmannröhren-Werke AG Vs. La Comisión de las Comunidades Europeas*, asunto T-112/98, texto disponible para consulta en: http://eur-lex.europa.eu/LexUriServ/LexUriServ.do?uri=CELEX:61998A0112:ES:PDF.

Sentencia del Tribunal de Primera Instancia, de 28 de Marzo de 2001, *Instituto de Agentes Autorizados ante la Oficina Europea de Patentes Vs. La Comisión de las Comunidades Europeas*, asunto T-144/99, texto disponible para consulta en: http://eur-lex.europa.eu/LexUriServ/LexUriServ.do?uri=CELEX:61999TJ0144:ES:PDF.

Sentencia del Tribunal de Primera Instancia, de 12 de Julio de 2001, *Tate & Lyle plc y otros Vs. La Comisión de las Comunidades Europeas*, asuntos acumulados T-202/98, T-204/98 y T-207/98, texto disponible para consulta en: http://eur-lex.europa.eu/LexUriServ/LexUriServ.do?uri= CELEX:61998A0202:ES:PDF.

Sentencia del Tribunal de Primera Instancia, de 28 de Septiembre de 2001, *Metropole Television y otros Vs. La Comisión de las Comunidades Europeas*, asunto T-112/99, texto disponible para consulta en: http://eur-lex.europa.eu/LexUriServ/LexUriServ.do?uri=CELEX:61999TJ0112:ES:PDF.

Sentencia del Tribunal de Primera Instancia, de 28 de Febrero de 2002, *Atlantic Container Line AB y otros Vs. La Comisión de las Comunidades europeas*, Asunto T-395/94.

Sentencia del Tribunal de Primera Instancia, de 20 de Marzo de 2002, *ABB Asea Brown Boveri Ltda Vs. La Comisión de las Comunidades europeas*, asunto T-31/99, texto disponible para consulta en: http://eur-lex.europa.eu/LexUriServ/LexUriServ.do?uri= CELEX:61999A0031:ES:PDF.

Sentencia del Tribunal de Primera Instancia, de 20 de Marzo de 2002, *HFB Holding für Fernwärmetechnik Beteiligungsgesellschaft mbH & Co. KG y otros Vs. La Comisión de las Comunidades europeas*, asunto T-9/99, texto disponible para consulta en: http://eur-lex.europa.eu/LexUriServ /LexUriServ.do?uri=CELEX:61999A0009:ES:PDF.

Sentencia del Tribunal de Primera Instancia, de 9 de Julio de 2003, *Archer Daniels Midland Company e ingredients Ltda Vs. La Comisión de las Comunidades Europeas*, asunto T-224/00, texto disponible para consulta en http://eur-lex.europa.eu/LexUriServ/LexUriServ.do?uri=CELEX:62000A0224:ES:PDF

Sentencia del Tribunal de Primera Instancia, de 9 de Julio de 2003, *Kyowa Hakko Kogyo Co. Ltda y Kyowa Hakko Europe GmbH Vs. La Comisión de las Comunidades Europeas*, asunto T-223/00, texto disponible para consulta en: http://eur-lex.europa.eu/LexUriServ/LexUriServ.do? uri=CELEX:62000A0223:ES:PDF

Sentencia del Tribunal de Primera Instancia, de 9 de Julio de 2003, *Tokai Carbon Co. Ltda y otros Vs. La Comisión de las Comunidades Europeas*, asuntos acumulados T-236/01, T-239/01, T-244/01, T-245/01, T-246/01, T-251/01 y T-252/01, texto disponible para consulta en: http://eur-lex.europa.eu/LexUriServ/LexUriServ.do?uri=CELEX:62001A0236:ES:PDF.

Sentencia del Tribunal de Primera Instancia, de 23 de Octubre de 2003, *Van den Bergh Foods Ltda Vs. La Comisión de las Comunidades Europeas*, asunto T-65/98, apartados 90 y 158, texto disponible para consulta en ingles en: http://eur-lex.uropa.eu/LexUriServ/LexUriServ.do?uri=CELEX:61998A0065:EN:PDF.

Sentencia del Tribunal de Primera Instancia, de 11 de Diciembre de 2003, *Adriatica di Navigazione SpA Vs. La Comisión de las Comunidades europeas*, asunto T-61/99, texto disponible para consulta en: http://eur-lex.europa.eu/LexUriServ/LexUriServ.do?uri=CELEX:61999TJ0061:ES:PDF.

Sentencia del Tribunal de Primera Instancia, de 16 de Diciembre de 2003, *Nederlandse Federatieve Vereniging voor de Groothandel op Elektrotechnisch Gebied Vs. La Comisión de las Comunidades*

Europeas, asuntos acumulados T-5/00 y T-6/00, texto disponible para consulta en: http://eur-lex.europa.eu/LexUriServ/LexUriServ.do?uri=CELEX:62000A0005:ES:PDF.
Sentencia del Tribunal de Primera Instancia, de 17 de Diciembre de 2003, *British Airways Plc Vs. La Comisión de las Comunidades europeas*, asunto T-219/99, texto disponible para consulta en: http://eur-lex.europa.eu/LexUriServ/LexUriServ.do?uri=CELEX:61999A0219:ES: PDF
Sentencia del Tribunal de Primera Instancia, de 29 de Abril de 2004, *Tokai Carbon Co. Ltd, SGL Carbon AG, Nippon Carbon Co. Ltd y otros Vs. La Comisión de las Comunidades europeas*, asuntos acumulados T-236/01, T-239/01, T-244/01, T-245/01, T-246/01, T-251/01 y T-252/01, texto disponible para consulta en: http://eur-lex.europa.eu/LexUriServ/LexUriServ.do?uri=CELEX:62001A0236:ES:PDF.
Sentencia del Tribunal de Primera Instancia, de 26 de Enero de 2005, *Laurent Piau Vs. La Comisión de las Comunidades Europeas*, asunto T-193/02, apartado 44, texto disponible para consulta en lengua inglesa en: http://eur-lex.europa.eu/LexUriServ/LexUriServ.do?uri=CELEX: 62002A0193:EN:HTML
Sentencia del Tribunal de Primera Instancia, de 18 de Julio de 2005, *Scandinavian Airlines System AB Vs. La Comisión de las Comunidades Europeas*, asunto T-241/01, apartado 160, texto disponible para consulta en lengua inglesa en: http://eur-lex.europa.eu/LexUriServ/LexUriServ.do?uri=CELEX: 62001A0241:EN:PDF
Sentencia del Tribunal de Primera Instancia, de 27 de Julio de 2005, *Brasserie nationale SA y otros Vs. La Comisión de las Comunidades Europeas*, asuntos acumulados T-49/02 a T-51/02, texto disponible para consulta en lengua inglesa en: http://eur-lex.europa.eu/LexUriServ/LexUriServ.do?uri=CELEX:62002A0049:EN:HTML.
Sentencia del Tribunal de Primera Instancia, de 25 de Octubre de 2005, *Tetra Laval BV Vs. La Comisión de las Comunidades Europeas*, asunto T-5/02, texto disponible para consulta en: http://eur-lex.europa.eu/LexUriServ/LexUriServ.do?uri=CELEX:62002A0005:ES:PDF.
Sentencia del Tribunal de Primera Instancia, de 14 de Diciembre de 2005, *General Electric Company Vs. La Comisión de las Comunidades Europeas*, asunto T-201/01, texto disponible para consulta en ingles en: http://eur-lex.europa.eu/LexUriServ/LexUriServ.do?uri=CELEX:62001TJ0210:EN:HTML
Sentencia del Tribunal de Primera Instancia, de 15 de Marzo de 2006, *BASF AG Vs. La Comisión de las Comunidades Europeas*, asunto T-15/02, texto disponible para consulta en: http://curia.europa.eu/juris/document/document.jsf?text=&docid=57670&pageIndex=0&doclang=ES&mode=doc&dir=&occ=first&part=1&cid=47354.
Sentencias del Tribunal de Primera Instancia, de 21 de Junio de 2006, *Danzer Vs. El Consejo de la Unión Europea*, asunto T-47/02, texto disponible para consulta en: http://eur-lex.europa.eu/LexUriServ/LexUriServ.do?uri=CELEX:62002A0047:ES:PDF.
Sentencia del Tribunal de Primera Instancia, de 27 de Septiembre de 2006, *Archer Daniels Midland Co Vs. La Comisión de las Comunidades Europeas*, asunto T-59/02.
Sentencia del Tribunal de Primera Instancia, de 11 de Julio de 2007, *Alrosa Company Ltda Vs. La Comisión de las Comunidades Europeas*, asunto T-170/06, texto disponible para consulta en: http://www.idpbarcelona.net/docs/recerca/dretue/docs/pdf/subsid_jurisprudencia/t170.pdf.
Sentencia del Tribunal de Primera Instancia, de 17 de Septiembre de 2007, *Akzo Nobel Chemicals Ltda & Akcros Chemical Ltda Vs. La Comisión de las Comunidades Europeas*, asuntos acumulados T-125/03 y T-253/03, texto disponible para consulta en: http://eur-lex.europa.eu/LexUriServ/LexUriServ.do?uri=CELEX:62003A0125:ES:HTML
Sentencia del Tribunal de Primera Instancia, de 17 de Septiembre de 2007, *Microsoft Corp. Vs. La Comisión de las Comunidades Europeas*, asunto T-201/04, texto disponible para consulta en: http://eur-lex.europa.eu/LexUriServ/LexUriServ.do?uri=CELEX: 62004A0201:ES:HTML
Sentencia del Tribunal de Primera Instancia, de 12 de Octubre de 2007, *Pergan Hilfsstoffe für industrielle Prozesse GmbH Vs. La Comisión de las Comunidades Europeas*, asunto T-474/04, texto disponible para consulta en: http://eur-lex.europa.eu/LexUriServ/LexUriServ.do?uri=CELEX:62004A0474:ES:HTML.

De la Suprema Corte de Justicia de los Estados Unidos
Sentencia de la Suprema Corte de Justicia de los Estados Unidos, Mitsubishi *Motors Corp. vs. Soler Chrysler-Plymouth, Inc.* (473 U.S.614, S.Ct. 3346 (1985), texto disponible para consulta en: http://caselaw.lp.findlaw.com/cgi-bin/getcase.pl?court=us&vol=473 &invol=61.

Del Tribunal Europeo de Derechos Humanos
Sentencia del Tribunal Europeo de Derechos Humanos, de 25 de Febrero de 1993, *Funke Vs. Francia*, No. 10828/84, texto disponible para consulta en lengua inglesa en:

Bibliografía

http://cmiskp.echr.coe.int/tkp197/view.asp?item=
1&portal=hbkm&action=html&highlight=FUNKE&sessionid=72886579&skin=hudoc-en.
Sentencia del Tribunal Europeo de Derechos Humanos, de 8 de Febrero de 1996, *John Murray Vs. El Reino Unido*, texto disponible para consulta en lengua inglesa en: http://cmiskp.echr.coe.int/tkp197/search.asp?skin= hudoc-en.
Sentencia del Tribunal Europeo de Derechos Humanos, de 17 de Diciembre de 1996, *Saunders Vs. El Reino Unido*, texto disponible para consulta en lengua inglesa en: http://cmiskp.echr.coe.int/tkp197/search.asp?skin= hudoc-en.
Sentencia del Tribunal Europeo de Derechos Humanos, de 3 de Agosto de 2001, *J.B. Vs. Suiza*, texto disponible para consulta en lengua inglesa en: http://cmiskp.echr.coe.int/tkp197/search.asp?skin= hudoc-en.

Del Tribunal Constitucional Español

Sentencia del Tribunal Constitucional, de 25 de Abril de 2002, *Recurso de inconstitucionalidad 1135/95. Promovido por el Consejo de Gobierno de la Comunidad Autónoma de La Rioja respecto de la disposición adicional octava de la Ley 42/1994, de 30 de Diciembre, de Medidas Fiscales, Administrativas y del Orden Social*, asunto 96/2002, texto disponible para consulta en http://www.boe.es/boe/dias/2002/05/22/pdfs/T00105-00125.pdf.
Sentencia del Tribunal Constitucional, de 25 de Febrero de 2003, asunto 34/2003, texto disponible para consulta en: http://www.tribunal constitucional.es/es/jurisprudencia/Páginas/Sentencia.aspx?cod=9809.
Sentencia del Tribunal Constitucional, de 27 de Marzo de 2006, asunto 96/2006, texto disponible para consulta en: http://www.tribunal constitucional.es/es/jurisprudencia/Páginas/Sentencia.aspx?cod=9809.
Sentencia del Tribunal Constitucional, de 26 de Mayo de 2008, asunto 60/2008, texto disponible para consulta en: http://www.tribunal constitucional.es/es/jurisprudencia/Páginas/Sentencia.aspx?cod=9809.
Sentencia del Tribunal Constitucional, de 22 de Septiembre de 2008, asunto 109/2008, texto disponible para consulta en: http://www.tribunal constitucional.es/fr/jurisprudencia/Pages/Sentencia.aspx?cod=9535.
Sentencia del Tribunal Constitucional, de 28 de Septiembre de 2009, asunto 192/2009, texto disponible para consulta en: http://www.tribunal constitucional.es/es/jurisprudencia/Páginas/Sentencia.aspx?cod=9809.

Del Tribunal Supremo Español
Sentencias del Tribunal Supremo: DISA, CAMPSA De 2 de Marzo de 2001, asunto 202/2001; de 15 de Marzo de 2001, asunto 232/2001; de 22 de Junio de 2006, asunto 631/2006; de 30 de Julio de 2009, asunto567/2009.

De la Audiencia Provincial de Madrid, España
Sentencias de la Audiencia Provincial de Madrid: De 26 de Enero de 2004, asunto 10/2004; de 2 de Junio de 2004, asunto 3494/2004; de 7 de Junio de 2004, asunto 358/2004; 23 de Junio de 2004, asunto 423/2004 de 23; de 31 de Enero de 2005, asunto 42/2005; de 27 de Octubre de 2006, asunto 162/2006; de 16 de Noviembre de 2006, asunto 174/2006; de 31 de Enero de 2007, asunto 27/2007; de 6 de Febrero de 2007, asunto 29/2007; de 7 de Junio de 2007, asunto 126/2007; de 13 de Diciembre de 2007, asunto 226/2007; de 28 de Diciembre de 2007, asunto 750/2007; de 18 de Diciembre de 2008, asunto 618/2007.

De Juzgados de lo Mercantil de Madrid, España
Sentencias de Juzgados de lo Mercantil N° 1 de Madrid: De 7 de Marzo de 2006, recurso 39/2004; de 23 de Mayo de 2006, procedimiento 42/2005; de 12 de Junio de 2006, recurso 16/2005.
Sentencias de Juzgados de lo Mercantil N° 2 de Madrid: de 22 de Marzo de 2005, asunto 14/2005; de 22 de Febrero de 2007, asunto 22/2007; de 27 de Junio de 2007, asunto 91/2007; de 3 de Septiembre de 2007, asunto 104/2007.
Sentencias de Juzgados de lo Mercantil N° 3 de Madrid: De 29 de Septiembre de 2006, asunto 278/2006.
Sentencias de Juzgados de lo Mercantil N° 6 de Madrid: De 29 de Julio de 2007, asunto 477/2007.

Del Juzgado de primera instancia de Madrid, España
Sentencias del Juzgado de primera instancia N° 3 de Madrid: de 29 de Julio de 2005, asunto 189/2005.

Otras

Sentencia de la Corte de Apelación de La Haya, Caso N° 04/694 y 04/695 de 24 de Marzo de 2005.

Sentencia de la Corte de Apelación de París, de 18 de Noviembre de 2004.

Sentencia del Tribunal federal suizo, de 8 de Marzo de 2006, *Tensacciai SpA v. Freyssinet Terra Armata R.L.*

Sentencia de la Corte de apelación del segundo circuito de Estados Unidos, de 23 de diciembre de 1974, *Parsons & Whittemore Overseas Company, Inc. Vs. Societe Generale de l'Industrie du Papier*, texto disponible para consulta en lengua original en: http://openjurist.org/508/f2d/969/parsons-whittemore-overseas-co-inc-v-societe-generale-de-lindustrie-du-papier.

Sentencia del Tribunal de Düsseldorf (OLG), de 21 de Julio de 2004, WuW 3/2006.

Sentencia del Tribunal Supremo Federal de Justicia, de Mayo 31 de 1972, GRUR 1973, Heft 2.

Sentencia del Tribunal Supremo Federal de Justicia, de 27 de febrero de 1969, GRUR 1969, Heft 9.

Sentencia del Tribunal de Justicia de los Estados Unidos, Distrito de Nueva York, de 15 de noviembre de 1983, *La Société Nationale Pour la Recherche, la Production, le Transport, la Transformation et la Commercialisation des Hydrocarbures (Sonatrach) Vs. Shaheen Natural Resources*, texto disponible para consulta en lengua original en: http://ny.findacase.com/research/wfrmDocViewer.aspx/xq/fac.19831115_0000521.SNY.htm/qx

Sentencia del Tribunal Supremo Federal Alemán, de 20 de Mayo de 1966, GRUR 1966, Heft 10.

Sentencia de la Corte de Casación de París, de 28 de Junio de 2005, *Garage Gremeau SA Vs. Daimler Chrysler France SA*, texto disponible para consulta en francés en: http://ec.europa.eu/competition/elojade/*antitrust*/nationalcourts/?ms_code=fra.

Sentencia de la Corte de Casación de París, de 11 de Junio de 2009, *Inspecteur van de Belastingdienst/P/kantoor P Vs. X BV*, asunto C-427/07, texto disponible para consulta en inglés en: http://eur-lex.europa.eu/LexUriServ/LexUriServ.do?uri=CELEX:62007J0429:EN:HTML

Otros documentos

DIRECTORATE GENERAL FOR COMPETITION. Competition Discussion paper on the application of article 82 of the Treaty to exclusionary abuses, 2005, texto disponible para consulta en lengua inglesa en: http://ec.europa.eu/competition/antitrust/art82/discpaper2005.pdf

COMISIÓN EUROPEA. I Report in Competition Policy del año 1971, documento disponible para consulta en: http://ec.europa.eu/competition/públications/annual_report/ar_1971_en.pdf.

COMISIÓN EUROPEA. XIV Informe sobre la Política de Competencia, de 1984,. El documento está disponible para consulta en lengua inglesa en: http://ec.europa.eu/competition/públications/annual_report/index.html

COMISIÓN EUROPEA, XXXI Informe sobre la política de competencia, prólogo de Mario Monti, Bruselas, 2003.

COMISIÓN EUROPEA, Informe sobre la Política de Competencia 2006, COM (2007) 358 FINAL, Bruselas, 25 de Junio de 2007. El documento está disponible para consulta en http://ec.europa.eu/comm/competition/annual_reports/2006/es.pdf.

COMISIÓN EUROPEA, Commission on competition, Commission press release, referencia IP/04/134 de 30 de Enero de 2004. Información actualizada en el siguiente enlace: http://ec.europa.eu/competition/sectors/pharmaceuticals/inquiry/.

COMISIÓN EUROPEA, Commission on competition, EC Regulation 1/2003: views on its functioning, documento presentado en la International Chamber of Commerce, The World Bussiness Organization, documento N° 225/653, 23 de Octubre de 2008

COMISIÓN EUROPEA, Commission Staff Working Paper, de 29 de Abril de 2009. El documento en mención está disponible para consulta en inglés en: http://eur-lex.europa.eu/LexUriServ/LexUriServ.do?uri=SEC:2009:0574:FIN:EN:PDF

COMISIÓN EUROPEA, Comunicación de la Comisión al Parlamento Europeo y al Consejo, Informe sobre el funcionamiento del Reglamento 1/2003, COM(2009) 206 final, de 29 de Abril de 2009, el documento se encuentra disponible para consulta en: http://eur-lex.europa.eu/LexUriServ/LexUriServ.do?uri=COM:2009:0206:FIN:ES:PDF

COMISIÓN EUROPEA, Comunicación de la Comisión — Orientaciones sobre las prioridades de control de la Comisión en su aplicación del artículo 82 del Tratado CE a la conducta excluyente abusiva de las empresas dominantes. Texto disponible para consulta en: http://eur-lex.europa.eu/LexUriServ/LexUriServ.do?uri=CELEX:52009XC0224(01):ES:HTML.

Bibliografía

COMISIÓN EUROPEA, Comunicación de la Comisión relativa a la definición del mercado de referencia a efectos de la normativa comunitaria en materia de competencia.1997. Texto disponible para consulta en: http://eur-lex.europa.eu/LexUriServ/LexUriServ.do?uri=OJ:C:1997:372:0005:0013:ES:PDF.

COMISIÓN EUROPEA, Comunicación de la Comisión relativa a la dispensa del pago de las multas y la reducción de su importe en casos de cártel". Texto disponible para consulta en: http://www.juntadeandalucia.es/ defensacompetencia/documentos/26.pdf.

COMISIÓN EUROPEA, Comunicación de la Comisión sobre la cooperación en la Red de Autoridades de Competencia.

COMISIÓN EUROPEA, Comunicación de la Comisión relativa a la cooperación entre la Comisión y los órganos jurisdiccionales de los Estados miembros de la Unión Europea para la aplicación de los artículos 81 y 82 CE .

COMISIÓN EUROPEA, Comunicación de la Comisión relativa a las orientaciones informales sobre cuestiones nuevas relacionadas con los artículos 81 y 82 del Tratado CE que surjan en asuntos concretos (cartas de orientación).

COMISIÓN EUROPEA, Comunicación de la Comisión sobre la tramitación de denuncias por parte de la Comisión al amparo de los artículos 81 y 82 del Tratado CE.

COMISIÓN EUROPEA, Directrices relativas al concepto de efecto sobre el comercio contenido en los artículos 81 y 82 del Tratado.

COMISIÓN EUROPEA, Directrices relativas a la aplicación del apartado 3 del artículo 81 del Tratado.

COMISIÓN EUROPEA, Organigrama vigente de la Comisión Europea, año 2011. Puede consultarse en: http://ec.europa.eu/dgs/competition/directory/organi_en.pdf.

COMISIÓN EUROPEA. Estructura Comisión Barroso para el periodo 2010 – 2014. Disponible en: http://ec.europa.eu/commission_2010-2014/index_es.htm#link1.

COMISIÓN EUROPEA. Reglamento (UE) No. 330/2010, de 20 de Abril de 2010, relativo a la aplicación del artículo 101, apartado 3, del Tratado de Funcionamiento de la Unión Europea a determinadas categorías de acuerdos verticales y prácticas concertadas

COMISIÓN EUROPEA. Reglamento (CE) No. 2790/1999, de 22 de Diciembre de 1999 , relativo a la aplicación del apartado 3 del artículo 81 del Tratado CE a determinadas categorías de acuerdos verticales y prácticas concertadas.

COMISIÓN EUROPEA. Reglamento (CE) No. 2659/2000, de 29 de Noviembre de 2000, relativo a la aplicación del apartado 3 del artículo 81 del Tratado CE a determinadas categorías de acuerdos de investigación y desarrollo.

COMISIÓN EUROPEA. Reglamento (CE) No. 2658/2000 de la Comisión, de 29 de Noviembre de 2000, relativo a la aplicación del apartado 3 del artículo 81 del Tratado a determinadas categorías de acuerdos de especialización.

COMISIÓN EUROPEA. Report on the functioning of Regulation 1/2003, SEC(2009) 574 final, texto disponible para consulta en: http://eur-lex.europa.eu/LexUriServ/LexUriServ.do?uri=SEC:2009:0574:FIN:EN:PDF.

COMISIÓN EUROPEA. Reglamento (CE) 773/2004, de 7 de Abril de 2004, relativo al desarrollo de los procedimientos de la Comisión con arreglo a los artículos 81 y 82 del Tratado CE (texto disponible para consulta en: http://www.juntadeandalucia.es/defensacompetencia /documentos/13.pdf

COMISIÓN EUROPEA. Reglamento (CE) N° 622/2008, de 30 de Junio de 2008, por el que se modifica el Reglamento (CE) no 773/2004.

COMISIÓN EUROPEA. Memorando 04/217 de 17 de Septiembre de 2004, texto disponible para consulta en: http://europa.eu/rapid/pressReleasesAction.do?reference= MEMO/04/217&format=HTML&aged=1&language=EN&guiLanguage=en

COMISIÓN EUROPEA. XIII Report on Competition Policy del año 1983, apartado 78. El documento está disponible para consulta en lengua inglesa en: http://ec.europa.eu/competition/públications/annual_report/index.html

COMISIÓN EUROPEA. XXXIII Informe sobre la Política de Competencia en la Unión Europea del año 2003, documento disponible para consulta en: http://ec.europa.eu/competition/públications/annual_report/2003/final_es.pdf

COMISIÓN Y CONSEJO EUROPEO, Declaración común del Consejo y de la Comisión sobre el Funcionamiento de la Red de Autoridades de Competencia, de 10 de Diciembre de 2002, texto disponible para consulta en: http://ec.europa.eu/competition/ecn/joint_statement_es.pdf.

COMISIÓN NACIONAL DE COMPETENCIA, abuso de posición dominante, Página Web: http://www.cncompetencia.es/Inicio/Porqueesimportantelacompetencia/Conductas/Abusodeposiciondomin ante/tabid/110/Default.aspx

CONSEJO EUROPEO. Propuesta de Reglamento del Consejo relativo a la aplicación de las normas sobre competencia previstas en los artículos 81 y 82 del Tratado, y por el que se modifican los Reglamentos (CEE) n° 1017/68, (CEE) n° 2988/74, (CEE) n° 4056/86 y (CEE) n° 3975/87 ("Reglamento de aplicación de los artículos 81 y 82 del Tratado").

CONSEJO EUROPEO. Reglamento (CE) No. 1/2003, relativo a la aplicación de las normas sobre competencia previstas en los artículos 101 y 102 del Tratado.

CONSEJO EUROPEO. Reglamento (CE) N° 44/2001 del Consejo, de 22 de Diciembre de 2000, relativo a la competencia judicial, el reconocimiento y la ejecución de resoluciones judiciales en materia civil y mercantil.

CONSEJO EUROPEO. Reglamento 139/2004 sobre control de concentraciones empresariales. El texto está disponible en: http://europa.eu/legislation_summaries/competition/firms/l26096_es.htm

CONSEJO EUROPEO. Reglamento 17/1962 del Consejo, de 6 de Febrero de 1962, primer Reglamento de aplicación de los artículos 81 y 82 del TCE.

ESPAÑA. Constitución Española, texto disponible para consulta en: http://www.gva.es/cidaj/pdf/constitucion.pdf.

ESPAÑA, Real Decreto 261/2008, de 22 de Febrero, Reglamento de Defensa de la Competencia.

ESPAÑA. Ley 16/1989 de defensa de la competencia.

ESPAÑA. Ley 29/1998, de 13 de Julio, reguladora de la Jurisdicción Contencioso Administrativa, en su apartado 3

ESPAÑA. Ley de competencia desleal, Ley 3/1991 de 10 de Enero.

ESPAÑA. Ley de Defensa de la Competencia, Ley 15/2007, de 3 de Julio

EUROPA. Tratado Constitutivo de la Comunidad Europea. Texto disponible para consulta en: http://eur-lex. europa.eu/LexUriServ/LexUriServ.do?uri=OJ:C:2006:321E:0001:0331:ES:pdf

EUROPA. Tratado de Funcionamiento de la Unión Europea. Disponible para consulta en: http://eur-lex.europa.eu/LexUriServ/LexUriServ.do?uri=OJ:C:2006:321E:0001:0331:ES:pdf

EUROPA. Tratado de la Unión Europea, firmado en Maastricht el 7 de Febrero de 1992, el cual entró en vigor el 1 de Noviembre de 1993, texto disponible para consulta en: http://eur-lex.europa.eu/es/treaties/index.htm

EUROPA. Conclusiones del Abogado General Juliane Kokott, de 29 de Abril de 2010, asunto *Akzo Nobel Chemicals Vs. La Comisión,* texto disponible para consulta en: http://www.icam.es/docs/web3/doc/ABOGEMP_SecretoJULIANE_KOKOTT.pdf

EUROPA. Conclusiones del abogado General Tesauro, de 24 de Octubre de 1995, asunto *Bundeskartellamt Vs. Volkswagen AG y VAG Leasing GmbH,* texto disponible para consulta en: http://eur-lex.europa.eu/LexUriServ/LexUriServ.do ?uri=CELEX:61993C0266:ES:HTML.

EUROPA. Conclusiones del abogado general Mengozzi, de 5 de Marzo de 2009, asunto *Inspecteur van de Belastingdienst/P/kantoor P Vs. X BV,* texto disponible para consulta en inglés en: http://eurlex.europa.eu/LexUriServ/LexUriServ.do?uri=CELEX:62007C0429:EN:HTML.

EUROPA. Conclusiones del Abogado General Pieter Verloren van Themaat, de 21 de Junio de 1983, *Asunto Michelin Vs. La Comisión,* texto disponible para consulta en: http://eur-lex.europa.eu/LexUriServ/LexUriServ.do?uri=CELEX:61981CC0322:ES:PDF.

OFFICE OF FAIR TRADING. The grocery market. The OFT's reasons for making a reference to the competition Commission, OFT 845. El documento está disponible para consulta en: http://www.oft.gov.uk/shared_oft/reports/comp_policy/oft845.pdf.

RED EUROPEA DE AUTORIDADES DE COMPETENCIA. Report on the Objectives of Unilateral Conduct Laws, Assessment of Dominance/Substantial Market Power, and State-Created Monopolies, de la International Competition Network, 2007.

UNCTAD. Model Law on Competition de la United Nations Conference on Trade and Development. Documento disponible para consulta en: http://www.unctad.org/en/docs/tdrbpconf5d7rev3_en.pdf

UNITED STATES SENTENCING COMMISSION. Federal Sentencing Guidelines Manual que se encuentra disponible para consulta en: http://www.ussc.gov/guidelines/2010_guidelines/index.cfm

Lightning Source UK Ltd.
Milton Keynes UK
UKOW052354010713

213090UK00006B/967/P